성서를 통해서 본

관계의 미학

THE AESTHETICS OF A RELATIONSHIP

성서를 통해서 본
관계의 미학

—

인쇄 2025년 4월 5일 1판 1쇄
발행 2025년 4월 10일 1판 1쇄

지은이 송태갑
펴낸이 강찬석
펴낸곳 도서출판 미세움
주소 (07315) 서울시 영등포구 도신로51길 4
전화 02-703-7507
팩스 02-703-7508
등록 제313-2007-000133호
홈페이지 www.misewoom.com

정가 23,000원

—

ISBN 979-11-88602-85-8   03210

성서를 통해서 본

관계의 미학

THE AESTHETICS OF A RELATIONSHIP

송태갑 지음

 美세움

시간
時間

공간
空間

인간
人間

신神의 숨결이 만물 사이에 쉼 없이 흐르고 있다.

God's breath is constantly flowing among all things.

들어가기

왜 세상은 우리가 소망하는 쪽으로 흘러가지 않는 걸까? 화합보다는 갈등, 평화보다는 전쟁, 선행보다는 악행이 늘어만 가고 있다. 과학기술이 진보하고 경제적으로 풍요로워졌다고 해서 세상이 발전했다고 단언할 수 없는 이유다. 그것들이 우리를 행복하게 만들어주지 못하고 있기 때문이다. 시간과 공간과 인간이라는 거대한 역사의 축들 사이에서 발생하는 삐걱거림이 심상치 않다. 예를 들면 환경오염, 기후변화, 탄소 과다 배출, 과도한 노동시간, 빈부격차, 소통과 공감 부재, 소외, 배타, 혐오 등 적잖은 문제들이 인류 역사라는 거대한 숲의 지속 가능한 순환을 저해하고 있다.

이에 대한 의문을 해소하기 위해 사이^間라는 단어에 착목하여 사유해보고자 한다. 우리가 인지하고 있는 우주 만물의 요소들 사이에는 예외 없이 일정한 거리와 간격이 존재한다. 그런 모든 요소들이 특유의 상호관계를 형성함으로써 세계질서가 유지되고 있다.

이처럼 모든 관계는 사이를 두고 형성된다. 사이^間가 차이^{差異}를 만들기도 하고 때로는 차별을 낳기도 한다. 사이가 소통의 디딤돌이 되기도 하고 때로는 걸림돌이 되기도 한다. 아름다운 관계는 사이가 좋은 경우를 말한다. 시간과 시간의 사이를 어떻게 연결하느냐가 시간을 잘 보내는 것의 열쇠가 된다. 공간과 공간의 사이를 어떻게 연결하느냐가 공간미^{空間美} 연출의 본질이다. 사람과 사람 사이에 누가 혹은 무엇이 어떻게 존재하느냐가 아름다운 공동체 형성의 핵심이다. 모든 관계는 사이의 역할에 달려 있다고 해도 과언이 아니다. 이를 통해 알 수 있듯이 인생은 끊임없이 관계 짓는 일의 연속이다.

인류는 제대로 된 관계 정립이 중요하다는 사실을 인지하고 모든 관계를 해석하기 위해 애써왔으며 각 분야에서 나름대로 방안을 제시하였다. 가령 과학자 다윈을 비롯하여 스티븐 호킹, 칼 세이건, 리처드 도킨스 등 진화론을 추종하는 사람들은 인류의 관계성을 진화론으로 해석할 수 있다고 생각했으며 과학을 통해서만이 세상을 구할 수 있다고 믿었다. 또 철학자 프리드리히 니체를 비롯해 버틀런트 러셀, 쇼펜하우어 등은 신^神을 의지하지 않고도 인간이 지니고 있는 이성의 확장을 통해 세상 문제를 해결할 수 있다고 생각했다.

　반면, 알버트 아인슈타인, 니콜라 테슬라, 루돌프 슈타이너 등 유신론 과학자들은 신의 영역과 인간의 영역을 구분하여 통찰하였다. 원래 무신론자였던 앤터니 플루는 자신의 저서 〈존재하는 신〉[1]을 통해 신의 부재를 증명할 수 없다고 선언하면서 유신론자로 돌아섰다. 그는 "만일 신이 존재하지 않는다면, 신은 믿어도 잃을 것이 전혀 없다. 그러나 만일 신이 존재한다면 신을 믿지 않음으로써 모든 것을 잃게 된다"는 파스칼의 말을 인용하기도 했다. 또 유신론 철학자로서는 비트겐슈타인, 키에르 케고르, 토마스 아퀴나스, 윌리엄 레인 크레이그 등이 있다.

　철학사에서 19세기는 니체의 시대였다고 한다면 20세기는 비트겐슈타인의 시대였다고 할 수 있다. 무신론과 유신론자로서 서로 상대적인 주장을 펼쳤던 두 사람은 철학계에 위대한 업적을 남겼다. 비트겐슈타인의 명언 가운데 하나를 소개하고자 한다. "신앙을 가진 사람은 신이 세계를 창조했다. 이것이야말로 최대 기적이라고 말한다. 그 사람이 감탄하여 말하듯 설령 신이 세계를 창조했다고 하더라도 지금 여기에 있는 세계는 대체 무엇인가? 창조된 그 세계가 아직까지 계속 이곳에 존재하는 게 더 큰 기적 아닌가. 아니, 세계 창조와 그 지속은 원래 하나가 아니었던가. 결국 신은 지금까지도 세계와 깊이 관련되어 있다"[2]고 언급했다. 말하자면 창조도 대단한 기적이지만, 이 세계가 이렇게 여전히 운영되는 것 또한 엄청난 기적이 아닐 수 없다는 얘기를 한 것이다.

　한편, 키에르 케고르는 성서에 등장하는 들에 핀 백합화와 공중의 새에 관한 말씀을 상기시키면서 다음과 같은 말을 남겼다. "새의 고귀함은 실재이지만, 이방인의 고귀함은 무nothingness입니다. 새는 자기 안에 공기를 지니고 있어서 고귀한 중에도 자기를 지탱할 수 있습니다. 고귀한 이방인은 자신 안에 허무를 지니고 있기 때문에 그의 고귀함은 착각입니다. 고귀한 그리스도인은 자기 안에 믿음이 있어서 이 땅의 심연 위에서도 고귀하게 맴돌 수 있습니다."[3]

　그가 하고자 한 말의 취지는 무엇일까? 피조물의 고귀함은 스스로 만들어내는 것이 아니라 주어지는 것이라는 점을 강조한 것이 아닐까. 한낱 미물인 새나 들꽃도 창조주가 어떻게 관여하느냐에 따라 그 의미가 달라질 수 있다, 고귀함이나 아름다움 등은 일단 창조주로부터 주어져야 하는 것으로 피조물인 사람이 스스로 의미를 부여한다고 해서 생기는 문제가 아니라는 점이다. 사람이 의미를 부여하는 행위는 철학이나 문학, 예술 등으로 인문학의 범주에 들어간다. 그것이 전혀 의미 없다는 뜻은 아니다. 거기에는 진리에 부합하는 경우도 있고 정반대로 진리에 도전하는 행위일 수도 있다. 따라서 사람이 할 일은 의미를 부여하는 행위가 아니라 의미를 찾아가는 일이어야 한다. 의미를 부여하는 일은 하나님의 고유 권한이다.

여기서 주목해야 할 것은 창조주는 사람에게 특별한 의미를 부여했다는 사실이다. 그것을 분명히 알기 위해서는 태초에 창조주로부터 사람에게 주어진 역할을 살펴볼 필요가 있다.

> 여호와 하나님이 그 사람을 이끌어 에덴동산에 두어 그것을 경작하며 지키게 하시고 여호와 하나님이 그 사람에게 명하여 이르시되 동산 각종 나무의 열매는 네가 임의로 먹되 선악을 알게 하는 나무의 열매는 먹지 말라. 네가 먹는 날에는 반드시 죽으리라 하시니라. (창세기 2:15~17)

사람이 최초로 창조주로부터 부여받은 의미, 요컨대 마땅히 해야 할 일과 절대 하지 말아야 할 일이 각각 주어졌었다. 해야 할 일은 에덴동산을 경작하고 지키며 에덴동산을 자유롭게 누리는 일이었고, 반대로 하지 말아야 할 일은 단 하나 선악과를 따 먹지 않는 일이었다. 그런데 해야 할 일에 대해서는 특별히 제재制裁 사항이 없지만, 하지 말아야 할 일을 했을 때는 엄중한 처벌을 예고했다. "먹는 날에는 반드시 죽으리라"고 말씀하실 만큼 단호한 경고였다.

인간에게 자유의지가 주어졌지만, 그것은 제한된 자유의지였다. 이를 통해 알 수 있는 것은 하나님과 사람의 정체성은 물론이고 상호관계가 어떤 것인가를 분명히 밝히고 있다. 하나님이 사람을 얼마나 사랑하고 그 사랑이 어느 정도인지 알 수 있는 말씀이 있다. 들에 핀 백합화와 공중을 나는 새에 관한 예수 그리스도의 비유 말씀에 귀를 기울여야 한다.

> 공중의 새를 보라. 심지도 않고 거두지도 않고 창고에 모아들이지도 아니하되 너희 하늘 아버지께서 기르시나니, 너희는 이것들보다 귀하지 아니하냐. 너희 중에 누가 염려함으로 그 키를 한 자라도 더할 수 있겠느냐. 또 너희가 어찌 의복을 위하여 염려하느냐. 들의 백합화가 어떻게 자라는가 생각하여 보라. 수고도 아니하고 길쌈도 아니하느니라. 그러나 내가 너희에게 말하노니 솔로몬의 모든 영광으로도 입은 것이 이 꽃 하나만 같지 못하였느니라. (마태복음 6:26~29)

예수 그리스도의 비유 말씀을 통해 알 수 있는 것은 자신이 창조한 모든 만물은 실로 고귀하고 아름다움을 지니고 있다는 점이고, 하물며 사람은 말할 필요도 없다는 점을 강조하고 있다. 사람에게는 다른 피조물과는 전혀 다른 차원의 창조주 하나님의 사랑이 개입하고 있음을 알려주고 있다. 그 사랑이 어느 정도인가를 상상해볼 수 있는 말씀이 있는데, 바로 사람의 창조과정에 잘 나타나 있다.

> 하나님이 자기 형상 곧 하나님의 형상대로 사람을 창조하시되 남자와 여자를 창조하시고 하나님이 그들에게 복을 주시며 하나님이 그들에게 이르시되 생육하고 번성하여 땅에 충만하라, 땅을 정복하라, 바다의 물고기와 하늘의 새와 땅에 움직이는 모든 생물을 다스리라 하시니라.(창세기 1:27~28)

창조주 하나님이 자신의 형상대로 사람, 요컨대 남자와 여자를 창조했다. 자신을 닮게 사람을 창조하셨다는 점은 그만큼 사람을 귀하게 여겼다는 것을 말해준다. 더불어 사람은 모든 피조물을 다스릴 권한을 부여받았다는 점도 놓쳐서는 안 된다. 하나님의 재산 관리권을 통째로 위임받았다. 이 얼마나 엄청난 권한인가! 이 말씀을 읽고도 인간을 동물(공중의 새)이나 식물(들의 백합화)과 비교할 수 있다고 생각하는가.

> 여호와 하나님이 땅의 흙으로 사람을 지으시고 생기를 그 코에 불어넣으시니 사람이 생령이 되니라. 여호와 하나님이 동방의 에덴에 동산을 창설하시고 그 지으신 사람을 거기 두시니라. (창세기 2:7~8)

하나님은 어떤 피조물도 사람처럼 공들여 창조하시지 않으셨다. 직접 흙을 빚으시고 코에 호흡을 불어 넣어서 생령生靈이 있는 사람이 되게 한 것이다. 그리고 모든 피조물 가운데 가장 좋은 것의 축소판이라고 할 수 있는 에덴동산을 선물하셨다. 사람이 이것을 받을 자격이 있는가. 곰곰이 생각해보자. 사람은 하나님의 창조과정에서 어떤 도움도 되어드린 적이 없다. 모든 것은 하나님 스스로 생각하시고 하나님의 말씀과 손으로 직접 빚으셨다. 하나님은 직접 지으신 모든 창조물을 선뜻 사람에게 선물로 주시고 맘껏 누릴 수 있도록 자유를 부여하셨다.

사람들은 하나님이 창조하신 피조물에 대해서는 다양한 방법으로 의미를 부여하며 예찬한다. 들에 핀 꽃을 비롯하여 가을 단풍, 청명한 하늘, 아침햇살, 황홀한 석양, 일곱 색깔 무지개 등을 보면 입을 다물지 못한다. 그런데 가장 공들여 사람을 창조하시고 또 그 사람을 위해 미리 만물을 예비해주신 창조주 하나님에 대해 정작 사람들은 의미 찾는 일에는 인색하다. 왜 그럴까? 그것은 본질보다는 현상, 요컨대 눈에 보이지 않은 진리보다는 눈에 보이는 감각적인 것들에 더 관심이 크기 때문이다. 곰곰이 생각해보자. 우리가 눈에 보이는 육체로만 살 수 있는가? 그럴 수 없다. 사람은 하나님이 직접 빚으신 몸^{body}과 코에 불어 넣으신 영^{spirit}과 혼^{soul}으로 구성되어 있어, 그것들이 동시에 작용해야 정상적으로 작동된다는 점을 잊어서는 안 된다.

> 평강의 하나님이 친히 너희를 온전히 거룩하게 하시고 또 너희의 온 영과 혼과 몸이 우리 주 예수 그리스도께서 강림하실 때에 흠 없게 보전되기를 원하노라.(데살로니가전서 5:23)

> 하나님의 말씀은 살아 있고 활력이 있어 좌우에 날 선 어떤 검보다도 예리하여 혼과 영과 및 관절과 골수를 찔러 쪼개기까지 하며 또 마음의 생각과 뜻을 판단하나니(히브리서 4:12)

우리의 몸에 관한 것은 연구를 통해 비교적 구체적으로 말할 수 있는 반면, 혼과 영은 지식과 경험으로 쉽게 말할 수 있는 영역이 아니다. 육체와 영혼의 교감 방식이 각각 다르기 때문이다. 사람의 인생이 육체적인 것만으로 이해할 수 있는 것이 아님을 우리 스스로 너무나 잘 알고 있다. 영과 혼이 작용하여 생각하고 감동하고 지식을 활용하는 일련의 과정은 보이지 않는 영혼의 영역이라는 사실을 인정하지 않을 수 없다.

눈은 보는 역할만 하는 것이 아니다. 슬픔을 느끼면 눈물을 흘린다. 입은 음식만 먹는 것이 아니다. 생각한 것을 말하고 좋은 것을 느끼면 감탄하기도 한다. 또 우리의 뇌는 신경계의 기능을 위해서만 존재하는 것이 아니다. 보이지 않는 것, 가보지 못한 곳, 경험하지 못한 것 등 미지의 세계를 무한정 상상할 수 있다. 따라서 육체에 신경을 쓰는 만큼 영혼에도 신경을 쓰며 살아야 한다.

성서에 의하면 누구나 육체는 죽어 썩어지는 것이 정해져 있지만, 사람의 영혼은 영원히 죽지 않는다고 분명히 밝히고 있다. 육체가 썩어진다는 것은 누구나 직간접적인 경험을 통해 그 말이 사실이라는 것을 알고 있다. 그런데 영혼 부분은 눈으로 확인할 수 있는 것이 아니라서 의견이 분분하다. 그렇다고 우리가 육체적인 것 등 눈에 보이는 것만을 얘기하며 산다는 것은 삭막하고 허무하기 이를 데 없는 일이다.

싫든 좋든, 원하든 원치 않든 눈에 보이지 않는 영혼에 관한 얘기도 서슴없이 할 수 있어야 한다. 사실 현대의 질환이나 스트레스는 정신적인 면이 훨씬 더 영향을 미치고 있다는 점도 간과할 수 없다. 우울증, 공황장애, 자살 등은 심각한 사회병리 현상으로 자리 잡은 지 오래다. 그것은 우리가 육체적 건강 못지않게 정신적 건강관리에 신경을 쓰지 않으면 안 된다는 것을 말해준다.

고대부터 현대까지 그동안 철학, 과학, 예술 등은 부분적으로 삶에 긍정적인 역할을 해 온 것이 사실이지만, 삶과 죽음, 그리고 영혼 문제에 이르기까지 속 시원하게 풀어주고 있지는 못하고 있다. 하지만 성서는 다르다. 한낱 수많은 종교 가운데 하나로 치부해버리는 경향이 없는 것은 아니지만, 만물과 인간의 창조, 삶과 죽음, 그리고 영혼 문제를 심도 있게 다루고 있다. 성서는 우리가 말할 수 있는 것들 뿐 아니라 쉽게 말할 수 없는 것들까지도 생각하고 이해할 수 있도록 제시하고 있다. 특히 인간의 정체성을 이렇게 명확히 제시하고 있는 책은 세상에 유일무이하다.

하나님의 영靈과 사람의 혼魂이 만나 영혼靈魂이 되고 그 영혼은 몸과 하나가 되어 작동한다. 바꿔 말하면 하나님의 영과 우리의 몸 사이에 혼이 존재하는데 그 혼은 다른 말로 표현하면 정신, 마음, 생각 등이다. 그 안에 하나님이 허락하신 자유의지를 발휘할 수 있는 에너지를 내재하고 있다. 자유의지를 어떻게 사용하느냐에 따라 인생이 좌우된다고 할 수 있다. 말하자면 혼은 영과 몸의 조화된 삶을 위한 균형추 같은 역할을 한다고 볼 수 있다. 영은 하나님을 주목하게 하려고 혼과 만나기를 바라고 육은 혼과 합작하여 세상의 정욕을 일삼고자 하는 경향이 있기 때문이다. 우리의 혼이 담고 있는 생각이 어느 곳을 향하느냐가 매우 중요하다.

육신의 생각은 사망이요, 영의 생각은 생명과 평안이니라. (로마서 8:6)

육으로 난 것은 육이요, 영으로 난 것은 영이니 (요한복음 3:6)

민수기에는 하나님의 영을 거역한 사람들이 어떻게 되는가를 보여주는 이야기가 있다. 레위 지파의 고라와 르우벤 지파의 다단, 아비람이 모세와 아론을 거스르면서 반란을 일으켰다. 이것은 하나님의 영을 거역하여 끊임없이 대적하는 혼과 육의 반란을 예표하는 사건이다. 레위 지파의 고라가 반역한 이유는 아론과 그의 자녀만 제사장으로 택함을 받아 하나님을 섬기는 것에 불만을 품고 자기들도 제사장이 되게 해달라는 것이었다. 나단과 아비람이 반역한 이유는 젖과 꿀이 흐르는 애굽에서 나오게 하여 광야에서 죽게 한다고 생각하여 모세의 왕 됨을 원치 않았기 때문이었다.

영이 거듭난 사람들일지라도 매일 혼과 육의 반란을 마주하게 된다. 대개 사람들은 눈에 보여지는 것들로 인해 걱정하고 불평하며 평안을 누리지 못하는 삶을 산다. 심지어 주의 일을 도모한다고 하면서도 남과 비교하고 남을 판단하며 교만을 드러내기도 한다. 이는 혼魂을 잘 사용하지 못하기 때문인데, 요컨대 정신 나간 사람처럼 혹은 얼빠진 사람처럼 행하는 것은 영과 하나 되지 못하기 때문이다. 그것은 혼이 영보다는 육체와 밀착되기 때문이다. 혼이 육체를 인도하는 것이 아니라 육체에 끌려다니는 꼴이다. (민수기 16:1~33)

모세는 여호와를 대적하는 고라와 다단, 아비람을 향하여 "땅이 입을 열어 이 사람들과 그들의 모든 소유를 삼켜 산 채로 스올(지옥)에 빠지게 하시면 이 사람들이 과연 여호와를 멸시한 것인 줄을 너희가 알리라"(민수기 16:30)고 구체적인 말로 선포했을 때 모세가 내뱉은 이 모든 말을 마치자마자 기다렸다는 듯이 즉시 땅바닥이 갈라져 그들을 전부 삼켜버렸다.

한편, 철저하게 육신적인 삶을 살던 사도 바울이 회심한 후 예수 그리스도의 참 제자가 된 후, 그는 깨달은 대로 말씀을 전했는데 "육신에게 져서 육신대로 살지 말고 영으로써 몸의 행실을 죽이라"고 가르쳐준다.

> 그러므로 형제들아 우리가 빚진 자로되 육신에게 져서 육신대로 살 것이 아니니라. 너희가 육신대로 살면 반드시 죽을 것이로되 영으로써 몸의 행실을 죽이면 살리니 무릇 하나님의 영으로 인도함을 받는 사람은 곧 하나님의 아들이라. (로마서 8:12~14)

여기서 영이 혼과 육을 어떻게 제압하는지 보여주고 있다. 하나님이 반역자들을 처단할 때 직접 나서서 처리하시지 않고 모세의 입을 통해 하셨다는 것을 알 수 있다. 새로운 피조물로 거듭난 영의 사람들은 이미 그 안에 혼과 육을 제압할 수 있는 영이 있다는 사실을 믿어야 한다. 성령의 충만한 권세와 능력으로 혼과 육과 하나가 되어 영적인 삶으로 인도해야 할 것이다.(민수기 16:26~33)

영의 사람이 비록 새로운 피조물로 거듭났다고 할지라도 날마다 혼과 육의 도전을 받으며 산다. 그렇게 사는 삶이 하나도 이상하지 않다. 여전히 사탄이 활동하고 있고 정욕과 세상의 안목으로 가득 찬 육체를 입고 사는 한 오히려 일반적이라고 할 수 있다. 다만, 영적인 삶을 살 수 있는 믿음과 권세를 주셨다는 점에 주목할 필요가 있다. 새로운 피조물로서의 정체성을 확신하고 주의 말씀을 선포하며 담대하게 나가야 할 것이다. 믿음의 사람들이 배우고 묵상해야 할 것은 다름 아닌 바람직한 '영혼 사용법'이다.

제대로 영혼을 사용하지 못하는 것은 영과 혼, 혼과 몸 간의 관계에 대한 인식의 부족이나 각각의 사이에 존재하는 연결고리에 대한 오해에서 비롯된 것은 아닐까. 이제 이 사이間에 대해 깊이 성찰해보자. 어그러진 관계에는 반드시 사이에 뭔가 잘못된 것이 개입된 경우가 대부분이다. 그것이 어느 한쪽의 잘못이건 혹은 오해이건 간에 풀고 넘어가야 문제를 해결할 수 있다. 평화, 사랑, 화목 등은 일명 '사이 좋은 곳'에서 발생하는 현상이다. 사이가 저절로 좋아질 리 만무하다. 사이가 나빠지기 전에 서로 신뢰하고 상호 존중하며 노력하는 것이 중요하고 만약 사이가 나빠졌을 경우는 누군가 중간에서 중재하거나 평화의 도구로서 역할을 하는 사람이 있기 마련이다. 바로 그 부분에 관심을 가질 필요가 있다.

한때 블루오션blue ocean이라는 말이 유행한 적이 있다. 사람들이 관심이 없거나 그다지 알려지지 않아 경쟁하지 않아도 비교적 성공하기 쉬운 잠재력 있는 시장을 가리킬 때 사용하였다. 그래서 '틈새시장'이라는 용어로도 통용되었다. 이와는 반대로 이미 많은 사람들에게 알려져 경쟁이 치열한 시장을 레드오션red ocean이라고 한다. 기업이 치열한 경쟁 구도 속에서 살아남기 위해서는 끊임없이 블루오션을 개척하여 차별화를 시도해야 한다. 그런 점에서 개인의 삶도 크게 다르지 않다. 가능한 한 경쟁을 덜 하면서도 자신이 잘 할 수 있는 일을 찾는 것은 매우 중요하다. 산업혁명 이후 거의 모든 분야에서 기술과 지식산업이 발전하면서 국가 간, 기업 간, 개인 간의 경쟁이 치열해졌고 블루오션의 개척은 숙명적인 일이 되었다.

세상의 모든 요소와 요소 간의 관계에는 사이間라는 것이 존재한다. 그 대표적인 것이 시간, 공간, 인간이다. 그 사이는 거리, 간격, 틈새 등으로도 표현된다. 그런 의미에서 보면 사이가 없으면 세상도 존재할 수 없다. 태양과 지구, 달과 지구, 별과 별, 사람과 사람, 생각과 생각, 음표와 음표, 그림에서의 수많은 여백, 하늘과 땅 등 수없이 거론할 수 있다. 사이좋게 지내야 한다는 말은 괜한 소리가 아니다.

사이間라는 단어는 참 흥미롭다. 흥미롭다는 뜻을 가진 영어 'interest'는 라틴어 interesse에서 유래되었는데 '사이에'라는 뜻의 inter와 '있다'라는 뜻의 esse와의 합성어이다. 따라서 '흥미興味'는 모든 것들의 사이에 있음을 알 수 있다. 사이에 있다는 것은 중간에 존재한다는 의미이지만, '핵심核心'이라는 뜻도 담겨 있다. 이를 경제적인 관점에서 생각해보면 경제활동의 핵심은 바로 이익을 남기는 것인데 금융에서 원금을 뺀 나머지 이익을 이자利子라고 한다. 이 이자가 영어로 'interest'이다. 중상주의 시대의 적절한 이자를 추구하자는 금융업 사이에서 '적정한 이자율'에 관심이 많았는데 그것이 영어로 interest rate이다.

돈을 빌려주고 빌리는 일이 많은 경제계에서는 이자를 중요한 상업 활동 가운데 핵심 사항으로 보았다. 이자는 로마신화에 나오는 야누스처럼 두 얼굴을 가지고 있다. 대출을 받는 입장에서는 이자율이 높으면 저주이지만, 대출하는 입장에서는 이자율이 높으면 축복이기 때문이다. 그래서 적정한 이자율을 정하는 것이 얼마나 핵심적인 일인지 알 수 있다. 사이를 조정하는 일은 모두가 좋은 결과를 낳기 위한 것이다. 항상 최선을 다해야겠지만 경우에 따라 모두에게 좋은 차선次善을 선택하는 것도 하나의 대안이 되기도 한다.

학창시절에 체육시간이나 교련시간 등 운동장에서 선생님이 학생들을 모아 놓고 제일 먼저 하는 일은 질서 유지다. 오와 열을 맞추기 위해 '앞으로 나란히'와 '양팔 벌리기'를 지시한다. 이런 식으로 거리와 간격을 조정하여 전체적으로 질서를 잡았다. 그뿐만이 아니다. 키 순서대로 줄을 세워 일사불란하게 군집미群集美를 완성하는 일도 잊지 않았다. 게다가 똑같은 유니폼을 입게 함으로써 통일감을 연출하기도 하였다. 이런 노력은 따지고 보면 매우 미학적이다. 균형, 반복, 통일, 리듬, 조화 등 조형미에서 언급되는 아름다움의 요소들을 총체적으로 적용함으로써 완성도 높은 아름다움을 연출한다. 이 모든 것이 따지고 보면 사이를 좋게 하는 일을 통해 이루어진 결과물이다.

당시 선생님들이 강조한 말씀은 딱 한 마디였다. "나 한 사람쯤 틀려도 괜찮겠지라고 생각해서는 안 된다"이다. 한두 사람만 틀려도 조화가 깨지는 일은 그리

어려운 일이 아니기 때문이다. 선생님이 높은 연단에서 내려다보면 학생들의 작은 실수도 훤히 보인다는 말씀을 덧붙이는 것도 잊지 않으셨다.

　세상이 아름다워지기 위해서는 각 객체가 아름다워야겠지만 사이사이의 역할 또한 얼마나 중요한지를 알 수 있다. 각각의 개성미도 있어야 하지만, 전체적으로 조화미를 갖출 수 있어야 한다. 아름다운 공동체, 아름다운 세상을 만들어가기 위해서는 모든 사람이 아름답고 선한 삶을 지향해야 한다. 합력하여 선을 이룰 수 있어야 한다.

> 우리가 알거니와 하나님을 사랑하는 자 곧 그의 뜻대로 부르심을 입은 자들에게는 모든 것이 합력하여 선을 이루느니라.(로마서 8:28)

　이런 생각이 삶의 바탕이 되고 목표가 되어야 하지 않을까. 그것이 사람을 향한 하나님의 뜻이기 때문이다. 하나님은 태초에 엿새 동안 천지를 창조하셨는데 매일 창조가 끝날 때마다 하신 말씀이 "보시기에 좋았더라"였다. 그리고 엿새 동안의 모든 창조 작업이 끝났을 때 더욱 흡족해하시며 "심히 보시기에 좋았더라"고 말씀하셨다. 바로 각 객체의 아름다움은 물론이고 나아가 피조물 상호 간의 관계, 그리고 모든 피조물, 요컨대 온 세계의 전체적인 조화를 총체적으로 평가한 것이리라.

　하나님의 창조에는 아름다움이 매우 중요한 요소였음을 알 수 있다. 하나님이 말씀하시는 아름다움은 단순히 눈으로 보기 좋은 것만을 의미하지는 않는다. 적당한 곳에 혹은 적당한 때에 쓸모 있는 존재가 되는 것이 아름다움의 본질이라는 것을 알 수 있다. 이런 창조정신에 합당한 삶을 지향하는 것이 아름다운 삶이라고 할 수 있다. 그러기 위해서 무엇보다 하나님과의 관계 회복을 시작으로 세상에 존재하는 모든 피조물들과의 좋은 사귐이 있어야 한다. 그런 아름다운 관계 속에서 삶의 의미를 찾아가는 일이야말로 지금 우리가 추구해야 할 가장 필요한 일이 아닐까.

차 례

아름다운 관계

말할 수 있는 것들과 말할 수 없는 것들 사이▥에 서 있다.

I standing between the things I can say and the things I can't say.

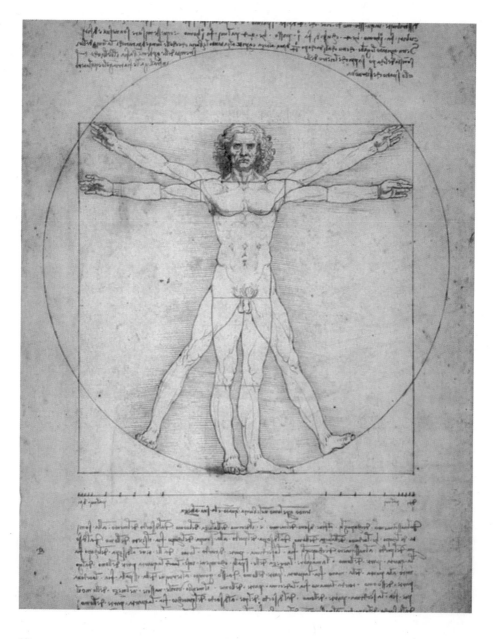

마르쿠스 비트루비우스 폴리오(라틴어: Marcus Vitruvius Pollio)는 BC 1세기 경에 활약한 고대 로마의 기술자 겸 건축가이다. 그는 자신의 저서 〈건축십서〉 제3권에서 완벽한 황금률을 가진 인체의 비율을 설명했다. 〈건축십서〉로 번역되지만, 라틴어 원제 'De Architectura'는 '건축에 관하여'라는 뜻이고, 책 이름에 권수를 밝혀 놓는 일은 사실은 고전 텍스트 필사와 인쇄상의 관행이다. 그의 책 〈건축술에 대하여〉는 10권으로 구성된 일종의 건축학 논문이며, 로마건축의 집대성이라고 할 만하다. 비트루비우스는 사각형과 원이라는 기하학적 도형 안에서 팔과 다리를 펼쳤을 때 그 안에 정확히 들어맞는 것이 완벽한 인체 비율이라고 제시했다. 정확히 말하면 인간이 서 있는 원과 사각형(인간과 원, 인간과 사각형)의 중심은 인간의 배꼽과 일치해야 한다. 비트루비우스의 측정법은 르네상스 시대뿐만 아니라 그 이후에도 여러 차례 도해圖解되었는데 레오나르도 다 빈치에게도 영향을 미친다. 나아가 도시계획과 건축 일반론, 건축재료, 신전, 극장·목욕탕 등 공공건물, 개인 건물, 운하와 벽화, 시계·측량법·천문학, 토목 도구 및 군사용 도구 등 건축 기술과 관련된 거의 모든 것을 다루고 있다. 이 원리는 모든 요소 간 관계의 아름다움을 창조하는 모든 영역에서 원론原論이 되었다.

십자가十字架와 황금률黃金律

예수 그리스도는 역사상 가장 아름다운 삶과 죽음을 통해 신神으로서 동시에 인간으로서의 정체성을 가장 완벽하게 보여주시고 증명하신 분이다. 그런 면에서 십자가상의 예수 그리스도의 모습은 인류 역사상 가장 완벽한 황금률의 상징이라고 할 수 있다. 마르쿠스 비트루비우스 폴리오가 기하학적 관점에서 인체 비율의 시각적인 황금률을 제시했다면 예수 그리스도는 신과 인간 간의 황금률을 보여주신 것이라고 할 수 있다. 푸른 나무인 예수 그리스도는 생명의 상징이다. 하지만 죽음의 상징인 마른 나무 위에서 죽음과 부활을 다 이루신 완전한 사랑의 상징이다. 다음 그림은 러시아 화가 칼 파블로비치Karl Pavlovich Bryullov 1799~1852, 국제적인 명성을 얻은 러시아 최초의 화가로, 러시아의 신고전주의에서 낭만주의에 걸친 과도기에 활약했었다. INRI는 라틴어 'Iesus Nazarenus Rex Iudaeorum'의 약자이다. '유대인들의 임금, 나사렛 사람 예수'라는 뜻이다. 예수님이 십자가형을 받았을 때의 죄명이다.

> 푸른 나무에도 이같이 하거든 마른 나무에는 어떻게 되리요 하시니라.(누가복음 23:31)

> 예수께서 신 포도주를 받으신 후에 이르시되 다 이루었다 하시고 머리를 숙이니 영혼이 떠나가시니라.(요한복음 19:30)

> 빌라도가 패를 써서 십자가 위에 붙이니 나사렛 예수 유대인의 왕이라 기록되었더라. 예수께서 못 박히신 곳이 성에서 가까운 고로 많은 유대인이 이 패를 읽는데 히브리와 로마와 헬라 말로 기록되었더라. 유대인의 대제사장들이 빌라도에게 이르되 유대인의 왕이라 쓰지 말고 자칭 유대인의 왕이라 쓰라 하니빌라도가 대답하되 내가 쓸 것을 썼다 하니라.(요한복음 19:19~22)

모든 관계는 사이間를 두고 만들어진다.

사이가 차이를 만들기도 하고 때로는 차별을 낳기도 한다.

사이가 소통의 디딤돌이 되기도 하고 때로는 걸림돌이 되기도 한다.

아름다운 관계는 사이가 좋은 것을 말한다.

때와 때 사이를 어떻게 연결하느냐가 시간을 잘 보내는 것의 열쇠이다.

공간과 공간 사이를 어떻게 연결하느냐가 공간미空間美의 본질이다.

사람과 사람 사이에 누가 혹은 무엇이 어떻게 존재하느냐가

아름다운 공동체의 핵심이다.

모든 관계는 사이의 역할에 달려 있다.

인생은 끊임없이 관계 짓는 일의 연속이라고 할 수 있다.

　라파엘로 산치오^{Raffaello Sanzio, 1483-1520}는 전성기 르네상스 미술이 추구한 고전적이고 이상적인 미를 완벽하게 구현한 화가이다. 그는 레오나르도 다빈치, 미켈란젤로 등과 어깨를 나란히 할 정도로 독창적인 위상을 차지하고 있는 화가이다. 그는 서정적이고 우아하면서도 동적인 자신만의 세계를 구축함으로써 19세기 전반까지 고전주의 미술을 이끌었다 성체논쟁^{Disputa del Sacramento1509-1511}(500cmx770cm)은 바티칸 사도궁의 서명의 방^{Stanza della Segnatura}에 그려진 프레스코 벽화이다. 이 그림은 이상화된 풍경을 배경으로 천상과 지상의 영역을 한 화면에 묘사하고 있다. 바닥의 원근법 선의 소실점에 위치한 지상의 제단에 놓인 성체는 천상의 성부와 성자, 비둘기 형상의 성령, 요컨대 삼위일체 하나님이 수직적으로 연결되어 있다. 그리고 아기 천사들이 생명책으로 보이는 책자를 들고 있는데(요한계시록 20:12) 천상과 지상을 연결 짓는 풍경이 흥미롭다. 성체 주변에는 과거와 현재의 교황과 주교, 성인, 신학자들이 성체의 의미에 대해 자유롭게 토론하고 있는 장면이 묘사되어 있다.

관계의 미학

나의 아름다움은 내 주변의 아름다움과 무관치 않다.
왜냐하면 모든 것은 서로 연결되어 있기 때문이다.
My beauty is not irrelevant to the beauty around me
because everything is interconnected.

라파엘로 산치오가 1511년에 로마 바티칸 성 베드로 성당에 있는 '서명의 방'에 그린 〈아테네 학당〉이라
는 작품인데 이는 벽화나 천장에 그릴 때 사용하는 프레스코 기법을 사용하였다. 벽화 길이가 무려 8m가
넘는 작품으로 고대의 철학자, 천문학자, 수학자 등 54명을 한데 모아 일종의 집단 초상화로 완성한 작품
이다. 그 가운데 가장 가운데 붉은 옷을 입고 있는 플라톤과 푸른색 망토를 걸치고 있는 아리스토텔레스
가 걸어 나오고 있는 모습은 가장 유명한 장면이다. 자세히 보면 플라톤은 자신의 저서 〈티마이오스〉를

들고 손가락을 하늘을 가리키며 이데아를 강조한 듯한 자세를 취하고 있고, 그 옆의 아리스토텔레스는 자신의 저서 〈니코마스의 윤리학〉이라는 책을 들고 손가락을 펴서 땅을 향하고 있어 현실의 윤리를 강조한 듯한 모습을 하고 있다. 또 계단 아래 대리석 탁자에 턱을 괴고 있는 사람은 "우리는 같은 물에 두 번 발을 담글 수 없다"고 말하며 만물유전설을 주장한 헤라클레이토스도 그려져 있다. 천지창조를 그린 미켈란젤로로부터 감명을 받은 라파엘로가 헤라클레이토스의 모델로 미켈란젤로의 얼굴을 그려 넣었다고 한다. 게다가 플라톤은 레오나르도 다 빈치를 모델로 그렸다고 한다. 이 그림에서 읽을 수 있는 것은 서로 다른 입장이나 주장을 토론하더라도 상대방을 비방하거나 무시하지 않는 자유로운 토론의 모습을 엿볼 수 있다는 점에서 민주주의의 기본은 모든 사람을 인정하는 것으로부터 출발한다는 교훈을 얻을 수 있다.

자연이나 예술, 그리고 인생의 아름다움 등에 대한 개념과 원리 등 본질적 구조를 논하는 학문이 미학美學, Aesthetics이다. 이는 단순히 미의 구조를 해석하는 일에 그치는 것이 아니라 미美에 대한 철학적 탐구를 내포하고 있다. 사실 모든 학문의 근간이자 원류라고 할 수 있는 것이 철학哲學, Philosophy이다. 세상과 인간의 본질을 알기 위해서 필요한 것은 사유思惟다. 철학은 사유를 전제로 한다. 그 사유를 증명하기 위해서는 정성적 측면과 정량적 측면의 검증이 동시에 요구되고 있다. 정량적인 측면에서는 수학, 기하학, 물리학, 생물학 등 과학적인 분야로 발전했고 정성적인 측면에서는 인문학, 윤리학, 심리학, 미학 등으로 발전했다.

이 모든 학문보다 앞선 학문이 있는데 그것은 신학이다. 신학神學, Theology은 인류 역사와 함께 시작되었다고 볼 수 있는데 신에 대한 교리를 연구함과 동시에 인간과 신의 관계, 자연과 신의 관계 등을 사유하는 학문이다. 여기서 말하는 신학은 근현대적인 학제에서 다루는 것만을 의미하지는 않는다. 모든 학문에 앞서 인간의 이성이나 감각으로 신을 숭배했던 원시종교까지를 포함한다.

서양에서 주로 인정하는 신학은 그리스도교에서 성서를 중심으로 가르치는 것을 말한다. 신학은 유신론이나 무신론을 막론하고 폭넓게 논의되었는데 그 중심에 늘 신神이 있었다. 신의 존재에 대한 인정 여부는 믿음의 영역으로 간주되어 온 것이 사실이다. 신학은 신의 존재를 믿는 사람들이 연구할 수밖에 없었다. 연구의 핵심은 어떻게 신의 뜻을 알아가느냐이다.

그런 관점에서 하나님의 뜻이라고 할 수 있는 성서를 통해 진정한 아름다움이란 무엇인지에 대해 살펴보는 것도 의미 있는 일이 아닐까. 세상에서 아름다움의 본질을 찾기란 여간 어려운 일이 아니다. 시대마다 나라마다 미의 개념이 다를 뿐만 아니라 최근에는 미를 개념화하기보다는 상업화하는 것에 열을 올리고 있어서 미에 관한 본질이 왜곡되는 경향이 있다.

역사적으로 오랫동안 미美는 도덕과 개성을 표현할 때만 그 중요성을 인정받았다. 그런데 지금은 윤리나 개성미가 성적 아름다움sexual beauty 등에 밀려나고 있다.[4] 적어도 19세기 이전에는 성적인 매력 그 자체만으로 미적 기준을 삼지는 않았다. 육체적 매력뿐 아니라 정신적인 혹은 내면적인 매력을 동시에 중요하게 여겼다. 참되고 착하고 동시에 아름다운 것, 요컨대 진眞, 선善, 미美를 동시에 갖추었을 때 진정한 아름다움이라고 인정하였었다.

칸트가 당대의 능력심리학적 마음 이론에 맞춰 인간의 영혼anima 능력, 마음animus 활동의 지知, 정情, 의意로 나누어서 고찰하였다. 그에 따라 인간의 마음이 추구하는 최종적인 가치를 진眞, 선善, 미美로 간주하고 이 세 가지 가치의 성립조건들을 인간의 세 가지 마음 활동의 비판을 통해 밝힌 것이 순수이성비판, 판단력비판, 실천이성비판이며, 이것이 칸트 철학의 골격을 이루고 있다. 칸트의 진, 선, 미 형이상학은 그 바탕에 인간에 대한 칸트의 경험적 지식을 두고 있다.[5]

칸트는 인간이 추구하는 최고 가치의 원리들을 이렇게 하나의 토대 위에서 해설한 것이다. 인간은 사람들이 임의대로 처분할 수 있는, 이성이 없는 동물들, 물건들과는 다른 지위와 존엄성에서 전적으로 구별되는 존재라고 주장하였다.[6] 인간의 아름다움, 인간이 추구해야 할 아름다움이 어떤 지향점을 찾아야 할지 생각해볼 필요가 있다.

요즘은 상업적 광고와 맞물려 성적 매력을 노골적으로 앞세우면서 아름다움에 대한 많은 의식변화가 이루어지고 있다. 소위 인위적인 아름다움을 생산하고 그것의 소비를 유도하는 쪽으로 진행하면서 몰개성의 시대를 이끌고 있다. 소비자에게 특정 매력을 강요함으로써 한시적인 호기심, 요컨대 유행을 마치 아름다움으로 착각하게 만들면서 미의식의 왜곡을 가져왔다. 미와 관련된 산업을 주도한 측에서 볼 때 이상적인 소비자는 개성을 따지지 않는 사람들이다. 왜냐하면 아름다움의 본질과는 상관없이 출시하는 상품의 구매력을 향상하기 위해 상품과 직접 관련이 없는 광고모델의 성적 매력을 이용하기 쉽기 때문이다.

문제는 그런 광고가 매출에 크게 도움이 된다는 점이다. 과거에 중요하게 여겼던 윤리나 개성보다는 유행이라는 아름다움과는 직접 관련이 없는 한시적 매력에 유혹되어 지갑을 여는 문화가 생겨났다. 이는 아름다움을 추구하는 사람들의 욕구를 이용하는 고도의 심리전을 벌인 결과라고 볼 수 있는데 광고를 통해 아름다움을 향한 사람들의 갈증을 소비로 해소하도록 유도한다.

소비재는 한시적 매력을 추구하는 것이 훨씬 더 이익이다. 왜냐하면 지속적인 아름다움을 추구하는 것은 소비를 촉진하는 것에 걸림돌이 되기 때문이다. 기업이 추구하는 상업디자인은 유행에 따라 새로운 상품에 눈을 돌리도록 하는 것이 목적이다. 요컨대 소비자의 관심을 끌고 유행을 유도하는 것이 기업의 의도이다. 그 유행은 짧을수록 빨리 새로운 상품으로 소비가 이어진다. 기업 입장에서는 그런 상품 디자인이 훌륭한 것이다.

미학의 숙제 가운데 하나는 아름다움에 대한 오해를 해소하는 일이다. 거대한 자본주의는 아름다움에 대한 왜곡을 더욱 부추길 뿐만 아니라 그것으로 경제적 이익을 도모한다. 그 기저에는 몰개성을 유도하는 측면이 있는데, 미용, 성형수술, 패션 등의 분야에서 두드러진다. 소위 스타 마케팅을 통해 그들을 추종하거나 모방하게 함으로써 소비자들을 현혹한다.

현실적으로 "옷이 날개"라는 말이 있는데, 아무리 분별력 있는 사람이라 할지라도 이런 말은 어느 정도 수긍할 수밖에 없다. 러시아에는 "사람들은 그 사람의 옷차림에 따라 손님을 맞이하고, 그 사람의 지성에 따라 배웅한다"는 속담이 있다. 외견상의 아름다움을 무시할 수는 없지만, 그 사람의 지성이나 품성을 파악하기 전까지만 그것이 유효하다는 것을 말해준다. 성서에는 애초부터 그 사람의 차림새로 차별하는 것은 바람직하지 않다고 가르치고 있다. 사도 야고보는 하나님의 가르침을 다음과 같이 전하고 있다.

> 너희가 아름다운 옷을 입은 자를 눈여겨보고 말하되 여기 좋은 자리에 앉으소서 하고, 또 가난한 자에게 말하되 너는 거기 서 있든지 내 발등상 아래에 앉으라 하면 너희끼리 서로 차별하며 악한 생각으로 판단하는 자가 되는 것이 아니냐. 내 사랑하는 형제들아 들을지어다. 하나님이 세상에서 가난한 자를 택하사, 믿음에 부요하게 하시고 또 자기를 사랑하는 자들에게 약속하신 나라를 상속으로 받게 하지 아니하셨느냐.(야고보서 2:3~4)

헤겔에 의하면 우리의 의식적 경험 속에 들어오는 것은 단순히 한 번에 의미가 파악되지 않는다는 것이다. 감각적 인식과 의식적 경험을 통해 사물의 참된 모습을 파악하게 된다는 것이다.[7] 예를 들어 아름다운 여인을 볼 때 처음에는 눈, 코, 입 등의 비율과 조화를 보는 것은 감각적 판단이고 이어서 그 여인의 인격, 성품, 지성 등이 더해지면서 그 여인의 면모를 알 수 있게 된다. 그런데 후자를 알기 위해서는 인간관계나 사회관계를 통해 이해해야 한다. 이와 같이 감각적 의식을 시작으로 절대적인 앎에 이르는 모든 과정을 헤겔은 체계적으로 배열하고 서술한다.

헤겔이 강조한 것은 정신적 여정이다. 이 정신적 여정을 절망의 과정이라고 표현한다. 특히 헤겔은 이 절망의 과정이 위대한 부정의 힘이라고 생각한다. 왜냐하면 지금은 자신의 삶이 부정되는 듯 보이지만, 이러한 아픔을 통해 한층 성숙해지므로 결국 고통이 삶을 성숙으로 이끌기 때문이라고 주장했다. 헤겔이 말하는 ‘변증법’이란 바로 이것을 말한다. 변증법이란 스스로의 존재에 위협을 느낄만한 고통과 절망 가운데 보다 깊은 성찰과 성숙이 이루어지듯이 부정을 통해 보다 높은 차원의 긍정으로 나아간다고 본 것이다.[8]

일반적으로 사람들은 절망과 희망을 다른 세계로 보고 절망을 극복하여 희망의 세계로 나가라고 조언한다. 그렇지만 헤겔은 절망과 희망은 이어져 있다고 보았고 전 단계, 후 단계로 하나의 과정에 있다고 생각한 것이다. 더 중요한 것은 우리가 절망하는 것은 육체적인 것, 보이는 것들 안에서 주로 느낀다는 점이다. 하지만 육체적인 것 못지않게 중요한 것이 정신적인 것이다. 흔히 의식을 잃었을 때 “정신을 잃었다”고 하고 생각 없이 행동하는 사람을 보고는 “정신을 차려라”고 말하는 것을 보면 의식과 이성, 어쩌면 그 이상의 의미를 내포하고 있다고 할 수 있다.

그런 의미에서 신에 대한 그의 접근은 매우 주목할 만하다. 헤겔은 철학의 유일한 대상이 신이며, 따라서 신에게 주목하고 인식하는 것이 철학의 과제라고 말했다. 헤겔 철학의 목표나 과제는 궁극적으로 절대자를 향하는데, 헤겔은 절대자라는 표현 이외에도 절대 이성, 절대 이념, 무한자, 신 등의 단어를 사용하기도 하였다.[9] 그래서 헤겔의 철학은 신학에 가깝다는 평가를 받는다.

성서에서 “하나님은 영이시다”(요한복음 4:24)라고 말할 때 영spirit은 고대 그리스어 프뉴마pneuma에서 유래한다. 프뉴마는 숨, 호흡, breath를 뜻하는 고대 희랍어인데, 종교적인 맥락에서도 영이나 혼을 뜻한다.[10] 흔히 철학에서 절대정신이라고 사용하는 언어를 헤겔은 절대 영이라고 표현했다. 말하자면 절대정신이나 절대 영은 절대자의 정신을 가리키며 모든 것에 앞선 진리를 말한다.

이런 바탕 위에서 헤겔의 미학은 진리와 자유에 바탕을 두고 있으며 이는 미를 일체의 소비로부터 분리시킨다. 진리도 개념도 소비되지 않으며 순수하게 자기 목적을 지닌다고 본 것이다. 이는 자기 자신의 내적 필연성을 위한 것이다. 미는 어떤 외적 목적에도 어떤 외적 사용에도 복종하지 않는다고 했는데 미는 오로지 자기 자신만을 위한 것이기 때문이다. 소비되는 미는 독립성과 자유가 없다는 것을 주장했고 자신의 내적 아름다움은 굳이 광고할 필요도 없다는 것이다. 미는 향유하거나 소유하라고 유혹하지 않는다는 것이다. 만약 예술이 소비와 투기에 종속된다면 그것은 자본주의가 낳은 병폐라고 진단하였다.[11]

아리스토텔레스의 〈행복의 윤리학〉은 미의 윤리학이라고도 불린다. 정의 또한 그것이 아름답기 때문에 추구된다. 아리스토텔레스는 칼로카가티아^{kalokagathia}, 즉 아름다움의 선善이라는 독특한 개념을 도입한다. 여기서 선은 미에 종속된다. 선은 미의 실현으로 완성된다.[12] 영어 'Fair'는 '정의롭다' 혹은 '아름답다'는 의미가 있다. 그래서 정의로운 것, 즉 선한 것은 아름다움을 통해 증명된다. 공교롭게도 한자로 풀이하면 아름다움美은 양羊과 대大가 합쳐진 단어로 '큰 양'을 의미한다. 선善에도 양羊이 들어가며, 옳음을 뜻하는 의義에도 양羊의 부수가 들어간다. 공통점은 양羊이다. 성서에 따르면 구약시대에 하나님께 제사드릴 때 양은 신성한 제물로 사용되었다. 세례 요한은 예수 그리스도를 어린 양으로 표현하고 있다.

> 이튿날 요한이 예수께서 자기에게 나아오심을 보고 이르되 보라, 세상 죄를 지고 가는 하나님의 어린 양이로다.(요한복음 1:29)

예수 그리스도는 아름다움美, 정의義, 선함善으로 대표되는 진리 그 자체라는 것을 전하고 있다. 성부, 성자, 성령 삼위일체 하나님의 정체성은 절대성이라는 점을 감안하면 절대미, 절대의, 절대선을 지니고 있는 분이라는 것을 말해준다. 따라서 하나님의 모든 창조물은 절대적 아름다움을 지니고 있다. 태초의 모든 창조물은 그렇게 만들어졌다. 그것을 상징하는 장소가 에덴동산이다.

에덴동산에서 인간은 하나님이 부여한 최고의 선물인 '자유의지$^{free will}$'를 잘못 사용하여 이 모든 아름다움의 질서를 어지럽히고 말았다. 하나님이 선물한 절대적인 선과 아름다움을 사람에게 선물하였고, 그것들을 누리라고 은혜를 베풀었다. 하지만, 하나님이 금하신 선악과를 따 먹음으로써 에덴동산에서 추방당하고 말았다. 인류 최초의 사람 아담과 하와에게는 에덴동산에서의 경험은 일장춘몽이 되고 말았다. 에덴동산은 사람의 기억 속에서나 끄집어내야 할 추억 속의 낙원이 되었고 모든 인류에게 동경의 대상이 되고 말았다.

여기서 생각해볼 수 있는 것은 선과 정의, 그리고 미는 따로 존재하는 것이 아니라 하나가 됨으로써 진리의 완결성을 갖는다는 점이다. 말하자면 정의롭지 않은 것이 아름다울 수 없고 선하지 않은 것이 아름다울 수 없다는 뜻이다. 또 지속적이지 않은 것은 진정한 아름다움이 아니다. 아름다움은 영원한 것이어야 한다. 가장 아름다운 것은 영원한 생명이 보장되어야 한다.

시각적으로 인식하는 아름다움, 예를 들어 꽃을 보고 아름답다고 하지만, 그것은 꽃이 지기 전까지 한시적 아름다움이다. 열매를 보고 아름답다고 할 수 있지만, 그것은 나무에 열매가 달려 있을 때까지만 유효하다. 열매가 나무에 딱 붙어 있는 모습을 보고 우리는 "착실着實하다"고 한다. 결실의 계절에 착실한 열매만큼 아름다운 것이 또 어디 있겠는가.

우리 육체의 아름다움도 한시적인 것에서 벗어날 수 없다. 사람의 아름다움은 육체에 국한하지 않는다. 우리의 정신 혹은 영혼에 주목해야 하는 이유가 거기에 있다. 인류의 구원은 궁극적으로 아름다움의 구원이다. 태초에 창조주 하나님이 창조하실 때 각각의 피조물을 창조하실 때마다 "보시기에 좋았더라"고 말씀하셨다는 점에 다시 한 번 주목할 필요가 있다. 게다가 모든 창조를 마치신 후에는 더욱 감탄하시며 "심히 보시기에 좋았더라"고 말씀하셨다.

> 하나님이 뭍을 땅이라 부르시고 모인 물을 바다라 부르시니 하나님이 보시기에 좋았더라.(창세기 1:10)

> 하나님이 지으신 그 모든 것을 보시니 보시기에 심히 좋았더라, 저녁이 되고 아침이 되니 이는 여섯째 날이니라.(창세기 1:31)

진정한 아름다움은 생명이 있는 것이고 그 생명은 지속성이 담보되어야 하며 아름다운 삶은 생명을 구하는 일이어야 한다. 인간의 삶은 자신을 구원하는 일은 물론 타자를 구원하는 일에 관여할 때 아름다운 삶이 된다. 세상에 사는 동안 그 사실을 기억해야 한다. 정치, 경제, 사회, 문화, 과학, 예술, 문학 등 어떤 일에 종사하든지 아름다움을 창조하거나 그런 결과를 지향하는 삶을 살아야 한다. 따라서 항상 생명에 주목하고 삶을 영위하면서 하나님의 창조정신을 저버리지 않아야 한다.

세상은 전쟁, 기근, 범죄, 갈등, 교만, 무시, 차별, 부조리, 특권층, 빈부격차 등 부정적인 일들이 만연하고 있다. 만약 그런 일에 조금이라도 관여하고 있다면 그것은 결코 아름다운 삶이라고 할 수 없다. 사람은 자기 역량을 발휘하며 세상에서 명성을 얻을 수도 있고 권력이나 부를 얻을 수 있다. 그것을 성취하는 과정에서 남에게 상처를 주거나 생명에 부정적인 영향을 끼쳤다면 그것은 아무것도 이루지 않는 것만 못하다.

선함, 아름다움, 정의로움 등은 관계 속에서 두드러지게 나타난다. 아름다움을 표현할 때 균형과 조화 등을 강조하는 이유도 그 때문이다. 아름다운 관계라는 것은 '사이가 좋은 관계'를 뜻한다. 인간의 신체와 정신, 자연 생태계, 경제 질서, 정치적 대화, 사회적 윤리 등 모든 영역에서 아름다움의 철학, 요컨대 미학美學이 실현되어야 한다.

고가의 작품을 사들이고 고급 주택에서 거주하고 세련된 디자인의 자동차를 소유하고 화려한 의상과 장신구를 주렁주렁 매단다고 해서 그 사람을 아름답다고 말하지 않는다. 그들은 순간적으로 남들로부터 부러움을 살 수는 있다. 진정으로 아름다운 사람은 선하고 의로운 행실을 통해 양심을 저버리지 않고 남의 어려움이나 생명에 긍휼함을 가지면서 끊임없이 영혼의 품격을 높여가는 일을 게을리 하지 않는다. 무엇보다 그 영혼을 허락하신 창조주 하나님을 경외하며 그분의 뜻을 헤아리는 삶을 지향할 것이다.

아름다움을 창조하거나 유지하는 것은 고통이 수반된다. 흔히 아름다운 고통을 얘기할 때 생명을 잉태하고 출산하는 과정에서 겪는 산모의 고통을 언급하곤 한다. 그것이 전부가 아니다. 아이를 키우고 교육하는 일은 훨씬 더 고통이 수반된다. 그런 일은 모성애, 요컨대 사랑이 아니면 이룰 수 없는 일이라서 최고로 아름다운 일로 여긴다.

그림, 음악, 춤, 문학, 스포츠 등 창작행위를 하는 사람들 역시 숱한 날들을 피와 땀을 흘리며 창작의 산고를 겪는다. 또 인간관계, 외교관계, 무역관계 등 모든 관계 속에서도 노력은 물론이고 신뢰, 책임감, 감동 등을 주고받으면서 좋은 결실을 맺기 위해 최선을 다한다.

일부 미학자들은 자연미보다 예술미가 한층 고차원적이라고 말하는 경우도 있다. 그 이유로 예술미는 정신으로부터 태어나고 또 거듭 태어난 미이며 정신과 그 산물들은 그만큼 자연미보다 우월하기 때문이라고 말한다. 말하자면 인간의 머리를 스치는 어떠한 저급한 착상着想이라도 그 어떤 자연산물보다 우월하다는 것이다. 왜냐하면 그러한 착상에는 항상 정신성과 자유가 배어 있기 때문이라는 것이다.[13] 그런데 그 말이 설득력을 발휘하려면 전제 조건이 있는데 아름다움을 창조하는 주체인 사람이 선하고 정의로워야 한다.

우리가 인지해야 할 일은 인류는 선악과 사건 이후 에덴동산에서 추방되어 선하고 정의로운 일로 창조주 하나님으로부터 칭찬받은 적이 없다는 사실이다. 인간은 원초적으로 죄성을 가지고 살고 있어 불완전한 행위를 지속한다. 인간이 아름다움을 자아실현이나 예술미 등에 목적을 둔다면 불완전한 결과를 초래할 확률이 크다. 절대적 아름다움의 본질은 오직 하나님만이 지니고 있는 특성이다. 사람이 아름다움을 창작하기 위해서는 하나님으로부터 영감을 받지 않으면 안 된다.

인간의 창작물은 자연을 모방하거나 하나님으로부터 영감 받은 경우, 둘 중의 하나일 가능성이 크다. 그 두 가지 모두 하나님이 저작권을 가지고 있다. 자기가 창작했다고 자신의 몫이라고 주장해서는 안 되는 이유가 거기에 있다. 어떤 목적으로 창작하고 또 그것을 통해 어떤 유익을 가져오느냐가 중요하다. 예술이 진정성을 어필하기 위해서는 자기만족이나 상업적 목적을 위한 수단에 그쳐서는 안 된다.

미의 본질에 관한 최초 연구는 피타고라스 학파에 의해서 이루어졌는데, 이들은 미가 물질적인 대상의 형식구조 속에서 표현되는 자연의 객관적인 법칙이라고 생각하였다. 피타고라스는 수數를 이 세상의 근원으로 보았기 때문에 아름다움이란 균제, 대칭, 조화 등 수적數的 비례에 의한 것으로 생각하였다. 이 같은 생각은 서양 미학의 주류로서 전통을 이어가게 되었다.[14]

그런데 과연 미가 객관적일 수 있을까? 이런 의문이 플로티노스Plotinos, 소크라테스 등에 의해 제기되었다. 수적 비례에 의한 미를 부정한 것은 아니지만, 어떤 목적에 유용한 것 또한 아름다운 것이라고 주장하면서 미의 범주를 확장시켰다. 그 자체 비례에서 아름다운 것이 순수미pulchrum라고 불린 반면, 그의 주장대로 특정 목적에 적합함으로써 아름다운 또 다른 미는 적합미prepon라고 칭했다. 적합미는 데코룸decorum으로 번역되었고 여기서 오늘날의 장식미decoration가 나오게 되었다.

나아가 플로티노스는 비례미라는 본질적으로 다른 미의 존재를 주장하였다. 그는 미가 균제, 비례, 조화 등에 오직 수적인 비례에만 있는 것이 아니라 빛, 별, 소리, 색상 등 단일한 요소들 안에도 존재한다고 보았다. 요컨대 비례에만 있는 것이 아니라 질적인 것으로 그 본질은 정신적인 것이라고 주장하였다.[15]

아름다움이 사물에만 있는 것이 아니라는 점에 대해 어느 정도 수긍할 수 있을 것이다. 예를 들어 시인들이 아름다움을 노래할 때 직관적으로 묘사하지 않으면서도 아름다움을 표현한다. 그들은 '은유隱喩'라는 형식을 사용한다. 은유를 뜻하는 metaphor메타포라는 말은 ~뒤의, ~이후, ~너머 등의 의미를 담고 있는 '메타meta'와 가져오다라는 뜻의 '페레인pherein'의 합성어인 '메타페레인metapherein'이란 말에서 나왔다. 이는 '어떤 것의 자리에 다른 것을 옮겨 놓다'라는 의미이다.

아리스토텔레스는 〈수사학〉에서 세련되고 호평받은 연설은 은유를 사용하는 것이라고 했는데, 그 이유는 배움의 즐거움을 주기 때문이라고 했다. 예컨대 시인이 노년을 가리켜 '그루터기'라고 말할 때, 그 말은 전성기가 지나 시들어가는 나무와 사람 사이의 공통점을 제시함으로써 우리에게 배움과 지식을 제공한다[16]고 했다.

아리스토텔레스는 은유의 본질을 '유비類比'라고 주장했는데, 두 개의 서로 다른 것들 간에 닮은 점을 찾아내어 닮았다고 판단된 두 번째 것에게 처음의 것의 이름을 전용하는 것이 바로 은유라고 했다. 요컨대 은유는 '초승달 같은 눈썹', '내 마음은 호수요', '황혼의 인생', '꽃다운 청춘' 등 서로 다른 것에서 유사점을 찾아내어 부가함으로써 사유하게 하는 수법이라고 할 수 있다. 하지만 생소한 은유나 진부한 은유는 사용하지 않는 것이 좋다고 했다. 그 이유로 생소한 은유는 알기 어렵고 진부한 은유는 배울 것이 없다고 했다.[17]

은유를 만들어내는 이 시적 발상은 어디서 오는 걸까? 그것은 상상력에서 온다. 요컨대 말하고자 하는 대상을 비교하고 싶은 다른 것을 찾아냄으로써 연결 짓는 일이다. 그 상상의 세계는 시인의 자유 영역이다. 아름다움은 상상의 영역에서 창조되어 나온다. 중요한 것은 상상을 통해 창작되어 나오기까지 어떤 에너지가 어떻게 작용하느냐의 문제다. 말하자면 미의 본질적 아름다움의 원동력이 이미 어디엔가 존재한다는 점을 알아야 한다.

결과에는 늘 원인이 존재한다. 마찬가지로 존재하는 것은 존재를 가능하게 한 어떤 원인이 있다는 점이다. 나의 존재를 알기 위해 부모님, 조부모님, 증조부님, 고조부님 등으로 거슬러 올라가다 보면 최초의 원인에 도달할 수 있을 것이다. 아리스토텔레스는 그것을 '부동의 원동자^{原動者}'라고 표현했다. 그리고 이를 '신적^{神的} 이성^{nous}'이라고 칭하기도 했다.[18]

성서에는 이스라엘 백성의 계보가 나온다. 그 계보를 통해 성육신으로 오신 예수님의 탄생도 만날 수 있고, 나아가 에덴동산의 아담과 하와까지 거슬러 올라갈 수 있으며 결국 그들을 창조하신 하나님을 만날 수 있게 된다. 사실 이 구절을 읽을 때 가장 지루하다고 생각될 수 있는데 그 구절을 통해 자신의 정체성을 파악할 수 있다는 점에서 의미 있는 말씀이다. 어떤 것의 본질을 찾기 위해서는 자신의 가장 가까운 것에서부터 시작된다는 점을 배우게 된다. (마태복음 1:1~25) (창세기 4장)

그런 의미에서 보면 역사^{History}라는 것도 한순간, 한 시대가 지속적으로 이어지면서 이루어져 온 것이다. 어떤 순간이 중요하고 또 어떤 순간이 덜 중요하다고 단언할 수 없다. 하나의 시대에서 또 다른 시대로 이어지게 하는 모든 순간들이 나름대로 모두 의미가 있다. 끊어질 듯하면서 이어지는 이음새, 요컨대 그렇게 될 수 있도록 하는 요인들이 아름다운 것들이라고 말할 수 있다. 역사의 사이사이에는 아름다움이 내재하고 있음을 인식하고 그것을 발견하는 일에 관심을 가져야 한다.

아담과 하와의 선악과 범죄로 인해 죽음에 직면한 최초의 사람이 바로 죽임을 당하지 않고 집행유예(?)로 역사를 이어갈 수 있었던 일, 대홍수 때 노아의 가족들을 살아남게 함으로써 역사를 이어갈 수 있었던 일, 소돔과 고모라의 심판 때 롯의 가족들을 구원하여 역사를 이어갈 수 있었던 일, 바벨탑 사건으로 심판 대신 세상으로 흩어지게 하고 다른 언어를 사용하는 수준으로 마무리하심으로 역사를 이어갈 수 있었던 일 등에는 하나님의 긍휼과 선하심이 드러나 있다.

> 예수께서 이르시되 네가 어찌하여 나를 선하다 일컫느냐 하나님 한 분 외에는 선한 이가 없느니라. (마가복음 10:18)

그 선하심은 아름다움의 본질이다. 따라서 복음^{福音}은 선하고 아름다운 소식이다. 그 복음의 주인공은 예수 그리스도이다. 그분 안에는 선하심과 아름다움으로 충만하다. 이 사실을 세상에 전해야 했는데 그것은 이사야 선지자를 비롯하여 모든 선지자들에게 내려진 사명^{mission}이었다.

> 아름다운 소식을 시온에 전하는 자여, 너는 높은 산에 오르라. 아름다운 소식을 예

루살렘에 전하는 자여, 너는 힘써 소리를 높이라. 두려워하지 말고 소리를 높여 유다의 성읍들에게 이르기를 너희의 하나님을 보라 하라.(이사야 40:9)

하지만 예수님은 이 땅에 오실 때 외모적으로 아름다운 모습으로 오시지는 않았다. 왜 그러셨을까? 아름다움의 본질은 외모에 국한하지 않기 때문이다. 예수님이 만약 외모적으로 출중하셨다면 예수님이 전하고자 하는 생명의 복음, 영혼의 구원, 하나님의 사랑 등 본질에 주목하지 못할 우려가 있기 때문이었을 것이다.

그는 주 앞에서 자라나기를 연한 순 같고 마른 땅에서 나온 뿌리 같아서 고운 모양도 없고 풍채도 없은즉 우리가 보기에 흠모할 만한 아름다운 것이 없도다.(이사야 53:2)

시편 기자는 아름다운 하나님을 찬양한다. 또 찬양해야 한다고 호소한다. 하나님의 어떤 아름다움을 예찬해야 하는지에 대해 깊이 묵상할 필요가 있다.

여호와 우리 주여 주의 이름이 온 땅에 어찌 그리 아름다운지요.(시편 8:9)
여호와를 찬송하라 여호와는 선하시며 그의 이름이 아름다우니 그의 이름을 찬양하라.(시편 135:3)

우리는 진리의 복음, 즉 메시아로 오신 예수 그리스도의 아름다운 덕을 선포하는 역할을 해야 한다.

그러나 너희는 택하신 족속이요 왕 같은 제사장들이요 거룩한 나라요 그의 소유가 된 백성이니 이는 너희를 어두운 데서 불러내어 그의 기이한 빛에 들어가게 하신 이의 아름다운 덕을 선포하게 하려 하심이라.(베드로전서 2:9)

태초에 하나님이 세상을 창조하실 때 가장 먼저 창조한 것은 '빛'이었다. 빛이 있기 전에는 혼돈과 공허와 흑암의 상태였다. 이는 어지럽고 비어 있으며 어두웠다는 뜻이다. 이 상태는 아름다움과는 거리가 멀었다. 빛이 있으므로 해서 모든 것이 드러났고 또 보시기에 좋았던 것이다. 하나님, 그리고 하나님 나라를 설명하는 가장 큰 특징 가운데 하나는 빛이다. 어둠과 구분되는 이 빛은 모든 것을 아름답게 하는 원천적 요인이라는 점에서 매우 중요한 의미를 갖는다.

> 여호와는 나의 빛이요 나의 구원이시니 내가 누구를 두려워 하리요. 여호와는 내 생명의 능력이시니 내가 누구를 무서워 하리요.(시편 27:1)

> 온전히 아름다운 시온에서 하나님이 빛을 비추셨도다.(시편 50:2)

역으로 사탄이 지배하고 있는 세계는 어둠의 영역이다. 거기에는 선과 악이 구별되지 않아서 어지럽고 혼돈된 상태로 거룩함이 존재할 수 없는 세계이다.

> 악인의 길은 어둠 같아서 그가 걸려 넘어져도 그것이 무엇인지 깨닫지 못하느니라.(잠언 4:19)

> 너희가 전에는 어둠이더니 이제는 주 안에서 빛이라 빛의 자녀들처럼 행하라.(에베소서 5:8)

스스로 아름답고 스스로 선하고 스스로 의로운 분은 하나님 한 분뿐이다. 세상과 사람, 즉 하나님의 피조물은 하나님이 아름답게 해주셔야 아름다울 수 있다. 이를 위해 우선적으로 필요한 것이 빛이다. 예수님이 오신 목적도 우리를 선하고 의로운 존재로 돌려놓기 위해 오셨다. 그래서 예수님은 빛으로 오신 것이다.

> 태초에 말씀이 계시니라 이 말씀이 하나님과 함께 계셨으니 이 말씀은 곧 하나님이시니라. 그가 태초에 하나님과 함께 계셨고 만물이 그로 말미암아 지은 바 되었으니 지은 것이 하나도 그가 없이는 된 것이 없느니라. 그 안에 생명이 있었으니 이 생명은 사람들의 빛이라.(요한복음 1:1~4)

죄로 추해진 인류를 구원하시기 위해 빛으로 오셔서 인간의 아름다움을 회복하게 해주신 것이다. 예수 그리스도의 구원은 '아름다움의 구원'이라고 할 수 있다. 그런데 여전히 예수님과의 관계를 거부하는 사람들이 있다. 이는 아름다움을 거부하는 것과 다를 바 없다. 왜냐하면 예수 그리스도 외의 어떤 다른 분 혹은 다른 곳에서 본질적인 인간의 아름다움을 찾을 수 없기 때문이다.

우리가 선하고 의롭고 아름답게 살기 위해서는 우선적으로 하나님과의 관계를 개선해야 한다. 그런데 인간의 힘으로는 할 수 없다. 왜냐하면 인간은 죄성을 지니고 있어서 흠 없으신 하나님과 온전한 소통이 이루어질 수 없기 때문이다. 그래서 오직 예수 그리스도 한 분만이 하나님과 인간 사이에서 중재를 할 수 있다. 중요한 것은 우리에게 별다른 조건을 내걸지 않으셨다는 점이다. 다만, 예수 그리스도를 믿으면 된다. 사람의 지식의 정도, 신분 등 어떤 위상을 따지지 않으시고 누구에게나 그 기회가 열려 있다. 마치 빛이 온 세상을 가리지 않고 비추는 것처럼 예수 그리스도는 두 팔 벌려 환영하신다.

> 곧 예수 그리스도를 믿음으로 말미암아 모든 믿는 자에게 미치는 하나님의 의니 차별이 없느니라.(로마서 3:22)

> 그리스도 예수 안에서는 할례나 무할례나 효력이 없으되 사랑으로써 역사하는 믿음뿐이니라.(갈라디아서 5:6)

예수님은 믿음을 선물로 들고 오셨다. 그 믿음을 아무런 조건 없이 주셨다. 흔히 사람들은 자신의 능력으로 믿음을 갖게 되었다고 착각하는 경우가 있다. 그런데 그렇지 않다. 하나님이 우리를 용서하신 것은 우리의 믿음을 보는 것이 아니라, 예수 그리스도 안에 있는 믿음을 보는 것이다. 우리는 예수 그리스도의 믿음에 무임승차한 셈이다.

> 우리 주의 은혜가 그리스도 예수 안에 있는 믿음과 사랑과 함께 넘치도록 풍성하였도다.(디모데전서 1:14)

> 너는 그리스도 예수 안에 있는 믿음과 사랑으로써 내게 들은 바 바른 말을 본받아 지키고, 우리 안에 거하시는 성령으로 말미암아 네게 부탁한 아름다운 것을 지키라.(디모데후서 1:13~14)

또 어려서부터 성경을 알았나니 성경은 능히 너로 하여금 그리스도 예수 안에 있는 믿음으로 말미암아 구원에 이르는 지혜가 있게 하느니라.(디모데후서 3:15)

우리는 예수 그리스도의 믿음을 선물로 받아들이고 입으로 시인하기만 하면 된다.

네가 만일 네 입으로 예수를 주로 시인하며 또 하나님께서 그를 죽은 자 가운데서 살리신 것을 네 마음에 믿으면 구원을 받으리라. 사람이 마음으로 믿어 의에 이르고 입으로 시인하여 구원에 이르느니라.(로마서 10:9~10)

믿음이 있어야 하나님을 기쁘게 할 수 있고 하나님의 아름다움을 맛볼 수 있고 또 그분이 창조하신 모든 피조물을 만끽할 수 있다.

믿음이 없이는 하나님을 기쁘시게 하지 못하나니 하나님께 나아가는 자는 반드시 그가 계신 것과 또한 그가 자기를 찾는 자들에게 상주시는 이심을 믿어야 할지니라.(히브리서 11:6)

가장 아름다운 것은 생명이 있는 것이고 또 생명을 사랑하는 일이다. 그런 점에서 영원한 생명의 근원이신 성부 하나님과 자신의 희생으로 인류의 생명을 구원하신 성자 예수님, 그리고 그분의 일을 도우시는 성령, 요컨대 삼위일체 하나님이야말로 최고의 아름다움이라고 할 수 있다. 아름다운 삶이란 그런 예수 그리스도의 아름다운 덕을 본받고 덕을 선전하는 일을 하며 사는 것이다.

그러나 너희는 택하신 족속이요 왕 같은 제사장들이요, 거룩한 나라요, 그의 소유가 된 백성이니, 이는 너희를 어두운 데서 불러내어 그의 기이한 빛에 들어가게 하신 이의 아름다운 덕을 선포하게 하려 하심이라.(베드로전서 2:9)

최고로 아름다운 사람은 하나님과의 관계, 사람과의 관계를 잘하는 사람이다. 관계를 잘한다는 것은 잘 사귀는 것을 말하는데 가장 고차원의 사귐은 서로 사랑하는 것이다.

예수께서 이르시되 네 마음을 다하고 목숨을 다하고 뜻을 다하여 주 너의 하나님을 사랑하라 하셨으니 이것이 크고 첫째 되는 계명이요. 둘째도 그와 같으니 네 이웃을 네 자신 같이 사랑하라 하셨으니 이 두 계명이 온 율법과 선지자의 강령이니라. (마태복음 22:37~40)

만약 하나님과 관계를 잘못 설정하고 제대로 된 소통을 하지 못한다면 그것은 하나님이 마음의 중심에 없다는 것을 말해준다. 하나님이 우리 안에 있다는 것은 말씀을 받아들이고 마음에 새기고 뜻대로 살려고 애쓸 것이다. 그래야 비로소 하나님의 뜻대로 항상 기뻐하고 범사에 감사하고 쉬지 않고 기도할 수 있다.

오늘 내가 네게 명하는 이 말씀을 너는 마음에 새기고 네 자녀에게 부지런히 가르치며 집에 앉았을 때에든지 길을 갈 때에든지 누워 있을 때에든지 일어날 때에든지 이 말씀을 강론할 것이며 너는 또 그것을 네 손목에 매어 기호를 삼으며 네 미간에 붙여 표로 삼고 또 네 집 문설주와 바깥 문에 기록할지니라. (신명기 6:6~9)

하나님 앞에서 네 마음이 바르지 못하니 이 도에는 네가 관계도 없고 분깃 될 것도 없느니라. (사도행전 8:21)

항상 기뻐하라. 쉬지 말고 기도하라. 범사에 감사하라 이것이 그리스도 예수 안에서 너희를 향하신 하나님의 뜻이니라. (데살로니가전서 5:16~18)

우리는 하나님이 부여하신 공기를 나누어 마시듯 하나님의 선물들을 공히 나누고 더불어 누릴 수 있어야 한다. 사람들은 빛이나 공기 외에 다른 것들을 쉽사리 나누려 하지 않는다. 그런 자세가 바로 아름다움을 추하게 만들어버리고 만다. 아름다움의 정의는 의외로 간단하고 극명해진다. 하나님의 뜻에 부합하는 삶을 사느냐 그렇지 않느냐에 따라 아름다운 삶이 될 수도 있고 추한 삶이 될 수도 있다. 그런 차원에서 생각해볼 때 나의 아름다움은 내 주변의 아름다움과 무관치 않다. 왜냐하면 모든 것은 서로 연결되어 있기 때문이다.

창조의 핵심
시간時間, 공간空間, 인간人間

시간, 공간, 인간의 관계가 하나님의 섭리 안에 있을 때

세상은 가장 아름답다.

The world is most beautiful when time, space, and human relations are

within God's providence.

　당시 교황 율리오 2세의 요청으로 바티칸 시스티나 성당 천장(가로 40m, 세로 13m)에 그린 미켈란젤로의 천지창조 가운데 첫 번째 작품인 〈빛과 어둠의 창조〉인데, 이탈리아 전통 벽화기법인 프레스코 기법으로 그려졌다. 창조주 하나님은 빛을 창조하여 어둠과 분리함으로써 시간과 공간 개념이 탄생하게 되고 모든 피조물이 생명을 누리게 된다. 거기에 인간이 특별하게 하나님 형상으로 창조되어 이 세상을 관리하고 누릴 권리를 부여받게 되었다. 시간, 공간, 인간은 창조의 핵심이다. 그런데 인간이 없는 시간, 공간은 아무런 의미 없다. 인간은 창조의 핵심 중의 핵심이다.

성경 66권(구약 39권, 신약 27권) 가운데 나를 가장 설레게 하고 감동을 주는 구절 하나만 고르라고 한다면 창세기 1장 1절 말씀을 선택하겠다. "태초에 하나님이 천지를 창조하시느니라."(창세기 1:1) 이 말씀은 가장 신神다운 선언이고 성경 전체를 설명하기 위한 대전제이기도 하다. 많은 성경 구절 가운데 어떤 말씀은 감동을 주기도 하고 어떤 구절은 회개와 반성을 하게 하며, 또 어떤 구절은 기뻐서 어찌할 바를 모르게 만든다. 또 하나님의 지혜와 사랑을 알아가면 알아갈수록 하나님의 존재에 대한 경이로움도 더해간다. 무엇보다 모든 창조물이 사람을 위해 준비되었다는 사실, 그리고 하나님이 사람과 더불어 자신의 영광을 나누고자 하신 은혜를 깨달았을 때는 눈가가 촉촉해지기도 한다.

> 하나님이 이르시되 우리의 형상을 따라 우리의 모양대로 우리가 사람을 만들고 그들로 바다의 물고기와 하늘의 새와 가축과 온 땅과 땅에 기는 모든 것을 다스리게 하자 하시고 하나님이 자기 형상 곧 하나님의 형상대로 사람을 창조하시되 남자와 여자를 창조하시고 하나님이 그들에게 복을 주시며 하나님이 그들에게 이르시되 생육하고 번성하여 땅에 충만하라, 땅을 정복하라, 바다의 물고기와 하늘의 새와 땅에 움직이는 모든 생물을 다스리라 하시니라.(창세기 1:26~28)

하나님이 세상을 창조하신 후 모든 피조물을 사람에게 지키며 가꾸며 누리도록 허락하셨다는 사실은 하나님이 생각하시는 사람의 위상이 어떠한가를 말해준다. 하나님이 창조하신 어떤 피조물과도 비교할 수 없는 특별한 창조물이라는 것을 알 수 있다. 그런데 이해할 수 없는 점은 이런 하나님의 은혜에 대해 사람들은 전혀 감동이나 감사가 없다는 사실이다. 더 놀라운 것은 과학기술의 발전이나 문명의 발달 혹은 문화예술에 대해서는 과도하게 찬사를 아끼지 않는다는 점이다. 사실 인간이 이룬 업적은 따지고 보면 제2의 창조에 불과함에도 그 원천적 지적 소유권을 가진 창조주 하나님에 대해서는 마치 고대 신화에 등장하는 신들 가운데 한 명쯤으로 치부해버리는 경향이 있다.

편협한 지식으로 하나님을 판단하는 것이 얼마나 무모한 일인지를 모르는 것처럼 아예 무신론을 주장한 사람들도 많다. 특히 유명한 과학자, 철학자, 예술가 등이 그런 주장을 하게 되면 일반 사람들에게 미치는 영향이 작지 않다. 그들이 이룬 업적에 대해서는 폄훼할 이유가 없다. 그들이 이룬 업적 때문에 모든 분야가 발전할 수 있었기 때문이다. 그런데 나무 한 그루의 특성을 파악한 것을 가지고 마치 숲 전체에 대해 잘 아는 것처럼 행동하는 것은 바람직하지 않다.

식물과 동물의 진화적 특성을 발견했다고 해서 침팬지가 인간이 되었다고 부풀리는 것은 과학의 한계를 도외시한 교만한 처사다. 왜냐하면 그와 관련한 어떤 역사적 증거도 찾아내지 못했기 때문이다. 더 어처구니없는 것은 생물학적 특성으로 인간을 다 설명할 수 있다고 생각한다는 점이다. 그런 잘못된 전제는 인간의 정체성을 알아가는 데 커다란 장애요인이 된다. 왜냐하면 생물학적 기능을 가지고 는 동식물을 얘기할 수 있을지는 몰라도 인간은 어떤 생물과도 비교할 수 없는 독창적인 영혼과 그에 따른 창의성을 보유하고 있기 때문이다.

또 하나 우스꽝스러운 일은 신을 철학적 논쟁거리로 여기며 확실한 근거도 없이 현상론에 사로잡혀 무신론을 주장한 사람들이다. 니체가 "신은 죽었다"고 선언한 일도 그렇게 선언할 만큼 증거를 확보하지 못했으며 부패한 교회나 미성숙한 기독교인들의 부정적인 이미지가 결정적으로 그의 생각에 영향을 미친 것 같다. 리처드 도킨스도 마찬가지다. 세상이 이처럼 어지럽고 혼돈스러운 것은 신이 존재하지 않는 강력한 증거라고 말하지만, 그것은 어디까지나 신의 섭리를 이성으로 판단할 수 있다고 생각하는 무모함의 소치라고 할 수 있다. 그렇다면 생물학적 방법이나 철학적 의미부여 방법이 아닌 다른 차원에서 인간의 정체성을 알아가기 위한 노력이 필요하지 않을까.

과학자나 철학자들 가운데 신을 인정할 수밖에 없다고 유신론을 주장하는 사람들도 적지 않다. 비트겐슈타인, 키에르 케고르, 카를 바르트, 마이트너 등이 대표적인 인물이다. 그 가운데 독일 과학자 리제 마이트너는 '핵분열'이라는 용어를 처음 사용한 사람이다. 마이트너는 핵분열이 어떻게 일어나며 왜 일어나는지를 설명한 최초의 과학자였다. 핵분열은 지금까지 이루어진 과학적 발견 가운데 가장 강력하고 위험한 것이다. 자연의 신비에 대한 인간 지성의 승리가 인간 윤리의 패배로 이어진 것이다. 핵분열 개념에서 원자폭탄이 탄생했기 때문이다. 마이트너의 발견이 순수하게 과학적이었으며 이 발견이 악의적으로 적용되는 시기보다 수십 년 앞서 있었다는 사실에는 아무도 관심이 없었다.

마이트너가 75세 때 오스트리아 빈에서 강연한 내용의 일부다. "과학을 통해 우리는 이기심을 버리고 진실과 객관성에 도달할 수 있습니다. 과학을 통해 우리는 감탄과 존경의 마음으로 현실을 받아들이는 법을 배웁니다. 사물의 자연적인 질서에서 느끼는 깊은 기쁨과 외경심은 말할 것도 없습니다." 또 인생 말년에 마이트너는 과학이 끔찍하게 강탈한 원자폭탄으로 끝을 맺는 시대에 대해 씁쓸한 심경을 표현했다. "우리가 하는 일은 사랑하면서 항상 두려움에 시달릴 수는 없는 노릇이다. 그 아름다운 과학적 발견으로 사람들이 어떤 무시무시하고 사악한 짓을 저지를지 모른다는 두려움이다."[19]

이런 비슷한 입장에 선 사람으로 미국의 해양 생물학자이자 작가로서 활동했던 레이첼 카슨이 있다. 그녀의 대표작으로는 〈침묵의 봄〉이 있다. 그녀의 발간물들은 환경운동의 방향을 제시하는 데 지대한 영향을 끼쳤다. 그녀는 살충제에 관해 더 깊이 조사하면 할수록 괴로워했다. 사람들이 이를 상업적으로 악용하면서 무시무시한 결과를 초래하고 있음을 알았기 때문이다.

카슨은 '살충제'라는 용어 자체에 문제가 있다고 보았다. 왜냐하면 특정 해충을 제거한다는 미명하에 인간이라는 입장에서의 유익을 위해 일방적으로 생태계에 적지 않은 악영향을 미치기 때문이었다. 그래서 그녀는 '살충제殺蟲劑'보다는 '살상제殺傷劑'라고 불러야 할 것이라고 주장하기도 했다. 당시 과학의 윤리적 측면을 이야기하는 사람은 거의 없었다. 누구도 생태계 전체를 고려해야 한다는 목소리도 내지 않았다. 인간이 세상을 지키고 가꾸어 살기 좋은 곳으로 만들기 위해서는 시간, 공간, 인간을 동시에 생각하는 사고 시스템을 갖추어야 한다.

시간은 과거, 현재, 미래로 구분한다. 그 시간의 연결성에 주목할 필요가 있다. 과거에 집착하거나 현재의 유익만을 추구해서는 안 된다. 그렇다고 모든 것을 미래에 초점을 맞추며 살 수도 없다. 중요한 것은 지속 가능한지 아닌지를 따져봐야 한다. 시간은 단절될 수도 없고 단절되어서도 안 되기 때문이다.

그런 의미에서 보면 공간도 마찬가지다. 오래전 미국의 유명한 대중 가수들이 참여하여 부른 'We are the world'라는 노래가 주목을 받은 적이 있다. 지구는 하나로 연결되어 있기 때문에 국가주의나 지역주의에서 벗어나야 한다는 것을 말해준다. 종교도 마찬가지다. 자신의 옳음을 강조할 수는 있어도 배타주의는 옳지 않다. 내 의견과 다르다고 그것을 틀린 것으로 간주하면서 상대방을 무시하고 경멸해서는 안 된다.

그런 흐름 가운데 등장한 단어가 '지구촌地球村'이다. 여기에는 많은 의미가 내포되어 있다. 생태적인 측면에서 지구를 지키자는 의도가 있고 또 전쟁도 없고 인종차별도 없는 평화로운 세상으로 만들어가자는 뜻도 있다. 지구는 커다란 하나의 공동체라는 인식이 필요하다는 점이다.

탄소 배출량의 증가로 날로 심해지는 기후변화, 경제성장의 배후에서 일어나고 있는 대기오염, 핵 오염수 방류 등으로 인한 해양오염 등은 결국 지구촌이 하나라는 사실을 실감하게 한다. 공간은 모두 연결되어 있고 어디에 살든 무슨 일을 하든 같은 하늘 아래에서 이루어진 일들에 직간접적으로 영향을 받으며 살 수밖에 없다.

비행기로 여행하거나 선박으로 물류를 이동하는 경우도 남의 나라 상공이나 해역을 이용하는 것은 불가피하다. 사이가 좋지 않은 나라가 많을수록 세상의 불편은 가중된다. 그것을 가로막는 것은 여러 가지 요인이 있을 것이다. 국경國境에 민감한 문제, 이데올로기 문제, 무역갈등, 종교갈등, 민족분쟁 등 지구촌이 하나 되는 것을 가로막는 요인들이 산적해 있다.

공간은 시간과 더불어 상업화하였다. 토지가 자본에 수용되면서 부동산不動産이라는 용어를 탄생시켰고 그것은 강력한 부의 한 축이 되었다. 부동산은 부자와 빈자를 갈라놓는다. 단순히 땅의 경계를 구분 짓는 일에 그치지 않는다. 삶의 질이나 사람을 대하는 의식마저도 바꾸어 놓았다. 서울의 경우 한때 강남에 사느냐 강북에 사느냐는 큰 사회적 이슈였다. 왜냐하면 어디에 집이 있느냐가 주거환경을 따지는 차원이 아니라 부자와 빈자로 구분해주는 역할을 했기 때문이다. 주거지는 총체적으로 거주자들의 신분을 대변해주고 있다.

건축기술의 발달은 공간 이용의 체계를 완전히 바꾸어 놓았다. 녹지나 공원으로 조성되어 있으면 공익적인 측면이나 환경적인 측면에서는 좋을지 몰라도 경제적으로는 미련한 일이었다. 동일한 면적의 토지에 단독주택을 짓는 일은 경제를 모르는 어리석은 일로 취급받았다. 도시의 토지는 이제 부동산이라는 용어가 더 자연스럽게 사용되었고 부동산 업체는 물론이고 대학에도 부동산학과가 속속들이 생겨났다.

이제 일정한 토지에 얼마나 높은 건물을 올릴 수 있느냐가 관건이었다. 결국 공공정책은 부자들을 이기지 못하고 초고층 건물들을 허용하였고 대도시는 물론 군 단위에 이르기까지 초고층 아파트들이 우후죽순처럼 들어서게 되었다. 이를 계기로 수많은 벼락부자들을 양산하였다. 토지를 가진 사람은 가진 사람대로 또 건설업에 종사하는 사람은 그들대로 부를 축적하게 되었다.

공간의 변화는 공동체 문화의 변화로 이어지면서 건전한 관계 문화가 훼손되는 현상을 낳게 되었다. 우리나라 전통적인 농어촌마을들을 떠올려보자. 집만 나서면 모두 공용공간이었다. 골목길, 빨래터, 공동우물, 정자나무 등이 있었고 비록 사유지일지라도 농한기에는 썰매장, 쥐불놀이로 농지는 놀이터로 변했고 앞동산, 뒷동산에서도 그네를 타고 나무 열매를 따 먹거나 각종 호연지기浩然之氣를 기르는 장소로 활용되었다. 심지어 누구 집 마당이든 상관하지 않고 윷놀이나 숨바꼭질 장소로 언제나 개방되었었다.

작금의 도시 공간은 어떤가? 대부분 상업적인 공간으로 변화되었다. 엄연히 인도와 차도는 공용공간임에도 불구하고 건물주나 상가 주인들의 권리인 양 자신들의 물건들을 진열해놓고 입간판을 세우고 당연한 것처럼 건물 앞 도로가 자신의 소유인 양 사적 주차장으로 사용한다. 만에 하나 타인이 주차라도 할라치면 큰소리치며 가로막는다. 아예 '주차금지'라고 큼지막하게 쓴 팻말이 세워진 경우도 있다. 이런 공간 시스템 속에서 공동체 문화라는 것이 꽃피울 수 있을까? 놀이로 하는 오징어게임이 사람을 해치는 오징어게임 영화로 변한 것은 그것을 잘 대변해주고 있다. 한마디로 아름다운 공동체 문화는 사라지고 살벌한 경쟁과 갈등만 재생산되고 있는 셈이다.

도시에 공공공간이 많이 늘어날수록 많은 시민들을 실내에서 밖으로 불러낼 수 있다. 실내에 있으면 TV 앞에서 시간을 보내거나 게임에 빠져 보내는 경우가 허다하다. 방이나 거실에서 문화가 창출될 리 만무하다. 도시의 다양한 공공공간에서 사람들이 만나야 한다. 거기서 눈을 마주치고 몸을 부대끼며 공감대를 형성하며 시민의 일원으로서 소속감을 다져가야 한다. 거리에서는 동료들과 담소와 휴식을 취하고 버스킹Busking도 즐기고 벼룩시장Flea market도 구경하며 거리를 걸으며 사람들의 미소를 보는 것이 일상이 되어야 할 것이다.

상인들은 시민들을 잠재적 소비자로만 보려 하고 시민들은 눈치를 보며 가로를 통행해야 한다. 도시의 부적절한 토지이용은 삶의 질에 영향을 미칠 뿐 아니라 공간의 가치 저하를 초래한다. 이 모든 일에 인간이 관여한다. 문제는 인간의 역할이다. 하나님은 천지를 창조하시고 세계의 관리권을 인간에게 맡기셨다.

여호와 하나님이 그 사람을 이끌어 에덴동산에 두어 그것을 경작하며 지키게 하시고 (창세기 2:15)

인간들은 토지를 경작하고 가꾸는 대상으로 보는 것이 아니라 재산증식의 기회로 삼기 시작하면서 소위 경제전쟁이 일어난다. 산업혁명 이후 도시개발이 공장, 도로, 항만 등의 생산 및 사회기반시설 중심으로 치우치면서 삶터로서 도시공간 기능이 약화하고 말았다. 갈수록 도시는 경제활동 중심의 일터라는 인식에 천착하게 되었다.

반면 농촌은 마치 도시의 유보지留保地처럼 여겨지면서 도시민의 위락, 휴양을 위한 배후지적 성격으로 전락하고 말았다. 도시문화는 일류문화이고 농어촌문화는 변방문화 취급을 받아온 것이 사실이다. 그래서 많은 사람들이 자괴감을 느꼈을 것이고 기회만 되면 고향을 탈출하여 대도시로의 이주를 꿈꾸게 되었다. 이는 지방의 인재 유출은 물론이고 총체적인 인구감소로 이어지면서 지역소멸의 위기론까지 제기되고 있다.

그렇다면 도시는 살만한 삶터가 되고 있는가? 결과적으로 우리는 도시나 농촌에서 소중한 것들을 동시에 잃어버렸다. 도시는 자연과 전통, 그리고 공동체 문화를 상실하였고 자연은 사람을 빼앗긴 탓에 자연을 제외하고는 모든 것을 잃어버렸다. 지금까지는 인간이 자연을 무자비하게 이용했다면 이제는 자연이 인간을 역습하기에 이르렀다. 기후변화, 공동체 문화 붕괴, 도시열섬현상, 지역소멸, 환경훼손, 자원고갈 등은 인간이 공간과 시간을 잘 못 사용한 결과이다.

여기에 빠른 과학기술의 발전은 인간의 삶 자체를 송두리째 바꾸어 놓았다. 특히 컴퓨터, 인공지능 등은 시간과 공간 개념을 바꾸어 버렸다. 그 결정체 가운데 하나가 휴대폰이다. 휴대폰만 손에 쥐고 있으면 공간을 이동할 필요도 없으며 어디서 어디까지의 소요시간 등은 의미가 없어졌다. 내 손 안에 들어온 휴대폰에는 통화기능을 비롯하여 금융, 메시지 전달, 미디어, 카메라, 녹음 및 녹화, 게임 등 일일이 다 거명할 수 없을 정도로 다양한 기능을 갖추고 있어 인간의 생활양식을 통째로 바꾸어 놓았다.

인류는 동·식물, 과학기술, 경제, 우주 등에 대해서는 아주 민감하게 받아들이며 진지하게 연구한다. 그런데 정작 자기 자신의 역사에 대해서는 그다지 관심이 없어 보인다. 사람들이 얘기하는 인류 이야기를 자신의 이야기로 그냥 주저 없이 받아들인다. 허점투성이 신화를 마치 자신의 역사적 뿌리인 양 아무런 불만 없이 수긍해버린다.

동물이 자신의 조상이라고 해도 아무런 거부감 없이 받아들이고 그것을 열심히 암기하여 시험 성적을 올리는 데만 관심이 있다. 참 신기하다. 숫자 하나만 틀려도 민감하게 반응한 사람들이, 오자誤字 하나만 발견해도 빨간색 펜으로 가차 없이 줄을 긋는 사람들이 정작 자신의 역사를 왜곡하는 것에 대해서는 왜 그리 너그러울까?

세상에서 가장 중요한 존재는 자연도 공간도 시간도 동물도 식물도 아니다. 바로 인간이다. 인간이 어떤 생각으로 사느냐는 매우 중요하다. 그 결과에 따라 다른 피조물들이 영향을 받기 때문이다. 그렇다면 인간에게 가장 중요한 것은 무엇일까? 돈도 권력도 명성도 아니다. 바로 생명이다. 생명의 요체는 무엇인가? 영혼이다. 육체는 썩어져 사라지지만 영혼은 불멸의 존재이다. 왜? 영혼은 하나님의 호흡이기 때문이다. 하나님의 숨결이 우리의 생명에 관여하고 있기 때문이다.(창세기 2:7) (사도행전 17:25) (욥기 27:3)

> 그러나 사람의 속에는 영이 있고 전능자의 숨결이 사람에게 깨달음을 주시나니
> (욥기 32:8)

호흡이 있는 자마다 하나님을 찬양(시편 150:6)해야 하는 이유다. 호흡이 있다는 것은 살아 있다는 증거다. 하나님은 사람으로부터 영원히 찬양받기를 바라신다. 그래서 하나님은 사람의 호흡을 잠시 끊어지게 하실지라도 다시 살리실 것이라는 사실을 믿어야 한다. 육체는 죽으나 영혼은 죽지 않는 사실을 알아야 한다. 영혼은 영원히 하나님을 찬양할 것이다. 내 영혼은 영원히 여호와를 찬양해야 한다.(시편 146:1) 죽음의 그늘에서 우리를 구원하셨기 때문에 우리는 영원히 여호와를 찬양할 수 있게 된 것이다.(예레미야 20:13) 하나님의 은혜를 입지 못하고 세상의 것들을 섬기는 사람들은 하나님이 아닌 다른 것들을 섬기느라 여념이 없다.(다니엘 5:23) (시편 71:23) (시편 106:48)

> 여호와를 경외함이 지혜의 근본이라 그의 계명을 지키는 자는 다 훌륭한 지각을 가진 자이니 여호와를 찬양함이 영원히 계속되리로다.(시편 111:10)

사람이 소중한 것은 세상의 어떤 피조물에도 없는 '영혼spirit'이라는 것이 있기 때문이다. 그 사실 하나만으로도 사람이 얼마나 특별한 존재인지 알 수 있다. 사람

은 유일하게 하나님의 형상을 닮은 존재이다. 무엇이 하나님을 닮았을까? 바로 영혼이다. 우리의 육체는 피조물 가운데 하나인 자연의 흙으로 만들어졌고, 영혼은 하나님이 손수 진흙으로 만든 사람의 코에 직접 생기生氣를 불어 넣어주셨는데, 그로 인해 비로소 생령生靈, 요컨대 사람이 완성된 것이다.

우리 육체는 흙으로 빚어졌지만, 우리 영혼은 하나님의 호흡과 연결되어 있다. 하나님의 날숨이 우리의 들숨이 되고 우리의 들숨이 하나님의 날숨이다. 말하자면 하나님의 호흡은 우리 생명의 근원이다. 그래서 당연히 하나님은 찬양받으셔야 한다.

> 조상들도 그들의 것이요 육신으로 하면 그리스도가 그들에게서 나셨으니 그는 만물 위에 계셔서 세세에 찬양을 받으실 하나님이시니라.(로마서 9:5)

우리의 노래는 우상들을 위한 허탄한 노래가 아닌 그리스도의 말씀과 성령의 감동에서 나오는 신령한 노래여야 한다.

> 그리스도의 말씀이 너희 속에 풍성히 거하여 모든 지혜로 피차 가르치며 권면하고 시와 찬송과 신령한 노래를 부르며 감사하는 마음으로 하나님을 찬양하고 또 무엇을 하든지 말에나 일에나 다 주 예수의 이름으로 하고 그를 힘입어 하나님 아버지께 감사하라.(골로새서 3:16~17)

진화론을 찬양하든, 과학기술을 찬양하든 그것은 그 사람의 자유다. 하지만 인간이 얼마나 소중한 존재인가에 대해서는 이견이 없을 것이다. 우리가 익히 알고 있듯이 인간은 어떤 피조물과도 비교할 수 없는 독특한 사고체계와 영혼이라는 비물질적 생명체계를 가지고 있다. 요컨대 언어를 사용하고 생각하고 영감을 얻고 판단하며 또 지식을 쌓고 지혜를 발휘하며 창의적인 삶을 사는 존재는 인간이 유일하다.

인간만이 하나님을 알 수 있다. 예수 그리스도께서 인간의 몸을 입고 오신 것도 바로 그 때문이다. 하나님 자신을 닮은 인간을 구하러 오셨지, 동물이나 식물이나 금은동金銀銅을 구하러 오신 것이 아니다. 하나님이 인간을 자신의 닮은 존재로 창조하셨다는 것은 특권 중의 특권이다. 최초의 사람 아담도 하나님이 지어주신 자신의 아내 하와를 보고 자신을 닮은 것에 감동한 적이 있다.

> 여호와 하나님이 아담에게서 취하신 그 갈빗대로 여자를 만드시고 그를 아담에게
> 로 이끌어 오시니 아담이 이르되 이는 내 뼈 중의 뼈요 살 중의 살이라 이것을 남자
> 에게서 취하였은즉 여자라 부르리라 하니라. (창세기 2:22~23)

하물며 자신을 닮은 사람을 바라보는 하나님의 심정은 어떠하시겠는가? 인간
에게 시간과 공간을 지키고 가꾸라고 말씀하신 이유가 무엇이겠는가? 그것은 하
나님의 피조물에 하나님의 영광이 나타나시길 바라신다는 뜻이다. 그 바람과는
달리 인간의 잘못으로 피조물이 저주받는 처지로 전락하고 말았다. (창세기 3:17) 또
그 저주받은 피조물을 회복시킬 수 있도록 하나님과 소통할 생각은 하지 않고 오
히려 피조물이나 피조물로 만든 형상을 숭배하는 일이 벌어진 것이다. (신명기 9:12)
(신명기 29:17)

> 이는 그들이 하나님의 진리를 거짓 것으로 바꾸어 피조물을 조물주보다 더 경배하
> 고 섬김이라 주는 곧 영원히 찬송할 이시로다. (로마서 1:25)

오죽하면 사도 바울은 피조물도 하나님의 아들들이 나타나기를 고대한다는 표
현까지 하였을까. (로마서 8:19) 우리가 하나님과의 관계를 회복하게 되면 우리는 새
로운 피조물이 되어 다시는 피조물에게 종노릇하지 않게 될 것이다. 예수 그리스
도는 우리 같은 피조물에 앞서 스스로 먼저 계신 분으로서 우리에게 소망을 갖게
하신다.

> 그는 보이지 아니하는 하나님의 형상이시요 모든 피조물보다 먼저 나신 이시니
> (골로새서 1:15)

> 그런즉 누구든지 그리스도 안에 있으면 새로운 피조물이라 이전 것은 지나갔으니
> 보라 새것이 되었도다. (고린도후서 5:17)

하나님의 은혜로 새로운 피조물이 된 우리는 하나님의 창조섭리를 깨달아 인간

에게 부여된 사명을 감당해야 한다.(창세기 1:28) 공간을 어떻게 바라보아야 하는지 지혜를 발휘해야 한다. 또 시간도 마찬가지다.(창세기 2:3) 하나님은 죽도록 일하라고 우리에게 말씀하시지 않았다. 안식일은 사람의 제사를 받기 위한 날이 아니었다. 사람이 안식과 평안의 축복을 누리기를 바라셨다.

> 또 이르시되 안식일이 사람을 위하여 있는 것이요 사람이 안식일을 위하여 있는 것이 아니니(마가복음 2:27)

그 누림으로 하나님께 영광 돌리기를 바라셨다. 말하자면 하나님은 엿새 동안은 일하고 칠 일째는 쉼을 가지라는 것이다. 안식^{安息}이라는 단어의 의미는 '편안하게 호흡하는 것'을 말한다. 호흡은 생명과 관련이 있다. 심하게 일하거나 운동을 하게 되면 거친 숨을 내쉴 수밖에 없다. 그래서 안식일은 일절 일하지 말고 호흡하며 하나님과 편안한 호흡으로 소통하시길 바라셨던 것이다. 호흡이 단순히 육체적 편안함에만 영향을 미치는 것은 아니다. 하나님이 허락하신 호흡, 즉 생기^{生氣}는 생령^{生靈}의 본질이기 때문이다. 안식일은 육체를 쉬는 것 그 이상의 영적 의미가 있다. 안식이 어떻게 하나님의 영광과 연결될까? 쉬는 것이 어떻게 사람을 위한 것일까? 여기에 하나님의 깊은 사랑이 담겨 있음을 깨달아야 한다.

하나님은 일이나 운동 등 육체를 통해서도 하나님과 소통하실 수 있지만, 하나님은 본질적으로 영이시기 때문에 영으로 소통하시길 바라신다. 호흡의 들숨과 날숨은 영적 소통을 의미한다. 그것도 아주 평안하게 사물에 눈과 생각을 빼앗기지 않고 하나님만을 묵상하는 시간이 될 수 있기를 바라신 것이다. 인간은 예수님이 다시 오셔서 우리에게 새로운 몸을 입혀주시기 전까지는 죄성^{罪性}을 지닌 몸으로 살 수밖에 없기 때문에 쉰다는 것은 누구의 어떤 방해도 받지 않고 혼자 있는 것을 상상할지 모르겠다.

죄가 들어오지 않은 에덴동산에서는 모든 것이 선^善한 상태였기 때문에 가리고 숨길 것이 따로 없었다. 아담이 하나님의 낯을 피해 숨은 것도 죄를 지은 후였다.(창세기 3:10) 죄성을 가진 사람은 남을 피하려는 속성이 있다. 하나님의 호흡이 인간의 몸에 들어왔다는 것은 하나님의 영이 들어왔다는 뜻이다. 하나님은 존재 방식이 영이고 그래서 영으로 소통하고 싶어 하신다.

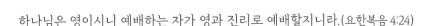

하나님은 영이시니 예배하는 자가 영과 진리로 예배할지니라.(요한복음 4:24)

안식일은 창조주이신 하나님과 피조물인 인간이 호흡, 요컨대 영적으로 교제하는 아주 복된 날이다. 하나님은 어떤 특정 공간에 머무는 분이 아니시다. 인간적인 표현으로 하면 사람을 위해 특별하고 온전하게 안락한 시간과 공간으로 만들어 주시겠다는 뜻이다. 일상도 하나님 은혜의 연속이지만, 안식일은 은혜에 은혜를 더한 최고로 복된 날을 의미한다. 안식일의 참 은혜를 깨닫지 못하면 안식일은 제사 지내는 날이나 예배드리러 가는 날쯤으로 인식하는 정도에 머물고 말 것이다.

나는 인애를 원하고 제사를 원하지 아니하며 번제보다 하나님을 아는 것을 원하노라.(호세아 6:6)

하나님도 엿새 동안의 창조과정을 마치시고 안식하셨다. 전지전능하신 하나님이 피곤하셔서 쉬셨을까? 혼자 계시고 싶어서 쉬셨을까? 그렇지 않다. 사람을 위해 자신의 시간을 사람에게 맞추시려는 엄청난 은혜가 있다. 사람이 안식일을 위해 있는 것이 아니라, 안식일이 사람을 위해 있는 것이다.(마가복음 2:27~28)

이것이 하나님이 준비하신 안식일의 참된 의미다. 안식일은 하나님이 창조하신 것 가운데 인간을 위한 최고의 선물이다. 안식일은 어떤 특별한 제사나 예배가 있어서가 아니라 하나님과 사람이 호흡하는 것처럼 자연스럽게 영적으로 교제한다는 차원에서 거룩한 날이다.(출애굽기 20:11) (출애굽기 31:13) 호흡한다는 것은 살아 있다는 의미다. 안식은 생명에 대한 예찬이어야 한다. 안식일은 모든 피조물이나 일에서 눈을 떼고 오직 자신의 호흡과 하나님의 호흡만을 묵상하면서 생명의 주인이신 하나님에 대한 경외심을 느끼는 시간이어야 한다. 구약시대에도 끊임없이 안식일의 중요성을 강조했다.

너희는 내 안식일을 지키며 내 성소를 경외하라 나는 여호와이니라.(레위기 26:2)

만약 안식일 없었다면 성막도 성전도 예배도, 아니 하나님에 대한 기억도 희미해졌을지 모른다. 안식일은 하나님과 이스라엘 백성들 사이의 표징表徵이었다.(창세기 17:11) (에스겔 20;12) 또 안식일은 시간과 공간을 초월한 하나님 나라를 상징한다. 안식일은 그 어떤 날보다도 거룩한 날이다. 유대인들은 안식일의 본질을 깨닫지 못하고 병든 자를 고치신 예수님을 비난하였다. 그때 예수님은 그들을 향해 다음과 같이 말씀하셨다.

> 한쪽 손 마른 사람이 있는지라 사람들이 예수를 고발하려 하여 물어 이르되 안식일에 병 고치는 것이 옳으니이까. 예수께서 이르시되 너희 중에 어떤 사람이 양 한마리가 있어 안식일에 구덩이에 빠졌으면 끌어내지 않겠느냐. 사람이 양보다 얼마나 더 귀하냐. 그러므로 안식일에 선을 행하는 것이 옳으니라 하시고 이에 그 사람에게 이르시되 손을 내밀라 하시니 그가 내밀매 다른 손과 같이 회복되어 성하더라.(마태복음 12:10~13)

구약시대에는 안식일에 여호와께 제사드릴 때 떡을 차려서 드렸던 일이 있었다.

> 안식일마다 이 떡을 여호와 앞에 항상 진설할지니 이는 이스라엘 자손을 위한 것이요 영원한 언약이니라(레위기 24:8)

여기에서 떡은 무엇을 상징하는가? 당연히 먹는 것은 생명과 관련이 있다. 신약에서 떡은 인류를 구원하신 예수 그리스도를 상징한다. 이미 창세기에 대제사장 멜기세덱이 떡과 포도주를 가지고 나왔는데 그를 가리켜 "지극히 높으신 하나님의 제사장"이라는 표현이 있어 예수 그리스도를 예표하는 인물로 여겨진다.

> 살렘 왕 멜기세덱이 떡과 포도주를 가지고 나왔으니 그는 지극히 높으신 하나님의 제사장이었더라.(창세기 14:18)

예수 그리스도께서 떡과 포도주를 언급하셨는데 "떡은 내 몸"이라고 하셨고, "포도주는 나의 피, 곧 언약의 피"라고 말씀하셨다.

> 그들이 먹을 때에 예수께서 떡을 가지사 축복하시고 떼어 제자들에게 주시며 이르시되 받아서 먹으라 이것은 내 몸이니라 하시고 또 잔을 가지사 감사기도 하시고 그들에게 주시며 이르시되 너희가 다 이것을 마시라 이것은 죄 사함을 얻게 하

려고 많은 사람을 위하여 흘리는바 나의 피 곧 언약의 피니라. (마태복음 26:26~28)

이사야 선지자도 장차 메시아가 받을 굴욕과 고난에 대해 언급하고 있는데 십자가에서 그분의 몸은 찢겼고 보혈을 흘리셨다. 그것은 인류의 생명을 구하기 위해서였다.

> 그가 찔림은 우리의 허물 때문이요 그가 상함은 우리의 죄악 때문이라 그가 징계를 받으므로 우리는 평화를 누리고 그가 채찍에 맞으므로 우리는 나음을 받았도다. 우리는 다 양 같아서 그릇 행하여 각기 제 길로 갔거늘 여호와께서는 우리 모두의 죄악을 그에게 담당시키셨도다. (이사야 53:5~6)

안식일은 창조주 하나님이 주인이시다. 안식일의 주인이신 하나님이 우리 안으로 오셨다. 우리 몸이 그분의 성전이 된 것이다.

> 너희는 너희가 하나님의 성전인 것과 하나님의 성령이 너희 안에 계시는 것을 알지 못하느냐. 누구든지 하나님의 성전을 더럽히면 하나님이 그 사람을 멸하시리라 하나님의 성전은 거룩하니 너희도 그러하니라. (고린도전서 3:16~17)

구약시대에는 특정 공간과 시간에 특별히 선택한 대제사장을 통해 하나님을 만날 수 있었지만, 이제는 예수 그리스도의 진리 말씀과 그분이 보내주신 성령에 힘입어 하나님과 소통할 수 있게 된 것이다.

> 아버지께 참되게 예배하는 자들은 영과 진리로 예배할 때가 오나니 곧 이 때라 아버지께서는 자기에게 이렇게 예배하는 자들을 찾으시느니라. 하나님은 영이시니 예배하는 자가 영과 진리로 예배할지니라. (요한복음 4:23~24)

지금이야말로 은혜 중의 은혜의 시대라고 할 수 있다. 선악과 사건 이후 하나님과 단절된 관계가 예수 그리스도의 은혜로 회복된 것이다. 예수 그리스도께서 십자가에서 몸이 찢기실 때 성소의 휘장이 찢겼는데 휘장은 예수 그리스도의 육체를 상징한다.

> 예수께서 큰 소리를 지르시고 숨지시니라. 이에 성소 휘장이 위로부터 아래까지 찢어져 둘이 되니라.(마가복음 15:38)

> 그러므로 형제들아 우리가 예수의 피를 힘입어 성소에 들어갈 담력을 얻었나니 그 길은 우리를 위하여 휘장 가운데로 열어 놓으신 새로운 살 길이요 휘장은 곧 그의 육체니라.(히브리서 10:19~20)

히브리서 기자는 예수 그리스도께서 우리에게 새로운 길을 제시하셨다고 전하고 있다. 그 새로운 길은 무슨 길인가? 새 생명의 길인 것이다. 구약시대에는 성전의 예배나 제사를 통해 하나님을 만나는 길이었다면, 이제는 예수 그리스도가 하나님을 만나게 하고 하나님 나라로 인도하는 유일한 길이라는 사실이다.

> 예수께서 이르시되 내가 곧 길이요 진리요 생명이니 나로 말미암지 않고는 아버지께로 올 자가 없느니라.(요한복음 14:6)

오늘날 기독교인들이 알아야 할 것은 교회를 마치 휘장이 찢어지기 전의 성전처럼 여겨서는 안 된다는 점이다. 만약 교회를 성전처럼 인식하고 목회자를 제사장으로 생각한다면 그것은 여전히 율법적 신앙에서 벗어나지 못하고 있다는 증거다. 하나님은 성전이라는 국한된 장소에 갇혀 있지 않으신다. 모든 믿음의 사람들의 각자 마음에 임하신다.

> 너희는 너희가 하나님의 성전인 것과 하나님의 성령이 너희 안에 계시는 것을 알지 못하느냐.(고린도전서 3:16)

하나님은 시간, 공간, 인간을 정상으로 돌려놓으시겠다는 언약을 주셨고 예수 그리스도께서 십자가의 죽음과 부활을 통해 다 이루신 것이다. 이것을 하실 수 있는 분은 애초부터 삼위일체 하나님밖에 없으시다. 왜? 시간, 공간, 인간을 창조하신 분이기 때문에 그것을 고치시는 분도 그것을 초월하시는 분도 하나님 한 분뿐이시기 때문이다. 우리는 어떤 사람이 '복 있는 자'인지를 성서를 통해 배워서 잘 알고 있다. 베드로가 전하는 복 있는 자는 예수 그리스도와 함께하는 사람이다.

> 너희가 그리스도의 이름으로 치욕을 당하면 복 있는 자로다. 영광의 영 곧 하나님의 영이 너희 위에 계심이라.(베드로전서 4:14)

사탄의 유혹이나 죽음에서 승리하신 예수 그리스도와 함께하는 것이야말로 복 있는 자가 아니고 누구이겠는가. 예수 그리스도를 믿는 사람들은 죄와 죽음으로부터 자유를 얻었고 모든 두려움과 근심으로부터 해방되었으며 기쁨으로 단을 거두리라는 약속을 받은 것이다.

> 울며 씨를 뿌리러 나가는 자는 반드시 기쁨으로 그 곡식 단을 가지고 돌아오리로다.(시편 126:6)

궁극적으로 시간과 공간과 인간의 주인이신 하나님은 우리의 아버지이시다. 이런 말로 다 표현할 수 없는 은혜와 축복이 우리에게 주어졌다. 따라서 우리는 예수 그리스도 안에서 특권을 가진 하나님의 자녀로서, 하나님 나라의 백성으로서 자유를 누려야 한다. 요컨대 죄에게 종노릇하던 처지에서 벗어나고 전통이나 관습 등의 표면적인 종교 행위에서 탈피하여야 한다. 우리 안에 내재하고 계신 성령의 도움으로 진리 안에서 영적인 자유와 평안을 누려야 할 것이다.

원점原點과 관계關係

점은 모든 관계의 시작이다.

그 모든 점들을 관계 짓게 하신 분은 하나님이시다.

A dot is the beginning of every relationship,

It's God who makes all those dots relate.

이 그림은 이탈리아 화가 프랑세스코 바사노Francesco Bassano the Younger, 1549~1592의 작품 〈노아의 방주〉이다. 노아의 방주 이야기는 성서(창세기 7장~8장)에 등장하는데 인간의 죄악으로 인하여 하나님으로부터 홍수 심판을 받게 되는데 하나님이 선택한 노아의 가족 8명과 온갖 짐승과 새 등을 종류대로 남기는 계획을 세우신다. 이 일을 실현하기 위해 하나님은 노아에게 특별한 배를 설계하도록 지시하셨다. 이 그림은 배가 완성된 후 각종 동물들을 배에 싣고 있는 장면이다. 성경이 가르쳐 주듯이 하나님은 철학, 과학, 문학, 예술 등 모든 지식과 지혜의 원천이다. 하나님은 중요한 일을 지시하실 때는 누구보다도 명확하게 알려주셨다. 요컨대 노아의 방주는 물론 성소와 성막 등의 설계는 한 치의 오차도 없이 제시하신 것을 보면 우

리가 상상할 수 없을 정도로 정확하고 섬세하신 분이시라는 것을 알 수 있다. 그런 의미에서 하나님은 최고의 기하학자요 건축자이시기도 하다. 성육신으로 이 땅에 오신 예수 그리스도는 우리 인생을 건축하기 위해서 친히 주춧돌이 되어 주셨다.

선과 악은 어떻게 시작되었을까? 이것은 온 인류의 관심사가 아닐 수 없다. 일찍이 동양철학에서는 선과 악을 논할 때 맹자의 성선설과 순자의 성악설을 가장 많이 언급한다. 이와 관련하여 서양에서도 유사한 주장이 제기되었는데 장자크 루소Jean Jacques Rosseau의 성선설과 토마스 홉스Thomas Hobbes의 성악설을 떠올리게 한다. 루소는 인간이 관여하지 않은 자연을 선한 것으로 보았고 질서의 근원이라고 생각했다. 반면에 홉스는 자연을 어지러운 것, 요컨대 무질서로 보았으며 인간의 이성으로 이를 바로 잡아야 할 대상으로 보았다. 이렇듯 성선설과 성악설 등 상반된 주장이 엄연히 존재하는 것만 보아도 선과 악은 인간의 이성으로만은 분별할 수 없는 영역이라는 것을 알 수 있다.

단지 선과 악에 관한 내용뿐만 아니라 세상의 모든 학문과 사상, 그리고 논리 등은 오랫동안 천재적인 석학들에 의해 설파되어 왔지만, 여전히 논쟁은 쉽사리 잦아들 것으로 보이지 않는다. 왜 이런 문제가 발생할까? 그것은 출발부터 오류가 있기 때문은 아닐까. 자신에게 주어진 것, 그 이상의 영역까지도 무리하게 논하려고 하는 데서 그 원인을 찾을 수 있다.

말하자면 반려동물이 사람들과 친근하게 지낸다고 해서, 또 그 주인이 반려동물을 마치 자식처럼 살갑게 대한다고 해서 반려동물이 사람이 될 수는 없다. 동물이 시간이 지난다고 해서 사람이 될 수 없고 사람이 제아무리 지능이 발달한다 해도 신이 될 수 없다. 교만이 극치에 이른 사람들은 마치 신이라도 된 것처럼 혹은 신이 알 수 있는 것을 자신들도 알 수 있다는 것처럼 도발한다.

사람에게 부여된 정체성에 관한 것은 물론이고 세상에 존재하는 모든 피조물에 대한 하나님의 창조 의도를 파악하는 것은 매우 중요하다. 우리가 알고 있는 한, 스스로 존재하는 분은 오로지 하나님 단 한 분뿐이시다. 그런 이름을 스스로 부여하신 분도 하나님이시다. 우리가 하나님에 대해 이러쿵저러쿵 정의하는 것은 바람직하지 않다. 하나님이 우리에게 가르쳐준 것 그 이상의 생각을 품거나 함부로 말해서는 안 된다.

> 내게 주신 은혜로 말미암아 너희 각 사람에게 말하노니 마땅히 생각할 그 이상의
> 생각을 품지 말고 오직 하나님께서 각 사람에게 나누어 주신 믿음의 분량대로 지
> 혜롭게 생각하라.(로마서 12:3)

만약 잘못된 생각을 말로 옮기는 순간 그것은 망령된 행위가 될 수 있기 때문
이다. 반면에 사람과 만물은 그 어느 것도 스스로 만들어지지 않았다. 모든 사람
은 자신의 의지와는 관계없이 이미 창조된 세상에 홀연히 나타났다. 사람들은 마
치 자신이 세상의 주인인 것처럼 행세하며 세상을 자기 마음대로 정의하고 또 자
기 욕심을 채우는 일에만 골몰하고 있다.

하나님이 창조한 세상은 모든 것이 선하고 아름다웠다. 그것은 한 치의 흐트러
짐도 없이 완벽하게 운행되었다. 그런데 뜻밖에 사달이 나고 말았다. 창조주 하나
님은 세상을 만들 때 자신만의 법칙이 있었고 이를 운영하는 데에도 원칙이 있었
다. 우리는 그것을 섭리攝理라고 부른다. 그 섭리는 인간이 이해할 수 있는 수준의
내용이 아니었다. 그것을 일일이 사람에게 설명하지 않으셨다. 하나님이 계속해
서 직접 운영하시겠다는 뜻이다. 사람은 그것을 그저 누리기만 하면 되었었다. 실
제로 창세기에는 모든 것들을 임의대로 누리라고 말씀하셨다.

다만 주의 깊고 사려 깊게 통찰했어야 할 것이 있었는데, 바로 에덴동산 중앙에
자라고 있는 두 그루의 나무이다. 하나는 생명나무였고 또 다른 하나는 선악을 알
게 하는 나무였다. 이 두 그루의 나무는 하나님의 창조섭리의 핵심을 담고 있는 상
징적인 요소이다. 그 가운데 선악을 알게 하는 나무를 두고 하나님과 사람 사이의
첫 번째 언약이 이루어졌다는 점에서 에덴동산의 어떤 피조물보다 상징성이 강했
었다. 여기서 하나님은 선악을 알게 하는 나무의 열매는 절대로 따 먹지 말라는 원
칙을 제시하셨다. 사람에게 하지 말라고 금한 유일한 조항이었다.

> 여호와 하나님이 그 사람에게 명하여 이르시되 동산 각종 나무의 열매는 네가 임의
> 로 먹되 선악을 알게 하는 나무의 열매는 먹지 말라. 네가 먹는 날에는 반드시 죽으
> 리라 하시니라.(창세기 2:16~17)

불행하게도 최초의 사람 아담과 하와는 하나님의 명을 어기고 선악과를 따 먹고 말았다. 하나님의 계획은 차질을 빚게 되었다. 왜냐하면 하나님은 사람을 위해 만물을 창조했고 그들을 통해 관리하고 가꾸어가고 누리기를 바라셨기 때문이다. 하지만 하나님과 사람 사이에 반드시 있어야 할 신뢰가 훼손되어버렸다. 결과적으로 하나님의 창조섭리 안에서 사람이 설 자리가 없어진 것이다.

태초에 하나님은 사람에게 완전한 자유의지를 허락했지만, 사람이 그것을 악용한 바람에 하나님의 계획은 차질을 빚고 말았다. 그래서 부득이하게 하나님과 사람에게 아주 특별한 장소였던 에덴동산에서 더 이상 함께 살 수 없게 되었다. 거기에는 충분한 이유가 있었다. 하나님의 놀라운 비밀인 생명나무가 함께 자라고 있었는데 그것마저 따 먹게 되면 다시 회복할 기회가 사라지기 때문이다.

선악과 사건 이전에는 모든 것이 완벽하여 사람이 수고스럽게 일하거나 입을 거리와 먹을거리 문제로 걱정할 일이 없었다. 하나님의 섭리 가운데 하나님이 말씀하신 대로만 행하면 되었다. 그렇다고 로버트처럼 인간을 조종하신 것도 아니었다. 얼마든지 창의성을 발휘하며 하나님과 더불어 더욱 선하고 아름다운 일을 도모하면서 누리기만 하면 되었다. 하지만 선악과 사건 이후 절대적으로 선하신 하나님과 죄성이 들어가 타락해버린 사람과는 더 이상 온전한 소통을 할 수 없게 되었다.

선과 악의 기원은 선악과이다. 이를 두고 하나님은 왜 선악을 알게 하는 나무를 에덴동산에 심어놓으셔서 사람이 그것을 따 먹게 하셨냐고 따질 수도 있다. 실제로 선악과 사건 이후 아담과 하와가 그처럼 불평하고 변명한 사실이 있다.

> 아담이 이르되 하나님이 주셔서 나와 함께 있게 하신 여자 그가 그 나무 열매를 내게 주므로 내가 먹었나이다. 여호와 하나님이 여자에게 이르시되 네가 어찌하여 이렇게 하였느냐 여자가 이르되 뱀이 나를 꾀므로 내가 먹었나이다. (창세기 3:12~13)

지금을 사는 우리도 유사한 생각을 한다. 특별히 이상할 것도 없다. 그것이 죄성을 지닌 사람들에게 나타나는 전형적인 현상이기 때문이다. 사람들은 죄를 죄로 인식하지 못하고 죄를 지은 후에도 좀처럼 죄를 인정하려 들지 않는다. 그것이 바로 세상이 무질서하고 혼란스러운 이유다. 요컨대 순응이 반항으로 바뀐 탓이다.

선악을 알게 하는 나무 자체가 문제였을까? 생각해보자. 어둠(밤)이 있으므로 밝음(낮)을 이해할 수 있다. 그것은 균형과 조화를 위한 하나님의 창조섭리 가운데 하나다. 문제는 하나님은 선악을 완벽하게 통제할 수 있는 분이시지만, 사람은 그 럴 수 없다는 사실이다. 사람이 하나님 형상을 닮은 피조물인 것은 맞지만, 하나님 도움 없이는 선악을 분별할 수 없다는 것을 알아야 한다. 사람이 하나님과 대등하거나 완전히 독립적인 관계가 아니라는 사실이다.

이런 사실을 깨닫게 해준다는 측면에서도 선악을 알게 하는 나무는 의미 있는 상징물이었다. 문제는 그것이 뱀(사탄)에 의해 전혀 다른 용도로 사용되고 말았다 는 점이다. 선악과를 따 먹으면 사람의 눈이 밝아져 하나님처럼 선악을 알 수 있 게 된다는 거짓말로 사람을 유혹하였다.

> 너희가 그것을 먹는 날에는 너희 눈이 밝아져 하나님과 같이 되어 선악을 알 줄 하 나님이 아심이니라. 여자가 그 나무를 본즉 먹음직도 하고 보암직도 하고 지혜롭게 할 만큼 탐스럽기도 한 나무인지라 여자가 그 열매를 따 먹고 자기와 함께 있는 남 편에게도 주매 그도 먹은지라.(창세기 3:5~6)

하나님을 기억하고 사람의 본분을 지키는 데 사용되어야 할 나무가 하나님을 대적하는 무기로 사용되어버렸다. 왜 그런 일이 발생했을까? 그것은 하나님을 전 적으로 믿지 못하고 하나님이 창조하신 피조물인 사탄의 말에 더 귀를 기울임으 로써 하나님의 영광에 흠집을 내고 만 것이다. 더불어 사람이 자신의 정체성마저 도 왜곡시킨 결과를 초래하고 말았다.

그런 의미에서 악의 출현은 에덴동산에서 하나님의 말씀을 듣지 않고 신뢰를 저버린 사탄과 인간의 합작품이라고 할 수 있다. 당초 모든 피조물의 관리권을 최 초의 사람 아담에게 위임하셨으므로 사람이 책임져야 하는 것만은 틀림없다. 이 사건을 통해 깨달아야 하는 것은 관계關係라는 것이 얼마나 중요한 것인가이다. 가 깝게 해야 할 관계와 멀리 해야 할 관계를 제대로 설정해야 하는 이유가 거기에 있다.

인간의 이기적인 욕구를 채우는 도구로 전락한 그릇된 종교, 그리고 고대부터 이어져 내려온 그럴듯한 철학, 돈벌이 수단으로 전락한 과학, 인간의 교만을 부추 기는 자유주의 사상에 빠져버린 예술이나 문학도 순수성을 상실한 지 오래다. 게

다가 이데올로기, 민족주의, 개인주의도 여기에 가세한다.

그렇다고 일부 진정성 있는 질문마저도 필요 없다는 것은 아니다. 다만 섣불리 정답처럼 말하며 사람들을 현혹해서는 안 된다. 지금 우리가 회복해야 할 일은 오로지 '하나님에 대한 믿음Trust in Jesus Christ'이다. 인류를 정상적으로 회복하실 분은 창조주 하나님 한 분뿐이시기 때문이다.

우리에게는 희망이 있다. 그 이유는 무엇일까? 그것은 선악과를 알게 하는 나무와 더불어 동산 중앙에 생명나무가 있었기 때문이다. 그 나무는 전지전능하신 하나님의 위대한 계획이자, 사람을 향한 긍휼과 사랑의 상징이다. 그 푸른 나무인 생명나무는 예수 그리스도를 상징한다. 그 나무는 이후 인류를 구원한 십자가라는 마른 나무가 되었다. 그 마른 나무 위에 매달리셔서 인류를 구원한 기적의 나무, 은혜의 나무, 부활의 나무가 되었다. 마른 나무에서 생명이 피어날 수 있다는 것을 보여주시기 위해 푸른 나무였던 예수님이 스스로 마른 나무가 되어 인류에게 희망을 주신 것이다.

> 주 여호와께서 이같이 말씀하시되 내가 백향목 꼭대기에서 높은 가지를 꺾어다가 심으리라. 내가 그 높은 새 가지 끝에서 연한 가지를 꺾어 높고 우뚝 솟은 산에 심되 이스라엘 높은 산에 심으리니 그 가지가 무성하고 열매를 맺어서 아름다운 백향목이 될 것이요 각종 새가 그 아래에 깃들이며 그 가지 그늘에 살리라. 들의 모든 나무가 나 여호와는 높은 나무를 낮추고 낮은 나무를 높이며 푸른 나무를 말리고 마른 나무를 무성하게 하는 줄 알리라. 나 여호와는 말하고 이루느니라 하라. (에스겔 17:22~24)

> 푸른 나무에도 이같이 하거든 마른 나무에는 어떻게 되리요 하시니라. 또 다른 두 행악자도 사형을 받게 되어 예수와 함께 끌려가니라. 해골이라 하는 곳에 이르러 거기서 예수를 십자가에 못 박고 두 행악자도 그렇게 하니 하나는 우편에, 하나는 좌편에 있더라. (누가복음 23:31~33)

세상의 의미와 사람의 정체성을 하나님의 창조섭리에서 찾지 않으면 인생은 방황하게 되고 삶 자체가 허무해질 수밖에 없다. 그래서 인간은 무엇인가? 세상은 무엇으로 이루어졌을까? 등의 질문을 반복할 수밖에 없다. 이런 질문은 고대 그리스 지식인들 사회의 공통된 화두였을 뿐 아니라 여전히 현재진행형이다. 소크라테스 이전의 사람으로 세상의 근원에 대해 관심이 많았던 헤라클레이토스의 경우 세계는 신이 만든 것도 아니고 인간이 만든 것도 아니라고 했다. 그는 "세계는 언제나 살아 있는 불로서 정해진 만큼 꺼지면서 언제나 있었고 또 있으며 언제까지나 있을 것이다"라고 말하면서 세계의 원질原質을 불*에 비유하였다.

헤라클레이토스는 "사람은 두 번 다시 같은 물에 발을 담글 수 없다"고 말하면서 만물의 유전流轉을 주장하였다. 요컨대 만물은 움직이고 있어서 무릇 모든 것이 머물러 있지 않는다는 것이다. 그는 선도 악도 하나이고 생과 사, 각성과 수면, 젊음과 늙음 등의 양상도 모두 동일한 것이라고 보았다. 이것이 변하여 저것이 되고 저것이 변하여 이것이 된다는 것을 강조하였다.

한편 텔레스는 만물의 근원을 물*이라고 주장했으며 만물이 물로 구성되어 있으며 땅도 물 위에 떠 있다고 주장했다. 그의 사상이 널리 알려지지는 않았지만, 아리스토텔레스에 의해 그의 사상을 알 수 있게 되었다. 반면 아낙시메네스는 만물의 근원을 공기空氣라고 주장하기도 했다. 이런 사상은 아리스토텔레스에 이르러 만물의 근원을 물, 불, 흙, 공기, 그리고 보이지 않지만, 만물 속에 흐르는 어떤 에너지, 요컨대 에테르Aether로 이루어져 있다고 보았다.

이런 논쟁은 끊이지 않고 가속화하였다. 필요한 것은 증명證明이었다. 그래서 등장한 것이 수학, 기하학이다. 수학과 기하학의 출발을 점點이라고 생각했다. 점에서 출발하여 점과 점을 연결하는 선을 생각하였고, 선을 연결하면서 면이 생기는 것을 알게 되었다. 이 점點, 선線, 면面이 바로 수학과 기하학의 출발점이었고, 이는 철학, 과학, 예술 등 세상의 모든 학문에 영향을 미치게 되었다.

이 상황에서 필요한 것은 점에 대한 정의를 내리는 일이었다. 피타고라스는 "점은 위치가 있는 단자單子이다"라고 했고, 플라톤은 "점은 쪼갤 수 없는 선"이라고 했다. 아리스토텔레스는 "점이 쪼갤 수 없는 선이라면 그 끝이 있어야 한다"고 주장했다. 유클리드는 이런 철학자들의 주장을 정리하여 논쟁에 결론을 내렸다. 그는 "점은 쪼갤 수 없는 것이다"라고 간결하게 정의를 내렸다.

위의 글은 유클리드가 저술한 책 〈원론〉의 첫 문장이다. 이 책은 당시 프톨레마이우스 I세의 스승이었던 유클리드가 왕에게 가르쳤던 내용의 일부다. 여기서 그는 왜 수학을 배워야 하는가를 설파했는데, 기하학은 모든 사고의 시작이고 증명할 수 있는 이론이기 때문이라고 했다.

그는 이 책에서 점, 선, 면 등 23가지에 대해 정의를 내리면서 시작하고 있다. 이 정의들을 왕에게 증명하는 법을 가르쳤다. 이후 원론은 세상에 품었던 다양한 의문들을 하나하나 풀어가는 사고의 출발점이 되었다. 건축, 공간, 예술, 디자인, 정의(공정), 정치, 경제, 물리학 등 사회 모든 분야에 지대한 영향을 미쳤다.

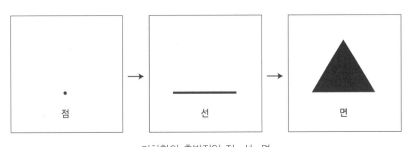

기하학의 출발점인 점·선·면

점에서 출발하여 선을 그리고 선과 선이 연결되어 면을 만들면서 모든 것의 증명이 시작된 것이다.

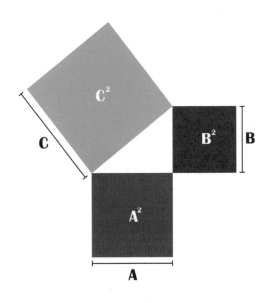

$$A^2 + B^2 = C^2$$

삼각형으로 정사각형을 그리는 원리

기하학적 설계방식이 적용된 파르테논 신전

최초의 면인 삼각형에서 각각의 정사각형을 그려내고 그 크기와 면적을 계산할 수 있게 된 것이다.

이런 방식으로 모든 물리적인 건축이나 공간을 시작으로 정치, 경제, 철학, 예술 등에 널리 적용된다. 고대 그리스 시대에 아테네의 수호 여신 아테나를 모시기 위해 건설된 웅장한 대리석 파르테논 신전은 간단한 기하학 이론이 적용된 대표적인 건물이다. 주춧돌인 점에서 시작하여 기둥과 보의 선을 연결하고, 그 사이사이에 면을 확보하는 방식으로 설계되었다.

이런 조합의 디자인은 인간의 사고방식에도 동일하게 적용되었다. 사고思考의 주춧돌 같은 역할이 바로 공리公理,Axiom 혹은 공준公準이라고 한다. 말하자면 모든 생각이 다 유효한 것이 아니라 거기에는 누구나 납득할 만한 기준이 필요한데 그것이 바로 공리라는 개념이다. 공리는 논리학이나 수학 등에서 기초적인 근거가 되는 명제를 가리키며 증명할 필요도 없이 누구나 인정할 만큼 옳다고 생각하는 것을 말한다.

〈원론〉에서는 각 점, 선, 면 등에 관한 정의와 더불어 공리에 대해 다음과 같이 설명하고 있다. 첫째, 모든 점에서 다른 점으로 직접 선을 그을 수 있다. 둘째, 유한한 직선이 있으면 그것을 얼마든지 길게 늘일 수 있다. 셋째, 임의의 점에서 반지름을 갖는 원을 그릴 수 있다. 넷째, 모든 직각은 서로 같다. 다섯째, 평행선은 영원히 만나지 않는다.

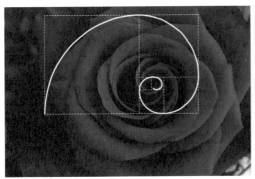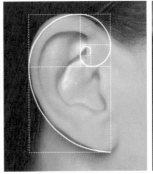

피보나치 황금비|Fibonacci Ratio 적용사례

지금으로서는 너무나 당연한 원리이지만, 당시 이런 원리를 공유할 필요가 있었다. 그 후 2000년이 훌쩍 넘었다. 여전히 〈원론〉의 영향을 받고 있다. 아니 그런 정신이 더 요구되고 있다. 복잡다단한 사회일수록 이런 공리를 기반으로 한 원칙과 상식, 그리고 공정이 지켜질 필요가 있다.

이런 〈원론〉의 공리정신을 바탕으로 과학과 철학 분야에서 두드러지게 성과를 이루어냈다. 스피노자의 경우 자신의 저서 〈윤리학〉을 통해 인간이 보편적으로 마땅히 지니고 습득해야 할 지식으로 윤리를 제시했다. 아이작 뉴턴의 경우 〈프린키피아〉를 통해 원칙과 원리에 바탕을 둔 과학이론을 제시하였다. 피보나치의 경우 이를 바탕으로 수열을 연구했는데 일정한 수열 속에서 미적인 원리를 발견한 것으로 실제 많은 자연이나 예술 작품 속에서도 증명할 만한 사례를 볼 수 있다. 그것이 바로 피보나치 황금비Fibonacci Ratio이다.

사람은 누구나 할 것 없이 어떤 원칙이나 원리에 근거하지 않고 정삼각형 하나도 그릴 수 없다. 원리를 알면 아주 간단한 문제일 수 있지만, 그것을 따르지 않고 임의대로 그리려고 한다면 밤새 그려도 아니 몇 날 며칠 동안 시도해도 그릴 수 없을 것이다. 이것이 원론의 첫 번째 문제이다. 어떻게 정삼각형을 그릴 수 있을까? 모두가 합의한 데서 출발해야 한다. 원론에서의 다섯 개의 공리를 떠올려보자. 세 번째 공리인 원을 그린다. 첫 번째 공리인 곡선이 만나는 점을 연결한다. 이 원리에 따라 그리면 아주 쉽게 정삼각형을 그릴 수 있다. 삼각형의 한 변은 원의 반지름이다. 세 변의 길이가 같으니 정삼각형이 된다.

당시 유클리드가 가르치던 왕은 좀 더 쉬운 방법은 없는가? 라고 투덜거렸다

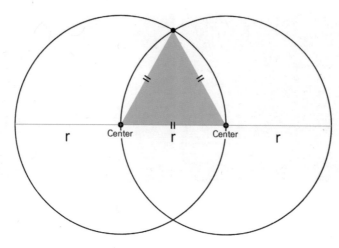

두 개의 원圓과 정삼각형

고 한다. 그때 유클리드는 "기하학에는 왕도가 없다"고 대답했다고 한다. 이 말은 오늘날 "학문에는 왕도가 없다"는 말로 널리 사용되고 있다. 왕도王道란 '왕이 가는 길'이라는 뜻으로 다른 사람과는 달리 특별한 혜택을 받는 길을 말한다. 그런데 기하학은 그럴 수 없다는 것이다. 증명이라는 것은 기본부터 하나하나 단계를 밟아가야 한다.

이 원론은 증명이라는 차원에서 철학, 미학, 과학, 경제학 등에 많은 영향을 미치며 주관적 해석의 위험성과 오류에 대한 폐해가 엄중하다는 것을 알려준다. 흔히 "바늘허리에 실 매어 쓰랴"라는 속담처럼 사람이 살아가는 데는 반드시 지켜야 할 원칙이 있고 거쳐야 할 단계가 있음을 말해준다.

인간이 인간답게 살기 위해서는 반드시 알아야 할 것은 알아야 한다. 이 역시 간단한 문제는 아니다. 인간에게 앎이란 무엇이고 어떻게 가능한가?라는 질문에 봉착할 것이다. 아르키메데스는 "내게 움직이지 않는 점 하나만 주어진다면 나는 지구도 들어 올릴 수 있다. 내게 충분히 긴 지렛대와 이것을 받칠 수 있는 버팀목을 달라. 내가 이 세계를 움직여보겠다"고 말했다. 요컨대 가장 기초적인 원리인 중심점만 잘 찾아낸다면 지구도 움직일 수 있다는 것이다. 세상의 모든 지식을 떠받칠 수 있는 궁극의 받침점, 요컨대 모든 지식에 있어서 궁극의 기초가 되는 것을 '아르키메데스의 점Archimedean point'이라고 부른다.

이를 찾아내고자 오래전부터 사상가들이 머리를 싸매고 노력해왔다. 여기서 문제가 되는 것이 바로 지식知識이다. 인간에게 지식, 곧 앎이란 무엇이며 이것을 어떻게 획득하고 어떻게 답을 구할 것인가를 알아내야 모든 지식의 기초도 찾을 수 있다. 철학 분야에서는 지식이란 무엇인가? 인간에게 앎이란 무엇인가?를 묻고 연구하는 인식론認識論이라는 분야가 등장하게 되었다. 이를 다른 표현으로는 지식론知識論이라고도 부른다.

서양 철학사에 있어서 인식론의 출발을 알린 인물은 플라톤이었다. 그는 자신의 저서 〈국가Politeia〉에서 참된 실체인 이데아Idea를 주장했는데 이것을 파악하는 에피스테메episteme를 진정한 지식이라고 주장했다. 플라톤이 말하는 에피스테메는 이데아를 파악하는 개념적인 진정한 인식을 가리킨다. 미셸 푸코Michel Foucault는 특정한 시대를 지배하는 인식의 무의식적인 체계, 혹은 특정한 방식으로 사물들에 질서를 부여하는 무의식적인 기초를 에피스테메episteme라고 불렀다.

플라톤의 또 다른 그의 저서인 〈테아이테토스〉에서는 이 지식에 대한 물음이 등장한다. 그는 여기서 소크라테스의 입을 통해 지식이란 무엇인가에 대해 이야기한다. 이 책을 통해 에피스테메란 무엇인가를 물으며 이에 대한 답을 찾아가는 과정을 보여준다. 이 책에는 자연스럽게 '지식에 관하여'라는 부제가 따라다녔는데 이것은 서양 철학사에서 인식론의 기원이 되었다.

이 인식론Epistemology은 존재론Ontology과 더불어 서양 철학사 영역의 양대 산맥을 형성하게 되었다. 근대 철학에서는 존 로크를 시작으로 임마누엘 칸트를 거쳐 헤겔에 이르기까지 이 인식론을 집중적으로 다루었다. 이런 문제를 깊게 이해하기 위해서라도 가장 먼저 플라톤의 〈테아이테토스〉부터 제대로 파악할 필요가 있다. 바로 이것이 서양 철학사와 관련하여 인식론에 관한 학습 순서가 될 것이기 때문이다.

〈테아이테토스〉의 책 구성은 외부 이야기 속의 내부 이야기라는 액자 형식을 취하고 있다. 여기서 외부 이야기는 에우클레이데스Eukleides와 테리프시온Terpsion이라는 두 인물 사이에 오가는 대화이며, 그 안에 들어가 있는 이야기는 사형당하기 직전의 소크라테스와 테아이테토스 두 사람 간에 나누는 지식의 본성에 관한 긴 대화이다. 에우클레이데스는 예전에 소크라테스가 테아이테토스라는 소년을 상대로 지식이란 무엇인가에 대해 나눈 대화를 전해 들은 적이 있었다. 그가 이 내용을 집에 와서 기록해 두었다가 이후에 이 기록물을 바탕으로 테리프시온에게 이야기를 들려주는 형식을 취하고 있다.

이 이야기 속에 등장한 소크라테스는 수학자 테오도로스Theodoros에게 아테네의 젊은이 중에 장차 크게 될 인물이 있는지를 물었다. 테오도로스는 자신에게 기하학을 배우고 있는 테아이테토스라는 소년을 추천하게 되었다. 이렇게 해서 이 책의 내용은 본격적으로 소크라테스와 테아이테토스 이 두 사람 사이에서 전개되기 시작한다. 여기까지의 내용이 실질적인 도입부에 해당한다.

이 두 사람 사이에서 시작된 본격적인 대화에 주목할 필요가 있다. 소크라테스는 이 책의 주제인 지식이란 무엇인가에 대한 대화를 시작하기 위해서 다음의 4단계를 거치게 된다. 소크라테스는 자신도 공부하면서 늘 부딪히는 문제가 있다고 말을 꺼내면서 먼저 테아이테토스가 기하학을 배우는 것처럼 배울 때 부딪히는 자기의 문제를 함께 검토하자고 제안한다. 그러면서 배운다는 것은 지혜로워진다는 것인가? 라고 질문한다. 그러니까 만약 수학에 대해 배우는 사람은 배우기 이전보다 배운 후 수학에 대해 지혜로워지는 것인가라는 의미의 질문을 한 것이다.

그러자 테아이테토스가 이에 대한 대화에 적극적으로 응한다. 지식이 있다면 그것에 대해 지혜롭다고 할 수도 있는 것 아니냐고 말하면서 지식에 대한 이야기를 이어간다. 이에 대해 테아이테토스가 동의한다. 소크라테스는 이 책의 핵심이 되는 문제를 묻는다. 지식과 지혜가 같은 것인가? 이에 대한 대답이 쉽지 않다. 여기서 다시 한번 지식이란 무엇인가에 대해 정리할 필요가 있다.

애초에 소크라테스는 배움 중에 부딪히는 문제가 있다고 말한 바 있다. 여기서 소크라테스가 말한 문제가 바로 '지식이란 무엇인가?'이다. 지식이 무엇인지 제대로 모른 채 그것을 구축한다는 것은 모순이라는 것이다. 지식이 무엇인지에 대해 만족할 만한 답을 얻어야 배움에 문제가 없겠는데 소크라테스는 늘 배움 중에 그 질문에 대한 답을 얻지 못해서 문제에 부딪힌다. 그래서 그 답을 찾아가기 위해 단계별로 대화를 나눈 것이다.

그렇다면 지식이란 무엇인가? 라는 노년의 철학자 소크라테스의 물음에 10대 소년인 테아이테토스는 지식이 무엇이라고 대답했을까? 그는 자신이 배우고 있는 기하학을 비롯하여 신발 제작 기술, 여타 장인들의 기술들을 지식이라고 대답한다. 하지만 소크라테스는 그의 대답은 지식에 대한 여러 가지 종류를 나열했을 뿐, 지식 그 자체가 무엇인지를 답한 것은 아니라고 했다. 그러면서 소크라테스는 진흙의 비유를 들어주면서 소년의 이해를 돕는다.

예컨대 어떤 사람이 일상에서 흔히 보는 것들, 요컨대 진흙이란 무엇인가? 라고 물었다고 한다면, 이 물음에 대한 답으로 도기陶器를 만드는 진흙이 있고, 벽돌을 만드는 진흙이 있다고 한다면 대상의 본질을 묻는 질문에 대상의 종류를 말한 것으로 제대로 된 답변이 안 된다고 지적한다. 마찬가지로 신발 제작에 대한 지식과 같은 어떤 지식의 이름을 말하는 것은 지식이 무엇인가에 대한 대답은 아니라고 말했다.

이쯤 되면 소크라테스가 직접 연구해서 소년에게 가르쳐주면 될 것 같은데 왜 어린 소년을 상대로 대화를 이어갈까? 라고 반문할 수 있다. 여기에는 소크라테스가 문제를 풀어가는 독특한 방법론이 자리 잡고 있다. 그것을 이해하기 위해서는 산파술産婆術에 대해 알아둘 필요가 있다. 대답을 찾아가는데 힘겨워하는 테아이테토스였지만, 이런 소크라테스의 질문에 더욱 관심을 갖게 된다. 소크라테스는 자네가 임신 중이며 출산의 진통을 겪고 있다고 말을 건넨다.

산파Midwifery란 임신한 여성을 돌보면서 그 여성이 아이를 잘 출산할 수 있도록 돕는 일을 하는 사람을 말한다. 소크라테스는 여성이 아닌 남성을 상대로 하고 있는데 이것은 테아이테토스가 사유思惟를 임신한 것이기 때문에 사유를 잘 출산할 수 있도록 소크라테스가 도와주는 역할을 한다고 비유적으로 말한 것이다. 이것이 바로 소크라테스가 말하는 산파술이다.

소크라테스가 설명하는 산파술은 자신은 이미 가임기가 지나서 출산할 수 없으므로 젊은 사람들이 임신하고 출산할 수 있도록 도와주는 역할을 하고자 산파를 자처한 것이라는 의미를 담고 있다. 그런데 일반 산파와 소크라테스의 차이점이라고 한다면 소크라테스는 남성이 임신한 사유를 보면서 그것이 진짜인지 가짜인지를 가려내는 일을 하는 것이다.

왜 산파술에 주목할 필요가 있냐면 산파술은 이 책의 전체적인 성격이고 주제 탐구의 방법론으로서 사유하고 탐구하게 하기 위한 이유이기 때문이다. 테아이테토스가 자신이 직접 탐구하도록 만드는 목적이 있다고 할 수 있다. 소크라테스가 테아이테토스에게 산파술을 이야기 한 이유는 그 당시 사람들에게 오해받고 있던 일을 해명하기 위해서였는데 이 시기 소크라테스는 "내가 아무것도 모른다는 사실을 나는 알고 있다"고 말하면서 특정 사안이나 주제에 대해 안다고 주장하는 사람들을 상대로 그 앎이 진짜인지 아닌지에 대해 질문하며 다녔고 이런 과정을 통해서 상대가 무지한 상태에 있다는 것을 지적하곤 했었다.

아테네 사람들은 소크라테스가 왜 그러는지에 대해서는 알지 못한 채 그저 사람들을 곤경에 빠뜨리는 것을 좋아하는 괴짜라고 흉을 보곤 했다. 이런 점에 대해 해명할 목적으로 산파술에 대해 말한 것이다. 신(神)에 의해 자신은 임신하고 출산할 수 없는 운명에 놓여 있으므로 그 대신에 다른 이들의 지혜를 검사하고 그 결과에 따라 유산, 출산을 도와주는 역할을 한다는 것이다. 그것이 자신의 임무라고 생각하였다.

이 대화 혹은 토론은 소크라테스가 정한 산파술이라는 규칙에 의해 이루어진 것이므로 서로 논쟁이 발생하기보다는 상대방에게 사유의 방법론을 소크라테스 방식으로 가르친 것이라고 할 수 있다. 그 결과 테아이테토스는 지식에 대한 정의를 내리는데 첫째 지식이란 지각이다. 둘째로 지식이란 참된 판단이다. 셋째로 지식이란 로고스를 가진 참된 판단이라고 했다. 이 세 가지의 정의는 소크라테스의 산파술에 의해 면밀히 검증받으면서 모두 폐기되어야 한다고 판명 받았다.

첫 번째 "정의인 지식이란 지각이다"에 대해 알아보자. 지각은 감각을 통해 알게 되는 것이다. 이것은 프로타고라스의 만물척도술과도 유사한 개념인데, "인간은 만물의 척도이다." 존재하는 것에 대해서는 존재한다는 척도요, 존재하지 않는 것에 대해서는 존재하지 않는다는 척도라는 명제를 말한다. 말하자면 우리의 감각으로 지각되지 않는 것에 대해서는 알 수 없다는 것을 가리킨다.

이에 대해 소크라테스는 진리 상대주의라고 보고 있는데 이를 바람(風)에 비유해서 설명한다. 동일한 바람에 대해 어떤 이는 차갑다고 느끼고 또 다른 사람은 덥다고 느낀다. 이 사실을 두고 바람은 차거나 더운 것이라고 이야기해야 할까? 아니면 프로타고라스의 말처럼 차다고 느끼는 사람에게는 찬 것으로 덥다고 느끼는 사람에게는 더운 것이라고 말해야 할까? 이렇게 질문한 소크라테스가 곧바로 후자의 경우가 타당한 것이라고 말한다. 그리고 이때 지각된 것 요컨대 감각으로 알게 된 지식이 나에게 그렇게 나타난 것이고 그렇게 존재하게 된 것이 그 사람에게는 진리라는 것이다. 진리가 나에게 있다고 해서 곧 인간 각자가 만물의 척도라는 것이다.

이런 논리는 진리가 절대적이고 보편적인 것이 아니라 서로가 지각하여 각자 알게 된 것이므로 상대적 입장에 놓인다는 것이다. 따라서 한 개인이 덥다고 느끼며 알게 된 것과 현상은 이를 느끼는 그 사람에게 같은 것이 되며 이 사이에 오류가 개입될 우려가 없는 것이므로 "지각이 곧 지식이다"라고 정당하게 정의할 수 있다는 것이다.

테아이테토스의 정의를 프로타고라스의 만물척도설과 결부지은 소크라테스는 그 원천으로 헤라클레이토스의 만물유전설을 거론하였다. 만물유전설은 "모든 물질은 움직인다"는 이론이다. 요컨대 "같은 물에 두 번 발을 담글 수 없다It is not possible to step twice into the same river"는 말로 설명한다. 세상 모든 것은 변하고 강물로 흐르기 때문에 발을 담갔다가 뺀 후 다시 담갔을 때는 방금 전 그 물은 이미 흘러가 버렸다는 것을 말하고 있다.

이렇게 헤라이클레이토스의 이론을 끌어들인 소크라테스는 단일 존재론에 대한 부정, 존재와 생성의 문제, 수의 증가 문제, 우주의 운동 문제 등을 깊이 있게 탐구하게 된다. 그리고 감각 가능자와 감각 현상의 관계 문제 등을 다루고 꿈과 정신착란에 따른 감각 문제를 연구하면서 이 주제에 대해 아주 복잡하게 주도해나간다. 이렇게 감각에 대해 정리한 소크라테스는 감각에 대해 두 가지로 나누어 분석하게 되는데 첫째는 어떤 감각도 이를 느끼는 사람의 고유한 것이라서 다른 사람들과 동일한 감각이라고 볼 수 없다는 것이다.

둘째는 인간은 무Nothingness를 감각할 수 없으므로 언제나 무엇에 대해서만 느낀다고 생각했다. 인간이 감각한다는 것은 언제나 독자적인 것이며 언제나 무엇에 대해 느끼는 것이라고 할 수 있다. 하지만 이렇게 정리한 내용을 두고 소크라테스는 비판적으로 검토한다. 각자가 느끼는 감각적 앎을 각자의 지식이라고 했을 때 이런 감각은 동물들에게도 일어난다는 것이다.

그래서 인간이 만물의 척도가 될 수 없다고 말한다. 또 감각과 앎이 같은 것이라면 기억을 통해 얻게 되는 지식은 감각과 어떻게 다른지 설명할 수 없다는 점에서 문제가 될 수 있다는 것이다. 한쪽 눈을 가린 사람이 나머지 한쪽 눈으로 감각이 가능하여 지식을 얻지만 다른 한쪽 눈은 감각이 불가능하여 못 얻는다고 봐야 하는데 이것은 마치 알면서도 모르는 것과 비슷한 종류의 모순이 아니냐고 비판했다.

그는 비판적인 탐구를 계속했는데 그 가운데 주목할 만한 내용은 육체와 영혼을 나누어 생각했다는 점이다. 더운 것을 느끼는 일은 육체가 하지만, 이런 감각 말고 비슷한 것과 차이가 나는 것을 파악하는 일, 있음과 없음을 구분하여 존재론적으로 탐구하는 일, 무엇이 본질이고 무엇이 본질이 아닌지를 분별하는 일들은 육체적인 감각을 통해 얻는 것이 아니라 영혼을 통해 얻는 지식이라고 봐야 한다고 말했다. 왜냐하면 그런 지식은 판단과 관련되기 때문에 감각으로 얻는 것과는 다르다는 것을 말한 것이다. 그래서 지각이 지식이 되기에는 충분하지 않다는 결론을 내린다.

두 번째 "지식이란 참된 판단이다"에 대해 과연 옳은 정의인가에 대해 의문을 제기한다. 그러면서 판단이라는 것에 검토하면서 먼저 본성을 판단하고 그 다음은 틀린 판단과 옳은 판단은 어떻게 구분되는가라는 질문을 던진다. 오류가 있는 판단에 대해서 모두 다섯 차례에 걸쳐서 오류 가능성에 대해서 전개한다. 이런 과정을 통해서 그는 아주 간단한 교설로 지식과 참된 판단은 서로 관계가 없다고 말한다.

그렇다면 이 간단한 교설敎說이란 무엇일까? 우선 돈을 빼앗겼거나 폭력을 당한 사건 현장에 목격자가 있다고 가정해보자. 이 사건의 판단은 배심원이 한다. 이 사건에 대한 직접적 지식은 목격자가 가지고 있지만, 배심원은 이런 직접적 지식 없이 간접적 증언이나 변론, 자료 등을 통해 판단하게 된다.

이때 배심원의 판단은 직접적 지식을 통한 판단이 아니므로 오류가 생길 가능성이 있다. 물론 경우에 따라 참된 결론이 날 수도 있다. 이런 판단에는 배심원의 판단에 영향을 주는 변론가의 탁월한 변론이 작용했기 때문이다. 이런 화술에 설득당한 배심원이 사건 현장에 대한 지식 없이도 참된 판단이 가능하기 때문이다. 이런 경우를 놓고 보면 지식과 참된 판단은 반드시 관련이 있는 것은 아니라는 것이다. 이렇게 해서 테아이테토스가 제안한 두 번째 정의도 폐기되고 만다.

세 번째 "정의인 지식이란 로고스Logos를 가진 참된 판단이다"에 대한 소크라테스의 변론을 알아보자. 테아이테토스는 로고스를 가진 참된 판단은 지식이지만, 로고스를 갖지 못한 판단은 지식의 바깥에 있다고 말한다. 로고스란 원래 '말한 것'이란 뜻이지만 여러 의미로 파생되어 사용되고 있다. 여기서는 주로 '설명' 정도의 의미로 사용되고 있다.

따라서 설명을 가진 참된 판단이 곧 지식이라고 생각할 수 있다. 이렇게 테아이테토스는 새로운 주장을 펼치자 소크라테스는 그런 주장에 대해 근거를 요구한다. 이 소년은 거기에 합당한 근거를 제시하기가 어렵다고 말했다. 그러자 소크라테스는 자네가 꿈을 꾼 것인지 모르겠다고 말한다. 소크라테스는 자신의 꿈 이야기를 들어보라고 하면서 그 유명한 꿈의 이론을 소개한다. 그렇다면 이 꿈의 이론은 무엇일까? 이것은 어떤 복합체를 구성하고 있는 원초적인 요소들은 로고스, 즉 설명을 갖지 못한다는 것이다.

여기서 왜 원초적인 요소들이 설명을 갖지 못하냐면 이것들은 그 자체로만 명명될 수 있는 가장 근원적인 요소들이기 때문이라는 것이다. 가령 Socrates^{소크라테스}라는 음절을 가지는 복합체에서 음소는 S나 O 같은 것들이다. 이런 것들은 그 자체로 무엇을 설명하기는 어렵다. 몇 개의 음소들이 결합한 Socrates라는 음절은 로고스, 즉 설명의 요건을 가진다. 왜냐하면 이 이름은 실제로 소크라테스라는 사람을 가리키는 설명 요소가 되기 때문이다. 로고스를 가진 복합체는 인식의 대상이 되지만 음소^{音素}만 가지고서는 인식의 대상이 되지 못한다. 그래서 지각의 대상은 되지만 지식은 되지 못한다.

소크라테스라는 복합체를 알기 위해서는 먼저 모든 구성 요소들을 파악해야 한다고 말했다. 이것은 인식할 수 있는 것을 알기 위해 인식 불가능한 것을 먼저 알아야 한다는 모순에 빠진다. 여기서 복합체란 이를 구성하고 있는 것들이 아니라 그 자체로 하나의 형상^{形相}이라는 것을 알 수 있다. 그렇게 되면 구성 요소들의 집합이 아니라 그 자체로 단일한 것이라고 한다면 그것은 로고스가 없는 최소단위로서 설명할 수 없게 된다. 인식할 수 있는 것과 인식 불가능한 것을 구별할 수 없게 된다. 그래서 이 정의도 폐기된다.

이후 소크라테스는 이 로고스^{Logos}의 의미가 다를 수 있다면 이것에 따른 정의가 정당화될 수 있다고 말하면서 이 로고스 즉 설명의 의미로 어떤 것이 더 있는지를 검토한다. 그러면서 그는 세 가지를 제시하는데 하나는 자신의 생각을 명사와 동사를 사용해 명백하게 표현하는 것, 또 하나는 존재의 본성을 로고스 즉 설명을 통해 그 요소들을 열거하는 것이며, 나머지 하나는 어떤 것이 다른 것들과 구분되도록 차이를 지워주는 것, 이것이 설명^{說明}이라는 것이다.

그 가운데 세 번째에 해당하는 것, 즉 어떤 것이 다른 것과 구분되도록 차이를 만들어주는가에 대해 살펴보고자 한다. 소크라테스가 테아이테토스에 대해 올바른 판단을 가진다고 했을 때 이것만으로는 이 인물에 대해 안다고 할 수 없다는 것을 앞에서 거론한 바 있다. 여기에서 차이, 즉 테아이테토스가 다른 사람들과 차이나는 점을 이 판단에 부가해줌으로써 소크라테스는 테아이테토스를 다른 사람과 구분하여 그 사람으로 알게 된다는 것이다. 요컨대 차이점이 없이 그저 올바른 판단만 가지고 있었을 때는 테아이테토스를 코, 눈, 입, 다리, 팔 등을 가진 보통사람으로만 파악한 것이 된다. 그런데 그만의 특징인 매부리코나 째진 눈 등 몇 가지 특징을 부가해서 차이를 지워주게 된다면 그만의 독창적인 정체성을 확보하여 알게 된다는 것이다.

하지만 여기서 문제가 되는 것은 다른 것과 차이가 나도록 하는 것, 가령, 매부리코나 째진 눈만으로 한 사람의 특징을 파악할 수 있냐는 문제다. 비슷한 유형의 사람들이 얼마든지 있을 수 있기 때문이다. 얼굴의 형태로서만 이야기되어서는 안 되고 그 외모의 독창성에 대해 기억하고 있어야 한다는 것이다. 그렇게 될 때 비로소 그에 대한 앎이 가능해진다는 것이다.

이 경우는 순환논증의 오류에 빠지게 된다는 것이다. 왜냐하면 알고 있어야 알게 된다는 논리이기 때문이다. 단순히 차이를 통해 앎에 도달한다는 논리는 앎에 대한 판단이 이미 그 사람에게 고유한 판단이 있어야 한다는 악순환에 걸려드는 것이므로 결국 실패하게 된다는 것이다. 이렇게 해서 소크라테스와 테아이테토스는 앎, 즉 지식이란 무엇인가에 대해서 어떤 결론도 내리지 못한 채 모든 논의를 마치게 된다.

그 이후로도 많은 철학자들은 끊임없는 질문과 쟁론을 통해서 진리를 탐구해왔다. 어떤 것이 명확한 정답이냐도 중요하지만, 그 못지않게 어떤 문제에 대해 진지하고 깊은 사유를 한다는 것 그 자체도 의미가 있다는 점에서 대화 혹은 소통은 여전히 중요하다.

이런 관점에서 우리는 정의正義, Justice에 대해 생각해볼 필요가 있다. 정의는 균형감을 잃지 않는 것이 중요하다. 정의는 '중간中間'이라는 개념을 탄생시켰다. 변호사나 중간상인이나 부동산을 소개하는 사람들을 중개자仲介者라고 지칭하는 이유도 거기에 있다. 법원의 상징이 저울인 것도 같은 이유다. 법무부의 영어 표현도 Law가 아니라 Justice라는 표현이 들어간 Ministry of Justice를 사용하고 있다.

중요한 것은 묻지 말고 무조건 중간을 취하라는 뜻은 아니다. 모든 상황을 고려하여 어느 한쪽에 치우치지 않고 어느 한쪽이 일방적으로 피해 받지 않도록 균형을 잡아야 한다는 것을 말하고 있다. 예를 들면 몸무게가 서로 다른 사람이 시소라는 놀이시설을 이용할 경우 몸무게가 무거운 사람이 앞으로 다가서거나 시소의 중심축 자체를 이동하여야 한다. 그래야 비로소 정상적인 놀이가 가능해진다.

캘리포니아에 들어선 애플의 신新 사옥은 혁신적인 디자인으로 유명하다. 마치 우주선이 연상되듯이 원형의 건물에 건물 안팎이 모두 정원 혹은 녹지공간으로 설계되었다. 이 설계의 주요 취지는 이 건축물을 이용하는 모든 사람들이 회랑을 통해서 소통할 수 있게 하였고 또 외부공간, 요컨대 정원이나 녹지공간을 문만 열

캘리포니아 쿠퍼티노 애플 신사옥 조감도

면 이용할 수 있는 설계 개념을 취하고 있다. 말하자면 소외되는 사람 없이 녹지 공간을 이용하고 소통할 수 있는 공간적 정의를 실현하려고 노력했다는 점에서 주목하게 한다. 애플의 신사옥은 그동안 '애플 캠퍼스2', 'UFO 사옥', '우주선 신사옥', '도넛' 등 모양에서 따온 다양한 별명으로 불렸는데 현재는 '애플파크'라고 부르고 있다.

　마이클 샌델은 그의 저서 〈정의란 무엇인가〉에서 "사회가 정의로운지 묻는 것은 우리가 소중히 여기는 것들, 이를테면 소득과 부, 의무와 권리, 권력과 기회, 공직과 영광 등을 어떻게 분배하는지를 묻는 것"[20]이라고 했다. 말하자면 정의로운 사회는 이것들을 올바르게 분배한다는 것이다. 그런데 각 개인에게 어떻게 합당하게 분배하느냐의 문제는 생각보다 복잡하다고 말했다. 그러면서 제시한 세 가지 키워드가 있는데 그것은 행복, 자유, 미덕이다.

　행복을 극대화하고 자유를 존중하며 미덕을 기르는 행위의 의미, 그리고 그와 관련한 이상이 서로 충돌할 때 무엇을 해야 하는지의 문제 역시 어렵다고 했다. 그것을 해결하고자 논쟁해온 것이 철학이었다고 보았으며 그런 의미에서 철학자들의 주장에서 그 실마리를 찾아보려고 시도했다.

　왜 정의를 구현하기가 이토록 어려운지를 설명하기 위해 예를 든다. 고장 난 전차가 시속 100㎞로 철로를 질주한다고 가정해보자. 철로 위에서는 다섯 명의 인부가 작업하고 있다. 그런데 브레이크 고장으로 멈출 수 없는 상황이다. 이 속도로 들이받으면 인부들은 죽을 수밖에 없다. 이때 오른쪽에 있는 비상 철로가 눈에 들어온다. 그곳에도 인부가 일하고 있지만 한 명이다. 여기서 기관사는 순간적으로 어떤 선택을 해야 할까? 당신이라면 어떻게 할 것인가? 한 사람을 희생하여 다섯 명을 구할 것인가? 아니면 그냥 가려던 방향대로 진행하여 다섯 명을 희생시킬 것인가? 숫자의 개념으로 보면 한 사람을 희생하고 다섯 명을 살리는 것이 정당해 보인다. 반면에 자신은 안전한 곳에서 일하고 있다고 생각한 한 명의 인부는 억울한 죽음을 당하게 된다.

마이클 샌델은 어떤 도덕적 딜레마는 도덕 원칙이 서로 충돌하면서 생긴다. 하나는 가능하면 많은 생명을 구해야 한다는 원칙이며, 또 하나는 아무리 명분이 좋아도 죄 없는 사람을 죽이는 것은 잘못된 원칙이라는 것이다. 어느 쪽을 선택하더라도 도덕적으로 난처한 입장에 설 수밖에 없다.

도덕적 사고가 우리의 판단과 원칙 사이에서 접점을 찾는 것이라면 그런 사고로 어떻게 정의나 도덕적 진실을 이해할 수 있는가? 이 물음에는 혼자 추구하는 것이 아니라 친구, 이웃, 전우, 시민 등의 대화가 필요하다는 것이다. 그것은 아마도 사회적 대화 혹은 시대정신을 말하려고 한 것이 아닐까.

도덕철학은 소크라테스나 플라톤, 아리스토텔레스까지 거슬러 올라가 살펴보아야 한다. 플라톤은 〈국가론〉에서 소크라테스는 일반시민을 동굴에 갇힌 포로에 비유한 내용을 소개한다. 이들이 보는 것이라고는 벽에 드리운 그림자의 움직임, 어두운 동굴 안에 있는 사람의 입장에서는 실체를 파악할 방법이 없다. 이 경우에 오직 철학자만이 빛이 비치는 바깥으로 나가 실체를 볼 수 있다. 소크라테스는 태양을 본 철학자만이 동굴에 사는 사람들을 지배할 적임자라고 말한다. 사람들이 사는 어둠 속으로 돌아가도록 그 철학자를 구슬릴 수만 있다면 이라는 것을 전제로 한 말이다.

이는 정의의 의미와 좋은 삶의 본질을 파악하려면 편견과 판에 박힌 일상에서 빠져나와야 한다는 뜻이다. 철학적 사고가 중요한 것은 눈에 보이는 것만으로 판단하지 않고 눈에 보이지 않는 것을 사유함으로써 올바른 가치를 지향한다는 점이다. 도덕적 사고가 변증법이라면 동굴 이야기는 분명 새겨들을 만한 가치가 있다. 도덕적 사고를 정치에 적용할 때 다양한 사회적 이슈나 사안에 직접적으로 관련된 사람과 그렇지 않은 사람들 사이에 논쟁이 불가피하다.

영국의 도덕 철학자이자 법 개혁가인 제라미 벤담은 공리주의功利主義를 통해 설명했다. 공리주의의 핵심 사상은 도덕의 최고 원칙은 행복을 극대화하는 것, 쾌락이 고통을 넘어서도록 하여 전반적으로 조화를 이루는 것을 말한다. 그의 주장에 의하면 옳은 행위는 공리功利, 유용성를 극대화하는 모든 행위이다. 그가 말하는 공리란 쾌락이나 행복을 가져오고 고통을 최소화하는 일체를 가리킨다.

벤담의 공리주의에 대한 이해를 돕는 이야기가 있다. 그는 빈곤층을 대상으로 스스로 자금을 조달하는 구빈원을 세워 극빈자 관리를 개선하는 방안을 내놓았다. 거리에서 거지를 줄일 목적으로 세운 이 계획은 공리주의 논리를 여실히 보여준다. 벤담은 시민들이 거지와 마주치면 두 가지 측면에서 행복이 줄어든다고 보았다. 정이 많은 사람이라면 동정심이라는 고통이, 정이 없는 사람이라면 혐오감이라는 고통이 발생한다는 것이다. 어떤 경우든 거지와 마주치면 일반적으로 사람들의 공리가 줄어든다. 벤담은 거지들을 구빈원救貧院에 들어가도록 해야 한다고 제안했다.

거기에는 부당한 처사라고 생각한 사람도 있을 것이다. 하지만 벤담은 거지의 공리도 소홀히 하지 않는다. 구빈원에서 일할 때보다 구걸할 때 더 행복한 거지도 있으리라는 점을 벤담도 인정한다. 그는 행복하고 여유로운 거지에 비해 불행한 사람의 수가 훨씬 많다는 점을 지적한다. 결국 구빈원으로 끌려가는 거지들이 다소 불편함을 느끼더라도 거리에서 마주치는 일반 대중이 겪는 고통의 합이 그보다 크다는 게 벤담의 결론이다.[21]

벤담은 "최대 다수의 최대 행복"이 중요하다고 주장했다. 사회적 질서를 잡기 위한 벤담의 노력도 가상하지만, 한편 너무 가혹하다는 반론도 있는 것이 사실이다. 숫자로 공리를 결정한다면 개인이나 사회 약자들의 인권이 침해받을 수 있다는 점이다. 예를 들면 고대 로마에서는 콜로세움이라는 원형 경기장에서 그리스도인을 사자 우리에 던져놓고 군중이 그것을 보고 즐기게 했다. 그리스도인은 사자에 물어뜯기는 고통을 겪는다. 그런데 콜로세움을 가득 메운 구경꾼들은 환호하며 느끼는 집단적 황홀경에 빠지는 것을 상상해보라. 이럴 경우도 공리를 적용할 수 있을 것인가?

이에 대해 존 스튜어트 밀은 그 반박에 답을 할 수 있다고 생각했다. 그는 벤담의 공리주의를 최대한 존중하면서도 그의 이론을 보완하고자 노력했다. 밀은 그의 저서 〈자유론〉을 통해 개인의 자유를 옹호하는 주장을 펼쳤다. 사람들은 남에게 해를 끼치지 않는 한 원하는 것이 무엇이든 자유롭게 할 수 있어야 한다고 말했다. 정부는 개인의 자유를 간섭하면서 개인을 보호하려 들거나 다수가 믿는 최선의 삶을 개인에게 강요하지 않아야 한다고 주장했다.

그것은 종교, 사상, 관습 등 다양한 차원에서 적용되어야 한다고 했는데 그가 소수의 의견을 옹호하면 장기적으로 사회에 유익하다고 믿는 이유는 무엇일까? 반대 의견의 전부 또는 일부가 사실로 판명날 수 있는데 그렇다면 대다수 의견을 수정할 수 있다. 사실이 아니더라도 다수의견과 소수의견이 치열하게 논쟁하다 보면 다수의견의 독단이나 편견에 빠지는 사태를 조금이라도 막을 수 있다는 점을 들고 있다.

이 논리에 대해 마이클 샌델은 두 가지 이유에서 개인의 권리에 설득력 있는 도덕적 근거를 찾지 못한다고 지적했다. 첫째로 사회발전을 위해 개인의 권리를 존중한다면 권리는 불확실한 상황에 볼모로 잡힌 꼴이라는 점이다. 둘째로 권리를 공리주의 시각으로 바라본다면 누군가의 권리를 침해했을 때 그것이 사회 전체의 행복에 어떤 영향을 미치든지 당사자에게는 부당한 행위가 된다는 사실을 간과할 수 있다는 것이다. 믿음이 다르다는 이유로 다수가 소수를 박해한다면 그 믿음을 인정했을 때 장기적으로 사회 전체에 악영향을 미칠 수 있다고 해도 박해받는 개인에게는 부당한 일이 아니겠는가?

이 의견에 대한 밀의 입장도 있다. 밀은 관습이나 관례 또는 다수의견을 따르라고 강요하는 행위는 잘못이라고 말한다. 그럴 경우 사람들은 능력을 한껏 발휘해 삶의 최고 목적을 달성할 수 없을 것이기 때문이다. 밀의 설명에 따르면 순응은 삶의 적이라고 말한다. 밀은 사람의 개성을 강조했는데 개성이 중요한 이유는 쾌락을 주기 때문이라기보다는 인격을 드러내기 때문이라고 했는데 욕구와 충동이 온전히 자기만의 것이 아닌 사람은 인격이 없는 사람이며 그것은 증기기관차에 인격이 없는 것과 마찬가지라고 했다.[22]

임마누엘 칸트는 공리주의에 반대한다. 그는 의무와 권리에 대해 어떤 철학자보다 분명하고 지대한 영향을 미쳤다. 그는 먼저 인간의 자유는 하나님의 선물이라는 것에 동의하지 않는다. 그는 각 개인이 존중받아야 할 이성적 존재라는 점을 강조한다. 칸트는 부모님 모두 개신교 경건주의자로서 내면의 수행과 선행을 강조한 가정에서 성장한 것으로 알려지고 있다. 그런 그가 자신만의 독특한 철학적 가치관을 가지고 인간의 이성에 대해 집요하게 연구하게 되었다. 〈순수이성비판〉,

〈도덕형이상학의 기초〉 등의 저서를 통해 그의 도덕철학을 설파한다.

그는 정의와 도덕을 행복의 극대화와 연결하는 공리주의 사고가 잘못되었다고 주장하였다. 공리주의는 권리를 따질 때도 최대 행복에 기여하는지 계산기를 두드려보는 탓에 권리를 무기력하게 만들기 때문이라고 했다. 많은 사람에게 쾌락을 준다는 이유만으로 그것이 옳다고 할 수 없다는 것이다. 칸트 역시 자유를 중시했다. 그런데 기존의 자유 개념과는 다르다는 것을 강조했다.

칸트의 논리는 이렇다. 다른 동물처럼 쾌락이나 고통의 회피를 추구한다면 우리는 진정으로 자유롭게 행동하는 것이 아니다. 오직 욕구의 노예로 행동하는 것이다. 왜 그럴까? 욕구를 충족하기 위해 행동은 우리 밖에 주어진 어떤 목적을 위한 것이기 때문이다. 나는 허기를 달래려고 이 길로 가고 갈증을 해소하려고 저 길로 간다.

예를 들어 아이스크림을 어떤 맛으로 주문할지 결정하려고 할 때, 초콜릿, 바닐라, 딸기 등 다양한 메뉴를 검토할 것이다. 이는 언뜻 선택의 자유를 행사하는 것처럼 생각할 수도 있지만, 사실은 어떤 맛이 내 기호에 가장 잘 맞는지 파악하는 행위이며 여기서 내 기호는 애초에 선택하는 것이 아니라 외부의 결정된 메뉴 가운데 선택을 강요받는 것이라고 본 것이다. 모든 상품 광고를 보면 선택을 강요한 것이지 소비자의 자유를 존중하는 것이 아니라고 말한다.

칸트는 진정한 자유는 자율이나 타율이냐가 중요하다고 본 것이다. 칸트가 말하고자 하는 것은 최선을 선택하는 것이 중요한 것이 아니라 목적에 부합한 선택을 하는 것이 중요하다는 것이다. 심하게 말하면 목적 그 자체를 선택하는 것이 중요하다는 것이다. 칸트는 타율적으로 선택한다면 자신 밖의 요인에 의해 선택하는 꼴이 된다는 것이다. 가장 중요한 것은 인간의 이성, 인간의 존엄성에 바탕을 둔 내적인 선택이어야 한다는 점을 강조한 것이다. 이것이야말로 인간이 수단이 아닌 목적이 된다고 주장했다.

칸트에 의하면 도덕적 가치는 그 결과가 아니라 동기에 있다. 중요한 것은 동기이며 그것은 옳은 일을 하는 것이다. 이면의 숨은 동기가 있어서는 안 된다. 이를 설명하기 위해 예를 들었다. 세상 물정을 모르는 사람이 이를테면 어린아이가 가게에 들어와 빵을 사려고 한다. 주인이 원래 빵값보다 돈을 더 받아 바가지를 씌워도 아이는 그 사실을 모를 것이다. 하지만 주인은 아이를 그렇게 이용한 사실이 사람들에게 알려지면 소문이 퍼져 장사에 타격을 입을 수 있다고 생각한다. 그래서 아이에게 바가지를 씌우지 않기로 한다. 그리고 정상적인 값을 부른다. 이때 가게 주인은 옳은 일을 했지만, 그 이유는 옳지 않다. 그가 아이와 정직하게 거래한 유일한 이유는 자신의 평판 때문이다. 자기 이익만을 위해 정직하게 행동했을 뿐이다. 따라서 가게 주인의 행동은 도덕 가치가 부족하다는 것이다.[23]

칸트는 법은 대중 전체가 동의할 수 있어야 공정하다고 했다. 과연 이런 합의가 가능하냐도 문제이지만 그렇다고 도덕적 부분까지 담당할 수 있겠는가? 이 질문에 미국 정치철학자 존 롤스는 자신의 저서 〈정의론〉에서 정의를 고민하는 바람직한 방법은 원초적으로 평등한 상황에서 어떤 원칙을 동의해야 하는가를 묻는 것이라고 주장한다. 롤스는 도덕적, 종교적, 사회적 신념이 다른 사람들이 합의에 도달하는 것도 어렵지만, 합의에 도달했다고 해도 특정 층이 탁월한 교섭력으로 우위를 점하는 사회계약은 합의 정신을 구현하기 힘들다고 주장했다.

롤스가 생각한 사회계약은 모두가 원초적으로 평등한 위치에서 출발하고 이루어지는 가언적假言的 합의를 말한다. 롤스는 이 가언계약에서 정의의 원칙 두 가지가 나온다고 생각한다. 하나는 언론의 자유와 종교의 자유 같은 기본 자유를 모든 시민에게 평등하게 제공한다는 원칙이다. 이는 사회적 공리나 일반적 행복에 앞선다고 본 것이다. 두 번째는 사회적, 경제적 평등과 관련한 원칙이다. 이것은 소득과 부를 똑같이 분배해야 한다고 주장하지는 않지만, 사회적, 경제적 불평등을 최소화해야 한다는 의도를 내포하고 있다.

이런 모든 계약이 도덕을 담보하는 것이 아니라는 점이 문제다. 사실 모든 법률이나 계약보다 상위에 있는 헌법은 모든 인간을 존중하고 개인의 자유를 보장해야 한다는 내용을 이미 담고 있다. 하지만 그 가치를 실현하는 사회가 얼마나 있는가?

모든 철학적 논의가 무의미한 것은 아니지만 모든 철학적 가치가 실현되기에는 세상이 혹은 사람들의 도덕적 의식이 뒷받침해주지 못하고 있다. 이미 불공정, 불평등의 기반이 너무 견고하게 지탱하고 있다는 점도 간과할 수 없다.

무엇이 세상을 구할 것인가? 이렇게 엄청난 철학적 논의를 거듭하고 있지만, 좀처럼 의견일치를 보지 못하고 있다. 인간 스스로의 힘으로 해결하기 어려운 지경에 이르렀다고 판단된다면 이제 세상이 창조된 태초로 돌아가서 답을 구해야 하지 않을까?

점은 그냥 점일 뿐이다. 점과 점을 이을 때 선이 되지만, 점은 자신이 선으로 이어질 거라고 예상하지 못했을 것이다. 선과 선이 이어지면서 면이 만들어지지만, 선은 면을 만들 거라고 생각도 못했을 것이다. 면은 완성도가 가장 높지만 선이 없으면 안 되고 선은 점에서 시작하지 않으면 안 된다.

어느 우주 학자의 말처럼 인간은 우주에서는 보이지도 않는다. 인간이 사는 지구도 그저 점 하나에 불과하다. 그것은 인간을 겸손하게 하는 말이어야지 인간을 하찮게 보는 말이 되어서는 안 된다. 자칫 자신을 먼지 같은 인생으로 생각할 수 있지만 창조주 하나님의 호흡을 부여받은 고귀한 영혼의 소유자라는 사실을 잊지 말아야 할 것이다. 지혜 있는 사람은 그 근원을 찾아갈 수 있어야 한다.

우리의 삶이 헝클어지고 어지러울 때는 다시 돌아보고 원점으로 돌아가서 생각할 필요가 있다. 원점이야말로 관계의 시작이기 때문이다. 따라서 다시 회복하기 위해서는 원점으로 돌아가야 한다. 여기서 잊지 말아야 할 것은 모든 점들을 관계 짓게 하신 분은 창조주 하나님이시라는 사실이다.

아름다움과 황금비黃金比

우리가 추구해야 할 궁극의 아름다움은 영원한 생명,

요컨대 영혼의 아름다움이다.

The ultimate beauty we should pursue is eternal life,

that is, the beauty of the soul.

〈모나리자〉는 레오나르도 다 빈치$^{Leonardo\ da\ Vinci,\ 1452-1519}$의 대표적인 작품(53cm×77cm)으로 1503~1506년경에 그려진 것으로 추정하고 있는데, 현재 루브르 박물관에 소장되어 있다. 예술가이면서 과학자, 건축가의 면모를 보이기도 했던 레오나르도 다 빈치는 '최후의 만찬', '흰 담비를 안은 귀부인' 등의 작품이 유명하다. 그는 작품에 황금비를 적용하여 그림을 그린 것으로 유명하다. '모나리자'를 예로 들자면 작품 속 여인의 코 평수와 입술의 비, 인중부터 아랫입술까지의 길이와 아랫입술부터 턱까지의 길이의 비, 그리고 이마 부분과 나머지 아래 얼굴의 비율이 모두 황금비율인 1:1.618을 이루고 있음을 발견할 수 있다. 황금비는 통상적으로 1:1.618의 비율을 말하는데 가로와 세로 혹은 간격 등의 비율이 시각적으로 편안하도록 도와준다. 일상생활에서 흔히 접하는 책, 컴퓨터 모니터, 휴대폰 화면, 영화관 스크린. 신용카드(8.56cm×5.398cm) 등에 적용되고 있다. 그 외에도 앵무조개, 해바라기 씨앗의 배열, 아테네의 파르테논 신전 등에 적용되었고, 특히 피라미드의 옆면, 밑면, 높이가 이루는 직각삼각형에서 밑변과 빗변의 비율이 약 1:1.6을 이룬다고 한다.

세상은 아름다움을 눈으로 볼 수 있는 것, 요컨대 시각적인 것 등 주로 감각을 통해 추구하는 경향이 있다. 종종 천재적인 예술가들이 등장하여 심금을 울리고 영혼을 감동시키는 창작으로 예술의 경지를 한 차원 높이는 경우가 있다. 평론가나 대중들은 그런 예술조차도 지나게 세속적으로 평가하는 경향이 있다. 이런 비극은 언제 시작되었을까? 근본적인 문제는 인간의 죄성으로 인한 하나님의 창조 정신을 이해하지 못하는 것에 기인한다. 게다가 보다 현실적인 문제를 말하자면 과학기술의 발달과 산업화(상업화) 등에 그 이유가 있다고 봐야 할 것이다.

수학, 물리학, 경제학, 공학 등 전반적인 과학기술의 발전은 모든 것을 척도^{Scale}화하고 수치로 설명하려는 현상이 나타나게 되었다. 또 산업화의 영향으로 경제이론이 발달하였는데 경제성장률, 환율, 이자율 등 수치를 빼고는 논할 수 없을 정도로 숫자의 세상을 주도하게 되었다.

이런 경향은 미학 이론에서도 찾아볼 수 있는데 대표적인 것이 피보나치의 수열$^{Fibonacci\ sequence}$이다. 피보나치 수열은 배열 숫자가 이전 두 숫자의 합으로 구성되는 수열을 말한다. 0, 1, 2, 3, 5, 8, 13, 21, 34 등의 수열로 진행되는데 수열이 계속되면 숫자 간의 비율이 일정한 값으로 수렴한다. 이 평균값은 1.618:1로 일명 '황금비$^{Golden\ Ratio}$'라고 불린다. 황금비란 인간이 인식하기에 가장 균형 있고 아름답게 보이는 비율로 1.618… …로 표현되는 무리수를 말한다. 이런 비율은 고대 건축, 예술, 자연 등에서 발견되는 아름다움과 조화의 기준으로 인식하기도 한다. 대표적으로 레오나르도 다빈치의 그림이나 이집트의 피라미드에서 발견된다고 알려지고 있다.

　유명한 수학자 유클리드는 〈원론Elements〉이라는 책에서 황금비에 대한 개념을 소개했다. 이 책에서는 기하학의 정수를 다루었다. 기하학의 원론이라고 할 수 있는데 이 책은 점, 선, 면, 각, 원, 도형, 지름 등 수학의 기본 용어에 대한 정의는 물론이고 비율, 비례 등 기초적인 수론, 도형 원리 등의 내용을 담고 있다.[24] 황금비라는 것도 수학, 기하학에 대한 기본 원리를 정리한 유클리드의 연구에서 진화한 것이라고 할 수 있다. 그의 이론 가운데 비율, 비례 등의 내용은 수학적 의미뿐만 아니라 아름다움, 공정 등의 논의로까지 이어지게 되었다.

　만약 전체 선분에서 더 짧은 부분을 a로 표현하고 그중에서 더 긴 부분을 b로 나타내면 황금비는 다음과 같다.

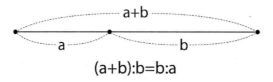

$$(a+b):b=b:a$$

황금비의 두 선분 길이의 비(a+b):b = b:a

　한 선분을 길이가 다른 두 개의 선분으로 나눌 때, 전체 선분에서 나누어진 긴 선분의 비와 긴 선분에 대한 짧은 선분의 비가 같게 나타난다. 이 비율을 황금분할이라고 부른다.

　자연에서도 발견되는데 꽃잎을 세어보면 꽃잎이 3장, 5장, 8장, 13장 등으로 구성된 것을 발견할 수 있다. 예컨대 백합 1장, 등대풀 2장, 붓꽃 3장, 채송화 5장, 코스모스 8장, 금잔화 13장, 데이지 34장 등으로 구성되어 있다. 앵무조개껍질 무늬에서도 피보나치 수열이 숨겨져 있다. 한 변의 길이가 1, 1, 2, 3, 5, 8, 14… …인 정사각형을 나란히 붙여 그려서 각각의 직사각형 안에 사분원을 그려 넣으면 나선형이 나오는데, 앵무조개껍질의 무늬에서 이 모양을 발견할 수 있다.

　아리스토텔레스BC 384-322는 그의 저서 〈니코마코스의 윤리학〉에서 공정을 비례 개념으로 논하면서 비례의 유형에 대해 설명하였다. 공정 혹은 정의는 일종의 비례적인 것이라고 보았다. 이는 단지 추상적인 숫자에만 해당하지 않고 온갖 수나 양에도 해당한다. 비례는 비율들의 공평함이고 적어도 넷과 관련해 성립한다. 서

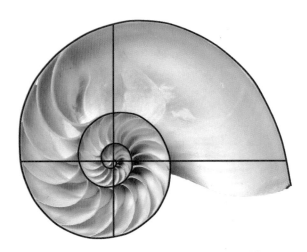

앵무조개 껍질 무늬에서 발견된 나선형 황금비율

로 다른 네 개 사이의 비례에 넷은 분명히 관련되고, 서로 다른 세 개 사이의 비례에도 그중 하나를 두 개로 여기고 두 번 언급하므로 넷이 관련된다. 예컨대 선분 A와 선분 B의 관계는 선분 B와 선분 C의 관계와 같다고 할 경우, 선분 B는 두 번 언급된다. 따라서 여기서 선분 B가 언급되어 둘인 것처럼 사용되므로 이 비례에도 넷이 관련된다.[25]

정의로운 것은 적어도 넷이 관련되고 처음 둘 사이의 비율을 나머지 둘 사이의 비율과 같다. 사람이나 각자 몫을 서로 같은 비율로 배분되기 때문이다. 따라서 A항과 B항 사이 비율은 C항과 D항 사이 비율과 같기에, 교환할 때도 그 비율은 동일하고, A항과 C항 사이 비율은 B항과 D항 사이의 비율과 같다. 따라서 처음 둘(A+C)과 나머지 둘(B+D) 사이 비율도 같다. 분배는 이런 식으로 둘씩 짝짓는 것이고, 그런 식으로 조합되면 정의롭게 둘씩 짝지어진 것이다.

따라서 A항과 C항을 함께 묶고 B항과 D항을 함께 묶는 것이 분배와 관련해 정의로운 것이고 이런 정의로운 것이 중간이며 불의한 것은 비례에 어긋난다. 비례는 중간이고 정의로운 것은 비례를 따르기 때문이다. 수학자들은 이런 종류의 비례를 기하학적 비례라고 부른다. 기하학에서 한 전체와 또 다른 전체 사이의 비율은 그 부분 간의 비율과 같기 때문이다. 하지만 이러한 비례에는 사람과 몫 둘 모두에 해당하는 단일 항은 존재하지 않으므로 분배 정의에서 성립하는 비례는 아니다.

그러므로 정의로운 것은 비례에 따른 것이고 불의한 것은 비례에 어긋난다. 불의한 것에서는 한쪽 항은 더 많아지고 다른 쪽 항은 더 적어지는데, 실제로 그런 일이 일어난다. 불의하게 행하는 사람은 좋은 것을 더 많이 가지고 불의를 당하는 사람은 좋은 것을 더 적게 가져간다. 나쁜 것과 관련해서는 정반대의 일이 일어난다.[26]

여기서 정의로움은 공평한 것을 말한다. 공평함은 기하학적 비례에 따른 것이 아니라 산술적 비례에 따른 것이다. 훌륭한 사람이 나쁜 사람에게서 강탈했든, 나쁜 사람이 훌륭한 사람에게서 강탈했든, 그런 것은 아무런 차이가 없다.

한 사람이 불의를 행하고 남이 불의를 당하거나, 한 사람이 피해를 입히고 누군가 피해를 입었을 때, 법은 두 사람을 동등한 당사자로 공평하게 보고 오로지 피해 차이만을 고려한다. 이런 종류의 불의는 불공평하므로 공평하게 만들기 위해서 재판관이 필요하다. 한 사람은 죽이고 다른 사람은 죽임을 당했다면, 피해자와 가해자는 불공평하다. 재판관은 가해자에게서 이득을 빼앗음으로써 피해자의 손해와 균형을 맞추어 공평하게 만드는 일을 해야 한다.

사람들은 분쟁이 생겼을 때 재판관을 찾아가서 호소한다. 재판관을 찾아간다는 것은 정의를 찾아가는 일이다. 재판관은 살아 있는 정의이기 때문이다. 사람들은 재판관에게 '중간역할'을 기대한다. 그래서 그들을 '중재자'라고 부른다. 재판관이 정의로워지기 위해서는 중간 역할을 해야 한다. 재판관은 공평을 회복시키는 일을 해야 하는데, 이것은 마치 한 선분이 더 큰 쪽과 더 작은 쪽으로 동등하지 않게 나뉘었을 때 더 큰 쪽 중에서 절반을 초과하는 길이를 떼어내 더 작은 쪽에 더 하는 것과 같다. 전체를 둘로 나누어 분배했을 때 두 사람이 동등하게 가졌다면 그들은 자기 몫을 가졌다고 말할 수 있어 공평성은 산술적인 비례에 따라서 더 큰 것은 더 작은 것 사이에 있는 중간이다.[27]

따라서 재판관은 이등분하는 사람이다. 어느 한쪽에 치우쳤다면 중간으로 바로 잡아주는 역할을 해야 한다. 예컨대 몸무게가 무거운 사람과 몸무게가 가벼운 사람이 시소라는 놀이기구를 이용하는 경우, 그들 스스로 중심점에서 똑같은 거리를 두고 앉아 있다면, 시소는 균형을 잃고 움직이지 않을 것이다. 그 두 사람의 중심점은 시소에 설치된 중심이 아니라 무거운 사람 쪽으로 중심축이 옮겨져야 할 것이다. 시소의 중심축을 옮기기 어렵다면 무거운 사람이 가벼운 사람 쪽으로 다가앉아야 할 것이다. 이처럼 중간을 잡아주는 일이 정의이다.

하지만 물리적으로 중간을 가려주거나 기계적으로 이등분하는 셈법만으로 정의를 실현할 수 없다. 옳고 그름을 분별하는 고도의 선함과 의로움이 동반되어야 한다. 특히 생명과 관련되어 있을 때는 더욱 그래야 한다. 지혜의 왕 솔로몬이 아기를 가지고 다투는 두 여인의 재판에서 생모를 찾아주는 재치는 그런 면에서 좋은 교훈이 된다. 두 여인의 주장이 그럴듯하다고 해서 아이를 둘로 갈라 나누어 줄 수는 없는 일이다. 그것은 단지 진실을 찾아가는 지혜이어야 한다.

> 왕이 이르되 산 아이를 둘로 나누어 반은 이 여자에게 주고 반은 저 여자에게 주라. 그 산 아들의 어머니 되는 여자가 그 아들을 위하여 마음이 불붙는 것 같아서 왕께 아뢰어 청하건대 내 주여 산 아이를 그에게 주시고 아무쪼록 죽이지 마옵소서 하되, 다른 여자는 말하기를 내 것도 되게 말고 네 것도 되게 말고 나누게 하라 하는지라. 왕이 대답하여 이르되 산 아이를 저 여자에게 주고 결코 죽이지 말라 저가 그의 어머니이니라 하매 온 이스라엘이 왕이 심리하여 판결함을 듣고 왕을 두려워하였으니 이는 하나님의 지혜가 그의 속에 있어 판결함을 봄이더라. (열왕기상 3:25~28)

정의를 실현하는 이론으로 '상호주의'가 있다. 이는 피타고라스 학파들이 주로 주장한 것으로 일방적으로 남에게 그대로 갚아주는 상호주의를 정의라고 생각했다. 사람이 자기가 행한 대로 되돌려 받는 것이 정의가 이루어진 것으로 이해 한 것이다.[28] 예컨대 강한 사람이 약한 사람을 때리거나 괴롭혔다면, 그대로 되돌려 주어야 하지만 약자는 강한 자에게 그렇게 할 수 없다. 그래서 정의로운 '법法'이 나서서 그에 상응한 처벌을 내리는 것이다.

성서에도 이를 뒷받침할 만한 말씀이 있다. 하나님의 정의를 알 수 있다. 또 남에게 대접받으려면 남을 먼저 대접하라는 말씀이다. 이 말씀은 성서에 나오는 최고의 황금률로 일컬어지고 있다. (마태복음 16:27) (누가복음 6:31) (요한계시록 22;12)

> 하나님께서 각 사람에게 그 행한 대로 보응하시되 참고 선을 행하여 영광과 존귀와 썩지 아니함을 구하는 자에게는 영생으로 하시고 오직 당을 지어 진리를 따르지 아니하고 불의를 따르는 자에게는 진노와 분노로 하시리라. (로마서 2:6~8)

그리고 나무와 열매의 관계를 통해 사람의 마음(영혼)과 육체의 관계를 가르치는 말씀이다.

> 이와 같이 좋은 나무마다 아름다운 열매를 맺고 못된 나무가 나쁜 열매를 맺나니
> 좋은 나무가 나쁜 열매를 맺을 수 없고 못된 나무가 아름다운 열매를 맺을 수 없느
> 니라.(마태복음 7:17~18)

원인과 결과라는 상관관계를 나타내는 말씀이다. 하지만 그런 이야기는 성서
가 말하려는 취지의 핵심이 아니다. 궁극적으로 성서의 가르침은 산술적 비례나
비율에 머물지 않는다. 상대적인 선이나 미를 추구할 수 없는 불완전한 인간과는
달리 하나님은 절대적인 선, 절대적인 정의를 지닌 분으로 아름다움의 근원이라
는 점을 깨달아야 한다.

그분의 완전성을 의지할 때만이 우리의 불완전성에서 벗어날 수 있다. 과학, 수
학, 철학, 미학 등의 이론과 사상은 하나님의 섭리 가운데 일부를 알아낸 것이지
그것들이 진선미를 충족시키는 진리 그 자체는 아니라는 사실이다. 하나님의 진
리는 온전히 정의하거나 깨달을 수 있는 사람은 아무도 없다. 다만, 청동기 시대
의 희미한 거울을 보는 것처럼 어슴푸레하게 이해할 뿐이다.

> 우리가 지금은 거울로 보는 것같이 희미하나 그때에는 얼굴과 얼굴을 대하여 볼 것
> 이요, 지금은 내가 부분적으로 아나 그때에는 주께서 나를 아신 것 같이 내가 온전
> 히 알리라.(고린도전서 13:12)

성서라는 하나님 말씀이 우리에게 주어졌다는 것이 얼마나 큰 은혜인지 모른
다. 하지만 아직 청동기 시대 거울을 보는 것처럼 희미하게 볼 뿐이다. 또 하나님
자신, 요컨대 예수 그리스도께서 하나님의 독생자 신분으로 사람의 육신을 입고
이 땅에 오심으로써 만민에게 하나님의 형상을 보여주셨다는 점이 하나님을 훨씬
더 분명하게 알 수 있었다는 점도 은혜이다. 그래서 인간에게 최고의 아름다운 일
은 절대적으로 선하시고 공의로우신 하나님을 인정하고 믿는 일이다.

이 땅에 오셔서 십자가의 보혈을 통해 인류의 아름다운 생명을 구원하신 예수
그리스도를 믿는 것이다. 게다가 삼위일체 하나님의 또 다른 한 위이신 성령께서
우리 안에 들어오셔서 우리의 모든 삶을 도우신다는 사실이다. 세상에서 말하는

모든 황금률을 예수 그리스도께서 스스로 완벽하게 이루셨다. 하나님의 황금률대로 우리가 살기를 바라시지만, 비록 그렇지 못하더라도 하나님의 은혜와 사랑으로 불완전한 우리를 완전한 사람 취급하고 아름답게 여긴다는 사실이다.

이렇게 철학가, 예술가, 수학자 등은 사람, 자연 등에서 시각적인 미의 원리를 발견해왔을 뿐 아니라 추상적인 미를 끊임없이 추구해왔다. 문학가, 평론가 등은 아름다움에 감동하고 예찬하였다. 그런데 아름다움을 가장 대중화한 사람은 장사꾼들이다. 전자는 순수미학을 찾고 발견하였다. 반면 장사꾼들은 미를 활용하여 돈을 벌었다. 그런 예술을 장식예술이라고 부른다. 그들은 미에 대한 본질적 개념보다는 시각적, 수치적 아름다움을 유혹하여 사치라는 영역으로 끌어들여 소비를 종용하였다.

패션, 미용, 유행, 트렌드 등의 용어를 통해서도 알 수 있듯이 이들은 장식미를 활용하여 고급화 혹은 명품화를 추구함으로써 사물과 사람의 품격을 연결하는 전략을 사용하였다. 화장품, 의류, 장신구 등 소비상품에 적용함으로써 미의 상업화에 성공을 거둔다. 이 과정에서 상대적인 미를 합리화하고 사람마저도 등급이 있는 것처럼 순수미를 왜곡하였다. 산업화의 진전에 따라 아름다움은 명품, 특급, 일등, 특석 등의 용어가 말해주듯이 모든 영역에서 미의 상품화가 확대되면서 돈이 일명 '아름다운 인생Beautiful life'에 큰 영향을 주게 되었다.

포스트모더니즘 등장 이후 회의주의, 주관주의, 상대주의 등의 특징을 보이며 이성에 대한 총체적 의심이 제기되었다. 이에 따라 비 역사성, 비 정치성, 주변적인 것의 부상, 주체 및 경계의 해체, 탈 장르화 등의 특성을 갖는 철학적, 예술적 사유가 두드러지게 되었다. 다원화, 자유 등의 단어가 주는 긍정적인 이미지에도 불구하고 경계와 체계를 넘나드는 미학의 개념은 자칫 무질서, 부조화 등을 낳을 수 있다.

현재 모든 것이 예술일 수 있고 모든 것이 예술이 아닐 수 있는 시대에 우리는 살고 있다. 한 시대에서 또 다른 시대로의 전이, 새로운 문명의 탄생에 즈음해서 나온 말은 루소의 말을 인용한 "자연으로 돌아가라", 요컨대 "본질로 돌아가자"는 것이었다. 고대 철학자들을 소환하지 않을 수 없다. 가장 먼저 언급하고 싶은 철학자는 소크라테스이다. 그는 서양의 공자라고 일컬어질 만큼 서양철학의 원조라고 말할 수 있다. 그는 "미덕이 곧 지식이다"라는 유명한 명제를 제시하였다. 소크라테스는 책을 저술하거나 자신의 연구 결과를 기록으로 남긴 것은 없다. 다만,

플라톤을 비롯한 제자들이 전한 것들을 통해 그의 가르침을 알 수 있을 뿐이다. 그는 물리적인 세계가 아닌 윤리적인 세계를 연구했고, 이 영역에서 보편적인 진리를 추구했으며 정의에 관한 문제를 처음 제기하였다.

소크라테스의 제자 크세노폰이 쓴 〈회상록Memorabilia〉에는 소크라테스와 아리스티포스가 미에 관해 논한 대화가 나와 있다. 아리스티포스가 물었다. "선생님은 아름다운 것이 무엇인지 아십니까?" 소크라테스가 대답했다. "아름다운 것은 많다네." "그렇다면 그것들은 모두 서로 같은 것입니까?"라고 아리스티포스가 물었다. "그렇지 않네. 서로 완전히 다른 것들도 있다네." 소크라테스가 답했다. "어떻게 아름다운 것이 아름다운 것과 다를 수 있습니까?" 아리스티포스가 물었다. "당연히 다를 수 있네." 소크라테스가 답했다. "예를 들어 아름다운 레슬링 선수는 아름다운 달리기 선수와 다르다네. 아름다운 방어용 방패와 아름다운 공격용 창은 다르네."……

소크라테스는 말을 이어갔다. "자네는 적합한 것과 아름다운 것을 별개의 것이라고 보는가? 동일한 사물에 대해 모든 것이 적합하면서 아름다울 수 있음을 자네는 정녕 모른단 말인가? 덕행을 예로 들자면, 어떤 것들에 대해서는 적합하고 다른 어떤 것에 대해서는 아름답네. 같은 이치로 인간 역시 동일한 사물에 대해 아름다우면서 적합하다고 말할 수 있네. 인간의 몸 역시 동일한 사물에 대해 아름다우면서 적합하네. 게다가 인간이 소유한 그들이 사용하는 사물에 대해 모두 아름답고 적합하네."

"그렇다면 삼태기도 아름다운 것이 될 수 있습니까?" "삼태기가 그 역할을 다했다면 당연히 아름다운 것이네. 반면 금으로 만든 방패라 할지라도 그 역할을 다하지 못한다면 그것은 추한 것이네." "그렇다면 동일한 사물이라도 아름다울 수도 있고 추할 수도 있다는 말씀이십니까?" "바로 그것이네."[29] 그는 아름다움에 대해 언급했는데, "우리가 사용하는 사물이 어떤 것이든 간에 그것은 아름답다. 선하다고 판단하는 것은 모두 사물이 지닌 적합성이라는 동일한 관점에서 비롯된다"고 말했다. 또 소크라테스는 미는 아름다운 생각에 그치는 것이 아니라 올바른 행동이 뒷받침되어야 한다고 가르쳤다.

신플라톤주의 철학자인 플로티노스는 위대한 고대 철학자 중 최후의 한 사람으로 로마 역사상 가장 재난이 많은 시기에 살았다. 그는 선善과 미美가 영원한 세계에 주목했다. 그것은 플라톤의 이데아Idea나 그리스도교의 천국 같은 곳을 말한다. 그곳은 헛되고 속된 현실 세계와는 다른 진실한 곳이라고 믿었다. 이런 관점에 기초하여 플로티노스는 "신이야말로 미의 근원이며 모든 아름다운 사물 역시 신에게서 왔다"고 여겼다. 미에는 단계가 있는데 그 순서는 최고의 아름다움인 신神, 영혼의 아름다움, 사물의 아름다움 등의 순이다. 특히 신의 미는 정신의 미, 사물의 미와는 차원이 다른 미이다.

신神 혹은 이데아idea는 진선미의 통일체이다. 미는 곧 신이고, 추함은 원시적인 악이다. 영혼의 아름다움은 인간의 이성과 덕성의 융합미이며, 사물의 미보다 높고 신의 미보다 낮은 것으로 그 사이에 존재한다. 영혼은 이성으로 인해 아름다워지고 행위나 기타 사물은 영혼이 이를 위해 자신의 형식을 남겼기 때문에 아름다워진다. 물체는 아름답다고 말할 수 있는 것 역시 영혼 때문이다. 영혼은 하나님이 지닌 신성과 절대적 아름다움의 일부이기 때문에 자신이 접촉한 모든 것을 각기 도달할 수 있는 한계까지 아름답게 만든다. 플로티노스는 영혼의 특별한 작품에 의해 이를 인식할 수 있다고 주장했다.[30]

서양 미학의 창시자로 알려진 아우렐리우스 아우구스티누스의 〈고백록〉에는 다음과 같이 기록하고 있다. "우리 집 포도원 근처에 배나무 한 그루가 있다. 배가 익으면 달콤한 맛과 향기가 더할 나위 없이 좋았다. 나를 비롯한 동네 말썽꾸러기들은 길에서 놀다가 한밤중이 되면 몰래 훔친 배를 돼지에게 먹였다. 우리도 물론 배를 몇 입 베어 물어 맛을 봤지만 이런 못된 짓을 한 이유는 배가 필요해서가 아니라 범죄를 즐기기 위해서였다."[31] 그의 어린 시절 고백이다. 그는 후에 가슴을 치며 후회했다고 한다. 그는 훗날 성경을 접하고 삶이 완전히 바뀌었는데 기독교 역사에 빼놓을 수 없는 인물이 되었다.

아우구스티누스는 이렇게 말했다. "대지와 하늘을 바라보면 쾌감은 미美에서 생겨나는 것을 알 수 있다. 미는 형상에서 나고 형상은 비례에서 나며 비례는 수에서 나온다는 것을 깨달은 것이다. 또한 완전성은 모든 미덕의 형상이다. 그 형식은 신에게서 왔다."[32] 그는 예술미는 반드시 종교와 신학을 위해 봉사해야 한다고 주장했다. "모든 자연의 아름다움은 신의 아름다움을 상징하는 것이므로 자연의 아름다움을 찬미하는 것은 곧 이러한 아름다움을 창조한 신을 찬미하는 것이다. 예술품을 통해서 쾌감을 얻는 것만으로는 부족하므로 우리가 감각을 통해 다양한 아름다움을 인식하도록 도와주는 것이 바로 상징이다. 우리가 태양을 보고 감동하는 것은 그 찬란한 빛 때문이 아니라 그것이 신의 광휘를 상징하기 때문이다"[33]

라고 했다. 아우구스티누스는 사람들이 신의 은유를 맛보면서 영혼의 미를 체험하고 속세를 초월할 수 있다고 말했다.

다음은 토마스 아퀴나스의 미학 이론에 대해서 알아보고자 한다. 그는 중세미학의 집대성자이자 신학과 철학이라는 양대 학문의 관계를 가장 먼저 체계적으로 설명한 사람이다. 아퀴나스는 미에 대해 다음과 같이 말한다. 무엇이든 보는 사람에게 즐거움을 주는 것을 미라고 하는데 이는 미가 적합한 비례에 존재하기 때문이다. 우리의 감각이 적합한 비례를 지닌 사물에 호감을 느끼는 것은 이들 사물이 지닌 비례가 우리의 감각기관 자체와 유사하기 때문이다. 모든 인식 능력과 마찬가지로 감각기관 역시 일종의 비례이다. 인식은 반드시 흡수 경로를 통해 생기며 이때 흡수되는 것이 형식이다.

아퀴나스는 예술 작품은 인간의 영혼에서 나오며 인간의 영혼은 하나님의 형상이자 창조물이다. 하나님의 영혼은 곧 자연 만물의 근원이라는 점을 강조했다.[34] 아퀴나스는 미를 두 가지 종류로 구분했는데 첫 번째는 정신적인 미이고, 두 번째는 물질적인 미이다. 미는 누구나 사랑하지만, 육체적인 사람은 육체적인 미를 사랑하고 정신적인 사람은 정신적인 미를 사랑한다고 보았다.

미학을 논하면서 레오나르도 다빈치를 빼놓을 수 없다. 레오나르도는 르네상스 시대를 대표하는 화가이자 발명가, 엔지니어, 과학자, 철학자, 음악가 등 다양한 수식어가 붙은 다재다능한 천재였다. 레오나르도는 자연을 무척이나 좋아했을 뿐 아니라 상상력 또한 풍부한 사람이었는데, 그 상상력을 바탕으로 다양한 분야에서 능력을 발휘하였다.

어느 날 레오나르도의 아버지가 나무 방패에 그림으로 그려보라고 하자, 레오나르도는 도마뱀과 귀뚜라미, 뱀, 박쥐를 잡아서 방으로 가져왔다. 이 동물들을 모델로 삼아 눈에서 불을 뿜고 콧구멍으로 연기를 피우는 용의 모습을 그렸다. 그런 다음 이 방패를 의자 위에 세워서 방문 앞에 두었다. 이를 본 아버지가 괴물인 줄 알고 기겁하는 모습을 보려고 장난을 친 것이다.[35]

이런 호기심과 천재적인 상상력은 그를 위대한 화가로 성장하게 하였다. 초기에는 식물이나 동물 등의 그림을 주로 그렸다. 그 후 다양한 주제의 그림을 그렸는데 그가 절정에 이르렀을 때 그린 그림 중 하나가 〈최후의 만찬〉이다. 이 벽화는 폭 9m, 높이 5m에 달하는 초대형 그림으로 원근법이 적용되었고 실물에 가까울 정도로 섬세하게 묘사되었다. 게다가 인물 한 사람 한 사람의 감정을 그림 속에 생생하게 묘사함으로써 천재다움을 과시했는데, 이 그림을 완성하는 데 4년이나 걸렸다고 한다.[36] 엥겔스는 이런 다빈치를 보고 "거인 중의 거인"이라고 극찬했다.

다빈치는 천재이면서도 관찰에 심혈을 기울였는데 뛰어난 상상력으로 대상의 본질을 표현하려고 했다. 그는 "눈에 보이는 모든 사물은 자연에서 나고 자란 것이다"라고 했다. 다빈치는 "예술은 자연의 모방이다"라는 고대 그리스의 현실주의 학설을 계승한 것이다.[37] 다빈치의 모나리자를 보면 눈, 코, 입의 표정이 얼마나 섬세하고 깊이 있는지 감탄하지 않을 수 없다. 그런데 보통은 인물화를 감상할 때 배경은 그다지 신경 쓰지 않는 것이 일반적인데, 모나리자 그림의 배경은 얼마나 균형과 조화를 이루도 있는지 더욱 감탄하게 된다. 만약 다 빈치가 그린 모나리자가 소위 섹시미를 강조해서 그렸다면 이렇게 유명해지지 않았을지도 모른다. 그 그림 앞에서 멈춰서게 한 이유는 인간의 육체미를 초월한 어떤 인간미 혹은 고상한 영혼미 등을 상상하게 해주기 때문은 아닐까.

아름다움은 역사가 시작된 이래 지속적으로 추구해왔다. 각 시대마다 나라마다 중요시하는 미의 기준이 다르고 또 학자들마다 미를 분석하는 관점이 다르다. 따라서 어떤 결론을 얻는 것 못지않게 끊임없이 관심을 갖는 것이 중요하다. 철학의 영원한 주제는 인간이다. 미학의 주제 역시 인간이 중심이 될 수밖에 없다. 요컨대 인간의 본질적 아름다움, 정체성 등을 찾아가는 것이다. 단순히 외견상의 아름다움에 그치는 것이 아니라 정신, 영혼, 생명 등에 관한 것이어야 할 것이다.

상징주의 미학의 대가 에른스트 카시러Ernst Cassirer는 "인간은 상징적인 동물"이라고 주장했다. 그는 또 "예술은 표현되는 것이지만 만약 상징형식으로 구성되지 않는다면 표현될 수 없다"고 했다. 말하자면 예술은 형식의 창조이지, 신적인 창조와는 다르다는 것을 분명히 했다. 인간에게는 '하나님의 형상을 닮은 자'로서 창조정신이 몸에 장착되어 있다는 사실이다. 그래서 주어진 '자유의지'를 사용하여 창작행위를 할 수 있다는 것이다. 그런 사실은 태초에 이미 선포되었다.

> 하나님이 자기 형상, 곧 하나님의 형상대로 사람을 창조하시되 남자와 여자를 창조하시고(창세기 2:15~17)

> 여호와 하나님이 그 사람을 이끌어 에덴동산에 두어 그것을 경작하며 지키게 하시고 여호와 하나님이 그 사람에게 명하여 이르시되 동산 각종 나무의 열매는 네가

임의로 먹되 선악을 알게 하는 나무의 열매는 먹지 말라 네가 먹는 날에는 반드시 죽으리라 하시니라.(창세기 2:15~17)

우리는 인간의 창작행위를 문화文化 혹은 문명文明이라고 부른다. 문화라는 단어 Culture는 '경작하다'라는 의미의 Cultivation에서 왔는데 이는 자연을 일구어 삶을 유용하게 활용하는 의미를 담고 있다. 적어도 창세기의 창조정신에 크게 어긋나지 않은 것이다. 그래서 혹자는 농부를 "대지의 예술가"라고 부르기도 한다.

반면에 문명이라는 단어 Civilization은 시민을 의미하는 Civil이라는 단어에서 유래하였는데 자연에서 벗어나 도시를 건설하는 의미를 담고 있다. 도시건설을 상징하는 토목을 civil engineering이라고 부르는 이유도 거기에 있다. 도시에서 사는 사람들을 문명인, 자연에서 사는 사람들을 비문명인 구분하였고, 비 문명인은 마치 야만인인 것처럼 취급하는 오해를 불러일으키기도 했다.

문화文化, 문명화文明化는 도시화都市化, 산업화産業化 등과 마찬가지로 현재의 상태보다 진보된 상태로 나아가는 의미로 통용되게 되었는데, 이는 '~화化'라는 말이 현재진행형으로 앞으로 나아가는 의미를 담고 있기 때문이다.

중요한 것은 자연을 벗어나 도시에서 살고 산업이 고도화하는 상태에서 사는 것이 아름다운 일인가라는 점에서는 단언할 수 없다. 그런 점에서 인간이 표현하는 아름다움은 선함과 정의로움이 바탕이 되어야 함을 말해준다. 인간의 모든 행위는 다양한 관계 속에서 그런 점을 지향해야 한다.

따라서 창조주 하나님과의 관계, 사람과 사람의 관계, 사람과 자연과의 관계를 바로 정립하는 것이 우선되어야 한다. 그 사이 사이에 아름다움이 배어 있다는 사실을 인지해야 할 것이다. 어쩌면 믿어야 한다는 표현이 적절할지 모르겠다. 왜냐하면 창조주 하나님의 창조정신을 모두 인지할 수 없는 것은 인간의 한계이므로 모든 것을 인간의 자유의지만으로 아름다움을 판단할 수 있는 것이 아니기 때문이다. 하나님의 창조섭리 안에 담긴, 구체적으로 말하면 성서 속에 담긴 하나님의 진리에 주목하는 것이 가장 바람직한 태도일 것이다.

인간이 생명을 얻고 유지할 수 있는 근거는 하나님의 호흡 덕분이다. 그 호흡은 누구에게나 주어졌고 공급되고 있다. 그 호흡이 끊긴다는 것은 생명이 멈춘다는 것을 의미한다.

여호와 하나님이 땅의 흙으로 사람을 지으시고 생기를 그 코에 불어넣으시니 사람이 생령이 되니라(창세기 2:7)

생명이 없는 것을 보고 아름답다고 할 수 없다. 심지어 음악이나 그림처럼 생명이 없는 작품에도 예술가의 "생명이 살아 숨 쉰다"는 말을 하거나 창작자의 "혼을 갈아 넣었다" 등의 표현을 하곤 한다. 그만큼 아름다움에는 '생명生命'이 절대적이라는 것을 말해준다. 그 생명이 하나님의 호흡으로부터 비롯되었다는 점을 간과해서는 안 된다. 그 호흡은 예술가들에게는 '영감靈感'이 될 수도 있다. 그런데 같은 호흡을 받았고 또 같은 공기를 나누어 숨 쉬면서 삶의 가치관이나 아름다움에 대한 인식이 천차만별인 것을 보면 사람들이 신의 뜻God's will이 아니라 얼마나 각자의 자유의지自由意志에 의존하여 살고 있는지를 알 수 있다.

아름다움은 시각적인 균형과 조화만을 가리키지 않는다. 영혼에 감동을 주는 것은 무어라 설명할 수 없는 인간미, 애절함, 신비神祕 등을 머금고 있어야 한다. 그런 것들은 감각 너머의 영성에서 비롯된 것들이다.

장 베로Jean George Beraud, 1849~1935의 〈그라파드 홀Salle Graffard, 1884〉

장 베로Jean George Beraud, 1849~1935의 작품 가운데 〈그라파르 홀Salle Graffard〉이라는 그림이 있다. 파이프 담배와 가스램프에서 나온 연기로 자욱한 그라파르 홀에서 열린 모임의 풍경을 그린 그림이다. 이 그림에는 많은 사람들이 등장하기 때문에 어느 한쪽에 눈길을 주기가 쉽지 않다. 그런데 미동도 없이 다소곳이 단상에 앉아 있는 한 사람에게 눈길이 간다. 축 늘어진 좁은 어깨와 벗겨진 이마 때문에 나이 들어 보이는 키 작은 남자다. 그는 목도리를 두른 채 애수에 찬 표정으로 정면을 응시하고 있다.

아마도 그는 종교 지도자 가운데 한 사람이거나 프롤레타리아 계급의 고행자가 아닐까 생각할 정도로 그의 용모가 주는 분위기는 마치 초대교회 사도들만큼이나 진지하고 성스럽게 보인다. 비율이나 조화 등과는 상관없이 이처럼 평범한 용모에서도 아름다움을 느낄 수 있다. 세상은 이런 유형의 사람들에게 별로 주목하지 않는다. 왜 그럴까? 그것은 그 사람의 외모에 집중한 나머지 인간의 숭고한 영혼을 간과하기 때문이다.

우리가 어떤 마음가짐으로 살아야 하는가를 진지하게 생각하게 하는 말씀이 있다. 신약시대의 예수님도 그 생명의 중요성을 인식하고 하나님의 삼위三位 가운데 한 분이신 성령을 우리에게 받으라고 말씀하셨다. 그런 과정에서 예수님은 "숨을 내쉬며" 말씀하셨다고 기록하고 있다. 태초에 하나님이 사람을 창조하시고 호흡을 불어넣어 주셨다면 예수님은 그 호흡과 더불어 성령을 우리에게 불어 넣어 주셨다. 왜? 무엇으로 견줄 수 없는 인간의 아름다운 생명을 구하기 위해서이다.

> 예수께서 또 이르시되 너희에게 평강이 있을지어다. 아버지께서 나를 보내신 것 같이 나도 너희를 보내노라. 이 말씀을 하시고 그들을 향하사 숨을 내쉬며 이르시되 성령을 받으라.(요한복음 20:21~22)

성령이 우리 안에 들어오셨다는 것은 이제 더 이상 나는 내 것이라고 주장할 수 없게 되었다는 뜻이다. 더불어 하나님 것은 다 내 것이 되었다는 뜻도 담겨 있다. 그것이 얼마나 큰 은혜인지 모른다. 하나님과 내가 하나로 연결되었다는 의미이고, 내 생명을 하나님이 책임지시겠다는 것이기 때문이다. 생명이 담보되는 삶이 얼마나 아름다운지 상상해보자. 우선 두려움과 걱정이 사라질 것이다. 왜냐하면 더 이상 죽음의 그림자를 마주하지 않아도 되기 때문이다. 그렇다면 우리는 영원히 아름다운 사람이 된다는 것을 의미한다. 이제 자신만을 위해서 살지 않아도 된다. 그 이유는 영혼을 책임지시는 하나님이 범사를 나 몰라라 하지 않으실 것은 너무나 자명한 일이기 때문이다.

> 사랑하는 자여 네 영혼이 잘됨 같이 네가 범사에 잘되고 강건하기를 내가 간구하노라.(요한3서 1:2)

우리가 추구해야 할 궁극의 아름다움은 영원한 생명, 요컨대 영혼의 아름다움이다. 그 아름다움의 본질은 선하고 정의로운 것이어야 한다. 따라서 선함과 정의로움과 아름다움은 하나님의 진리의 본질과 실체로서 그것은 창조주 하나님 안에서만 실현될 수 있다.

상대적인 아름다움과 절대적인 아름다움

좋은 나무가 나쁜 열매를 맺을 수 없고

못된 나무가 아름다운 열매를 맺을 수 없느니라.(마태복음 7:18)

A sound tree cannot bear evil fruit,

nor can a bad tree bear good fruit.(Matthew 7:18)

독일 화가 야곱 세베리(Jacob Savery the Younger,1593~1627)의 〈성 세바스찬의 날〉이라는 제목의 그림이다. 성 세바스찬(St. Sebastian)은 갈리아(현 프랑스)의 니르본에서 태어났지만 일찍이 이탈리아로 이주해 밀라노에서 자랐다. 그

는 청소년기에 기독교에 대한 박해를 보면서 그들을 돕고 싶어 자진하여 283년에 카리누스 황제 휘하의 로마 군대에 입대하게 된다. 284년에는 디오클레티아누스가 황제가 되었고 세바스찬을 경호원과 정보장교로 임명했는데, 세바스찬이 기독교인이라는 사실을 몰랐다. 그는 억울하게 투옥된 기독교인들을 도왔고 이교도들을 위해서도 복음을 전했다. 286년 황제는 세바스찬이 기독교인이라는 사실을 알게 되었고 배신감을 느낀 그는 세바스찬을 처형하기로 했다. 세바스찬은 군인들 다수가 쏜 화살을 맞고 쓰러졌는데, 마치 고슴도치처럼 화살로 온몸이 피범벅이 되었다고 전하고 있다. 그의 시신을 처리하고자 세바스찬을 접한 아내는 그가 아직 숨을 거두지 않은 것을 발견하고 집으로 데려와 지극정성으로 간호하여 극적으로 회복하게 되었다. 세바스찬은 다시 황제를 찾아가 황제의 잔인성에 대해 비판했다고 한다. 황제는 그를 다시 처형하라고 명령했고 그는 몽둥이로 잔인하게 맞았고 죽은 시신은 하수구에 버려졌다고 전해지고 있다. 이 그림은 그런 순교자 세바스찬을 기리는 날(1월 20일)의 마을 풍경을 그린 것이다. 순교자는 떠났지만, 마을풍경은 너무나 평화스럽다. 예수님은 절대적으로 아름다운 분이시다. 사람들은 상대적인 아름다움을 추구하는 환경에서 살고 있다. 그래서 믿음에 따라 예수님의 장성한 분량(에베소서 4:13)에까지 이를 수 있다는 점을 상기할 필요가 있다. 오늘날 교회나 신앙인들의 삶에서도 이 그림의 풍경처럼 함께 기뻐하고 나누는 축제 분위기를 느낄 수 있다면 얼마나 좋을까.

누구나 사는 동안 무엇을 추구하든지 사람은 자기 안에 담고 싶어 하는 것이 있다. 그 가운데 하나가 아름다움이다. 그 이유는 아름다움이 인간에게 주는 행복감이 적지 않기 때문이다. 원래 창조주 하나님은 선한 분이시다. 그래서 하나님이 지으신 모든 것들은 선하다

> 하나님이 땅의 짐승을 그 종류대로, 가축을 그 종류대로, 땅에 기는 모든 것을 그 종류대로 만드시니 하나님이 보시기에 좋았더라.(창세기 1:25)

> 하나님께서 지으신 모든 것이 선하매 감사함으로 받으면 버릴 것이 없나니 하나님의 말씀과 기도로 거룩하여짐이라.(디모데전서 4:4)

그것들은 하나님 말씀으로 창조되었다. 하나님 말씀은 태초에도 계셨고 지금도 우리 곁에 엄연히 존재한다. 우리는 그 말씀으로 말미암아 선하여지고 거룩해질 수 있다. 말씀뿐만 아니라 기도로도 거룩하여질 수 있다. 이 얼마나 은혜로운 일인가! 선악과 사건 이후 세상은 하나님의 선물인 선함과 거룩함과 아름다움에 흠집이 생겨버렸다. 아담은 선악과 이전과 이후의 모습이 전혀 달랐다. 선악과를

따 먹은 후 아담에게서는 그 전에 하나님과 소통하며 평화롭게 지내던 모습은 더 이상 찾아볼 수 없었다. 오히려 하나님을 두려워하며 벌거벗은 자신의 모습을 보고 새삼스럽게 부끄러워하고 두려워하였다. 하나님이 자신의 이름을 불렀을 때 몸을 숨기기 바빴다.

> 여호와 하나님이 아담을 부르시며 그에게 이르시되 네가 어디 있느냐. 이르되 내가 동산에서 하나님의 소리를 듣고 내가 벗었으므로 두려워하여 숨었나이다.(창세기 3:9~10)

선악과 하나 따 먹은 것 말고는 에덴동산의 풍경이 달라진 것은 아무것도 없었다. 외견상 갑자기 아름다운 동산이 추해질 리 없다. 그렇다면 무엇이 문제인가? 그것은 에덴동산의 풍경에 문제가 생긴 것이 아니라 그곳에 흐르는 영적 분위기가 달라진 것이다. 아담이 느낀 감정은 무엇일까? 아담이 죄를 범한 대가로 얻은 것은 '죄의식'이었다. 선악과를 따 먹은 행위가 육체적인 문제에 국한하지 않음을 말해주고 있다. 하나님은 아담을 향해 어떤 육체적인 체벌도 가한 적이 없었다. 아담 스스로 양심의 가책을 느낀 것이다. 이를 통해 알 수 있는 것은 죄의 결과가 심경 변화에 영향을 주었다는 것을 알 수 있다.

이는 태초에 천지를 창조하실 때 그저 시각적인 아름다움뿐 아니라 피조물들의 본질적 아름다움, 요컨대 역할이나 관계 등 눈에 보이지 않는 하나님의 섭리를 총체적으로 내포하고 있음을 말해준다. 사람도 당연히 하나님 보시기에 아름답게 창조되었지만, 그것은 단순히 외모에만 한정된 것 아니라 사람의 영혼까지도 포함하고 있음을 뜻한다. 사람의 모습이 창조주 하나님의 형상을 닮게 창조되었다는 점에서 사람은 모든 피조물 가운데 단연 최고의 걸작이다. 그것은 전지전능한 창조주 하나님께서도 인정한 바 있다.

> 하나님이 지으신 그 모든 것을 보시니 보시기에 심히 좋았더라. 저녁이 되고 아침이 되니 이는 여섯째 날이니라.(창세기 1:31)

아담과 하와의 범죄는 하나님을 더욱 안타깝고 슬프게 하지 않았을까. 하나님은 전지전능하신 분으로 인간처럼 실수하시는 분이 아니므로 절대 후회하지 않으신다.(민수기 23:19) (로마서11:29) 성서에는 몇 차례 하나님이 후회하셨다는 표현이 등장한다. 이것은 인간들이 하는 후회와는 차원이 다른 문제로 일종의 한탄스럽고 안타까움을 강하게 표현한 것이라고 볼 수 있다. 첫 번째로 하나님은 땅 위에 사람 지으셨음을 한탄하시며 마음에 근심하셨다는 표현을 볼 수 있다.(창세기 6:6~7) 둘째로 하나님은 사울을 왕으로 세우신 것을 후회하셨다.(사무엘상 15:11) 이로 보아 사람들이 자신의 죄성을 돌아보고 후회하고 한탄하며 회개하기를 바라시는 하나님의 뜻을 드러내는 것이라고 해석할 수 있다.

> 주 여호와의 말씀이니라. 내가 이렇게 행함은 너희를 위함이 아닌 줄을 너희가 알리라 이스라엘 족속아 너희 행위로 말미암아 부끄러워하고 한탄할지어다.(에스겔 36:32)

모든 창조는 삼위일체 하나님이 상의하여 결정하셨는데 인간의 정체성과 역할에 대해서도 마찬가지다. 하나님은 인간에게 모든 창조물을 다스리게 하자는 계획을 세우셨다.

> 하나님이 이르시되 우리의 형상을 따라 우리의 모양대로 우리가 사람을 만들고 그들로 바다의 물고기와 하늘의 새와 가축과 온 땅과 땅에 기는 모든 것을 다스리게 하자 하시고(창세기 1:26)

사람에게 부여된 관리목적 가운데 하나는 당연히 아름다움을 유지하고 발전시켜야 하는 역할이다. 먼저 사람은 자신의 아름다움을 유지하기 위해 잘 가꾸어야 할 것이고 자연도 잘 가꾸고 다스려야 할 것이다. 게다가 인공구조물도 아름답게 연출해야 하는 등 종합적으로 책임져야 하는 위치에 있다. 그렇다면 "하나님이 보시기에 좋았더라"고 말씀하신 본질적 의미는 무엇인가에 대해 생각해볼 필요가 있다. 사람들이 살아가면서 창조하고 만드는 모든 과정에 디자인Design이라는 과정이 있다. 디자인의 목적은 크게 구분하면 '아름다움'과 '기능'이다. 이 두 가지에 대해 만족할 경우 '보기에 좋다'라고 표현할 수 있다.

시대에 따라 디자인이 변화하는 배경에는 인간의 욕구가 한몫하고 있다. 디자인Design은 인간의 '욕망Desire'이 탄생시킨 측면이 있다. 좀 더 편하고 좀 더 아름다운 것에 대한 욕구가 디자인에 대한 발전의 원동력이 되었다. 어떤 디자인이 많은 사람들의 선택을 받았다고 해서 그 디자인이 반드시 아름답다고 단정할 수 없다. 우리가 말하는 아름다움은 상대적이기 때문이다. "유행은 돌고 돈다"는 말이나 '복고풍復古風, retro style'이라는 말이 있는 것을 보면 사람들이 추구하는 아름다움은 절대적인 것이 아니라는 것을 알 수 있다.

미술평론가이자 사회철학자인 존 러스킨은 "세상의 모든 아름다움은 상대적이다"라고 주장한 바 있다. 그도 그럴 것이 세상 만물은 어느 것과 비교하느냐에 따라 달라질 수 있고 또 그 아름다움이 영원할 수 없기 때문이다. 왜냐하면 아름다움은 시간과 공간의 영향을 받을 수밖에 없고 사람들의 의식이나 관점에 따라 달라지기 때문이다. 성서적 관점에서 보면 인간은 선악과 사건 이후 아름다움에 대한 심미안審美眼을 잃어버렸다. 따라서 하나님이 보시는 아름다움과 사람들이 생각하는 아름다움에는 차이가 있다.

한번은 예수님이 예루살렘 성전에서 나오실 때 제자들이 함께 밖으로 나왔다. 제자들은 성전 건물들을 가리키며 예수님께 보이려고 했다. 아마도 제자들이 예물과 헌물로 화려하게 장식된 성전 건물 외관의 웅장함이나 아름다움을 예수님께 자랑하고 싶었던 것 같다. 그런데 예수님의 반응은 그들의 기대와는 달랐다. 오히려 볼 것을 보지 못한다고 꾸짖으면서 성전의 돌 하나도 돌 위에 남지 않고 다 무너뜨려지리라고 단호하게 말씀하셨다.

> 예수께서 성전에서 나와서 가실 때에 제자들이 성전 건물들을 가리켜 보이려고 나아오니 대답하여 이르시되 너희가 이 모든 것을 보지 못하느냐 내가 진실로 너희에게 이르노니 돌 하나도 돌 위에 남지 않고 다 무너뜨려지리라. (마태복음 24:1~2)

제자들은 자신들의 안목처럼 예수님도 아름다운 성전의 외관을 보고 기뻐하실 줄 알았을 것이다. 제자들은 대체로 성전에서 먼 갈릴리 지방에서 왔기 때문에 아마도 성전 외관을 보고 감동했었던 것 같다. 하지만 예수님은 성전보다는 성전에서 무엇을 하느냐에 더 관심이 있었고 종교적 행태보다는 자신의 존재와 앞으로 하실 일에 대해 알기를 바라셨을 것이다. 이렇게 제자들과 예수님의 관심사는 전혀 달랐었다. 그 성전은 타락한 제사장들과 이스라엘 백성들의 죄로 오염되어 있었고 하나님의 임재는 전혀 느낄 수 없는 지경이었다. 말하자면 경건의 모양을 갖추려고 했지만, 경건의 본질은 찾아볼 수 없다.

훗날 사도 바울이 디모데에게 보낸 서신에는 말세가 되면 사람들이 어떻게 변하는지를 예언하며 그같이 경건의 모양은 있으나 그 능력은 부인하는 자들에게서 돌아서라는 내용을 담고 있다. 예루살렘 성전에 대한 예언의 연장선상延長線上에 있는 메시지라고 할 수 있는데 좁게는 로마에 의해 성전이 무너지는 문제, 넓게는 말세에 대한 문제에 대응한 성도들의 바람직한 자세에 대해 메시지를 전하고 있다.

> 너는 이것을 알라 말세에 고통 하는 때가 이르러 사람들이 자기를 사랑하며 돈을 사랑하며 자랑하며 교만하며 비방하며 부모를 거역하며 감사하지 아니하며 거룩하지 아니하며 무정하며 원통함을 풀지 아니하며 모함하며 절제하지 못하며 사나우며 선한 것을 좋아하지 아니하며 배신하며 조급하며 자만하며 쾌락을 사랑하기를 하나님 사랑하는 것보다 더하며 경건의 모양은 있으나 경건의 능력은 부인하니 이 같은 자들에게서 네가 돌아서라.(디모데후서 3:1~5)

성서에서 하나님이 말씀하시는 아름다움은 두 가지로 구분된다. 첫 번째는 엿새 동안 창조과정에서 각각의 피조물이 완성되었을 때마다 "보시기에 좋았다"고 말씀하셨다. 두 번째는 모든 피조물이 완성되었을 때의 표현은 다소 다른데 "심히 보시기에 좋았다"고 말씀하셨다. 세상의 모든 피조물은 각각의 역할이 있지만 전체적인 완성도는 훨씬 더 중요하다.

그런 점에서 개개의 아름다움도 보기 좋지만, 전체적으로 조화를 이루느냐 여부는 더욱 중요하다는 것을 말해주고 있다. 전체적으로 아름답기 위해서는 질서와 조화 측면에서 완성도가 높아야 한다. 각 요소들이 자기다움을 잃지 않으면서도 주변과의 관계를 잘 맺는 것이 중요하다. 요컨대 한데 어우러져서 아름다울 수 있어야 진정한 아름다움이라고 할 수 있다.

성서에서는 어떤 상황에서 '아름다운'이라는 표현을 사용했을까? 아름다운 소산(창세기 43:11), 아름다운 물품(창세기 43:23), 아름다운 장소나 공간(민수기 24:5), 아름다운 땅(신명기 11:17), 사람과의 관계(사무엘하 1:26), 성적인 매력(사무엘하 11:2), 아름다운 소식(열왕기상 1:42), 아름다운 땅(역대상 4:40), 아름다운 이름(시편 8:9), 아름다운 말(잠언 27:9) 등 다양한 곳에 '아름다운'이라는 표현을 사용하고 있다.

우리 일상에서 먹고 마시며 일하는 가운데 즐거움을 누리는 것이 선하고 아름다운 것이라는 사실도 알 수 있다.(전도서 5:18) 그런데 세상의 어떤 아름다움도 모두 헛되나 하나님을 경외하는 것은 칭찬받을 일이라고 말씀하셨다.(잠언 31:30) 단연 최고의 아름다움은 하나님 안에 있다. 하나님은 절대적인 아름다움과 선함을 가지고 계신 유일한 분이시다.(마가복음 10:17~18) 궁극적으로 하나님의 아름다움을 볼 줄 아는 것이야말로 인간에게는 최고의 축복이라는 것을 알아야 한다.

여호와는 선하시며 그의 이름이 아름다우니 그의 이름을 찬양하라.(시편 135:3)

빛은 실로 아름다운 것이라 눈으로 해를 보는 것이 즐거운 일이로다.(전도서 11:7)

사랑아 네가 어찌 그리 아름다운지 어찌 그리 화창한지 즐겁게 하는구나.(아가 7:1)

여호와를 찬송할 것은 극히 아름다운 일을 하셨음이니 이를 온 땅에 알게 할지어다.(이사야 12:5)

따라서 하나님 나라의 백성이 되고 하나님의 자녀가 된다는 것은 최고로 아름다운 일이다. 우리가 소망하는 천국은 아름다움의 결정체라고 할 수 있다.

그가 천사보다 훨씬 뛰어남은 그들보다 더욱 아름다운 이름을 기업으로 얻으심이니(히브리서 1:4)

세상의 부귀영화는 한때는 좋아 보이지만 꽃이 시드는 것처럼 언젠가는 사라질 아름다움이다. 하지만 하나님의 이름, 하나님의 나라, 하나님의 말씀에는 영원히 사라지지 않을 아름다움이 존재한다.

그러나 너희는 택하신 족속이요 왕 같은 제사장들이요 거룩한 나라요 그의 소유가 된 백성이니 이는 너희를 어두운 데서 불러내어 그의 기이한 빛에 들어가게 하신 이의 아름다운 덕을 선포하게 하려 하심이라.(베드로전서 2:9)

예수 그리스도야말로 아름다움의 산실産室이자 보고寶庫다. 만약 예수 그리스도께서 인간들이 추구하는 외모의 아름다움만을 추구했다면 세상에서 가장 빼어난 용모로 이 땅에 오셨을 것이다. 예수님은 외모적으로는 너무 수수한 모습으로 이 땅에 오셨다. 왜냐하면 자칫 외모를 흠모함으로써 본질적 아름다움에 주목하지 못할 수 있기 때문이다.

> 그는 주 앞에서 자라나기를 연한 순 같고 마른 땅에서 나온 뿌리 같아서 고운 모양도 없고 풍채도 없은즉, 우리가 보기에 흠모할 만한 아름다운 것이 없도다.(이사야 53:2)

예수님은 아름다움을 창조하신 분으로 이 땅에 가지고 온 아름다운 소식, 그리고 몸소 보여주신 희생과 사랑은 아름다움의 표본이라고 할 수 있다. 아름다움美의 본질은 선함善과 의로움義이다. 예수님은 어린 양으로 비유된다. 구약시대 율법에 따라 제사드릴 때 바쳐지는 대표적인 제물이 양羊이었기 때문이다. 아브라함이 이삭을 제물로 바치려고 할 때 하나님은 그의 믿음을 확인하시고 말리셨는데 그때 이삭 대신 하나님께서 준비하신 것이 양이었다. 그 양은 장차 오실 예수 그리스도의 예표로서 지금도 어떤 일을 대신해서 희생하는 사람을 '희생양'이라는 표현을 쓰고 있다. 여기서 눈여겨볼 것은 한자漢字로 보면 아름다움美이나 선善이나 의義는 모두 양羊의 부수가 들어가 있다. 세례 요한은 예수님을 보고 어떻게 표현하였는지를 떠올려볼 필요가 있다.

> 이튿날 요한이 예수께서 자기에게 나아오심을 보고 이르되 보라, 세상 죄를 지고 가는 하나님의 어린 양이로다.(요한복음 1:29)

아름다운 사람은 예수님을 믿고 그의 말씀에 절대적으로 순종하는 사람을 가리킨다. 그리스도인이라는 말은 예수님을 닮은 혹은 닮기를 지향하는 사람들이다. 그렇다면 그분의 뜻에 따라 선을 행하고 의로우며 아름다운 덕을 선전하는 사람이 되어야 할 것이다. 그런 차원에서 생각해보면 하나님의 뜻이 무엇인지를 어렵지 않게 알 수 있다. 아름답고 의롭고 선한 것의 열매는 무엇인가? 예수 그리스도의 그 아름다운 희생과 사랑을 통해 얻고자 하는 열매는 무엇이겠는가? 그것은 바로 '생명生命'이다. 생명처럼 아름다운 것이 또 어디 있겠는가? 그 생명을 구원하여 다시는 슬픔이나 사망이 없는 하나님의 나라로 초대하여 영원히 함께하고자 하는 것이 하나님의 선하고 의롭고 아름다운 계획이다.

> 모든 눈물을 그 눈에서 닦아 주시니 다시는 사망이 없고 애통하는 것이나 곡하는 것이나 아픈 것이 다시 있지 아니하리니 처음 것들이 다 지나갔음이러라.(요한계시록 21:4)

인생에게 주어지는 최고로 아름다운 선물은 '영생永生'이라는 것을 알 수 있다. 먼저 선물을 받은 우리가 하나님과 더불어 이루어야 할 최고의 선善은 '진리의 복음'을 전파하는 것이다.

> 우리가 알거니와 하나님을 사랑하는 자, 곧 그의 뜻대로 부르심을 입은 자들에게는 모든 것이 합력하여 선을 이루느니라.(로마서 8:28)

또 하나님이 바라시는 아름답고 의롭고 선한 것들이 있는데 그 가운데 하나는 '다른 사람들과 함께하는 것'이다. 시편 기자는 "형제와 함께하는"이라는 표현을 사용했지만, 거기서 형제를 지칭하는 것은 이스라엘 백성이다. 아름답고 의롭고 선한 것의 열매는 영생이기 때문에 함께할 가치가 있는 것이다.

> 보라, 형제가 연합하여 동거함이 어찌 그리 선하고 아름다운고. 머리에 있는 보배로운 기름이 수염 곧 아론의 수염에 흘러서 그의 옷깃까지 내림 같고 헐몬의 이슬이 시온의 산들에 내림 같도다. 거기서 여호와께서 복을 명령하셨나니 곧 영생이로다.(시편 133:1~3)

믿는 자들이 무엇을 해야 하는가에 대해 예수님은 확실한 지침을 주셨다. 그것은 더불어 의를 드러내고 선을 행하는 것이다. 구체적으로는 믿음이 약한 자를 도와 실족하지 않게 하는 것이고 믿지 않는 자들에게 복음을 전하여 하나님 나라로 인도하는 것이며 기도가 필요한 사람들을 위해 함께 기도함으로써 하나님의 은혜에 반응하게 하는 것이다.

> 진실로 다시 너희에게 이르노니 너희 중의 두 사람이 땅에서 합심하여 무엇이든지
> 구하면 하늘에 계신 내 아버지께서 그들을 위하여 이루게 하시리라. 두세 사람이
> 내 이름으로 모인 곳에는 나도 그들 중에 있느니라.(마태복음 18:19~20)

하나님은 믿음의 사람들이 함께 기도하고 함께 선을 행하는 것을 기뻐하신다.
하나님은 자신의 능력이 부족해서가 아니라 하나님의 자녀들을 사랑하시기 때문
에 그들과 함께 일하시는 것을 기뻐하신다. 하나님의 사랑이 얼마나 크고 깊은지
또 얼마나 사람을 존귀하게 여기고 계신지를 알 수 있다. 태초에 에덴동산에서도
사람에게 모든 관리권을 위임하셨듯이 지금도 세상의 운영권과 더불어 복음 전파
의 열쇠를 우리 손에 맡겨주셨다. 이것은 축복이고 영광인 동시에 책임감도 느껴
야 함을 말해준다. 왜냐하면 우리의 믿음에 따라 자신은 물론이고 이웃들의 소중
한 생명이 달려 있기 때문이다.

> 진실로 너희에게 이르노니 무엇이든지 너희가 땅에서 매면 하늘에서도 매일 것이
> 요 무엇이든지 땅에서 풀면 하늘에서도 풀리리라.(마태복음 18:18)

하나님은 사람마다 그 행위대로 보응하시는 분이시다. 이 구절을 잘못 해석하
면 마치 행위를 통해 구원받아야 하는 것처럼 오해할 수 있는데 그렇지 않다. 그
런 오해는 사람들을 정죄하고 불안하게 해서 예수 그리스도의 은혜를 무력화할 수
있다. 하나님은 우리의 영혼을 파수꾼처럼 지키시는 분이시다. 한번 구원받은 영
혼을 이런저런 이유로 다시 없던 일로 한다거나 정죄하시는 분이 아니시다. 사도
바울은 예수님의 가르침대로 그 부분에 대해 명확히 가르치고 있다.

> 그러므로 이제 그리스도 예수 안에 있는 자에게는 결코 정죄함이 없나니, 이는 그
> 리스도 예수 안에 있는 생명의 성령의 법이 죄와 사망의 법에서 너를 해방하였음
> 이라.(로마서 8:1~2)

율법시대에는 행위가 무척 중요했다. 율법을 어기면 회개하고 다시 제사 드리
는 일을 반복해야 했다. 하지만 복음시대에는 육체의 행위는 믿음이나 구원에 어
떤 영향도 미치지 못한다. 육체를 지닌 사람은 율법적 행위로는 구원에 이를 수

없다는 것을 잘 아시기 때문에 예수 그리스도께서 직접 이 땅에 오셔서 우리의
죄를 대신 담당하신 것이다. 그래서 구원을 은혜의 선물이라고 말씀하신 것이다.

> 율법이 육신으로 말미암아 연약하여 할 수 없는 그것을 하나님은 하시나니, 곧 죄
> 로 말미암아 자기 아들을 죄 있는 육신의 모양으로 보내어 육신에 죄를 정하사 육
> 신을 따르지 않고 그 영을 따라 행하는 우리에게 율법의 요구가 이루어지게 하려
> 하심이니라. 육신을 따르는 자는 육신의 일을, 영을 따르는 자는 영의 일을 생각하
> 나니 육신의 생각은 사망이요 영의 생각은 생명과 평안이니라. 육신의 생각은 하
> 나님과 원수가 되나니 이는 하나님의 법에 굴복하지 아니할 뿐 아니라 할 수도 없
> 음이라. 육신에 있는 자들은 하나님을 기쁘시게 할 수 없느니라. 만일 너희 속에 하
> 나님의 영이 거하시면 너희가 육신에 있지 아니하고 영에 있나니 누구든지 그리
> 스도의 영이 없으면 그리스도의 사람이 아니라. 또 그리스도께서 너희 안에 계시
> 면 몸은 죄로 말미암아 죽은 것이나 영은 의로 말미암아 살아 있는 것이니라.(로마
> 서 8:3~10)

그렇다면 여기서 행함은 무엇을 말하는가? 그것은 먼저 구원받은 자들이 아직
하나님께 돌아오지 않는 사람들을 위해 복음을 전하고 기도하고 사랑하는 것을
말한다. 잠언 기자는 그런 행위가 중요함을 강조하면서 거기에는 하나님의 보응
이 따를 것이라고 적극적으로 권면하고 있다.

> 너는 사망으로 끌려가는 자를 건져 주며 살육을 당하게 된 자를 구원하지 아니하려
> 고 하지 말라. 네가 말하기를 나는 그것을 알지 못하였노라 할지라도 마음을 저울
> 질하시는 이가 어찌 통찰하지 못하시겠으며 네 영혼을 지키시는 이가 어찌 알지 못
> 하시겠느냐. 그가 각 사람의 행위대로 보응하시리라.(잠언 24:11~12)

사도 바울도 자신을 포함한 먼저 하나님의 은혜를 입은 자들이 감당해야 할 일
이 있다는 것을 강조했는데 그것은 그리스도의 향기를 내는 것이라고 했다. 그 향
기는 믿는 이들 앞에서나 믿지 않는 자들에게 그리스도를 대신해서 사역을 감당
해야 함을 뜻한다.

항상 우리를 그리스도 안에서 이기게 하시고 우리로 말미암아 각처에서 그리스도를 아는 냄새를 나타내시는 하나님께 감사하노라. 우리는 구원 받는 자들에게나 망하는 자들에게나 하나님 앞에서 그리스도의 향기니 이 사람에게는 사망으로부터 사망에 이르는 냄새요 저 사람에게는 생명으로부터 생명에 이르는 냄새라 누가 이 일을 감당하리요.(고린도후서 2:14~16)

따라서 선을 행함에 있어서 일시적으로 마음 내키는 대로 행하는 문제가 아니라 어떤 상황에서도 지치지 않고 낙심하지 않고 포기하지 말고 행해야 하는 것이다. 우리가 알아야 할 것은 그런 선행은 절대 헛되지 않고 반드시 열매를 거두게 된다는 점이다.

우리가 선을 행하되 낙심하지 말지니 포기하지 아니하면 때가 이르매 거두리라.(갈라디아서 6:9)

사도 바울이 복음을 전하는 시대에는 사람들이 복음의 본질을 제대로 깨닫지 못하였을 뿐 아니라 여전히 율법에 미련을 버리지 못하고 애매한 자세를 취하는 경우가 허다했다. 그래서 육체와 영혼, 율법과 복음에 대한 교리적 가르침에 역점을 두었다. 당시 율법을 상징하는 대표적인 행위가 할례였다. 당시 할례를 고집하는 사람들은 경건의 모양은 있으나 신앙의 본질에 대해서는 도외시하였다.

따라서 바울은 이미 유대교에서 기독교로 개종한 사람들에게도 할례를 받도록 하였다. 그렇다고 그들이 율법을 철저히 지켰던 것도 아니었다. 그들은 율법 정신보다는 세상에 자신들의 종교적 행태를 자랑하고자 하였다. 그래서 사도 바울은 "예수 그리스도의 십자가 외에 결코 자랑할 것이 없다"고 강하게 선언적 고백을 한 것이다.

무릇 육체의 모양을 내려 하는 자들이 억지로 너희에게 할례를 받게 함은 그들이 그리스도의 십자가로 말미암아 박해를 면하려 함뿐이라. 할례를 받은 그들이라도 스스로 율법은 지키지 아니하고 너희에게 할례를 받게 하려 하는 것은 그들이 너희의 육체로 자랑하려 함이라. 그러나 내게는 우리 주 예수 그리스도의 십자가 외에 결코 자랑할 것이 없으니 그리스도로 말미암아 세상이 나를 대하여 십자가에 못 박히고 내가 또한 세상을 대하여 그러하니라. 할례나 무할례가 아무것도 아니로되 오직 새로 지으심을 받는 것만이 중요하니라.(갈라디아서 6:12~15)

사도 바울은 할례나 무할례가 중요한 것이 아니라 오직 새롭게 지음 받는 것이 중요하다고 결론을 내렸다. 율법시대에 할례는 아브라함 시대부터 이스라엘 백성과 이방인을 구별하기 위해 실시한 것으로 '약속의 백성'을 상징한다. 어머니가 유대인이었던 디모데에게는 할례를 행하였는데 이는 불필요한 논쟁을 피하기 위해서였다.

바울이 더베와 루스드라에도 이르매 거기 디모데라 하는 제자가 있으니 그 어머니는 믿는 유대 여자요 아버지는 헬라인이라. 디모데는 루스드라와 이고니온에 있는 형제들에게 칭찬받는 자니 바울이 그를 데리고 떠나고자 할새 그 지역에 있는 유대인으로 말미암아 그를 데려다가 할례를 행하니 이는 그 사람들이 그의 아버지는 헬라인인 줄 다 앎이러라.(사도행전 16:1~3)

반면에 사도바울이 예루살렘에 갔을 때 헬라인 디도에게는 억지로 할례를 받도록 하지 않았다. 만약 할례를 반드시 받아야 한다면 예루살렘에서 디도에게 할례를 베풀었을 것이다. 하지만 그랬다간 잘못된 가르침으로 복음의 사람들이 율법에 종노릇할 수 있겠다는 판단에서 그런 결정을 한 것이다.

그러나 나와 함께 있는 헬라인 디도까지도 억지로 할례를 받게 하지 아니하였으니 이는 가만히 들어온 거짓 형제들 때문이라. 그들이 가만히 들어온 것은 그리스도 예수 안에서 우리가 가진 자유를 엿보고 우리를 종으로 삼고자 함이로되 그들에게 우리가 한시도 복종하지 아니하였으니 이는 복음의 진리가 항상 너희 가운데 있게 하려 함이라.(갈라디아서 2:3~5)

여기서 복음의 본질이 무엇인지에 대해 생각해볼 필요가 있다. 하나님은 사람을 포함한 모든 피조물을 아름답고 선하게 창조하셨다. 그런데 선악을 알게 하는 나무의 열매를 따 먹고 죄를 범함으로써 하나님의 선한 영향력으로부터 이탈하게 된 것이다. 그 이후 선함과 의로움, 그리고 아름다움을 잃어버린 것이다.(예레미야 17:9) 따라서 복음은 잃어버린 인간, 그리고 만물의 정체성을 회복하는 길을 제시하고 있다.

> 예수께서 이르시되 내가 곧 길이요 진리요 생명이니 나로 말미암지 않고는 아버지께로 올 자가 없느니라.(요한복음 14:6)

그 길이 바로 예수 그리스도이다. 예수 그리스도의 모든 말씀과 행함 안에서 우리가 죄로부터 자유로워지고 하나님과의 관계를 회복할 수 있다. 이렇게 성육신으로 오신 예수님 안에서 하나님의 형상을 닮은 인간 본연의 선함과 아름다움을 발견할 수 있다. 예수님은 긍휼과 자비로 충만하신 '하나님의 역할'과 아담 이후 잃어버린 사람의 정체성을 회복하시는 '사람의 역할'을 동시에 이루신 것이다. 이것이 복음의 핵심이다. 이 역할을 동시에 실현하시고 예수님은 마침내 '다 이루었다'고 선언하셨다.

> 그 후에 예수께서 모든 일이 이미 이루어진 줄 아시고 성경을 응하게 하려 하사 이르시되 내가 목마르다 하시니 거기 신 포도주가 가득히 담긴 그릇이 있는지라 사람들이 신 포도주를 적신 해면을 우슬초에 매어 예수의 입에 대니 예수께서 신 포도주를 받으신 후에 이르시되 다 이루었다 하시고 머리를 숙이니 영혼이 떠나가시니라.(요한복음 19:28~30)

중요한 것은 예수 그리스도를 받아들이지 않고 여전히 죄 가운데 있는 사람에게는 제대로 된 의로움이나 선함이나 아름다움을 발견할 수 없다는 점이다. 왜냐하면 우리를 아름답게 하실 수 있는 분은 오직 우리를 지으신 하나님 한 분뿐이시기 때문이다.

> 여호와의 말씀이 내게 임하여 이르시되 인자야 너는 두로를 위하여 슬픈 노래를 지으라. 너는 두로를 향하여 이르기를 바다 어귀에 거주하면서 여러 섬 백성과 거래하는 자여 주 여호와께서 이같이 말씀하시되 두로야 네가 말하기를 나는 온전히 아름답다 하였도다. 네 땅이 바다 가운데에 있음이여 너를 지은 자가 네 아름다움을 온전하게 하였도다. 네 땅이 바다 가운데에 있음이여 너를 지은 자가 네 아름다움

을 온전하게 하였도다.(에스겔 27:1~4)

하나님은 에스겔 선지자에게 지시하신다. 두로를 하나님이 아름답게 하시고 풍요롭게 살 수 있도록 선물했지만, 안타깝게도 그들의 풍요와 번영이 하나님을 떠나게 만들어버렸다. 하나님은 그곳 사람들의 교만으로 인해 멸망하게 될 것이라고 말씀하신 것이다. 그래서 슬픈 노래를 지으라고 은유적으로 말씀하셨다. 하나님은 두로뿐만 아니라 만물과 사람을 아름답게 지으셨다. 하지만 지으신 하나님은 바라보지 않고 다른 것들에 눈이 팔려 하나님의 아름다운 창조정신을 왜곡한 것이다. 사도 바울이 디모데에게 보낸 서신에서 성령으로부터 부여받은 아름다움을 지킬 것을 부탁한 것도 두로와 같은 일을 겪지 않게 되기를 바라는 뜻이 있다.

> 너는 그리스도 예수 안에 있는 믿음과 사랑으로써 내게 들은 바 바른 말을 본받아 지키고 우리 안에 거하시는 성령으로 말미암아 네게 부탁한 아름다운 것을 지키라.(디모데후서 1:13~14)

그 아름다움은 예수 그리스도 안에 있는 하나님의 '믿음'과 '사랑'이다. 그 믿음과 사랑을 우리에게 값없이 주셨고 또 우리도 그같이 믿음과 사랑이 충만한 사람이 되기를 원하신다. 그런데 인간 스스로 할 수 없다는 것을 아신 하나님은 육신은 약하더라도 하나님의 뜻대로 살고자 하는 '자유의지'를 드러낼 때 도와주도록 성령을 그 믿음 안에 부어주신 것이다. 하나님의 사랑은 죄를 범하기 전이나 후나 전혀 변함이 없으시다. 인간적으로 생각해볼 때 하나님은 선악과 사건으로 아담과 하와에게 배신감을 느끼셨을 것이다. 그때는 그들에게 사랑을 베풀어줄 만한 상황이 아니었음에도 불구하고 하나님은 그들을 추방하기에 앞서 긍휼을 베푸셨다.

> 여호와 하나님이 아담과 그의 아내를 위하여 가죽옷을 지어 입히시니라.(창세기 3:21)

그렇게 사랑하셨다면 아예 에덴동산에서 추방하지 말고 용서하실 수 있었을 텐데 왜 그렇게 하시지 않았냐고 반문할 수 있다. 거기에는 그럴만한 이유가 있다. 하나님의 신뢰를 저버린 그들이 또다시 하나님 말씀을 어기고 범죄를 저지르지 말라는 법이 없기 때문이다. 에덴동산의 중앙에는 선악을 알게 하는 나무 말고도 생명나무가 함께 자라고 있었다. 선악과를 따 먹은 사람이 다시 생명나무 열매마저 따 먹게 되면 죄를 지닌 몸으로 영원히 살 수밖에 없는 처지가 되어 하나님의 큰 그림 가운데 있는 영혼 구원이 어려워지기 때문이다.

선악과를 따 먹은 아담과 하와는 하나님처럼 선악을 알게 되었다. 선악을 알게 되었다는 것이지 선악을 분별할 수 있는 사람이 되었다는 의미는 아니다. 자유의지를 지닌 사람이 선악을 다 지니게 되었으니 하나님 허락 없이 또 무슨 일을 벌일지 알 수 없었다. 그래서 불가피하게 에덴동산에서 추방하신 것이다.

> 여호와 하나님이 이르시되 보라 이 사람이 선악을 아는 일에 우리 중 하나 같이 되었으니 그가 그의 손을 들어 생명나무 열매도 따 먹고 영생할까 하노라 하시고 여호와 하나님이 에덴동산에서 그를 내보내어 그의 근원이 된 땅을 갈게 하시니라.(창세기 3:22~23)

그 와중에도 하나님은 그들이 에덴동산에서 나갔을 때 행여 동물들로부터 공격이나 받지 않을까 우려하여 가죽옷을 입혀서 내보내셨다. 이런 사실을 알게 되면 하나님의 사랑이 얼마나 깊고 깊은지 느낄 수 있을 것이다.(창세기 3:21) 좀 더 깊이 묵상해 보면 그 가죽옷은 예수 그리스도를 상징하는 예표豫表라는 것을 알 수 있다. 아담과 하와를 보호하기 위해 동물의 가죽으로 옷을 만들었다는 것은 불가피하게 동물의 희생이 있었다는 것을 말해준다.

이것은 장차 인류를 구원하시기 위해 이 땅에 오셔서 십자가에서 피 흘리며 희생하신 어린 양 예수 그리스도를 상징한다. 이와 맥락을 같이 한 사건이 또 하나 있다. 그것은 아브라함이 하나님의 명령에 따라 아들 이삭을 번제로 드리기 위해 모리아의 한 산에 올라간 사건을 떠올려볼 필요가 있다. 여기서 이삭 대신 하나님께서 준비하신 제물 어린 양도 예수님을 예표한다.

> 이삭이 그 아버지 아브라함에게 말하여 이르되 내 아버지여 하니 그가 이르되 내 아들아 내가 여기 있노라. 이삭이 이르되 불과 나무는 있거니와 번제할 어린 양은 어디 있나이까. 아브라함이 이르되 내 아들아 번제할 어린 양은 하나님이 자기를 위하여 친히 준비하시리라 하고, 두 사람이 함께 나아가서 하나님이 그에게 일러

주신 곳에 이른지라. 이에 아브라함이 그 곳에 제단을 쌓고 나무를 벌여 놓고 그의 아들 이삭을 결박하여 제단 나무 위에 놓고 손을 내밀어 칼을 잡고 그 아들을 잡으려 하니 호와의 사자가 하늘에서부터 그를 불러 이르시되 아브라함아 아브라함아 하시는지라. 아브라함이 이르되 내가 여기 있나이다 하매 자가 이르시되 그 아이에게 네 손을 대지 말라 그에게 아무 일도 하지 말라 네가 네 아들 네 독자까지도 내게 아끼지 아니하였으니 내가 이제야 네가 하나님을 경외하는 줄을 아노라. 아브라함이 눈을 들어 살펴본즉 한 숫양이 뒤에 있는데 뿔이 수풀에 걸려 있는지라 아브라함이 가서 그 숫양을 가져다가 아들을 대신하여 번제로 드렸더라. (창세기 22:7~13)

아브라함이 늦은 나이에 어렵게 얻은 아들을 하나님 말씀에 순종함으로써 기꺼이 내놓은 일과 하나님 아버지께서 자신의 독생자 예수 그리스도를 죄로부터 인류를 구원하기 위해 기꺼이 내놓은 일은 데칼코마니처럼 닮았다. 아브라함은 그로 인해 하나님으로부터 믿음의 조상이라고 칭찬받았고, 예수 그리스도는 인간으로서는 회복할 수 없는 잃어버린 에덴동산으로 재입성할 수 있는 길을 열어주셨다.

이르시되 여호와께서 이르시기를 내가 나를 가리켜 맹세하노니 네가 이같이 행하여 네 아들 네 독자도 아끼지 아니하였은즉, 내가 네게 큰 복을 주고 네 씨가 크게 번성하여 하늘의 별과 같고 바닷가의 모래와 같게 하리니 네 씨가 그 대적의 성문을 차지하리라. 또 네 씨로 말미암아 천하 만민이 복을 받으리니 이는 네가 나의 말을 준행하였음이니라 하셨다 하니라. (창세기 22:16~18)

그러나 우리는 그들이 우리와 동일하게 주 예수의 은혜로 구원받는 줄을 믿노라 하니라. (사도행전 15:11)

사도 바울이 전한 복음의 내용도 그 같은 맥락에서 벗어나지 않는다. (로마서 5:8~11) (로마서 8:1~4)

찬송하리로다 하나님 곧 우리 주 예수 그리스도의 아버지께서 그리스도 안에서 하늘에 속한 모든 신령한 복을 우리에게 주시되 곧 창세 전에 그리스도 안에서 우리를 택하사 우리로 1)사랑 안에서 그 앞에 거룩하고 흠이 없게 하시려고 그 기쁘신 뜻대로 우리를 예정하사 예수 그리스도로 말미암아 자기의 아들들이 되게 하셨으니 이는 그가 사랑하시는 자 안에서 우리에게 거저 주시는 바 그의 은혜의 영광을 찬송하게 하려는 것이라. 우리는 그리스도 안에서 그의 은혜의 풍성함을 따라 그의 피로 말미암아 속량 곧 죄 사함을 받았느니라.(에베소서 1:3~7)

우리가 여기서 깨달아야 할 것이 있다. 하나님은 영이시므로 하나님 나라 역시 영의 나라라는 점이다. 하나님은 장차 들어갈 천국에서만 만날 수 있는 것이 아니라 예수 그리스도의 은혜로 하나님의 영이 우리 안에 직접 들어오신다는 점이다. 하나님의 영이 계신 곳이 곧 하나님 나라다. 그런 관점에서 믿음으로 하나님의 영을 받은 사람은 이미 천국 안에 있는 셈이다. 죄의 결과로 우리 육체는 언젠가 한 번은 죽을 수밖에 없는 처지이지만, 우리 영은 이미 구원받은 것이다. 쉽게 말하면 영은 다시는 죽음을 보지 않는다. 죽어 썩어질 육체도 예수님이 다시 오시면 새로운 영에 걸맞게 새로운 육체로 다시 거듭난다.

예수를 죽은 자 가운데서 살리신 이의 영이 너희 안에 거하시면 그리스도 예수를 죽은 자 가운데서 살리신 이가 너희 안에 거하시는 그의 영으로 말미암아 너희 죽을 몸도 살리시리라.(로마서 8:11)

예수 그리스도를 믿고 하나님의 자녀가 된 사람은 삼위일체三位一體 하나님께서 함께하시는 영광을 누릴 것이다. 하나님 아버지는 택하시고, 예수 그리스도는 우리를 위해 기도하시며, 성령은 우리 안에 오셔서 우리를 도우신다. 그래서 더 이상 우리에 대한 하나님의 사랑을 끊을 자가 없다.

누가 능히 하나님께서 택하신 자들을 고발하리요, 의롭다 하신 이는 하나님이시니 누가 정죄하리요, 죽으실 뿐 아니라 다시 살아나신 이는 그리스도 예수시니 그는 하나님 우편에 계신 자요, 우리를 위하여 간구하시는 자시니라. 누가 우리를 그리스도의 사랑에서 끊으리요, 환난이나 곤고나 박해나 기근이나 적신이나 위험이나 칼이랴. 기록된 바 우리가 종일 주를 위하여 죽임을 당하게 되며 도살당할 양 같이 여김을 받았나이다 함과 같으니라. 그러나 이 모든 일에 우리를 사랑하시는 이로 말미암아 우리가 넉넉히 이기느니라. 내가 확신하노니 사망이나 생명이나 천사들이나 권세자들이나 현재 일이나 장래 일이나 능력이나 높음이나 깊음이나 다른 어떤 피조물이라도 우리를 우리 주 그리스도 예수 안에 있는 하나님의 사랑에서 끊을 수 없으리라.(로마서 8:33~39)

성서가 말하는 복음의 실체는 예수 그리스도이시다. 예수 그리스도의 삶은 공의롭고 아름답고 선하시다. 예수 그리스도를 압축적이고 상징적으로 보여준 일이 십자가의 죽음과 부활이다. 십자가는 고난, 희생, 사랑 등을 상징하지만 그에 못지않게 중요한 것은 하나님의 신성과 인간의 순종을 동시에 보여주셨다는 점이다. 결과적으로 온 인류를 구원하셨다. 그로 인해 하나님과 사람이 하나가 될 수 있게 되었다.

말하자면 구약시대 하나님의 언약, 선지자들의 예언, 그리고 예수 그리스도께서 직접 전하신 복음 등을 십자가를 통해 다 이루었다. 그분의 희생과 사랑이 우리를 죄로부터 죽음으로부터 자유롭게 하셨다. 자유를 누리지 못하고 여전히 불신의 늪에서 빠져나오지 못한다면 이처럼 불행한 일이 또 어디 있겠는가. 사람들은 세상의 관습과 세속적 가치에 익숙해져서 살다 보면 상황에 따라 상대적으로 받아들이기 쉽다. 그래서 하나님에 대한 절대적인 믿음을 갖지 못하는 경향이 있다. 지금 우리가 결단해야 할 일은 구습에서 벗어나 모든 것을 하나님께 맡기는 삶을 사는 것이다.

예수님이 다 이루신 일을 자신이 뭔가 더 하려고 하는 것도 안 되고 예수님이 권면하는 일을 하지 않는 것도 문제다. 어떤 일을 하며 살아야 할까? 우선 율법적이고 종교적인 신앙에서 벗어나고 세속적인 가치관과 이기적인 탐욕에서 탈피하여야 한다. 이것을 분별할 수 있는 잣대는 하나님에 대한 절대적인 믿음, 그리고 그 믿음에 바탕을 둔 실천적 사랑이다.

그 이유는 하나님은 믿음과 사랑의 원천이기 때문이다. 그것이 하나님의 절대적인 아름다움의 본질이다. 상대적인 아름다움은 불완전하고 일시적이라면, 절대적인 아름다움은 진리에서 나오는 것으로 완전하며 불변한다. 상대적인 아름다움은 예표, 상징, 우상 같은 것이다. 그것들은 원래의 본질을 모방하는 허상으로서 잠시 아름다움을 뽐낼 수 있을지 몰라도 본질적 아름다움이 등장하면 그 존재가치를 잃어버리고 만다.

우리가 살면서 보고 느끼는 것 중에는 대체로 본질과 현상 혹은 실상과 허상이 있기 마련이다. 눈에 보이는 현상이나 자신들이 바라는 허상에 집착하다 보면 정작 중요한 본질을 놓치기 쉽다. 예를 들어 구약시대 성전의 존재 이유는 하나님을 만나는 장소였다. 대제사장을 통해 하나님의 메시지를 듣고 그 뜻에 걸맞게 순종을 이어가는 것에 의미가 있었다.

오늘날 교회는 구약시대의 성소 혹은 예수님 십자가 사건 이전의 성전과는 그 역할이 다르다. 이제 하나님은 대제사장을 통해 메시지를 전하는 방식이 아닌 예수 그리스도를 영접한 모든 사람들에게 직접 성령의 이름으로 만나주시기 때문이다. 예수님의 십자가 사건으로 인해 성소의 휘장이 찢기며 대제사장만 들어갈 수 있는 지성소와 성소 사이에 설치된 칸막이를 없애셨다. 그전까지는 대제사장과 성도 사이에 있었던 역할이 달랐지만 이제 하나가 된 것이다.

> 이에 성소 휘장이 위로부터 아래까지 찢어져 둘이 되고 땅이 진동하며 바위가 터지고 무덤들이 열리며 자던 성도의 몸이 많이 일어나되 예수의 부활 후에 그들이 무덤에서 나와서 거룩한 성에 들어가 많은 사람에게 보이니라. 백부장과 및 함께 예수를 지키던 자들이 지진과 그 일어난 일들을 보고 심히 두려워하여 이르되 이는 진실로 하나님의 아들이었도다 하더라. (마태복음 27:51~54)

하나님은 모세를 통해 성막을 짓게 하셨는데 성막은 지성소와 성소를 휘장으로 구분하였고 지성소에는 증거궤를 놓게 하셨다. 그리고 지성소에는 대제사장 외에는 들어가지 못하게 하고 특별한 공간으로 인식하도록 하셨다.

> 그 휘장을 갈고리 아래에 늘어뜨린 후에 증거궤를 그 휘장 안에 들여놓으라. 그 휘장이 너희를 위하여 성소와 지성소를 구분하리라. 너는 지성소에 있는 증거궤 위에 속죄소를 두고 그 휘장 바깥 북쪽에 상을 놓고 남쪽에 등잔대를 놓아 상과 마주하게 할지며 청색 자색 홍색 실과 가늘게 꼰 베 실로 수놓아 짜서 성막 문을 위하여 휘장을 만들고 그 휘장 문을 위하여 기둥 다섯을 조각목으로 만들어 금으로 싸고 그 갈고리도 금으로 만들지며 또 그 기둥을 위하여 받침 다섯 개를 놋으로 부어 만들지니라. (출애굽기 26:33~37)

심지어 허락 없이 지성소에 들어갈 경우 죽을 것이라고 하나님은 말씀하셨다. 휘장은 천으로 만들어진 일종의 베일veil이다. 그렇게 중요한 언약궤가 있고 대제사장만 들어갈 수 있는 특별한 공간을 가로막은 것이 단단한 벽이 아니라 천으로 만들어진 휘장이라는 사실에 주목할 필요가 있다. 하나님께서는 지성소 휘장을 만들 때 그룹들(케루빔)을 정교하게 수놓으라고 말씀하셨다. 성막에는 동일한 형식으로 짜서 출입문으로 사용되는 휘장이 3개가 있다. 성막 뜰로 들어가는 성막 출입문과 성소로 들어가는 성소 출입문, 그리고 이 지성소 문에만 있다.

그 가운데 특별히 그룹들을 수놓은 것은 이 지성소 문에만 있다. 이것은 출입을 통제하는 그룹들을 이미지화한 것이다. 이스라엘 백성이라면 희생제물을 가지고 성막 뜰 안까지는 들어갈 수 있다. 또 백성들을 대표하는 제사장들이 날마다 성소에 들어가 봉사하는 일을 한다. 그러나 그들은 휘장 앞에서 더 이상 안으로 들어갈 수 없다. 지성소에는 1년에 한 차례 대제사장에게만 허용되는 성스러운 공간이다. 지성소 출입에 대하여 모세를 통하여 대제사장 아론에게 하시는 명령이다.

> 여호와께서 모세에게 이르시되 네 형 아론에게 이르라. 성소의 휘장 안 법궤 위 속죄소 앞에 아무 때나 들어오지 말라. 그리하여 죽지 않도록 하라. 이는 내가 구름 가운데에서 속죄소 위에 나타남이니라. (레위기 16:2)

성서에서 그룹들이 가장 처음 등장하는 곳은 창세기 에덴동산이다.

> 이같이 하나님이 그 사람을 쫓아내시고 에덴동산 동쪽에 그룹들과 두루 도는 불 칼을 두어 생명나무의 길을 지키게 하시니라. (창세기 3:24)

아담과 하와는 범죄를 저지른 후에 에덴동산에서 추방되었다. 그 후 하나님은 에덴동산 동쪽에 그룹들과 두루 도는 불칼(화염검)을 두어 누구도 접근하지 못하도록 하며 생명나무를 지키게 한 사실이 있다. 죄는 하나님과 사람 사이를 갈라놓았고 영원한 생명으로부터 단절시키고 말았다. 그리고 거룩한 대상에게 가까이 접근조차 하지 못하게 하셨다.

지성소의 휘장은 창세기에서 시작된 최초의 사람 아담과 그의 아내 하와의 죄로 인한 하나님과 사람 사이의 단절을 상징한다. 하나님이 거하시는 곳, 영원한 생명이 있는 그곳에 죄성罪性을 지닌 인간은 더 이상 접근할 수 없다. 휘장의 그룹은 마치 에덴동산의 생명나무에 접근을 통제하듯이 사람들의 출입을 가로막은 것이다. 히브리서 기자는 성소는 물론이고 휘장도 예수 그리스도의 육체를 상징한다고 설명하고 있다.

> 그 길은 우리를 위하여 휘장 가운데로 열어 놓으신 새로운 살 길이요, 휘장은 곧 그의 육체니라.(히브리서 10:20)

예수 그리스도께서 십자가에 달리셔서 숨을 거두실 때 지성소 휘장이 위에서부터 아래까지 찢어져 내렸다.(마가복음 15:37) 물론 이것은 성막시대의 휘장이 아니라 예수님 시대의 헤롯 성전의 휘장이다. 히브리서 기자는 이 휘장이 찢어진 사건의 영적 의미를 명쾌하게 설명한다.(히브리서 10:19~20) 예수님은 단번에 자신을 희생제물로 드려 영원한 속죄를 이루셨다.(히브리서 10:2) 따라서 이제는 대제사장 예수 그리스도 은혜로 누구나 언제나 하나님의 임재 앞에 나갈 수 있게 되었다. 말하자면 특정인을 세우는 방식의 대제사장은 이제 필요 없게 된 것이다. 예수 그리스도께서 구약시대의 수많은 대제사장의 역할을 단번에 담당하셨기 때문에 이제 예수 그리스도가 유일한 대제사장이다. 또 예수님의 은혜로 우리 성도들도 왕 같은 제사장의 신분을 얻게 되었다.

> 또한 이와 같이 그리스도께서 대제사장 되심도 스스로 영광을 취하심이 아니요, 오직 말씀하신 이가 그에게 이르시되 너는 내 아들이니 내가 오늘 너를 낳았다 하셨고, 또한 이와 같이 다른 데서 말씀하시되 네가 영원히 멜기세덱의 반차를 따르는 제사장이라 하셨으니 그는 육체에 계실 때에 자기를 죽음에서 능히 구원하실 이에게 심한 통곡과 눈물로 간구와 소원을 올렸고 그의 경건하심으로 말미암아 들으심을 얻었느니라.(히브리서 5:5~7)

> 그러나 너희는 택하신 족속이요, 왕 같은 제사장들이요, 거룩한 나라요, 그의 소유가 된 백성이니, 이는 너희를 어두운 데서 불러내어 그의 기이한 빛에 들어가게 하신 이의 아름다운 덕을 선포하게 하려 하심이라.(베드로전서 2:9)

게다가 예수 그리스도께서 하나님 우편으로 가시기 전에 성령을 우리에게 보내주시겠다고 약속하셨고 또 약속하신 대로 오순절을 시작으로 성령이 모든 믿음의 사람들에게 임하셨다.

> 오순절 날이 이미 이르매 그들이 다같이 한 곳에 모였더니 홀연히 하늘로부터 급하고 강한 바람 같은 소리가 있어 그들이 앉은 온 집에 가득하며 마치 불의 혀처럼 갈라지는 것들이 그들에게 보여 각 사람 위에 하나씩 임하여 있더니 그들이 다 성령의 충만함을 받고 성령이 말하게 하심을 따라 다른 언어들로 말하기를 시작하니라.(사도행전 2:1~4)

따라서 교회를 여전히 구약시대 성소나 십자가 사건 이전의 성전이라는 관점으로 생각하는 것은 잘못이다. 또 교회가 하나님과 관계없는 신자들의 사교모임 장소로 전락해서도 안 될 것이다. 교회가 점점 규모가 커지고 화려해지고 있다. 내막을 보면 교회들 사이에서도 빈부격차가 심해지면서 대형교회는 기업화하고 있고, 목사를 회장님이라고 비난하는 소리까지 들린다. 그곳이 세상 사람들을 구하는 구원의 방주가 아니라 '그들만의 리그'라는 비아냥을 듣는 처지가 되었다. 마치 유대인의 선민의식처럼 교회는 불신자들을 향해 '예수천국 불신지옥'을 외치며 사랑 없는 무성한 외침만을 거듭하는 것은 아닌지 성찰해볼 필요가 있다.

> 내가 사람의 방언과 천사의 말을 할지라도 사랑이 없으면 소리 나는 구리와 울리는 꽹과리가 되고 내가 예언하는 능력이 있어 모든 비밀과 모든 지식을 알고 또 산을 옮길 만한 모든 믿음이 있을지라도 사랑이 없으면 내가 아무것도 아니요.(고린도전서 13:1~2)

교회와 성도는 예수 그리스도의 아름다운 덕을 선포하고 실천하는 곳이 되어야 함에도 불구하고 대단히 배타적 집단이라는 말을 많이 듣는다. 하나님의 말씀과 예수 그리스도의 계시를 받은 사도 요한이 각 교회들에게 전하는 메시지를 귀담아들어야 할 것이다. 먼저 에베소교회에 보낸 메시다. 요지는 처음 사랑을 버렸다는 것이다.

그러나 너를 책망할 것이 있나니 너의 처음 사랑을 버렸느니라.(요한계시록 2:4)

구약시대 율법에 집착한 유대인들의 특징과 유사하다. "하나님은 사랑이시라"
는 사실을 배웠고 또 예수 그리스도의 희생과 사랑으로 우리가 죄 사함을 받고 하
나님의 자녀가 되었다는 사실을 깨닫고 그 바탕 위에서 이루어진 믿음의 고백이
무색하게도 첫사랑을 버렸다는 것이다. 또 버가모교회와 두가모교회에게 전하는
메시지는 믿음을 저버리고 우상을 숭배했다는 것이다.

그러나 네게 두어 가지 책망할 것이 있나니 거기 네게 발람의 교훈을 지키는 자들
이 있도다. 발람이 발락을 가르쳐 이스라엘 자손 앞에 걸림돌을 놓아 우상의 제물
을 먹게 하였고 또 행음하게 하였느니라.(요한계시록 2:14)

또 요한이 전하는 메시지는 때가 이르매 사탄의 유혹이 극심해질 것이라고 전
하며 그것을 잘 극복하는 사람들은 "하나님 성전의 기둥"이 되게 하시겠다는 언약
을 하셨다. 왜 성전의 기둥인가? 그것은 하나님의 성전은 우리의 믿음과 사랑으로
세워진다는 것을 알 수 있다. 일찍이 예수님께서 베드로의 믿음의 고백을 들으시
고 하신 말씀도 그와 같은 취지라고 볼 수 있다.

시몬 베드로가 대답하여 이르되 주는 그리스도시오 살아 계신 하나님의 아들이시
니이다. 예수께서 대답하여 이르시되 바요나 시몬아 네가 복이 있도다. 이를 네게
알게 한 이는 혈육이 아니요 하늘에 계신 내 아버지시니라. 또 내가 네게 이르노니
너는 베드로라 내가 이 반석 위에 내 교회를 세우리니 음부의 권세가 이기지 못하
리라.(마태복음 16:16~18)

교회가 갖추어야 할 것은 웅장하고 화려한 장식이 아니다. 온갖 우상의 제물
들을 모으는 곳이 아니다. 장차 기념할 것도 결국 믿음과 사랑이라는 것을 알 수
있다.

이기는 자는 내 하나님 성전에 기둥이 되게 하리니 그가 결코 다시 나가지 아니하
리라. 내가 하나님의 이름과 하나님의 성 곧 하늘에서 내 하나님께로부터 내려오

는 새 예루살렘의 이름과 나의 새 이름을 그이 위에 기록하리라.(요한계시록 3:12)

예루살렘 성전 예배를 마치고 나와 감람산에 이르렀을 때 예수님은 제자들의 질문을 받는다. 그러자 예수님은 친절하면서도 걱정스러운 마음으로 대답하셨다.

예수께서 감람산 위에 앉으셨을 때에 제자들이 조용히 와서 이르되 우리에게 이르소서. 어느 때에 이런 일이 있겠사오며 또 주의 임하심과 세상 끝에는 무슨 징조가 있사오리이까. 예수께서 대답하여 이르시되 너희가 사람의 미혹을 받지 않도록 주의하라. 많은 사람이 내 이름으로 와서 이르되 나는 그리스도라 하여 많은 사람을 미혹하리라. 난리와 난리 소문을 듣겠으나 너희는 삼가 두려워하지 말라 이런 일이 있어야 하되 아직 끝은 아니니라. 민족이 민족을, 나라가 나라를 대적하여 일어나겠고 곳곳에 기근과 지진이 있으리니 이 모든 것은 재난의 시작이니라. 그 때에 사람들이 너희를 환난에 넘겨주겠으며 너희를 죽이리니 너희가 내 이름 때문에 모든 민족에게 미움을 받으리라. 그 때에 많은 사람이 실족하게 되어 서로 잡아 주고 서로 미워하겠으며 거짓 선지자가 많이 일어나 많은 사람을 미혹하겠으며 불법이 성하므로 많은 사람의 사랑이 식어지리라. 그러나 끝까지 견디는 자는 구원을 얻으리라.(마태복음 24:3~13)

세상은 갈수록 사랑이 식어질 것이라고 말씀하셨다. 사랑이 식어지면 어떤 일이 생길까? 그것은 서로 간에 정상적인 관계가 이루어지지 못하게 된다. 상호관계가 무너지면 합력하여 선을 이루고 싶어 하시는 하나님의 뜻에 반(反)하게 된다.

우리가 알거니와 하나님을 사랑하는 자 곧 그의 뜻대로 부르심을 입은 자들에게는 모든 것이 합력하여 선을 이루느니라.(로마서 8:28)

왜냐하면 하나님은 당신의 사랑을 다른 사람, 요컨대 이웃을 통해 전해주시는 것을 기뻐하신다. 믿는 자들을 통해서 불신자들에게 복음을 전해주는 것도 마찬가지다. 형제 간의 사랑도, 친구 간의 우정도, 나라와 나라, 민족과 민족 간의 관계도 사랑이 있어야 유지될 수 있다. 잘못된 종교심으로는 온전한 사랑을 할 수 없다. 예수님의 마음을 닮지 않으면 안 되는데 그기 위해서는 성령 충만함으로 그분의 믿음 안에 굳건히 서야 한다.

하나님에 대한 믿음이 온전치 않고는 제대로 된 사랑을 할 수 없다. 그 사랑이 하나님으로부터 오기 때문이다. 세상의 갈등과 불화를 해소하기 위한 평화의 문을 열 수 있는 열쇠는 믿음과 사랑이다. 천국의 열쇠는 베드로에게만 주어진 것이 아니라 복음을 담당한 믿음의 성도들 모두에게 주어진다. 그 열쇠가 제대로 작동하려면 '믿음과 사랑'이라는 비밀번호를 사용해야 한다. 땅에서 매인 것들을 하나하나 풀어가야 한다.

> 내가 천국 열쇠를 네게 주리니 네가 땅에서 무엇이든지 매면 하늘에서도 매일 것이요, 네가 땅에서 무엇이든지 풀면 하늘에서도 풀리리라 하시고(마태복음 16:19)

온갖 기적을 베푸시고 홍해를 건너게 하는 등 하나님의 사랑으로 애굽에서 탈출시킨 이스라엘 백성들을 왜 곧바로 가나안 땅으로 인도하시지 않으셨을까? 사실 광야는 거대한 신앙의 학습장이었다. 거기서 훈련한 것도 궁극적으로 믿음과 사랑에 관한 것이었다. 하나님의 엄청난 사랑을 받았으면서도 조금만 불편해도 하나님과 그들의 지도자 모세를 향해 원망을 쏟아냈다.

과연 이런 모습을 보시고 하나님은 이들이 가나안에 들어가도 되겠다고 합격점수를 줄 수 있었을까? 그럴 수 없었을 것이다. 가나안에는 이미 많은 사람들이 살고 있었을 뿐 아니라 그들은 다양한 우상들을 숭배하고 있었다. 애굽과 광야에서 하나님의 많은 은혜를 체험한 이스라엘 백성들이 조금만 불편해도 원망을 쏟아 놓는 그런 믿음으로 가나안에 입성했을 때 하나님이 기대하시는 사명을 감당할 수 있었을까?

우상숭배에 빠져 있는 가나안 사람들을 상대로 하여 사랑으로 감동을 주고 하나님이 참 신神이라는 것을 증거하고 그분의 이름을 높이며 그들에게 온전한 복음을 전할 수 있었을까? 그럴 수 없다고 판단하신 하나님은 이스라엘 백성들을 한 세대가 훌쩍 넘을 세월인 40년 동안을 광야에서 훈련받게 하신 것이다. 준비되지 않은 사람을 사용할 수 없는 것은 당연한 이치다.

같은 논리로 우리나라의 문제를 생각해보자. 1950년 6·25 전쟁으로 갈라진 한반도는 이스라엘 광야생활 기간보다 훨씬 긴 세월을 분단국가 상태로 지내고 있다. 1951년 1월 4일 일명 '일사(1·4)후퇴'라고 하는 시기에 헤어진 많은 남북한의 이산가족들은 몇 차례 이벤트로서 만남이 이루어졌지만, 끝내 가족 상봉을 이루지 못한 채 한을 품고 생을 마감한 분들이 훨씬 더 많다.

왜 이런 비극적인 일을 하나님은 지켜만 보고 계실까라고 생각할 수 있다. 하나님의 은혜로 우리나라는 선진국의 반열에 오를 만큼 풍요로운 나라가 되었고 교회사적으로도 이례적이라고 할 만큼 부흥하였다. 그런데 지금 우리나라의 교회와 성도들이 광야시절의 이스라엘 백성보다 더 낫다고 장담할 수 있을까? 남북통일이 이루어진다면, 지금의 믿음으로 오랫동안 사회주의 사상에 젖어 있고 특히 독재에 시달리고 있는 북한 주민들을 향해 과연 얼마나 하나님의 사랑을 펼칠 수 있을지 스스로 돌아볼 필요가 있다. 남한 내에서도 인정받지 못한 교회와 성도들이 과연 북녘 동포들에게 복음의 본질인 '생명'을 구하는 일에 헌신적으로 임할 수 있을지 성찰해 볼 필요가 있다.

통일을 이루고 싶어 하는 사람들은 북한의 자원에 눈독을 들이고 있고 육로를 통한 물류와 사람들의 통행이 자유롭고 세계와 소통하기에 훨씬 유리하다고 말한다. 남북한의 경제적 수준의 차이가 벌어지면서 통일이 되면 경제적 부담을 남한이 껴안아야 한다는 둥 최근에는 통일 자체에 부정적인 생각을 가지고 있는 사람들이 더 늘어가고 있다. 얼마나 이기적이고 자가당착적인 사고방식인가? 이런 의식을 가지고 사는 사람들에게 과연 하나님은 통일을 허락하시고 싶으실까? 땅끝까지 전하라고 명령하신 복음의 사명을 맡기실 수 있을까?

권력과 부와 명성을 이루어 지금 살만한 사람들일수록 그들의 관심은 자신이 가진 권리를 자자손손 물려주고 싶어한다. 지금 환경이나 여건이 변화되는 것 자체가 싫은 것이다. 그들을 보수주의자들이라고 말하지만 그렇지 않다. 사실은 진정한 보수는 훌륭한 전통적 가치를 지키고자 하고 생각은 미래 지향적이어야 한다. 하지만 우리나라의 보수주의자라고 자칭하는 사람들의 대부분은 자신들이 누리고 있는 기득권을 사수하고자 하는 이기적 수구에 지나지 않는다.

하나님의 진리는 이념이나 사상 등의 하부 개념에 천착하는 형이하학적인 것이 아니다. 이념이나 사상은 사람들이 자신들의 이해관계 때문에 만들어낸 것이지만, 하나님의 진리는 모든 창조물의 근원일 뿐 아니라 모든 가치보다 우선한다. 무엇보다 진리의 가치는 모든 생명은 귀중하고 평등하며 사랑받아야 마땅하다는 것에서 출발한다. 그런데 당을 짓고 상대를 누름으로써 자신의 성공을 꾀하는 사람들의 논리가 교회 안에도 버젓이 존재하고 성도들의 생각 속에까지 침투해 있다면 이것이야말로 헛된 철학과 세상 풍조를 따르고 우상을 숭배하는 것 말고 무엇이겠는가.

북한의 김씨 일가의 세습을 미워할 수는 있다. 그렇다고 북한에서 시름하고 있는 백성들까지 하나로 취급해서는 안 된다. 사회주의에 대한 생각을 좋지 않게 생각할 수는 있다. 그렇다면 자본주의가 완벽한가? 그렇지 않다. 세상의 모든 것은 세속적이다. 사회주의는 창의성을 말살하고 전체주의로 이끄는 경향이 있는 반면, 자본주의는 치열한 경쟁을 부추기고 부익부 빈익빈 등 불평등, 불공정을 초래하고 있다. 중요한 것은 생명에 대한 경외심과 생명을 향한 긍휼과 자비를 갖는 것이다.

예수님은 유대인과 이방인을 편애하지 않으셨다. 오히려 부자이면서 나누지 않는 자들을 질책하셨다. 오죽하면 "낙타가 바늘귀로 들어가는 것이 부자가 하나님 나라에 들어가는 것보다 쉬우니라"(마태복음 19:24)고 말씀하셨을까? 예수님은 그들의 직업이 무엇이고 계급이 무엇이고 그들이 남자인지 여자인지를 따지지 않으셨다. 그들의 아픔을 보시고 그들의 소망에 귀를 기울이셨으며 그들의 생명에 주목하셨다. 예수님은 유대인이나 헬라인이나 그밖의 이방인이냐를 따지지 않으셨다. 모두 아름다운 하나님의 창조물이요 소중한 생명이기 때문이다.

예수님이 주목하신 생명은 육체적인 것에 국한된 것이 아니라 영혼까지 포함하고 있다. 오늘날 우리의 삶 속에서 혹은 신앙 속에서 부족한 것이 무엇일까? 바로 생명에 대한 긍휼, 영혼에 대한 갈급함이다. 내가 남보다 더 갖고 싶고 더 높은 곳에 앉고 싶은 마음으로 가득 차 있다면 그것은 그 사람의 마음속에 생명과 영혼에 대한 절실함이 없기 때문일 것이다. 그것은 예수님을 향한 믿음과 사랑이 결핍되어 있다는 증거다.

> 사람이 만일 온 천하를 얻고도 자기 목숨을 잃으면 무엇이 유익하리요. 사람이 무엇을 주고 자기 목숨과 바꾸겠느냐.(마가복음 8:36~37)

자신의 생명과 영혼을 소중하게 여기듯 타인의 생명과 영혼에 대한 생각도 마찬가지여야 한다. 예수님은 한 영혼이라도 놓칠 수 없다는 절실한 마음으로 이 땅에 성육신으로 오셔서 십자가에서 보혈을 흘리셨고 진리의 복음을 위해 철저하게 하나님의 뜻에 순종하셨다. 그것이 예수님이 전하시는 복음의 본질인데 중요한 사실은 그저 말씀만 외치는 것이 아니라 몸소 다 이루셨다는 것이다.(누가복음 22:42) (요한복음 19:30)

> 내가 너희에게 이르노니 이와 같이 죄인 한 사람이 회개하면 하늘에서는 회개할 것 없는 의인 아흔아홉으로 말미암아 기뻐하는 것보다 더하리라.(누가복음 15:7)

하나님은 한결같이 우리를 사랑하시고 은혜 가운데 우리를 지켜주신다. 에덴동산에서 아담과 하와를 세상으로 내보내실 때 가죽옷을 입히셨고, 때를 따라 하나님의 사람을 세워서 인도하시고 마침내 예수 그리스도를 통해 완전한 구원을 이루셨다. 예수님의 다시 오실 때까지 우리게 전신 갑주를 입혀주심으로 보호하시겠다고 말씀하셨다. 전신갑주全身甲冑에 들어가는 내용들이 너무 많아서 복잡하고 입기 어려운 것처럼 생각할 수 있으나 그렇지 않다. 하나님이 다 지어놓으신 완벽한 옷이다. 단순한 옷이 아니라 사탄을 이길 수 있는 만능갑옷이다.

우리는 그저 가볍게 걸치기만 하면 된다. 전신갑주에 사용되는 재료인 진리, 의, 평안, 믿음, 성령 등은 우리가 어디 가서 찾거나 사거나 빌려서 착용하는 것이 아니다. 이 모든 것이 하나님 안에 있는 것들이고 우리에게 거저 주시는 것들이다. 이 말씀은 하나님의 은혜 안으로 들어오라는 말씀이다. 우리가 할 일은 이 전신갑주를 입고 기도하고 감사하고 기뻐하는 일이다. 그것이 우리를 향한 하나님의 뜻이다.(데살로니가전서 5:16~18)

> 마귀의 간계를 능히 대적하기 위하여 하나님의 전신 갑주를 입으라. 우리의 씨름은 혈과 육을 상대하는 것이 아니요 통치자들과 권세들과 이 어둠의 세상 주관자들과 하늘에 있는 악의 영들을 상대함이라. 그러므로 하나님의 전신 갑주를 취하라 이는 악한 날에 너희가 능히 대적하고 모든 일을 행한 후에 서기 위함이라. 그런즉 서서 진리로 너희 허리띠를 띠고 의의 호심경을 붙이고 평안의 복음이 준비한 것으로 신을 신고 모든 것 위에 믿음의 방패를 가지고 이로써 능히 악한 자의 모든 불화살을 소멸하고 구원의 투구와 성령의 검 곧 하나님의 말씀을 가지라. 모든 기도와 간구를 하되 항상 성령 안에서 기도하고 이를 위하여 깨어 구하기를 항상 힘쓰며 여러 성도를 위하여 구하라. 또 나를 위하여 구할 것은 내게 말씀을 주사 나로 입을 열어 복음의 비밀을 담대히 알리게 하옵소서 할 것이니 이 일을 위하여 내가

쇠사슬에 매인 사신이 된 것은 나로 이 일에 당연히 할 말을 담대히 하게 하려 하심이라.(에베소서 6:10~20)

오늘날 믿음의 사람들이 생각하고 지켜야 할 일은 율법도 아니고 철학도 아니고 이념도 아니며 세상의 전통도 아니고 허탄한 신화도 아니다. 오직 예수 그리스도를 믿고 따르는 것이다.

누가 철학과 헛된 속임수로 너희를 사로잡을까 주의하라. 이것은 사람의 전통과 세상의 초등학문을 따름이요 그리스도를 따름이 아니니라.(골로새서 2:8)

망령되고 허탄한 신화를 버리고 경건에 이르도록 네 자신을 연단하라.(디모데전서 4:7)

누가 우리의 생명과 영혼을 구할 것인가를 생각해야 한다. 창조주 하나님이자 세상의 심판자이신 오직 예수 그리스도가 전하는 진리의 복음에 주목해야 한다. 그런 삶이야말로 절대적인 선함, 절대적인 의로움, 절대적인 아름다움을 맛볼 수 있는 유일한 삶이 될 것이다.

너희는 여호와의 선하심을 맛보아 알지어다. 그에게 피하는 자는 복이 있도다.(시편 34:8)

궁극적으로 상대적인 아름다움에 도취陶醉될 것이 아니라 절대적인 아름다움에 주목해야 할 것이다. 모든 지혜에 있어서 절대적인 분은 오직 하나님 한 분뿐이시기 때문이다.

육체를 위한 양식과 영혼을 위한 양식

하나님의 나라는 먹는 것과 마시는 것이 아니요
오직 성령 안에 있는 의와 평강과 희락이라.(로마서 14:17)
God's kingdom isn't about eating and drinking. It is about pleasing God,
about living in peace, and about true happiness. All this comes from the Holy Spirit.

〈최후의 만찬(The last Supper)〉은 많은 화가들에 의해 그려진 주제이다. 15세기 독일의 화가 아르브레히트 뒤러(Albrecht Dürer), 17세기 프랑스 화가 니콜라 푸생(Nicolas Poussin), 18세기 조반니 바티스타 티에폴로(Giobanni Battista Tiepolo) 등이 그렸다. 그 가운데 가장 유명한 작품은 레오나르도 다 빈치(Leonardo di ser piero da Vinci, 1452~1519)의 작품이다. 이 그림은 성서에 기술된 장면을 묘사한 것이다. 예수 그리스도가 수난을 당하기 전날 밤(유월절), 열두 제자들과 함께 만찬(성만찬)에서 일어났던 일을 그린 그림이다. 예수 그리스도는 제자들에게 떡과 포도주를 자신의 몸과 피라고 말씀하시며 제자들에게 나누어주셨다. 이때 예수님은 나를 기억하여 이를 기념하라고 말씀하셨다.(마태복음 26:26~28) (마가복음 14:22~24) 이 그림은 산타 마리아 그라치에(Santa Maria delle Gazie) 성당에 그려져 있는 벽화이다. 다 빈치는 이 그림에 모든 인물의 특성을 고려하여 좌석 위치나 제스처 등을 섬세하게 묘사하였다. 예수님은 물론이고 제자들 한 사람 한 사람의 성향을 엿본다는 관점에서 감상할 필요가 있다.

왼쪽(감상자 시점)부터 바돌로매(나다나엘), 세배대의 아들 야고보, 안드레, 가룻 유다, 베드로, 요한 순으로 앉아 있고 예수님은 맨 중앙에 앉아 계시고 오른쪽(감상자 시점)으로 도마, 알패오의 아들 야고보, 빌립, 마태, 다대오, 시몬 순으로 앉아 있다. 여기서 예수님은 모든 제자들이 자신을 버리고 흩어질 것이라고 말씀하셨다. 특히 제자들 가운데 한 사람이 자신을 팔 것이라고 예언하셨고 베드로는 닭이 두 번 울기 전에 자신을 세 번 부인할 것이라고 말씀하셨다. 첫 번째 바돌로매(나다나엘)는 빌립으로부터 예수님을 소개받은 인물로 율법이나 지식이 출중했다. 하지만 처음엔 예수님을 메시아로 인정하지 않았는데 예수님과 대화를 나누면서 그분을 따르게 되었다. 이윽고 그는 "당신은 하나님의 아들이시오 당신은 이스라엘의 임금이로소이다"(요한복음 1:49)라고 고백한다. 두 번째는 세배대의 아들 야고보는 원래 직업은 어부였는데, 아버지와 함께 고기를 잡기 위해 그물을 손질하던 도중에 예수님이 그를 부르자 동생 요한과 함께 예수님을 따르게 되었다. 예수님은 그 형제를 "우레의 아들"이라고 불렀는데 그만큼 성격이 불같았다는 것을 말해준다. 세 번째는 안드레인데 그는 베드로와 형제로서 세례 요한의 제자로 알려진 인물이다. 예수님이 세례를 받으실 때 함께 있었는데 예수님과 대화를 나누고 예수님의 최초의 제자가 된 인물이다. 안드레는 형 베드로를 찾아가서 우리가 메시아를 만났다고 전했다. 네 번째는 예수님의 수제자로 알려질 정도로 예수님의 사랑을 많이 받은 인물이다. 그는 갈릴리에서 고기를 잡는 어부였는데 예수님은 그에게 사람을 낚는 어부가 될 것이라고 말씀하신 것으로도 유명하다. 그는 예수님을 잘 따른 것으로 유명하지만 실수도 적지 않았던 인물이다. 하지만 성령을 받고 돌이킨 후 교회의 기초를 세우는 역할을 하였다. 다섯 번째는 가룻 유다인데 제자들 가운데 재정을 맡았는데 그래서 그런지 돈에 민감하고 결국 은 30냥에 예수님을 팔고 말았다. 그는 양심에 가책을 받아 자살하고 말았는데 안타깝게도 그의 이름은 지울 수 없는 배신의 아이콘이 되었다. 여섯 번째는 요한인데 직업은 어부였는데 굉장히 살가운 성격으로 예수님의 사랑을 많이 받은 인물이다. 그런 그는 요한복음, 요한1, 2, 3서, 요한계시록에서 사랑에 대한 복음을 잘 전해주고 있다. 다 빈치도 그런 점을 포착한 것인지 요한을 너무 여성스럽게 그렸다는 평을 받고 있다. 다음으로 예수님 왼쪽(감상자 시점에서는 예수님 오른쪽)에 앉아 있는 일곱 번째 인물은 도마이다. 도마는 의심이 많은 사람으로 유명한데, 예수님의 상처 자국을 만져보고서야 예수님의 부활을 믿었었다. 그런 점을 고려한 것인지 도마의 손가락을 두드러지게 그렸다. 그 후 도마는 확고한 믿음을 갖게 되었다. 여덟 번째는 알패오의 아들 야고보이다. 그는 세배대의 아들 야고보와 동명이인으로 그와 구별하기 위해 그를 소 야고보로 부르기도 한다. 아홉 번째는 빌립인데 예수님을 처음 찾은 사람 중의 한 사람이다. 성경에는 또 다른 빌립이라는 이름이 등장하는데 에디오피아 내시를 전도한 빌립 집사와는 다른 인물이다. 빌립보서와는 관계가 없다. 빌립보서는 바울이 빌립보 교회에 보내는 서신서로 여기에 등장하는 빌립보는 지역명이다. 열 번째는 마태로서 그의 직업은 세리이다. 당시 세리는 사람들에게 미움을 많이 받는 직업이었다. 로마의 지배를 받고 있는 상황이라 세금을 걷어 로마에 바친 세리는 로마의 앞잡이라는 인식이 있었기 때문이다. 하지만 예수님이 그를 부르자 지체 없이 예수님을 따랐다. 그는 훌륭한 제자가 되어 마태복음을 기록하게 되었다. 열한 번째는 다대오(래버)는 잘 알려지지 않은 인물인데 그에 관한 기록은 별로 남아 있지 않지만, 예수님을 따르면서 조용히 헌신한 인물로 여겨지고 있다. 열두 번째는 시몬으로 열심당원이었다. 요컨대 로마의 지배하에서 유대의 독립을 위해 헌신한 우리나라로 치면 독립운동가와 같은 일을 했던 사람이다. 예수님을 만난 후 비폭력적으로 세상을 바꿀 수 있다고 믿게 되었다. 열두 제자들의 면모를 보면 직업도 성격도 용모도 다양하다. 그런데 하나같이 자신의 입장을 과감히 버리고 예수님을 따른 것을 보면 하나님께서 기름을 부어주신 것이라는 사실을 알 수 있다. 요컨대 택한 자들에게는 동일하게 성령이 함께하신다는 것을 증거하고 있다. 이 그림을 통해 묵상하게 하는 것은 예수님이 중간에 계심으로 인해 모든 제자들이 소통할 수 있다는 것을 깨닫게 해준다. 만약 예수님이 택하지 않았다면 이들은 각자의 직업을 가지고 세속적인 일에 몰두하며 하나님 나라는 꿈도 꾸지 못했을 것이다. 제아무리 제자들이라고 할지라도 허물이 없을 수 없다. 하지만 이런 사람들을 변화시키고 또 이들을 통해 세상을 변화시키고 하나님 나라를 확장하시는 것을 보면서 이 열두 제자 중에 나는 어떤 인물과 비슷한지를 생각해 보게 된다. 중요한 것은 누구와 어떤 만남을 갖느냐이다. 그리고 어떻게 관계를 유지하느냐이다. 그 중심에 항상 예수 그리스도가 있다면 더 이상 바랄 것이 없다. 예수님은 이 성찬을 기억하고 기념하라고 말씀하셨다. 그 의미는 무엇일까? 떡과 포도주를 마셨다고 우리가 예수님의 몸이 될 수 있겠는가? 그것은 상징이다. 중요한 것은 예수님이 말씀하신 취지와 목적이다. 피와 살을 나누어줄 수 있는 관계란 어떤 관계인가? 그것은 죽을 만큼 사랑하는 관계이다. 그 사랑을 본받아 우리의 이웃에게 실천해야 함을 가르쳐주신다. 그렇지 않고 여전히 떡과 포도주를 나누어 먹는 예식을 반복한다면 달은 보지 못하고 달을 가르키는 손가락만 쳐다보는 것과 다를 바 없다. 이때 다른 복음서에는 없는 말씀이 요한복음에 기록되어 있는데 예수님이 제자들의 발을 씻기신 일이다. 예수님은 "내가 너희에게 행한 것 같이 너희도 행하게 하려 하여 본을 보였노라"(요한복음 13:15)고 말씀하셨다. 우리가 기념할 일은 어떤 의식이 아니라 바로 예수님을 본받아 하나님을 사랑하고 이웃을 사랑하는 일이어야 할 것이다.

예수님이 선택한 열두 제자가 한자리에 모여 있는 장면을 상상해보자. 예수님 입장에서는 한눈에 들어오는 열두 제자의 모습을 지켜보시면서 매우 듬직하고 뿌듯하게 느끼시지 않았을까. 제자들 입장에서는 아예 예상하지 못했던 일, 요컨대 조금 후면 제자들과 헤어질 일을 앞두고 있었기 때문이다. 자신이 옆에 있을 때도 제자들은 갈팡질팡하며 온전한 믿음을 보여주지 못했는데 장차 자신이 그들 곁을 떠나고 나면 어떻게 될지 걱정하지 않으셨을까 하는 인간적인 생각도 든다.

그런 면에서 다 빈치의 작품 〈최후의 만찬〉에 등장하는 제자들의 모습은 어쩌면 우리가 사는 세상의 인간 군상群像의 축소판이 아닐까. 말하자면 여기에 등장하는 열두 제자에게 각각 자신을 대입해보며 성찰해보는 것도 의미 있는 일이 아닐까. 예수님의 제자들은 성향이 천차만별이었다. 직업도 의사, 어부, 세리 등 다양했고, 성격도 다양했는데 급한 사람도 있고 느긋한 사람도 있고 의심 많은 사람도 있으며 애교 많은 사람도 있었다. 그런데 딱 한 번 통일된 행동을 보인 적이 있었다. 그것은 십자가 처형을 위해 예수님이 로마 군병들에게 잡혀가실 때 모두 예수님을 부인하고 뿔뿔이 흩어졌던 일이다.

그런 관점에서 제자들은 마지막 만찬 자리에서 예수님이 하신 말씀을 좀 더 깊이 묵상했어야 하지 않을까. 예수님의 말씀은 단순히 제자들에게만 국한한 것이 아니고 우리 한 사람 한 사람에게 하시는 말씀으로 받아들여야 할 것이다.

예수를 파는 유다가 대답하여 이르되 랍비여 나는 아니지요 대답하시되 네가 말하였도다 하시니라. 그들이 먹을 때에 예수께서 떡을 가지사 축복하시고 떼어 제자들에게 주시며 이르시되 받아서 먹으라 이것은 내 몸이니라 하시고 또 잔을 가지사 감사 기도하시고 그들에게 주시며 이르시되 너희가 다 이것을 마시라. 이것은 죄 사함을 얻게 하려고 많은 사람을 위하여 흘리는 바 나의 피 곧 언약의 피니라. 그러나 너희에게 이르노니 내가 포도나무에서 난 것을 이제부터 내 아버지의 나라에서 새것으로 너희와 함께 마시는 날까지 마시지 아니하리라 하시니라.(마태복음 26:25~29)

예수님은 공생애 동안 수없이 많은 직접적인 가르침을 주셨지만, 그 못지않게 예화와 비유를 통해 하나님 나라와 그 나라의 의義에 대한 비밀을 깨닫도록 지혜를 주셨다. 요컨대 우리 눈높이에 맞춘 맞춤형 교육이었다. 이 만찬의 말씀은 복음의 상징성을 나타낸 예수님의 마지막 가르침이라고 말할 수 있다. 당시 일상적으로 먹고 마시던 떡과 포도주를 예수님의 몸과 피에 비유하여 말씀하셨다.

내가 너희에게 전한 것은 주께 받은 것이니 곧 주 예수께서 잡히시던 밤에 떡을 가지사 축사하시고 떼어 이르시되 이것은 너희를 위하는 내 몸이니 이것을 행하여 나를 기념하라 하시고 식후에 또한 그와 같이 잔을 가지시고 이르시되 이 잔은 내 피로 세운 새 언약이니 이것을 행하여 마실 때마다 나를 기념하라 하셨으니 너희가 이 떡을 먹으며 이 잔을 마실 때마다 주의 죽으심을 그가 오실 때까지 전하는 것이니라. 그러므로 누구든지 주의 떡이나 잔을 합당하지 않게 먹고 마시는 자는 주의 몸과 피에 대하여 죄를 짓는 것이니라. 사람이 자기를 살피고 그 후에야 이 떡을 먹고 이 잔을 마실지니 주의 몸을 분별하지 못하고 먹고 마시는 자는 자기의 죄를 먹고 마시는 것이니라. 그러므로 너희 중에 약한 자와 병든 자가 많고 잠자는 자도 적지 아니하니 우리가 우리를 살폈으면 판단을 받지 아니하려니와 우리가 판단을 받는 것은 주께 징계를 받는 것이니 이는 우리로 세상과 함께 정죄함을 받지 않게 하려 하심이라.(고린도전서 11:23~32)

사도 바울은 고린도 성도들에게 보내는 서신에서 유월절 만찬에서 말씀하시고 행하셨던 일을 상기시키며 성도와 교회가 마땅히 행할 일을 전한다. 특히 예수님께서 유월절에 있었던 성만찬을 기념하라고 하신 말씀에 대해 자칫 오남용할 수 있음을 주의해야 한다고 지적하신 것이다. 그 당시 고린도 교회에서는 파당하고 분당하며 분쟁이 심했던 것 같다. 그런 무질서 가운데 기념하는 일은 오히려 해가 될 것이라는 말씀이다. 그것은 무엇을 의미하는가? 예수님이 행하셨던 떡과 피를 나눈 의식의 참뜻을 이해하지 못하고 종교적 의식만을 고집하는 것은 오히려 하지 않는 것만 못하다는 뜻이다. 이것은 사탄이 이간질하기 좋은 빌미를 제공하고 이단이 활동하기 좋은 환경이기 때문이다.

당시 기념 만찬에 모인 사람들은 남을 배려하지 않고 음식을 탐하며 먼저 온 사람들이 끼리끼리 모여 음식을 먹으려 했던 것이다. 그래서 부자들은 배부르게 먹고 가난한 사람들에게 음식이 돌아가지 않는 상황이 발생했다. 부자들은 만찬의 자리를 탐욕의 자리로 변질시켜버린 것이다. 사도 바울은 그런 점을 질책한 것이다. "그런즉 내 형제들아 먹으러 모일 때에 서로 기다리라."(고린도전서 11:33) 또 사도 바울은 "너희가 이 떡을 먹으며 이 잔을 마실 때마다 주의 죽으심을 그가 오실 때까지 전하는 것이니라. 그러므로 누구든지 주의 떡이나 잔을 합당하지 않게 먹고 마시는 자는 주의 몸과 피에 대하여 죄를 짓는 것이니라"(고린도전서 11:26~27)고 유월절 만찬의 본질을 가르쳐주셨다.

이는 에덴동산에서 아담과 하와가 선악과를 따 먹고 죄를 짓자 자칫 생명나무 열매까지 손댈 것을 우려하려 에덴동산에서 추방한 일과 맥락을 같이 한다. 선악과를 따 먹고 죄를 지은 상태에서 생명나무 열매를 따 먹으면 죄를 지은 상태로 영원한 삶을 살 수밖에 없기 때문이다. 그런 의미에서 에덴동산에서의 추방은 은혜이고 축복이다. 생명나무는 예수님을 상징하는 것으로 우리의 죄를 씻은 후에 거듭나게 하는 절차가 필요하기 때문이다. 그래서 유월절 만찬은 예수님의 십자가 희생과 부활 등을 포괄적으로 묵상하며 감사와 찬양을 드려야 한다. 그런 면에서 유월절은 생명의 중요성을 떠올리며 사랑을 나누는 자리가 되어야 할 것이다.

따라서 기념식 자체가 중요한 것이 아니라 함께 사랑을 나누는 것이 중요하고 무엇보다 예수 그리스도께서 십자가에서 몸이 찢기시고 피를 흘리신 사실, 그리고 그것을 통해 온 인류에게 구원의 길을 열어주셨다는 복음의 참뜻을 깨닫고 그것을 바로 전하는 것에 방점이 있다는 것을 가르쳐 준 것이다. 그래서 무엇보다 먼저 믿음을 굳건히 하고 그 믿음을 바탕으로 사랑하는 것이 복음의 진리라는 사실을 잊어서는 안 될 것이다. 믿음과 사랑이 없는 신앙생활은 그저 절기나 제사만

챙기는 행위와 다를 바 없다는 것을 가르쳐 주고 있다. 진리가 들어설 곳이 없는 자리, 요컨대 인간의 탐욕이 차지하고 있는 곳에는 불화와 논쟁이 벌어질 수밖에 없는데 그것은 사탄이 반기고 즐거워할 만한 일이다.

예수님은 인간의 심정으로 고민하는 장면을 우리에게 보여주신다. 보통 사람이라면 이 잔을 받고 또 받은 대로 행하는 일이 얼마나 어려운 일인가를 알려주신 것이다. 그럼에도 불구하고 예수님은 자기를 부인하고 하나님의 뜻에 따라 순종하신 것이다. "이 잔이 내게서 지나갈 수 없거든 아버지의 원대로 되기를 원하나이다"(마태복음 26:42)라는 표현 속에 모든 것이 담겨 있다.

> 다시 두 번째 나아가 기도하여 이르시되 내 아버지여 만일 내가 마시지 않고는 이 잔이 내게서 지나갈 수 없거든 아버지의 원대로 되기를 원하나이다 하시고(마태복음 26:42)

이 말씀이 내포하고 있는 하나님의 뜻은 예나 지금이나 똑같이 적용되어야 한다. 변하지 않기 때문에 진리라고 말한다. 성찬식에서 먹는 떡과 포도주는 육체적인 욕구를 만족시키는 것이 아니다. 그래서 시장해서 혹은 맛을 즐기기 위해서라면 집에서 먹어야 한다고 가르친 것이다.

> 만일 누구든지 시장하거든 집에서 먹을지니 이는 너희의 모임이 판단 받는 모임이 되지 않게 하려 함이라 그밖의 일들은 내가 언제든지 갈 때에 바로잡으리라.(고린도전서 11:34)

유월절이나 성만찬에서 예수님을 떠올리지 않는다면, 구체적으로는 예수님의 십자가 의미를 생각하지 않는다면 그것은 부질없는 제사 행위에 불과하다. 또 거기에 합당한 믿음과 사랑을 갖추려는 자세로 임하지 않는다면 그것은 예수님의 뜻을 오해한 것이다. 예수님은 유월절 만찬에서 얼마나 자기가 제자들을 비롯한 인류를 사랑하는지를 보여주셨다. 그런데 제자들은 그런 예수님의 마음을 헤아리지 못했다. 예수님은 자신의 고난을 이미 알고 있으면서도 그 잔을 받아들이는 결연한 순간이었다. 그래서 제자들 가운데 자신을 배신할 자가 있다고 말씀하면서까지 주의를 환기시켰음에도 불구하고 정작 제자들은 누가 더 큰 자인가에만 관

심을 두고 다투었다

> 또 그들 사이에 그 중 누가 크냐 하는 다툼이 난지라.(누가복음 22:24)

우리를 대신해서 희생제물이 되신 자신의 몸을 나누는 것^{breaking of christ's body}을 여기서는 떡을 떼는 것^{breaking of bread}으로 기념한다. 그렇다면 이 말씀을 어떻게 받아들여야 할까? 예수님의 십자가 죽음 뒤의 부활에 대해 묵상할 수 있어야 한다. 말하자면 우리의 영혼 구원을 말씀하시고자 한 것이다. 우리 육체가 아닌 영혼을 구원하시기 위해 예수님이 십자가에서 살이 찢기고 피를 흘리신 것이기 때문이다.

> 내가 너희에게 이르노니 내가 이제부터 하나님의 나라가 임할 때까지 포도나무에서 난 것을 다시 마시지 아니하리라 하시고 또 떡을 가져 감사기도 하시고 떼어 그들에게 주시며 이르시되 이것은 너희를 위하여 주는 내 몸이라 너희가 이를 행하여 나를 기념하라 하시고 저녁 먹은 후에 잔도 그와 같이하여 이르시되 이 잔은 내 피로 세우는 새 언약이니 곧 너희를 위하여 붓는 것이라.(누가복음 22:18~20)

예수님은 떡을 떼고 잔을 나누기 전에 "이제부터 하나님의 나라가 임할 때까지 포도나무에서 난 것을 다시 마시지 아니하리라"(누가복음 22:18)고 말씀하시면서 장차 하나님 나라가 임하면 다시는 포도나무에서 나오는 포도주를 마시지 않을 것이라고 말씀하셨다. 이는 무엇을 의미하고 있는가? 예수님이 약속하신 성령을 부어주심으로 이런 기념을 대체하시겠다는 것을 예고하신 것이다. 예수님이 말씀하신 "이 잔은 내 피로 세우는 새 언약이니 곧 너희를 위하여 붓는 것이라"라는 말씀을 통해서 그런 사실을 확인할 수 있다. 예수님이 약속하신 새 언약은 성취되었다.

> 오순절 날이 이미 이르매 그들이 다같이 한 곳에 모였더니 홀연히 하늘로부터 급하고 강한 바람 같은 소리가 있어 그들이 앉은 온 집에 가득하며 마치 불의 혀처럼 갈라지는 것들이 그들에게 보여 각 사람 위에 하나씩 임하여 있더니 그들이 다 성령의 충만함을 받고 성령이 말하게 하심을 따라 다른 언어들로 말하기를 시작하니라.(사도행전 2:1~4)

성령은 우리에게 어떤 의미가 있는가? 예수님은 성령을 통해 전방위적으로 우리를 도우시게 하신다. 성령이 우리를 도우신다는 것은 구약시대 천사들이 돕는 것과는 차원이 다르다. 성령이 함께하신다는 것은 우리에게 어떤 의미가 있는가? 간헐적으로 혹은 기도해야만 돕는다는 뜻이 아니다. 모든 장소 모든 시간에 예수님이 우리 몸을 성전 삼아 함께하시며 직접 돕겠다는 것을 의미한다. 또 우리 구원이 확정된 사실을 믿음으로 확인할 수 있도록 그 증거가 되어주신다는 점이다.

> 이와 같이 성령도 우리의 연약함을 도우시나니 우리는 마땅히 기도할 바를 알지 못하나 성령이 말할 수 없는 탄식으로 우리를 위하여 친히 간구하시느니라.(로마서 8:26)

> 도적이나 탐욕을 부리는 자나 술 취하는 자나 모욕하는 자나 속여 빼앗는 자들은 하나님의 나라를 유업으로 받지 못하리라. 너희 중에 이와 같은 자들이 있더니 주 예수 그리스도의 이름과 우리 하나님의 성령 안에서 씻음과 거룩함과 의롭다 하심을 받았느니라.(고린도전서 6:10~11)

하나님 나라는 먹고 마시는 것이 아니고 성령 안에서 누리는 의와 평강과 희락이다. 그런데 여전히 음식을 나누며 기념하는 일을 고집한다면 성령이 하시는 일을 여전히 알지 못하고 있다는 것을 말해준다.

> 하나님의 나라는 먹는 것과 마시는 것이 아니요 오직 성령 안에 있는 의와 평강과 희락이라.(로마서 14:17)

그렇다면 우리가 성령을 받았는지 아닌지 알 수 있는 근거는 무엇일까? 방언, 예언, 치유 등의 은사일까? 물론 부분적으로는 그런 것이 될 수도 있다. 그러나 더 보편적인 증거가 있다. 그것은 자기 안에 사랑이 있느냐의 여부이다. "이 잔은 내 피로 세우는 새 언약이니 곧 너희를 위하여 붓는 것이라"(누가복음 22:20) 라는 말씀을 통해서 그런 사실을 확인할 수 있다. 그렇다면 예수님이 들고 오신 새 언약은 무엇인가? 바로 사랑이기 때문이다.

새 계명을 너희에게 주노니 서로 사랑하라 내가 너희를 사랑한 것 같이 너희도 서로 사랑하라. 너희가 서로 사랑하면 이로써 모든 사람이 너희가 내 제자인 줄 알리라(요한복음 13:34~35)

예수님의 유월절 성만찬은 구약시대에 이미 예언되었었다. "이는 이스라엘 자손을 위한 것이요 영원한 언약이니라. 이 떡은 아론과 그의 자손에게 돌리고 그들은 그것을 거룩한 곳에서 먹을지니 이는 여호와의 화제 중 그에게 돌리는 것으로서 지극히 거룩함이니라 이는 영원한 규례니라"(레위기 24:8~9)라는 말씀처럼 이는 지극히 "거룩한 곳"을 상징하는 일로 오직 예수 그리스도만이 영원한 규례(새로운 율법)가 된다는 사실을 선포한 것이다.

너는 고운 가루를 가져다가 떡 열두 개를 굽되 각 덩이를 십분의 이 에바로 하여 여호와 앞 순결한 상 위에 두 줄로 한 줄에 여섯씩 진설하고 너는 또 정결한 유향을 그 각 줄 위에 두어 기념물로 여호와께 화제를 삼을 것이며 안식일마다 이 떡을 여호와 앞에 항상 진설할지니 이는 이스라엘 자손을 위한 것이요 영원한 언약이니라. 이 떡은 아론과 그의 자손에게 돌리고 그들은 그것을 거룩한 곳에서 먹을지니 이는 여호와의 화제 중 그에게 돌리는 것으로서 지극히 거룩함이니라. 이는 영원한 규례니라.(레위기 24:5~9)

예수 그리스도는 하나님의 삼위三位 가운데 한 위이다. 그리고 구약시대의 율법을 상징하는 제사, 성전, 대제사장 등의 역할을 다 이루셨다. 예수 그리스도는 그분 자체가 제사고 성전이고 대제사장이다. 모든 율법을 완성하신 분으로 우리의 죄를 대속하신 분이고 심판권을 가진 분으로 더 이상 우리를 심판하지 않으신다. 우리에게 바라시는 것은 예수 그리스도를 믿고 서로 사랑하는 일이다. 믿고 사랑한다는 것은 좋은 사이라는 것을 증명해준다. 만약 사이가 좋지 않으면 관계를 회복하는 것이 급선무다. 우리의 마음을 돌이켜 예수 그리스도를 푯대 삼아 그분을 향해야 한다.

여호와는 나의 목자시니 내게 부족함이 없으리로다. 그가 나를 푸른 풀밭에 누이시며 쉴 만한 물가로 인도하시는도다. 내 영혼을 소생시키시고 자기 이름을 위하여 의의 길로 인도하시는 도다. 내가 사망의 음침한 골짜기로 다닐지라도 해를 두려워하지 않을 것은 주께서 나와 함께 하심이라 주의 지팡이와 막대기가 나를 안위하시나이다. 주께서 내 원수의 목전에서 내게 상을 차려 주시고 기름을 내 머리에 부으셨으니 내 잔이 넘치나이다. 내 평생에 선하심과 인자하심이 반드시 나를 따르리니 내가 여호와의 집에 영원히 살리로다.(시편 23:1~6)

시편에 나오는 다윗의 시는 하나님 은혜에 대한 감사와 찬양을 예언적으로 노래하고 있다. "주께서 내 원수의 목전에서 내게 상을 차려 주시고 기름을 내 머리에 부으셨으니 내 잔이 넘치나이다."(시편 23:5) 예수 그리스도께서 자신에 지워진 잔을 피하지 않고 모두 감당하시므로 말미암아 하나님의 뜻을 다 이루셨다. 그 은혜의 잔이 넘쳐흘러서 우리의 머리에 부은 바 된 것이다. 우리가 진정으로 유월절을 기념하는 일은 우리의 삶 속에서 예수 그리스도의 향기를 드러내며 그분에게 영광을 돌리는 일이 아니겠는가.

작은 틈새와 아름다운 숨결

우리 안의 작은 틈새에 아름다운 숨결이 살아 숨 쉰다.

그것은 예수 그리스도의 흠결 없는 숨결이다.

A beautiful breath lives and breathes in a small gap within us.

It is the flawless breath of Jesus Christ.

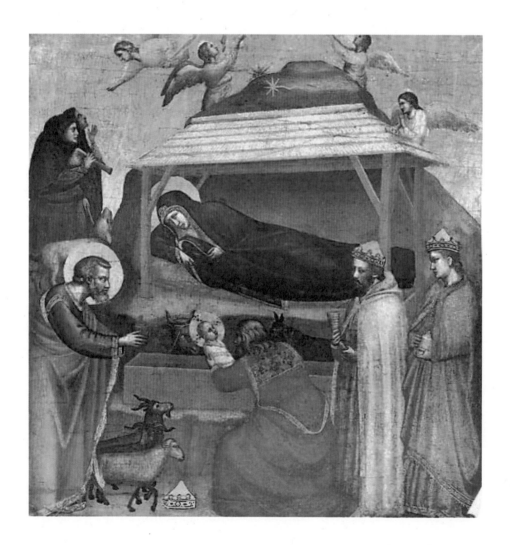

이탈리아 건축가이자 화가인 조토 디 본도네[Giotto di Bondone, 1267~1337]의 〈예수의 탄생〉이라는 작품이다. 예수는 베들레헴이라는 작은 마을로 피신한 상태에서 마구간이라는 누추한 공간에서 태어나셨지만, 아기 예수의 탄생은 구약의 메시아 예언이 성취되었다는 점에서 그 어떤 장면보다도 감동적이고 아름답다. 예수 탄생 장면은 메시아의 탄생으로 생각할 수 없을 정도로 소박하고 초라해 보이지만 그게 다가 아니라는 것을 그림에서 느낄 수 있다. 천사들이 아기 예수를 에워싸고 있고 사람들이 존귀하게 바라보고 있는 가운데 가축들도 더불어 평화로운 분위기에 젖어 있다. 예수님을 생각하면 '고난'이라는 단어가 먼저 떠오르지만, 궁극적으로 인류를 구원하고 영원한 자유와 평화를 주시기 위해 오셨다는 점을 놓쳐서는 안 될 것이다. 모든 등장인물의 시선을 사로잡고 있는 예수 그리스도는 인류 역사에서도 주인공이시다.

독일의 일러스트레이션 동화작가 브리타 테켄트럽[Britta Teckentrup]의 〈작은 틈 이야기〉 내용의 일부를 나누고자 한다. 작가는 사람과 사람, 특히 친구와 틈새가 생기고 멀어지는 것도 친구와 지속적으로 우정을 쌓아갈 수 있는 것도 어떤 말을 사용하느냐에 있다며 말의 중요성을 강조하고 있다. "못 생기고 나쁜 말들은 우정에 상처를 주곤 하지, 한번 뱉은 말은 주워 담을 수 없어. 응원의 말, 다정한 말, 따뜻하게 배려하는 말, 무럭무럭 쑥쑥 꽃을 피우지. 모든 곳에 사랑을 퍼뜨리면서 속상한 친구를 내버려 두면 작은 틈은 점점 커져서 모두 혼자가 되고 말거야."[38]

작가는 나름대로 해결방안을 제시하는데 그것은 함께하는 것이 훨씬 즐겁다는 것을 말하고 서로 그 틈새를 즐기기 위해 다가가야 한다고 말한다. "봐, 여기 큰 틈이 생겨버렸어. 우리가 뭘 할 수 있을까? 서로의 손이 닿을 수만 있다면 그럴 수만 있다면…… 먼저 손을 내밀어. 작은 미소와 함께 우정의 씨앗을 뿌리고 서로의 마음을 달래주고 다가가는 일은 생각보다 어렵지 않아. 모두가 함께라면 꿈은 따라갈 수 있어."[39]

틈이 작을 때 좁히는 것은 어렵지 않으나 틈새가 넓어지면 좁히는 것이 쉽지 않다. 틈새가 벌어지면 벌어질수록 손이 닿지 않기 때문이다. 우리나라에도 관계 혹은 사이에 관한 이야기가 참 많은데 가장 인상 깊은 이야기 가운데 하나는 '의좋은 형제'가 아닌가 싶다. 동네에 소문이 자자할 만큼 우애 좋은 형제가 있었는데 이들은 부모님으로부터 유산을 사이좋게 나누어 받았다. 형은 결혼하여 자녀들이 있었지만, 아우는 미혼이었다. 이 형제는 우애가 좋기로 소문났는데 평소 콩 한 조각도 나누어 먹을 정도로 서로를 아꼈다.

어느 날 가을 추수를 끝내고 각각의 몫을 나누었는데 형제는 몰래 각자의 볏단을 서로에게 옮겨 놓는 일이 벌어졌다. 밤새 서로 똑같은 행동을 반복한 바람에 볏단의 양이 전혀 달라지지 않았다. 다음날 다시 볏단을 옮기던 형제는 서로 마주쳤다. 서로를 향한 마음을 알아차리고 서로 얼싸안고 밤새 울었다는 이야기다.

1980년대 초 이 이야기를 패러디한 광고가 등장했다. 그것은 라면 광고였는데 라면을 끓인 형제는 서로에게 먼저 권하는 말로 시작한다. "형님 먼저 드세요, ○○라면. 아우 먼저 들게나, ○○라면. 형님 먼저! 아우 먼저! 그럼 제가 먼저." 인사치레로 양보했지만, 너무 맛있어서 더 이상은 도저히 양보할 수 없다는 취지의 광고였다. TV 채널이 몇 개 없던 시절이라 광고도 이야깃거리가 되곤 했고 실제 생활 속에서도 그 대사를 많이 따라 했던 것으로 기억한다.

사이는 관계의 또 다른 말이다. 그래서 '사이가 좋다'는 말은 곧 '관계가 좋다'는 것을 의미한다. 사이는 단순히 거리나 간격만을 의미하지는 않는다. 때로는 멀리 있어도 각별한 사이가 있고 가까이 있어도 소원한 관계가 있을 수 있다. 그와 관련해 생각나는 우화가 하나 있다.

남몰래 밤하늘 작은 별을 사랑한 들판의 풀꽃은 밤마다 작은 별을 바라보는 기쁨으로 하루를 살았다. 작은 별도 그 사랑을 알아차리고 밝고 깨끗한 빛을 풀꽃에 비추었다. 그리움이 짙어가던 어느 날 서로 떨어져 있어야 하는 처지를 안타까워하던 풀꽃이 작은 별에게 "우린 늘 이렇게 떨어져 있어야 하나요?"라고 물었다. 잠시 생각에 잠겨 있던 작은 별은 대답했다. "우린 떨어져 있어도 마음만은 함께 있잖아요. 함께 있으면서도 딴생각을 하는 사람들에 비하면 우리는 얼마나 행복한지 몰라요!" 풀꽃은 작은 별의 영롱한 눈빛을 바라보며 이내 고개를 끄덕였다. 그렇다. 틈이 있다는 것 혹은 멀리 떨어져 있다는 것은 사이를 좋게 하는 데 분명 걸림돌이 될 수 있다. 하지만 작은 별과 풀꽃처럼 한마음을 품는다면 좋은 관계를 유지할 수 있다. 한마음을 품는다는 것은 내 것 남의 것을 구별하지 않을 뿐 아니라 남의 행복에도 관심을 갖는 것이다. 초대교회 때는 믿는 성도들 사이에서 내 것 네것 따지지 않고 서로 통용했으며 말씀뿐만 아니라 소유물도 함께 나누었다.

믿는 무리가 한마음과 한뜻이 되어 모든 물건을 서로 통용하고 자기 재물을 조금이라도 자기 것이라 하는 이가 하나도 없더라. (사도행전 4:32)

물론 일방적으로 호의를 베푼다고 해서 모두 좋은 것은 아니다. 가시 달린 고슴

도치처럼 껴안으면 껴안을수록 서로에게 상처만 주는 경우도 있기 때문이다. 사이 혹은 관계가 좋아지려면 본질적으로 상대방의 처지를 알아야 하고 상대가 좋아하는 것을 파악해야 한다. 성서를 보면 하나님의 뜻과 사람의 생각 사이에 작은 차이가 생기면 나중에 파국으로 발전하는 경우가 적지 않다.

에덴동산의 비극은 그 좋은 사례다. 뱀이 하와를 유혹했을 때 하와의 대답은 얼핏 보면 하나님이 아담에게 알려주셨던 말씀과 크게 다르지 않은 것처럼 보인다. 하지만 하나님 말씀은 선악을 알게 하는 나무의 열매를 따 먹으면 "반드시 죽으리라"였다. 그런데 하와가 뱀에게 한 대답은 "죽을까 하노라"였다.

> 여호와 하나님이 그 사람에게 명하여 이르시되 동산 각종 나무의 열매는 네가 임의로 먹되 선악을 알게 하는 나무의 열매는 먹지 말라. 네가 먹는 날에는 반드시 죽으리라 하시니라.(창세기 2:16~17)

> 여자가 뱀에게 말하되 동산 나무의 열매를 우리가 먹을 수 있으나 동산 중앙에 있는 나무의 열매는 하나님의 말씀에 너희는 먹지도 말고 만지지도 말라, 너희가 죽을까 하노라 하셨느니라.(창세기 3:2~3)

이 작은 틈새를 뱀은 놓치지 않았고 그럴듯한 꼬임의 말로 유혹에 성공한다. 그 결과 아담과 하와는 반드시 죽을 수밖에 없는 처지가 되었다. 인류의 비극이 이 작은 틈에서 시작된 것이다. 모세 같은 훌륭한 지도자도 작은 실수를 범한 적이 있다. 그런데 생각하기에 따라서는 그것은 작은 것이 아닐 수도 있다. 이 실수를 계기로 가나안 땅에 들어가지 못하게 되었다. 물론 하나님의 뜻을 한두 사건으로 알 수 있는 문제는 아니어서 단정할 수는 없지만, 그 사건이 문제가 없었다고 대충 넘어갈 문제는 아니라고 본다. 자초지종은 이렇다. 광야 생활에서 지친 이스라엘 백성들은 마음대로 물까지 먹을 수 없어 아론과 모세에게 불만을 털어놓았다.

> 너희가 어찌하여 우리를 애굽에서 나오게 하여 이 나쁜 곳으로 인도하였느냐. 이 곳에는 파종할 곳이 없고 무화과도 없고 포도도 없고 석류도 없고 마실 물도 없도다.(민수기 20:5)

모세와 아론은 이 상황을 인지하고 하나님께 엎드려 아뢰었다. 이때 여호와께서 모세에게 말씀하셨다.

> 지팡이를 가지고 네 형 아론과 함께 회중을 모으고 그들의 목전에서 너희는 반석에게 명령하여 물을 내라 하라. 네가 그 반석이 물을 내게 하여 회중과 그들의 짐승에게 마시게 할지니라.(민수기 20:8)

여기서 주목할 말씀은 홍해를 갈라지게 할 때처럼 지팡이로 바위를 치라고 하신 것이 아니다. 이때는 "반석에게 명령하여 물을 내라"고 하신 것이었다. 지팡이라는 매개체 없이 이번에는 하나님이 모세의 말에 직접 능력을 발휘할 수 있도록 해주시겠다는 뜻이었다. 그런데 모세는 예전의 습관 때문이었는지 자신의 명령이 과연 능력을 발휘할 수 있을까 하는 의구심을 품었던 때문인지 말로 명령하는 대신 지팡이를 의지하고 말았다.

> 모세가 그의 손을 들어 그의 지팡이로 반석을 두 번 치니 물이 많이 솟아나오므로 회중과 그들의 짐승이 마시니라.(민수기 20:11)

이스라엘 백성을 긍휼히 여기신 하나님은 반석에서 물이 솟아나게 하셨다. 하지만 이 작은 차이로 인해 모세와 아론은 하나님으로부터 꾸중을 들어야만 했고 결국 약속의 땅 가나안으로 들어가지 못했다.

> 여호와께서 모세와 아론에게 이르시되 너희가 나를 믿지 아니하고 이스라엘 자손의 목전에서 내 거룩함을 나타내지 아니한 고로 너희는 이 회중을 내가 그들에게 준 땅으로 인도하여 들이지 못하리라 하시니라.(민수기 20:12)

그 두 사람이 들어가지 못한 것이지 이스라엘 백성이 들어가지 못한 것은 아니다. 이처럼 지도자 혹은 대표성을 가진 사람은 하나님 말씀을 훨씬 민감하게 받아들여야 하고 철저하게 순종해야 함을 말해준다.

다음은 이스라엘 초대 왕이었던 사울에 관한 이야기다. 하나님은 자신들을 이끌어갈 왕이 필요하다는 이스라엘 백성들의 원성을 들으시고 사무엘 선지자를 통해 기름을 부으시고 사울을 왕으로 세우셨다. 사무엘은 사울에게 하나님 말씀을 경청할 것을 알려주었다. 사울 왕은 시험대에 오르게 되었다. 하나님이 출애굽 과정에서 이스라엘 백성을 대적한 아말렉을 쳐서 그들의 모든 소유를 남기지 말고 진멸하라고 말씀하셨다.

> 만군의 여호와께서 이같이 말씀하시기를 아말렉이 이스라엘에게 행한 일 곧 애굽에서 나올 때에 길에서 대적한 일로 내가 그들을 벌하노니 지금 가서 아말렉을 쳐서 그들의 모든 소유를 남기지 말고 진멸하되 남녀와 소아와 젖 먹는 아이와 우양과 낙타와 나귀를 죽이라 하셨나이다 하니 (사무엘상 15:2~3)

사울 왕은 칼날로 모든 백성을 진멸하였다. 그런데 그 과정에서 하나님의 말씀을 듣지 않았다. 요컨대 하찮은 것은 진멸하였으나 아말렉 사람의 왕 아각을 사로잡고 양과 소의 가장 좋은 것 또는 기름진 것과 어린 양과 모든 좋은 것을 남겨둔 채 진멸하지 않았다.

> 사울과 백성이 아각과 그의 양과 소의 가장 좋은 것 또는 기름진 것과 어린 양과 모든 좋은 것을 남기고 진멸하기를 즐겨 아니하고 가치 없고 하찮은 것은 진멸하니라. (사무엘상 15:9)

하나님은 사무엘 선지자를 통해 사울을 왕으로 세운 것을 후회하신다고 말씀하실 정도로 그가 순종하지 않은 것에 실망하셨다. 이 말씀을 들은 사무엘은 근심하게 되었고 밤새 하나님께 부르짖으며 기도했다. 사무엘은 아침 일찍 사울 왕을 만나려고 나서는데 어떤 사람이 사울이 갈멜에 이르러 자기를 위하여 기념비를 세우고 발길을 돌려 길갈로 내려갔다고 전해주었다. 사무엘이 사울을 만났을 때 그는 의기양양하여 하나님의 명령을 온전히 수행한 것처럼 말했다. 그런데 인근에서 양의 소리가 들렸고 사무엘은 자초지종을 물었다. 그러자 사울이 다음과 같이 대답했다.

> 사울이 이르되 그것은 무리가 아말렉 사람에게서 끌어온 것인데 백성이 당신의 하나님 여호와께 제사하려 하여 양들과 소들 중에서 가장 좋은 것을 남김이요 그 외

의 것은 우리가 진멸하였나이다 하는지라.(사무엘상 15:15)

그러자 사무엘은 어젯밤 하나님께서 자신에게 하신 말씀을 사울 왕에게 전달
하였다. 그러면서 무엇이 잘못되었는지를 알려주었고 그로 인해 하나님이 그를
이을 새로운 왕을 준비하셨음도 알려주었다. 사울 왕의 때늦은 후회는 소용이
없었다.

사무엘이 사울에게 이르되 가만히 계시옵소서 간밤에 여호와께서 내게 이르신 것
을 왕에게 말하리이다 하니 그가 이르되 말씀하소서. 사무엘이 이르되 왕이 스스로
작게 여길 그때에 이스라엘 지파의 머리가 되지 아니하셨나이까 여호와께서 왕에
게 기름을 부어 이스라엘 왕을 삼으시고 또 여호와께서 왕을 길로 보내시며 이르시
기를 가서 죄인 아말렉 사람을 진멸하되 다 없어지기까지 치라 하셨거늘 어찌하여
왕이 여호와의 목소리를 청종하지 아니하고 탈취하기에만 급하여 여호와께서 악
하게 여기시는 일을 행하였나이까.(사무엘상 15:16~19)

사무엘이 사울에게 이르되 나는 왕과 함께 돌아가지 아니하리니 이는 왕이 여호와
의 말씀을 버렸으므로 여호와께서 왕을 버려 이스라엘 왕이 되지 못하게 하셨음이
니이다 하고 사무엘이 가려고 돌아설 때에 사울이 그의 겉옷자락을 붙잡으매 찢어
진지라. 사무엘이 그에게 이르되 여호와께서 오늘 이스라엘 나라를 왕에게서 떼어
왕보다 나은 왕의 이웃에게 주셨나이다.(사무엘상 15:26~28)

사울은 하나님께 제사하려 양과 소들 가운데 가장 좋은 것들을 남겼다고 핑계
를 대기에 바빴다. 사울이 대부분의 명령은 잘 수행했지만, 아각을 사로잡은 것
과 양과 소 등 좋은 것을 남겨서 가져온 것 등은 하나님의 명령을 어긴 것은 사실
이다. 하나님은 우리 마음을 살피시는 하나님이시다. 그런 핑계가 소용이 있을 리
없었다. 사울 왕은 어떻게 되었을까? 사울 왕은 더 이상 왕위를 지속할 수 없었고
이는 다윗 왕이 등장하는 계기가 되었다.

여호와께서 사무엘에게 이르시되 내가 이미 사울을 버려 이스라엘 왕이 되지 못하
게 하였거늘 네가 그를 위하여 언제까지 슬퍼하겠느냐 너는 뿔에 기름을 채워 가지

고 가라 내가 너를 베들레헴 사람 이새에게로 보내리니 이는 내가 그의 아들 중에 서 한 왕을 보았느니라 하시는지라.(사무엘상 16:1)

하나님의 뜻과 사람의 생각이 일치될 때 세상은 더 나은 방향으로 나갈 수 있다. 아무리 사소한 듯 보이는 것들로 여길지라도 하나님이 함께하시지 않을 때 역사는 늘 좋은 결과를 낳지 못했다. 특히 지도자나 대표성을 가진 사람들의 언행이 어때 야 하는지를 잘 보여주고 있다. 여기서 사무엘은 아주 중요한 메시지를 선포한다.

사무엘이 이르되 여호와께서 번제와 다른 제사를 그의 목소리를 청종하는 것을 좋 아하심 같이 좋아하시겠나이까. 순종이 제사보다 낫고 듣는 것이 숫양의 기름보다 나으니 이는 거역하는 것은 점치는 죄와 같고 완고한 것은 사신 우상에게 절하는 죄와 같음이라 왕이 여호와의 말씀을 버렸으므로 여호와께서도 왕을 버려 왕이 되 지 못하게 하셨나이다 하니(사무엘상 15:22~23)

하나님 말씀을 어긴 것은 하나님을 저버린 것과 다를 바 없다. 사울 왕이 하나 님을 버렸으므로 하나님도 사울 왕을 버린 것이다. 이를 계기로 사무엘은 새로운 지도자를 찾게 되었고 하나님의 뜻에 따라 이새의 아들 다윗을 선택하여 기름을 붓게 된다.

어쨌든 이런 사례들이 주는 교훈은 하나님 말씀을 자신의 유익 여부에 따라 취 사선택해서는 안 된다는 것을 말해준다. 우리가 날마다 말씀을 묵상하고 기도하 면서 살려고 노력할지라도 눈으로 볼 수 없는 하나님의 뜻대로 살기란 쉽지 않다. 위의 사례를 통해 알 수 있는 것은 그들의 실수를 책망하는 측면도 있지만, 인간 이 얼마나 불완전하고 약한 존재인가를 깨닫게 해주는 측면도 있다. 왜냐하면 한 점 흠 없이 순종하며 산 사람은 한 사람도 없기 때문이다.

아울러 구약시대의 사건이나 말씀이 주는 교훈은 흘러간 옛 노래가 아니라 여 전히 우리가 새겨들어야 하고 생활 가운데 적용해야 한다. 그런 점에서 우리 스스 로를 돌아보게 하는 소중한 말씀이다. 무엇보다 중요한 것은 예수 그리스도는 어 떤 상황에서도 하나님의 뜻을 거스른 적이 한 번도 없으셨고 더 이상 낮아질 수 없을 정도로 낮아지셨으며 죽음에 자신을 내놓으실 만큼 온전하게 순종하셨다는 점이다. 우리는 그분을 믿는 믿음만으로 하나님의 자녀가 될 수 있는 은혜를 누리게 되었다.

이 얼마나 놀라운 은총인가! 우리가 짊어져야 할 짐은 더 이상 율법이나 제사가 아니다. 오직 예수 그리스도에 대한 믿음만 있다면 우리가 짊어져야 할 수고로운 짐은 더 이상 없다. 그분이 길이요 진리요 생명이라는 사실을 믿는 것, 그것이 전부다. 그분의 사랑과 우리의 믿음이 만날 때 우리는 하나가 된다. 그분이 우리를 성전 삼아 우리 안에 거하시게 된다. 우리는 그분의 도움으로 이제 더 이상 두려워하거나 걱정할 필요 없다. 다만 그분의 진리 안에서 자유와 평강을 누리면 된다. 이것이 진리의 복음이 전하는 핵심 가치이다.(요한복음 14:6) (요한복음 8:32) (고린도전서 3:16)

> 제자들이 노를 저어 십여 리쯤 가다가 예수께서 바다 위로 걸어 배에 가까이 오심을 보고 두려워하거늘 이르시되 내니 두려워하지 말라 하신대 이에 기뻐서 배로 영접하니 배는 곧 그들이 가려던 땅에 이르렀더라.(요한복음 6:19~21)

주 예수 그리스도를 믿는 사람은 더 이상 혼자가 아니다. 예수 그리스도와 동행하는 삶이라는 사실을 잊어서는 안 되겠다. 그분이 함께하시는 한, 어떤 틈새도 있을 수 없다. 사탄의 유혹도 육체의 탐욕도 모두 예수님께 의뢰하고 맡기면 해결해주신다는 믿음만이 필요할 뿐이다. 예수님이 우리 안에 오셨다는 것은 하나님 나라가 우리에게 임하신 것을 말한다. 그 안에서 자유와 평강과 기쁨을 누린다면 우리는 이미 천국에 살고 있는 것이다. 우리가 살고 있는 시간時間, 공간空間, 인간人間들 사이의 어떤 틈새에도 하나님의 아름다운 숨결이 존재한다. 그리고 우리 안의 작은 틈새에도 그 아름다운 숨결이 살아 숨 쉰다. 그것은 예수 그리스도의 흠결 없는 숨결이다.

성서를 통해서 본 관계의 미학

THE AESTHETICS OF A RELATIONSHIP

하나님과 사람

하나님은 스스로 있는 자이다.

사람은 흙으로 빚어진 형상에 하나님의 호흡이 들어가

비로소 생령이 되었다는 점에서

물질과 비 물질로 이루어진 완벽한 융합작품이다.

God exists for himself.

It is perfect fusion of matter and non-materials in that a person becomes

a living sprit only when God's breathing enters the shape made of soil.

미켈란젤로 부오나로티(Michelangelo Buonarroti, 1508-1512)가 당시 교황 율리오 2세(Iulius II)의 요청으로 프레스코 기법으로 바티칸 시스티나 성당에 그린 천장화로서 천지창조의 네 번째에 해당하는 〈아담의 창조〉라는 제목의 그림이다. 창조주 하나님으로부터 호흡(생명)을 공급받으려는 순간으로 아담의 모습은 아직 에너지를 느낄 수 없는 상태로 축 처진 모습이 인상적이다. 하나님과 아담이 손가락으로 소통하는 장면은 성경에는 없는데 화가의 상상력을 발휘한 것으로 역동성을 느끼게 한다. 이 장면은 오래전 영화 〈E.T.〉에서 패러디한 것으로도 유명하다.

태초에 하나님이 천지를 창조하신 것을 가리켜, 흔히 무無에서 유有를 창조하였다고 표현한다. 그도 그럴 것이 성서는 천지창조 이전의 상태를 혼돈, 공허, 흑암의 상태라고 기록하고 있기 때문이다.

> 태초에 하나님이 천지를 창조하시니라. 땅이 혼돈하고 공허하며 흑암이 깊음 위에 있고 하나님의 영은 수면 위에 운행하시니라.(창세기 1:1~2)

그런 상황에서도 삼위일체三位一體 하나님은 스스로 존재하셨다. 바꿔 말하면 공허空虛는 아무것도 없는 진공상태를 말하고 혼돈混沌은 어떤 것도 구분되지 않고 서로 연결되지 않아 질서가 잡히지 않는 상태를 뜻하며 흑암黑暗은 사물의 형태를 드러내게 하는 빛이 없는 상태를 의미한다. 요컨대 에너지원이 없고 시간도 없고 공간도 없고 질서도 없는 곳에 하나님은 스스로 존재하셨다는 것을 말해주고 있다.

하나님은 시간이나 공간 등 물질세계에 의존하는 인간의 존재 방식과는 차원이 다른 분이라는 사실을 알 수 있다. 하나님은 기하학, 과학, 미학적 창조섭리를 발휘하시기 전에도 존재하신 분으로 사람의 이성으로는 이해할 수 없는 초월적 존재라는 사실이다. 바꿔 말하면 하나님은 어떤 상황에서도 존재할 수 있는 분이라는 뜻이다. 이런 사실로 미루어 짐작해볼 때 하나님의 천지창조는 순전히 인간을 위한 것이었음을 알 수 있다. 이를 위해 삼위일체 하나님이 의논하신 사실이 성경에 기록되어 있다.

> 하나님이 이르시되 우리의 형상을 따라 우리의 모양대로 우리가 사람을 만들고 그들로 바다의 물고기와 하늘의 새와 가축과 온 땅과 땅에 기는 모든 것을 다스리게 하자 하시고 하나님이 자기 형상 곧 하나님의 형상대로 사람을 창조하시되 남자와 여자를 창조하시고 하나님이 그들에게 복을 주시며 하나님이 그들에게 이르시되 생육하고 번성하여 땅에 충만하라, 땅을 정복하라, 바다의 물고기와 하늘의 새와 땅에 움직이는 모든 생물을 다스리라 하시니라.(창세기 1:26~28)

하나님은 빛을 시작으로 해, 달, 별, 바다, 땅 등의 시간과 공간의 기반을 창조하시고 이어서 식물과 동물을 창조하셨으며 마지막으로 사람을 지으셨다. 앞서 창조한 모든 것들을 다스리고 가꾸고 누리도록 사람에게 임무를 부여하였다. 하나님은 우주 만물을 말씀으로 창조하셨는데 명령하신 그대로 이루어졌다. 말하자면 무에서 유를 만드셨는데, 태초 이래 창조된 모든 것들은 하나님의 말씀으로부터 나오지 않은 것이 없다. 창조는 거기에서 멈추지 않고 계속되고 있으며 그것을 한 치의 오차도 없이 경영하고 계신다. 생육하고 번성하는 축복을 주신 하나님은 지금도 세계 도처에서 어린아이들이 태어나게 하고 식물과 동물의 번성도 약속대로 이루어지고 있다.

> 하나님이 그들에게 복을 주시며 하나님이 그들에게 이르시되 생육하고 번성하여 땅에 충만하라, 땅을 정복하라, 바다의 물고기와 하늘의 새와 땅에 움직이는 모든 생물을 다스리라 하시니라. 하나님이 이르시되 내가 온 지면의 씨 맺는 모든 채소와 씨 가진 열매 맺는 모든 나무를 너희에게 주노니 너희의 먹을 거리가 되리라. 또 땅의 모든 짐승과 하늘의 모든 새와 생명이 있어 땅에 기는 모든 것에게는 내가 모든 푸른 풀을 먹을 거리로 주노라 하시니 그대로 되니라.(창세기 1:28~30)

그런 관점에서 보면 하나님은 우리가 인식하고 있는 모든 것들, 요컨대 시간, 공간, 인간 등 모든 피조물을 품고 있다는 뜻이 된다. 하나님은 모든 창조의 '제1의 지적知的 원인'이다. 이를 바탕으로 인류는 '제2의 창조' 혹은 '제3의 창조'를 통해 문화와 문명을 일구어온 것이다. 인류가 발견하고 발명하는 모든 것들이 무에서 유를 창조한 것이 아니라 제2 창조, 제3 창조에 해당한다. 우주를 연구한 사람들이 달나라를 가고 별을 발견한 것이지 달과 별을 만들어낸 것은 아니다. 진화론, 만유인력, 상대성이론, 양자역학 등 과학 법칙들도 모두 하나님의 섭리 안에서 이루어진 것을 천재 과학자, 요컨대 하나님이 주신 재능을 통해 발견하고 발명한 것에 불과하다.

하나님이 세상을 창조하신 기본적인 축이 바로 시간, 공간, 인간이다. 그 사이사이의 질서가 모든 피조물을 아름답게 하는 하나님의 원천기술 가운데 하나이다. 인류를 연구하는 사람도 역사를 연구하는 사람도 과학을 연구하는 사람도 결국 이 축을 벗어나서는 얻을 수 있는 것이 아무것도 없다. 하나님의 섭리는 초고도의 형이상학으로 이루어져 오직 하나님만이 그 진실을 아신다. 이 원리를 사람들의 이성으로 이해하기 위해 철학, 과학, 기하학, 생물학, 우주과학 등을 통해 규명하고자 노력해왔지만, 절대적 하나님의 섭리를 이해하는 데는 한계가 있음을 여실히 드러내고 있다.

하나님은 창조주이시고 인간은 피조물이다. 이 절대 명제를 잊어서는 안 된다. 아무리 하나님의 형상을 닮게 창조되어 대단한 창의력을 소유하게 되었다고 해도 인간 스스로는 부족하고 불완전할 수밖에 없다. 인간의 믿음과 순종 위에 하나님의 지혜가 더해질 때 비로소 하나님의 섭리에 걸맞은 성과를 낼 수 있다. 그렇지 않은 경우 세상에 선한 영향력을 끼치는 것이 아니라 해악을 끼칠 우려가 있다. 왜냐하면 인간은 죄성罪性을 지니고 있어서 탐욕과 교만이 항상 고개를 쳐들고 자기의 유익을 구하는 습성이 내재하고 있기 때문이다.

우리가 하나님의 창조섭리에 대해 제대로 이해할 수는 없지만, 중요한 것은 매우 합리적이고 논리적이며 탁월한 방법으로 질서를 이루어가는 모습을 볼 수 있다. 첫째 날부터 엿새 날까지 빛을 시작으로 해, 달, 별을 분리하고 배경에 어둠을 두시며 그것들을 빛나게 하셨다. 하늘과 바다와 대지를 만들어 물을 머금게 하시고 이어서 식물과 동물을 땅과 바다와 공중에 서식하게 하시며 마지막에 이 모든 것을 사람에게 다스리고 가꾸고 누리게 하셨다. 이 모든 창조과정이 에너지원인 빛을 창조하시고 그것은 밤과 낮을 구분하도록 해와 달과 별을 하늘에 걸어두셨으며 우리가 살고 있는 지구地球도 적당한 위치를 정하시고 공중에 매달아두신 것이다. 공중의 구름에 물을 머금게 하시지만 밑으로 물이 새지 않게 구름으로 싸셨다.

> 그는 북쪽을 허공에 펴시며 땅을 아무것도 없는 곳에 매다시며 물을 빽빽한 구름에 싸시나 그 밑의 구름이 찢어지지 아니하느니라.(욥기 26:7~8)

이것은 무에서 유를 창조하신 것을 시작으로 구분과 분화, 그리고 적당한 간격, 상호 연결 등 완벽한 균형과 조화를 이루어내기 위한 하나님만의 독창적이고 유일한 창조비법이 사용된 것이다. 사람을 창조하실 때도 마찬가지다. 진흙으로 빚으시고 사람의 코에 하나님의 호흡을 불어넣으셔서 사람生靈이 되게 하셨다. 이어 남자의 갈비뼈를 취하여 여자를 만드는 과정도 앞선 창조물에서 분리하는 방식으로 일종의 분화적 창조였다.

구름에 머금고 있는 비를 하늘에서 내려주시고 그것을 땅이 흡수하여 식물이 자라게 하고 열매를 맺으며 그것을 사람이 섭취한다. 세상의 모든 창조물은 서로서로 연결되어 있다. 그 연결성 혹은 순환성이 제대로 이루어져야 지속 가능하고 쾌적한 곳이 된다. 사람은 흙으로 빚어진 형상에 하나님의 호흡이 들어가 비로소 생령이 되었다는 점에서 물질인 육체와 비물질인 영혼이 융합한 지상 최고의 작품이다. 사람은 하나님을 경외하고 물질세계를 관리하는 역할을 할 수 있는 유일한 존재이다. 사람은 동물과도 구별되고 천사와도 구별된다. 중요한 것은 하나님의 형상을 닮은 특별한 걸작품이라는 사실이다.

주목해야 할 사실은 모든 것이 애초에 하나였다는 것이고 피조물과 피조물이 서로 연결되어 있다는 점이다. 세상에 존재하는 모든 것들의 근원은 스스로 존재하는 하나님이시다. 우리가 모른다고 해서 존재하지 않는 것이 아니고 우리가 이해하지 못한다고 해서 불가능한 일이 아니다. 오히려 진화론자들은 사람의 등장을 230만 년 혹은 240만 년 전이라고 추정한다. 또 무신론 과학자들은 지구의 역사에 대해서는 45억 4천만 년 전이라고 강조하면서도 5천만 년의 오차가 있을 수 있다고 주장한다.

과학이라는 학문은 정확한 수치를 제시하는 학문이다. 하지만 그들은 정확한 수치를 제시하지 못한 채 추정치를 이야기하고 있다. 그러면서도 그들은 하나님의 창조론은 비과학적이고 비논리적이라고 비난한다. 그렇다면 과학이 모든 것을 말 할 수 있을까? 과학은 진리를 말할 수 있는 만능학문인가? 그렇지 않다. 실험실에서 연구하는 학문으로는 우주의 진리를 완전히 밝혀낼 수 없다. 훌륭한 과학자들이 남긴 업적이 가치 없다는 얘기가 아니다. 그들의 업적은 매우 훌륭하고 천재적이다. 그럼에도 불구하고 그런 것들은 돌다리 건너가듯이 조심스럽게 하나님의 섭리를 이해해 가는 하나의 여정에 불과하다.

하나님은 각각의 창조과정에서 자신이 창조하신 결과물을 보시고 "보시기에 좋았다"고 말씀하시면서 만족감을 드러내셨다.

> 하나님이 뭍을 땅이라 부르시고 모인 물을 바다라 부르시니 하나님이 보시기에 좋았더라.(창세기 1:10)

그것은 혼돈, 공허, 흑암의 상태에서 빛이 생겼고 또 각각의 역할대로 그에 걸맞게 창조되었음을 뜻한다. 아울러 모든 피조물들이 균형과 조화를 이루면서 아름답게 완성된 것이다. 하나님은 첫째 날부터 엿새째 날까지 그날그날의 창조물에 대해 "보시기에 좋았다"고 말씀하셨지만, 특별히 마지막 날 모든 창조물을 보시고서 "심히 보시기에 좋았다"고 말씀하셨다.

> 하나님이 지으신 그 모든 것을 보시니 보시기에 심히 좋았더라 저녁이 되고 아침이
> 되니 이는 여섯째 날이니라. (창세기 1:31)

이것은 무엇을 의미하는가? 하나님의 창조물들이 독립적으로도 아름답지만, 전체적인 완성도가 더욱 마음에 드셨다는 뜻이다. 어느 평론가의 평론이 아니라 전능하신 하나님이 직접 창조하시고 직접 논평하신 것이다. 따라서 하나님의 천지창조는 무결점이었다고 생각해도 좋을 것이다. 지금의 지구 상태를 생각하면 머리를 가로저을 수 있을지 모르겠다. 그런데 따지고 보면 지금의 기후변화, 환경 훼손 등은 사람들에게 부여된 "다스리고 가꾸라"는 말씀을 지키지 못한 데서 비롯된 것으로 결코 하나님의 잘못이 아니다.

역사를 보고 지금 우리가 사는 세상을 보라. 온통 물질만능주의에 빠져 있고, 전쟁과 기근, 분쟁과 갈등, 국가와 민족주의, 빈부격차, 권력자들의 부패, 이념논쟁 등에 빠져 모두가 하나로 연결되어 있다는 사실을 간과하고 있다. 지구도 훼손되고 공동체 문화도 붕괴 일로에 있다. 사람이 부패함으로 인해 만물도 영향을 받은 것이다.

> 아담에게 이르시되 네가 네 아내의 말을 듣고 내가 네게 먹지 말라 한 나무의 열
> 매를 먹었은즉 땅은 너로 말미암아 저주를 받고 너는 네 평생에 수고하여야 그 소
> 산을 먹으리라. 땅이 네게 가시덤불과 엉겅퀴를 낼 것이라 네가 먹을 것은 밭의 채
> 소인즉 네가 흙으로 돌아갈 때까지 얼굴에 땀을 흘려야 먹을 것을 먹으리니 네가
> 그것에서 취함을 입었음이라 너는 흙이니 흙으로 돌아갈 것이니라 하시니라. (창세
> 기 3:17~19)

하나님은 모든 창조물 가운데 특별히 사람을 위해 아름다운 공간을 준비하셨는데 실로 완벽한 장소였다. 그곳이 바로 에덴동산이다. 하나님이 한 번쯤 설렌 적이 있으시다면 바로 에덴동산으로 사람을 이끄시는 순간이 아닐까. 그야말로 가장 존귀하게 여기시고 사랑하시는 사람에게 깜짝 선물을 준비하여 보여주시는 그 순간, 사람은 더없이 기뻤을 것이고 하나님도 심히 기뻐하시지 않으셨을까. 이때

까지만 해도 모든 만물 간의 상호관계, 하나님과 아담과의 관계가 완벽했다. 말하자면 하나님이 부여하신 시간, 공간, 인간에 대한 관계가 더 이상 바랄 것 없이 좋은 상태였다. 그런 상태를 낙원樂園이라고 하는데 에덴동산이 바로 그런 곳이었다.

모든 관계가 등간격等間隔일 수는 없다. 가까우면 가까울수록 좋은 관계가 있고 멀면 멀수록 좋은 관계도 있다. 그런데 가깝지도 멀지도 않으며 적당한 거리나 간격을 유지하는 것이 좋은 경우도 있다. 그런 관계를 불가근불가원不可近不可遠이라고 한다. 이것은 사람에게만 해당하는 말은 아니다. 건물, 가로수, 전신주, 승강장, 주요소, 고속도로 휴게소, 카페나 레스토랑의 테이블 등 사람들이 쾌적함을 느낄 수 있는 거리나 간격, 또 그 시설물이 기능을 다 하기 위해서는 적당한 거리나 간격이 필요하다.

우리가 필요로 하는 것들이 지나치거나 부족하거나 서로 방해되지 않아야 함을 말해준다. 그것을 무시하면 문제가 발생한다. 요즘 초고층 아파트들이 지나치게 고밀도로 들어서면서 도시에 열섬heat island이나 미기후micro climate 현상 등이 문제가 되고 있다. 이는 바람길이 막혀서 바람이 정상대로 흘러가지 못함으로써 온도조절 기능이 제대로 이루어지지 못한 데서 초래된 결과이다. 초고층 건물들은 심하게 그늘을 만들어 겨울철에도 눈이 녹지 못하게 하고 이웃 건물의 일조권이나 조망권을 방해한다.

세상의 많은 문제들이 사이間라는 존재를 제대로 인식하지 못하거나 관계에 대한 오해에서 비롯된다. 거리를 두어야 할 관계인데 너무 가까이해서 문제가 되거나, 친밀한 관계를 유지해야 함에도 너무 소원疏遠해서 문제가 발생하는 경우도 있다.

세상이 어지러운 것은 대부분 관계의 어긋남 때문이다. 인류의 시작은 에덴동산에서 추방당하는 것에서부터 시작된다. 하나님과 사람의 관계가 원만했던 그곳은 낙원이었다. 그런데 가까이해야 할 하나님과는 멀리하고 반대로 멀리했어야 할 뱀(사탄)과는 가까이하면서 문제가 발생한 것이다. 가까이했어야 할 생명나무보다 멀리했어야 할 선악을 알게 하는 나무를 가까이하다 보니 사달이 난 것이다.

하나님과 사람 사이에는 뱀(사탄)이 있었다. 그 뱀은 하나님과 사람 사이를 이간질하면서 사람을 파국으로 이끌었다. 뱀은 교묘한 말재간으로 하와의 약점을 파고들었다. 사탄은 하나님 나라에서 하나님을 배신하고 쫓겨난 타락 천사로서 하나님에 대해 앙심을 품고 있는 존재다. 그래서 자신이 사람보다 하나님을 더 잘 안다고 생각하고 사람의 육체적인 감각과 마음속의 교만을 부추긴 것이다.

하나님이 비록 사람에게 스스로 선택할 수 있는 자유의지를 주시긴 했지만, 문제는 사람이 그 자유의지를 잘못 사용함으로써 엄청난 결과를 초래했다는 사실이다. 하와가 뱀의 유혹에 넘어간 것은 하나님 말씀에 대한 정확한 지식이 부족했기 때문이다. 하나님이 당초 아담과 약속했던 내용은 다음과 같다.

> 여호와 하나님이 그 사람에게 명하여 이르시되 동산 각종 나무의 열매는 네가 임의로 먹되 선악을 알게 하는 나무의 열매는 먹지 말라 네가 먹는 날에는 반드시 죽으리라 하시니라.(창세기 3:2~3)

뱀은 "하나님이 참으로 너희에게 동산 모든 나무의 열매를 먹지 말라 하시더냐"(창세기 3:1)라고 물었다. 그러자 하와는 "동산 나무의 열매를 우리가 먹을 수 있으나 동산 중앙에 있는 나무의 열매는 먹지도 만지지도 말라 너희가 죽을까 하노라"라고 대답하였다. 그렇다면 이 대답이 왜 문제가 될까? 그것은 애초에 하나님이 아담에게 일러주었던 말씀과는 미묘하게 차이가 있기 때문이다.

> 여자가 뱀에게 말하되 동산 나무의 열매를 우리가 먹을 수 있으나 동산 중앙에 있는 나무의 열매는 하나님의 말씀에 너희는 먹지도 말고 만지지도 말라 너희가 죽을까 하노라 하셨느니라(창세기 3:2~3)

이 두 문장을 비교해보면 하나님은 아담에게 "먹지 말라"고 했지 "먹지도 만지지도 말라"고 하신 것이 아니었다. 또 하와는 "죽을까 하노라"라고 대답했지만, 실제로 아담에게 하신 말씀은 "반드시 죽으리라"이었다. 또 동산 중앙에는 선악을 알게 하는 나무 말고도 생명나무가 있었다. 우리가 사탄을 이길 수 있는 방법 가운데 가장 주요한 수단이 바로 "하나님 말씀"이다.

여기서 첫 번째로 문제 삼을 수 있는 것은 아담과 하와가 그토록 중요한 하나님의 말씀을 정확하게 공유하지 않았던 점을 생각해 볼 수 있다. 두 번째로 어떤 큰 결정을 내릴 때는 무엇보다 먼저 부부가 상의해서 결정해야 하는 데 하와가 독단적으로 결정하여 따 먹은 점과 아담은 아무런 거부감 없이 받아먹었던 점을 들 수 있다.

여기서 아담의 책임론과 하와의 독단적 행위 둘 다 문제가 될 수 있다. 무엇보다 그런 결정을 하기에 앞서 아담과 하와는 하나님께 여쭤봤어야 했다. 그런데 그런 모든 과정이 생략되었고 하나님이 전혀 관여할 수 없는 상황이 되었다. 하나님이 임의로 선택할 수 있는 "자유의지free will"를 이미 허락했기 때문이다. 하나님은 아담에게 에덴동산에서 선악과 이외에 어떤 규제도 하시지 않았다. 자유롭게 아담의 의지에 맡기신 것이다.

> 여호와 하나님이 그 사람에게 명하여 이르시되 동산 각종 나무의 열매는 네가 임의로 먹되(창세기 2:16)

위 말씀에 등장하는 '임의로'는 영어로 freely로 '자유롭게'라는 뜻이다. 하나님은 사람을 창조하시고 모든 것을 자유롭게 선택할 수 있도록 자유의지를 허락하신 것이다. 하나님과 아담, 아담과 하와, 하와와 뱀 사이에 있어야 할 것은 없었고 오히려 없어야 할 것이 있었다. 그래서 모든 관계가 어그러진 것이다.

예수 그리스도께서 사십일 금식을 마치신 후 심신이 매우 지쳐있을 때 광야에서 사탄으로부터 유혹을 받으신 적이 있다. 그때 예수님은 하나님 말씀으로 그 유혹을 물리치셨다. 아담과 하와와는 전혀 다른 대처를 하신 것이다.

> 예수께서 대답하여 이르시되 기록되었으되 사람이 떡으로만 살 것이 아니요 하나님의 입으로부터 나오는 모든 말씀으로 살 것이라 하였느니라 하시니(마태복음 4:4)

게다가 마지막 아담으로 오신 예수님은 첫 번째 아담과는 달랐다. 교만이라고는 찾아볼 수 없을 뿐 아니라 철저하게 낮아질 대로 낮아지심으로 인류를 섬겼고 하나님 말씀에 철저히 순종했고 쉬지 않고 기도하셨다.

> 그러나 아담으로부터 모세까지 아담의 범죄와 같은 죄를 짓지 아니한 자들까지도 사망이 왕 노릇 하였나니 아담은 오실 자의 모형이라. 그러나 이 은사는 그 범죄와 같지 아니하니 곧 한 사람의 범죄를 인하여 많은 사람이 죽었은즉 더욱 하나님의 은혜와 또한 한 사람 예수 그리스도의 은혜로 말미암은 선물은 많은 사람에게 넘쳤느니라.(로마서 5:14~15)

기록된 바 첫 사람 아담은 생령이 되었다 함과 같이 마지막 아담은 살려 주는 영이
되었나니 (고린도전서 15:45)

예수 그리스도의 사역 중 핵심 사역인 십자가의 죽음과 부활은 모든 어지러운
관계를 회복시켜주셨다. 모든 존재들의 사이사이에 예수 그리스도께서 임재하신
것이다. 그래서 '십자가의 도'는 최고의 사랑이자 최상의 경이로움이다. 이것이야
말로 우리가 주목해야 할 가장 선하고 아름다운 '관계의 미학'이다.

하나님은 예수 그리스도의 십자가 보혈로 우리를 구원하셨을 뿐 아니라 사탄과
의 싸움에서도 승리하심으로 사탄의 멸망을 확정하셨다. 그래서 우리가 예수 그리
스도께서 진리이심을 믿고 하나님 안에 있기만 하면 사탄의 유혹을 더 이상 걱정
할 필요가 없다. 왜냐하면 하나님께서 완벽한 장치를 마련해 놓으셨기 때문이다.

마귀의 간계를 능히 대적하기 위하여 하나님의 전신갑주를 입으라. 우리의 씨름은
혈과 육을 상대하는 것이 아니요 통치자들과 권세들과 이 어둠의 세상 주관자들과
하늘에 있는 악의 영들을 상대함이라. 그러므로 하나님의 전신갑주를 취하라 이는
악한 날에 너희가 능히 대적하고 모든 일을 행한 후에 서기 위함이라. 그런즉 서서
진리로 너희 허리띠를 띠고 의의 호심경을 붙이고 평안의 복음이 준비한 것으로 신
을 신고 모든 것 위에 믿음의 방패를 가지고 이로써 능히 악한 자의 모든 불화살을
소멸하고 구원의 투구와 성령의 검 곧 하나님의 말씀을 가지라. 모든 기도와 간구
를 하되 항상 성령 안에서 기도하고 이를 위하여 깨어 구하기를 항상 힘쓰며 여러
성도를 위하여 구하라. (에베소서 6:11~18)

이를 요약하면 예수 그리스도를 전적으로 믿고 성령의 도움을 받으며 자신이
이미 구원받았다는 사실을 확신하면서 모든 상황에서 기도와 간구로 임하는 것이
다. 아울러 믿음의 사람들이 서로 협력하여 기도하는 것도 중요하다. 하나님과 인
간, 인간과 인간, 인간과 피조물의 관계를 아름답게 회복시켜주신 예수 그리스도
는 무엇이 사이좋게 하는지 누구와 사이좋게 지내야 하는지를 직접 말씀해주셨다.

예수께서 대답하시되 첫째는 이것이니 이스라엘아 들으라 주 곧 우리 하나님은 유
일한 주시라. 네 마음을 다하고 목숨을 다하고 뜻을 다하고 힘을 다하여 주 너의 하

나님을 사랑하라 하신 것이요. 둘째는 이것이니 네 이웃을 네 자신과 같이 사랑하라 하신 것이라 이보다 더 큰 계명이 없느니라.(마가복음 12:29~31)

사이를 좋게 하는 중재자가 갖추어야 할 조건은 무엇인가? 그것을 사도 바울이 잘 알려주고 있다.

그런즉 믿음, 소망, 사랑, 이 세 가지는 항상 있을 것인데 그 중의 제일은 사랑이라.(고린도전서 13:13)

하나님은 언약의 하나님이시다. 사람들에게 축복의 길, 생명의 길을 미리 일러 주셨다. 아담에게도 그랬고 노아에게도 그랬고, 아브라함에게도 그랬으며 모세에게도 그랬다.(창세기 9:13) (창세기 31:13) (창세기 31:44) (레위기 26:46) (욥기 16:21) (요한계시록 2:1) (요한계시록 5:6)

하나님은 한 분이시요 또 하나님과 사람 사이에 중보자도 한 분이시니 곧 사람이신 그리스도 예수라.(디모데전서 2:5)

우리는 말로 다 할 수 없을 정도로 고마운 은혜의 시대에 살고 있다. 삼위일체 하나님이 우리 안팎에서 함께하시며 우리를 지켜주시고 도와주시고 말할 수 없는 탄식으로 기도하여 주시기 때문이다.(예레미야 30:22) (히브리서 8:10) (로마서 8:26) 우리가 할 일은 아직 복음이 들어가지 않는 곳을 위해, 아직 믿음으로 예수 그리스도를 영접하지 않는 사람들을 향해 기도하고 사랑으로 다가가야 할 것이다.(에베소서 2:10) (마태복음 28:19~20) (사도행전 1:8)

우리는 하나님의 존재에 대해 어떻게 인식하고 있는가? 우리가 알고 있는 하나님은 사랑이라고 했다. 여기서 사랑은 우리가 이해하고 있는 그런 사랑일까? 하나님의 사랑은 인간이 알고 있는 희락과 호감 등 감정의 문제를 넘어선 보다 깊은 의미가 있다고 봐야 할 것이다. 그 사랑은 모든 관계 속에서 타인의 정체성을 인식하는 유일한 수단이라는 점에서 피조물 간에는 물론이고 하나님과 소통하기 위해서는 반드시 장착해야 할 절대적인 요건이라고 할 수 있다.

이를 이해하기 위해서는 비유를 들 수밖에 없는데 부모와 자식 간의 사랑이 가장 유력한 예가 될 수 있다. 부모가 자식을 사랑하는 이유는 잘 생겨서 혹은 특별히 호감이 가기 때문은 아닐 것이다. 아무런 장점이 없어도 부모는 본능적으로 조건 없이 자식을 사랑한다. 그렇지 않은 부모들이 더러 있다고 해도 그것은 예외적인 일로 무조건적 사랑이 부모의 자식에 대한 사랑의 본질이다. 아이에게 부모는 신이고 부모에게 자식은 자기 자신보다 더 사랑하는 그런 존재이다. 요컨대 어떤 것으로도 설명할 수 없는 특별한 관계이다. 인류를 향한 하나님의 사랑은 그보다 더하면 더했지 덜하지 않는다. 하나님의 속성 가운데 하나인 사랑을 감정적인 차원으로만 이해하려고 해서는 안 된다.

그 사랑을 이해하게 되면 정의, 진리, 자비, 긍휼, 선행 등의 추상명사들을 어느 정도 이해할 수 있을 것이다. 그 이외의 다른 것으로 하나님을 설명하려고 하기 때문에 자꾸 하나님에 대해 오해하게 되는 것이다. 자신이 소속하고 있는 종교단체나 교회 등으로 하나님과의 관계를 설명하려는 경향이 있다. 그래서 기독교인이라고 하면 어느 교단, 어느 교파에 속하고 있는지 또 어느 교회에 다니고 있는지를 묻는다. 그것으로 하나님에 대한 신앙이나 하나님과의 관계를 설명할 수 있을까? 차라리 예수님을 얼마만큼 사랑하고 형제와 이웃을 얼마만큼 사랑하는지를 묻는 편이 더 나을지 모르겠다.

장식처럼 주렁주렁 달고 다니는 각종 이력이나 소속, 계급이나 소유 등이 하나님으로부터 당초 부여받은 자신의 정체성을 바꿀 수 없다. 모든 사람은 하나님의 창조목적에 따라 각자의 정체성을 부여받았는데 그것은 세상의 어떤 힘으로도 바꿀 수 없다. 각자에게 부여된 창조정신은 하나님과의 관계, 사람들과의 관계, 다른 피조물들과의 관계 속에서 발현되어야 한다.

인류는 이런 추상명사에 대해 굉장히 낯설어한다. 무엇이든 자꾸 형상화하려 하고 시각적으로 표현하려 한다. 하나님은 사랑인 동시에 영靈이시다. 어떤 형상으로 설명할 수 있는 분이 아니다. 사람들은 자신의 의도를 보여주려고 뭔가 시각화하려고 애쓴다. 형상을 만들어 숭배하려 하고 제사를 통해 증명해 보이려고 한다. 하나님이 진정으로 원하는 것은 제사나 헌물이 아니다. 그것은 바로 믿음으로 다가가는 것을 원하시고 사랑으로 소통하는 것을 좋아하신다. 믿음과 사랑을 드리는 것이 바로 하나님의 이름을 높이는 것이고 순종하는 일이다.

사무엘이 이르되 여호와께서 번제와 다른 제사를 그의 목소리를 청종하는 것을 좋

아하심 같이 좋아하시겠나이까. 순종이 제사보다 낫고 듣는 것이 숫양의 기름보다 나으니(사무엘상 15:22)

나는 인애를 원하고 제사를 원하지 아니하며 번제보다 하나님을 아는 것을 원하노라.(호세아 6:6)

믿음과 사랑이 없으면 하나님에 대한 오해가 생기고 사람들은 하나님의 뜻과는 다른 방식으로 소통하려 한다. 이 문제를 해결하기 위해 하나님이 사람의 눈높이에 맞추려는 결단을 내리신다. 하나님 자신이 예수 그리스도라는 성육신으로 이 땅에 오시게 된 것이다. 하나님은 자신의 존재 방식을 삼위일체로 설명하셨고 그 삼위에 대한 모든 경우에 대해 자세히 알려주셨다. 성부 하나님과 성자 예수님, 그리고 예수님이 승천하시기 전에 약속하신 성령 하나님이 우리와 함께 계신다.

믿음과 사랑이 없으면 이 같은 하나님의 특수한 정체성을 이해하기 쉽지 않다. 여전히 부인하는 사람이 많은 이유도 거기에 있다. 기존의 지식은 과학적으로 입증되어야 했고 논리적으로 납득할 수 있어야 했기 때문이다. 하나님을 설명하는 것들은 모두 추상명사이면서 이성으로 이해하기 힘든 초월적인 내용을 담고 있다. 그래서 사람들은 하나님을 좀처럼 받아들이지 못하고 있다.

세상 사람들은 자신의 방식대로 믿음을 행사하며 살고 있다. 신앙과 신념에는 분명한 차이가 있다. 하나님을 인정하는 사람들은 신앙信仰으로 산다. 반면 하나님을 인정하지 않는 사람들은 신념信念으로 산다. 얼핏 생각하면 비슷한 뜻인 것처럼 느낄 수 있지만, 전혀 다른 의미를 지니고 있다. 신앙은 내가 주체가 아니고 하나님이 주체이시다. 주체자의 뜻에 따르는 것을 말한다. 반면 신념은 자신이 주체자로서 자신의 경험이나 지식에 기반하여 자기 본위로 세운 뜻이 이루어질 것을 굳게 믿으면서 자기 최면을 거는 경우를 말한다.

물론 둘 다 확신에 가득 차 있다는 측면은 유사하지만, 전자는 하나님에 대한 순종이고 후자는 불순종이 된다. 잘못된 신념은 우상숭배와 다를 바 없다. 우상숭배는 다른 것이 아니고 하나님의 진리에서 벗어난 것이고 그 가운데 사람의 안목이나 욕망에 의존한 것도 여기에 해당한다. 세상의 문화가 인본주의에 집중될수록 신념 체계에서 벗어나는 것이 쉽지 않다. 잘못된 신념 체계는 하나님의 뜻에서 점점 멀어지게 되고 우상숭배가 횡행하고 이단이나 사이비가 기승을 부리는 세상이 될 가능성이 높다. 이런 어둡고 어지러운 세상을 구할 수 있는 유일한 길은 하나님을 인정하는 것이다.

장뤼-낭시는 "신God은 도처에 존재하면서도 어디에도 존재하지 않는다"[40]는 말을 했다. 이 말의 뜻은 하나님은 누구Who 혹은 무엇Something으로 존재하거나 세상의 시간이나 공간에 메어 있지 않다는 뜻이다. 마치 사랑처럼 사랑이 일어나는 곳에 존재하다가 사랑이 사라지면 존재를 알 수 없는 것과 같다. 사랑은 형체가 없어 사랑이 이루어진 곳에서만 나타나고 발견되는 현상과 같다.

이것은 마치 양자역학의 원리와도 같은데 이는 실험 대상을 관찰하기 전에는 일어날 수 있는 두 개의 상황이 동시에 존재하다가 관찰하면 하나의 결과만 나타나는 현상이다. 사랑이 그렇다. 요컨대 사랑과 미움이 동시에 존재하다가도 사랑하면 사랑이 관찰되고 사랑하지 않으면 사랑을 관찰할 수 없는 것과 같다. 말하자면 사랑과 미움이 동시에 나타나지 않는다는 것이다. 따라서 우리가 사랑하는 곳에 하나님이 함께하실 수 있는 것이다. 만약 한 입에서 사랑과 저주를 동시에 낸다면 그것은 하나님의 창조섭리를 거스르는 일이다. 요컨대 정상적으로 작동되지 않고 있다는 것을 말해준다.

> 한 입에서 찬송과 저주가 나오는 도다 내 형제들아 이것이 마땅하지 아니하니라. 샘이 한 구멍으로 어찌 단 물과 쓴 물을 내겠느냐(야고보서 3:10~11)

사람들이 하나님을 생각할 때 미리 생각 속에 있는 어떤 특정 인물을 상정하고 떠올린다면 하나님을 제대로 알기 어려울 것이다. 하나님은 우리 주변 혹은 역사 속의 훌륭한 인물들과는 전혀 다른 차원의 존재이시기 때문이다. 하나님은 무에서 유를 창조하신 유일하게 절대성을 지닌 분이다. 어떤 존재의 도움 없이 스스로 존재하는 분이다. 사람은 다르다. 자신의 역할이 하나도 없이 전적으로 하나님의 사랑으로 창조된 피조물이다. 그런 차원에서 하나님과 인간이 어떤 관계인지 분명히 이해할 수 있어야 한다.

예수님도 분명히 메시아로서 이 땅에 오셨지만, 사람들은 좀처럼 그분을 알아보지 못했고 이해하려 들지 않았으며 이해할 수도 없었다. 선지자나 훌륭한 사도, 요컨대 세례 요한이나 엘리야쯤으로 생각한 것이다. 그런데 믿음이 생기고 사랑하는 마음을 품게 되었을 때 비로소 예수님을 알아보게 되었고 메시아로 인정하게 되었다.

하나님은 모세에게 자신을 "스스로 있는 자"로 백성들에게 소개하라고 말씀하셨다. 하나님은 이름이 붙여질 필요가 없다는 뜻이고 누군가로부터 이름을 부여받은 사실이 없음을 명백하게 말씀하셨다.

> 하나님이 모세에게 이르시되 나는 스스로 있는 자이니라 또 이르시되 너는 이스라엘 자손에게 이같이 이르기를 스스로 있는 자가 나를 너희에게 보내셨다 하라. 하나님이 또 모세에게 이르시되 너는 이스라엘 자손에게 이같이 이르기를 너희 조상의 하나님 여호와 곧 아브라함의 하나님, 이삭의 하나님, 야곱의 하나님께서 나를 너희에게 보내셨다 하라 이는 나의 영원한 이름이요 대대로 기억할 나의 칭호니라.(출애굽기 3:14~15)

하나님은 모세에게 그 이름이 "나의 영원한 이름이고 대대로 기억될 칭호"라고 말씀하셨다. 사람들이 하나님의 이름을 몰라서 모른 것이 아니다. 사람은 태초부터 영적인 것과 영원을 사모하는 마음을 이미 부여받았다.

> 그러므로 너희도 영적인 것을 사모하는 자인즉 교회의 덕을 세우기 위하여 그것이 풍성하기를 구하라.(고린도전서 14:12)

> 하나님이 모든 것을 지으시되 때를 따라 아름답게 하셨고 또 사람들에게는 영원을 사모하는 마음을 주셨느니라. 그러나 하나님이 하시는 일의 시종을 사람으로 측량할 수 없게 하셨도다.(전도서 3:11)

우리가 하나님을 제대로 알려면 모든 관계에 대해 이해하는 것이 우선되어야 한다. 그런데 사람에게는 그럴만한 능력이 없다. 누구나 부분밖에 알 수 없다. 그 부분 속에서도 하나님을 발견할 수 있어야 한다. 거기에 필요한 것은 지식이나 경험이 아니라 믿음이라는 사실을 깨달아야 한다. 믿음을 자신이 억지로 쥐어짜서 만들어내라는 것이 아니다. 그것 역시 아무런 조건 없이 예수님이 이 땅에 오셔서 우리의 죄를 대속하신 것처럼, 믿음도 하나님 선물로 주셨다는 것을 알아야 한다. 우리가 할 일은 의심 없이 선물의 포장지를 뜯어보는 일이다. 그것을 믿음으로 받아들이는 순간 구원이 이루어진다. 믿음을 위해 우리는 하나님 말씀에 귀를 기울여야 한다.

> 그러므로 믿음은 들음에서 나며 들음은 그리스도의 말씀으로 말미암았느니라.(로마서 10:17)

> 너희는 그 은혜에 의하여 믿음으로 말미암아 구원을 받았으니 이것은 너희에게서 난 것이 아니요, 하나님의 선물이라.(에베소서 2:8)

모든 것이 하나님의 사랑이고 모든 것이 하나님의 일방적인 은혜라는 사실을 알아야 한다. 우리가 할 수 있는 것은 기뻐하고 감사하는 일, 그리고 하나님을 전심全心으로 받아들이는 일이다. 그것이 하나님의 뜻이다.

> 항상 기뻐하라. 쉬지 말고 기도하라. 범사에 감사하라. 이것이 그리스도 예수 안에서 너희를 향하신 하나님의 뜻이니라.(데살로니가전서 5:16~18)

내 안에 믿음과 사랑이 있는지 없는지를 보면 하나님이 내 안에 계신지 아닌지를 알 수 있다. 아니 이미 우리 안에 계심에도 불구하고 우리가 의식하지 못한 채 사는 것일 수도 있다.

> 바리새인들이 하나님의 나라가 어느 때에 임하나이까 묻거늘 예수께서 대답하여 이르시되 하나님의 나라는 볼 수 있게 임하는 것이 아니요. 또 여기 있다 저기 있다고도 못하리니 하나님의 나라는 너희 안에 있느니라.(누가복음 17:20~21)

우리 안에 이미 하나님이 와 계신다는 사실을 믿어야 한다. 그래야 밖에서 하나님을 찾느라 더 이상 방황하지 않을 것이다. 지금 우리가 신경 쓸 일은 믿음이 약해지지 않도록 담대해지는 일, 사랑이 더 이상 식지 않도록 계속해서 충전하는 일, 예수 그리스도께서 완전히 통치하는 날을 소망하며 주야로 묵상하는 일이다.

인간의 정체성 Human identity :
의미와 무의미 meaning and meaningless

인생의 본질은 의미를 부여하는 일이 아니라 의미를 찾는 일이다.

The essence of life should not be to give meaning, but to find meaning.

　이탈리아 화가 카라바조의 〈의심하는 도마〉(107cm×146cm)라는 작품으로 독일 포츠담에 있는 상수시 궁전에 소장되어 있다. 1601~1602년경에 그려진 이 그림은 믿음이라는 것이 무엇인지에 대해 묻고 있다. 이 그림은 성서(요한복음 20:24~31)에 등장하는 내용을 배경으로 하고 있다. 도마Thomas는 메시아 예수를 오랫동안 옆에서 지켜보았으면서도 다른 제자들과 달리 의심이 매우 강했던 사람이다. 그림에서도 그의 눈빛과 손가락 위치 등은 얼마나 절실하게 눈으로 확인하고 싶었는지를 알게 한다. 다른 두 명의 제자들도 자기 손으로 직접 만지지 않았을 뿐 도마와 크게 다르지 않다는 것을 그들의 눈빛을 통해 알 수 있다. 여기서 예수님은 유명한 말씀을 남긴다. "너는 나를 본고로 믿느냐, 보지 못하고 믿는 자들은 복되도다."(요한복음 20:29)

성서에 의하면 사람은 시간, 공간이 창조되고 각종 동식물 등 환경조건이 갖춰진 후 맨 나중에 창조된 사실을 알 수 있다. 창세기에는 창조주 하나님이 말씀으로 세상을 창조하는 과정이 나와 있는데 가장 먼저 창조된 것은 빛이었다.

> 하나님이 이르시되 빛이 있으라 하시니 빛이 있었고(창세기 1:3)

빛은 시간과 공간을 인식하게 하는 결정적인 요소다. 우리가 우주의 크기를 얘기할 때 빛의 속도光速를 거론한다. 속도는 시간과 공간을 계산할 때 사용한다. 그 근원이 빛이라는 것이다. 빛은 모든 사물, 요컨대 공간을 드러나게 한다. 우리가 자연을 비롯한 모든 사물을 볼 수 있는 것은 빛 덕분이다. 빛은 창조의 서막을 올리는 에너지의 원천이고 창조주를 상징하는 핵심 요소이다.

> 진실로 생명의 원천이 주께 있사오니 주의 빛 안에서 우리가 빛을 보리이다.(시편 36:9)

주목해야 할 점은 창조주께서 사람에게 빛이라고 말씀하시고 빛처럼 살라고 말씀하신다.

> 너희는 세상의 빛이라 산 위에 있는 동네가 숨겨지지 못할 것이요. 사람이 등불을 켜서 말 아래에 두지 아니하고 등경 위에 두나니 이러므로 집 안 모든 사람에게 비치느니라. 이같이 너희 빛이 사람 앞에 비치게 하여 그들로 너희 착한 행실을 보고 하늘에 계신 너희 아버지께 영광을 돌리게 하라.(마태복음 5:14~16)

여기서 중요한 것은 창조주 하나님이 창조과정에서 사용한 방법이 특수한 도구도 아니고 단지 말씀만으로 세상을 창조하셨다는 점이다. 그 말씀의 증거가 바로 우리가 접하고 있는 성서bible이다. 사람은 피조물 가운데 언어를 사용하고 있는 유일한 존재인데 공교롭게도 하나님과 소통이 가장 원활하지 않은 존재이다. 더 놀라운 사실이 있는데 사람은 하나님이 가장 공을 들여 창조한 피조물이라는 점이다. 진흙을 이용해 손으로 직접 빚으시고 형태를 만든 후 코에 직접 생기를 불어넣어 주셨다. 완성된 사람은 하나님의 형상을 닮게 창조하셨다는 사실도 밝히셨다.

사람은 하나님에게 있어서 아주 특별한 존재라는 것을 알 수 있다.

> 하나님이 자기 형상 곧 하나님의 형상대로 사람을 창조하시되 남자와 여자를 창조
> 하시고(창세기 1:27)

> 여호와 하나님이 땅의 흙으로 사람을 지으시고 생기를 그 코에 불어넣으시니 사람
> 이 생령이 되니라.(창세기 2:7)

사람은 하나님이 창조한 세계를 보고 놀라워하고 감사와 찬양으로 넘쳐나야 할 것 같은데 그렇지 않았다. 하나님의 형상을 닮은 자신을 보고서도 아무런 감동이 없었다. 최초의 사람은 아담이 딱 한 번 감동한 적이 있었는데 그것은 자신의 아내 하와에 대한 예찬이었다.

> 아담이 이르되 이는 내 뼈 중의 뼈요 살 중의 살이라 이것을 남자에게서 취하였은
> 즉 여자라 부르리라 하니라.(창세기 2:23)

하와에 대해 남자에게서 취하였으므로 여자라 부르겠다고 했다. 자기 나름대로 의미를 부여하고 이름까지 붙여준 것이다. 이때까지만 해도 하나님과 소통하고 있던 터라 하나님도 기특하다고 보았을 것이다. 아담이 동물들에게 이름을 붙여줄 때도 하나님은 흐뭇하게 여기시며 동물들을 친히 아담 앞으로 이끌어주셨다.

> 여호와 하나님이 흙으로 각종 들짐승과 공중의 각종 새를 지으시고 아담이 무엇이
> 라고 부르나 보시려고 그것들을 그에게로 이끌어 가시니 아담이 각 생물을 부르는
> 것이 곧 그 이름이 되었더라.(창세기 2:19)

선악과를 따 먹은 후 아담과 하와는 하나님과 영적으로 소통하는 방법을 잊어버렸다. 그 이후의 과정이 인류의 역사다. 자연을 보거나 하나님의 형상으로 지음을 받은 자신을 보아도 분명히 하나님의 존재를 느낄 수 있을 법한데 자꾸 다른 방법으로 하나님을 형상화하거나 아예 하나님의 존재를 무시하기에 이른 것이다.

하나님의 진노가 불의로 진리를 막는 사람들의 모든 경건하지 않음과 불의에 대하여 하늘로부터 나타나나니 이는 하나님을 알 만한 것이 그들 속에 보임이라 하나님께서 이를 그들에게 보이셨느니라. 창세로부터 그의 보이지 아니하는 것들 곧 그의 영원하신 능력과 신성이 그가 만드신 만물에 분명히 보여 알려졌나니 그러므로 그들이 핑계하지 못할지니라.(로마서 1:18~20)

주의 손가락으로 만드신 주의 하늘과 주께서 베풀어 두신 달과 별들을 내가 보오니 사람이 무엇이기에 주께서 그를 생각하시며 인자가 무엇이기에 주께서 그를 돌보시나이까. 그를 하나님보다 조금 못하게 하시고 영화와 존귀로 관을 씌우셨나이다.(시편 8:3~6)

창조주 하나님이 사람을 얼마나 존귀하게 여기시는지 알 수 있는 말씀이다. 사람들은 그런 하나님의 마음을 알아주지 못한다. 오히려 하나님을 배신하고 마음 아프게 하고 있다. 사람들은 성육신으로 오신 예수 그리스도를 직접 보고도 하나님을 보여달라고 자꾸 졸랐다.

예수께서 이르시되 빌립아 내가 이렇게 오래 너희와 함께 있으되 네가 나를 알지 못하느냐 나를 본 자는 아버지를 보았거늘 어찌하여 아버지를 보이라 하느냐 내가 아버지 안에 거하고 아버지는 내 안에 계신 것을 네가 믿지 아니하느냐 내가 너희에게 이르는 말은 스스로 하는 것이 아니라 아버지께서 내 안에 계셔서 그의 일을 하시는 것이라.(요한복음 14:8~10)

게다가 사람들은 물론이고 제자들마저도 하나님이 하신 일을 믿지 않았고 예수 그리스도의 말씀도 귀담아듣지 않았을 뿐 아니라 행하신 일들도 외면했다. 예수님 입장에서는 끊임없이 '믿으라'는 말씀을 반복할 수밖에 없었다.

내가 아버지 안에 거하고 아버지께서 내 안에 계심을 믿으라. 그렇지 못하겠거든 행하는 그 일로 말미암아 나를 믿으라.(요한복음 14:11)

예수님의 제자 도마 이야기를 잠깐 하고자 한다. 도마는 의심이 많은 사람으로 알려져 있다. 대부분 믿음이 없는 사람들을 질책할 때 예로 드는 인물이다. 의외로 이 대목에서 도마를 통해 예수님의 복음 전하는 방식을 배우고 이해하는 데 크게 도움이 된다. 〈의심하는 도마〉라는 작품은 17세기 이탈리아의 천재 화가로 알려진 카라바조의 작품이다. 그림 배경이 어두워서 그런지 중앙에 모여 있는 네 사람의 인물이 한 곳을 응시하고 있는 모습이 선명하게 보인다.

예수님은 왼편에서 자신의 옷자락을 걷어 올린 채 상처가 있는 옆구리를 드러내고 있다. 다른 세 사람은 오른편에서 그분의 상처 자국을 확인하기 위해 머리와 허리를 숙인 채 사뭇 진지하게 바라보고 있다. 예수님은 도마의 손을 붙잡고 자신의 상처 자국을 만져보도록 적극적으로 끌어당기신다. 그분의 손등에도 못 자국이 선명하다. 도마가 검지손가락으로 주님의 상흔을 헤집고 있는 동안 다른 두 사람은 불안정한 시선으로 같은 곳을 응시하고 있다.

요한복음에는 도마와 관련한 기사가 몇 차례 등장하는데 맨 처음 등장한 곳은 11장이다. 도마는 주님에 대한 충성심을 가지고 있었다는 것을 알 수 있다. 10장의 후반부의 말씀을 보면 예수님은 신성모독으로 유대인들에 의해 쫓기는 과정에서 세례 요한이 처음 세례를 베풀었던 요단강 건너편으로 피하신 상황이다.

> 그들이 다시 예수를 잡고자 하였으나 그 손에서 벗어나 나가시니라. 다시 요단강 저편 요한이 처음으로 세례 베풀던 곳에 가사 거기 거하시니 (요한복음 10:39~40)

여기에서도 복음을 전하는 일에 게을리하지 않으셨는데 예수님을 만난 많은 사람들이 예수님을 믿게 된 사실을 알 수 있다.

> 많은 사람이 왔다가 말하되 요한은 아무 표적도 행하지 아니하였으나 요한이 이 사람을 가리켜 말한 것은 다 참이라 하더라. 그리하여 거기서 많은 사람이 예수를 믿으니라. (요한복음 10:41~42)

거기에 잠시 머무시는 동안 나사로의 여동생들 요컨대 마리아와 마르다로부터 중병에 걸린 오빠 나사로를 고쳐 달라는 전갈이 왔다. 그 가운데 마리아는 향유 옥합을 가져와 예수님께 붓고 발을 닦은 적이 있는 믿음 좋은 여인이다. 예수님은 다시 유대 지방 베다니로 가시고자 했다. 제자들은 얼마 전 유대인들이 주님을 돌로 치려고 했는데 또 그리로 가시려고 하냐고 만류했다. 하지만 예수님의 마음은 변하지 않았다. 모두 주저하고 만류하는 사이에 도마가 동료들에게 한마디 툭 던졌다.

> 디두모라고도 하는 도마가 다른 제자들에게 말하되 우리도 주와 함께 죽으러 가자 하니라.(요한복음 11:16)

도마는 의심 많은 사람으로 알려져 있지만, 한편 주님을 향한 열정과 헌신도 있었던 사람이었다. 두 번째로 우리의 관심을 끄는 도마와 관련한 기사는 요한복음 14장이다. 세상 떠날 날이 가까운 것을 아신 주님은 제자들에게 다음과 같이 말씀하셨다.

> 너희는 마음에 근심하지 말라 하나님을 믿으니 또 나를 믿으라. 내 아버지 집에 거할 곳이 많도다. 그렇지 않으면 너희에게 일렀으리라 내가 너희를 위하여 거처를 예비하러 가노니 가서 너희를 위하여 거처를 예비하면 내가 다시 와서 너희를 내게로 영접하여 나 있는 곳에 너희도 있게 하리라. 내가 어디로 가는지 그 길을 너희가 아느니라.(요한복음 14:1~4)

이 말씀을 마치자 도마는 주님이 어디로 가시는지 우리가 알지 못하거늘 어찌 알겠냐고 반문한다. 이때 그 유명한 진리의 말씀으로 예수님이 친절하게 알려주셨다

> 도마가 이르되 주여 주께서 어디로 가시는지 우리가 알지 못하거늘 그 길을 어찌 알겠사옵나이까. 예수께서 이르시되 내가 곧 길이요 진리요 생명이니 나로 말미암지 않고는 아버지께로 올 자가 없느니라.(요한복음 14:5~6)

도마뿐만 아니라 제자들은 예수님의 말씀을 이해하지 못했다. 도마는 남을 의식하지 않은 솔직한 감정표현으로 진실을 말한 것이다. 그로 인해 예수님의 더 자세한 귀한 말씀을 끌어내곤 했다. 예수님은 다음과 같은 말씀을 덧붙였다.

너희가 나를 알았더라면 내 아버지도 알았으리로다. 이제부터는 너희가 그를 알았고 또 보았느니라.(요한복음 14:7)

도마 덕분에 지금 우리들은 성서를 통해 더 분명하게 주님의 말씀을 이해할 수 있게 되었다. 주님은 도마를 그런 목적으로 사용하신 것을 알 수 있다. 세 번째 도마가 등장하는 장면은 20장이다. 부활하신 주님이 처음 제자들에게 나타나실 때 도마는 그 자리에 없었다. 바로 그날 아침 막달라 마리아가 주님을 보았다고 그들에게 증언했다. 동료들은 주님이 부활하셨다는 기쁜 소식을 도마에게 전했다. 도마는 죽은 나사로가 살아난 것을 직접 목격했고 주님께서 사흘 만에 다시 살아날 것이라고 말씀하신 약속을 들은 적은 있으나 실제 그분이 부활하신 사건이 믿어지지 않았다. 도마는 직접 못 자국을 만져보지 않고서는 믿지 못하겠다고 완고하게 나왔다.

다른 제자들이 그에게 이르되 우리가 주를 보았노라 하니 도마가 이르되 내가 그의 손의 못 자국을 보며 내 손가락을 그 못 자국에 넣으며 내 손을 그 옆구리에 넣어 보지 않고는 믿지 아니하겠노라 하니라.(요한복음 20:25)

예수님은 그런 그를 긍휼히 여기셨다. 그리고 도마의 의심을 풀어주셨다.

도마에게 이르시되 네 손가락을 이리 내밀어 내 손을 보고 네 손을 내밀어 내 옆구리에 넣어 보라 그리하여 믿음 없는 자가 되지 말고 믿는 자가 되라.(요한복음 20:27)

예수님은 의심하는 제자를 질책하지 않으셨다. 오히려 피가 흐르고 찢긴 상처 자국을 보이시며 만지게 허락해주셨다. 이제 도마는 비로소 눈에 드리운 의심의 비늘이 벗겨져 나갔다. 마침내 도마는 분명하게 자신의 믿음을 고백했다. 그리고 예수님은 바람직한 믿음의 태도에 대해 분명히 가르쳐주셨다.

도마가 대답하여 이르되 나의 주님이시요 나의 하나님이시니이다. 예수께서 이르시되 너는 나를 본 고로 믿느냐 보지 못하고 믿는 자들은 복되도다 하시니라(요한복음 20:28~29)

사도 요한은 요한복음을 기록한 이유에 대해 밝히고 있는데 예수 그리스도를 믿고 생명을 얻게 하기 위함이라고 전하고 있다.

> 오직 이것을 기록함은 너희로 예수께서 하나님의 아들 그리스도이심을 믿게 하려 함이요 또 너희로 믿고 그 이름을 힘입어 생명을 얻게 하려 함이니라.(요한복음 20:31)

그렇다. 복음의 말씀이 귀한 것은 우리의 생명과 관련이 있기 때문이다. 세상에는 수많은 말이 있지만, 어떤 말은 사람을 구하기도 하고 또 어떤 말은 사람을 죽이기도 한다. 뱀(사탄)의 유혹에 넘어가는 빌미가 되었던 하와, 하나님의 말씀보다는 하와의 말에 더 솔깃한 아담, 노아의 방주시대 하나님의 경고를 무시한 사람들, 시날 평야에서 바벨탑을 건축하던 당시 사람들, 소돔과 고모라 당시 롯의 가족을 비웃던 사람들, 예수님을 죽게 하는데 공헌한 유다와 본디오 빌라도, 당시 유대인 등 수많은 사람들의 말은 사람들의 생명을 구하지 못했다. 그에 반해 예수님은 가는 곳마다 생명을 살리는 말씀을 선포했고 복음을 전했으며 직접 가르치셨다. 생명을 구하실 수 있는 유일한 분이 예수 그리스도이시다.

> 아들이 있는 자에게는 생명이 있고 하나님의 아들이 없는 자에게는 생명이 없느니라.(요한일서 5:12)

지금 사람들은 누구의 말에 귀를 기울이고 또 어떤 말을 사용하며 살고 있는가? 어떤 말이든 그것이 진리냐 아니냐의 기준은 생명을 살리는 데 기여하고 있는가 아닌가에 달려 있다. 세상에는 사람을 유혹하는 그럴듯한 말들로 넘쳐난다. 어떤 사람들은 그것을 정보Information라고 얘기하고 또 어떤 사람들은 그것을 지식Knowledge으로 받아들인다. 그런데 대부분 그런 말들은 논리적으로 일리 있을지는 모르지만, 궁극적인 지혜Wisedom가 결여되어 있다. 게다가 순간적으로는 유익이 되는 것처럼 느껴지지만 인생이라는 대명제, 특히 영혼이라는 생명을 두고 생각해볼 때는 무의미한 것들이 적지 않다.

사람들이 기를 쓰고 할 수 있는 재주를 다 부려보고 온갖 꾀를 짜내보지만, 결국 늘 한계에 부닥칠 수밖에 없다. 철학이나 과학기술, 문학, 예술 등 그것들이 인생을 윤택하게 하는 데 어느 정도 도움이 되는 것은 사실이지만, 그 자체가 사람의 생명을 구하거나 인류를 구할 수는 없기 때문이다. 그것들은 인생의 목표가 될 수 없으며, 단지 즐겁고 보람 있게 사는 수단에 불과하다. 그나마 좋은 목적으로 사용할 경우 인류에 긍정적으로 기여하지만 그렇지 않을 경우 오히려 엄청난 폐해를 가져다준다.

총이나 폭탄만이 무기가 아니다. 지식도 얼마든지 흉기가 될 수 있다. 이를 잘못 사용하면 물리적인 무기보다 훨씬 큰 위력을 발휘한다. 지식을 권력으로 삼아 부자가 되고 높은 자리에 앉아 부정과 부조리를 일삼으며 자신들의 기득권을 지키기 위해 수단과 방법을 가리지 않는다. 그들은 힘을 모아 당을 짓고 이데올로기를 조장하고 편을 가른다. 그런 힘으로 약한 자들 편을 드는 것이 아니라 오히려 그들을 핍박하는 일을 아무렇지도 않게 자행한다. 그들의 가장 큰 문제는 생명에 대한 감수성이 너무 둔감하다는 데에 있다. 이런 문제들 앞에서 역사는 단 한 번도 제대로 해결한 적이 없다. 유사 이래 잘못된 관행들이 오늘날에도 여전히 지속되고 있는 것을 보면 알 수 있다.

성서에도 노아의 방주, 바벨탑, 소돔과 고모라 등 하나님의 심판이 여러 차례 있었고 거기서 살아남은 믿음 좋은 사람들만으로 다시 새로운 역사가 전개되었지만, 세월이 흐르면서 어느 사이에 다시 옛 모습으로 회귀하는 사실을 볼 수 있다. 왜, 인류는 같은 일을 반복할까? 반성하고 고치려는 노력이 없다면 역사는 반복될 수밖에 없다. 그렇다면 무엇을 반성하고 무엇을 고쳐야 할까? 가장 중요한 것 가운데 하나가 인간의 정체성을 찾는 일이다. 그것 역시 고대부터 지금까지 계속되고 있지만, 이렇다 할 성과를 내지 못하고 있다.

그 이유는 진리를 추구하는 정신이 결핍되어 있기 때문이다. 과학기술이 발전하는 것이 진리일까? 경제적으로 풍요롭게 사는 것이 진리일까? 외모가 더 아름다워지는 것이 진리일까? 좀 더 장수하는 것이 진리일까? 사람이 편하게 살고 부자가 되고 아름다운 몸매와 얼굴을 가지고 다니면 진정으로 행복할까? 그럴 리 없다. 설령 그것들을 다 이루었다고 해도 정작 그 사람들의 걱정은 다른 데에 있다. 건강을 걱정하고 강도를 걱정하고 전쟁을 걱정하고 질병을 걱정하고 죽음을 걱정한다. 단 하루도 걱정 없이 사는 날이 없다.

현실적으로 많이 소유하고 있고 많이 성공한 사람들이 더 누릴 수 있는 기회가 많은 것은 사실이다. 하지만 그 사람들이 결과적으로 더 누리고 더 행복하게 살고 있을까? 물론 그들 소수들만이 누리는 것들이 있는 것이 분명히 있다. 호텔 스위트룸, 비행기 일등석, 고급 레스토랑, 호화로운 주택, 고급 승용차, 병원 특실, 능력 있는 변호사 선임, 게다가 돈으로 사람 부리는 일 등 때로는 사람들이 부러워할 만한 것들을 누리고 있는 것은 사실이다. 그것들을 제외한 나머지 것들은 마음만 먹으면 절대 다수의 보통사람들이 훨씬 더 많은 것들을 누릴 수 있다. 내 것이 아니어도, 큰돈 들지 않고서도, 특별한 권력이 없어도 누릴 만한 것들이 너무 많다.

먼저 자연과 들판과 하천과 바다 등을 여유롭게 감상하고 즐길 수 있다. 도시에는 공원, 정원, 공공도서관, 축제, 재래시장, 벼룩시장, 하천길, 자전거길, 맨발로 걷는 길 들을 마음만 먹으면 얼마든 이용할 수 있다. 또 동창회, 동호회, 파크골프, 캠핑, 피크닉, 호젓한 길 산책, 골목길 노포老鋪, 소문난 음식점, 이웃들과의 파트락Potluck, 퇴근길 동료들과 식사나 맥주 한 잔, 친구나 연인들끼리 예쁜 카페에서의 수다. 전원주택에서 정원 가꾸기, 베란다 식물 가꾸기, 반려동물과 산책하기 등 소소한 일상을 동료들과 혹은 혼자서도 얼마든지 재미있게 즐길 수 있다.

어떤 것이 더 좋고 어떤 것이 더 나쁜가를 얘기하자는 것이 아니다. 어차피 인생은 세상에 있는 것들을 모두 누릴 수 있는 사람은 아무도 없다. 또 남들보다 다소 장수할 수는 있어도 언제까지나 살 수 있는 사람은 없다. 어차피 때에 따라 장소에 따라 혹은 나이에 따라 성별에 따라 주어진 여건을 고려하여 자신이 선호하는 것을 최상으로 선택하며 살 수밖에 없다.

누구에게나 비슷하게 주어진 인생이라는 시간을 어떻게 소비하느냐의 문제에 대해 소홀히 여겨서는 안 된다. "가난한 사람은 돈이 없고 부자는 시간이 없다"는 말이 있다. 시간을 어떻게 소비하느냐가 매우 중요하다. 소유를 누리느냐 시간을 누리느냐는 인간의 행복에 영향을 미치는 매우 중요한 골자이다. 중요한 것은 사람은 본질적으로 세상의 모든 것을 소유한다고 해도 만족할 수 없다는 사실이다.

> 모든 만물이 피곤하다는 것을 사람이 말로 다 말할 수는 없나니 눈은 보아도 족함이 없고 귀는 들어도 가득 차지 아니하도다. (전도서 1:8)

생을 마칠 때쯤 사람들이 가장 많이 하는 말은 '허무하다' '부질없다' '잘못 살았다' '조금만 더 살 수 있다면 좋겠다' '더 베풀면서 살걸' '용서하며 살걸' 등이라고 한다. 성서에도 그 같은 상황에서 이스라엘 지혜의 왕 솔로몬이 비슷한 고백을 한 적이 있다.

> 전도자가 이르되 헛되고 헛되며 헛되고 헛되니 모든 것이 헛되도다. 내가 해 아
> 래에서 행하는 모든 일을 보았노라 보라 모두 다 헛되어 바람을 잡으려는 것이로
> 다.(전도서 1:2, 14)

사람들이 행복해지기 위해 하는 일은 대개 '의미를 부여하는 일'이라고 할 수 있
다. 철학, 예술을 비롯한 거의 모든 학문이 무엇을 어떻게 인간의 행복을 위해 활
용할 것인가에 대해 생각하고 의미를 부여하는 일이다. 대학 캠퍼스에 들어서면
흔히 상아탑象牙塔이라고 하는 조형물에 '진리 탐구의 전당'이라고 적혀 있는 글을
볼 수 있다. 그렇다. 진리는 끊임없이 탐구해야 할 대상이다. 현실 세계에서는 진
리를 찾기보다는 무언가 의미를 부여하는 쪽에 힘이 실린다. 진리는 인간의 편의
에 따라 의미를 부여하는 것이 아니다. 진리는 하나님만이 가지고 있고 하나님만
이 알 수 있는 하나님의 존재 특성, 그 자체라는 점을 감안하면 진리의 의미나 사
용법을 인간이 임의대로 단정해서는 안 된다.

> 진리를 알지니 진리가 너희를 자유롭게 하리라.(요한복음 8:32)

> 예수께서 이르시되 내가 곧 길이요 진리요 생명이니 나로 말미암지 않고는 아버지
> 께로 올 자가 없느니라.(요한복음 14:6)

인생의 본질은 의미를 부여하는 일이 아니라 의미를 찾아가는 일이어야 할 것
이다.

> 구하라 그리하면 너희에게 주실 것이요, 찾으라 그리하면 찾아낼 것이요, 문을 두
> 드리라 그리하면 너희에게 열릴 것이니 구하는 이마다 받을 것이요, 찾는 이는 찾
> 아낼 것이요, 두드리는 이에게는 열릴 것이니라.(마태복음 7:7~8)

정신없이 살면 안 된다. 얼빠진 사람처럼 살아서도 안 된다. 넋이 나간 사람처
럼 굴어서도 안 된다. 진리에 마음을 두고 살아야 한다. 제정신으로 살지 못하는

사이에 인간의 불행이 엄습해오기 때문이다. 그렇다면 정신을 어떻게 사용해야 할까? 흔히 정신. 얼, 넋, 마음, 생각 등은 어디에 존재하고 어디서 작용하는 걸까? 그것은 혼魂이다.

> 평강의 하나님이 친히 너희를 온전히 거룩하게 하시고 또 너희의 온 영과 혼과 몸이 우리 주 예수 그리스도께서 강림하실 때에 흠 없게 보전되기를 원하노라.(데살로니가전서 5:23)

우리는 육체에 대해서는 많은 것들을 알고 있지만 영靈과 혼魂에 대해서는 무지에 가깝다. 우리가 형이상학적形而上學的인 삶을 살 수 있는 것은 영과 혼이 있기 때문이다. 만약 영혼을 사용하지 않는다면 동물과 다름없는 삶을 살게 될 것이다. 창조주 하나님은 사람을 흙으로 빚어 육체를 지으신 다음 우리 코에 영과 혼을 불어넣으셔서 비로소 살아 있는 영혼과 육체의 조합인 사람을 만든 것이다.

> 여호와 하나님이 땅의 흙으로 사람을 지으시고 생기를 그 코에 불어넣으시니 사람이 생령이 되니라(창세기 2:7)

이 전제에 대해 수긍하지 않는다면 사람의 정체성을 찾는 일은 요원하다. 진화론이 이것을 설명할 수 있을까? 철학이 이것을 논리적으로 증명할 수 있을까? 역사가 이것을 말해 줄 수 있을까? 그럴 수 없다는 것을 우리는 이미 알고 있다. 진화론 등 과학은 생물 실험을 통해 얻어낸 제한된 실험의 결과다. 철학은 인간의 생각과 언어를 통해 합리적으로 설명하려는 시도에 불과하다. 세상에는 완벽한 이론이 없어서 끊임없이 반론을 거듭하며 논쟁을 이어가고 있다. 역사는 남아 있는 자료나 유적을 통해 연구하는 학문이다. 완전한 증거자료를 가지고 있는 것이 아닌 상태에서 부분적인 사실을 전할 수밖에 없다. 적지 않은 부분이 허구이거나 상상력의 소산이다. 왜냐하면 사실과 사실 사이에 알 수 없는 것들이 허다하기 때문이다.

영혼에 대한 이해가 부족하면 어떤 일이 발생할까? 사람들은 동물처럼 본능적 탐욕에 사로잡혀 살려고 할 것이다. 또 기계적인 습성에 젖어 전혀 창의적인 삶을 살지 못하게 된다. 오늘날 사람들이 사는 모습을 찬찬히 들여다볼 필요가 있다. 동물적인 감각을 마치 인류애처럼 생각하는 경향이 있고 기계와 친해지면서 마치 자신이 문명화한 사람이라도 된 것처럼 뿌듯해한다.

문화 혹은 문명이 가져다준 달콤한 가짜 정보는 고귀하고 존엄한 인간을 멸망으로 이끌어가고 있는 사탄의 속임수일 수 있다. 과학, 철학, 역사 등은 천지창조가 다 끝나고 사람이 등장한 후에 이루어질 수 있는 것들이다. 성서는 인류의 창조과정부터 아니 창조 전부터 하나님이 계획하여 무에서 유를 창조한 사실을 기록하고 있다. 따라서 신의 영역에서 할 수 있는 말과 인간의 영역에서 할 수 있는 말은 엄연히 구분되어야 한다.

인간은 하나님이 보이지 않은 존재라는 점에 쉽사리 인정하려 들지 않을 뿐 아니라 자기 스스로 해답을 찾으려고 노력해 온 것이 사실이다. 자신의 의지와 관계없이 창조된 피조물이라는 사실을 간과한 채 자신들의 이성, 요컨대 철학, 과학, 고고학 등의 힘을 빌려 인간의 정체성을 밝혀보고자 태세 전환한 것이다.

인류 역사 가운데 가장 강력하게 영향을 미치며 등장한 이론이 있었는데 바로 다윈의 진화론이다. 다윈은 〈종의 기원〉을 출판한 지 12년 후에 〈인간의 유래와 성 선택〉을 발간하여 인간은 유인원과 공통된 조상에서 유래되었으며 성 선택을 진화가 성립하기 위한 필수조건으로 제시하였다.

이 발간물은 오늘날 동물행동학과 진화생물학 분야에서 중요한 이론으로 자리잡게 되었다. 과학계는 더욱 힘을 받아 창조론의 가능성을 강하게 부인하기에 이르렀다. 인간의 자존심을 세우기 위해 스스로 자신의 정체성을 찾고자 한 과학은 인간의 존재를 동물 영장류에 포함함으로써 오히려 인간의 고결한 영혼의 품격을 떨어뜨리는 역할을 하고 말았다.

한편, 철학은 인간의 정체성을 어떻게 규정하고 있는가? 고대 그리스의 위대한 철학자 소크라테스[BC 469~399]의 본질적인 질문인 "너 자신을 알라"라는 명제에 지금 누구도 여전히 명쾌하게 대답하지 못하고 있다. 소크라테스는 많은 제자들을 가르쳤지만, 정작 자신은 한 권의 저서도 남기지 않았다. 그러나 다행히 그의 제자 플라톤을 통해 그의 사상을 어느 정도 접할 수 있게 되었다. 플라톤[BC 427~343]은 인식론적 측면에서 이데아[Idea]를 제창함으로써 본질과 형상이라는 이분법적 사유를 발전시켰다.

그의 저서 〈국가〉는 플라톤의 정치관을 대변하는 저술로 유명하다. 그의 철학의 핵심은 이데아론과 이상국가론인데 '동굴의 비유'를 통해 감각적으로 인지되는 현실 세계는 가짜이고 이성으로 인지되는 이데아야말로 진짜 세계라고 주장했다. 반면에 그의 제자였던 아리스토텔레스는 이데아보다 현실 세계가 더 중요하다고 보았으며 스승 플라톤의 형이상학적인 이데아론에 반기를 들며 형이하학적인 자연탐구를 중시하는 현실적 입장을 취했다. 플라톤 철학은 중세에 기독교 신학의 철학적 기초가 되었다. 영국의 철학자 화이트 헤드는 "서양의 2000년 철학은 모두 플라톤의 각주에 불과하다"라고 말했으며 시인 에머슨은 "철학은 플라톤이고 플라톤은 철학이다"라고까지 극찬했다.

서양철학과 문학은 고대 신화의 영향을 적지 않게 받게 된다. 대표적인 고대 신화로 수메르 문명이 남긴 길가메쉬와 그리스 작가이자 서사시인 호메로스^{BC 800~750}의 일리아스와 오디세이아다. 이 서사시들은 서양의 철학과 문학에 지대한 영향을 미친다. 이것들은 우리가 지금 접하고 있는 그리스신화, 로마신화의 기원이라고 할 수 있다. 베르길리우스의 아이네이스^{Aeneis}, 니코스 카잔차카스의 장편소설 〈그리스인 조르바〉, 괴테의 〈파우스트〉 등도 그것들의 영향을 받은 것으로 알려지고 있다.

성서와 신화는 서구적 사고의 기반이 되는 커다란 두 개의 축이었다고 해도 과언이 아니다. 과학기술이 발전하면서 또 하나의 축이 형성된 셈이다. 이 과정을 두고 흔히 신화적 사고에서 이성적 사고로의 전환이라고 말하기도 한다. 어떤 시대를 막론하고 사람들은 자신들이 숭배할 '영웅'을 기다리거나 만들어내기도 한다. 그래서 결과적으로 사람들은 하나님을 섬기거나 우상을 숭배하는 두 개의 선택지 가운데 어느 하나를 선택하게 된다. 인류의 역사가 그것을 말해준다. 어느 나라를 가더라도 죽은 자들의 동상으로 넘쳐난다. 어디 그뿐인가 우리가 늘 소지하고 다니는 지폐와 동전에 얼마나 많은 영웅들의 얼굴이 새겨져 있는지를 보면 알 수 있다.

이렇듯 성서는 신화와 과학이라는 거대한 두 개의 축으로부터 도전받고 있다. 과학의 진전은 여전히 진행 중이기 때문에 두말할 필요가 없지만, 수 천 년이 지난 신화 역시 우리 생활 주변에서 여전히 힘을 발휘하고 있다. 누구나 한 번쯤 읽었을 법한 소설 생텍쥐베리^{Saint-Exupery}의 〈어린왕자〉 이야기를 잠깐 나누고자 한다. 어린왕자가 다섯 번째로 찾아간 아주 이상한 별의 이야기다. 그 별은 아주 작아서 가로등 하나와 등지기 한 명이 겨우 서 있을 자리밖에 없었다. 어린왕자는 이 별에 가로등과 등지기가 왜 필요한지 도무지 알 수 없었다. 어린왕자는 등지기가 나름대로 의미 있는 일을 하고 있다고 생각한다. 어린왕자는 자신이 알지 못하는 어떤 의미 있는 일이 있을지도 모른다는 등지기에게 공손하게 질문한다.

"아저씨 안녕하세요? 그런데 왜 다시 가로등을 켰어요?"라고 묻자, "저녁이야"라고 대답한다. "그런데 왜 다시 방금 가로등을 껐어요?"라고 물으니 "아침이네"라고 대답한다. 가로등을 켰다가 끄는 일을 계속 반복할 뿐이다. 별이 아주 작아서 하루에도 여러 번 해가 뜨고 지기 때문에 등지기는 쉴 새 없이 움직인다. 지금까지도 그랬듯이 앞으로도 변화가 없을 것처럼 보인다. 이 장면은 왠지 그리스 신화에 등장하는 시지프의 형벌 이야기를 떠올리게 한다. 하데스(지옥) 언덕 정상에 오르면 어김없이 굴러떨어지는 무거운 바위를 다시 정상까지 반복적으로 밀어 올리며 벌을 받는 인간에 대한 이야기다. 의미 없는 행위야말로 최고의 형벌이라는 말을 하고 싶었는지 모르겠다.

어쨌든 신화는 시대와 상관없이 끊임없이 재생산되어 사람들의 정신문화 속에 적잖이 영향을 미치고 있다. 호메로스는 〈일리아스〉에서 시지프를 가리켜 "인간 중에서 가장 꾀 많은 인물"이라고 소개하고 있다. 신화에서 꾀가 많기로 유명한 영웅인 오디세우스가 시지프의 아들이라는 점도 그가 꾀 많은 인간을 상징하고 있다. 그가 제우스로부터 가혹한 형벌을 받게 된 것도 바로 그 이유 때문이다.

시지프는 자신을 데리고 온 죽음의 신에게 꾀를 부려 어떻게 데려갈 것인지를 묻는다. 죽음의 신이 수갑을 자기 손에 채우는 시범을 보여주는 바람에 갇히는 신세가 된다. 제우스는 전쟁의 신 아레스Ares를 보내 시지프를 잡아들인다. 시지프는 저승으로 끌려가면서도 아내에게 자기 시신을 매장하지 말고 광장 한복판에 던져 놓으라고 일러둔다. 그는 저승의 신 하데스에게 자기 시신을 묻어주지 않고 장례도 치러주지 않는 아내를 혼내주고 다시 돌아오겠다고 애원한다. 물론 그가 돌아오지 않을 것은 당연한 일로 시지프는 다시 꾀를 부려 신을 속인 죄로 바위를 굴려 올리는 형벌을 받게 된 것이다.

고대 신화에 등장하는 시지프나 어린왕자에 나오는 등지기와 마찬가지로 현대를 살아가는 우리도 의미 없는 꾀를 부리며 그것을 삶의 지혜라고 착각하면서 의미 없는 축제를 반복하고 있는 것은 아닌지 성찰해볼 필요가 있다.

의미 없는 행동은 그저 고된 노동일뿐이다. 노동으로 일컬어지는 영어 lavor는 라틴어 'lavor'에서 유래되었는데 수고, 노력, 구속, 형벌 등의 의미를 담고 있다. 또 프랑스어 travail의 어원인 라틴어 'tri-pilium세 개의 말뚝'에서 유래했는데 이는 소나 말을 묶어놓는 말뚝을 의미한다. travail에서 travailler노동하다로 변한다. 영어 travel과

프랑스어 travail과 어원이 같은데 모두 travailler에서 유래한다. 영어 travel은 '여행하다'라는 의미로 사용되고 있지만 프랑스어 travail은 '노동하다' '고생하다' 등의 의미로 사용되고 있다.

성서에도 노동은 하나님이 죄의 대가로 내려진 형벌로 그려지고 있다. 에덴동산에서 하나님의 명령을 어기고 선악과를 따 먹은 인간에게 내린 형벌로 인해 사람은 땀을 흘려 수고해야만 소산물을 얻을 수 있게 되었다.

> 또 여자에게 이르시되 내가 네게 임신하는 고통을 크게 더하리니 네가 수고하고 자식을 낳을 것이며 너는 남편을 원하고 남편은 너를 다스릴 것이니라 하시고 아담에게 이르시되 네가 네 아내의 말을 듣고 내가 네게 먹지 말라 한 나무의 열매를 먹었은즉 땅은 너로 말미암아 저주를 받고 너는 네 평생에 수고하여야 그 소산을 먹으리라.(창세기 3:16~17)

인간의 삶은 노동을 빼고서는 이야기할 수 없다. 인류 역사는 노동의 변화와 깊은 관련이 있다. 원래 사람은 에덴동산에서 힘든 노동 없이 그저 정원을 관리하면서 누리면 되었었다. 아무런 노동 없이도 온갖 과일이 열려 있어 선악과를 제외한 모든 것들을 먹을 수 있었고 아름다운 동산을 얼마든지 즐길 수 있었다. 에덴동산은 환경이나 날씨도 더없이 좋아서 옷을 입지 않고도 지낼 수 있는 곳이었다. 노동의 역사는 선악과 사건 이전과 이후로 나누어진다.

에덴동산에서 추방된 아담과 하와는 여기저기 먹을 것을 찾아다니면서 생활했지만, 차츰 그의 후손들은 성城을 쌓고 정착하게 되었고 가시덤불과 싸우면서 경작해야 했다. 그러면서 농사 도구가 발전하면서 1차산업을 본격적으로 시작된 것이다. 이어서 제조업을 중심으로 한 2차산업이 발전하게 되었고, 물물교환을 시작으로 교역, 금융, 서비스 등의 3차산업으로 이어지게 되었다. 이후 지식정보산업인 제4차산업이 등장하였고 융복합산업이라고 부르는 6차산업까지 등장하게 되었다.

미래는 인공지능AI을 활용한 로봇산업이 발전할 것이고 인공위성이 일상의 여행 수단이 될 것으로 예측하고 있다. 노동의 양상이 변화를 거듭하고 있다는 사실이다. 그렇다고 노동의 질이 좋아지고 있다고 단언할 수 없는 것은 육체적 노동의 양상은 다양해지고 변화를 거듭하고 있지만 정신적인 스트레스는 날로 심화하고 있기 때문이다. 우울증, 번 아웃, 공황장애 등 각종 정신적 질환을 겪는 사람들이 점차 증가하고 있는 것은 심각한 사회문제가 되고 있다.

노동의 사전적 개념은 '사람이 생존과 생활을 위해 특정한 대상에게 육체적, 정신적으로 행하는 활동'을 말한다. 인간이 생존하고 생활하기 위해서는 의식주를 위한 물자가 필요하다. 이러한 물자는 인간이 그 대상인 자연에 일정한 작용을 가하여 획득하지 않으면 안 되었다. 그러나 자본주의가 활성화하면서 이보다 훨씬 복잡한 노동의 구조를 가지게 되었다.

특히 노동이 경제학과 만나면서 노동경제학이 등장하게 되었다. 1930년 이후 미국에서 시작된 이 학문은 기존의 노동 판도를 바꾸어 놓았다. 그간의 노동은 사회정책학적 측면에서 접근하였다. 산업화가 지속하면서 노동환경은 노동자의 입장보다는 경제적 효율성이 중요시되었고 지배계급과 피지배계급의 형성을 부추기면서 소유와 분배 문제로 인한 갈등을 낳게 되었다.

그러자 일각에서는 누구를 위한 노동인가? 무엇을 위한 노동인가? 에 대한 문제의식을 제기하기에 이르렀다. 노동시장의 여건에 따라 도시와 농촌 등 지역 간의 불균형을 초래하게 되었다. 산업단지, 교육 인프라가 있는 도시로 인구가 집중하게 되었고 그것은 여러 가지 사회기반시설, 문화시설, 복지시설 등의 차이를 심화시켰다. 게다가 정치와 연결되면서 이념, 지연, 학연 등이 작용하면서 또 다른 갈등의 요인이 되었고 이는 노동의 문제가 단순히 일자리나 소득의 수단으로서의 문제에 그치는 것이 아니라 그야말로 커다란 사회문제의 화제가 되었고 인간의 행복에 크게 영향을 미치는 핵심 요인이 되었다.

경제학자 헨리 조지는 그의 저서 〈진보와 빈곤〉에서 "부와 특권의 불평등한 분배에서 발생하는 지역과 비참함을 보면서 더 나은 사회를 이룩하는 것이 가능하다고 믿는다"고 밝힌 바 있다. 그러면서도 물질적 진보가 빈곤을 구제하지 못하는 현실을 직시하면서 "진보에 빈곤이 수반되는 현상은 우리 시대의 큰 수수께끼다"[41]라고 의문을 제기했다. 여기서 진보는 발전^{Progress}을 의미한다. 그러면서 "이 핵심적인 사실로부터 세계를 괴롭히는 산업문제, 사회문제, 정치문제가 발생하며, 또 정치, 종교, 교육이 이를 해결하려고 무진 애를 써도 성과를 얻지 못하고 있다고 했다. 이것은 진보하는 독립국가의 미래에 먹구름을 드리우는 근원이 된다. 이것은 스핑크스가 인류문명에 던지는 수수께끼이며 이를 풀지 못하면 인류는 멸망할 것이다"[42]라고 말했다.

이 문제를 극복하기 위해 그가 가진 문제의식은 다음과 같다. 임금은 자본에서 나온 것이 아니며 실제로는 임금이 지불되는 노동의 생산물로부터 나온다.[43] 그는 기존의 정치경제학에서는 최종 생산물이 나오기 전의 자본에 의해 노동이 유지되고 보수를 받는다는 가정에 입각하고 있다는 것이다. 그는 또, 토지, 노동, 자본은 생산의 3요소인데 자본이라는 용어가 토지 및 노동과 대비되어 쓰인다는 점을 감안하면 이 두 요소 어느 쪽에도 포함되지 않고 대등하게 세 개의 축으로 자리 잡아야 한다고 역설했다. 토지는 단지 물이나 공기와 구별되는 지구의 표면만이 아니라 인간 이외의 물질적 우주 전체를 의미한다고 했다. 사람이 자연과 접촉하고 자연을 사용하는 것은 토지를 통해 가능하며 사람의 신체도 토지에서 나온 것이기 때문이다. 성서에서 인간을 흙으로 빚어진 사실과 다르지 않다는 주장이다.

> 여호와 하나님이 땅의 흙으로 사람을 지으시고 생기를 그 코에 불어넣으시니 사람이 생령이 되니라(창세기 2:7)

따라서 토지 전체를 자본으로 분류하는 것은 바람직하지 않다고 했다. 이 같은 주장은 토지는 인간의 본질이며 생존의 기본조건이라는 점을 강조한다. 그런데 결과는 어떤가? 토지는 부를 축적하는 강력한 자본이 되었다. 생산의 3요소 구분이 무색해진 실정이다. 토지를 기반으로 한 사용주가 토지 전체를 자본으로 간주함으로써 노동의 가치를 더욱 왜소하게 만들고 있다. 이는 상대적으로 부익부 빈익빈을 극대화할 뿐 아니라 노동자의 입지를 더욱 좁아지게 할 뿐이다. 헨리 조지는 "인간의 노동 없이 자연이 인간에게 부여한 것은 부富가 될 수 있고, 욕구를 만족시키는 힘을 가지는 유형적인 생산물이 나오지 않으면 노동을 하더라도 부富가 되지 않는다"[44]고 했다.

자본이란 특정한 용도를 가진 부富를 의미하기 때문에 부의 정의에 들지 않는 것은 자본이 될 수 없다. 이 점은 분명히 이해하여 마음에 새겨두면 논리 전개에 있어서 빠지기 쉬운 오류, 사고의 모순, 특정 사상 등에 의한 잘못된 판단은 피할 수 있을 것이다. 여기서 우리는 애덤 스미스가 〈국부론〉에서 언급한 말을 되새길 필요가 있다. "노동 생산물은 노동의 자연 보수 또는 자연 임금natural wages을 구성한다. 토지의 사적 점유와 자본의 축적이 있기 이전의 원시 상태에서는 노동 생산물 전체가 노동자에게 속했다. 그에게는 그것을 함께 나누어 가져야 할 토지 소유주나 고용주가 없었다."[45]

토지가 자본에 편입됨으로써 생산의 3대 요소가 무너졌다. 금융업이 발달하면서 토지를 저당 잡아 돈을 대출받게 되면서 토지가 자본이 되어버린 것이다. 사용주는 토지와 돈이라는 막강한 자본을 소유함으로써 노동자를 위축시키게 되었다. 사용자와 노동자의 싸움은 바위와 계란에 비유할 수 있을 만큼 상대가 되지 못하게 되었다. 이렇게 자본주의 계급사회가 형성되고 만 것이다. 오늘날 인간의 정체성은 흔들리고 있다. 허다한 신화와 엄청난 자본의 힘에 의지하고 게다가 과학기술은 인간의 교만을 부추기면서 혼란을 가중하고 있다. 인간의 정체성은 물리적 혹은 사회적 현상으로만 파악될 수 있는 것이 아니기 때문에 본질과 관련한 보다 신중한 접근이 요구된다. 그러기 위해서는 모든 것에 대한 배타적인 자세를 자제하고 상호 다른 분야에서 배우려는 자세가 필요하고 융합적으로 사고해야 한다.

시지프가 현대인의 자화상이고 그 고된 노동이 '형벌'인지를 보기 위해서는 신화가 말하고 있는 의미는 물론이고 현실에 대한 지혜 있는 판단이 필요하다. 카뮈가 〈시지프의 신화〉에서 언급한 문제의식에 주목할 필요가 있다. "오늘날의 노동자는 그 생애의 그날그날을 똑같은 작업을 하며 사는데 그 운명도 시지프 못지않게 부조리하다. 운명은 오직 의식이 깨어 있는 드문 순간들에만 비극적이다. 그리스 신화에 등장하는 신들 중에서도 프롤레타리아이자 무력하고 반항적인 시지프는 그의 비참한 조건의 넓이를 안다. 그가 산에서 내려올 때 생각하는 것은 바로 이 조건이다. 아마도 그에게 고뇌를 안겨주는 통찰이 동시에 그의 승리를 완성할 것이다."[46]

카뮈는 세상의 부조리에 대해 주목하고 이에 대한 비판 의식이 강했던 작가다. 그런 그가 현대인의 비극이 무의미한 노동을 반복하는 '형벌'의 삶에서 벗어나지 못하고 있는 것으로 본 것이다. 인간은 그것을 의식하지 못한 채 어정쩡한 사고와 태도로 삶을 소비하고 있다. 이와 관련하여 〈인문학으로 보는 그리스 신화〉의 저자 박홍순은 카뮈의 글 중에서 '드문 순간'이라는 말에 주목한다. 왜 인간의 정체성에 대해 드문 순간에만 의식하는 데 그치고 있는가? 라는 질문을 한다. 그리고 그 이유는 대부분의 순간을 관성 안에서 살아가기 때문이라고 분석했다.

예를 들어 빠르게 달리는 기차 안에 있을 때 바깥 풍경을 보지 않는 한 전혀 속도감을 실감하지 못하는 것과 같은 현대인의 일상이 늘 제자리를 맴돌 듯이 매일매일 반복된 삶이 지속되는 가운데 주어진 삶에 대한 문제의식을 갖지 못하고 마치 당연한 일로 받아들이는 데 익숙해져 있다는 것이다. 특히 청년 시절 거의 집과 학교를 오가는 반복된 일상이 성인이 되어서도 집과 직장을 오가는 패턴을 자연스럽게 받아들인다. 그래서 자신이 시지프라는 깨달음은 깨어 있는 의식으로 자기를 객관화하는 아주 짧은 순간에만 찾아온다는 것이다.[47]

다시 어린왕자가 다섯 번째 별에서 만난 등지기와의 대화로 돌아가보자. 어린 왕자가 왜 가로등을 켰다 껐다를 반복하느냐는 질문에 등지기는 "그건 명령이야"라고 대답했다. 자발적인 선택이 아니라 누군가로부터 받은 명령이기 때문에 어쩔 수 없이 반복되는 행동을 수행한다는 것이다. "아저씨! 안녕하세요. 그런데 왜 가로등을 껐어요?" 가로등 켜는 사람이 대답했다. "안녕, 나는 시키는 대로 한 거란다." "뭐라고 시켰는데요?" "가로등을 끄라고, 잘 자라." 그렇게 말하더니 곧 다시 가로등을 켰다. "왜 가로등을 켰어요?" "명령이니까." "도대체 무슨 말인지 모르겠어요." "이해할 필요 없어. 시키면 시키는 대로 하는 거야. 안녕!"[48] "언제나 해가 떠 있을 거예요. 쉬고 싶을 때는 걷기만 하면 돼요. 그러면 아저씨가 원하는 만큼 해가 길어져요." "그건 별 도움이 안 되겠는걸. 내가 하고 싶은 건 잠을 자는 거거든." "그렇군요. 유감이네요." "그럼 안녕!"[49]

어린왕자의 핵심 주제는 '길들여짐'이다. 길들여짐은 프랑스어로 아프리브와제apprivoiser, 영어로는 테임tame이다. 낯선 관계에서 익숙한 관계로 발전할 때 사용한다. 우정이든 사랑이든 진실하고 아름다운 관계를 만들기 위해 서로 길들여지고 존중해야 한다. 그렇지만 어떤 관계를 형성하고 유지해가는 데 있어서 반드시 좋은 쪽으로만 길들여지는 건 아니다. 사람 간의 교류는 개인의 성향과 특정한 사회적 맥락을 바탕으로 이루어지기 때문이다.

한 개인은 가정에서 부모일 수 있고 자녀일 수 있으며 형제일 수 있다. 학교에서는 학생이거나 교사일 수 있다. 교회에서는 목회자일 수 있고 성도일 수 있다. 시장에서는 생산자일 수 있고 판매자일 수 있고 소비자일 수 있다. 정치권에서는 선거권자이거나 피선거권자일 수 있다. 이런 모든 관계는 공정한 사회제도가 뒷받침되고 제대로 된 역할이 주어진다면 서로 길들여진다는 건 좋은 결과를 낳을 수 있다. 그런데 권력이나 돈, 사회적 제도 등이 힘이 강한 쪽으로 기울어진다면 길들여진다는 것이 나쁜 결과를 초래할 수도 있다. 이런 경우 사회적 약자, 가난한 사람, 소수 의견 등이 존중받지 못하게 될 가능성이 매우 높다.

어쨌든 힘이 있는 쪽이 힘이 약한 쪽을 배려할 리 만무하다. 그것은 역사가 증명하고 있다. 계급의 유형은 달라졌지만, 언제나 사회적 계급이 존재했기 때문이다. 그렇다고 제삼자가 사회적 약자 편을 들면서 대변해주기를 바라는 것도 기대하기 어려운 실정이다. 실제로 그런 역할을 해주는 사람이 있다고 할지라도 그들이 도움이 될지는 미지수다. 왜냐하면 아무리 공정과 평등을 위해 만들어진 제도라고 할지라도 그것들이 늘 그 취지대로 운영되지 않기 때문이다. 그렇다면 마지막으로 양심적이고 도덕적인 사람들에게 희망을 걸 수밖에 없는데 그것 역시 기대할 수 없다는 현실이 가슴 아플 뿐이다. 남들이 변하는 것을 기대하는 것보다 자기 스스로 변하는 것이 해법이 될 수 있다는 인식이 필요할 것 같다.

〈어린왕자 두 번째 이야기〉의 저자 A.G. 로엠메르스는 어린왕자가 우리별 지구를 떠난 이유는 세상에 가득한 증오, 무지, 도를 넘어선 민족주의, 사라진 연대감, 물질만능주의, 그 외에도 많은 위협요인 등이 존재하기 때문이라고 언급했다.[50] 어디 그것뿐이겠는가? 이념Ideology, 전쟁, 배타적인 종교문화, 관계를 무너뜨린 강한 자기애 등도 한몫하지 않았을까. 이 책은 원저 〈어린왕자〉에서 제기한 많은 질문에 대해 보다 구체적으로 대안을 제시했다는 점에서 의미가 있다. 이 책을 저술하게 된 배경에 대해 소개한 내용이 있다.

파타고니아의 한적한 고속도로를 달리고 있었어. 그때 갑자기 왼쪽 길가에 이상한 보따리 하나가 놓여 있는 거야. 그래서 속도를 줄였어. 그런데 가까워지면서 파란 담요 사이로 삐죽이 나온 금발머리가 보여 깜짝 놀랐지 뭐야. 차를 세우고 밖으로 나왔을 때 또다시 놀라고 말았어. 거긴 가장 가까운 마을이라고 해봐야 수백 킬로미터나 떨어진 외딴곳이거든 그런데 집도, 담도, 심지어 나무 한 그루도 보이지 않는 그 허허벌판 한복판에 어떤 아이가 천진난만한 얼굴로 평화롭게 잠들고 있는 거야.……그렇게 외딴곳에서 잠자고 있는 아이를 그대로 내버려 두고 떠날 수는 없었어.……문득 어른들이 진실을 지킨다는 핑계로 다른 사람들로부터 얼마나 떨어져 있는가 하는 생각이 들었어. 그래서 다른 사람과 접촉하거나 눈을 마주 보는 게 아주 불편하게 느껴지는 거지. "목말라요" 갑자기 목소리가 들려서 깜짝 놀랐어.……그래서 준비된 물병과 토마토 샌드위치를 아이에게 건네줬어. 아이도 더 이상 아무 말도 하지 않고 그냥 먹기만 했어.

그러는 동안 내 머릿속에 궁금증이 피어올랐어. 이 아이는 도대체 어디서 왔을까? 가족은 있을까? 등의 궁금증이 꼬리에 꼬리를 물고 이어졌어. "고맙습니다." 음식을 먹고 난 아이는 그제야 한마디 하더라. 다시 차창에 몸을 기댔어. 잠시 후

나는 그 아이에게 목적지를 묻지 않았다는 걸 깨달았어. 길 오른편에서 아이를 발견했으니까 그저 남쪽으로 가는 중이겠거니 단순하게 짐작했던 거야. 사실은 북쪽에 있는 도시로 가려고 했던 것은 아니었을까? 우리는 흔히 다른 사람들이 나와 같은 방향으로 가고 있다고 지레짐작하잖아. 어디로 가는 중이냐고 다시 물어보려고 아이에게 눈을 돌렸는데, 너무 늦었지 뭐야. 이미 그 아이는 다시 꿈나라에 깊이 빠져들어 있었거든.[51]

저자는 이 책에서 수많은 명언을 남긴다. "나를 이겨야 세상을 얻는다" "찾고 찾으면 답이 보인다" "문제의 열쇠는 나에게 없다" "마음과 마음을 잇는 것이 중요하다" "진실한 마음은 통한다" "사랑과 용서가 답이다" "순수가 기적을 만든다" 등이다. 그런 의미에서 어린왕자는 우리에게 편견과 배타심, 자기애 등에서 벗어나야 한다고 말하고 있고 의미 없는 일에 삶을 허비하지 말라는 메시지를 전하고 있는 것은 아닐까.

진리가 아닌 것들에 휘둘리지 않는 삶을 살기 위해서 우리에게 어떤 생각과 자세가 필요할까? 먼저 사람은 자기 자신의 정체성을 결정짓는 주체가 아닐 수 있다는 점에 대해 생각해볼 필요가 있다. 사람은 자기의 의도대로 인생이 시작되지 않았기 때문에 스스로 삶의 의미를 부여하기에 앞서 먼저 삶의 의미를 찾아야 하는 명제가 주어져 있다는 점을 간과해서는 안 될 것이다. 어디서 왔고 어디로 가는 것인지 그래서 어떻게 살아야 하는지를 결정하기 위해서는 정체성을 찾는 것이 무엇보다 시급하다.

소크라테스가 일찍이 인류에게 던진 "너 자신을 알라"라는 대명제에 주목할 필요가 있다. 소크라테스가 제시한 명언의 저변에는 누구도 자기 자신에 대해서 제대로 아는 사람이 없다는 것을 깨우쳐준다는 점이다. 앎의 전제는 무지를 인정하는 것으로 만약 부정확하게 알거나 어설프게 알고 있다면 그 사람은 편견이나 선입견으로 인해 제대로 된 지식을 얻는 데 오히려 어려움을 겪을 것이다. 이것은 사람의 한계를 명확히 짚어주는 명언이고 자신의 정체성을 알아가기 위해서는 아무것도 모른다는 사실을 먼저 알아야 한다는 것을 가르쳐주고 있다.

철학자 임마누엘 칸트는 인식론, 형이상학, 윤리학, 미학 등 철학의 다양한 분야에서 탁월한 업적을 남겼다. 그중에서 가장 주목받았던 저서는 3대 비판서인 〈순수이성비판〉, 〈실천이성비판〉, 〈판단력 비판〉이다. 칸트는 이 세 권의 책을 통해 세 가지 질문을 던진다. '나는 무엇을 알 수 있는가?' '나는 무엇을 해야 하는가?' '나는 무엇을 희망할 수 있는가?' 등이다.

　이 질문들을 하나로 축약하면 결국 '인간이란 무엇인가?'이다. 사실, 이 질문은 고대로부터 현재까지 철학자들을 비롯한 많은 지식인들이 끊임없이 질문을 던져온 가장 본질적인 화두이다. 이는 생사화복, 희로애락이 무엇으로부터 비롯되며 인생에 어떤 의미가 있는지 명쾌하게 정리되지 않았다는 것을 의미한다. 이런 본질적 문제가 정리되지 않은 가운데 과학기술과 더불어 경제성장이 이루어지면서 형이상학적 문제들보다는 형이하학적 문제들이 주요 관심사가 되면서 물질문명의 발전에 총력을 쏟게 되었다. 그로 인해 역으로 정신문화가 취약해지는 결과를 초래하게 되었다.

　이와 더불어 시장경제주의가 기승을 부리면서 모든 사고의 패턴이 상업적으로 변질되었고 돈이 신의 자리를 차지할 만큼 그 위력이 커지고 말았다. 돈은 새로운 계급을 형성하는데 강력한 수단이 되었고 양극화를 극대화하는데 크게 영향력을 발휘하게 되었으며 인류의 공동 관심사 보다는 개인이나 기업 혹은 국가나 민족 등의 소단위의 이해관계를 더 중시하는 쪽으로 심화하였다. 그 대표적인 제도 가운데 하나가 보호무역주의다. 이는 국제무역에 정부가 개입하는 무역제도로서 특정품목에 높은 관세를 부과하거나 수입량을 제한함으로써 자국의 산업을 보호하여 결과적으로 자국의 이익을 극대화하기 위한 정책이다.

　이런 상황은 국가와 국가, 기업과 기업, 개인과 개인 등 모든 관계에 무한경쟁을 부추기게 되었고 본질적인 문제보다는 단기간의 이해관계에 따라 움직이는 모습을 보이게 되었다. 기후변화, 인구, 기아, 환경, 난민, 사회차별, 질병 등에 대해 공동 대응보다는 각각의 이해관계에 따라 개별적으로 선택함으로써 분쟁이나 전쟁도 불사하는 경우도 적잖이 일어나고 있다. 이런 시대적 흐름과 상관없이 여전히 세상에는 공정과 상식, 인류애 등을 표방하며 인류발전을 위해 애쓰는 사람들이 있다는 사실도 잊어서는 안 된다.

　도넬라 H. 메도즈, 데니스 L. 메도즈, 요르겐 랜더스의 공저인 〈성장의 한계Limits to Growth〉는 초판이 1972년에 발간되었고 개정판은 1992년에 발간되었는데 20년 후 어떻게 변했는지 조명했다. 또 10년 후 30주면 개정판을 발간하여 재조명했다. 이 연구는 MIT 슬로안 경영대학 산하 시스템 역학 그룹에서 진행했다. 이를 분석하기 위해 컴퓨터 모델링 기법을 사용하였다. 그들이 알고 싶었던 것은 다음과 같은 문제들이었다.

현재 전 세계에서 시행하고 있는 정책들은 우리를 지속 가능한 미래로 이끌 것인가, 아니면 붕괴시킬 것인가. 모두가 충분히 만족할 수 있는 인간 경제를 창조하기 위해서 우리는 무엇을 해야 하는가. 이 과제를 해결하기 위해 뛰어난 사업가, 정부 인사, 과학자들로 구성된 비공식 국가단체인 로마클럽의 위임을 받아 이런 문제들을 검토하기 시작했다. 연구기금은 폭스바겐이 제공했다.[52]

이 책에서 지구 생태계를 제약하는 요소들(자원 이용과 배기가스 배출과 관련해서)이 21세기 지구 성장에 매우 중요한 영향을 미칠 것이라고 내다보았다. 〈성장의 한계〉는 인류가 이러한 제약 요소들과 싸우느라 많은 자본과 인력을 쓸 수밖에 없을 것이다. 21세기 어느 시점에 가서는 인류의 평균적 삶의 질이 저하될 가능성이 매우 크다고 경고했다. 그렇다고 성장이 멈출 것이라고 단언하지는 않았다. 왜냐하면 세상을 구성하는 거대하고 복잡한 인구-경제-환경 체계를 대상으로 과학적으로 그렇게까지 세밀한 예측을 할 수 없기 때문이라고 했다. 다만, 생태발자국 ecological footprint(자연에 미치는 인간의 영향력을 수치화한 것)이 지구의 수용력을 초과할 정도로 커지는 것을 막기 위해 모든 기술과 문화와 제도의 변화를 통해 지구를 생각하는 매우 근본적인 사회변혁을 추구해야 한다고 주장했다.[53]

이 책의 해제를 맡은 홍기빈(전환사회연구소 공동대표)은 다음과 같은 소감을 술회했다. "이 책은 지금까지 너무나 자주 일종의 묵시록과 같은 우울한 예언서로 오해했다. 그러나 그렇지 않다. 이 책의 예측은 '숙명의 예언'이 아니다. 신석기 혁명과 산업혁명을 거치며 진화해온 인류가 이제 더 높은 단계로 의식을 비약할 때가 되었음을 알리는 "계시revelation'이다. 이 책은 우리의 물질적 성장에 분명한 한계가 있음을 알리고 있지만, 역사적으로 이를 자각하고 현명하게 대처할 우리의 정신적 역량과 그 성장에는 한계가 없음을 보여주고 있다."[54]

우리는 지금까지 생각하고 행동해온 것들을 검토하고 새로운 세계관을 설정할 필요가 있는 것은 아닐까. 그동안 성장이 모두를 배부르게 하고 모두를 행복하게 만들 것이라고 믿었는지 모른다. 그 성장을 위해 희생해야 하는 것들이 있었다. 자연자원은 물론이고 인류 공동체도 붕괴 일로에 있다. 성장 못지않게 중요한 것이 있다는 사실을 깨달아야 하는 대목이다. 무엇이 중요한가? 생각해볼 수 있는 것은 이타. 분배, 조화, 화평, 질서, 절제, 윤리 등 수치로 제시할 수 없는 것들이다.

왜 인류 혹은 지구가 이 지경이 되었는가? 그동안 지나치게 인간 중심적인 사고, 요컨대 인간과 연결된 또 다른 요소 혹은 자원이라고 해도 좋은 어떤 것들과의 관계를 너무 소홀히 한 것은 아닌가. 보다 궁극적인 질문을 할 필요가 있지 않을까. 말하자면 무엇이 옳고 무엇이 그른지에 대한 성찰 없이는 브레이크가 고장 난 열차처럼 그 끝을 알지 못하고 마냥 치달리고 있는 것과 다를 바 없다. 어떤 방법으로든 열차를 멈추게 해야 한다고 소리치는 사람들이 있는 반면, 절대다수의 대중들은 자신이 하는 일에만 집중할 뿐 아무런 관심이 없다. 바로 이것이 문제이다.

과학기술의 발전은 인간의 정체성에 혼란만 가중시키고 있다. 예를 들면 남자와 여자가 아무런 신체 접촉 없이 정자와 난자를 제공함으로써 시험관에서 아기를 만들 수 있다. 미국 최초로 체외수정을 통해 태어난 엘리자베스 카Elizabeth Carr는 초등학교 5학년 때 성교육을 하던 교사의 설명을 듣고 있다가 이런 말을 했다. "나는 그런 방식으로 태어나지 않았어요."[55] 과학기술의 진보는 윤리를 동반하지 않는다. 설령 윤리를 생각한다고 해도 다수의 편의를 위한 윤리가 되거나 이성의 한계를 넘기가 힘들 것이다. 최초의 시험관 아기 이전의 여론은 인공수정을 부자연스러운 임신으로 여겼었다. 그러나 1978년 루이스 조이 브라운Louise Joy Brown이 태어나고 이 소식이 신문 1면의 머리기사를 장식하고 나자, 그 귀여운 아기 사진이 신문에 실린지 채 한 달도 지나지 않아서 설문 응답자의 60%가 인공수정에 찬성했고 28%만이 반대했다.[56]

윤리의식은 이렇게 사회의 흐름에 따라 변화한다. 인간이 규정하는 윤리나 도덕, 법률에 한계가 있음을 말해준다. 지금 여러 가지 경제적, 사회적 여건으로 결혼 연령이 늦어지거나 아예 싱글을 고집하는 사람들이 늘어나는 추세다. 결혼을 한다고 해도 아이는 낳고 싶지 않다고 하는 사람들도 적지 않다. 이런 세대를 두고 딩크족DINK:Double Income, No Kids이라고 한다. 요컨대 부부가 맞벌이로 수입은 두 배에 아이는 없으니 훨씬 풍족하다는 의미를 담고 있다.

어쨌든 고전적인 성性 의식은 결혼한 두 남녀가 아이를 낳기 위해 섹스를 하는 것이라는 기본적인 전제가 있었다. 물론 계획한 아이를 다 낳은 후에도 섹스를 하기 위해 임신 주기를 피하거나 피임기구 혹은 피임약을 사용하는 정도였다. 자칫 의도치 않는 임신이 되더라도 가급적 낳는 것이 일반적이었다. 그런데 요즘은 산모의 권리를 우선하여 낙태에 대한 찬성의견도 만만치 않다. 어쨌든 성 의식 혹은 출산에 대한 생각이 많은 변화를 겪고 있다.

최근 인공지능 기술이 급속도로 발전하면서 교통수단, 생활 도구 등은 물론이고 각종 기능성 로봇이 개발되고 있다. 그 가운데 주목할 만한 것은 사람과 소통하는 로봇이 속속 등장하고 있다는 점이다. 특히 로봇회사들이 섹스 로봇을 개발하면서 섹스의 기본 관념이 변하고 있는데 섹스가 사랑의 행위가 아닌 쾌락의 도구로 전락하고 있다. 섹스라는 사전적 정의도 달라져야 할 판이다. 인공지능 기술은 한발 더 나아가 인간의 몸 깊숙이 침투하고 있다.

인공관절, 인공뼈, 인공치아, 인공장기는 물론이고 심지어 인공두뇌까지 넘보고 있다. 기존의 성형수술과는 전혀 다른 차원의 일들이 벌어지고 있어 어디까지 진행될지 상상하기 힘들다. 한편에서는 사람이 살 수 있는 새로운 행성을 찾아서 우주여행을 꿈꾸고 있다. 과연 지구를 떠나 살 수 있는 행성을 찾을 수 있을까? 그것은 과학기술의 진전 속도를 보면 머지않아 찾을 수 있을지 모른다. 그러나 지구처럼 인간에게 최적화된 행성을 찾기는 쉽지 않을 것이다.

현재 지구는 기후변화, 환경훼손, 다양한 사회문제, 인종차별, 종교나 이념 갈등, 인구문제 등 수많은 문제를 안고 있다. 그렇다고 지구를 버리고 떠날 수 있다고 생각하는 것 자체가 심각한 윤리의식의 결여라고 할 수 있다. 과학이 지구를 만들고 우주를 만드는 것이 아니다. 사람들이 태어나기도 전에 우주는 이미 창조되어 있었다. 게다가 사람들의 정체성도 스스로 규정할 수 있는 문제가 아니라 창조주로부터 인간에게 주어진 것이라는 사실을 간과할 수 없다. (욥기 38:4) (시편 102:25) (잠언 3:19) (이사야 40:21) (스가랴 12:1)

> 또 주여 태초에 주께서 땅의 기초를 두셨으며 하늘도 주의 손으로 지으신 바라. (히브리서 1:10)

사람은 뭐 하나 발견하거나 발명하게 되면 마치 천지에 전혀 없었던 것을 새롭게 창조해낸 것처럼 자신의 지식이나 능력에 취해버리는 경향이 있다. 따지고 보면 이미 있었던 것을 찾아낸 것이거나 이미 존재한 것들을 조합한 것에 불과한 것이라는 사실을 깨달아야 한다.

> 이미 있던 것이 후에 다시 있겠고 이미 한 일을 후에 다시 할지라 해 아래에는 새것이 없나니 무엇을 가리켜 이르기를 보라 이것이 새것이라 할 것이 있으랴 우리가 있기 오래전 세대들에도 이미 있었느니라. (전도서 1:9~10)

김정운은 자신의 저서 〈에디톨로지Editology〉[57]에서 인간의 창조 행위는 일종의 편집이라고 했다. 세상의 모든 것은 끊임없이 구성되고, 해체되고, 재구성되는 것이라고 보면 된다. 그렇지만 창조주 하나님은 무에서 유를 창조하신 분이다. 반면, 사람은 하나님의 형상을 닮은 존재로서 각 사람에게 부여된 창조 능력을 사용하여 편집하는 입장이다.

지구가 속해 있는 태양계는 끝을 알 수 없는 우주 전체의 시각에서 보면 아주 작은 존재이다. 그에 비해 태양계 나머지의 세계는 측정할 수 없을 정도로 광대한 공간이다. 따라서 태양계의 우주에 대한 실체는 현재 인간의 수명으로는 어떻게 해볼 도리가 없다. 지금까지 확보된 기술로 태양계 바깥에서 가장 가까운 행성인 프록시마 켄타우리까지 가는 데 걸리는 시간은 무려 54,400년이다. 지구는 우주 안에서 극히 작은 점에 불과하다. 그 점에서 인류는 태어나고 죽고 하는 역사를 써내려 왔다. 그러면서 엄청난 과학기술의 진전을 이루어냈다. 그 과학기술도 우주과학이라는 차원에서 보면 아주 일부만 밝혀낸 것이다. 이런 지식으로 무신론을 주장하는 것은 그저 무지를 드러내는 일에 불과하다.

하나님의 섭리는 우주를 포함한 모든 피조물을 창조하고 운영하는 고도의 질서 체계를 유지하고 있다는 점을 간과해서는 안 되겠다. 어쨌든 현실만 바라보고 물질의 풍요에 취해 그 안에서 행복의 의미를 찾는 사람들은 여전히 부족하다고 생각하거나 갈증을 느낄 수 있다. 그러는 사이에 지구는 몸살을 앓고 있고 공동체는 서서히 붕괴하고 있다. 이제는 각 분야에 전문가가 필요한 시대가 아니라 신의 섭리를 믿고 거기에 순응하는 삶을 사는 사람들이 필요한 시대다.

지금은 바야흐로 물질문명의 시대에서 정신 혹은 영혼의 시대로 전환하고 있다. 유물론적 사고로는 절대 행복해질 수 없으므로 유신론적 사고로 발상의 전환이 요구되고 있다. 마치 컴퓨터나 휴대폰을 껐다가 다시 부팅booting하는 것처럼 우리의 생각을 비우고 원점에서 다시 시작해야 함을 의미한다. 영어로는 'reset' 혹은 'reframe'이라는 용어를 사용하기도 한다. 그렇게 하지 않으면 여전히 우리의 뇌리에 기존의 낡은 사고방식이 자리 잡고 있어서 우리의 영혼을 조금씩 갉아먹고 말 것이기 때문이다. 루소가 '자연으로 돌아가라'고 주장했던 것처럼 우리는 자연으로 돌아감으로써 인생의 본질에 대해 다시 생각할 필요가 있다. 새 포도주는 새 부대에 담아야 한다는 말씀이 그런 취지다.

〈기업의 미래〉의 저자 콜린 메이어Colin Mayer를 비롯한 최근 경제철학자들은 대안적인 목표를 제시했다. "기업의 목적은 이익 창출이 아닌 인류가 직면한 여러 문제에 대해 수익성 있는 해결책을 만드는 것이다." 유니레버Unilever의 전 CEO 파울 폴먼Paul polman은 더 강하게 주장했다. "소수의 몇몇만 부자로 만드는 것이 기업의 목적이라면 이 세상 사람들이 굳이 그 기업을 이용할 이유가 무엇이란 말인가?"[58]

자본주의가 민주주의 사회에서 살아남으려면 몇 가지 전제되어야 한다. 첫째, 사람들은 누구나 자신이 열심히 공부하고 또 성실하게 일하면 나중에 잘 될 수 있다는 믿음이 있어야 한다. 둘째, 부모들은 자녀나 손자들이 자신들보다 더 행복하게 살 수 있을 거라는 희망이 있어야 한다. 셋째, 지구의 지속적인 건전성이 확보되고 사회공동체가 빈부격차, 각종 갈등이나 차별 등으로부터 자유로울 수 있어야 한다. 넷째, 무엇보다 중요한 것은 진리를 추구하는 일이다. 세상이 혼돈스러운 근본적인 이유는 진리와 진리가 아닌 것들 간의 충돌 때문이다. 심지어 그 싸움에서 진리가 아닌 것들이 번번이 승리하기 때문이다. 인류가 평화롭고 행복해지기 위해서는 진짜와 가짜, 정의와 불법을 분별할 수 있어야 한다.

퓰리처상을 여러 번 수상한 단체인 폴리티펙트Politifact라는 곳은 인터넷과 공개 담론에 떠도는 온갖 소문과 사실 왜곡, 가짜뉴스, 거짓말 등을 펙트 체크하고 등급을 매겨서 평가한다. 폴리티펙트는 미국 대통령 트럼프가 발언했던 내용을 분석했는데 4%가 진실, 11%가 대부분 진실, 14%가 반만 진실, 21%는 대부분 거짓, 33%는 거짓, 그리고 15%는 그 누구도 쉽게 달성할 수 없을 정도로 높은 수준인 새빨간 거짓말이라는 평가를 받았다.[59]

우리나라에서도 그 사례를 찾아볼 수 있다. 이명박 전 대통령이 후보 시절 유세 과정에서 자신에 대한 의혹들을 반박하면서 내뱉은 말이 바로 "새빨간 거짓말"이라는 표현이다. 그런데 대통령 임기를 마친 후 법정 다툼에서 대부분 사실로 드러났고, 게다가 재임 시절 뇌물수수 등 각종 범죄행위가 추가되면서 징역 17년형을 선고받았고 벌금 130억 원, 추징금 57억 8,000만 원의 판결이 내려졌다. 그는 벌금 130억 중 82억을 미납했는데 특별사면을 받음으로써 면제받게 되었다. 이것이 무엇을 말해주는가? 기득권층에게는 여전히 특별한 혜택이 주어지고 있다는 증거다.

1988년 10월 8일 서울 영등포 교도소에서 충남 공주 교도소로 이송 중이던 25명 중 미결수 12명이 집단 탈주해 9일 동안 서울 시내 이곳저곳으로 도주하였고 결국 인질극을 벌이다 경찰에 사살되거나 자살에 이른 사건이 있었다. 여기서 탈주범

중 한 사람인 지강헌(당시 35세)은 인질극을 벌이는 와중에 "돈 없고 권력 없이는 살기 힘든 게 이 사회다"라고 항변했다.

당시 비리 혐의로 재판받은 전두환 동생인 전경환의 형량이 자신보다 적은 것은 말도 안 된다며, "대한민국의 비리를 밝히겠다" "돈만 있으면 판검사도 살 수 있다" 등의 말을 남겼다. 사실 560만 원 절도를 저지른 자신은 무려 17년을 살아야 하지만 72억 원을 횡령한 전두환의 동생인 전경환이 겨우 7년 선고에 그마저도 3년 만에 풀려난 사실에 불만을 갖게 되었고 탈출을 감행한 것이다. 여기서 그가 남긴 말이 그 유명한 유전무죄 무전유죄有錢無罪 無錢有罪이다.

이런 일이 하나의 에피소드로 끝나는 일이라면 얼마나 좋을까마는 이와 유사한 일들은 지금도 여전히 일어나고 있고 오히려 갈수록 심화하는 경향을 보이고 있다. 이런 사회적 모순을 개선하려는 노력은 여전히 미미해 보인다. 그들이 스스로 변하길 바라는 것은 의미 없는 일인 것 같다. 동영상 증거까지 전 국민에게 다 알려졌음에도 김학의 성 상납 사건이 무죄가 되는 것을 보면서, 또 국회의원 곽상도 아들이 퇴직금으로 50억을 받았는데 무혐의로 끝나는 것을 보면서 보통사람들이 겪는 상대적 박탈감은 이루 말할 수 없다.

또 이태원 및 채상병 사망 사건 등을 보면서 아무도 책임을 통감한 사람이 없다. 그저 자신의 입신출세를 위해 생명을 잃은 사람들에 대한 예의조차도 표하지 않는 인면수심의 장면들을 수없이 목도하고 있다. 고위 공직자 인사청문회를 보면서 국민들은 어떤 생각을 할까? 사회 기득권층들의 파렴치한 행태를 보면서 아마 이제 더 이상 기대할 것이 없어서인지 분노할 가치도 느끼지 못하는 듯하다. 어쩌면 이렇게 똑같은 방법으로 재산을 축적하고 또 똑같은 변명을 늘어놓는지 그들의 의식구조가 얼마나 병들어 있는지 가늠할 수조차 없을 정도다.

현재 내란 혐의로 구속된 현직 대통령이 구속기간을 날짜가 아닌 시간으로 계산하여 석방되었다. 이런 해괴한 일들을 우리는 목도하고 있다. 일련의 과정에서 누구라도 알 수 있을 만한 내용임에도 피청구인은 태연하게 거짓말을 자행하고 있다. 당시 상황이 영상으로 생중계되었기 때문에 정상적인 사람들이라면 그런 거짓 증언에 대해 도저히 이해할 수 없을 것이다. 왜 이런 일이 벌어질까? 성경에는 그러는 이유를 밝히고 있다. 믿음에서 떠나 우리의 마음을 허탄한 것에 내어주었기 때문이라고 가르쳐주고 있다. 그런 사람을 사탄이 가장 좋아한다. 미혹하는 영과 귀신의 가르침이 우리 마음을 점령하게 되면 마음에 불도장火印을 맞은 것처럼 양심의 가책을 전혀 받지 않게 되는 것이다.

> 그러나 성령이 밝히 말씀하시기를 후일에 어떤 사람들이 믿음에서 떠나 미혹하는
> 영과 귀신의 가르침을 따르리라 하셨으니 자기 양심이 화인을 맞아서 외식함으로
> 거짓말하는 자들이라.(디모데전서 4:1~2)

이런 불공정하고 불평등한 사회를 얼마나 더 견뎌야 할까? 먹고 살만한 사람들은 관심 끄고 살아도 되는 걸까? 자신이 직접 겪는 일이나 관계 속에서만 스트레스가 생기는 것이 아니다. 사회가 주는 스트레스 또한 엄청나다는 전문가들의 견해가 있다. 그 대표적인 증표들이 TV 뉴스를 보지 않는 사람들이 늘어나고 있다는 점이다. TV를 보고 있노라면 매일 반복되는 듯한 일들이 감정을 추스르기에 너무 버겁다는 것이다.

스트레스는 만병의 시작이라고 할 만큼 육체적, 정신적인 고통을 안겨주면서 영혼을 파괴하고 생명을 위협하는 수준에 이르고 있다. 조울증, 무기력, 번 아웃, 대인기피증, 공황장애 등은 소수의 문제가 아니라 사회문제로까지 확대되고 있다. 기득권을 지키려는 사람들과 이것을 개선하고자 노력하는 사람들 간의 논쟁이 가열되는 사이에 숱한 생명들이 희생되고 있고 또 위협받고 있다.

SF소설이나 영화는 거대한 윤리적 담론을 다루거나 미래세계에 대한 여러 문제를 부각시킨다. 기후변화는 인류의 지속적인 생존에 어떤 영향을 미칠 것인가? 핵전쟁으로 인한 대량 학살과 자연파괴가 일어난다면 인류에게는 또 어떤 영향을 미칠까? 과학기술 발전으로 한층 정교한 인공로봇이 나타난다면 세상은 어떻게 변할까? 관련 지식인이나 시민단체, 일부 언론 등은 지구가 위험하다고 외친다. 한편 발전의 동력은 '성장成長'에 있다고 생각하는 국가나 기업들은 여전히 성장률에 초점을 맞추고 있어 현실적 문제에 대한 대응에 매우 소극적이다.

일찍이 우주 물리학자 스티븐 호킹Stephen Hawking은 이렇게 말했다. "인류는 수천억 개의 은하계 중 변방에 있는 평균 크기의 행성(지구), 거기에 존재하는 유기물 찌꺼기에 불과합니다. 우리 인류는 너무도 미미한 존재이므로 나로선 우주 전체가 우리를 위해 존재한다고 믿을 수 없습니다."[60]

스티븐 호킹은 훌륭한 과학자인 것은 부인할 수 없지만, 과학적 지식으로 특히 우주의 규모나 수치에 압도되어 인간을 너무 가볍게 보았다는 점은 아쉬운 대

목이다.

많은 무신론 과학자들은 우주를 예찬한 나머지 인간을 너무 왜소하게 취급하는 우를 범하고 말았다. 만약 보이는 것으로 세상의 모든 것을 판단한다면 피조물 가운데 유일하게 영혼을 소유한 인간의 가치를 제대로 알아보기는 쉽지 않을 것이다. 창조주께서 그런 지적 능력을 주셨음에도 불구하고 형이하학적인 지식의 사용에만 열을 올리고 있는 것은 안타까운 현실이다. 왜냐하면 그런 지적 능력으로 우주 만물의 이치를 알아가는 것까지는 좋은데 정작 우주의 주인공인 사람의 가치를 인지하지 못하고 스스로 하찮은 존재로 취급하고 있기 때문이다.

과학기술은 여기서 그치지 않는다. 새로운 학설을 찾고 있고 외계인의 존재설까지도 퍼트리면서 과학기술을 믿어보라는 듯이 신봉하고 외치며 사람들의 시선을 빼앗기고 싶어 하지 않는다. 인류가 시작된 이래 과학기술은 놀라운 발전을 거듭했다. 그런데 그것이 인류에 늘 긍정적으로만 작용했던 것은 아니다. 과학기술은 수단이지 목적이 아니기 때문에 인류가 그것에 의존하는 것은 과연 바람직한가에 대해서는 짚어볼 필요가 있다.

사람들은 누구나 자신들만의 신神을 품고 살아왔다고 할 수 있다. 사람마다 섬기는 신이 있었는데 그 신이 각각 달랐을 뿐이다. 선사시대에는 하늘, 바다, 자연 등이 모두 신이었다. 그때는 신에 대한 논쟁은 필요하지 않았을 것이다. 그때의 종교는 공동체를 겸손하게 했고 또 그들이 하나 되게 하는데 기여했을 것이다. 오늘날은 어떤가? 교만하면서도 두려움에서 벗어나지 못하고 있고 겸손한 듯하면서도 이기심에서 벗어나지 못하고 있다. 그 이유는 상대적 윤리, 지식의 상업화, 과학기술의 종교화, 물질만능주의 등이 신神의 자리를 대신 차지하고 있기 때문이다.

일부 철학자들은 "사람들이 두려움 때문에 종교를 만들었다"고 한다. 일견 맞는 말처럼 들린다. 사람에게는 본능적으로 종교심이 있을 수 있는데 요컨대 창조될 때 이미 장착된 DNA에 의한 것일 수 있다.

> 하나님이 모든 것을 지으시되 때를 따라 아름답게 하셨고 또 사람들에게는 영원을 사모하는 마음을 주셨느니라. 그러나 하나님이 하시는 일의 시종을 사람으로 측량할 수 없게 하셨도다. (전도서 3:11)

모든 사람에게 종교심이 본능적으로 내재하고 있다고 한다면, 문제는 섬겨야 할 대상에 대해 제대로 알지 못했기 때문에 토테미즘, 샤머니즘, 물질만능주의, 과학기술 등을 우상숭배하거나 그릇된 신앙심을 가진 것이다. 진리를 아는 것은 매우 중요한 문제이다. 어떤 과학자가 기존에 없었던 새로운 이론을 찾아냈다고 해서 그것을 진리라고 부르지 않는다. 또 어떤 철학자가 어떤 새로운 사상을 주장했다고 해서 그것을 진리라고 인정하지 않는다. 그것은 아주 제한된 지식이고 언제든지 또 다른 이론이 등장할 수 있기 때문이다.

성서는 천지창조 때부터 사람의 창조, 그리고 예수님에 관한 예언, 세상의 심판 등을 제시하고 있다. 그리고 이 예언들의 일부는 성취되었고 또 계속해서 이루어져 가고 있다. 이처럼 성서만큼 완성도 있는 책은 세상 어디에도 없다. 수많은 무신론자들이 끊임없이 비판하고 공격했지만, 여전히 성서는 하나님 말씀으로 굳건히 그 위력을 발휘하고 있다.

나는 알파와 오메가요 처음과 마지막이요 시작과 마침이라.(요한계시록 22:13)

삼위일체三位一體 가운데 한 위位이신 성자 예수 그리스도는 자신이 하나님이심을 밝히심과 동시에 자신이 진리라고 선언하셨다.(요한복음 8:32) (요한복음 14:6) (데살로니가후서 2:12)

하나님은 모든 사람이 구원을 받으며 진리를 아는 데에 이르기를 원하시느니라.(디모데전서 2:4)

17세기 프랑스의 위대한 철학자이자 과학자인 데카르트는 과학에서 목적론을 추방하였다고 말하였다. 그는 천체현상이든 지구상의 현상이든 모든 자연현상의 행동을 지배하는 수리물리학의 보편적 법칙에 그 궁극적 기초가 있는 단일 유형의 설명을 생각했었다. 자연 깊은 곳에 있는 최종적 의도나 목적 추구는 그의 설명에 존재하지 않는다.

과학자의 임무는 모든 관찰 가능한 사건들은 관련된 수학 법칙의 범주 안에 넣는 것이었으며, 이 결정적 법칙들과 관련하여 '왜?'라는 질문이 얻을 수 있는 해답은 아무것도 없었다. 그래야만 한다는 것이 하나님의 명령이라고 말할 수 있다. 사실 데카르트는 그것이 하나님의 명령이라고 말하였으며, 또한 곧이어 하나님 섭리의 근본 이유는 과학자들이 발견할 수 있는 것이 아니라고 덧붙였다.

하나님 섭리의 근본 이유는 가늠할 수 없는 하나님 지혜의 심연 속에 영원히 갇혀 있다. 이 입장은 계몽주의 철학자들에 의해 처음 확립되었으며 그 이후에도 흔들리지 않고 확고하게 유지되었다.[61] 제아무리 과학과 철학이 발전한다 해도 궁극적 문제들에 관해 다루는 방법을 아는 것은 어려운 일이다. 고대부터 현대까지 많은 철학자들이 '왜?'라는 질문을 하지만 이성적 사고思考로 대답을 요구하고 있기 때문에 제대로 답하지 못하는 것이다. 하나님은 무에서 유를 창조하셨지만, 인간은 가설을 세워놓고 제한된 실험을 통해 증명해야 하고 또 추론하는 방법 외에 진리를 알 길이 없기 때문이다.

사실 인간이 손을 대지 않은 자연은 자정작용하고 질서를 스스로 유지한다. 인간이 손을 가하는 순간 질서가 무너지기 일쑤다. 왜 그럴까? 그것은 인간의 지적 능력의 한계 때문으로 하나님께 지혜를 구하지 않기 때문이다. 사람은 조금만 성과를 달성해도 바로 교만이 더불어 따라붙는다. 교만은 인간의 탐욕을 부추겨서 그릇된 판단을 하게 만든다. 과학기술이 발달하고 최고의 교육 수준을 보이고 있는 요즘, 오히려 세상이 더 살기 어려워진 것은 지식이 부족해서가 아니라 인간이 본연의 자세를 잃어버렸기 때문이다.

존 코팅햄은 진정한 삶의 의미를 찾으라고 권한다. 그리고 "공간과 시간에서 그 답을 찾을 수 없다면 수수께끼는 공간과 시간 밖에서 찾아야 할 것"이라며 호킹 박사의 말을 인용하며 강조했다.[62] 그는 이어서 "삶의 의미를 찾는다는 것은 종교적인 방식을 취한다는 것"을 의미한다고 아인슈타인의 말을 인용하기도 한다.[63]

한편 〈문명과 이에 대한 불만들〉에서 프로이트는 하나님에 대한 믿음은 유아적 반응에 기초한다고 한다. 즉, 어린 시절 '보호받고자 하는 욕구'에 의해 자극된 무서운 '무력감'이 바로 그것이라는 것이다. 그 보호는 아버지가 제공한 사랑을 통한 보호였다. 그리고 이 무력감이 일생을 통해 지속된다는 인식을 더 강력한 아버지의 존재에 매달리는 것을 불가피하게 만들었다고 했다.[64]

종교적 질문을 이런 식으로 처리해버리면 다음과 같은 문제를 야기할 소지가 있다. 첫째, 유아의 절망적 무력감이나 의지함이 반드시 유아기에만 나타나는 현상은 아니기 때문이다. 죽음, 질병, 실패, 사고 등 수많은 연약함은 모든 인간에게 내재하고 있기 때문이다. 둘째, 하나님을 하나의 그림자로 취급하며 언급하는 것은 유신론자들 사이의 건전한 토론마저 방해하는 처사다. 그렇다고 무신론자들의 항변이나 의견에도 이해 못하는 바는 아니다. 그렇지만 그와 같이 유신론자들도 자신들의 참된 운명이 창조주와 연결되어 있다고 믿기 때문에 창조주를 찾기 전까지는 연약하고 무기력증에서 자유로울 수 없기 때문이다.

철학자 프로타고라스는 "인간이 만물의 척도이며 존재하는 것은 존재하고 존재하지 않는 것은 존재하지 않는다"고 말했다. 소크라테스는 이 오만의 표본을 반박하였다. 소크라테스가 주장한 취지의 말씀은 성서에도 나와 있다.

> 여호와가 우리 하나님이신 줄 너희는 알지어다. 그는 우리를 지으신 이요 우리는 그의 것이니 그의 백성이요 그의 기르시는 양이로다.(시편 100:3)

그는 시편 저자의 외침에는 그 바탕의 신조가 무엇이 되었든지, 적어도 우리가 창조하지 않은 실재에 의존하고 있다는 기본 진리를 인정하는 겸손함이 있다. 프로타고라스의 말은 또한 거짓의 심오함에서 비롯한다고 소크라테스는 지적한다.[65] 이와 관련하여 존 코팅햄은 다시 질문한다. 내부에서부터 의미를 생성하려는 니체의 영웅적 시도가 이 잔여 진리와 어떤 관련이 있는가? 인간이 혼자 의미를 창조할 수 있으며 스스로 확고한 단언만으로는 객관적 근거가 있는 진리와 가치를 우회할 수 있다고 가장함으로써 니체는 프로타고라스적인 오류에 위태롭게 접근하고 있는 듯하다.

의미와 가치는 우리의 결정과 믿음, 그리고 그 결정과 믿음의 토대가 되는 것 사이의 일치와 관련되어야 한다. 그 토대는 종교사상가들의 주장대로 거룩하게 생성될 수도 있으며, 혹은 예를 들어 우리의 사회적 본성이나 생리적 본성에 관한 근본적인 사실과 같은 것에 기초할 수 있다. 다만, 인간의 결단만으로는 창조될 수 없는 것이다.[66]

간단히 말해서 니체의 해법은 성립할 수 없다. 또한, 그것은 어떤 경우이든 비인간적이며 적어도 비인도적이라고 덧붙여 말할 수 있다. 정제되지 않은 의지를 가치와 의미의 열쇠라고 높이는 철학, 구원을 일종의 영웅적 투쟁에 예속시키고 강자들만이 견뎌낼 수 있는 극심한 스트레스로 만들어버리는 철학은 신을 대체하기에는 역부족이다.

또 모호한 사람들, 의심하는 사람들, 우유부단한 사람들, 허약한 사람들, 무력한 사람들에게 잠시 환심을 살 수 있을지 몰라도 그의 철학은 한낱 문학의 범주를 벗어나지 못하고 있다. 니체는 그의 문학적 그리고 철학적 천재성에 돌발적 흠집을 내며 일종의 격앙된 외침으로 "신은 죽었다"고 파격적으로 외쳤다. 그의 비웃음에도 불구하고 신을 죽일 수 없었고 그는 신의 존재에 대한 부정을 입증하는 데 실패했다. 다만, 잠시 주목을 끌었지만, 자신의 한계를 드러내며 사라졌을 뿐이다.

파스칼의 〈팡세〉에 나와 있는 내용 일부를 소개한다. "나를 에워싼 우주의 무시무시한 공간들을 본다. 광막한 우주의 한 구석에 매달린 자신을 발견할 뿐, 무슨 이유로 다른 곳이 아닌 이곳에 내가 위치하고 있는지. 무슨 이유로 나에게 허용된 이 짧은 시간이 나를 앞선 모든 영원과 나를 뒤이을 모든 영원 사이에서 다른 시점이 아닌 바로 이 시점에 지정되었는지 모른다. 어느 곳을 둘러보아도 보이는 것은 오직 무한뿐이고 이 무한은 다시는 돌아오지 않을 한순간이 지속될 뿐인 하나의 원자, 하나의 그림자와도 같은 나를 덮고 있다. 내가 아는 모든 것은 내가 곧 죽으리라는 사실, 그러나 그 무엇보다도 내가 모르는 것은 이 피할 수 없는 죽음 그 자체이다."[67] 이 얼마나 솔직하고 아름다운 고백인가!

창조주의 개념 속에서 한 인간이 살다가는 시간은 광대한 우주 속에 지구가 차지하는 비중만큼이나 작은 비율일 것이다. 그렇다고 인간의 의미조차도 함부로 재단해서는 안 될 것이다. 가치 있는 삶이란 진정한 가치, 즉 인간의 본성에 연결된 가치, 그리고 객관적으로 그 본성의 개화와 결실로 인도할 수 있는 추구로 연결된 가치를 가진 삶일 것이다. 유신론자들에게 있어서 이러한 조건들이 충족되는 것은 하나님을 향해가는 각각 영혼의 여정일 것이다. 어떤 삶이 더 좋은지 누가 알겠는가? 하지만 어떤 삶이 의미 있는 삶인지를 생각하며 진리를 추구할 가치는 있지 않겠는가? T. S. 엘리엇은 이 문제를 적나라하게 상기시킨다.

오 암흑, 암흑, 암흑, 모두 암흑으로 들어간다.
별들 사이 텅 빈 공간, 공간, 공허한 사람들이 공허로 들어간다.
선장들, 은행가들, 유명한 문인들,
후한 예술 후원자들, 정치가들과 통치자들,
탁월한 공무원들, 위원회 위원장들,
대회사 사주들과 소규모 청부업자들, 모두 암흑으로 들어간다.
해와 달을 어둡게 하고

주식 거래소, 이사회 성명록을 어둡게 하며

감각을 무디게 하고, 행동 동기를 상실케 한다.

우리는 모두 그들과 함께 간다. 침묵의 장례식장으로...[68]

T. S. 엘리엇은 삶의 의미를 추구하는 사람에게는 늘 따라다니며 괴롭히는 망령이 존재한다고 했다. 거대한 우주라는 망령이 우리 모든 행위의 배경이 되고 있다. 살아 있는 동안 인간이 추구하는 권력, 명성, 돈 등의 끝에는 절대적 공허가 기다리고 있고, 그런 것들에 대한 의미 부여는 결국 우리 인생을 삼켜버릴 것이라는 사실이다. 간단히 말하면 의미 없는 삶을 위해 자신의 소중한 영혼을 불태우는 일, 요컨대 스스로 불쏘시개가 되는 것과 다를 바 없다.

파스칼은 예수 그리스도가 오신 것은 영속성을 유지하기 위해 오셨다고 믿었다. 그에 앞서서 영속성을 유지하기 위해 믿음을 버리지 않는 사람들이 있었기에 역사가 이어질 수 있었다고 말했다. 그의 논리는 다음과 같다. "인간은 태초에는 온갖 종류의 혼란 속에 휩쓸려 있었다. 그러나 에녹이나 라멕, 그밖의 사람들과 같은 성자들이 있어 태초부터 약속된 그리스도를 끈기 있게 기다렸다. 노아는 자기 자신이 표징이었던 메시아에 대한 소망을 갖고 자신의 세계를 구하기에 합당한 인물이었다. 아브라함은 우상숭배자들로 둘러싸여 있었다. 그때 신은 메시아의 비밀을 그에게 알렸고 그는 멀리서 메시아를 경배했다.

이삭과 야곱의 시대에 추악함이 땅 위에 퍼졌다. 그러나 성자들은 믿음 속에서 살았다. 그리고 야곱은 죽음을 앞두고 자손들을 축복하면서 말을 이을 수조차 없는 감격으로 외쳤다. 오, 하나님, 당신이 약속하신 구주를 기다리나이다. 나는 주의 구원을 기다리나이다. 애굽 사람들은 우상숭배와 마법에 의해 더럽혀졌다. 신의 백성까지도 이에 이끌려 그들을 모방했다. 그러나 모세와 다른 몇몇 사람들은 보이지 않는 신을 믿었고 신이 그들을 위해 예비한 영원한 선물을 바라며 신을 믿었다. 그리스인들 그리고 그를 뒤이어 로마인들은 거짓 신들의 지배를 받았다.

시인들은 수백의 각기 다른 신학을 만들어냈고 철학자들은 수천의 각기 다른 학파로 갈라졌다. 그러나 유대의 중심에는 선택된 사람들이 있어 그들만이 아는 메시아의 강림을 예언했다. 마침내 세상이 끝날 때에 메시아가 오셨다. 그 후 많은 종파 분열과 이단들이 생겨났고 숱한 나라들이 멸망했으며 모든 일에 수많은 변화들이 있었다.……이 종교는 몇 천 번이나 파멸의 위기에 직면했었다. 그러나 이런 상태에 처할 때마다 신은 그의 권능의 비상한 발동으로 이 종교를 되살렸다.……
예수 그리스도는 기적을 행했고 사도들도 기적을 행하여 이교도들에게 믿음을 주
었다. 이로써 모든 예언은 성취되었고 메시아는 영원히 입증되었다."[69]

아우렐리우스는 〈명상록〉에서 인생의 덧없음과 죽음의 불가피성을 강조하려
고 노력했다. "더 이상 방황하지 말라. 이제 당신은 이 단장斷章들과 고대 로마인
들, 그리스인들의 언행록과 당신 자신의 노후를 위해 기록해 두었던 발췌록을 읽
을 기회가 없는 것이다. 그러므로 허황한 소망을 버리고 최후의 목적을 향해 서둘
러라. 만일 당신이 조금이라도 당신 자신을 존중한다면, 할 수 있는 동안 당신 자
신을 구원하라."[70]

삶에 대한 아름다운 자각, 그리고 감사와 축복이라는 종교적 혹은 준 종교적 응
답은 오늘날 우리들이 회복하기 점점 어려워지고 있다. 우리는 아무것도 가진 것
없이 세상에 왔다.

> 그가 모태에서 벌거벗고 나왔은즉 그가 나온 대로 돌아가고 수고하여 얻은 것을 아
> 무것도 자기 손에 가지고 가지 못하리니(전도서 5:15)

지금 자신이 가지고 있고 누리고 있는 것들을 떠올려보자. 아무런 대가 없이 받
은 것을 선물이라고 한다. 그렇다면 이 선물에 대해 감사하는 마음을 갖는 것이 옳
은가, 아니면 선물에 대해 이러쿵저러쿵 불평불만을 늘어놓는 것이 옳은 일인가.

창조신앙의 본질에 대해 생각해보자. 일부 무신론자, 더 구체적으로 말하면 과
학주의자들이 과학이 종교를 대체했다고 생각하는 배경에는 창조주의 천지창조
에 대해 거의 신화 수준으로 취급하며 깊은 토론 자체를 가볍게 여기는 데에 기
인하고 있다. 그들은 과학은 확실한 증거주의를 주창하고 있다고 주장하면서 창
조신앙은 그렇지 못하고 있다고 단정한다. 창조주의 천지창조를 신화 취급하면서
우스갯거리로 만들고 있다. 마치 성서를 길가메시나 호메로스의 서사시인 일리아
드나 오디세이, 그리스·로마 신화쯤으로 전락시키고 희화화하고 있다. 과학 신
봉자들의 교만은 하늘을 찌르고 있다.

대용량의 데이터, 일명 빅 데이터big data의 기능이 날로 진화함에 따라 인공지능
이 신의 위상을 넘보고 있다. 〈사피엔스〉의 저자 유발 하라리는 역사적 관점에서
인류를 해석한 책을 계속 발간하고 있다. 그는 인류 역사를 인지혁명, 농업혁명,

과학혁명 등으로 구분하고 미래는 과학혁명의 성공 여부에 따라 인류 미래가 달려 있다고 주장하고 있다. 그는 지금까지 우리가 학교에서 배웠던 인류의 조상이라고 하는 유인원에서 미래의 인간 사이보그에 이르기까지 역사적 서술을 바탕으로 자신의 상상력을 가미한다.

이 책을 통해 그는 주저 없는 주장 혹은 상상을 쏟아낸다. 아마도 지금까지 접하지 못한 화려한 문체와 상상력을 동원해 흥미를 유발하고 있다. 그렇다고 한 번도 듣지 못한 학설이나 주의 주장을 설파하는 것은 아니다. 그는 동양사상에서도 영감을 얻은 것으로 읽히는 대목도 있고 종교의 역사 속에서 환멸을 느꼈던 것으로도 보인다. 그럼에도 불구하고 과학이 만능이라고 단언하지는 않는다. 그는 지금까지의 방식이 아닌 새로운 방식을 상상할 때라고 주장한다. 그런 그의 생각을 엿볼 수 있는 내용이 있다.

"인간은 신과 국가와 기업에 대한 허구의 이야기를 만들어내며 이런 이야기들은 우리 사회의 근간이자 삶에 의미를 주는 원천이 된다. 그 이야기를 위해 우리는 기꺼이 누군가를 죽이거나 또는 죽임을 당한다. 이런 행태는 침팬지나 늑대를 비롯해 사회생활을 하는 똑똑한 다른 종에서는 볼 수 없다. 인간은 다른 어떤 동물보다 더 많은 사실을 알지만, 또한 더 많은 허구를 믿는다."[71] 그는 사피엔스는 이야기하는 동물storytelling animal로 전제하고 있다. 그래서 그 허구적인 이야기를 끌어들인 인간에게 주목할 필요가 있다는 것이다. 그는 인구통계나 경제지표 등의 숫자에 집착하는 현실에 대해서도 비판적인 시각을 갖고 있다. 그가 예를 들고 있는 몇 가지 이야기를 들어보자.

"제1차 세계대전 때 독일과 영국은 왜 전쟁을 벌였는가? 영토나 식량이 부족해서가 아니다. 1914년 독일과 영국, 모두 집을 짓기 충분한 영토가 있었고 국민들이 먹고 살기에 충분한 식량도 있었다. 하지만, 양측이 함께 믿을 수 있는 공통의 이야기를 만들지 못했다. 그래서 전쟁을 벌였다. 오늘날 영국과 독일 간에 평화가 유지되는 이유는 더 많은 영토를 보유하고 있기 때문이 아니다.(실제로 1914년 때보다 영토는 훨씬 작아졌다.) 두 나라의 국민 대부분이 믿는 공통의 이야기가 현존하기 때문이다." "수천 년 전 석가모니는 이미 사람들이 환상의 세계 속에서 살고 있다고 논했다. 실제로 신, 국가, 기업, 돈, 이념은 우리 모두가 창조해서 신봉하고 있는 집단 환상이다. 이것이 인류의 역사를 지배한다. 인공지능의 시대를 맞아 우리가 어떤 이야기를 믿느냐는 그 어느 때보다 중요하다. 이는 우리가 스스로의 환상을 추구할 더욱 강력한 기술을 가지고 있기 때문이다." "고대 인류가 상상한 천국과 지옥은 그들의 행동에 큰 영향을 미쳤다. 전쟁에 참여하여 이른바 '이단아'들을 죽였으며 천국에 갈 수 있다는 믿음으로 금식과 금욕을 했다. 하지만 그들은 천국 그 자체를 죽음이라는 상상의 영역으로 미뤄두어야만 했다. 21세기에 적어도 몇몇 사람들은 그들의 환상을 이 땅에서 이루고자 하는 유혹을 뿌리치기 힘들 것이다. 인공지능과 생명공학 및 기타 혁신적인 기술을 사용해서 말이다. 우리가 무엇을 믿을 것인지를 신중히 선택하지 못한다면 우리는 순진무구한 이상향에 쉽게 호도될 수 있다. 출구 없는 기술 지옥에 빠져버릴지도 모른다."[72]

유발 하라리는 더 나은 세상을 만들려면 과학기술을 습득하는 것만으로는 충분치 않다고 말한다. 인공지능과 유전공학은 전체주의의 폭군과 종교적 광신자의 목표를 쉽게 이루어지게 할 뿐이라고 우려한다. 우리가 진정으로 알아야 할 것은 인간의 마음과 그 마음이 만들어내서 믿고 있는 환상이라고 말한다. 이 같은 인간이 스스로 만들어낸 환상에서 벗어나기 위해서는 시인과 철학자, 역사가들의 역할이 더욱 중요해지고 있다고 주장한다.

그의 이야기는 시종 흥미롭게 진행된다. 그도 그럴 것이 기존의 역사적 시각이 아닌 색다른 발상으로 이야기를 전개하고 있기 때문이다. 국가, 과학기술, 종교 등의 문제점을 낱낱이 제시하고 있다. 게다가 유인원에서 사이보그에 이르는 광대한 인류 역사를 대담하게 언급하고 있다는 점도 빼놓을 수 없을 것 같다.

인류의 지속 가능한 발전에 대한 그의 사상에 대해서는 찬사를 보낸다. 하지만, 그렇게 소중한 인간의 이야기를 다루면서 인간을 유인원에 포함할 수밖에 없었는지, 또 다른 시각인 창조에 대한 상상은 왜 소홀했는지 아쉬운 대목이다. 여전히 많은 지식인들이 다윈의 진화론의 틀에서 벗어나지 못하고 있음을 알 수 있다. 우리에게 지금 필요한 것은 인간의 뜻이 아닌 창조주의 뜻, 인간이 원하는 세상이 아닌 하나님이 원하는 세상에 대한 상상력이다.

그렇다고 그가 종교에 대한 생각을 전혀 하지 않은 것은 아니다. 그는 콘스탄티누스 대제가 기독교를 공인하고 테오도시우스 황제 시대에 기독교를 국교로 지정한 이유를 단지 어지러운 사회 여건을 감안하여 여러 종교 여러 민족을 통합하는 데 하나의 이야기로 소통하는 것이 좋겠다고 생각한 것 같다고 진단했다. 그런데 왜 그 선택이 기독교이고 예수 그리스도였는지 인과관계를 생물학적, 지정학적, 경제적으로 설명하기 어렵다는 것을 언급한다.

유발 하라리는 역사는 결정론적으로 설명할 수도 예측할 수도 없다고 말한다. 그 이유는 역사가 카오스적이기 때문이라고 말한다. 거기에는 너무나 많은 요소들 사이에 상호 힘이 작용하고 그 구조가 너무 복잡하여 힘의 크기나 작용방식이 조금만 달라져도 전혀 다른 결과를 초래할 수 있다는 것이다.[73]

예를 들면 날씨는 무수한 요소들의 영향을 받는데 과학기술은 점점 더 많은 요인을 고려하는 슈퍼컴퓨터를 개발하여 모델을 적용함으로써 보다 정확한 일기예보를 할 수 있다. 그렇다고 그 예보가 완벽한 것은 아니다. 또 주식시장이나 환율, 석유 가격 등에 대한 예측도 컴퓨터 프로그램이 예측한다면 어떻게 될까? 시장은 그 반응에 대처해버릴 것이다. 이 경우는 일기예보보다는 또 다른 형태의 카오스 현상을 보일 것이다. 정치도 마찬가지다. 혁명이나 쿠테타도 예측을 못했고 정치개혁도 예측한 대로 흘러가지 않는다. 그것은 사회문화현상도 별반 다르지 않다. 훗날 역사가들이 재조명하고 의미를 부여할 뿐이다.

유발 하라리는 역사 연구를 하는 이유에 대해서 밝힌다. 물리학이나 경제학과는 달리 역사는 정확한 예측을 하는 수단이 아니라고 말한다. 역사를 연구하는 것은 미래를 알기 위해서가 아니라 우리의 지평을 넓히기 위해서라는 것이다. 그 결과 우리 앞에는 우리가 상상하는 것보다 더 많은 가능성이 있다는 것을 이해하기 위해서이다[74]라고 언급하고 있다.

유발 하라리는 기독교, 이슬람교, 불교, 유교 등은 세상에 대해 알아야 할 것에 대해 이미 단언했다고 말했다. 반면에 과학은 무지를 기꺼이 인정하고 새로운 지식을 얻기 위한 목표로 이론을 통해서 기술개발을 했다는 점에서 확연히 다른 입장이라고 진단했다. 고대로부터 과학발전 이전의 시기는 종교적 지식 혹은 현자들의 철학에 일반 사람들이 접근하거나 문제 제기할 수 있는 범주를 초월한 지식이었던 반면에 과학기술은 부수적인 지식으로 인식되었다는 점을 강조했다.

또 다른 차이는 전통방식에는 교리dogma의 권위가 있었고 현대과학에는 도그마가 없다는 점을 들고 있다. 도그마는 절대적 권위를 갖게 될 철학적 명제나 종교적 진리를 가리킨다. 도그마를 신봉하는 사람들은 이미 답을 알고 있다고 생각하기 때문에 더 관찰하고 더 연구하지 않았고 과학을 신봉하는 사람들은 계속해서 새로운 지식을 탐구하게 되었다고 주장한다. 그래서 오늘날 정통방식보다는 새로운 관찰을 실험하는 쪽으로 이행하고 있다고 보았다.[75]

그가 주장하는 말의 취지는 어느 정도 이해할 수 있다. 현대인들은 숫자와 떼려야 뗄 수 없는 삶을 살고 있다. 지구와 태양 사이의 거리를 시작으로 모든 관계를 숫자의 세계로 끌어들인다. 현대인들은 주택의 평수, 통학거리, 학교석차, 연봉, 키, 몸무게, 신발 사이즈, 출퇴근 시간 등 숫자의 홍수 속에서 살고 있다. 심지어 지능지수, 행복지수, 감성지수 등 각종 지수를 개발하여 사람의 서열화는 물론 삶의 질에까지 적용하고 있다.

경제 분야나 계획 분야에서는 숫자를 빼고는 얘기가 안 될 정도로 많이 사용한다. GDP국내총생산, GNP국민총생산, 무역수지, 세금, 관세, 연금, 물가, 통화량, 인플레이션, 인구밀도, 도로율, 주택보급률, 상하수도 보급률, 건폐율, 용적률 등 온통 숫자 잔치다. 이런 사회에서 인문학이 주목받을 리 없다. 종교도 전통지식의 일부로 치부되며 고대의 유물이나 신화 정도로 취급받는다.

유발 하라리는 〈사피엔스〉의 속편이라고 할 수 있는 〈호모데우스〉를 통해 한층 깊은 이야기를 전개한다. 고대에 인간은 신을 숭배했지만 인지혁명, 농업혁명, 과학혁명을 거치면서 인간 스스로가 신의 위치에 올라섰다고 진단한다. 인간은 그렇게 자비로운 신은 아니라고 말한다. 그 이유로 정글 속에 살고 있는 무수한 동물들이 대부분 사라졌고, 지금 지구상에는 인간과 인간이 사육하는 가축들만 존재한다는 것이다. 전 세계에 가축화된 개는 500만 마리, 집고양이는 6억 마리, 소는 15억 마리, 닭은 200억 마리이고 야생동물 개체수는 갈수록 줄어들고 있다. 예를 들어 1980년 유럽에는 야생조류가 20억 마리였는데 2009년 16억 마리로 줄었다. 같은 유럽사람들은 닭고기와 달걀을 얻기 위해 19억 마리의 닭을 사육했다. 현재 전 세계의 대형동물의 90% 이상이 인간 아니면 가축이다.[76]

유발 하라리는 약 40억 년 전 생명이 처음 출현한 이래 단일종이 혼자 힘으로 지구 생태계를 변화시키는 예는 없었다고 말한다. 생태혁명과 대멸종 사건들이 많이 늘었지만, 그 사건들은 특정 종인 도마뱀, 박쥐, 곰팡이가 일으킨 것이 아니다. 기후변화, 지각판 운동, 화산폭발, 소행성 충돌과 같은 자연의 막대한 힘이 그런 사건들을 일으켰다고 말한다. 사실 이런 자연현상 외에도 대규모 홍수도 있었다.

특히 노아의 홍수 사건은 왜 언급하지 않았을까 싶었는데 이 책의 중간에 노아의 홍수에 대한 견해를 밝히고 있다. 그는 길가메시의 서사시에 등장하는 홍수 이야기를 먼저 꺼낸다. 이 홍수로 모든 생물이 물에 잠겼다. 다행히 수메르의 신神인 엔키의 선견지명으로 한 가족이 살아남았다. 엔키는 자신의 우트나피쉬 팀에게 일가 친족과 동물들을 데리고 커다란 나무 방주로 피하라고 지시했다. 성서에서는 홍수가 잠잠해지자 방주에서 나왔고 그들이 첫 번째로 한 일은 신들에게 동물을 바치는 일이었다. 이 이야기는 성서의 창세기에 기록된 노아의 방주 사건과 스토리 전개가 흡사하다. 유발 하라리는 성서의 홍수 이야기는 길가메시 서사시보다 천년이나 늦은 기록이라는 점을 강조한다.

> 노아가 여호와께 제단을 쌓고 모든 정결한 짐승과 모든 정결한 새 중에서 제물을 취하여 번제로 제단에 드렸더니 여호와께서 그 향기를 받으시고 그 중심에 이르시되 내가 다시는 사람으로 말미암아 땅을 저주하지 아니하리니 이는 사람의 마음이 계획하는 바가 어려서부터 악함이라 내가 전에 행한 것 같이 모든 생물을 다시 멸하지 아니하리니 (창세기 8:20~21)

유발 하라리는 이 이야기는 농업체계의 창립신화가 되었다고 말한다. 창세기 말씀(창세기 6:7)을 토대로 호모 사피엔스의 죄를 처벌하기 위해 동물까지 모조리 죽여도 되는지를 문제 삼는다. 유신론 종교는 동물 친화적인 믿음을 가지고 있었다고 진단한다. 유대인들은 안식일에는 동물들도 쉬게 하는 전통이 있었다는 것이다. 모든 종교는 인간이 우월하다는 사실과 동물을 착취하는 행태를 정당화할 방법도 찾았다고 보았다. 아마도 창세기(1:28)에 기록된 말씀을 지목한 것으로 보인다. 하지만 창세기 2장 15절에서 17절을 읽어보면 인간에게 마음대로 하라는 뜻이 아니었음을 알 수 있다.

> 여호와 하나님이 그 사람을 이끌어 에덴동산에 두어 그것을 경작하며 지키게 하시고 여호와 하나님이 그 사람에게 명하여 이르시되 동산 각종 나무의 열매는 네가 임의로 먹되 선악을 알게 하는 나무의 열매는 먹지 말라 네가 먹는 날에는 반드시 죽으리라 하시니라. (창세기 2:15~17)

하나님으로부터 부여받은 땅을 지키고 경작해야 했으며 먹어야 할 것과 먹지 말아야 할 것을 엄연히 구별하셨다는 점이다. 유발 하라리는 "유신론이 신을 내세워 농업을 정당화했다면, 인본주의는 인간을 내세워 공장식 축산농장을 정당화했다. 축산농장은 인간의 필요, 변덕, 소망을 신성시하는 반면, 그밖의 모든 것을 무시했다. 동물들은 신성한 본질을 지니고 있지 않으므로 축산농장에는 신도 필요 없었다. 현대과학과 기술이 고대의 신들을 훨씬 능가하는 힘을 인간에게 주었기 때문"[77]이라고 말했다. 그럴듯한 논리지만 유발 하라리의 논법에는 적지 않은 문제가 있다. 신과 과학기술을 직접 비교하는 무리수를 두고 있다는 점이다. 그의 발상에서 배울 점이 있는 것은 자연이나 동물에 대한 무자비한 인간의 행태에 대해서 성찰할 기회를 제공하고 있다는 점이다.

그는 다음과 같이 한 층 더 비판의 목소리를 높인다. "역사가 전개됨에 따라 신, 국가, 기업에 대한 이야기들이 위대한 신神 소벡Sobek,[78] 천명天命, 또는 성서Bible를 믿음으로써 파이윰 호수, 만리장성, 샤르트르대성당을 건설할 수 있었다. 하지만 공교롭게도 그런 이야기들을 맹신한다는 것은 인간의 노력이 실재하는 감응적 존재들의 삶을 더 낫게 하는 일보다 신과 국가 같은 허구적 실체들의 영광을 드높이는 데 집중된다는 뜻이었다."[79]

그런데 생각해보자. 과학기술이 인류문명을 발전시켰다고 하더라도 얼마나 많은 찌꺼기들을 양산하고 있는가? 우주에 떠도는 폐인공위성, 일명 우주 쓰레기, 원자력발전소에서 쏟아져 나오는 방사선 폐기물, 그리고 과학과 기업이 만나 지구와 인간에게 얼마나 많은 위해危害를 가했는가? 그것이 신을 의지하는 인간의 믿음에서 비롯되었는가? 아니면 신을 무시한 인간의 교만에서 비롯되었는가? 좀 더 냉철한 관찰과 성찰이 요구된다.

아마도 유발 하라리는 종교도 과학기술도 지금으로서는 인류를 구원할 만큼 믿음을 주지 못하고 있다고 생각하여 인류의 미래에 대해 비관적으로 전망하고 있는 것 같다. 하지만 그는 자신이 예언자가 아니기 때문에 미래를 예측하기 위해서 이 글을 쓰는 것은 아니라고 분명히 밝히고 있다.

사람의 생각은 정보와 지식의 습득이나 발상의 방법에 따라 얼마든지 바뀔 수 있다. 그는 앞서 언급한 두 권의 책 이외에 〈21세기를 위한 21가지 제언〉이라는 또 한 권의 책을 발간한다. 그는 이 책에서 지금 세계에서 무슨 일이 일어나고 있으며 이 사건들의 심층적 의미는 무엇인가? 가짜뉴스가 전염병처럼 번지는 것에 대해서는 무엇을 할 수 있을까? 자유민주주의는 왜 위기에 빠졌을까? 신은 부활하고 있나? 새로운 세계대전이 다가오고 있는가? 서구와 중국, 이슬람 문명 중 누가 세계를 지배할 것인가? 민족주의는 불평등과 기후변화 문제를 풀 수 있을까? 등의 문제에 관심을 표명했다.

게다가 개인 차원의 문제까지 광범위하게 다루고 있다. 저자는 우리 개인도 거대한 거미줄망 같은 네트워크 안에 포획된 채 살아가고 있다고 보았다. 개인의 사적인 사고와 행동이 지구 반대편의 국가와 사람들에게 영향을 미치고 있다는 것이다. 그런 차원에서 정치, 종교, 이념, 경제, 사회, 문화, 환경 등의 문제를 풀어가는 것이 만만치 않음을 우려한다.

철학, 과학, 종교가 이것을 해결할 만한 능력을 보여주지 못하고 있다는 것이 더욱 미래를 암담하게 볼 수밖에 없다는 것이다. 그도 그럴 것이 생명기술과 정보기술이 더해지면서 인간의 자유가 위협받고 있는 현실이다.

우리가 걱정해야 할 일은 인간의 권위가 인공지능기술과 더불어 알고리즘에 의존할 것이고 그것들에 의해 지배받게 될 것이라는 점이다. 소위 빅 데이터가 우리의 사생활을 적나라하게 드러내는 점은 심히 우려를 자아내게 한다는 것이다. 그래서 사랑, 도덕, 은유, 감성 등이 인간의 존엄성을 나타내는 것이 아니라 얼마나 정확한 데이터를 가지고 있느냐가 그 사람의 삶의 질을 결정하게 된다는 것이다. 그런 종류의 지식산업은 더욱 확산할 전망이다. 정치는 이런 과도한 산업화를 통제할 만한 역량이 있는 것인가? 앞에서 언급한 국가, 민족, 기업, 종교 등의 다원화, 자유사상 등으로 인한 갈등과 이기주의가 긍정적인 미래로 이끌어가는 데 걸림돌이 될 것이다.

종교는 이런 문제를 해결할 수 있을까? 유발 하라리는 비관적으로 보고 있다. 기존의 종교 역할을 되돌아볼 때 기대하기 어렵다는 것이다. 기도하고 제사 지내던 것들이 상당 부분 과학으로 대체됨으로 신의 위상이 과학기술에 밀려 훨씬 종교의 의존율이 낮아졌다는 것이다. 대표적인 예로 일부를 제외하고는 일기예보를 보게 되지 기우제를 지내는 사람이 없어졌다는 점을 들고 있다.

또 종교는 지나치게 사회문제를 세속적인 문제로 여기며 터부시하고 있고 종교 내부 문제도 과도하게 교리에 집착하고 있는 것도 그 이유 가운데 하나라고 보고 있다. 또 여전히 그치지 않고 있는 종교갈등, 그로 인한 분쟁과 분파, 그리고 종교의 배타성, 사회에 대한 무관심 등이 종교에 대한 곱지 않은 시선으로 이어지고 있다는 점이다.

유발 하라리는 "21세기 종교는 비를 내리지 못하고 병도 치료하지 못하며 폭탄도 만들지 못하지만, 우리가 누구이며 그들은 누구인지, 누구를 치료해야 하고 누구에게 폭탄을 투척해야 하는지를 결정한다"[80]고 말했다. 우리는 정치, 종교 등에 관한 작은 관점의 차이가 엄청난 결과를 초래한다는 사실을 역사를 통해 목도해왔다. 그것들 가운데는 틀림이 아니라 다름의 문제인 것들이 대부분이다. 이 모든 사안을 나는 옳고 상대는 그르다는 관점으로 시작할 때 그 차이로 인해 상대방은 한순간 적이 되어버린다. 여기서 유발 하라리의 다양한 문제 제기에 대해서는 생각할 점을 제공했다는 점에서 의미를 부여할 수 있다고 생각한다.

현란한 문체를 통해 제시하는 대안은 결국 인간의 선택에 맡기는 듯한 인상을 지울 수 없다. 물론 동의하는 측면도 있지만, 구체적으로 과학과 종교 등의 역할을 약화하면서 동시에 모든 것을 사람들의 현명한 선택에 떠넘기는 듯한 인상이 깊다. 첫 단추를 잘 못 끼우면 나머지 단추도 다 잘못 끼워지게 되는 것처럼 유발 하라리는 시작부터 모든 원인을 역사에서 답을 찾으려고 한 측면이 강하다. 역사에서 교훈을 배울 수는 있지만 정답을 찾기에는 어려움이 있을 수밖에 없다. 역사는 한 번도 제대로 된 길을 걷지 않았는데 그것은 역사의 주인공인 사람들이 의미를 찾으려고 하기보다는 의미를 부여하면서 살아왔기 때문이다.

한편, 크리스 그레이는 〈사이보그 시티즌〉이라는 책에서 좋든 싫든 사이보그의 시대는 이미 시작되었다고 말하고 있다. 몇 해 전 이세돌과 인공지능 시대의 세기 대결은 인공지능 알파고의 승리로 끝났다. 아직 완성도가 미흡한 상태에서 단 1승이라도 거둔 것이지 이제는 더 이상 이길 수 없다. 그 이후 프로바둑기사들이 몇 번인가 도전했지만 단 1승도 거둘 수 없었다. 그 후 이세돌은 더 이상 인간의 창조력으로 인공지능을 이길 수 없는 시대의 프로기사 생활은 의미가 없다고 말하며 은퇴를 선언했다.

크리스 그레이는 오늘날 우리가 사는 사회에서 스스로를 지키기 위해, 또 지속 가능한 인류를 위해 무엇을 해야 하는지 질문을 던진다. 그는 사이보그 시대의 시민권, 정치의 역할 등에 대한 가치 정립이 시급하다고 일갈한다. 사이보그의 어원인 '사이버cyber'는 '배의 키를 잡는다'라는 뜻이다. 크리스 그레이는 이 책을 통해 인류의 미래는 '번영하거나 죽거나' 둘 중 하나이다. 우리가 유기적이고 기계적인 두 영역에 걸쳐 있는 사이보그적 상황을 감당하지 못한다면 치명적 결과를 초래할 것이라고 보았다.

과학혁명은 당분간 지속될 것으로 보인다. 과학은 그동안 사람들의 믿음을 얻는데 기여했다. 우주의 신비에 대한 의문을 어느 정도 해소해주었고 과학기술이 이루어낸 최고의 걸작품 가운데 하나인 휴대폰이 요술방망이처럼 자신의 손아귀에서 요술을 부리고 있다. 그것들의 원리나 개념을 전부 이해하고 사용하는 것은 아니다. 그 점에서 과학자나 기업가들은 신의 위치를 차지하고 있고 일반인은 신도가 되어버렸다.

수치數値가 사람들의 마음을 사로잡는 동안 당분간 시인들은 온전한 대접을 받기 어려울 것 같다. 눈으로 확인할 수 있는 세계와 더불어 눈에 보이지 않지만 소중한 은유metaphor의 세계가 엄연히 존재하고 육체가 아닌 정신 혹은 영혼이 존재하지만, 대부분의 사람들은 그런 애매하고 이해되지 않는 것에 시간을 사용하려 들지 않는다. 시간은 확실한 돈이라는 인식이 자리 잡고 있기 때문이다. 시간이라는 단어가 주어질 때 은유를 위한 시간을 사용하기보다는 시급時給을 먼저 떠올릴지 모른다. 그런 시간이 주어지면 알바Arbeit를 하거나 주식 현황을 살펴보는 것이 훨씬 유익하다고 생각할지 모른다.

과학은 육체적 건강 측면에서 탁월한 성과를 내고 있다. 바이러스나 암세포 혹은 몸의 외상 등에 대한 연구는 날이 갈수록 발전하고 있다. 이런 속도로 진행되면 어쩌면 인체의 주요 부품을 바꿔가면서 상당 기간 인간의 수명을 연장하게 될 것이다. 하지만 아무리 수명을 연장할 수 있다고 해도 죽음 자체를 없앨 수는 없다. 죽음을 떠올리는 순간, 눈에 보이는 것들, 숫자들이 주는 만족감 등은 일순간 허무해질 수 있다.

그런 의미에서 과학과 종교의 논쟁은 지속될 수밖에 없을 것이다. 과학이 종교를 대신하고 종교가 과학을 대신하는 것과 같은 이분법적인 사고에서 벗어날 필요가 있다. 서로 역할이 다른 만큼 서로 배타적으로 바라보는 것이 아니라 서로 받아들이고 만나야 한다. 전통이라고 무조건 낡은 것 취급하면 안 되고 새로운 것이라고 해서 낯선 것 취급하면 안 된다. 과거, 현재, 미래는 인간의 인지적 한계 때문에 구분될 수밖에 없는 시간의 흐름이다. 하지만 신神은 한 시야에 모든 시제를 한꺼번에 인지할 수 있는 존재라는 사실을 염두에 둘 필요가 있다.

기독교 입장에서는 과학은 하나님의 섭리 일부를 밝혀낸 것이라고 생각한다. 과학이 신의 섭리와 무관하지 않고 신의 섭리 위에 있는 것이 아니라는 시각이다. 과학자라고 해서 모두 무신론자는 아니다. 유신론 과학자들은 연구 성과를 내면 낼수록 하나님을 경외하게 된다고 술회한 사람들이 적지 않다.

무신론 과학자들은 자꾸 과학과 종교를 비교하고 상대적 장점을 부가시키려는 시도를 멈추지 않는다. 사실 직접 비교 불가한 대상이라는 점에서 부질없는 짓이 아닐까. 지구의 미래, 인류의 미래에 대한 관심사는 어느 영역에 속해 있든지 다르지 않을 것이다. 더 큰 영역에서 서로 만나야 한다. 인류의 걸림돌은 눈에 보이는 자연, 경제, 사회 등 현안 못지않게 이념, 민족 혹은 국가, 종교 등에 기반한 편향주의, 배타주의, 차별주의 등이 될 수 있다.

유발 하라리의 해박한 지식과 통찰에 대한 경외심을 보내면서도 초지일관 확고한 무신론적 입장에서 서술하고 있는 점은 아쉽기 그지없다. 그는 "인간이 신을 발명할 때 역사는 시작되었고, 인간이 신이 될 때 역사는 끝"이라고 말했다. 기존의 발상과는 다소 다른 역사학자의 고민에 찬물을 끼얹을 생각은 없지만, 그의 고민이 결국 아무것도 얻지 못하고 과학기술에 기댈 수밖에 없다는 입장, 마치 인류의 끝은 비극적으로 끝날 것을 우려하는 점에 대해서는 동의하기 어려운 대목이다. 세계적인 석학에 대해 반론을 제기하는 것은 적절치 않을지 모르겠지만 역사 과학에 대한 열정만큼 성서에 대해 관찰하고, 연구했다면 전혀 다른 대안을 제시할 수 있었지 않을까.

특정 인간이 모든 분야에 능통할 수는 없다. 왜냐하면 모든 분야를 연구하고 이해할만한 시간이나 지적 능력이 인간에게는 주어지지 않았기 때문이다. 세상에는 지식으로 이해해야 하는 것들이 있고 믿음으로 받아들여야 하는 것들이 존재한다. 지식으로 밝혀진 내용은 사람들에게 공감받기 쉬운 반면, 믿음의 영역은 사람들의 동의를 얻기가 쉽지 않다. 믿음의 확신을 가진 사람은 믿지 못한 사람들을 보면 답답할 것이고 믿음이라는 것에 의미를 두지 않는 사람들은 신을 믿는 사람들을 보면 의아하게 생각하거나 어리석은 사람으로 여기기 쉽다. 마치 보이스 피싱voice phising에 넘어간 사람처럼 취급하는 경우가 없지 않다. 그런 의심이나 문제의식에 대해 상대방의 말에 귀를 기울이고 서로 경청해야 한다.

무신론자들이 유신론자들을 바라볼 때 한심스럽다고 지적하는 내용도 일리 있다. 신앙심이 있다고 자부하는 사람들, 목회자, 일반 성도들을 막론하고 그 믿음이 아름답다는 것을 보여주지 못하는 경우가 허다하기 때문이다. 먼저 믿는 사람들의 종교적 행태가 그다지 공감을 주지 못하기 때문에 신앙 자체에 부정적인 영향을 줄 뿐 아니라 아예 신에 대해서 궁금해하지 않게 되는 것이다. 사도 야고보도 그런 점을 지적한 바 있다.

내 형제들아 만일 사람이 믿음이 있노라 하고 행함이 없으면 무슨 유익이 있으리오. 그 믿음이 능히 자기를 구원하겠느냐. 만일 형제나 자매가 헐벗고 일용할 양식이 없는데 너희 중에 누구든지 그에게 이르되 평안히 가라, 덥게 하라, 배부르게 하라 하며 그 몸에 쓸 것을 주지 아니하면 무슨 유익이 있으리오. 이와 같이 행함이 없는 믿음은 그 자체가 죽은 것이라.(야고보서 2:14~17)

믿음과 행함은 불가분의 관계에 있음을 말해주고 있다. 사도 바울도 믿음에 대한 정의를 내렸는데 그런 취지와 다르지 않다.

믿음은 바라는 것들의 실상이요 보이지 않는 것들의 증거니 선진들이 이로써 증거를 얻었느니라. 믿음으로 모든 세계가 하나님의 말씀으로 지어진 줄을 우리가 아나니 보이는 것은 나타난 것으로 말미암아 된 것이 아니니라.(히브리서 11:1~3)

믿음 자체는 지성만으로 알아차릴 수 없고 눈으로 확인할 수 없는 영역이다. 하지만 보이지 않는다고 해서 증거를 댈 수 없는 것은 아니다. 그것은 믿는 사람들의 행위가 증거가 될 수 있기 때문이다. 믿음은 바라는 것들의 실상이라고 하는 것도 그 믿음이 가시화하는 것을 신앙인들은 몸소 체험을 통해 알 수 있다. 믿고 바라는 것들의 실상은 믿는 자들 그 자체를 말하고 그것을 증명하는 증인의 자세로 살아야 한다는 것을 말해준다. 믿음은 하나님의 뜻과 인간이 바라는 것이 동일선상에서 만날 때 빛을 발하게 된다. 일상적으로 인간에게 필요한 모든 것은 하나님이 알고 계신다.

하나님은 인간의 기도나 제사를 받기 위해 일부러 모른 채 하시는 걸까? 그렇지 않다. 그런 것들이 제대로 공급되지 않거나 받지 못하는 이유는 하나님 탓이 아니다. 그것은 인간의 탐욕이나 안목 등 하나님의 의를 벗어난 생각을 하거나 불의를 행하기 때문에 그런 결과를 가져오는 것이다. 삶의 우선순위는 하나님 나라와 그의 의를 구하는 것이어야 한다.

그런즉 너희는 먼저 그의 나라와 그의 의를 구하라 그리하면 이 모든 것을 너희에게 더하시리라.(마태복음 6:33)

하나님의 의義란 무엇을 말하는가? 하나님의 의를 알기 위해서는 먼저 하나님을 알아야 한다. 하나님은 스스로 존재하시는 분이시고 전지전능하시며 우주 만물을 창조하신 분으로 모든 시작과 끝을 주관하시는 분이시다. 인류의 죄(선악과 사건)를 대속하시기 위해 성육신(예수 그리스도)으로 이 땅에 오셔서 인류의 구원을 완성하셨다. 특히, 하나님은 자신의 형상을 닮게 인간을 창조하시어 하나님 나라 백성으로 삼았는데 그의 나라에서 우리가 영원한 평화를 누리기를 바라시는 것이다. 또 하나님은 영Spirit이시다. 하나님은 사랑이시다. 게다가 하나님은 공의로운 분이시다.

그에 반해 사람은 어떤 처지인가? 선악과의 죄로 인해 하나님과 영적 소통이 이루어지지 못한 처지에 놓여 있다. 예수 그리스도께서 십자가 보혈로 하나님과 사람 사이에 화해의 가교가 되어주신 것이다. 요컨대 예수님이 화목제물이 되어주심으로 우리가 이제 아무런 죄의식 가질 필요 없이 선악과 이전의 상태로 회복되어 하나님과 소통할 수 있는 관계가 된 것이다.

이런 절호의 기회를 인간의 무관심과 세속적인 탐욕 등으로 하나님의 자비와 사랑을 여전히 저버리고 있다. 말하자면 이런 은혜의 선물을 믿지 못하겠다는 것이다. 말하자면 세상의 화려한 것들에 온통 정신이 팔려 다소 소박한 포장지에 싸여 있는 선물을 뜯어볼 생각도 하지 않는다는 것이다. 그 안에는 우리의 모든 고민을 해결해 줄 수 있는 보물이 있음에도 그것에 전혀 관심이 없는 것이다. 이것이 인류의 비극이다. 이것이 온 인류의 불행이고 세계가 혼돈 가운데 있는 결정적 이유다. 지구 온난화, 환경훼손, 인구문제, 세대갈등, 이념전쟁, 종교전쟁, 노사갈등, 성별갈등, 계층갈등, 난민문제, 빈부격차 등 수많은 현안문제를 어떻게 해결할 것인가?

지식인들은 지식인대로 사회정의를 실현하는 것이 아니라 상업적 지식인으로 전락하고 있다. 좋은 직업에 대한 기준이 인류와 사회에 공헌하는 정도가 아니라 돈을 얼마나 많이 버는가에 달려 있다면 이 얼마나 돈의 노예가 되고 있는가를 말해준다. 종교인들이라고 다르지 않다. 국가나 사회가 채워주지 못하는 틈새를 교회나 신앙인이 채워주면 좋겠지만, 이 역시 기대하기 어려운 측면이 있다. 성서적 언어로 얘기하자면 빛과 소금의 역할을 해야 함에도 그렇지 못하고 있어 기대에 미치지 못하고 있는 것이 사실이다.

이 사회는 언젠가부터 개인 이기주의 혹은 집단 이기주의가 깊게 자리 잡고 있어 전 인류를 아우르는 사상이나 이념이 자리 잡지 못하고 있는 것은 안타까운 일이 아닐 수 없다. 이념은 좌우로 갈라치기하고 있고 선진국은 선진국끼리 어울리고 있고 부자들은 부자들끼리 어울리며 더 강해지고 싶어 하고 더 부자를 꿈꾼다.

공정과 정의를 실현해야 하는 위치에 있는 사람들이 자신이 가진 기득권을 가지고 공동체의 유익이 아닌 자신들의 배를 채우며 힘없는 사람들의 권리를 대변할 생각은 전혀 없어 보인다.

누가 인류를 구원할 것인가? 무엇이 방치되고 있는 인류의 영혼을 구원할 것인가? 그것이 문제다. 그것을 해결하기 위해 우리 자신이 누구이고 어떤 삶을 살아야 하는가 등 우리의 정체성을 찾아가는 것이 무엇보다 시급하다. 그것은 우리 스스로 찾는다고 찾아지는 것이 아니다. 창조주 하나님을 인정하지 않으면 인류 역사가 그랬듯이 다람쥐 쳇바퀴 도는 것처럼 의미 없는 역사만을 추종하며 반복할 따름이다. 그 결과 허무와 공허만이 기다리고 있을 뿐이다.

우리는 인류 역사상 한 번도 경험하지 못한 시대를 살고 있고 또 상상하지도 못한 미래가 우리를 기다리고 있다. 지금 우리가 무엇을 선택할 것인가? 여전히 화려한 꽃에 현혹되어 열매 없는 것들을 추종할 것인가 아니면 창조주 하나님을 인정하므로 새로운 미래를 열 것인가? 그 선택의 여부에 따라 궁극적으로 의미 있는 삶이 될 것인지 아닌지를 갈라놓을 것이다. 따라서 생명의 창조자, 인생의 주관자의 말씀에 귀를 기울여야 한다.

하나님의 장소와 사람의 장소

여호와께서 이르시기를 보라 내 곁에 한 장소가 있으니

너는 그 반석 위에 서라.(출애굽기 33:21)

And the Lord said, Behold, there is a place

by me where you shall stand upon the rock.

이 그림은 안젤리카 카우프만이 그린 〈우물가의 그리스도와 사마리아 여인〉이라는 작품으로 1796에 그려졌으며 현재 독일 뮌헨도서관에 소장되어 있다. 이 그림은 라파엘로의 〈아테네 학당〉이라는 그림에서 플라톤과 아리스토텔레스의 포즈를 연상할 만큼 손가락의 방향이 흥미롭다. 예수님은 오른손은 가슴에, 또 왼손은 하늘을 향하고 있고 사마리아 여인은 손바닥을 펴서 땅을 향하고 있다. 하나님의 장소와 사람의 장소에 대해 진지하게 이야기하고 있다는 것을 느낄 수 있다. 예수님은 차분하게 앉아서 설명하고 있는 반면, 사마리아 여인은 일어선 채 매우 도전적인 눈빛과 자세를 취하고 있다. 이 여인이 예수님과의 대화를 얼마나 진지하고 절실하게 임하고 있는지를 잘 보여주고 있다.

미국의 현대 철학자 에드워드 S. 케이시[Edward S. Casey]는 창세기 1장의 내용을 세 가지 차원으로 장소를 구분하고 있다. 첫째, 하나님 자신의 활동 자체를 통해 그의 운동의 원천으로 전개되는 근원적 장소, 둘째, 암흑, 심연深淵과 아직 형태를 갖추지 못한 대지 등의 원초적 영역, 셋째, 마른 땅으로서의 대지라는 형태를 부여받은 영역과 한 장소에 모인 물로서 바다, 그리고 낮과 밤이라는 체계 등으로 구분하고 있다. 구약성서의 설명은 분명히 창조가 이미 주어져 있는 충분한 장소들에서 나타난다는 그림을 우리에게 제공한다고 말했다.[81]

말하자면 창조가 진행됨에 따라 또 다른 장소가 출현하는 형식을 나타내고 있다. 더 중요한 것은 장소는 잇따른 창조 뒤에 생겨난 것들이 확연한 특성을 보인다는 점이다.

창세기 1장 1절은 천지창조에 대한 선포로 시작된다. "태초에 하나님이 천지를 창조하시니라."(창세기 1:1) 가장 먼저 창조 전의 상태는 혼돈하고 공허하며 흑암의 상태로 질서가 잡히지 않았다. 중요한 것은 그 장소에 창조주 하나님이 스스로 계셨고 그 상태에서 직접 창조작업을 수행하셨다는 점이다.(창세기 1:2) 최초로 빛을 창조하신다. 흑암 상태에서 빛을 창조하시고 빛과 어둠을 나누셨다. 요컨대 낮과 밤을 창조하신 것이다. 빛이 창조되므로 최초로 혼돈과 흑암에서 분리되어 질서라는 것이 생겼고 빛에 의해 풍경이 드러난다.

이런 방식으로 궁창을 창조하시고 궁창 아래의 물과 궁창 위의 물로 나뉘게 하셨다. 궁창을 하늘이라고 불렀다. 하늘 위의 물과 하늘 아래의 물로 나누어진다. 하늘 아래의 물은 바다라고 불렀고 그 가운데서 뭍이 드러났는데 그것을 땅이라고 불렀다. 이렇게 계속된 분리를 통해 구체적으로 장소 하나하나가 창조되었다. 땅이라는 장소는 매우 중요한 의미를 갖는다. 온갖 동·식물과 사람이 그곳에 뿌리를 내리고 살 수 있게 되었기 때문이다.

사람이 땅에 정식으로 등장하기 전에 땅에는 풀과 채소, 열매 맺는 나무들이 창조되었다. 또 저녁과 아침을 창조하였고 아침 하늘과 밤 하늘에 광명체, 요컨대 해와 달과 별들을 창조하심으로 징조, 계절, 해, 날 등의 시간 개념을 부여하셨다. 그 빛들은 낮과 밤을 주관함으로써 생명체의 에너지원이 되었다. 식물이 창조된 후, 생태계의 시스템을 하나하나 구축해가는데 새와 각종 동물, 바다에 서식하는 물고기, 가축 등을 창조하셨다. 그리고 맨 마지막으로 풍경의 주인공이라 할 수 있는 사람을 창조한 것이다.

이 많은 창조물 중에 하나님의 형상을 닮은 피조물은 유일하게 사람뿐이다. 사람의 위상이 어느 정도인가를 짐작할 수 있게 해준다. 이는 하나님이 지닌 신성神性의 일부를 사람이 호흡을 통해 부여받은 것으로 하나님과 직접적으로 소통할 수 있는 특별한 은혜를 선물로 받은 것이다. 하나님이 창조하신 모든 피조물을 지키고 가꾸는 일을 사람에게 위임하셨다. 선악과를 제외한 모든 피조물들을 누리라고 자유를 허락하신 것이다.

> 하나님이 그들에게 복을 주시며 하나님이 그들에게 이르시되 생육하고 번성하여 땅에 충만하라, 땅을 정복하라, 바다의 물고기와 하늘의 새와 땅에 움직이는 모든 생물을 다스리라 하시니라.(창세기 1:28)

> 여호와 하나님이 그 사람을 이끌어 에덴동산에 두어 그것을 경작하며 지키게 하시고 여호와 하나님이 그 사람에게 명하여 이르시되 동산 각종 나무의 열매는 네가 임의로 먹되 선악을 알게 하는 나무의 열매는 먹지 말라 네가 먹는 날에는 반드시 죽으리라 하시니라.(창세기 2:15~17)

여기서 알 수 있는 것은 창조물 하나하나의 완성도는 물론이고 상호 관계성, 그리고 사람을 위한 완벽한 조건, 소위 장소성이 완벽하게 갖추어졌다는 점이다. 여기서 염두에 두어야 할 중요한 사항이 하나 있는데 그것은 하나님은 말씀으로 천지를 창조하셨고 무에서 유를 창조하셨는데 무-혼돈-분리 등의 과정을 통해 질서와 조화를 도모하셨다는 점이다. 하나님은 인간이 인식할 수 있는 장소 개념이 있기 전에도 존재하실 수 있는 분으로 인간을 위해 직접 장소를 창조하신 분이라는 사실이다.

우리가 알고 있는 상식으로 하나님은 영Spirit으로서 무소부재無所不在한 분으로 특정 장소에 계실 수 있지만 장소에 매이는 분이 아니라는 점에서 하나님만의 장소 개념이 따로 있다는 것을 알 수 있다. 그것을 알기 위해서는 창조 당시 "하나님의 영은 수면 위에 운행하시느니라"(창세기 1:2)라는 말씀을 깊이 묵상할 필요가 있다.

중요한 것은 하나님이 인간을 특별한 육체로 만드시고 자신의 호흡을 통해 영을 불어 넣어주심으로써 영적 묵상의 즐거움과 육체의 감각적 즐거움을 두루 누리도록 창조하셨다는 점이다. 하나님은 인간에게 걸맞은 장소에 대해 생각하셨다는 점이고 그 결과가 바로 에덴동산이다. 그 동산은 인간이 아무런 수고도 하지 않고 걱정도 하지 않으며 의식주를 걱정할 필요가 없었고 완벽한 기후를 갖춘 쾌적하고 아름다운 장소였다.

하나님이 지켜보시는 가운데 자유와 평화를 누리며 임의대로 기쁨이 넘치는 생활을 할 수 있었다. 무엇보다 죽음, 불안, 걱정이 없었던 곳이었다. 에덴동산은 사람이 살기에 안성맞춤으로 완벽한 낙원이었다. 하나님과 사람, 사람과 사람, 사람과 동물이 완벽한 관계를 형성하였다. 게다가 식물과 동물, 물과 경작지, 가축 등이 두루 갖추어져 있고 숲과 정원, 식물원, 동물원 등이 따로 필요 없을 정도로 그 자체가 낙원으로서의 요소를 완벽하게 갖추고 있는 이상적인 장소였다. 특히 무엇보다 하나님이 함께하셨다는 점을 빼놓을 수 없는데 최초의 사람 아담의 일거수일투족을 지켜보시며 흐뭇해하신 것을 알 수 있다.

> 여호와 하나님이 흙으로 각종 들짐승과 공중의 각종 새를 지으시고 아담이 무엇이라고 부르나 보시려고 그것들을 그에게로 이끌어 가시니 아담이 각 생물을 부르는 것이 곧 그 이름이 되었더라.(창세기 2:19)

다만, 그곳에서 사람이 분명히 숙지해야 할 사항이 하나 있었다. 하나님이 더없이 사람을 사랑하셨지만, 마땅히 준수해야 할 규칙이었다. 그것은 하나님과 사람의 관계를 상징하는 "선악을 알게 하는 나무"였다. 정해진 약속이나 규칙을 지키는 것은 장소를 장소답게 하는 매우 상징적인 의미가 있다. 에덴동산이 아름다울 수 있는 것은 하나님과 사람 간에 신뢰가 존재했기 때문이다. 그 신뢰는 자유와 책임이 균형을 이루고 있다. 책임감 없는 자유는 죄를 낳을 수 있고 자유가 없는 책임은 존중받지 못하고 있다는 증거다. 최초의 사람 아담과 그의 아내 하와는 자유는 누리고 싶었지만, 책임감은 결핍되었던 것이다.

결과적으로 에덴동산에 주어진 장소의 의미를 깨닫지 못하고 하나님과 맺은 약속을 저버리고 말았다. 아담과 하와는 그 장소에서 더 이상 살 수 없게 되었고 그곳에서 추방당해야만 했다. 그럴 수밖에 없는 이유로 에덴동산은 영원히 사는 생명의 땅이었다. 그곳에는 선악을 알게 하는 나무도 있었지만 생명나무도 함께 자라고 있었다. 하나님과 아담 사이에는 "선악과를 따 먹으면 반드시 죽으리라"는 약속이 있었고 약속대로 죽어야만 하는 사람에게는 더 이상 어울리지 않는 곳이었다.

장소의 가치는 사람이 정하는 것이 아니라 하나님의 뜻이 중요하다는 것을 알수 있다. 왜냐하면 모든 장소와 피조물은 창조목적이 있기 때문이다. 무엇보다 하나님께서 특별히 의미 부여하신 장소에 대해서는 더욱 각별하게 성찰할 필요가 있다. 만약 아담과 하와가 에덴동산에 계속 거주한다면 생명나무 열매까지 따 먹게될 것이고 그렇게 되면 죄인인 신분으로 영생할 우려가 있기 때문이다.

> 여호와 하나님이 이르시되 보라 이 사람이 선악을 아는 일에 우리 중 하나 같이 되었으니 그가 그의 손을 들어 생명나무 열매도 따 먹고 영생할까 하노라 하시고 여호와 하나님이 에덴동산에서 그를 내보내어 그의 근원이 된 땅을 갈게 하시니라.(창세기 3:22~23)

에덴동산이라는 장소의 중요성과 상징성은 '생명나무'가 있기 때문에 더 부각된다. 사람에게 가장 소중한 것이 생명이기 때문이다. 에덴동산에서 쫓겨난 사람으로서는 당연히 그곳을 동경할 수밖에 없다. 에덴동산은 단순히 동경의 대상으로 끝나는 것이 아니라 반드시 회복해야 할 장소라는 사실이다. 그 회복에 대한 소식을 알려주는 것이 성경이고 그것을 가능하게 해준다는 구체적인 소식이 바로 복음福音이다. 그 복음을 들고 오신 분이 바로 예수 그리스도이시다. 그 복음은 그야말로 희소식good news이다. 왜냐하면 죄로 물든 세상에서 구해내 죄도 없고 사망도 없고 근심도 없는 하나님 나라, 요컨대 새 에덴동산으로 회복시켜주시겠다는 약속을 하셨기 때문이다.

에덴동산은 장소적 의미가 컸다고 한다면 새롭게 제시된 새 에덴동산, 요컨대 하나님 나라는 특정 장소로서만 이해해서는 안 될 것 같다. 왜냐하면 새 에덴동산은 새로운 육체와 영혼이 영원히 살 수 있는 곳으로 지금 우리가 살고 있는 땅과는 전혀 다르기 때문이다. 현실적으로 에덴동산에서 선악과 범죄로 인하여 추방된 이후 우리가 사는 이 땅에서는 누구나 한번은 죽어야 한다.

> 선악을 알게 하는 나무의 열매는 먹지 말라 네가 먹는 날에는 반드시 죽으리라 하시니라.(창세기 2:17)

한 번 죽는 것은 사람에게 정해진 것이요 그 후에는 심판이 있으리니 (히브리서 9:27)

육의 몸으로 심고 신령한 몸으로 다시 살아나나니 육의 몸이 있은즉 또 영의 몸도 있느니라. (고린도전서 15:44)

선악과 사건으로 죽을 수밖에 없는 절망적인 신분에 처해 있는 우리에게 소망이 생겼다. 예수 그리스도의 은혜로 우리의 영혼이 구원받고 영생을 누릴 수 있는 길이 열린 것이다. 성경에는 새 하늘과 새 땅을 예언하고 있다. 하지만 반드시 에덴동산과 같은 장소성을 갖는다고 단언할 수 없다. 에덴동산의 회복이라는 상징성은 변함없지만 어떻게 새롭게 단장한 곳이 될지는 아무도 알 수 없다. (이사야 65:17) (이사야 77:22) (베드로후서 3:13) (요한계시록 21:1)

이와 같이 그리스도도 많은 사람의 죄를 담당하시려고 단번에 드리신 바 되셨고 구원에 이르게 하기 위하여 죄와 상관없이 자기를 바라는 자들에게 두 번째 나타나시리라. (히브리서 9:28)

예수님이 십자가에서 죽으시고 사흘 만에 부활하신 것처럼 사람들에게도 부활을 약속하셨다. 성경에 의하면 마르다도 그 같은 부활에 대한 믿음을 가지고 있었다.

마르다가 이르되 마지막 날 부활 때에는 다시 살아날 줄을 내가 아나이다. (요한복음 11:24)

당시 이스라엘의 사두개인이나 그리스 철학자들은 부활에 대한 이야기를 이해하지 못했다. 왜 그랬을까? 이성적인 지식으로 그것을 이해하려고 했기 때문이다. (마가복음 12:18) (사도행전 17:18) (사도행전 23:8)

사도들이 큰 권능으로 주 예수의 부활을 증언하니 무리가 큰 은혜를 받아 그 중에 가난한 사람이 없으니 이는 밭과 집 있는 자는 팔아 그 판 것의 값을 가져다가 사도들의 발 앞에 두매 그들이 각 사람의 필요를 따라 나누어 줌이라. (사도행전 4:33~35)

그래서 선한 일을 행한 자는 생명의 부활로, 악한 일을 행한 자는 심판의 부활로 나오는 것이다.

> 선한 일을 행한 자는 생명의 부활로, 악한 일을 행한 자는 심판의 부활로 나오리라.(요한복음 5:29)

그렇다면 선한 일은 무엇이고 악한 일은 무엇인가? 율법시대에는 율법을 지키는 일이 선한 일이었다. 그런데 예수님이 들고 오신 복음은 예수 그리스도를 믿는 믿음이 선한 행위이고 믿지 않는 일이 악한 행위이다. 예수님은 모든 악한 일에서 건져내시는 분이심을 믿어야 한다.

> 하나님은 허망한 사람을 아시나니 악한 일은 상관하지 않으시는 듯하나 다 보시느니라.(욥기 11:11)

> 주께서 나를 모든 악한 일에서 건져내시고 또 그의 천국에 들어가도록 구원하시리니 그에게 영광이 세세무궁토록 있을지어다.(디모데후서 4:18)

성경은 무엇을 악한 일이라고 말하는가? 다름 아닌 불신^{不信} 그 자체이다. 그보다 더 악한 일은 사랑하지 않는 것이라고 했다. 예를 들어 믿음이 있다고 하면서도 가족을 돌보지 않는 것이야말로 불신자보다 더 악하다고 했다.

> 누구든지 자기 친족 특히 자기 가족을 돌보지 아니하면 믿음을 배반한 자요 불신자보다 더 악한 자니라.(디모데전서 5:8)

창조주 하나님은 무에서 유를 창조했는데 그 과정에 흑암과 공허와 혼돈이 있었고 하나하나 질서를 잡아가셨다. 그 창조 방법으로 빛을 창조하시고 다음은 어둠을 분리해내시고 그 빛을 낮이라 부르고 어둠을 밤이라 불렀다. 또 빛의 요소들을 해, 달, 별 등으로 구체화했는데 '분리'라는 형식으로 장소와 시간을 따라 적당한 요소들을 채워나가셨다. 또 궁창이라는 하늘을 만드시고 그것을 기준으로 궁창 위의 물과 궁창 아래의 물로 나누었다. 또 궁창 아래 물을 물과 뭍으로 나누어 인간이 발을 붙이고 생활할 수 있는 곳을 마침내 드러내신 것이다.

　그 땅을 채우셨는데 풀과 씨 맺는 채소와 각종 열매 맺는 나무 등이 자라게 하셨다. 게다가 바다의 생물과 공중을 나는 새, 그리고 가축과 각종 동물들도 땅에 번성하게 하셨다. 그야말로 그 장소 특성에 맞는 것들을 창조하셨는데 모든 피조물들이 창조주 하나님이 "보시기에 좋았다"고 말씀하실 만큼 만족스러운 결과였다. 채울 곳은 채우고 비울 곳은 비우는 것, 요컨대 한 치의 오차도 없이 적재적소^{適材}^{適所}에 배치하는 것이 바로 하나님의 창조섭리에서의 '장소성^{場所性}'이다. 장소성은 다시 말하면 '장소다움'을 말한다. 하나님이 창조하신 모든 장소는 거기에 있어야만 하는 이유가 분명히 있고 그곳에서 제 역할을 해야 우주, 지구, 생태계가 제대로 작동할 수 있는 것이다.

　이처럼 완벽한 장소와 시간 개념을 바탕으로 한 우주 만물은 피조물 중 최고의 피조물인　하나님 형상을 닮은 '사람'을 위한 것이었다는 것에 감동하지 않을 수 없다. 성경에서는 하나님의 완전한 창조물들을 사람들이 잘 못 사용하거나 오해한 경우가 적지 않다. 먼저 욥의 경우 하나님의 허락으로 사탄의 시험을 받고 심한 고통을 겪게 되었다. 얼마나 힘들었는지 자기의 생일을 저주할 정도였다.

　그 후에 욥이 입을 열어 자기의 생일을 저주하니라.(욥기 3:1)

이때 쏟아낸 말들의 대부분은 하나님이 창조하신 때와 장소를 저주하였다.

　내가 난 날이 멸망하였더라면, 사내아이를 배었다 하던 그 밤도 그러하였더라면, 그 날이 캄캄하였더라면, 하나님이 위에서 돌아보지 않으셨더라면, 빛도 그 날을 비추지 않았더라면, 어둠과 죽음의 그늘이 그 날을 자기의 것이라 주장하였더라면, 구름이 그 위에 덮였더라면, 흑암이 그날을 덮었더라면, 그 밤이 캄캄한 어둠에 잡혔더라면, 해의 날 수와 달의 수에 들지 않았더라면, 그 밤에 자식을 배지 못하였더라면, 그 밤에 즐거운 소리가 나지 않았더라면, 날을 저주하는 자들 곧 리워야단을 격동시키기에 익숙한 자들이 그 밤을 저주하였더라면, 그 밤에 새벽 별들이 어두웠더라면, 그 밤이 광명을 바랄지라도 얻지 못하며 동틈을 보지 못하였더라면 좋았을 것을, 이는 내 모태의 문을 닫지 아니하여 내 눈으로 환난을 보게 하였음이로구나. 어찌하여 내가 태에서 죽어 나오지 아니하였던가 어찌하여 내 어머니가 해산할 때에 내가 숨지지 아니하였던가. 어찌하여 무릎이 나를 받았던가 어찌하여 내가 젖을 빨았던가. 그렇지 아니하였던들 이제는 내가 평안히 누워서 자고 쉬었을 것이니 자기를 위하여 폐허를 일으킨 세상 임금들과 모사들과 함께 있었을 것이요. 혹시 금을 가지며 은으로 집을 채운 고관들과 함께 있었을 것이며 또는 낙태되어 땅에 묻힌 아이처럼 나는 존재하지 않았겠고 빛을 보지 못한 아이들 같았을 것이라.(욥기 3:3~16)

여기에서 주목할 부분은 하나님의 창조물인 장소와 때를 저주하면서 인간이 꾸민 공간에 대한 부러움을 드러냈다는 점이다.(욥기 3:14~15) 여기서 알아야 할 것은 하나님이 창조하신 장소는 완전하게 상호 연결되어 있어 인간에게는 최적의 장소라는 사실이다. 반면 인간이 최고라고 상상하는 공간은 편리한 기능이나 시각적인 아름다움 등으로 그것이 좋아 보일지 모르지만, 하나님의 은혜가 함께 하지 않는 한, 지속적이지 못하다는 점이다. 오히려 하나님의 뜻에 반할 경우 흔적도 없이 사라질 것들이다. 그 대표적인 예가 선악과 사건으로 에덴동산을 죄악의 장소로 변질시킨 일이다. 인간의 판단과 시각적인 감각에 의존한 결과였다.(창세기 3:6) 그뿐만이 아니다. 바벨탑 사건, 노아의 방주, 소돔과 고모라의 멸망, 예루살렘 성전의 붕괴 등은 하나님의 뜻에 반하는 잘못된 장소의 활용 때문이었다.

이름을 노아라 하여 이르되 여호와께서 땅을 저주하시므로 수고롭게 일하는 우리를 이 아들이 안위하리라 하였더라(창세기 5:29)

라멕이 살던 당시도 하나님의 저주를 받은 땅을 갈며 수고롭게 일하는 것이 얼마나 힘들었는지 그 심경을 밝히고 있다. 그 와중에도 노아라는 아들이 태어나 기쁨과 위로를 주었다는 것을 알 수 있다. 비록 아담의 범죄 이후 사람이 수고하여야 땅의 소산을 먹을 수 있게 되었지만, 기쁨이 전혀 없는 것은 아니라는 사실이다. 어쨌든 창조주 하나님만이 장소마다의 사용 목적을 정확히 알고 계신다. 그 장소에 걸맞게 할 일과 하지 말아야 할 일을 가려서 해야 한다.(창세기 2:16~17) 하나님께서 욥에게 하신 말씀에는 그 점이 잘 드러나 있다. 따라서 모든 일을 하나님의 지혜에 의지하지 않으면 안 된다.

내가 땅의 기초를 놓을 때에 네가 어디 있었느냐 네가 깨달아 알았거든 말할지니라. 누가 그것의 도량법을 정하였는지, 누가 그 줄을 그것의 위에 띄웠는지 네가 아느냐. 그것의 주추는 무엇 위에 세웠으며 그 모퉁잇돌을 누가 놓았느냐. 그 때에 새벽 별들이 기뻐 노래하며 하나님의 아들들이 다 기뻐 소리를 질렀느니라. 바다가 그 모태에서 터져 나올 때에 문으로 그것을 가둔 자가 누구냐.(욥기 38:4~8)

기하학Geometry의 기원은 말 그대로 대지의 측량geo-metria으로 장소와 관련이 깊다. 하나님의 창조는 땅의 기초를 세우는 일부터 창조물들을 채우는 과정마다 정밀한 측량이 이루어졌으며 한 치의 오차도 허용하지 않았다. 어떻게 그것이 가능한지 인간으로서는 알 수 없다. 시편 기자의 표현을 통해 상상할 수밖에 없다.

내가 주께 감사하오함은 나를 지으심이 심히 기묘하심이라 주께서 하시는 일이 기이함을 내 영혼이 잘 아나이다. 내가 은밀한 데서 지음을 받고 땅의 깊은 곳에서 기이하게 지음을 받은 때에 나의 형체가 주의 앞에 숨겨지지 못하였나이다.(시편 139:14~15)

우리가 장소를 통해 생각해볼 것은 하나님의 뜻이 어디에 있는가에 관심을 가져야 할 것이다. 예수님께서 성전 앞에서 장사하는 자들을 내쫓는 장면도 장소성을 살리지 못한 사람들의 '무지'와 '불신' 때문이었다.

성전에 들어가사 장사하는 자들을 내쫓으시며 그들에게 이르시되 기록된 바 내 집은 기도하는 집이 되리라 하였거늘 너희는 강도의 소굴을 만들었도다 하시니라 (누가복음 19:45~46)

비둘기 파는 사람들에게 이르시되 이것을 여기서 가져가라 내 아버지의 집으로 장사하는 집을 만들지 말라 하시니(요한복음 2:16)

하나님이 아브라함에게 이삭을 번제로 바치라고 한 모리아라는 장소는 죽음을 예고한 장소였지만 아브라함이 이삭을 번제물로 드리는 순종을 보시고 미리 숫양을 준비하신 하나님의 은혜로 축복의 장소로 바뀌었다.

여호와께서 이르시되 네 아들 네 사랑하는 독자 이삭을 데리고 모리아 땅으로 가서 내가 네게 일러 준 한 산 거기서 그를 번제로 드리라(창세기 22:2)

하나님이 그에게 일러 주신 곳에 이른지라 이에 아브라함이 그 곳에 제단을 쌓고 나무를 벌여 놓고 그의 아들 이삭을 결박하여 제단 나무 위에 놓고 손을 내밀어 칼을 잡고 그 아들을 잡으려 하니 여호와의 사자가 하늘에서부터 그를 불러 이르시되 아브라함아 아브라함아 하시는지라. 아브라함이 이르되 내가 여기 있나이다 하매 사자가 이르시되 그 아이에게 네 손을 대지 말라 그에게 아무 일도 하지 말라 네가 네 아들 네 독자까지도 내게 아끼지 아니하였으니 내가 이제야 네가 하나님을 경외하는 줄을 아노라. 아브라함이 눈을 들어 살펴본즉 한 숫양이 뒤에 있는데 뿔이 수풀에 걸려 있는지라 아브라함이 가서 그 숫양을 가져다가 아들을 대신하여 번제로 드렸더라(.창세기 22:10~14)

어떤 장소가 축복의 땅이 될 것인가 혹은 저주의 땅이 될 것인가는 하나님께 달려 있다. 아담과 하와의 범죄로 인해 사람이 땀을 흘려 수고하여야 소산所産을 먹을 수 있게 되었을 뿐 아니라 땅도 저주받은 사실을 우리는 알고 있다.

아담에게 이르시되 네가 네 아내의 말을 듣고 내가 네게 먹지 말라 한 나무의 열매를 먹었은즉 땅은 너로 말미암아 저주를 받고 너는 네 평생에 수고하여야 그 소산을 먹으리라(창세기 3:17)

하나님의 창조는 완벽했고 인간에 대한 축복도 더없이 큰 은혜였다. 그런데 사람이 창조정신에 반한 행동을 함으로써 하나님을 배신한 것이다. 하나님이 아담에게 에덴동산에 대한 관리권을 위임하신 것이지 소유권을 넘긴 것이 아니었다. 왜? 굳이 사람이 소유할 필요도 없었고 소유해도 감당하지도 못하기 때문이다. 사람에게 지키고 가꾸라고는 했지만, 하나님이 전혀 관여하지 않으신다는 의미는 아니었다. 하나님은 아담의 일거수일투족을 지켜보시면서 천지 만물을 빈틈없이 운영하고 계셨다.

여호와 하나님이 흙으로 각종 들짐승과 공중의 각종 새를 지으시고 아담이 무엇이라고 부르나 보시려고 그것들을 그에게로 이끌어 가시니 아담이 각 생물을 부르는 것이 곧 그 이름이 되었더라.(창세기 2:19)

하나님이 창조하신 창조물은 인간이 만들어낸 예술품과는 전혀 차원이 다르다. 하나님의 창조물은 단순히 아름다움의 수준뿐만이 아니라 환경친화적이고 지속적이며 서로에게 유익을 주는 면에서 차원이 다르다. 하나님은 사랑으로 창조하시지만, 인간은 자기중심적이고 자기 이름을 높이기 위해 창작하는 경우가 대부분이다. 하나님은 사람을 향한 깊은 사랑으로 창조하셨다는 것을 알아야 한다.

대저 여호와께서 이같이 말씀하시되 하늘을 창조하신 이 그는 하나님이시니 그가 땅을 지으시고 그것을 만드셨으며 그것을 견고하게 하시되 혼돈하게 창조하지 아니하시고 사람이 거주하게 그것을 지으셨으니 나는 여호와라 나 외에 다른 이가 없느니라.(이사야 45:18)

지금 지구가 여러모로 어려움을 겪고 있는 것도 개인 혹은 국가별로 자기의 유익을 앞세우기 때문이다. 지구촌 곳곳에서 일어나고 있는 기후변화, 환경오염, 질병, 빈부격차, 전쟁, 갈등, 공동체 와해 등은 사람들 스스로 힘으로 극복할 수 없는 지경에 이르고 있다.

내가 그 땅을 황폐하게 하리니 이는 그들이 범법함이니라. 나 주 여호와의 말이니라 하시니라.(에스겔 15:8)

그렇다면 어떻게 해야 할까? 하나님을 찾는 것이 해답이다. 창조주이신 하나님만이 땅을 치료하고 하늘을 개선하며 사람을 고칠 수 있는 유일한 분이시다.(이사야 57:19) (예레미야 17:14) (사무엘하 24:25) (역대하 7:14) (시편 37:9) (요엘 2:18)

우리는 그의 약속대로 의가 있는 곳인 새 하늘과 새 땅을 바라보도다.(베드로후서 3:13)

창조주 하나님은 흑암, 혼돈, 공허 속에서도 아름다운 장소들을 창조하셨다. 얼마든지 새로 고치실 수 있는 분이시다. 완전히 새로운 하늘과 땅을 창조하실 수 있는 분이시다. 장소나 시간에 구애받지 않는 믿음이 우리에게 필요하다. 믿음이 없이는 하나님을 기쁘게 하실 수 없기 때문이다.

> 믿음이 없이는 하나님을 기쁘시게 하지 못하나니 하나님께 나아가는 자는 반드시 그가 계신 것과 또한 그가 자기를 찾는 자들에게 상주시는 이심을 믿어야 할지니라.(히브리서 11:6)

하나님은 무無와 유有를 모두 통제하시는 분이다. 장소와 시간에 구애받지 않고 스스로 존재하시는 분이시다. 우리로서는 가늠할 수 없는 알파와 오메가이시다. 하나님의 창조는 무심코 호주머니에서 하나씩 툭툭 꺼내는 일만큼 쉬운 일이다. 하나님 안에는 무엇Something과 공허Nothing가 동시에 존재한다. 공허는 우리가 인식할 수 있는 지각이나 이성의 차원으로 이해할 수 있는 것이 아니다. 공허에서 창조가 시작되었기 때문에 하나님 안에 있는 공허는 단지 아무것도 없는 상태만을 의미하지 않는다는 뜻이다.

하나님은 스스로 존재하는 분으로서 그분의 존재 특성인 말씀은 공허 상태에서도 존재하셨고 시간과 장소가 창조된 상태에서도 존재하셨으며 모든 피조물로 채워진 상태에서도 존재하신다. 사람은 그런 사실을 시간의 개념으로 이해하려 하지만 하나님은 시간 자체를 품고 계신 분으로 과거, 현재, 미래라는 시제時制를 초월하신 분이시라는 것을 잊어서는 안 될 것이다. 하나님의 시간 개념과 우리의 시간 개념은 다르다.

> 사랑하는 자들아 주께는 하루가 천 년 같고 천 년이 하루 같다는 이 한 가지를 잊지 말라.(베드로후서 3:8)

그런 면에서 우리에게 주어진 하나님 말씀, 즉 성경은 하나님의 정체성을 가장 분명하게 알려주고 있고 그 말씀이 피조물 속에 배어 있음을 깨달아야 한다. 지금도 하나님의 숨결이 우리와 만물 사이에 쉼 없이 흐르고 있다는 사실을 간과해서는 안 된다.

창세로부터 그의 보이지 아니하는 것들 곧 그의 영원하신 능력과 신성이 그가 만
드신 만물에 분명히 보여 알려졌나니 그러므로 그들이 핑계하지 못할지니라.(로마
서 1:20)

성경을 왜 읽고 어떻게 읽어야 하는지 곱씹어 보아야 한다. 스스로 성경을 읽
지 않고 남의 설교나 간증 등에 의존하는 것은 그냥 사실을 확인하지 않고 소문만
을 믿는 것과 크게 다를 바 없다. 교회에 가는 것보다 선행을 하는 것보다 무작정
기뻐하고 감사하는 것보다 심지어 기도하고 헌신하는 것보다 더 우선해야 하는
것은 하나님 말씀을 접하는 일, 요컨대 영의 양식을 취하는 일이라고 할 수 있다.

왜냐하면 올바른 기도, 제대로 된 감사, 진정으로 기쁨 있는 생활, 은혜로운 선
행 등은 바른 성경 읽기에서 비롯되기 때문이다. 기복신앙, 배타적인 교회주의, 광
신, 미신, 이단이나 사이비에 빠지는 일 등은 성경에 근거하지 않은 열성으로 하
나님의 뜻과는 거리가 먼 행태들이다. 성경에 근거하지 않은 언행은 아무리 훌륭
한 것처럼 보일지라도 하나님의 뜻과 지혜를 담아내지 못할 우려가 크기 때문이
다. 세상을 지혜롭게 살고자 했던 솔로몬도 하나님의 말씀을 가까이하지 않았을
때는 사람의 꾀에 의존하게 되었음을 고백한 적이 있다.

내가 이 모든 것을 지혜로 시험하며 스스로 이르기를 내가 지혜자가 되리라 하였으
나 지혜가 나를 멀리 하였도다. 내가 깨달은 것은 오직 이것이라 곧 하나님은 사람
을 정직하게 지으셨으나 사람이 많은 꾀들을 낸 것이니라.(전도서 7:23, 29)

지혜에 있어서 사람의 한계성과 하나님의 완전성을 깨달아야 하나님 말씀을 묵
상하지 않고서는 온전한 믿음과 사랑과 소망을 가질 수 없다는 것을 알게 된다.

지혜 있는 자가 어디 있느냐 선비가 어디 있느냐 이 세대에 변론가가 어디 있느냐
하나님께서 이 세상의 지혜를 미련하게 하신 것이 아니냐.(고린도전서 1:20)

너희 믿음이 사람의 지혜에 있지 아니하고 다만 하나님의 능력에 있게 하려 하였
노라.(고린도전서 2:5)

하나님의 지혜는 사람의 지혜와는 비교할 수 없을 정도로 깊고 풍성하고 그분의 판단은 우리가 헤아릴 수 있는 수준이 아니다.

> 깊도다 하나님의 지혜와 지식의 풍성함이여, 그의 판단은 헤아리지 못할 것이며 그의 길은 찾지 못할 것이로다.(로마서 11:33)

지혜로운 사람은 하나님을 알고 그분의 뜻에 따라 경건하게 살고 그분을 영화롭게 하는 사람이다.

> 누가 지혜자와 같으며 누가 사물의 이치를 아는 자이냐 사람의 지혜는 그의 얼굴에 광채가 나게 하나니 그의 얼굴의 사나운 것이 변하느니라.(전도서 8:1)

하나님은 우주 만물을 설계하시고 그 설계안대로 한 치의 오차도 없이 창조하신 분이시다. 하나님 말씀은 창조의 지속성을 담보할 수 있는 유일한 분이시라는 점이다. 하나님은 우주 만물, 요컨대 우리의 환경과 삶터를 사람을 위해 창조하셨다는 점을 잊어서는 안 되겠다. 그래서 우리에게 늘 최고, 최상을 주시고자 하신다. 다만, 우리가 하나님의 사랑을 받을 만한 믿음을 소유하지 못한 것이 문제다. 생각해보자. 만약 만물의 창조가 사람을 위한 것이 아니라면 굳이 시간, 장소, 그리고 적재적소에 필요한 모든 환경과 동·식물들을 창조할 필요가 없었을 것이다. 왜냐하면 하나님은 시공을 초월한 분으로 사람을 위해 시공을 창조하셨기 때문이다. 하나님은 모든 창조물이 존재하시기 전부터 스스로 존재하신 분이시다.

> 하나님이 모세에게 이르시되 나는 스스로 있는 자이니라 또 이르시되 너는 이스라엘 자손에게 이같이 이르기를 스스로 있는 자가 나를 너희에게 보내셨다 하라.(출애굽기 3:14)

지금 우리가 누리고 있는 세상은 사람을 향한 하나님의 사랑이라는 점에 감동하지 않을 수 없다. 그래서 우리가 할 일은 하나님의 이름을 영화롭게 하고 찬양하는 일이다.(역대상 29:13) (시편 66:2) (시편 86:9) 세상에 많은 문제들이 발생하는 이유는 사람들이 하나님의 영광을 구하지 않고 자신들의 영광을 추구하기 때문이다. 그런 사람이 온전한 믿음을 가질 수 있겠는가. 예수님도 그 점을 지적하셨다.

> 너희가 서로 영광을 취하고 유일하신 하나님께로부터 오는 영광은 구하지 아니하
> 니 어찌 나를 믿을 수 있느냐.(요한복음 5:44)

> 그들은 사람의 영광을 하나님의 영광보다 더 사랑하였더라.(요한복음 12:43)

왜냐하면 예수님도 자신의 영광을 한 번도 취한 적이 없으시고 오직 하나님의 영광을 위해 더 이상 낮아질 수 없으실 만큼 낮아지신 분이시다.

> 나는 내 영광을 구하지 아니하나 구하고 판단하시는 이가 계시니라.(요한복음 8:50)

우리가 창조된 목적 가운데 하나도 하나님의 영광을 위한 것이므로 우리가 하나님의 뜻 안에 있으면 우리도 하나님의 영광에 참여하게 되는 것이다.(고린도전서 10:31) (로마서 2:10)

> 자녀이면 또한 상속자 곧 하나님의 상속자요 그리스도와 함께 한 상속자니 우리가
> 그와 함께 영광을 받기 위하여 고난도 함께 받아야 할 것이니라. 생각하건대 현재
> 의 고난은 장차 우리에게 나타날 영광과 비교할 수 없도다.(로마서 8:17~18)

하나님은 주먹구구식으로 세상을 창조하시지 않았다. 우리에게 필요한 장소와 공간을 정확히 측량하시고 섬세하게 치수까지 알려주신 분이시다. 하나님이 노아에게 지시한 방주의 형태와 크기를 알려주신 일을 떠올려보자. 인간의 지혜로는 도저히 상상조차 할 수 없는 시대에 하나님은 일일이 제작 방법을 알려주셨다.

> 너는 고페르 나무로 너를 위하여 방주를 만들되 그 안에 칸들을 막고 역청을 그 안
> 팎에 칠하라. 네가 만들 방주는 이러하니 그 길이는 삼백 규빗, 너비는 오십 규빗,
> 높이는 삼십 규빗이라. 거기에 창을 내되 위에서부터 한 규빗에 내고 그 문은 옆으
> 로 내고 상 중 하 삼층으로 할지니라.(창세기 6:14~16)

하나님은 그 치수를 감각적으로 알려주신 것이 아니라 그곳에 들어갈 사람과 각종 동물들의 수효를 계산하셨다는 뜻이고 며칠 동안 그곳에 머물 것인가를 예상하시며 계획하신 것이다.

> 그러나 너와는 내가 내 언약을 세우리니 너는 네 아들들과 네 아내와 네 며느리들과 함께 그 방주로 들어가고 혈육 있는 모든 생물을 너는 각기 암수 한 쌍씩 방주로 이끌어들여 너와 함께 생명을 보존하게 하되 새가 그 종류대로, 가축이 그 종류대로, 땅에 기는 모든 것이 그 종류대로 각기 둘씩 네게로 나아오리니 그 생명을 보존하게 하라. 너는 먹을 모든 양식을 네게로 가져다가 저축하라 이것이 너와 그들의 먹을 것이 되리라.(창세기 6:18~21)

노아는 믿음이 좋은 사람이었는데 하나님 말씀대로 준행하였고 하나님 은혜로 그와 그의 가족은 구원을 얻었다. 노아의 믿음이 지혜로우신 하나님께 순종하게 했고 결과적으로 그와 그 가족을 구원한 것이다. 예수 그리스도께서 전한 복음도 사도바울이 전한 복음도 이와 다르지 않다. 한 사람의 제대로 된 믿음이 자신은 물론 가족과 이웃을 구할 수 있다는 것을 증거하고 있다. 예수 그리스도를 믿고 구원을 받은 사람들의 특징은 그 복음을 다른 사람에게 전하고자 하는 열망이 자연스럽게 생긴다는 것을 알 수 있다. 그것이 자신이 구원받은 증거이기도 하다.

> 예수께서 들으시고 이르시되 두려워하지 말고 믿기만 하라 그리하면 딸이 구원을 얻으리라 하시고 그 집에 이르러 베드로와 요한과 야고보와 아이의 부모 외에는 함께 들어가기를 허락하지 아니하시니라.(누가복음 8:50~51)

> 그들을 데리고 나가 이르되 선생들이여 내가 어떻게 하여야 구원을 받으리이까 하거늘, 이르되 주 예수를 믿으라 그리하면 너와 네 집이 구원을 받으리라 하고 주의 말씀을 그 사람과 그 집에 있는 모든 사람에게 전하더라.(사도행전 16:30~32)

> 여자가 이르되 메시야 곧 그리스도라 하는 이가 오실 줄을 내가 아노니 그가 오시면 모든 것을 우리에게 알려 주시리이다. 예수께서 이르시되 네게 말하는 내가 그라 하시니라. 이때에 제자들이 돌아와서 예수께서 여자와 말씀하시는 것을 이상히

여겼으나 무엇을 구하시나이까 어찌하여 그와 말씀하시나이까 묻는 자가 없더라. 여자가 물동이를 버려두고 동네로 들어가서 사람들에게 이르되 내가 행한 모든 일을 내게 말한 사람을 와서 보라 이는 그리스도가 아니냐 하니 그들이 동네에서 나와 예수께로 오더라. (요한복음 4:25~30)

하나님은 모세를 통해 성소와 성막을 짓게 하실 때도 그 장소성을 중시하시며 한 치의 오차도 없이 지을 수 있도록 정확하게 모양과 치수는 물론이고 양식을 제시하셨다. (출애굽기 25:8~40) (출애굽기 26:1~37)

하나님의 섭리에 걸맞은 올바른 장소성이란 무엇을 말하는가? 하나님이 창조하신 목적에 부합한 장소로 지키고 가꾸고 누리는 것을 말한다. 반면 하나님의 창조 섭리에 반反하는 곳은 문제가 발생할 소지가 있다. 말하자면 축복의 땅에서 살 것인지 그렇지 않은 땅에서 살 것인지는 하나님 말씀에 대한 순종 여부에 달려 있다.

어느 날 하나님은 아브람(아브라함의 개명 전 이름)을 부르셨는데 그의 고향 하란 땅을 떠나 하나님이 지시하신 땅으로 떠나라는 말씀을 들었다. 그 말씀에 순종하면 아브람을 통해 큰 민족을 이루게 하고 이름도 높여주며 복 있는 사람이 될 것이라고 약속하셨다.

여호와께서 아브람에게 이르시되 너는 너의 고향과 친척과 아버지의 집을 떠나 내가 네게 보여 줄 땅으로 가라. 내가 너로 큰 민족을 이루고 네게 복을 주어 네 이름을 창대하게 하리니 너는 복이 될지라. 너를 축복하는 자에게는 내가 복을 내리고 너를 저주하는 자에게는 내가 저주하리니 땅의 모든 족속이 너로 말미암아 복을 얻을 것이라 하신지라. 이에 아브람이 여호와의 말씀을 따라갔고 롯도 그와 함께 갔으며 아브람이 하란을 떠날 때에 칠십오 세였더라. (창세기 12:1~4)

하나님은 아브람을 가나안 땅으로 인도하셨고 그 여정에 그의 아내와 조카 롯이 동행했다. 아브람은 우여곡절을 겪었지만, 그때마다 하나님이 함께하시어 그의 일행을 형통하게 하셨다. 아브람은 믿음이 좋은 사람이었다. 하나님의 말씀만을 의지하여 미지의 땅으로 걸음을 옮겼다. 아브람이 세겜 땅에 이르렀을 때 하나님이 나타나 "이 땅을 네 자손에게 주리라"(창세기 12:7)고 말씀하셨다. 그러자 아브람은 그곳에 제단을 쌓고 여호와 이름을 불렀다. (창세기 12:7~8) 하나님이 함께하시고 아브람이 화답할 때 그 장소는 축복의 장소가 되었다. 아브람은 어디를 가든지 하나님이 함께하셨고 그가 가는 장소마다 축복의 땅이 되었다.(창세기 13:1~2) 아브람도 그 은혜에 보답하며 여호와의 이름을 찬양하였다.

> 그가 네게브에서부터 길을 떠나 벧엘에 이르며 벧엘과 아이 사이 곧 전에 장막 쳤던 곳에 이르니 그가 처음으로 제단을 쌓은 곳이라 그가 거기서 여호와의 이름을 불렀더라.(창세기 13:3~4)

하나님 은혜로 아브람과 동행한 조카 롯도 복을 받았다. 아브람도 롯도 양과 소가 늘어났고 그로 인해 그 장소는 함께 동거하기에는 더 이상 넉넉하지 못했다. 심지어 아브람의 가축의 목자들과 롯의 가축의 목자들 사이에 다투는 일이 번번이 발생하기에 이르렀다. 그러자 아브람은 조카 롯에게 분가할 것을 제안했다.

> 아브람이 롯에게 이르되 우리는 한 친족이라 나나 너나 내 목자나 네 목자나 서로 다투게 하지 말자. 네 앞에 온 땅이 있지 아니하냐 나를 떠나가라 네가 좌하면 나는 우하고 네가 우하면 나는 좌하리라.(창세기 13:8~9)

이때 아브람은 통 크게 양보하며 조카 롯에게 먼저 좋은 땅을 취할 것을 권했다. 그러자 롯은 주저 없이 눈에 보기 좋은 땅을 택하여 그의 소유를 가지고 떠났다.(창세기 13:10~13) 롯이 택한 땅은 처음에는 가축을 키우기에 좋은 땅이었지만 사람들의 타락으로 멸망하게 된다. 그곳이 바로 소돔과 고모라다.(창세기 19:24~25) 아브라함의 믿음과 기도 덕분에 롯과 그의 딸들은 목숨을 구했지만 믿음이 없었던 아내는 뒤를 돌아보지 말라는 명령을 어기는 바람에 소금 기둥이 되고 말았고 소돔과 고모라는 심판을 받았다.

> 롯의 아내는 뒤를 돌아보았으므로 소금 기둥이 되었더라. 아브라함이 그 아침에 일찍이 일어나 여호와 앞에 서 있던 곳에 이르러 소돔과 고모라와 그 온 지역을 향하여 눈을 들어 연기가 옹기 가마의 연기같이 치솟음을 보았더라.(창세기 19:26~29)

하나님이 창조하신 만물은 서로 연결되어 있어 서로 영향을 주고받는다. 믿음으로 소통하느냐 불신으로 불순종하느냐에 따라 축복의 땅이 되기도 하고 저주의 땅이 되기도 한다. 나의 믿음과 순종으로 나의 가족이 구원받을 수도 있고(사도행전 16:31~32) 나의 중보기도로 이웃들에게 은혜와 평안을 끼칠 수도 있다.(시편 122:6) (누가복음 10:5~6) 또 나의 믿음과 순종으로 내가 밟고 있는 땅이 축복의 장소가 될 수 있고 불순종으로 멸망의 땅이 될 수 있다.(창세기 3:17~19) (열왕기상 2:12)

> 내가 네게 명령한 것이 아니냐. 강하고 담대하라. 두려워하지 말며 놀라지 말라 네가 어디로 가든지 네 하나님 여호와가 너와 함께 하느니라 하시니라.(여호수아 1:9)

장소의 운명은 사람에게 달려 있다. 국가도 자치단체도 회사도 사람을 잘못 뽑으면 나라와 지역과 회사가 망할 수밖에 없다. 지도자, 관리자, 선생 등 누군가를 이끌고 영향력을 미치는 사람의 역할이 얼마나 중요한지를 알아야 한다. 그런 면에서 교회도 마찬가지다. 목회자나 믿음의 지도자들이 어떻게 하느냐에 따라 복음의 전진기지가 될 수도 있고 복음의 장애요인이 될 수도 있다. 국가나 왕이라는 개념이 없었을 때 가족이나 친족 중심의 사회에서는 아브라함 같은 족장의 역할이 아주 중요했었다. 그의 믿음으로 자신은 물론 롯의 가족까지 구원받을 수 있었다. 더구나 아브라함은 줄곧 순종의 길을 걸음으로써 믿음의 조상으로서 후세에도 축복의 언약을 이어갈 수 있게 되었다.

> 내가 너로 큰 민족을 이루고 네게 복을 주어 네 이름을 창대하게 하리니 너는 복이 될지라. 너를 축복하는 자에게는 내가 복을 내리고 너를 저주하는 자에게는 내가 저주하리니 땅의 모든 족속이 너로 말미암아 복을 얻을 것이라 하신지라.(창세기 12:2~3)

하나님은 사람의 믿음과 순종 여부에 따라 복도 주시고 복을 거두어가시기도 하신다. 여기서 주의할 것은 복이라고 하면 로또 같은 행운이나 부귀영화, 입신출세 등을 얘기하는 것이 아니다. 하나님의 자녀, 하나님 나라의 백성이 되어 영혼이 평안을 얻고 영생을 누리는 것을 말한다.

예수 그리스도는 공생애를 시작하시면서 하신 첫 가르침이 복에 관한 것이었다. 일명 산상수훈山上垂訓이라고 부르기도 하고 팔복八福설교라고도 한다. 세속적인

복의 개념과는 달라서 당황할 수도 있지만, 생각해보면 그런 사람들이 될 때 비로소 천국 시민으로서 자격이 있겠다는 것을 수긍할 수밖에 없다.

> 심령이 가난한 자는 복이 있나니 천국이 그들의 것임이요. 애통하는 자는 복이 있나니 그들이 위로를 받을 것임이요. 온유한 자는 복이 있나니 그들이 땅을 기업으로 받을 것임이요. 의에 주리고 목마른 자는 복이 있나니 그들이 배부를 것임이요. 긍휼히 여기는 자는 복이 있나니 그들이 긍휼히 여김을 받을 것임이요. 마음이 청결한 자는 복이 있나니 그들이 하나님을 볼 것임이요. 화평하게 하는 자는 복이 있나니 그들이 하나님의 아들이라 일컬음을 받을 것임이요. 의를 위하여 박해를 받은 자는 복이 있나니 천국이 그들의 것임이라. 나로 말미암아 너희를 욕하고 박해하고 거짓으로 너희를 거슬러 모든 악한 말을 할 때에는 너희에게 복이 있나니 기뻐하고 즐거워하라 하늘에서 너희의 상이 큼이라 너희 전에 있던 선지자들도 이같이 박해하였느니라. (마태복음 5:3~12)

창조 순서를 보면 장소는 사람보다 앞선다. 혼돈 속에서 질서를 잡으시고 장소를 하나하나 창조하셨다. 마지막으로 사람을 창조하시고 그 모든 장소를 사람에게 지키고 가꾸라고 위임하셨다. 그 시험대가 바로 에덴동산이었다. 아담은 인류 최초의 동산지기(정원사)가 되었다. 그런데 실험은 실패로 끝나고 말았다. 하나님이 허락하신 자유의지를 잘못 사용하여 하나님의 신뢰를 저버린 것이다. 최초의 사람 아담은 더 이상 신성한 장소인 에덴동산에는 어울리지 않는 사람이 되었다. 그래서 불가피하게 그곳을 떠나게 할 수밖에 없었다. 그렇다고 하나님이 매정하게 떠나보낸 것은 아니었다. 혹여나 들짐승에게 해를 당할까 우려되어 가죽옷을 입히셨고 (창세기 3:21) 이후 동생 아벨을 죽인 가인에게도 사람들이 해치지 못하도록 죽음을 면할 수 있는 표를 주셨다.

> 여호와께서 그에게 이르시되 그렇지 아니하다 가인을 죽이는 자는 벌을 칠 배나 받으리라 하시고 가인에게 표를 주사 그를 만나는 모든 사람에게서 죽임을 면하게 하시니라. (창세기 4:15)

이런 하나님의 사랑과 은혜에도 아랑곳하지 않고 사람들의 죄악은 계속되었다.

그렇다면 죄악의 근원은 무엇인가? 자신을 지으시고 아낌없는 은혜를 주신 하나님을 믿지 않고 순종하지 않는 것이다.(시편 100:3) (잠언 9:10)

> 이 백성은 내가 나를 위하여 지었나니 나를 찬송하게 하려 함이니라.(이사야 43:21)

하나님은 끊임없이 참으시며 다시 돌아오기를 기다리며 축복의 말씀을 전하지만 사람들은 언제 그랬냐는 듯이 다시 하나님의 이름을 부르지 않고 자신의 자유의지를 세속적으로 사용한다. 하나님께 순종하면 사람이 땀을 흘려서 얻은 것보다 훨씬 더 좋은 것을 얻을 수 있음에도 불구하고 사람들은 하나님의 은혜를 저버린 것이다.

> 여호와가 너를 항상 인도하여 메마른 곳에서도 네 영혼을 만족하게 하며 네 뼈를 견고하게 하리니 너는 물 댄 동산 같겠고 물이 끊어지지 아니하는 샘 같을 것이라.(이사야 58:11)

사람들의 죄악은 에덴동산이나 구약시대에 국한하지 않는다. 오늘을 살아가는 우리도 예외는 아니다. 여전히 하나님의 뜻에서 벗어난 생각과 말과 행동으로 살아가고 있다. 그렇다면 어떻게 이런 문제를 해결할 수 있을까? 결론부터 말하면 창조주이신 하나님에 대해 아는 것, 믿는 것, 순종하는 것을 회복해야 한다. 그렇게 될 때 자신의 정체성을 인지하게 되고 자신이 어떤 생각과 말과 행동을 해야 하는지 알게 된다.

하나님이 우리를 얼마나 귀하게 여기시고 사랑하는지 비로소 깨닫게 될 것이다. 기본적으로 하나님이 창조주시라는 사실을 믿어야 한다. 그렇지 않으면 자기가 가지고 있는 것, 누리고 있는 것이 전부 자신의 공로라고 생각하고 자만에 빠지기 쉽다. 가진 자는 없는 자를 업신여기고 권력 있는 자는 약자를 얕잡아보고 부리려고 한다. 지식인은 불완전한 지식으로 지식이 없는 사람들을 엉뚱한 데로 인도하려 한다. 하나님의 이름은 부르지 않고 자신의 이름을 높이는데 열을 올린다. 시날 평지에서 바벨탑을 건설했던 사람들이 그런 이유로 인해 망했다.

> 또 말하되 자, 성읍과 탑을 건설하여 그 탑 꼭대기를 하늘에 닿게 하여 우리 이름을

내고 온 지면에 흩어짐을 면하자 하였더니 여호와께서 사람들이 건설하는 그 성읍과 탑을 보려고 내려오셨더라. 여호와께서 이르시되 이 무리가 한 족속이요 언어도 하나이므로 이같이 시작하였으니 이후로는 그 하고자 하는 일을 막을 수 없으리로다. 자, 우리가 내려가서 거기서 그들의 언어를 혼잡하게 하여 그들이 서로 알아듣지 못하게 하자 하시고 여호와께서 거기서 그들을 온 지면에 흩으셨으므로 그들이 그 도시를 건설하기를 그쳤더라.(.창세기 11:4~8)

말하자면 세상의 주인이 자신인 것처럼 교만을 향해 치닫게 된다. 종국에는 그것이 하나님 만나는 일을 방해하는 것이라는 사실을 알게 될 것이고 패망의 지름길이라는 것을 결국 알게 될 것이다.

교만은 패망의 선봉이요 거만한 마음은 넘어짐의 앞잡이니라.(잠언 16:18)

세상의 모든 피조물은 하나님으로부터 나왔다. 우리가 인지하고 있는 해, 달, 별, 바다, 하늘, 땅 등 이 모든 것들 하나하나에 하나님의 지혜가 녹아 있다. 여전히 하나님은 자신의 뜻 안에서 한 치의 오차도 없이 우주를 운영하고 계신다. 지구와 태양의 거리, 별과 별 사이의 간격, 산소의 양, 햇빛의 세기, 늦은 비 이른 비 등을 조절하시면서 운행하신다. 하나님을 사랑하며 하나님께 마음과 뜻을 두면 풍요를 누릴 것으로되, 반대로 물질이나 우상을 섬기면 하나님의 은혜를 누릴 수 없게 될 것이다.

네 하나님 여호와께서 돌보아 주시는 땅이라 연초부터 연말까지 네 하나님 여호와의 눈이 항상 그 위에 있느니라. 내가 오늘 너희에게 명하는 내 명령을 너희가 만일 청종하고 너희의 하나님 여호와를 사랑하여 마음을 다하고 뜻을 다하여 섬기면 여호와께서 너희의 땅에 이른 비, 늦은 비를 적당한 때에 내리시리니 너희가 곡식과 포도주와 기름을 얻을 것이요. 또 가축을 위하여 들에 풀이 나게 하시리니 네가 먹고 배부를 것이라. 너희는 스스로 삼가라 두렵건대 마음에 미혹하여 돌이켜 다른 신들을 섬기며 그것에게 절하므로 여호와께서 너희에게 진노하사 하늘을 닫아 비를 내리지 아니하여 땅이 소산을 내지 않게 하시므로 너희가 여호와께서 주신 아름다운 땅에서 속히 멸망할까 하노라.(신명기 11:14~17)

우리는 우리에게 주어진 은혜와 평강을 당연한 것처럼 여기며 감사하는 것조차도 주저한다. 만약 하나님이 손을 놓고 아무 일도 하시지 않는다면 혼돈과 흑암과 공허의 상태로 되돌아가 버릴 것이다.

> 여호와께서 집을 세우지 아니하시면 세우는 자의 수고가 헛되며 여호와께서 성을 지키지 아니하시면 파수꾼의 깨어 있음이 헛되도다. 너희가 일찍이 일어나고 늦게 누우며 수고의 떡을 먹음이 헛되도다. 그러므로 여호와께서 그의 사랑하시는 자에게는 잠을 주시는도다. (시편 127:1~2)

아리스토텔레스는 혼돈은 미숙하고 형태를 갖추지 못한 상태라 해도 없는 장소의 한 종류가 아니라 모종의 장소라고 했다.[82] 이는 창조주 하나님의 본격적인 창조 이전의 상태도 이미 장소라는 개념은 있었다고 말하는 것이다. 그렇다면 우주 만물의 창조를 통해 무엇을 배워야 할까?

첫째, "스스로 있는 자"로서의 창조주 하나님의 본질을 우주 만물을 통해 드러냈다는 점을 들 수 있다. 그것은 바로 창조적 지혜이고 그것을 운행하시며 모든 것을 주관하시는 전능하신 하나님이라는 사실이다. 둘째, 그 모든 창조물이 주는 유익을 함께 누릴 대상으로서 사람을 생각하시고 창조하셨다는 점이다.

사람이라는 창조물에게 특별히 의미를 부여하셨으며 자신의 일부 형상을 닮게 창조하셨다는 점은 아주 특별하고 파격적인 은혜. 모든 만물을 통해 하나님을 알 수 있지만 특히 사람을 통해 하나님의 신성을 가장 많이 알 수 있다는 점이다. 창의력, 의로움, 선함, 지혜, 아름다움 등은 하나님으로부터 받을 수 있는 것들이다.

그러기 위해서는 하나님과 소통할 수 있어야 하는데 그 수단이 믿음과 순종이라는 것이다. 하나님은 믿고 순종할 때 그것들을 받을 수 있고 더한 것도 주신다는 것이다. 그것을 증명한 대표적인 사건이 하나님의 독생자 신분으로 오신 예수 그리스도를 십자가의 죽음에 아낌없이 내놓으셨다는 사실이다. 우리가 상상할 수 있는 사랑의 수준이 아니었다.

삼위일체 하나님이라는 관점에서 보면 우리 한 사람 한 사람을 구원하기 위해 자신을 죽음 앞에 내놓으신 것이다. 이 얼마나 숭고한 사랑인가! 사랑은 쌍방향일 때 열매를 맺을 수 있다. 하나님의 숭고한 사랑에 우리가 할 수 있는 일은 거의 없다. 다만 기뻐하고 감사하고 기도하며 하나님을 영화롭게 하는 일이 전부다.(데 살로니가전서 5:16~18) 구원의 핵심 키워드가 무엇인지 알아야 한다. 그것은 '생명'이다. 그 생명의 핵심은 '영혼'이라는 사실이다. 그래서 육적인 삶과 영적인 삶을 분별하라고 성경은 그토록 강조한 것이다.

> 육으로 난 것은 육이요 영으로 난 것은 영이니 내가 네게 거듭나야 하겠다 하는 말을 놀랍게 여기지 말라.(요한복음 3:6~7)

태초부터 사람은 영을 담은 그릇 혹은 장소라고 할 수 있는 성전으로 창조되었다는 점이다. 하나님의 영이 거하시는 장소인 사람은 세상의 온갖 것들로 채우다 보니 하나님의 영이 자리할 곳이 없는 것은 예수님이 이 땅에 오셔서 "머리 둘 곳이 없다"고 하신 말씀과 맥락을 같이 한다.

> 예수께서 이르시되 여우도 굴이 있고 공중의 새도 거처가 있으되 인자는 머리 둘 곳이 없다 하시더라.(마태복음 8:20)

예를 들면 자기 집에 손님이 와 있는데 말 한마디 시키지 않고 집주인이 자기 할 일만 한다면 손님 입장에서는 얼마나 불편할 것인가를 생각해보면 알 것이다. 하나님은 영이시므로 영적으로 소통하고 싶은데 사람은 전혀 다른 세속적인 생각에 여념이 없으니 하나님의 은혜 안으로 들어갈 수가 없는 것이다. 어쩌다 어려운 기회를 잡아 예수님을 집으로 모시게 된 마리아와 마르다의 자매 이야기는 그런 관점에서 이해하기 좋은 사례이다. 음식을 대접하려는 마르다의 정성도 대견하기는 하다. 마리아는 비록 마르다를 돕지는 않았지만, 예수님 발치에서 한 말씀이라도 더 들으려고 귀를 기울였다. 그러자 마르다가 예수님께 마리아도 자신을 돕도록 말씀해주시라고 요청했다.

그런데 뜻밖에도 예수님은 마르다보다 마리아의 선택이 더 옳았다고 마리아 편을 드신 것이다. 인간적으로는 마르다가 서운할 수 있는 장면이다. 예수님은 매일 먹는 음식보다도 영적인 이야기에 관심을 기울인 마리아가 더 현명하다고 판단하신 것이다. 그렇다. 성경은 먹고 마시는 문제 혹은 세속적인 행복에 대해 이야기하는 것이 아니다. 바로 영적인 이야기, 요컨대 사람의 생명을 구하는 문제를 이야기하고 있다.

> 그들이 길 갈 때에 예수께서 한 마을에 들어가시매 마르다라 이름하는 한 여자가
> 자기 집으로 영접하더라. 그에게 마리아라 하는 동생이 있어 주의 발치에 앉아 그
> 의 말씀을 듣더니 마르다는 준비하는 일이 많아 마음이 분주한지라 예수께 나아
> 가 이르되 주여 내 동생이 나 혼자 일하게 두는 것을 생각하지 아니하시나이까 그
> 를 명하사 나를 도와 주라 하소서. 주께서 대답하여 이르시되 마르다야 마르다야
> 네가 많은 일로 염려하고 근심하나 몇 가지만 하든지 혹은 한 가지만이라도 족하
> 니라 마리아는 이 좋은 편을 택하였으니 빼앗기지 아니하리라 하시니라.(누가복음
> 10:38~42)

> 살리는 것은 영이니 육은 무익하니라. 내가 너희에게 이른 말은 영이요 생명이
> 라.(요한복음 6:63)

우리가 세상일로 너무 바빠서 혹은 관심사가 너무 달라서 예수님과 대화할 시
간이 없는 것이 아닌지 되돌아보게 하는 말씀이다. 에덴동산에서 추방당한 이후
인류 역사는 하나님의 뜻에서 멀어진 육체적 탐욕과 세속적 안목의 역사라고 해
도 과언이 아니다. 그런데 또 다른 역사의 반전이 일어났는데 바로 예수 그리스도
의 등장이다. 그분의 궁극적인 목적인 육체적인 삶에 치중하고 있는 인류를 영적
인 삶으로 대체하려는 것이다. 그래서 하나님과의 관계 개선을 통해 인간의 본성
을 회복하고자 한 것이다.

예수 그리스도를 믿는다는 것은 하나님의 새로운 창조에 참여하겠다는 결단이
다. 그와 관련된 명백한 의도를 알 수 있게 해주는 것이 바로 성경이다. 어떤 의도
로 읽고 어떻게 받아들일 것인가는 매우 중요하다.(히브리서 4:12) (디모데후서 3:15~17)
무엇보다 구원에 이르는 지혜를 얻을 수 있고, 하나님의 사람으로 온전하게 자
라게 해준다는 점이다. 사람의 정체성을 깨닫게 해주는 동시에 인생에는 시작
과 끝이 있다는 것을 알게 해주고 그 모든 주권이 하나님께 있다는 것을 가르쳐
주고 있다.

나를 저버리고 내 말을 받지 아니하는 자를 심판할 이가 있으니 곧 내가 한 그 말이

마지막 날에 그를 심판하리라.(요한복음 12:48)

사람의 정체성은 하나님을 알지 못하고서는 도저히 이해할 수 없다. 하나님은 사람이 자신에 대해 알기를 바라시기 때문에 말씀이라는 수단으로 소통하신 것이다.

너희가 내 안에 거하고 내 말이 너희 안에 거하면 무엇이든지 원하는 대로 구하라 그리하면 이루리라.(요한복음 15:7)

성경을 읽는 동안 하나님께서 영적 감동으로 우리에게 진리를 깨닫도록 해주신다. 하나님과 우리가 단순히 문자적인 이해정도를 넘어선 소통이 이루어질 수 있는 것은 우리에게도 하나님의 형상을 닮은 영이 있기 때문이다.

예수께서 이르시되 너희 율법에 기록된 바 내가 너희를 신이라 하였노라 하지 아니하였느냐. 성경은 폐하지 못하나니 하나님의 말씀을 받은 사람들을 신이라 하셨거든 하물며 아버지께서 거룩하게 하사 세상에 보내신 자가 나는 하나님의 아들이라 하는 것으로 너희가 어찌 신성모독이라 하느냐.(요한복음 10:34~35)

세상의 모든 피조물은 말씀으로 창조되었듯이 성경은 여전히 창조 능력을 발휘한다. 사람은 이미 창조된 하나님의 선물을 최대한 누리되 여전히 계속되고 있는 하나님의 창조 사역에 적극적으로 동참해야 한다. 그러기 위해서는 영의 양식인 말씀을 섭취함으로써 에너지를 얻어야 할 것이다.

하나님의 말씀은 살아 있고 활력이 있어 좌우에 날선 어떤 검보다도 예리하여 혼과 영과 및 관절과 골수를 찔러 쪼개기까지 하며 또 마음의 생각과 뜻을 판단하나니(히브리서 4:12)

예수께서 대답하여 이르시되 기록되었으되 사람이 떡으로만 살 것이 아니요 하나님의 입으로부터 나오는 모든 말씀으로 살 것이라 하였느니라 하시니(마태복음 4:4)

사람이 가장 아름다울 때는 사람다울 때이다. 여기서 말하는 '사람다움'이란 하나님을 닮은 인격이 드러나야 한다는 점이다. 그것은 하나님의 영이 나를 지배할 때만 나타날 수 있는 현상이다. 따라서 지나치게 땅의 것에 시선을 두지 말고 하늘의 것을 생각해야 한다.

> 위의 것을 생각하고 땅의 것을 생각하지 말라.(골로새서 3:2)

> 너희를 위하여 보물을 땅에 쌓아 두지 말라 거기는 좀과 동록이 해하며 도둑이 구멍을 뚫고 도둑질하느니라 오직 너희를 위하여 보물을 하늘에 쌓아 두라 거기는 좀이나 동록이 해하지 못하며 도둑이 구멍을 뚫지도 못하고 도둑질도 못하느니라. 네 보물 있는 그 곳에는 네 마음도 있느니라.(마태복음 6:19~21)

하나님이 바라시는 바람직한 인간상人間像은 어떤 사람일까? 바로 예수 그리스도이시다. 예수 그리스도는 사람의 육신을 입고 오신 하나님이시다. 그분은 인간의 몸을 입으시고 하나님의 뜻을 온전하게 완성하신 분이다. 육체적인 품위도 잃지 않으셨지만, 무엇보다 영혼의 품격을 지키신 분이다. 자신을 철저하게 쳐서 순종함으로써 하나님의 이름을 영화롭게 하셨다.

첫 번째 사람 아담은 그런 면에서 실패했었다. 하나님 말씀보다는 그의 아내 하와의 말에 더 귀를 기울였으며, 하와도 남편에게 먼저 도움을 구하는 것이 아니라 뱀(사탄)의 말에 더 귀를 기울였다. 그들 모두 하나님과 충분히 소통할 수 있는 여건이었음에도 불구하고 하나님을 의지하지 않았다. 그것이 실패의 요인이었다. 그런데 마지막 아담으로 오신 예수 그리스도는 모든 일에 하나님의 뜻을 구했고 또 철저히 순종하셨다.

> 조금 나아가사 얼굴을 땅에 대시고 엎드려 기도하여 이르시되 내 아버지여 만일 할 만하시거든 이 잔을 내게서 지나가게 하옵소서 그러나 나의 원대로 마시옵고 아버지의 원대로 하옵소서 하시고(마태복음 26:39)

우리는 아담과 예수 그리스도 중 누구의 삶을 추구할 것인가?

> 아담 안에서 모든 사람이 죽은 것 같이 그리스도 안에서 모든 사람이 삶을 얻으리라.(고린도전서 15:22)

자신이 하나님과 호흡을 나눈 사이라는 사실, 하나님의 영을 모시는 성전이라는 사실을 알아채지 못했다면 그 사람의 믿음은 잘못된 것이다. 하나님의 영이 존재하지 않는 성전은 없고 하나님을 믿는데 영적이지 않은 사람은 있을 수 없다. 하나님의 영은 사람을 살리시는 영이시다. 그리스도인이라면 복음 전파에 관심이 있어야 하고 생명 구하는 일에 뜻을 두어야 한다. 그런데 세상은 만만치 않다. 여전히 사탄이 활동하고 있기 때문이다. 그런데 더 이상 걱정할 것은 없다. 이미 예수 그리스도 보혈의 승리로 사탄의 멸망을 선포하셨기 때문이다.

> 죄를 짓는 자는 마귀에게 속하나니 마귀는 처음부터 범죄함이라 하나님의 아들이 나타나신 것은 마귀의 일을 멸하려 하심이라.(요한일서 3:8)

예수 그리스도께서 이 땅에 오신 것은 우리를 죄와 사망으로부터 구원하기 위해서이고 하나님 나라의 백성으로서 영생을 누리도록 하기 위해서이다. 또한 사탄이 그동안 저지른 일을 심판하시고 멸하기 위해서 오신 것이다. 무엇보다 은혜로운 일은 하나님이 영원히 우리와 함께하시겠다는 언약을 하셨다는 점이다.

> 너희가 내 안에 거하고 내 말이 너희 안에 거하면 무엇이든지 원하는 대로 구하라 그리하면 이루리라. 너희가 열매를 많이 맺으면 내 아버지께서 영광을 받으실 것이요 너희는 내 제자가 되리라.(요한복음 15:7~8)

이제 주 안에서 평안과 자유를 누리면 되는 것이다. 지금 우리가 할 일은 하나님이 창조하신 장소를 그 목적에 걸맞게 지키고 가꾸어야 한다.(창세기 2:15) 무엇보다 내 마음을 새롭게 해야 한다.(로마서 12:2) 하나님의 뜻에 따라 산다는 것은 하나님을 사랑하고 이웃을 사랑하는 일이다.

> 예수께서 이르시되 네 마음을 다하고 목숨을 다하고 뜻을 다하여 주 너의 하나님을 사랑하라 하셨으니 이것이 크고 첫째 되는 계명이요. 둘째도 그와 같으니 네 이

웃을 네 자신 같이 사랑하라 하셨으니 이 두 계명이 온 율법과 선지자의 강령이니라.(마태복음 22:37~40)

온 세상이 사랑으로 가득할 때 허다한 죄는 사라질 것이며(베드로전서 4:8) 그곳은 평화로 넘쳐날 것이고 결국 하나님이 영광을 받으실 것이다. 하나님의 영광을 받으실 때 우리도 그 영광 안에 있는 것이다. 왜냐하면 하나님의 영이 우리 안에 계시고 우리도 하나님 안에 있기 때문이다. 우리는 다만 하나님이 허락하신 장소에서서 늘 하나님의 말씀을 청종해야 한다. 우리가 사는 모든 세상이 하나님이 허락하신 장소이다. 따라서 그 모든 곳이 축복의 장소가 될 수 있다. 이런 사실을 믿고 소망하고 기도하고 사랑하며 사는 것이 사람의 본분이다.

유신론자와 무신론자

성서와 과학은 우주와 신을 이해하는 데 필요한 거대한 경전이다.

The Bible and science are huge scriptures

needed to understand the universe and God.

조반니 바티스타 티에폴로Giovanni Battista Tiepolo, 1696년~1770는 이탈리아의 화가이다. 이 그림은 그의 작품 〈십자가의 예수 그리스도〉로 베네치아 아카데미 미술관이 소장하고 있다. 배경이 되고 있는 하늘에 암운이 드리워져 있고 말 위에서 긴 창을 휘두르고 있는 로마 병사와 슬픔을 가누지 못하고 오열하고 있는 성모 마리아의 모습 등이 두드러지는데, 이 장면에서 가장 눈에 들어오는 것은 역시 고통을 받고 있는 예수님과 양편에 위치하고 있는 행악자이다. 여기에서 한 사람은 예수님을 영접함으로 즉시 구원을 받았고, 다른 한 사람은 예수님을 비난하며 다른 길을 선택했다. 예수님은 죽는 순간까지도 생명 구하는 일을 멈추지 않으셨다.

일반적으로 유신론자는 신神의 존재를 믿는 사람을 가리키고 무신론자는 신이 존재하지 않는다고 생각하는 사람을 말한다. 세상에는 신에 대한 관념이 생각보다 다양하다. 유신론 가운데서도 범신론, 다신론, 유일신론 등이 있고 무신론의 경우도 초경험적인 것은 인식 불가능하다고 보는 불가지론자不可知論者들을 비롯해서 다윈의 진화론에 근거하여 신의 존재를 부정하는 진화론자들이 있다.

또 모든 피조물을 물질로 보고 인간의 탄생과 죽음을 원소들의 융합과 해체로 보는 유물론이 있다. 여기에는 빅뱅이론을 근거로 하는 무신론이 있는데 세계는 물질에서 비롯되었고 시간과 공간은 영원하며 신이 창조한 것이 아니라고 주장한다.

최근 베스트 셀러로 유명해진 책 가운데 무신론을 주장하는 책들이 적지 않다. 그 가운데 칼 세이건의 〈코스모스〉와 〈창백한 푸른 점〉, 리처드 도킨스의 〈눈먼 시계공〉과 〈만들어진 신〉, 그리고 유발 하라리의 〈사피엔스〉, 〈호모데우스〉 등이 대표적이다. 칼 세이건은 "지구 전체는 하나의 점에 불과하고 우리가 사는 곳은 그 점의 한구석에 지나지 않는다"는 마르크스 아우렐리우스의 〈명상록〉의 일부 내용을 인용한다.[83] 칼 세이건은 만약 우리가 중요하지 않고 중심도 못되며 신의 눈동자가 아니라면 신학적 기반에 세워진 우리의 도덕률은 무슨 의미가 있냐고 강조한다. 그는 이를 위해 1892년 영국의 평론지 스펙테이터Spectator에 실린 서명이 없는 폭로적 평론을 자신의 책 〈창백한 푸른 점〉에 소개한다.

"우리 지구를 태양계 안에서 적당하게 하찮은 것으로 격하시킨 행성들이 태양을 중심으로 운동한다는 사실의 발견은 동시에 지구 위의 이 우세한 종족을 지배했던 도덕률을 부당하게 '하찮은 것'으로 격하시킨 것이 확실하다. 이것은 뜻밖에도 영감을 준 저자들의 물리학이 잘못되었다는 증거가 발견되고 난 후에 그들의 도덕과 종교에 대한 신뢰감마저 부당하게 흔들리게 된 데에 일부 연유한다. 하지만 그 대부분은 인간이 자신을 '하찮은 것'으로 느끼는 데 연유한다. 왜냐하면 인간은 태양, 달, 별들이 우리의 둘레를 도는 우주 안의 중심이 아니라 아주 어두운 한 구석에 살고 있다는 것을 발견했기 때문이다. 인간은 스스로 신의 가르침이나 배려를 받은 어느 특별한 존재가 되기엔 너무나도 하찮은 존재로 느끼게 되었고 종종 느끼고 있음은 의심할 여지가 없다."[84]

그는 이를 토대로 질문을 이어간다. 우리는 실제로 철학과 종교로부터 무엇을 원하고 있는가? 완화제? 치료? 위안? 우리를 안심시켜줄 꾸며낸 이야기를 원하는가? 혹은 우리의 실제 상황을 이해하길 원하는가? 그는 조지 버나드쇼^{George Bernard} Show의 성 조안^{St. Joan}의 머리말을 인용하여 과학이 한편으로 인간의 속기 쉬운 먹이로 하여 믿음을 위협하고 이상한 세계관을 우리에게 강요하고 있다는 것을 말했다고 소개한다.

"중세 시대의 사람들은 지구가 평탄하다고 믿었는데 적어도 그들은 이에 대해서 감각적 증거를 가지고 있었다. 오늘날 우리는 지구가 둥글다고 믿고 있지만, 그것은 우리 가운데 1%의 사람들이 이처럼 이상한 믿음에 대한 물리적 이유를 말할 수 있기 때문이 아니라, 근대 과학이 우리를 다음과 같이 확신시켰기 때문이다. 즉 자명한 모든 것이 진리는 아니다. 마술적이고 있을 법하지 않고 비범하고 거대하거나 미세한 것, 무정하거나 터무니없는 것, 이런 모든 것이야말로 과학적이다."[85]

보이지 않는 것, 증거를 제시할 수 없는 것들이 과학적으로 증명되면서 과학이 종교의 위상을 위협하고 있다고 본 것이다. 그렇다고 모든 사람이 그렇게 생각하는 것은 아니다. 분명히 근대 과학은 인간을 우연의 소산으로 간주한다. 과학은 신에 대한 경외심을 거둬들이게 하고 사람마저도 하찮은 존재로 만들고 있다. 무엇보다 과학기술은 광대한 우주를 찾아 나섰고 그 우주에서 바라본 지구와 인간은 미미한 존재로 여기게 된 것이다. 그래서 칼 세이건은 단언한다. "우주는 인간이 중심이 아니고 인간을 위해서 만들어지지도 않았다"고 말한다. 그는 나아가 "우주는 신의 설계로 만들어지지 않았다"고 강하게 주장한다.

리처드 도킨스는 진화론이 세계가 설계되지 않았다는 것을 증명한다고 말했다. 그는 〈눈먼 시계공〉의 서문에서 다음과 같이 썼다. "인간은 한 때 모든 신비로운 존재 중 가장 위대한 존재로 알려졌다. 그러나 나는 우리 자신의 존재가 더 이상 신비하지 않다는 확신으로 이 책을 썼다. 왜냐하면 그 비밀이 풀렸기 때문이다. 다윈과 월리스가 그 비밀을 풀었다. 비록 당분간 우리가 그들의 각주를 다는 작업을 계속해야 하지만 말이다. 그런데 놀라운 사실은 너무도 많은 사람들이 이처럼 심오한 문제를 해명한 우아하고 아름다운 설명에 대해 모르고 있을 뿐 아니라, 믿기지도 않게 대부분의 사람들은 애초에 문제가 있었다는 사실조차 알지 못하고 있다."[86]

당시 다윈주의자들과는 상반된 의견을 제시한 학자가 있었는데 윌리엄 페일리^{William Paley, 1743~1805}였다. 그는 논문 〈자연신학^{Natural Theology}〉에서 다음과 같은 많은 유명한 구절로 이야기는 시작된다. "풀밭을 걸어가다가 돌 하나가 발에 차였다고 상상해보자. 그리고 그 돌이 어떻게 거기에 있게 되었는지 의문을 품었다고 가정해보자. 내가 알고 있는 것과는 반대로 그것은 항상 거기에 놓여 있었다고 답할 수 있을 것이다. 이 답의 어리석음을 입증하기란 그리 쉽지 않다. 그러나 돌이 아니라 시계를 발견했다고 가정해보자. 그리고 어떻게 그것이 그 장소에 있게 되었는지 답해야 한다면, 앞에서 했던 것 같은 대답, 즉 잘 모르지만, 그 시계는 항상 거기에 있었다는 대답은 거의 생각할 수 없을 것이다."[87]

도킨스는 이에 대해 반박한다. 페일리는 여기서 돌과 같은 자연적이고 물리적인 대상은 시계처럼 설계되고 제작된 대상 간의 차이를 구별한다. 계속해서 그는 시계 속의 톱니바퀴와 용수철의 형태가 갖는 정밀함을 자세히 서술하면서 그것들을 조립하는 것이 얼마나 복잡한지를 이야기한다. 만약 우리가 시계와 같은 대상을 풀밭 위에서 발견한다면 그것이 어떻게 세상에 존재하게 되는지 모른다고 할지라도 대상 자체의 정밀함과 내부 구조의 복잡함 때문에 다음과 같이 결론을 내릴 것이라고 말한다.

"시계는 제작자가 있어야 한다. 즉 어느 시대, 어느 장소에선가 한 사람 혹은 여러 사람의 제작자가 존재해야 한다. 그는 의도적으로 그것을 만들었다. 그는 시계의 제작법을 알고 있으며 그것의 용도에 맞게 설계했다. 또 도킨스는 테일러의 주장에 덧붙인다. 시계 속에 존재하는 설계의 증거, 그것이 설계되었다는 모든 증거는 자연의 작품에도 존재한다. 그런데 차이점은 자연의 작품 쪽이 상상을 초월할 정도로, 또는 그 이상으로 훨씬 복잡하다는 것이다."[88]

이에 뒤질세라 페일리는 사람의 눈과 망원경을 비교하여 설명하였다. 망원경이 인간의 설계를 통해 만들어졌듯이 눈도 반드시 설계자가 있어야 한다고 주장했다. 이에 대해 도킨스는 망원경과 눈을 비교하는 것, 그리고 시계와 생물을 비교하는 것은 오류라고 단언한다. 그는 비록 매우 특별한 비법으로 그 과정을 전개하였지만, 모든 자연현상을 창조한 유일한 '시계공'은 맹목적인 물리학적인 힘이다. 실제의 시계공은 앞을 내다볼 수 있다. 그는 마음의 눈으로 미래의 결과를 내다보면서 톱니바퀴와 용수철을 설계하고 그것들의 조립 방법을 생각한다. 다윈이 발견했고, 현재 우리가 알고 있는 맹목적이고 무의식적이며 자동적인 과정인 '자연선택'은 확실히 어떤 용도를 위해 만들어진 모든 생물 형태는 그들의 존재에 대한 설명이며, 거기에는 미리 계획한 의도 따위는 들어 있지 않다.

자연선택은 마음도, 마음의 눈도 갖고 있지 않으며 미래를 내다보며 계획하지 않는다고 했다. 만약 자연선택이 자연의 시계공 노릇을 한다면 그것은 '눈먼 시계 공'이라고 주장했다. 그의 책 제목이 바로 이 논리에 근거를 두고 있다. 도킨스는 다윈사상, 그 핵심 내용을 '자연선택'에서 모든 원인을 찾을 수 있다고 보았다. '시계공'과 '눈먼 시계공'에 대한 논쟁은 꽤 유명해졌고 양쪽 지지자들 간에 팽팽 한 논쟁이 이어진 것이 사실이다. 하지만 누가 이기고 지는 문제는 아니라고 본 다. 이렇게 간단하게 유신론과 무신론이 정리될 수 있다면 얼마나 좋을까? 그랬다 면 지금까지 논쟁이 치열하게 이어지고 있지는 않을 것이다.

도킨스가 훌륭한 생물학자인 것은 사실이지만 자연의 기원이나 자연의 원리를 속속들이 숙지한 가운데 이루어진 논쟁은 아닌 것 같다. 그냥 더 이상의 논쟁을 피 하려는 것인지 인간의 창조물과 자연의 창조물 사이의 차이점을 설명하려 한다. 자연은 미래를 설계한 것이 아니라, 자연선택에 따라 진화하면서 예측할 수 없는 방향으로 진행된다고 설명한 것이다. 그래서 마음이나 마음의 눈 따위는 거론의 대상이 아니라는 것이다.

이 논리도 모순이자 과학의 한계인 것이 사람이라는 존재를 육체의 생리적 특성 만을 가지고 논한다면 인간을 동물의 범주에 두고 논하는 것 그 이상도 그 이하도 아닐 것이기 때문이다. 사람의 정체성이 진화의 과정만으로 설명할 수 있다는 말 인가? 진화론 자체도 아직 결론이 난 연구 결과도 아닐뿐더러 더 중요한 것은 사 람은 마음, 정신 등을 담고 있는 '영혼'이 엄연히 존재한다는 사실이다.

진화론주의자나 여타 무신론자들은 이 영혼의 문제를 도외시하고 있다. 그러다 보니 눈으로 인식되는 대로 인간을 바라보게 되고, 사람을 영장류 동물로 격하시 키며 인간을 하찮은 혹은 미미한 존재로 전락시키고 있다. 그들의 주장 속에서 인 간의 존엄성은 찾아보기 힘들다. 역사, 과학 등의 지식을 통틀어 고찰해보더라도 세상에는 자연선택만 있는 것이 아니라 인간의 선택, 신의 선택이 있을 수 있음을 놓치고 있는 것은 아닌지 생각해볼 필요가 있다.

최근에 가장 주목받고 있는 무신론 작가가 있는데 바로 유발 하라리다. 그는 〈사피엔스〉〈호모데우스〉〈21세기를 위한 21가지 제안〉〈넥서스〉 등이 연속적으 로 베스트셀러가 되면서 인기 작가의 반열에 올랐다.

유발 하라리는 인류 역사를 138억 년 전부터 시작된 것으로 추정하며 오차범위 는 3,700만 년 정도로 보고 있다. 그리고 45억 년 전 지구 행성이 형성되었고 38억 년 전 생명체가 등장했다고 보았으며 6백만 년 전 인간과 침팬지의 마지막 공통 조상이 있었으며, 259만 년 전 아프리카에서 인류 진화가 시작되었다고 보았는데 이는 석기시대이다. 30만 년 전 아프리카에서 호모사피엔스로 진화가 이루어졌으며 7만 년 전 인지혁명이 일어나 스토리텔링이 시작되었으며 그것이 인류의 역사가 시작된 것이라고 설명하고 있다.

또 12,000년경 농업혁명이 일어나 동물의 가축화, 식물의 작물화가 시작되었으며 오백 년 전 과학혁명으로 인류 스스로 무지를 인정하고 전대미문의 힘을 얻기 시작하게 되었다. 200년 전 산업혁명으로 가족 공동체가 국가와 시장으로 대체되었고 이와 더불어 동식물의 대량멸종이 이루어졌다고 보고 있다.

그러면서 현재 인간은 기구라는 것을 통해 행성의 경계를 초월하고 있고 핵무기가 인류의 생존을 위협하고 있으며 생명체의 형태가 자연선택보다 지적 설계에 의해 결정되는 경향이 커지고 있다고 밝히고 있다. 그는 인류의 미래에 대한 세 가지 질문을 던진다. 첫째, 지적 설계가 생명의 기본 원리가 될 것인가? 둘째, 최초의 비유기적 생명체가 나타나는가? 셋째, 인간은 신이 될 것인가?

유발 하라리의 책들은 몇 가지 흥미로운 특징을 지니고 있다. 인류 전체 역사를 총체적으로 다루고 있다는 점이다. 과학, 정치, 사회문화, 종교 등에 관한 방대한 데이터에 상상력을 가미하여 쓴 역사서 같기도 하고 흥미로운 공상소설처럼 느껴지기도 한다. 저자는 한 강연에서 자신의 책은 미래의 예언서가 아니라고 단언했다. 그러면서도 다가올 미래를 어떻게 맞이할 것인지에 대해 전 인류가 함께 고민할 수 있으면 좋겠다는 생각을 밝히기도 했다. 그의 책들이 다양한 분야를 취급하고 있고 다양한 자료를 제시하고 있음에도 불구하고 이미 자신의 머릿속의 프레임에 따라 목적 지향적인 서술을 이어가고 있다는 느낌이 강하게 든다.

과학기술이 종교를 대체했다고 서술하면서도 과학기술이 인간을 신의 위상으로 만들 것인지에 대해서는 결론을 내지 않는다. 말하자면 많은 숙제를 해결하기 위해서는 사람들이 하기 나름이라며 인류에게 떠넘기는 식으로 서술하고 있다. 비교적 그가 일관성 있게 밝히고 있는 것은 자신이 무신론자라는 점이다. 인류의 위기를 말하면서도 신에게 의지해야 한다거나 신의 지혜를 빌려야 한다는 등에 대해서는 전혀 언급하지 않고 오직 인류 스스로 해결해야 한다고 강조한다. 그가 근거로 사용하고 있는 데이터들은 진화론, 물리학 등 과학지식, 고고학을 비롯한 역사 지식, 신에 대한 불가지론 등에 제한된 것들이 대부분이다.

그는 신神은 존재하는가?에 대한 대답으로 머릿속에 어떤 신을 떠올리느냐에 달려 있다고 대답한다. 우주의 신비? 아니면 세상의 입법자? 사람들은 신에 대해 이 야기할 때 가끔 경이로운 수수께끼를 두고 이야기한다고 말하고 그것에 관해 우 리가 아는 것이 전혀 없다고 말한다. 그는 우리가 불가사의한 신을 불러오는 것 은 가장 심오한 우주의 수수께끼를 설명하려 들 때라고 말한다. 왜 아무것도 없지 않고 무엇인가 존재하는가? 근본적인 물리법칙은 어떻게 생겨났나? 의식이란 무 엇이며 어디서 비롯되었는가? 이런 질문들에 대한 답을 우리는 알지 못한다는 것 이다. 이런 무지에 우리는 신이라는 거창한 이름을 부여하고 있다[89]고 주장한다.

그는 자신이 무신론자임을 강조하며 신은 한낱 의미론적 문제에 불과하다고 주 장한다. 그의 말에 따르면 신[God]이라는 단어는 사용처에 따라 다르다는 것이다. IS(이슬람 국제테러조직)의 신, 십자군의 신, 종교재판관의 신, "신은 동성애자를 미워 한다"라고 쓴 배너 속의 신을 떠올린다고 말한다. 반면, 존재의 신비를 생각할 때 는 신이 아닌 다른 용어를 즐겨 사용한다고 말한다. 그러면서 "존재의 신비는 우 리와 같은 유인원이 거기에 어떤 이름을 붙이든 털끝만큼도 관심이 없다"[90]고 단 언한다. 그는 자신의 이성으로 이해되지 않는 것은 배제하거나 관심을 갖지 않는 다고 말하는 것만 보아도 그의 사고체계가 얼마나 프레임에 갇혀있는지 알 수 있 다. 차라리 비트겐슈타인처럼 "알지 못하는 것은 침묵해야 한다"고 해야 하지 않 을까? 그것이 정직한 지성인의 자세가 아니겠는가.

유발 하라리는 자신이 철저하게 세속주의적인 사고체계를 갖고 있다고 말하고 있다. 그렇다면 그가 생각하는 세속주의는 무엇일까? 종교적으로는 세속주의를 부정적으로 생각한다. 그런데 그는 세속주의자는 종교에 반대하는 입장이라기보 다는 나름대로 일관된 가치 기준으로 규정되는 대단히 긍정적이며 적극적인 세계 관이라고 말한다. 그는 가장 중요한 세속주의 가치는 '진실'이라고 말한다.

단지 믿음이 아닌 관찰과 증거를 기반으로 하는 진실을 말한다. 말하자면 믿음 은 일종의 세뇌작용으로 자신을 조절하지만, 그것이 진실이라는 증명을 해주지 못한다는 것이다. 세속주의자들은 스스로 모습을 드러내는 한, 어디에서 나온 것 이든 신성시한다고 말한다. 세속주의자들이 중시하는 또 다른 가치는 '연민'이다. 세속주의 도덕률은 이런저런 신의 명령에 복종하는 것이 아니라 고통을 깊이 헤 아리는 데서 나온다고 말한다.

또 세속주의자는 '책임'을 소중히 여긴다고 말한다. 세속주의자는 어떤 상위의 힘이 있어서 세상을 돌아보고 사악한 자를 벌하며, 의로운 자에게 보상하며 우리를 기근과 전염병과 전쟁에서 보호해준다고 믿지 않는다. 따라서 피와 살로 된 인간이 우리가 행하는 -그리고 하지 않는- 모든 것에 전적으로 책임져야 한다. 세상이 온통 비참한 상태에 있다면 해법을 찾는 것이 우리의 의무라고 주장한다.[91]

그러면서 하라리는 인류가 탐심의 시대를 살아왔다고 진단한다. 호모사피엔스 특유의 힘은 허구를 만들고 그것을 믿는 데서 나온다고 보았다. 호모사피엔스가 이 행성을 정복한 것도 허구를 만들고 퍼뜨리는 독특한 능력 덕분이었다고 말한다. 그는 성경이 진실인지 허구인지에 대한 증거는 없다고 했는데 이브가 사탄의 유혹에 빠져 선악과를 따 먹었다는 증거는 전혀 없다고 말한다. 모든 불신자는 죽은 영혼이 지옥에서 불타거나 브라만 계급과 불가촉천민 계급의 결혼은 우주의 창조자가 싫어한다는 말도 마찬가지라고 강조했다. 수십억 사람들은 수천 년 동안 이런 이야기를 믿어왔다는 것이다. 이런 종교는 허구이어서 가짜뉴스에 포함되어야 한다[92]고 주장한다.

그가 예로 든 사례는 최고의 지식인이 거론할 정도의 적절한 예인가를 생각해볼 때 실망감을 금할 수 없다. 그는 성경의 위상이 신적 계시에 의한 오류가 없는 말씀이라고 가정한다면, 쿠란, 탈무드, 그리고 아우구스투스나 클라우디우스 같은 로마 황제의 신성은 어떻게 봐야 할까? 로마 원로원은 자신들에게 사람을 신으로 바꿀 수 있다고 주장했고 황제 시민들은 이러한 신을 섬기는 것을 당연시했다고 말하며 그것 역시 허구였다는 점을 들어 비교한다.

참으로 어처구니없는 비교다. 도대체 그가 생각하는 신은 무엇인지 궁금할 따름이다. 그냥 우리가 일컫는 성인聖人들 쯤으로 생각하거나 하찮은 신화에 나오는 신들의 이야기에 갇혀있는 것이 아닐까. 말하자면 토테미즘, 샤머니즘, 그리스신화, 로마신화 등에 등장하는 신의 이미지를 떠올리며 얘기하는 듯한 인상을 받는다. 그가 역사와 과학을 연구한 열정으로 성경을 조금이라도 읽어보았다면 이런 정도의 비교는 물론이고 이 같은 형이하학적인 신의 이야기를 하지는 않았지 않았을까 하는 아쉬움이 크다.

하라리는 우리에게 의미와 정체성을 부여하는 이야기는 모두가 허구이지만, 인간은 그것을 믿어야 할 필요가 있다고 말한다. 인간이 허구이지만 믿고 싶어 하는 이유는 분명하다고 하면서도 어떻게 해서 실제로 믿는지는 불분명하다고 말했다. 이미 수천 년 전에 사제들과 무당들은 그 대답을 찾았는데 그것은 '의식儀式'이라고 말한다. 의식은 허구적인 것을 실제로 만드는 마술적 행위로 보았고 의식의 핵심은 바로 마법의 주문이라는 것이다.

그는 구체적으로 예를 든다. 천주교 사제는 미사를 집전하면서 빵조각과 포도주 한 잔을 들고서 빵은 그리스도의 살이며 포도주는 그리스도의 피라고 말하면서 그것을 먹으면서 그리스도와 교감을 얻는다고 말한다. 라틴어로 '호크 에스트 코르푸스Hoc est corpus'는 '이것은 그리스도의 몸이다'라는 뜻이다. 말하자면 사제가 성도들에게 빵과 포도주를 주면서 이런 의식을 행한다는 것이다. 라틴어를 모르는 사람들은 그 말을 '호쿠스 포쿠스Hocus pocus'로 잘못 알아들었고 그 후 이것이 개구리를 왕자로 변하게 하고 호박을 마차로 바꿔놓는 강력한 주문으로 거듭났다고 주장한다.[93]

하라리의 글을 읽으면서 느낀 점은 성경의 본질을 제대로 이해하지 못하고 있다는 생각이 들었다. 이는 바리새인들과 서기관들이 율법을 지나치게 문자적으로 해석하는 것과 그다지 다르지 않다는 생각이 든다. 요컨대 형식이나 껍데기에 집착하면 알맹이와 본질을 놓치기 쉽다는 사실이다.

다만, 그의 관점을 무조건 비난하기보다는 현실적 교회와 그리스도인들을 떠올려볼 필요가 있다. 요컨대 의식儀式을 치르는 종교형식에서 벗어나지 못하고 있는 오늘날 교회와 그리스도인들의 모습 속에서 과연 하나님의 형상을 발견할 수 있을까? 라는 점이다. 오늘날 복음을 전하고 있거나 전하려고 하는 사람들이 성찰할 대목이다. 왜냐하면 남을 탓하기 전에 그리스도인들 자체가 하나님에 대한 지식이나 믿음이 하라리의 수준을 넘어서지 못한다면 그리스도인들도 똑같은 우를 범할 수 있기 때문이다.

그런 점에서 바울과 베드로 등 사도들이 전하는 말씀에서 그 방향성을 찾을 수 있다. 그리스도인들은 하나님의 덕을 선전하는 사람들이다. 그리스도인들에게 요구되는 것도 역시 하나님의 형상을 닮은 덕을 드러내는 것이다.

> 그런즉 형제들아 어찌할까 너희가 모일 때에 각각 찬송시도 있으며 가르치는 말씀도 있으며 계시도 있으며 방언도 있으며 통역함도 있나니 모든 것을 덕을 세우기 위하여 하라.(고린도전서 14:26)

끝으로 형제들아 무엇에든지 참되며 무엇에든지 경건하며 무엇에든지 옳으며 무엇에든지 정결하며 무엇에든지 사랑받을 만하며 무엇에든지 칭찬받을 만하며 무

슨 덕이 있든지 무슨 기림이 있든지 이것들을 생각하라.(빌립보서 4:8)

그의 신기한 능력으로 생명과 경건에 속한 모든 것을 우리에게 주셨으니 이는 자기의 영광과 덕으로써 우리를 부르신 이를 앎으로 말미암음이라. 이로써 그 보배롭고 지극히 큰 약속을 우리에게 주사 이 약속으로 말미암아 너희가 정욕 때문에 세상에서 썩어질 것을 피하여 신성한 성품에 참여하는 자가 되게 하려 하셨느니라. 그러므로 너희가 더욱 힘써 너희 믿음에 덕을, 덕에 지식을, 지식에 절제를, 절제에 인내를, 인내에 경건을, 경건에 형제 우애를, 형제 우애에 사랑을 더하라.(베드로후서 1:3~7)

하라리는 〈21세기를 위한 21가지 제언〉이라는 책의 끝머리에서 "과학은 정신의 신비를 풀어내는 데 어려움을 겪고 있다. 주된 이유는 효율적인 도구가 없기 때문이다. 다수의 과학자들이 '뇌'와 '정신'을 혼동하는 경향이 있다"고 언급했다. 그는 기술이 개선되면서 두 가지 일이 일어났다고 진단한다. 첫째, 돌칼이 점차 핵미사일로 진화함에 따라 사회질서를 불안정하게 만들어 더욱 위험해졌다. 둘째, 동굴벽화가 TV 방송으로 진화함에 따라 사람을 속이는 것은 더 쉬워졌다고 말한다.

가까운 미래에 알고리즘은 이 과정이 완결에 이르게 할 수 있을 것이라고 주장하였다. 그러면서 장차 우리가 누구이며 우리 자신에 관해 알아야 할 것은 무엇인지를 결정하는 것은 '알고리즘algorism'일 것이라고[94] 예측한다. 유발 하라리는 생물학, 역사, 과학 등의 객관적인 관찰을 통해 습득한 데이터를 바탕으로 객관적인 논증을 중요시하면서도 내면의 세계에 대해서 주관적인 관찰의 필요성을 역설한다. 왜냐하면 정신에 대한 관찰은 자기 자신만이 가능하기 때문이라고 했다. 과학자들이 사람의 뇌를 들여다볼 수 있지만, 정신을 분석하는 것은 거의 불가능에 가깝기 때문이라고 했다.[95]

하라리의 책 〈사피엔스〉, 〈호모데우스〉가 영문판을 기준으로 출간 2년 만에 50개 언어로 번역되었고, 모두 1,200만 부 이상이 팔렸다고 한다. 우리나라에서도 초인기 작가로 부상하면서 강연, 방송 등에 초청되었다. 그의 인기의 비결이 무엇일까? 〈가디언〉 기사에는 그의 책이 요즘 성인들 사이에서 일고 있는 비소설Non-fiction 독서의 새로운 흐름을 주도하고 있다고 소개되었다. 정치, 경제, 사회, 문화 등 거의 모든 영역에 걸쳐 혼돈을 더해가는 불확실한 세계에서 자신의 위치와 의미를

가늠하려는 사람들의 내적 욕구가 그런 지적 탐구 서적을 찾고 있다는 풀이였다.[96]

그는 인류의 모든 이야기를 허구라고 주장하면서도 정작 자신은 천재적 이야기꾼으로 평가받고 있다. 시간을 축으로 종으로는 오랜 과거부터 먼 미래까지 횡으로는 다양한 분야를 넘나들면서도 어려운 학술용어나 술어가 아닌 일반인의 어휘로 수월하게 풀어내는 수법으로 탁월한 지식인 반열에 오른 것이다. 그의 저서들이 흥미를 주고 있고 인기를 끌고 있는 것은 사실이지만, 대다수가 공감하고 있느냐와는 별개의 문제다. 인지혁명, 농업혁명, 과학혁명 등 인류의 역사가 과연 인간에게 진보였느냐에 대해서는 선뜻 동의하기 어렵기 때문이다. 오히려 인간을 속이면서 진정한 행복에서 점점 멀어지게 했다고 볼 수도 있다.

따지고 보면 과학기술 발전 그 자체가 문제가 아니라 그것을 잘못 인식하고 오용하는 것이 문제라고 할 수 있다. 하라리 역시 이런 인간 이성의 잘못된 사용이 문제라고 지적하면서도 인간은 선택할 수 있는 자유의지가 있는 것이 아니라 자연적 알고리즘 혹은 인공적 알고리즘에 의해 영향을 받아 왔고 미래에도 그럴 가능성이 크다고 보았다. 그러면서 인간의 내면세계를 표현하는 단어로 '의식Consciousness'이라는 단어를 주로 사용한다. 아마도 종교적 용어처럼 사용되고 있는 '영혼Spirit'이라는 단어를 의도적으로 피하고 있다는 느낌을 받았다.

그는 왜 이토록 무신론적 입장을 고수하고 있는 것일까? 기본적으로 역사학자인 그는 이스라엘 태생으로 중동전쟁으로 박사학위를 받은 것으로 알려져 있다. 그 전쟁은 종교와 무관할 수 없으며 유대인과 팔레스타인 간의 갈등을 목전에서 겪었을 것이다. 아마도 주변 사람들이 그다지 행복하게 살고 있지 않다는 것을 목격했을 것이다. 특히 종교의 역사가 세상에 선한 영향력을 끼치기보다는 갈등과 분쟁의 요인이 되고 있다는 것에 환멸을 느꼈었을 수도 있다.

하라리의 저서들은 무신론자로서 세상과 인간을 종합적으로 조명하는 데는 일정한 역할을 하지만, 신을 배제한 채 논하고 있다는 점에서 결국 부정적인 결론으로 치달을 수밖에 없다. 그리고 모든 책임을 인류에게 떠넘기는 듯한 인상을 지울 수 없다. 그가 저술한 책들의 특징은 기록과 수치에 많이 의존하고 있다. 광범위한 데이터를 기초로 하고 있다. 자신의 저서에서도 그런 그의 생각을 엿볼 수 있다. 미래사회는 누가 양질의 데이터를 소유하느냐 여부에 따라 지배계급이 달라질 것이라고 말한 바 있다.

그는 인간이 동물(유인원)에서 시작하여 사피엔스(생각하는 동물)를 거쳐 호모데우스(신적 인간)로 이어지는 과정을 거치면서 인류의 종말이 올 수도 있다고 우려 섞인 예견을 내놓았다. 자연인에서 사이보그(로봇인간)로 가는 인간을 일종의 동물화, 사물화하고 있다는 측면에서 자칫 "인간이 별것 아니구나"라고 생각하고 하찮게 여기는데 한몫하지 않을까 우려된다.

이 점은 대부분의 무신론자들에게서 발견되는 공통적인 특징이라고 할 수 있다. 다윈 혹은 다윈주의자들은 인간의 이성에 지나치게 높은 점수를 주면서 신을 지워왔다. 〈짜라투스트라는 이렇게 말했다〉의 저자 니체는 당시 교회의 부패를 직접 경험한 사람으로서 인간 이성의 초월성에 기대하면서 "신은 죽었다"고 주장했다. 그가 그렇게 주장한 이유는 신을 의지하게 되면 인간은 한없이 약해빠진다고 생각했었다. 신이 죽어야 인간이 강해질 수 있다고 판단한 것이다.

〈만들어진 신〉, 〈눈먼 시계공〉의 저자 리처드 도킨스도 극단적인 진화론주의자로서 진화론의 힘은 천문학적 불가능성을 해소하고 믿을 수 없고 기적처럼 보이는 사실을 설명할 수 있다고 언급했다. 그러면서 진화론은 생명의 신비를 풀 수 있는 유일한 이론이라고 주장했다. 〈코스모스〉〈창백한 푸른 점〉의 저자 칼 세이건은 천문학자로서 자신이 우주에 관한 연구를 지속할수록 지구가 인간 세상의 중심이 아니라 아주 변방의 작은 점에 불과하다고 말하면서 인간을 하찮은 존재로 취급했다.

간혹 아인슈타인을 무신론자로 분류하는 경우도 있다. 그러면서 무신론자들은 그의 문헌을 인용하기도 한다. 아인슈타인이 카톨릭계 초등학교를 다닐 때는 성서의 내용을 진실이라고 믿었다. 그러나 과학을 접하면서 종교에 대한 그의 생각은 바뀌었다. 이때 아인슈타인은 종교적 권위에 대하여 의심을 품게 된다. 그에게 진리는 권위에 의해 지켜질 수 없는 것이었다.

그렇다면 아인슈타인은 신의 존재를 부정한 것인가? 아인슈타인은 결코 신의 존재를 부정한 것은 아니었다. 오히려 아인슈타인이 분노한 것은 무신론자들이 자신의 글을 인용한 것이었다. 아인슈타인은 영국인 비레크[G. Virek]와의 인터뷰에서 그의 신[神]에 대한 생각을 표현한 적이 있다. "우리 인간은 수많은 언어로 쓰인 책들로 가득한 거대한 도서관에 들어선 어린아이라고 할 수 있습니다. 이 아이는 누군가 이 책들을 쓴 사실을 압니다. 어떻게 썼는지는 몰라요. 거기 쓰인 글도 무슨 뜻인지 몰라요. 그게 뭔지는 몰라도 이 책들이 신비한 순서로 배열되었다는 것을 아이는 어렴풋이 짐작합니다. 어린아이와 같은 태도를 지녀야 한다고 봅니다."[97]

예수님도 그 같은 관점에서 어린아이의 순진함과 단순함을 본받아야 한다고 가
르친 적이 있다.

> 내가 진실로 너희에게 이르노니 누구든지 하나님의 나라를 어린아이와 같이 받들
> 지 않는 자는 결단코 그 곳에 들어가지 못하리라 하시고 (마가복음 10:15)

아인슈타인에 따르면 누군가 설계자나 주권자가 있어서 일정한 규칙을 가지고
있다는 것을 인정한다. 다만, 사람들은 그것을 어렴풋이 이해할 따름이라는 것이
다. "신은 교묘하지만, 악의를 가지고 있지 않다.Raffiniert ist der Herr Gott, aber boshaft Er Nicht" [98] 위
의 글은 프린스턴 고등문화연구소 교수 라운지에 있는 벽화에 아인슈타인이 새
긴 글이다.

한편, 무신론자였던 파인만은 과학과 종교의 양립성에 대하여 실험했다. 파인
만Richard P. Feynman, 1918~1988은 미국을 대표하는 물리학자이다. 그는 1965년 양자전기역
학Quantum Electrodynamics을 완성한 공로로 노벨물리학상을 수상한 바 있다. 파인만은 유
대교인이었던 어머니의 영향으로 어린 시절 잠시 회당을 다녔지만, 이후 자신의
의문을 풀지 못한 채 무신론자가 되었다.

그런데 그의 신에 대한 관심은 줄어들지 않았다. 특히 과학자들이 신을 부인하
거나 젊은이들이 신을 믿지 않는 이유로 과학과 종교의 갈등에 기반한다고 생각
하였다. 왜 그런 일이 발생하였는지 그가 밝힌 내용은 세 가지다. 첫째, 무신론 과
학자들이 젊은이를 그렇게 교육했기 때문이다. 둘째, 과학을 조금 배운 젊은이들
이 모든 것을 거의 다 안다고 생각하기 때문이다. 셋째, 젊은이가 과학을 제대로
이해하지 못했기 때문이다.

파인만은 과학은 신의 부재를 논리적으로 증명할 수 없다고 말했다. "나는 과
학이 신의 존재를 부정하는 증명을 할 수 있다고 믿지 않는다.I do not believe that science can the
existence of God" [99] 파인만의 결론은 과학과 종교가 모순되지 않는다는 것이다. 그는 서
구 문명의 축을 과학과 종교로 보았다. 그러면서 이것이 결코 양립할 수 없는 것
이 아니라고 말한다. 다만, 이 두 분야가 화해하기 위해서는 과학자들은 지성적으
로 겸손해지고 신앙인들은 영적으로 겸손해져야 한다고 조언했다. 그렇다. 과학
자들이 영적 감동inspiration 없이 창의적인 일을 할 수 있겠는가? 성서와 과학은 우주
와 신을 이해하는 거대한 경전이라고 할 수 있다.

물리학에서 성직자가 된 존 폴킹혼^{John Polkinghorne, 1930~2021}은 과학시대의 종교를 리모델링하는 역할을 했다. 과학자인 그는 다음과 같이 말했다. "우주는 통합된 세계입니다. 우주는 이해 가능성^{Intelligibility}과 무모순성^{Consistency}을 지닌 신의 말씀이 현현된 것입니다."[100] 폴킹혼은 케임브리지대학에서 25년간의 교수직을 떠나 늦은 나이에 세스트코트 하우스 성공회신학교에 입학한다. 이때 그는 신학교 학장보다 나이가 많았다고 한다. 이때부터 그는 과학과 신학에 바탕을 둔 사색을 즐겼고 〈과학으로 산책하기〉 등 많은 저서를 남겼다. 폴킹혼의 과학과 신학에 대해 밝힌 입장은 다음과 같다.

"과학과 신학은 통합^{Integretion}보다는 공명^{Consonance}에 가깝다고 생각한다. 여기에서 통합이 과학과 신학의 일치성을 강조한 것이라면 공명은 과학과 신학에 대한 자율성의 강조를 의미한다. 어떤 경우에도 과학과 신학의 고유한 특성과 독립성이 훼손되는 것은 반대한다. 통합이란 명분하에 과학과 신학 내에서 어떠한 부당한 제약이나 희생도 발생하지 않아야 한다."[101] 그는 자연을 연구하는 신학, 신학을 연구하는 과학이 충분히 양립 가능하다고 보는 것이다. 인간이 죽음 이후의 삶을 말하는 것은 영원한 존재인 신과 연결되어 있다고 해석한다.[102] "신은 인간을 우주의 쓰레기 더미에 버려두지 않는다"는 말이 떠오른다. 이 생각은 태초에 하나님이 천지를 창조하실 때 하신 말씀과도 연계된다. 시간을 두고 순서대로 창조하신 모든 창조물에 의미를 부여했는데 "보시기에 좋았더라"고 말씀하셨다.(창세기 1:31)

> 하나님이 모든 것을 지으시되 때를 따라 아름답게 하셨고 또 사람들에게는 영원을 사모하는 마음을 주셨느니라 그러나 하나님이 하시는 일의 시종을 사람으로 측량할 수 없게 하셨도다.(전도서 3:11)

학술적 과학혁명의 선두 주자로 니콜라우스 코페르니쿠스^{Nicolaus Copernicus, 1473~1543}를 꼽는데 이의를 제기할 사람은 없을 것이다. 그는 1543년 〈천구의 회전에 관하여 De Revolutionibus Orbium Coelestium〉라는 제목의 논저가 출판되었다. 이는 1520년경에 작성된 것으로 신성로마제국의 뉘른베르크에서 출판되었으며 그 가치를 인정받아 1999년 유네스코 세계기록유산으로 지정되었다. 이 책은 역사상 가장 조용한 과학혁명으로 불린다.

이 논저의 제목에서 유래한 '레볼루션^{Revolution}'이라는 단어를 우리는 '혁명'이라는 의미로 사용하고 있다. 레볼루션은 지구가 돈다는 것을 설명하기 위해 사용한 '회전'이라는 뜻을 가진 단어였다. 코페르니쿠스의 지동설, 즉 레볼루션이 서구 사회에 던진 충격이 얼마나 컸던지 천문학 용어였던 레볼루션이 어느새 정치적 혁명, 즉 사회체제의 변화라는 의미를 가진다. 코페르니쿠스의 레볼루션은 르네 데카르트의 과학적 사고를 거쳐 뉴턴 역학을 탄생시켰고 볼테르가 유럽 전역에 전파한 아이작 뉴턴의 프린키피아Principia는 프랑스 혁명의 사상적 기반이 되었다.[103]

코페르니쿠스는 1400여 년 동안 지배해오던 과학과 신학의 오류를 교정했다. 이를 두고 괴테는 "모든 발견과 주장 중에서 인간의 정신에 코페르니쿠스의 이론보다 더 큰 영향력을 행사한 것은 없을 것이다"라고 찬사를 아끼지 않았다.[104] 코페르니쿠스의 우주론이 등장하기 전까지는 아리스토텔레스BC 384~322의 이론과 결합한 프톨레마이오스 클라우디오스Ptolemaeus Claudios의 우주론이 대세의 진리였다. 우주에는 모든 것을 움직이게 하는 원동력prime mover이 존재해야 한다.

이후 프톨레마이오스가 아리스토텔레스의 주장을 체계화하기 위하여 지구가 천구Heavenly Space로서의 우주의 중심이며 다른 행성들도 별들이 주위를 원형으로 회전한다는 천동설을 주장했다. 그에 따르면 지구를 중심으로 우주를 운행한다는 것이다. 그리고 지구는 우주의 움직이지 않는 중심이라고 해석했다.[105] 이때 신학자들도 이 주장을 수용하였는데 그들이 근거로 내세우는 성서 구절은 다음과 같다. (시편 93:1) (전도서 1:4)

> 여호와께서 아모리 사람을 이스라엘 자손에게 넘겨 주시던 날에 여호수아가 여호와께 아뢰어 이스라엘의 목전에서 이르되 태양아 너는 기브온 위에 머무르라 달아 너도 아얄론 골짜기에서 그리할지어다 하매 (여호수아 10:12)

그런데 프톨레마이오스의 우주론과 교회가 사용하는 달력이 일치하지 않는 것이 문제였다. 달력은 교회력을 작성하는 중요한 기준이었으므로 천문학적 불일치는 단지 과학만의 문제가 아니었다. 1514년 교황 레오 10세는 율리우스 달력에 근거한 교회력을 개정하기 위해서 코페르니쿠스의 자문을 구했다. 결국 코페루니쿠스는 지구가 우주의 중심이 아니라는 원칙과 우주의 중심은 태양의 중심 부근에 있다는 원칙을 제시했다.[106]

이 같은 내용이 언뜻 보면 성서와 배치된다고 생각할 수 있으나 그렇지 않다. 오히려 우주의 질서와 조화를 이해하는 데 도움을 주었다. 그럼에도 불구하고 로마 카톨릭교회는 코페르니쿠스의 〈천구의 회전에 관해〉를 금서로 지정한다. 읽지 못하게 한다고 이 혁명이 멈출 리 없었다. 우주에서 인간만이 특별한 존재라는 의식에서 벗어나게 하면서 우주 전체에 관심을 갖도록 하는 데 일조했다.

그렇다고 인간의 위상이 훼손되었는가? 코페르니쿠스의 혁명은 과학혁명이기도 하지만, 인간을 겸손하게 만드는 혁명이기도 하다. 사실 이와 비슷한 논리를 유대인들이 숭배하고 있음을 지적하지 않을 수 없다. 모든 인류보다 유대인들은 선민의식이 강하다. 오늘날의 기독교인들이라고 다르지 않다. 하나님으로부터 선택되었고 자기가 특별하다고 생각한 나머지 다른 사람들을 배타적으로 대하는 종교로 인식되고 있지 않은가.

또 한 명의 위대한 과학자인 갈릴레오 갈릴레이^{Galileo Galilei, 1564~1642}를 언급하지 않을 수 없다. 그는 코페르니쿠스의 지동설을 지지했다는 이유로 종교재판에 회부된다. 근대 과학의 상징처럼 여겨지는 한 과학자가 참회자의 흰옷을 입고 1633년 6월 22일 로마의 산타마리아 소프라 미네르바 수도원 종교재판에서 유죄판결을 받았다. 이 과정에서 이단 포기선언과 최후진술을 기록하고 설명하였다. 이 종교재판 과정에서 다음과 같은 심문과 답변이 있었다.

> 문 이 책(두 개의 주요한 체계에 대한 대화-프톨레마이오스와 코페르니쿠스-)은 지구가 움직이고 태양은 정지해 있다는 코페르니쿠스의 주장이 옳다는 생각을 조장하는 논리를 담고 있다. 책의 내용을 보면 피고는 코페르니쿠스의 관점을 고수하거나 적어도 책을 쓰던 당시에는 고수했다는 것을 알 수 있다. 따라서 피고가 솔선해서 진실을 말하기로 결심하지 않는다면 법의 도움을 얻어 적절한 단계를 밟을 것이다.
>
> 답 나는 법원의 명령을 받은 뒤로는 코페르니쿠스의 관점을 고수하고 있지 않습니다. 그 나머지는 여기 이단 심판관의 처분에 맡깁니다. 뜻대로 하십시오.
>
> 문 피고는 진실만을 말해야 한다. 그렇지 않으면 고문을 받게 될 것이다.
>
> 답 나는 소환에 응하여 이곳에 있습니다. 그러니 말씀드린 대로 한번 결심한 뒤로는 그 관점을 고수하고 있지 않습니다.

이 당시 로마 카톨릭 교회의 과학과 성서에 대한 이해도가 얼마나 경직되었는지를 볼 수 있는 대목이다. 오늘날 이 갈릴레오의 사건을 종교재판이라고 부른다. 종교와 과학은 둘 다 진리이며 서로 동반자라는 갈릴레오의 견해에 동의한다고 밝혔다. 교황 요한 바오로 2세는 1979년 갈릴레오 재판에 대한 재조사를 지시했다. 그리고 1992년 교회의 실수를 인정했다. 로마교회의 공식적인 사과가 이루어지기까지는 359년이라는 세월이 걸렸다.

아인슈타인은 갈릴레오에 대하여 다음과 같이 평가했다. "갈릴레오는 근대 물리학의 아버지이며 실제로는 근대 과학의 창시자이다."[107] 갈릴레오는 과학과 종교에 관한 생각은 명백했다. 그에 따르면 과학과 종교는 양립 가능하고 성서와 자연은 신이 쓰신 위대한 텍스트라는 사실을 가르쳐 주었다. 갈릴레오는 한 서신에서 다음과 같은 말을 남겼다고 한다. "성서의 목적은 하늘나라에 어떻게 가는가를 말해주는 것이지 하늘이 어떻게 움직이는가를 말하는 것이 아닙니다."[108] 그는 성서는 은유적으로 이해해야 하고 자연은 수학적으로 이해해야 한다고 믿었고 둘 다 포기할 수 없는 소중한 하나님의 섭리 가운데 하나로 여겼다.

세상이 화합을 도모하는 데 있어서 장애요인이 되는 것들이 더러 있는데 그 가운데 편견은 많은 것들을 놓치게 한다. 인간도, 자연도, 어떤 발명이나 발견도 전혀 다른 영역으로부터 도움을 받는다. 갈릴레오를 비롯한 많은 천문학자들도 네덜란드에서 망원경이 발명되지 않았다면 천체 연구를 할 수 없었을 것이다. 대탐험시대 항해를 통해 신대륙을 발견한 일도 선박 기술이 뒷받침되지 않았다면 불가능한 일이다. 과학 분야에서도 성서의 내용이 가설이 되는 경우가 적지 않다. 창조론과 진화론도 그런 차원에서 서로 영향을 주고받았다고 할 수 있다. 종이의 발명, 인쇄술의 발달, 컴퓨터의 개발 등 과학기술의 발달도 성서 연구에 도움이 된 것도 사실이다.

시간, 공간, 인간의 관계에는 수많은 사이^間가 존재한다. 사이가 반드시 장애요인이 되는 것은 아니다. 사이가 좋으냐, 아니냐에 달려 있다. 하나님은 좋은 사이를 유지하고 좋은 관계로 발전할 수 있는 모든 능력을 이미 인간에게 주셨기 때문이다. 그런데 이해할 수 없을 정도로 인간은 그런 능력을 옳은 방향으로 사용하지 않으려 한다. 왜 그럴까? 생각해보면 하나님의 창조질서, 요컨대 하나님의 창조섭리에 순응하는 것이 아니라 자신들만의 사적인 신화를 쓰려는 경향이 있고, 이념이나 교리, 신념, 이론 등을 앞세우며 자신들의 유익을 도모하기 때문이 아닐까.

진화론주의자들은 성경을 허구화하면서 신화 취급하지만 정작 자신들은 진화론을 맹신하며 추종한다. 아마 비과학적인 것은 모두 진리가 아닌 것처럼 몰아세웠지만 과학이야말로 현재진행형이지 완결된 지식이 아니라는 것은 과학자들도 인정하는 바이다. 아울러 진화론이 모든 과학의 경전이 되고 있는 것을 보면 얼마나 과학의 진전이 더딘가를 알 수 있고 더 이상 새로운 이론을 발견하지 못하고 있다는 증거다. 과학은 여전히 진화론의 프레임에서 한 발짝도 앞으로 나아가지 못하고 있다.

하지만 정작 진화론의 주인공 다윈은 자신의 연구가 완성된 이론으로 보지 않았다는 사실이다. 그는 자신의 책 〈종의 기원〉에서 수많은 종種들을 제한된 시간에 결론을 내리는 것은 불가능하다는 자세를 취한 바 있다. "우리가 그처럼 끝도 없이 많은 연결고리들의 화석 유해를 찾지 못하는 것과는 별개로 자연선택을 통해서 매우 서서히 나타난 그 모든 엄청난 양의 생체조직적 변화가 일어나기에는 시간이 불충분했다는 반박이 있을 수 있다. 나로서는 사실상 지질학자가 아닌 독자들에게 시간의 경과라는 것은 어렴풋이나마 이해할 수 있도록 해준 사실들은 상기시키는 것조차 불가능하다."[109]

"우리는 고생물학적 수집품이 상당히 불완전하다는 것은 누구나 인정한다. 탁월한 고생물학자인 에드워드 포브스의 언급을 잊어서는 안 된다. 그는 다수의 화석종들이 유일한 표본, 때로는 파손되었거나 어떤 한 지역에서 수집된 몇 개의 표본들을 바탕으로 알려지고 명명되었다고 말했다. 지구 표면에서 지질학적으로 탐험한 부분은 극히 일부에 지나지 않는다."[110]

"지금까지 논의된 것보다 훨씬 더 심각한 또 다른 관련 난제가 있다. 동일한 군집에 속한 수많은 종들이 이제껏 알려진 화석층의 최하층에서 갑자기 나타나는 양상이 바로 그것이다. 나로하여금 동일한 집단의 모든 천생종이 하나의 조상으로부터 내려왔다고 확신하게 만든 논거들의 대부분은 최초로 알려진 종들에 대해서도 거의 똑같은 설득력을 가지고 적용할 수 있다.…왜 우리가 이런 방대한 태고의 시간들에 대한 기록을 발견하지 못하느냐 하는 질문에 대해서 나는 그 어떤 만족스러운 대답도 내놓을 수 없다."[111]

"전 세계적으로 현존해 있는 생명체들과 멸종된 생명체들 사이를 연결해주는 그리고 각 연속된 시대 동안 멸종된 종과 그보다 훨씬 더 오래된 종들 사이를 연결해주는 무궁무진한 연결고리가 소멸되었다는 학설의 입장에서 볼 때, 왜 모든 암석층에는 그와 같은 연결고리가 가득 차 있지 않은 것일까? 어째서 화석의 유해를 보아도 생명 형태의 점진적인 변화와 돌연변이에 대한 분명한 증거를 얻을 수 없는 것일까? 우리는 그 증거를 보지 못했고, 이러한 점은 나의 이론을 부정하는 많은 반론들 중에서 가장 분명하고 강력한 것이라고 할 수 있다.……왜 우리는 실루리아기 화석군 조상의 유해를 담고 있는 실루리아계 밑에서 거대한 지층 더미를 발견하지 못하는 것일까? 내 이론에 따르면 그 이유는 바로 그 지층은 지구 역사에서 전혀 알려지지 않은 시기이면서 아주 오래된 과거에 어딘가에서 침적된 것이기 때문이다."[112]

다윈은 자신의 이론에 대한 몇 가지 의문을 품고 있었다. 그런데 그것을 모른다고 하지 않고 추측성 논리로 일관했다. 그러면서도 과학적 논리에 근거하지 않은 창조론에 대해 비판 의식을 이어갔다. 그는 창조의 계획과 설계의 초월성이라는 표현을 사용하며 우리의 무지를 숨기고 그저 한 가지 사실만을 반복해서 말하는 것으로 설명이 된 것처럼 생각하는 것은 너무 쉽다고 했다.[113]

그는 창조론을 버려야 할 선입견이라고 말하며 반론을 이어갔다. 그들은 진정 지구의 역사에서 무수히 많은 시기에 어떤 기본 원리가 살아 있는 조직 내에서 갑자기 획 나타나도록 지시받았다고 믿는 것일까? 그들은 창조 행위라고 여겨지는 일이 있을 때마다 하나의 개체 혹은 수많은 개체들이 탄생한 것이라고 믿는 것일까? 수없이 많은 종류의 동식물들이 알이나 씨앗으로 창조되었다는 말인가? 아니면 다 자란 상태로 창조되었다는 말인가? 포유류의 경우에는 모체의 자궁에서 받은 영양물질을 거짓 특징으로 가진 채 창조된 것일까? 그리고 포유류는 모체의 자궁에서 영양분을 공급받을 때나 사육되는 거짓된 표식들을 가지고 창조되었단 말인가?[114]

다윈 이론의 대부분은 지구의 표면층에서 발견된 화석에 의존하고 있어서 아직도 충분히 설명하지 못하고 있다. 〈종의 기원〉에서는 모든 종은 자연선택에 의해 진화된 것으로 보고 있다. 자연선택은 오로지 유기체에 의해, 그리고 유기체의 이득을 위해 작용하므로 미래로 갈수록 완벽해지는 종으로 발전하고 있는 것으로 보고 있다.

〈종의 기원〉의 마지막 부분의 문장이 무엇을 말하고자 함인지 궁금해진다. "처음에 몇몇 또는 하나의 형태로 숨결이 불어 넣어진 생령이 불변의 중력법칙에 따라 이 행성이 회전하는 동안, 여러 가지 힘을 통해 그토록 단순한 지식에서부터 가장 아름답고 경이로우며 한계가 없는 형태로 전개되어 왔고, 지금도 전개되고 있다는 생명에 의한 이런 시각에는 장엄함이 깃들어 있다.”[115]

이 문장은 무엇을 묘사하는 것일까? 찬찬히 읽어보면 낯설지 않은 표현들이다. 그도 창조론에 대한 관심이 전혀 없지 않았음을 말해준다. 다만, 직접적으로 창조론을 예찬할 수 없었던 이유가 있을 것이다. 개인적 사유인지 사회적 분위기 때문인지, 학문적 자존심인지는 모르겠다. 그의 〈종의 기원〉의 마지막 부분의 문장은 의미심장하다. 왜냐하면 창세기 창조과정을 떠올리게 하기 때문이다. 아담의 창조과정에서 하나님이 아담의 코에 생기를 불어넣은 장면을 묘사하고 있다.

> 여호와 하나님이 땅의 흙으로 사람을 지으시고 생기를 그 코에 불어넣으시니 사람이 생령이 되니라.(창세기 2:7)

다윈이 책을 마무리하면서 그 장면을 '경이로움'이라는 단어를 사용했다는 점은 그의 심중이 어때했는지를 추측해볼 수 있다. 인류 역사상 찰스 다윈의 〈종의 기원〉만큼 과학 분야는 물론이고 여러 분야에 영향을 미친 책은 그리 많지 않을 것이다. 원래 생명체의 다양성을 자연선택의 과정을 통해 설명하려는 생물학 이론으로 제안되었지만, 그의 이론이 주류 생물학으로 수용됨으로써 철학, 종교, 사회의 영역으로까지 그 영향력이 확대되었다.

〈종의 기원〉의 영향력이 컸던 것과는 대조적으로 정작 다윈 진화론의 핵심인 모든 생명체의 보편적 공통 조상에 대해서는 〈종의 기원〉이 출판되었던 19세기와 20세기 대부분의 기간 동안에 밝혀낼 수 없었다. 오직 20세기 후반에 들어서야 과학자들이 생명체의 핵심 물질인 DNA와 단백질에 대하여 이해하기 시작하면서 다윈의 주장의 타당성에 관한 평가가 다시 시작될 수 있었다.[116]

다윈주의자들은 자연선택을 통해 생명 진화의 과정을 설명해왔지만, 생명의 기원에 대해서는 여전히 설득력 있는 설명을 하지 못한 것이 사실이다. 자연선택을 언급하는 것이 최초 생명의 기원을 설명하는 데 도움이 되지 못하기 때문이다.

스티븐 C. 마이어는 자신의 책 〈다윈의 의문〉에서 “자연선택은 무작위적 변위가 생명 유기체 안에서 새로운 정보를 생성할 수 있다면, 왜 생명 이전의 환경에서 그것들이 그렇게 할 수 없었겠는가? 생물학적 맥락과 생명 이전의 맥락을 구별하는 것은 매우 중요하다. 자연선택은 번식 능력을 갖춘 생명 유기체의 존재를 가정한다. 모든 현존하는 세포들의 자기 복제는 정보가 풍부한 단백질과 핵산DNA

와 RNA에 의존하며, 그와 같은 정보가 풍부한 분자의 기원은 생명 기원의 연구를 통해 설명해야 한다."[117]고 말하고 있다.

그는 다윈주의자들이 주장하는 자연선택의 설명은 최적자의 생존일 뿐 최적자의 출현이 아니라고 주장했다. 다윈주의자들이 관찰하는 것은 이미 주어진 생명의 자연선택과 돌연변이에 대한 것이고 그 변화과정을 설명한 것이다. 따라서 생명의 기원이나 창조 능력까지 확대해석하여 무신론까지 들먹이는 것은 너무 과한 결론이라고 말할 수밖에 없다.

오늘날 생물학 교과서에서는 가지가 여러 갈래로 뻗은 거대한 나무를 그려서 생명의 진화를 설명한다. 다윈의 진화 계통수에서 몸통은 최초의 원시 유기체를 나타낸다. 나무의 마디와 가지들은 그것으로부터 발전된 많은 새로운 생명의 형태로 나타낸다. 나무가 그려진 수직 혹은 시간의 화살을 나타낸다. 수평축은 생물학적 형태 변화 또는 생물학자들이 '계통학적 거리'라고 부르는 것을 가리킨다. 생물학자들은 지구상의 모든 유기체가 변화 계보의 과정을 통하여 하나의 공통 조상으로부터 나왔다는 것을 나타내기 위하여 생명의 역사에 대한 다윈의 이론은 '보편적 공통계보'라고 종종 부른다.

또 하나 다윈의 이론은 유기체와 그 자손들의 형질이나 특징의 무작위적 변이에 작용하는-소위 자연선택이라고 부르는-과정에서의 창조 능력을 주장한다.[118] 당시만 해도 생명의 변이는 인위적 선택이나 지적인 설계보다도 자연선택이 주요 요인이었다고 결론을 내린 상태였다. 다윈의 진화론은 자연선택에 따른 변화과정을 설명하는 데는 유효한 논리이기는 하지만, 무신론의 근거 자료로 사용하기에는 너무 빈약한 자료라는 것이다. 왜냐하면 생명의 기원에 관한 부분은 아직 미완의 연구 상태일 뿐 아니라 이미 주어진 환경 내에서의 연구 결과이기 때문에 보이지 않는 영역, 요컨대 신의 영역까지 운운하는 것은 납득하기 어려운 결론이다.

진화론주의자들은 모든 것은 과학으로 설명할 수 있다고 생각한다. 반면, 창조론자들은 초자연적인 영역에 대해서 과학이 설명할 수 없는 것에 대해서는 초월적인 지적 설계를 인정해야 한다고 주장한다. 사실 이 두 영역이 서로의 역할에 대해 인정하는 듯하면서도 종교와 관련해서는 유신론과 무신론으로 극명하게 갈린다.

진화론자들은 생명의 기원을 우연의 현상으로 간주하고 정확한 시기를 증명하지 못한다. 우주의 기원은 빅뱅이론을 내세우고 생명의 기원은 진화론을 가지고 설명하려 한다. 그런데 많은 사람들이 진화론의 일부는 인정하지만, 무기체에서 유기체로 진화한다거나 모든 생물체는 공통 조상을 갖는다는 것이나 특히 사람을 침팬지 같은 동물 종에 포함한 점 등은 쉽게 납득하기 어려운 부분이다.

이런 진화론적 과학에 맞서 창조과학이라는 용어를 사용하면서 과학이라는 영역을 두고 갈등을 빚고 있는 형국이다. 그런 측면에서 실험적, 경험적 결과를 중시하는 진화론적 과학의 성과는 인정하고, 또 신학이라는 영적 영역을 언급할 때 굳이 '창조과학創造科學'이라는 용어를 사용하기보다는 '창조섭리創造攝理'라는 용어를 사용하는 것이 바람직하지 않을까. 왜냐하면 두 영역이 어떤 것이 더 과학적이냐를 따지는 문제가 아니기 때문이다. 보다 더 넓은 진리眞理라는 차원에서 접근해야 하는 문제이기 때문이다. 과학은 하나님의 섭리, 요컨대 진리를 알아가는 방법 가운데 하나이기 때문이다.

과학과 신학은 위상도 다르고 영역도 다를 수밖에 없다. 다만 진리를 탐구하는 측면에서는 공통점을 가지고 있다. 그래서 서로 갈등하면서 상처를 주고받는 것은 바람직하지 않다. 모든 사람이 같은 지식으로 하나로 통일되는 것은 어차피 불가능한 일이다. 그것이 인간의 한계다. 아는 것만 이야기하면 되는데 자신이 알고 있는 것으로 알 수 없는 부분까지 판단하려 하기 때문에 논쟁이 생기는 것이다.

두 분야가 서로 사이좋게 지낼 수 있는 길은 없을까? 물론 있다. 상대를 부정하는 것이 아니라 상대를 인정하는 것이다. 그렇다고 무신론자들에게 유신론자가 되어야 한다고 말하는 것은 아니다. 각자의 선택은 존중받아야 한다. 하나님을 알고 믿는 일은 지식만으로 가능한 영역이 아니기 때문이다. 게다가 믿음이 생기는 원인조차도 우리 스스로 자신 있게 말할 수 없다. 왜냐하면 믿음 역시 모두 하나님의 영역이기 때문이다. 믿음은 보이지 않는 세계, 그리고 아직 오직 않은 미래에 대한 일과 관련이 있다. 믿음의 근거로는 보이는 것뿐만 아니라 보이지 않는 것들이 포함되어 있음을 깨달아야 한다. 보이는 것이나 경험하는 것으로 아는 것은 지식이라고 말한다. 그 지식으로 증명하는 것이 학문이다. 과학이 바로 그 영역이다.

신의 영역은 보이지 않는 것들이 훨씬 많다. 우리가 하나님의 섭리나 세상의 원리를 다 알고 살아가는 것도 아니다. 내일 당장 세상이 멸망하지 않는다는 것을 인지하는 것은 누구에게나 믿음과 소망이 내재하고 있다는 것을 말해준다. 그 믿음에는 경험적 지식과 보이지 않는 소망 같은 것이 동시에 작용한다는 것을 말해준다. 과학은 잘 사용하면 훌륭한 지식이 되지만, 잘못 사용하면 상상력을 저해하는 장애요인이 될 수도 있다.

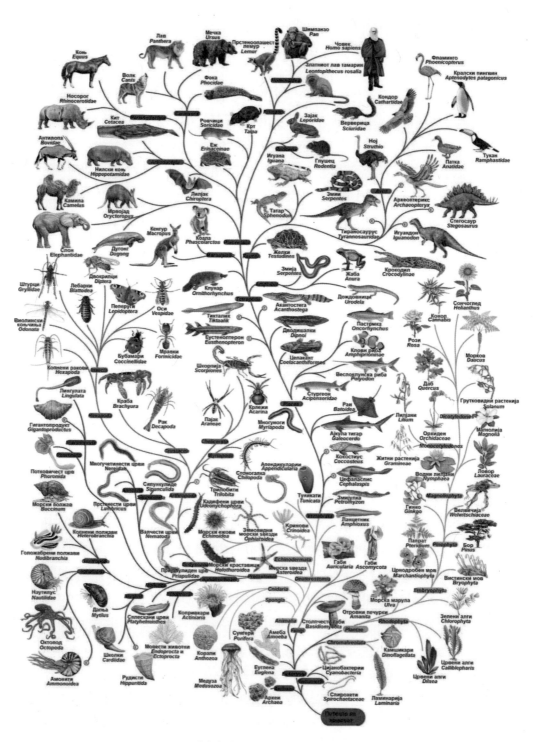

생명의 진화 계통도(일명 생명의 나무)

철학, 문학, 예술 등은 모두 과학지식 안에 머물러 있지 않는다. 그렇다고 그것을 가치 없다고 말하지 않는다. 유독 신학만은 많은 공격을 받는다. 성경적으로는 에덴동산에서 아담과 하와를 유혹했던 뱀(사탄)이 하나님으로부터 저주를 받고 이미 하나님의 심판을 받았지만, 예수님이 다시 오셔서 공의로운 심판이 이루어지기까지는 아직 활동하고 있으면서 하나님과 사람 사이에서 이간질을 도모하고 있다고 보고 있다.

> 큰 용이 내쫓기니 옛 뱀 곧 마귀라고도 하고 사탄이라고도 하며 온 천하를 꾀는 자라. 그가 땅으로 내쫓기니 그의 사자들도 그와 함께 내쫓기니라. (요한계시록 12:9)

> 죄를 짓는 자는 마귀에게 속하나니 마귀는 처음부터 범죄함이라. 하나님의 아들이 나타나신 것은 마귀의 일을 멸하려 하심이라. (요한1서 3:8)

과학이 주는 혜택은 말로 다 표현할 수 없을 정도로 어마어마하다. 우리 삶을 영위하는 데 있어서 매우 중요한 영역이다. 동시에 보이지 않는 것들의 중요성 또한 간과해서는 안 된다. 영혼, 사랑, 믿음, 소망, 감사, 기쁨, 영감, 행복 등은 우리 삶에 없어서는 안 되는 소중한 가치들이다.

따라서 과학, 철학, 문학, 예술 등 세상 학문이 영적 영역을 도전하는 방식으로 싸움을 걸어서는 안 된다. 오히려 서로의 장점을 살려주고 단점을 보완하면서 조화와 균형을 도모해야 한다. 모든 것들은 한 방향을 지향해야 한다. 그것은 창조주 하나님을 경외하는 일이어야 한다.

> 여호와를 경외하는 것이 지혜의 근본이요 거룩하신 자를 아는 것이 명철이니라. (잠언 9:10)

요즘 시대적 과제 가운데 하나는 포용과 융복합이다. 어떻게 하나의 정신을 가지고 합력하여 선을 이룰 것이냐가 중요하다. 이를 실현하기 위해서는 질서를 존중해야 한다. 그 질서는 하나님의 창조섭리 가운데서 이루어져야 한다. 모든 영역의 창조 능력은 하나님으로부터 온 것이라는 점을 잊어서는 안 되겠다. 마땅히 사용할 곳에 사용하지 못하면 그것은 헛되고 헛된 것이 된다. 따라서 창조정신과 시대정신을 깨닫는 것이 중요하고 먼저 하나님 나라와 의를 구하는 자세로 분별력 있는 삶을 추구해야 할 것이다.

성서를 통해서 본 관계의 미학

THE AESTHETICS OF A RELATIONSHIP

일과 안식

시간을 공간과 맞바꾸는 자가 영원을 얻는 것이 아니라,

자신의 시간을 영으로 채울 줄 아는 자가 영원을 획득한다.

Those who trade time for space do not get eternity,

but those who know how to fill their time with spirit do.

알렉산드로 알로리Alessandro di Cristofano di Lorenzo del Bronzino Allori 1535~1607는 이탈리아 초상화 화가이다. 그의 작품 〈마르다와 마리아 자매의 집을 찾은 예수 그리스도〉은 초상화가답게 옷의 주름까지도 섬세하게 묘사하고 있어 사실성이 두드러진다. 화가는 이 그림을 통해 무엇을 표현하고 싶었을까? 물론 성서의 뜻을 제대로 전달하는 것이 일차적인 목표일 것이다. 그런데 시각적으로 그 말씀의 뜻을 좀 더 친절하게 전달하고 싶었던 것 같다. 이 그림에 묘사된 예수님은 너무나 편안한 모습이다. 그리고 마르다는 열심히 예수님을 대접하느라 약간 상기되어 있고 마리아는 너무 만족스러운 눈빛으로 예수님을 바라보고 있다. 마르다가 쟁반을 들고 있는 반면, 마리아는 책을 의지하여 무릎을 꿇은 채 예수님의 말씀을 경청하고 있다. 예수님은 일과 안식, 육의 양식과 영의 양식 중 무엇이 더 중요한가를 가르쳐주신다. 화가는 이 그림에서 성서의 내용을 더욱 부각시켜주고 있다.

호아킴 에 포사다의 책 〈마시멜로 이야기〉에는 이런 글이 있다. "아프리카에서는 매일 아침 가젤이 잠에서 깬다. 가젤은 가장 빠른 사자보다 더 빨리 달리지 않으면 죽는다는 사실을 알고 있다. 그는 자신의 온 힘을 다해 달린다. 아프리카에서는 매일 아침잠에서 깬다. 사자가 가젤을 앞지르지 못하면 굶어 죽는다는 사실을 알고 있다. 그는 온 힘을 다해 달린다. 당신이 사자든 가젤이든 마찬가지다. 해가 떠오르면 달려야 한다."[119]

이런 일은 반드시 동물의 세계에서만 일어나는 일이 아니다. 우리의 삶도 누군가를 앞서기 위해 또 누군가를 따돌리기 위해 혼신의 힘을 쏟는다. 그런 일이 일상화되어버린다면 일하는 인생이 되고 만다. 내가 일을 즐기는 것이 아니라 생존을 위한 일이 되어버리고 결국 일이 나를 삼켜버리게 될 것이다. 〈나를 넘어서는 성경 읽기〉라는 책에는 이런 글귀가 있다. "이 세상을 지배하고 공중의 권세를 잡은 사탄의 최고 수단은 쉬지 않고 분주하게 만들기라고 할 수 있다."

사탄이 우리를 공격하는 방법은 무서운 뿔을 달고 달려드는 것이 아니라 뭔가 정신없이 분주하게 만드는 일이다. 사탄이 무서운 방법으로 우리를 괴롭힌다면 아마도 두 손을 모으고 하나님께 간절히 기도할 것이다. 사탄은 그런 식으로 우리를 공격하지 않는다. 아예 하나님을 생각하지 못하도록 분주하게 만들어버리는 고도의 전략을 구사하는 것이다. 우리가 하루를 돌아보고 24시간을 어떻게 보냈는지 잘 생각해보아야 한다. 무엇을 위해 누구를 위해 어떤 일을 하기 위해 바쁘게 보냈는지를 되돌아보아야 한다. 만약 성경 한 줄 읽지 않고, 기도 한마디 할 겨를 없이 보냈다면 그것은 사탄이 몹시 기뻐할 일이다.

간혹 세상의 경쟁에서 승리한 사람들의 간증을 들을 기회가 있다. 만약 세상에서 성공하는 것이 하나님이 기뻐하시는 일이라면 하나님은 강한 자, 능력자를 사랑하시는 분일 것이다. 하나님은 오히려 약한 자를 들어 사용하시는 분이시다. 그렇다고 그들을 강한 자로 만드는 것이 목표가 아니다. 다만 하나님을 알게 하고 믿게 하려는 것이다.

> 그러나 하나님께서 세상의 미련한 것들을 택하사 지혜 있는 자들을 부끄럽게 하려 하시고 세상의 약한 것들을 택하사 강한 것들을 부끄럽게 하려 하시며(고린도전서 1:27)

> 나에게 이르시기를 내 은혜가 네게 족하도다. 이는 내 능력이 약한 데서 온전하여짐이라 하신지라, 그러므로 도리어 크게 기뻐함으로 나의 여러 약한 것들에 대하여 자랑하리니 이는 그리스도의 능력이 내게 머물게 하려 함이라.(고린도후서 12:9)

하나님은 만물을 창조하신 분이시고 또 모든 사람을 창조하신 분이다. 하나님이 자신을 특별히 사랑하셔서 자신에게 승리의 기쁨을 안겨주었다고 생각한다면 그것은 혹시 사탄의 유혹이 아닌가 생각해볼 필요가 있다. 하나님은 한 인간의 생명을 소중히 여기시는 분이시지만, 한 인간의 기쁨만을 위한 기도는 응답하시지 않을 것이다. 성경은 아예 그런 기도는 하지 말라고 가르치시지 않았던가.

> 구하여도 받지 못함은 정욕으로 쓰려고 잘못 구하기 때문이라(야고보서 4:3)

> 누구든지 자기의 유익을 구하지 말고 남의 유익을 구하라 (고린도전서 10:24)

만약 일이 경쟁의 수단, 성공의 수단이 되고 행복을 쟁취하는 기술이 된다면 일을 부여하신 하나님의 뜻에 부합할 리 없다. 일은 당연히 개인의 행복과 무관하지 않지만, 내가 하는 일이 적어도 남에게 불이익을 주어서는 안 될 것이다. 오히려 하나님의 영광을 위해 일할 수 있어야 한다.

> 그런즉 너희가 먹든지 마시든지 무엇을 하든지 다 하나님의 영광을 위하여 하

라. (고린도전서 10:31)

일은 축복일까? 저주일까? 이 논란은 어제, 오늘의 문제가 아니다. 왜냐하면 이와 관련한 단어나 격언 등만 보아도 긍정적인 것, 부정적인 것이 골고루 있기 때문이다. "일복이 많다"는 말은 양가성兩價性을 지니고 있지만, 어쨌든 사람이 누리는 복福 중의 하나로 긍정적으로 생각한 측면이 있다. 자신이 일을 좋아하고 즐겁게 일할 수 있을 경우에는 어느 정도 동의할 수 있을 것이다. 그런데 일이 부정적으로 인식되는 경우도 없지는 않다. 예를 들면 과로, 임금 착취, 잔업, 야근, 휴일이나 휴가 반납 등의 용어는 일을 즐거워서 하는 것이 아니라 어떤 의무감이나 생계를 위해 어쩔 수 없이 하는 일로 생각할 수밖에 없다.

고대부터 근대에 이르기까지 일을 많이 하는 사람은 힘이 없거나 계급이 낮은 사람들의 몫이라고 생각할 만큼 일은 부정적인 영역이었다. 일을 생각할 때 종, 노예, 소작농, 노동자 등의 단어가 떠오르는 것도 이와 무관치 않다. 산업화 시대에도 일하는 사람을 계급으로 나누었는데 화이트칼라White color와 블루칼라Blue color로 나누어 하얀 셔츠에 넥타이를 찬 채 사무실에서 근무하는 사무직 노동자와 푸른색 점퍼를 입고 생산 현장에서 근무하는 생산직 노동자로 나눈 것이다.

일에는 당연히 희로애락이 있을 수밖에 없다. 농경사회의 경우에는 농번기, 농한기의 즐거움이 있었을 것이고 또 수확의 시기에 특히 기쁨이 컸을 것이다. 예전에는 일터마다 노동요勞動謠 등이 있었던 것을 보면 일을 즐겁게 하려고 긍정적으로 생각했던 것만은 사실인 것 같다. 직장생활을 하는 사람들은 월급날에 고생한 보람을 느꼈을 것이다. 상업에 종사하는 분들은 경기가 좋을 때와 그렇지 않을 때의 감정의 기복이 클 수밖에 없을 것이다. 매우 어렵거나 위험한 일터에서 생명 수당이 따로 있을 정도로 힘든 극한 일을 하는 사람들도 적지 않다.

우리는 일을 어떻게 받아들여야 할까? 그것을 알기 위해서는 일의 기원에 대해 살펴볼 필요가 있다. 태초에 하나님이 사람을 창조하셨는데 그들의 이름은 아담과 그의 아내 하와다. 하나님은 그들을 에덴동산으로 이끌었는데 거기서 최초의 일이라고 할 수 있는 장면이 포착된다.

여호와 하나님이 흙으로 각종 들짐승과 공중의 각종 새를 지으시고 아담이 무엇이라고 부르나 보시려고 그것들을 그에게로 이끌어 가시니 아담이 각 생물을 부르는

것이 곧 그 이름이 되었더라.(창세기 2:19)

이때 아담이 동물들에게 이름을 붙여주는 일을 하고 있었는데 땀을 흘릴 정도는 아니었다. 게다가 창조주 하나님이 동물들을 아담 앞으로 다 모아주셨기 때문에 그야말로 '누워서 떡 먹기' 정도의 일이었다. 어쨌든 사람이 했던 최초의 일은 하나님과 함께하는 일이었다. 이 일은 노동력이 필요했다기보다는 창의력이 필요했었다. 하나님은 그것을 가만히 지켜보셨다. 아마도 흡족하게 여기셨을 것 같다. 하나님이 창조하시고 인간이 이름을 붙이는 일은 매우 의미 있는 일이다. 하나님과 더불어 협업했다는 의미도 있고, 하나님의 창조성을 닮은 사람의 모습을 볼 수 있었다는 점에서 매우 아름다운 장면이었다. 하나님이 천지를 창조하시고 사람에게 주신 역할이 있었는데, 여기에는 해야 할 일과 하지 말아야 할 일이 있었다. 그 말씀에 주목할 필요가 있다.

> 여호와 하나님이 그 사람을 이끌어 에덴동산에 두어 그것을 경작하며 지키게 하시
> 고 여호와 하나님이 그 사람에게 명하여 이르시되 동산 각종 나무의 열매는 네가
> 임의로 먹되 선악을 알게 하는 나무의 열매는 먹지 말라 네가 먹는 날에는 반드시
> 죽으리라 하시니라.(창세기 2:15~17)

아무 일도 하지 말고 쉬라는 뜻으로 특별한 날, 요컨대 안식일을 제정하셨는데 반드시 사람도 그렇게 해야 한다는 것을 강조하시기 위해 하나님이 먼저 안식하셨다. 물론 여기서의 안식은 단순히 육체적으로 일하지 않는 것만을 의미하지 않는다. 왜냐하면 안식일은 "복되고 거룩한 날"이라고 말씀하셨기 때문이다.

> 천지와 만물이 다 이루어지니라. 하나님이 그가 하시던 일을 일곱째 날에 마치시니
> 그가 하시던 모든 일을 그치고 일곱 날에 안식하시니라. 하나님이 그 일곱째 날
> 을 복되게 하사 거룩하게 하셨으니 이는 하나님이 그 창조하시며 만드시던 모든 일
> 을 마치시고 그날에 안식하셨음이니라(창세기 2:1~3)

엿새 동안은 일 때문에 육체나 마음이나 생각을 여러 곳에 분산하여 사용할 수밖에 없는데 안식일에는 몸과 마음을 오직 한 곳에 집중할 수 있어야 한다. 하나

님이 허락하신 영혼을 사용하여 하나님과 소통하는 시간이어야 한다. 그것이야말로 최고로 복되고 거룩한 날인 것이다.

말하자면 엿새 동안 하나님은 사람이 임의대로 선택하고 자유롭게 창의성을 발휘할 수 있도록 지켜만 보셨지만, 안식일에는 하나님이 직접 사람에게 에너지와 평안의 호흡을 통해 소통함으로 최고의 기쁨과 행복감을 선물하는 날이라고 생각할 수 있다. 무엇보다 안식일은 우리를 극도로 사랑하시는 하나님이 우리와 함께하시는 것을 몸과 마음으로 절실히 느낄 수 있다는 점에서 매우 상징적인 날이기도 하다. 안식일은 예수 그리스도를 상징하는 날이다.

> 인자는 안식일의 주인이니라 하시니라.(마태복음 12:8)

완벽하고 거룩한 분이 사람의 죄를 해결하기 위해 오신 분이시다. 그래서 그분의 소식을 기쁜 소식, 요컨대 복음^{Good News}이라고 부른다. 예수님이 승천하신 후 오순절을 기점으로 성령이 우리 각자에게 오셨다.

> 오순절 날이 이미 이르매 그들이 다 같이 한 곳에 모였더니 홀연히 하늘로부터 급하고 강한 바람 같은 소리가 있어 그들이 앉은 온 집에 가득하며 마치 불의 혀처럼 갈라지는 것들이 그들에 보여 각 사람 위에 하나씩 임하여 있더니 그들이 다 성령의 충만함을 받고 성령이 말하게 하심을 따라 다른 언어들로 말하기를 시작하니라.(사도행전 2:1~4)

하나님이 에덴동산에서 부여한 일과 지금 우리가 하고 있는 일과는 차이가 있다. 왜 그럴까? 그것은 선악과와 관련이 있다. 하나님께서 사람에게 일을 부여하실 때 모든 것을 자유롭게 행동하도록 사람에게 맡기셨는데 다만, 자유의지를 사용해서는 안 되는 것이 딱 하나 있었다. 그것은 선악을 알게 하는 나무이다.

> 여호와 하나님이 그 사람에게 명하여 이르시되 동산 각종 나무의 열매는 네가 임의로 먹되 선악을 알게 하는 나무의 열매는 먹지 말라 네가 먹는 날에는 반드시 죽으리라 하시니라.(창세기 2:16~17)

선악과를 따 먹지 말라는 말은 단순한 명령이 아니라 죽음과 관련되어 있다는 점에서 심각하게 받아들였어야 하는 문제였다. 사람은 하나님의 은혜로 허락하신 자신이 누릴 수 있는 많은 것들에 대해 감사하기보다는 하지 말라는 단 하나의 것에 눈길을 빼앗기고 말았다. 그리고 마침내 그 나무에 달린 선악과를 따 먹고 말았다.

> 여자가 그 나무를 본즉 먹음직도 하고 보암직도 하고 지혜롭게 할 만큼 탐스럽기도 한 나무인지라 여자가 그 열매를 따 먹고 자기와 함께 있는 남편에게도 주매 그도 먹은지라.(창세기 3:6)

그야말로 사달이 난 것이다. 그럼에도 불구하고 하나님은 사람을 바로 죽이지 않으셨다. 또 다른 기회를 준 것이다. 그때 죽음 대신에 하나님으로부터 부여받은 것이 바로 일이었다.

> 아담에게 이르시되 네가 네 아내의 말을 듣고 내가 네게 먹지 말라 한 나무의 열매를 먹었은즉 땅은 너로 말미암아 저주를 받고 너는 네 평생에 수고하여야 그 소산을 먹으리라. 땅이 네게 가시덤불과 엉겅퀴를 낼 것이라 네가 먹을 것은 밭의 채소인즉 네가 흙으로 돌아갈 때까지 얼굴에 땀을 흘려야 먹을 것을 먹으리니 네가 그것에서 취함을 입었음이라 너는 흙이니 흙으로 돌아갈 것이니라 하시니라.(창세기 3:17~19)

이제 에덴동산에서의 일과는 비교할 수 없을 정도로 힘든 일로 땀을 흘리고 수고를 해야 땅의 소산을 먹을 수 있게 되었다. 사람의 죄로 땅도 더불어 저주를 받아 가시덤불과 엉겅퀴가 자라게 되어 사람이 그것들과 싸우면서 땅을 갈며 평생 수고로부터 벗어날 수 없는 처지가 되었다. 그리고 죄로 오염된 우리의 육체는 흙으로 돌아갈 것이라고 확실히 말씀하셨다.

> 이런 자를 사탄에게 내주었으니 이는 육신은 멸하고 영은 주 예수의 날에 구원을 받게 하려 함이라.(고린도전서 5:5)

하나님은 육신은 죽어서 땅으로 돌아가되 영혼은 구원하실 계획을 세우셨고 또 예수님을 통해 그 사명을 다 이루시게 하셨다. 어쨌든 사람의 죄는 하나님의 안식을 방해하고 말았다. 하나님의 사랑이 다시 사람을 위해 일하게 만든 것이다. 사람이 죄를 지은 후 하나님이 최초로 하신 일은 에덴동산에서 쫓겨나야 할 아담과 하와를 위해 가죽옷을 만들어 그들에게 입히신 일이었다.

여호와 하나님이 아담과 그의 아내를 위하여 가죽옷을 지어 입히시니라.(창세기 3:21)

에덴동산에서 아담과 하와가 쫓겨난 이유를 알 필요가 있다. 그것은 동산 중앙에 있는 생명나무 열매마저 따 먹을 것을 우려했기 때문이다. 왜냐하면 죄를 지은 상태에서 생명나무 열매를 따 먹으면 죄인으로 영생해야 하는 문제가 발생하기 때문이다. 이런 문제를 미연에 방지하기 위해 불가피하게 에덴동산에서 두 사람을 추방할 수밖에 없었다. 그 일 자체가 하나님의 깊은 긍휼과 사랑이었다는 것을 알 수 있다. 하나님은 어떤 상황에서든 사람을 위해 말할 수 없는 사랑으로 일하신다는 것을 알 수 있다.

생명나무는 성육신으로 오실 예수 그리스도를 상징하는 나무이다. 십자가 나무 위에서 우리 죄를 해결하시고 부활하심으로써 우리를 새로운 피조물로 거듭나게 해주셨다. 그런 맥락에서 우리에게 주어진 일에 대해서도 묵상할 필요가 있다. 우리에게 주어진 일이 죄로 인한 저주라거나 벌을 주신 것이라고 단정해서는 안 된다. 왜냐하면 우리 자신의 구원을 위해 우리는 어떤 일로도 도움을 드리지 못했다. 인류를 위한 모든 구원 사역을 오직 예수 그리스도 홀로 다 이루셨기 때문이다.

예수께서 신 포도주를 받으신 후에 이르시되 다 이루었다 하시고 머리를 숙이니 영혼이 떠나가시니라.(요한복음 19:30)

하나님은 일하는 사람의 땀 속에 엄청난 기쁨을 숨겨두셨고 여자의 출산에도 고통뿐 아니라 생명의 기쁨을 누리도록 하셨다. 무엇하나 하나님의 사랑이 없는 곳이 없다. 인간에게 복을 거두어간 것이 아니라, 오히려 하나님 자신이 홀로 모든 것을 뒤집어쓰셨고 스스로 모든 것을 해결하셨다. 이 과정에서 확실히 알아야 할 것은 사람은 구원하셨지만, 옛 뱀 사탄에게는 저주를 거두지 않으시고 완전히 멸망하게 하실 것을 예언하셨다는 점이다.

> 또 내가 보매 천사가 무저갱의 열쇠와 큰 쇠사슬을 그의 손에 가지고 하늘로부터 내려와서 용을 잡으니 곧 옛 뱀이요 마귀요 사탄이라 잡아서 천 년 동안 결박하여 무저갱에 던져 넣어 잠그고 그 위에 인봉하여 천 년이 차도록 다시는 만국을 미혹하지 못하게 하였는데 그 후에는 반드시 잠깐 놓이리라.(요한계시록 20:2~3)

> 천 년이 차매 그 옥에서 놓여나와서 땅의 사방 백성 곧 곡과 마곡을 미혹하고 모아 싸움을 붙이리니 그 수가 바다의 모래 같으리라. 그들이 지면에 널리 퍼져 성도들의 진과 사랑하시는 성을 두르매 하늘에서 불이 내려와 그들을 태워버리고 또 그들을 미혹하는 마귀가 불과 유황 못에 던져지니 거기는 그 짐승과 거짓 선지자도 있어 세세토록 밤낮 괴로움을 받으리라.(요한계시록 20:7~10)

이제는 더 이상 사탄의 유혹에 넘어가거나 허탄한 일들에 마음을 두어서는 안 될 것이다. 일생을 하나님의 은혜를 묵상하며 살아도 모자랄 판에 여전히 세속적인 이야기나 육체적인 탐욕에서 벗어나지 못한다면 하나님을 기쁘게 하지 못할 것이다.

〈마음의 습관Habits of the Heart〉의 저자 로버트 벨라Robert Bellah는 그의 책에서 미국인들의 문화적 응집력을 갉아 먹어버린 것은 표현적 개인주의expressive individulalism라고 지적했다. 그는 "개인의 신성함을 인정하고 보장하는 쪽으로 현대사회가 급속하게 기울어가면서 개인들을 한데 묶어내는 사회구조를 그려내는 상상력은 점점 사라지고 있다. 개인은 신성불가침한 존재로 여기는 관념과 전체를 보는 감각이나 공동선共善에 대한 관심이 균형을 이루지 못하고 있다."[120]고 했다.

여기서 벨라가 지적한 것은 일이란 단순한 밥벌이나 자아실현에 그치는 것이 아니라 일종의 소명召命이라는 사실을 강조한 것이라고 봐야 할 것이다. 만약 일이 개인적 자기완성의 도구이자 자아실현의 수단에 머문다면 사회공동체를 무너뜨리고 결국 개인에게도 그 폐해가 고스란히 돌아갈 것이기 때문이다. 그런 점에서 벨라의 지적은 탁월하다. 그렇다면 일을 소명으로 보아야 하는 근원은 어디서 비롯되었을까?

당연히 창세기 에덴동산으로 거슬러 올라가야 한다. 당초 일은 즐거움을 동반한 사람의 정체성을 드러내는 수단이었다. 그리고 일을 통해 안식일의 중요성을 깨달을 수 있었다. 그런데 선악과 사건으로 모든 본질이 흐트러져버렸고 일의 목적이나 강도도 달라지고 말았다. 이런 어지럽고 혼란스러운 모든 문제를 하나님은 알고 계셨고 그것을 해결하시고자 예수 그리스도에게 모든 짐을 짊어지게 하신 것이다. 그것은 생명나무, 가죽옷, 어린 양 등을 통해서도 알 수 있듯이 태초부터 이미 준비해놓으셨던 것임을 알 수 있다.

우리가 일이라는 수고를 부정적으로 생각할 일이 아닌 것은 예수 그리스도께서 공생애 동안 하신 일과 십자가의 고난을 생각하면 하나님이 하신 일이 얼마나 신성한 것인지 알 수 있다. 예수 그리스도 덕분에 우리가 겪는 수고는 아주 가벼운 짐이라는 사실을 깨달아야 한다.

> 수고하고 무거운 짐 진 자들아 다 내게로 오라 내가 너희를 쉬게 하리라 나는 마음이 온유하고 겸손하니 나의 멍에를 메고 내게 배우라 그리하면 너희 마음이 쉼을 얻으리니 이는 내 멍에는 쉽고 내 짐은 가벼움이라 하시니라. (마태복음 11:28~30)

예수 그리스도가 대신 매를 맞으시고 죄를 뒤집어쓰셨기 때문에 두렵고 떨리는 죽음이라는 문제가 단번에 해결되었다는 점이다.

> 그가 찔림은 우리의 허물 때문이요 그가 상함은 우리의 죄악 때문이라 그가 징계를 받으므로 우리는 평화를 누리고 그가 채찍에 맞으므로 우리는 나음을 받았도다. (이사야 53:5)

우리에게 일을 주신 것이 저주가 아니라 축복이었다는 사실을 깨닫게 되면 하나님을 더욱 경외하게 될 것이다. 이제 우리는 일에 대해 새롭게 인식해야 한다. 죄와 연관된 일에 대한 소명은 예수 그리스도께서 다 이루셨다. 우리는 새로운 일에 눈을 돌려야 할 것이다. 그것은 다름 아닌 복음을 전하는 일이어야 한다. 하나님으로부터 부여받은 새로운 소명은 바로 땅끝까지 복음을 전하는 일이고 한 생명이라도 실족하지 않게 하나님께 인도하는 일이다.

오직 성령이 너희에게 임하시면 너희가 권능을 받고 예루살렘과 온 유대와 사마리아와 땅 끝까지 이르러 내 증인이 되리라 하시니라.(사도행전 1:8)

우리의 모든 일거수일투족이 하나님 나라를 지향해야 할 것이다. 중요한 것은 이제 모든 일을 하나님이 우리와 함께하신다는 점이다. 그 사실을 전적으로 믿고 하나님께 의지해야 한다. 그렇다면 능치 못할 일이 없다.

내게 능력 주시는 자 안에서 내가 모든 것을 할 수 있느니라.(빌립보서 4:13)

사도 바울이 이 같은 고백을 할 수 있었던 이유는 무엇일까?

아무것도 염려하지 말고 다만 모든 일에 기도와 간구로, 너희 구할 것을 감사함으로 하나님께 아뢰라. 그리하면 모든 지각에 뛰어난 하나님의 평강이 그리스도 예수 안에서 너희 마음과 생각을 지키시리라.(빌립보서 4:6~7)

사도 바울은 하나님의 뜻을 잘 이해하고 굳건한 믿음으로 순종했던 사람이다. 그는 수고하고 일하면서 가능한 한 아무에게도 폐를 끼치지 않으려고 애썼다.

누구에게서든지 음식을 값없이 먹지 않고 오직 수고하고 애써 주야로 일함은 너희 아무에게도 폐를 끼치지 아니하려 함이니 우리에게 권리가 없는 것이 아니요 오직 스스로 너희에게 본을 보여 우리를 본받게 하려 함이니라.(데살로니가후서 3:8~9)

당시 데살로니가 성도들 중에 하라는 일은 하지 않고 쓸데없는 일만 만드는 사람들이 있었던 것 같다. 아마도 이 사람들은 그리스도의 강림이 멀지 않았다고 믿었기 때문에 자신들의 해야 할 일을 내던지고 나태하게 지냈었다. 하지만 하나님은 우리에게 각자의 일을 주신 것도 그 일을 통해서만이 선한 영향력을 끼칠 수 있고 수고함으로 열매를 맺을 수 있다는 보편적 진리를 가르쳐주신 것이다. 만약 우리가 그저 놀고 먹으며 수고함이 없다면 그것처럼 또 지루하고 재미없는 인생도 없을 것이다. 그것이 수고로 흘린 땀 속에 감추어진 깊고 깊은 하나님의 은혜이다.

> 사람마다 먹고 마시는 것과 수고함으로 낙을 누리는 그것이 하나님의 선물인 줄도
> 또한 알았도다.(전도서 3:13)

예수 그리스도의 은혜로 거듭난 사람은 자신의 유익을 위해 자유의지를 사용하는 것이 아니라 하나님과 이웃을 향한 사랑에 그 모든 자유의지를 쏟아 부어야 할 것이다. 그것이 바로 복음의 본질이고 새로운 소명이다. 일의 양이 중요한 것이 아니다. 일의 내용과 일의 목적이 중요하다. 음식의 가짓수가 중요한 것이 아니라 한두 가지라도 음식의 질이 중요하다. 경우에 따라 음식보다 더 우선해야 하는 것이 있을 수 있다. 먼저 무엇을 해야 하는지를 선택하는 것은 매우 중요하다.

마리아와 마르다 이야기는 일에 대한 인식을 새롭게 하는 데 도움이 된다. 두 자매는 예수님을 자신의 집으로 초대했다. 언니 마르다는 예수님을 대접하기 위해 열심히 음식을 준비하느라 여념이 없었다. 마리아는 예수님이 앉아 있는 발치에서 예수님과 대화를 나누고 있었다. 이를 지켜본 마르다는 화가 났을 것이다. 자기 혼자서 음식을 준비하기에는 너무 바빴다. 그래서 예수님에게 마리아에게 자신을 돕도록 말씀을 해주시라고 불평을 토로했다. 일반적으로는 마르다가 칭찬을 받을 만하고, 마리아가 너무한 것 아니냐고 생각할 수 있다. 그래서 마르다도 예수님이 마리아를 꾸중하고 자신을 돕도록 말씀하시지 않을까 기대했을 것이다. 그런데 예수님으로부터 의외의 대답이 돌아왔다.

> 주께서 대답하여 이르시되 마르다야 마르다야 네가 많은 일로 염려하고 근심하나
> 몇 가지만 하든지 혹은 한 가지만이라도 족하니라. 마리아는 이 좋은 편을 택하였
> 으니 빼앗기지 아니하리라 하시니라.(누가복음 10:41~42)

이 말씀에서 주목해야 하는 것은 마르다가 음식을 준비하는 것이 잘못된 것이 아니라 너무 많은 음식을 준비한 것을 지적받은 것이다. 그것이 바로 근심과 염려의 원인이 된다는 것이다. 상대적으로 마리아는 예수님이 어떤 분이라는 것을 알아차리고 이런 기회가 또 언제 올지 알 수 없는 터라, 한마디라도 더 예수님 말씀을 듣고 싶었을 것이다.

성서는 우리에게 영적인 사람이 되어야 한다고 말한다. 그럴 때 예언과 치유와 방언의 은사를 가진 사람을 떠올릴지 모른다. 예수님은 마리아를 향해 좋은 편을

택했다고 말씀하셨다. 영적인 사람은 그런 큰 은사가 중요한 것이 아니라 예수님 말씀을 무엇보다 더 사랑하는 것이다. 이 상황에서 음식은 육체적인 건강과 즐거움을 상징하고 예수님 말씀은 영혼(생명)의 구원을 상징한다. 예수님의 말씀은 누구를 칭찬하고 누구를 나무라는 것이 목적이 아니다. 무엇이 중요하고 무엇이 우선되어야 하며 어떻게 균형과 조화를 이루며 살아야 하는지를 가르쳐주신 것이다.

　성경에는 일과 영성에 관한 예화가 많이 있다. 그 가운데 하나님의 뜻을 명확히 알 수 있는 말씀이 있다.

　　천국은 마치 품꾼을 얻어 포도원에 들여보내려고 이른 아침에 나간 집 주인과 같으니 그가 하루 한 데나리온씩 품꾼들과 약속하여 포도원에 들여보내고 또 나가 보니 장터에 놀고 서 있는 사람들이 또 있는지라. 그들에게 이르되 너희도 포도원에 들어가라 내가 너희에게 상당하게 주리라 하니 그들이 가고 제육시와 제구시에 또 나가 그와 같이 하고 제십일시에도 나가 보니 서 있는 사람들이 또 있는지라 이르되 너희는 어찌하여 종일토록 놀고 여기 서 있느냐 이르되 우리를 품꾼으로 쓰는 이가 없음이니이다 이르되 너희도 포도원에 들어가라 하니라. 저물매 포도원 주인이 청지기에게 이르되 품꾼들을 불러 나중 온 자로부터 시작하여 먼저 온 자까지 삯을 주라 하니 제십일시에 온 자들이 와서 한 데나리온씩을 받거늘 먼저 온 자들이 와서 더 받을 줄 알았더니 그들도 한 데나리온씩 받은지라. 받은 후 집 주인을 원망하여 이르되 나중 온 이 사람들은 한 시간밖에 일하지 아니하였거늘 그들을 종일 수고하며 더위를 견딘 우리와 같게 하였나이다. 주인이 그 중의 한 사람에게 대답하여 이르되 친구여 내가 네게 잘못한 것이 없노라 네가 나와 한 데나리온의 약속을 하지 아니하였느냐. 네 것이나 가지고 가라 나중 온 이 사람에게 너와 같이 주는 것이 내 뜻이니라. 내 것을 가지고 내 뜻대로 할 것이 아니냐 내가 선하므로 네가 악하게 보느냐. 이와 같이 나중 된 자로서 먼저 되고 먼저 된 자로서 나중 되리라.(마태복음 20:1~16)

　이 비유는 천국에 관한 이야기다. 천국은 하나님이 설계하신 완전한 나라다. 세상의 이성이나 상식으로 이해되지 않을 수 있다. 하나님의 자녀라면 하나님 나라의 법이나 지혜, 그리고 하나님의 의義를 알아야 할 필요가 있다. 이 세상에 사는 동안 실제로 적용하며 사는 것이 바람직할 것이다. 왜냐하면 하나님은 우리가 하

나님 나라를 알기를 바라신다. 그래야 우리의 소망이 산 소망이 될 것이고 복음을
전하는 데에도 힘이 될 것이기 때문이다.

하나님을 믿고 하나님 나라가 임할 것이라고 소망하면서도 하나님 나라에 관심
이 없고 세상일에만 몰두한다면 그것도 뭔가 이치에 맞지 않은 것 같다. 세상과 하
나님 나라가 다른 것은 하나님 나라는 특정인에게 선을 베푼다고 해서 다른 사람
에게 불이익을 주지 않는다는 점이다. 세상에서는 누군가에게 많이 돌아가면 다
른 사람에게 불이익이 돌아간다.

왜 그럴까? 세상은 양에 대해 아주 민감하지만 하늘나라는 양적인 것에 제한받
지 않을 뿐 아니라 질적으로 모든 사람을 만족시킬 수 있기 때문이다. 세상에서는
그런 일로 질투하지만, 하나님 나라는 그런 일로 질투하지 않는다. 하나님 나라
는 모두의 공동 선^善을 생각하지만, 세상은 개인의 유익을 먼저 따지기 때문이다.
포도원 일꾼들과 품삯 이야기는 하나님 나라의 법이 무엇을 중시하는지 말해주고
있다. 우리가 이해할 수 있든 없든, 우리가 동의하든 하지 않든 하나님 나라는 우
리의 지혜로는 알 수 없는 완전한 나라라는 점을 믿어야 한다. 우리의 생각과 하
나님의 생각은 다를 수밖에 없다.

> 이는 내 생각이 너희의 생각과 다르며 내 길은 너희의 길과 다름이니라 여호와의
> 말씀이니라. 이는 하늘이 땅보다 높음 같이 내 길은 너희의 길보다 높으며 내 생각
> 은 너희의 생각보다 높음이니라.(이사야 55:8~9)

예수님이 십자가에 달리시기 전에 세 번이나 예수님을 모른다고 부인했던 베
드로가 그리스도께서 부활하셨다는 얘기를 듣고 무덤으로 향했다. 무덤에는 이미
요한이 와 있었다. 요한은 무덤에 빨리 왔음에도 불구하고 무덤에 들어가지 못하
고 있었다. 베드로는 요한보다 늦게 왔지만 먼저 용기를 내어 무덤 안으로 들어갔
다. 이처럼 먼저 된 자가 나중 되고 나중 된 자가 먼저 될 수 있는 것이다. 무덤의
입구까지 가는 순서가 다르고 무덤 안으로 들어가는 순서가 달랐다.

> 시몬 베드로와 예수께서 사랑하시던 그 다른 제자에게 달려가서 말하되 사람들이
> 주님을 무덤에서 가져다가 어디 두었는지 우리가 알지 못하겠다 하니 베드로와 그
> 다른 제자가 나가서 무덤으로 갈새 둘이 같이 달음질하더니 그 다른 제자가 베드

로보다 더 빨리 달려가서 먼저 무덤에 이르러 구부려 세마포 놓인 것을 보았으나 들어가지는 아니하였더니 시몬 베드로는 따라와서 무덤에 들어가 보니 세마포가 놓였고 또 머리를 쌌던 수건은 세마포와 함께 놓이지 않고 딴 곳에 쌌던 대로 놓여 있더라. 그 때에야 무덤에 먼저 갔던 그 다른 제자도 들어가 보고 믿더라.(요한복음 20:2~8)

예수님이 부활하신 것을 가장 먼저 본 사람은 베드로도 요한도 아니었다. 부활하신 예수님을 가장 먼저 본 사람은 마리아였다. 예수님은 그녀의 간절한 마음을 보시고 그녀 앞에 나타나셨다.

마리아는 무덤 밖에 서서 울고 있더니 울면서 구부려 무덤 안을 들여다보니 흰 옷 입은 두 천사가 예수의 시체 뉘었던 곳에 하나는 머리 편에, 하나는 발 편에 앉았더라. 천사들이 이르되 여자여 어찌하여 우느냐 이르되 사람들이 내 주님을 옮겨다가 어디 두었는지 내가 알지 못함이니이다. 이 말을 하고 뒤로 돌이켜 예수께서 서 계신 것을 보았으나 예수이신 줄은 알지 못하더라. 예수께서 이르시되 여자여 어찌하여 울며 누구를 찾느냐 하시니 마리아는 그가 동산지기인 줄 알고 이르되 주여 당신이 옮겼거든 어디 두었는지 내게 이르소서 그리하면 내가 가져가리이다. 예수께서 마리아야 하시거늘 마리아가 돌이켜 히브리말로 랍오니 하니(이는 선생님이라는 말이라). 예수께서 이르시되 나를 붙들지 말라 내가 아직 아버지께로 올라가지 아니하였노라 너는 내 형제들에게 가서 이르되 내가 내 아버지 곧 너희 아버지, 내 하나님 곧 너희 하나님께로 올라간다 하라 하시니 막달라 마리아가 가서 제자들에게 내가 주를 보았다 하고 또 주께서 자기에게 이렇게 말씀하셨다 이르니라.(요한복음 20:11~18)

우리의 믿음 안에서 싹트는 용기, 간절함 등이 하나님의 뜻 안에서 발휘될 때 예수님은 우리와 함께하신다는 것을 알 수 있다. 예수님은 마리아와 같은 믿음을 바라신다. 하나님은 태초부터 지금까지 한결같이 완전하고 흠결 없는 것을 주시기를 기뻐하시고 실제로 그렇게 일하셨다. 하나님이 누구를 위하여 천지를 창조하셨는지를 알면 아마도 하나님을 외면하지 못할 것이다. 그와 관련한 묵상이 없다면 우리를 향한 하나님의 사랑이 어느 정도인지 제대로 느끼지 못할 것이다. 하나님이 천지를 창조하신 것은 바로 사람을 위한 것이었다.

> 하나님이 이르시되 우리의 형상을 따라 우리의 모양대로 우리가 사람을 만들고 그들로 바다의 물고기와 하늘의 새와 가축과 온 땅과 땅에 기는 모든 것을 다스리게 하자 하시고 하나님이 자기 형상 곧 하나님의 형상대로 사람을 창조하시되 남자와 여자를 창조하시고 하나님이 그들에게 복을 주시며 하나님이 그들에게 이르시되 생육하고 번성하여 땅에 충만하라, 땅을 정복하라, 바다의 물고기와 하늘의 새와 땅에 움직이는 모든 생물을 다스리라 하시니라. 하나님이 이르시되 내가 온 지면의 씨 맺는 모든 채소와 씨 가진 열매 맺는 모든 나무를 너희에게 주노니 너희의 먹을 거리가 되리라. 또 땅의 모든 짐승과 하늘의 모든 새와 생명이 있어 땅에 기는 모든 것에게는 내가 모든 푸른 풀을 먹을 거리로 주노라 하시니 그대로 되니라.(창세기 1:26~30)

우리는 어떤 태도를 취해야 할까? 그것은 기쁨과 감사와 찬양이어야 한다. 하나님의 이름을 높이고 하나님께 모든 영광을 돌려야 할 것이다.

> 이같이 너희 빛이 사람 앞에 비치게 하여 그들로 너희 착한 행실을 보고 하늘에 계신 너희 아버지께 영광을 돌리게 하라.(마태복음 5:16)

왜냐하면 스스로 존재하신 하나님이 피조물인 사람에게 파격적인 선물을 주셨기 때문이다. 피조물 가운데 유일하게 하나님의 형상을 닮은 존재로 사람을 지으셨고, 만물의 관리권과 누릴 권리를 우리에게 주셨기 때문이다.

> 새 사람을 입었으니 이는 자기를 창조하신 이의 형상을 따라 지식에까지 새롭게 하심을 입은 자니라.(골로새서 3:10)

또 하나님과 소통하면서 기도하면 모든 것을 주실 분이시기 때문이다. 그런데 사람들은 하나님의 존재를 잊어버린 채 각자 갈 길로 가고 말았다.(이사야 43:7) (이사야 43:21) (이사야 48:11)

하나님을 알되 하나님을 영화롭게도 아니하며 감사하지도 아니하고 오히려 그 생
각이 허망하여지며 미련한 마음이 어두워졌나니 스스로 지혜 있다 하나 어리석게
되어 썩어지지 아니하는 하나님의 영광을 썩어질 사람과 새와 짐승과 기어다니는
동물 모양의 우상으로 바꾸었느니라(로마서 1:21~23)

그런즉 너희가 먹든지 마시든지 무엇을 하든지 다 하나님의 영광을 위하여 하
라.(고린도전서 10:31)

이같이 한낱 피조물인 사람을 파격적으로 위상을 높여 창조하신 하나님의 사람
에 대한 사랑이 어떠한지를 엿볼 수 있고 또 그런 자신의 창조물을 통해 찬양과 영
광을 받아야 마땅하지만, 인류는 하나님을 배신했다. 이것이 우리가 회복해야 할
하나님과의 관계의 본질이다.

하나님이 태초부터 오직 우리를 위해 일하셨다고 생각해보자. 과연 있을 수 있
는 일인가? 라고 생각할 수 있다. 믿지 못하겠다고 말할 수 있다. 그것은 핑계에
불과하다. 하나님은 자연을 통해, 역사를 통해, 예수님을 통해, 성서를 통해 자신
의 존재를 이미 보여주셨기 때문에 사람들이 더 이상 변명이나 구실을 찾는 것은
무의미하다.(로마서 2:15) (예레미야 5:21) (이사야 43:8~9) (마가복음 8:18)

창세로부터 그의 보이지 아니하는 것들 곧 그의 영원하신 능력과 신성이 그가 만
드신 만물에 분명히 보여 알려졌나니 그러므로 그들이 핑계하지 못할지니라.(로마
서 1:20)

하나님이 천지를 창조하시고 난 후 처음 사람에게 자신의 음성을 들려주셨는데
그것은 복福에 관한 말씀이었다. 사람에게 생육하고 번성하며 하나님이 창조하신
땅을 위임받아 당당하게 관리하고 누리라는 말씀이었다.

하나님이 그들에게 복을 주시며 하나님이 그들에게 이르시되 생육하고 번성하여
땅에 충만하라, 땅을 정복하라, 바다의 물고기와 하늘의 새와 땅에 움직이는 모든
생물을 다스리라 하시니라.(창세기 1:28)

하나님은 모든 창조과정을 끝내시고 흡족하게 여기셨다. 하나님이 우리를 창조하셔서 주시고자 하는 것은 복이었다. 요컨대 하나님이 하신 일의 열매는 사람의 복이었다는 것을 알 수 있다.

> 하나님이 지으신 그 모든 것을 보시니 보시기에 심히 좋았더라. 저녁이 되고 아침이 되니 이는 여섯째 날이니라.(창세기 1:31)

> 하나님이 그 일곱째 날을 복되게 하사 거룩하게 하셨으니 이는 하나님이 그 창조하시며 만드시던 모든 일을 마치시고 그날에 안식하셨음이니라.(창세기 2:3)

왜냐하면 하나님이 계획하신 모든 것이 다 이루어졌기 때문이다. 창조적인 일이 가져다주는 기쁨이 무엇인지를 짐작할 수 있다. 공교롭게도 예수 그리스도께서 공생애를 시작하시면서 제자들 앞에서 처음으로 설교를 시작하셨는데 그때의 주제도 복에 관한 말씀이었다.

> 심령이 가난한 자는 복이 있나니 천국이 그들의 것임이요. 애통하는 자는 복이 있나니 그들이 위로를 받을 것임이요. 온유한 자는 복이 있나니 그들이 땅을 기업으로 받을 것임이요. 의에 주리고 목마른 자는 복이 있나니 그들이 배부를 것임이요. 긍휼히 여기는 자는 복이 있나니 그들이 긍휼히 여김을 받을 것임이요. 마음이 청결한 자는 복이 있나니 그들이 하나님을 볼 것임이요. 화평하게 하는 자는 복이 있나니 그들이 하나님의 아들이라 일컬음을 받을 것임이요. 의를 위하여 박해를 받은 자는 복이 있나니 천국이 그들의 것임이라. 나로 말미암아 너희를 욕하고 박해하고 거짓으로 너희를 거슬러 모든 악한 말을 할 때에는 너희에게 복이 있나니 기뻐하고 즐거워하라 하늘에서 너희의 상이 큼이라 너희 전에 있던 선지자들도 이같이 박해하였느니라.(마태복음 5:3~12)

태초의 복에 관한 이야기에 주의를 기울일 필요가 있다. 각 말씀마다 조건이 붙어 있다는 것을 알 수 있다. 심령이 가난하고, 애통하고, 온유하고, 의에 주리고 목마르며, 긍휼히 여기고, 마음이 청결하고, 화평하게 하고, 의를 위하여 박해받는 것 등이다. 곰곰이 생각해보면 이런 말씀대로 모두 소화할 수 있는 사람이 과연 몇 명이나 있을까? 예수님은 단연코 없다는 사실을 아셨다.

왜 이런 말씀을 하셨을까? 이 모든 내용을 예수 그리스도께서 이루시겠다는 말씀이다. 그리고 약속하신 대로 훗날 다 지키고 완수하셨다. 우리가 스스로 무엇인가를 해서 의인이 되고 천국에 갈 수 있는 것이 아니다. 예수 그리스도께서 우리를 대신해서 죗값을 치르시고 하나님의 뜻대로 다 이루신 은혜로 말미암아 우리가 하나님의 나라에 들어갈 수 있게 된 것이다. 예수 그리스도께서는 제자들에게 가르친 모든 내용을 한 치의 오차도 없이 몸소 다 이루셨기 때문이다.

> 예수께서 신 포도주를 받으신 후에 이르시되 다 이루었다 하시고 머리를 숙이니 영혼이 떠나가시니라.(요한복음 19:30)

이 사실을 깨닫지 못하면 우리에게 주어진 일을 너무 버겁게 생각하고 힘들어할 것이다. 만약 그렇다면 다음 말씀들을 읽어볼 필요가 있다.

> 수고하고 무거운 짐 진 자들아 다 내게로 오라 내가 너희를 쉬게 하리라.(마태복음 11:28)

> 진리를 알지니 진리가 너희를 자유롭게 하리라.(요한복음 8:32)

만약 우리가 일하면서 과도하게 힘들어한다면 그 이유는 우리에게 부과된 하나님의 소명 때문이 아닐 확률이 높다. 돌이켜보면 일을 하는 사람의 탓이건 시키는 사람의 탓이건 거기에는 인간의 탐욕 때문일 가능성이 크다. 하나님의 정원인 에덴동산에서도 일은 있었다. 그런데 일의 양은 전혀 문제가 없었다. 다만 일의 내용이나 방법이 문제였다. 예를 들면 따 먹지 말라는 선악과가 있는 동산 중앙에는 얼씬도 하지 말았어야 했다. 선악과를 따 먹기 전에 하와는 아담과 상의하고 아담은 하나님께 먼저 여쭤보는 것이 옳았다. 그런데 역으로 일을 저지른 다음에 아담은 하와에게 하와는 뱀에게 책임을 전가하며 핑계 대기에 바빴다. 하와는 독단적으로 일을 저질렀고 자신이 먹은 후에 남편인 아담에게도 건네서 먹게 했다.

> 이르시되 누가 너의 벗었음을 네게 알렸느냐 내가 네게 먹지 말라 명한 그 나무 열

매를 네가 먹었느냐. 아담이 이르되 하나님이 주셔서 나와 함께 있게 하신 여자 그
가 그 나무 열매를 내게 주므로 내가 먹었나이다. 여호와 하나님이 여자에게 이르
시되 네가 어찌하여 이렇게 하였느냐 여자가 이르되 뱀이 나를 꾀므로 내가 먹었
나이다.(창세기 3:11~13)

여자가 그 나무를 본즉 먹음직도 하고 보암직도 하고 지혜롭게 할 만큼 탐스럽기
도 한 나무인지라 여자가 그 열매를 따 먹고 자기와 함께 있는 남편에게도 주매 그
도 먹은지라.(창세기 3:6)

선악과 사건의 최종 책임은 아담이다. 왜냐하면 하나님이 선악과를 따 먹지 말
라고 최초로 명령한 유일한 사람은 아담이었기 때문이다. 하나님은 그 후에 아담
의 갈비뼈를 취해서 하와를 만들었기 때문이다. 중요한 것 하나는 하와의 역할이
아담의 일을 '돕는 배필'로서 창조되었다는 점이다.

아담이 모든 가축과 공중의 새와 들의 모든 짐승에게 이름을 주니라 아담이 돕는
배필이 없으므로 여호와 하나님이 아담을 깊이 잠들게 하시니 잠들매 그가 그 갈빗
대 하나를 취하고 살로 대신 채우시고 여호와 하나님이 아담에게서 취하신 그 갈빗
대로 여자를 만드시고 그를 아담에게로 이끌어 오시니(창세기 2:20~22)

하와는 아담에게 도움이 되지 못했고, 아담도 평소에 관리하는 책임도 소홀히
했다는 것을 알 수 있다. 두 사람 모두 그릇된 일을 하고 말았다. 성경 전체를 통
해서 보더라도 어떤 일을 성공적으로 이룬 사람들은 모두 하나님이 함께하셨다는
것을 알 수 있다. 애굽에서 이스라엘 백성들을 인도하여 낸 모세도, 홍수 심판 가
운데서도 구원받은 노아와 가족들도. 우상을 섬기는 선지자들을 물리친 엘리야
도, 이스라엘 왕 다윗도, 솔로몬도 하나님이 함께하실 때 사명을 감당할 수 있었
다. 반대로 바벨탑을 건설한 사람들, 노아시대 사람들, 소돔과 고모라의 사람들은
하나님으로부터 심판을 받았다.

그런 의미에서 엘리야를 대접한 사르밧 과부(열왕기상 17:1~16), 강도 만난 사람을
도와준 사마리아 사람(누가복음 10:30~37), 가나안 정탐꾼들을 도와준 기생 라합(여호
수아 6:22~25) (히브리서 11:31), 예수님을 위해 향유 옥합을 깨뜨린 여인(마가복음 14:9)

등은 하나님의 영이 일하시지 않았다면, 또 하나님을 향한 믿음이 없었다면 도저히 할 수 없는 일들이다.

우리가 재미있게 일하고 그릇된 일에서 자유로우며 일을 통해 꿈을 실현하기 위해서는 일의 본질과 일에 대한 시선이 매우 중요하다. 일을 부정적으로 보면 가능한 한 하지 말아야 할 것으로 생각할 수 있다. 하지만, 긍정적으로 보면 그 안에 감춰진 기쁨과 보람을 찾아내는 일종의 보물찾기가 될 수 있다. 그렇다면 무엇이 그릇된 일이고 무엇이 옳은 일인가를 분별하는 일이 중요할 것이다. 선한 일은 하나님으로부터 나온다. 선한 분은 오직 하나님 한 분뿐이시기 때문이다.

> 선한 일을 행한 자는 생명의 부활로, 악한 일을 행한 자는 심판의 부활로 나오리라. (요한복음 5:29)

> 선한 사람은 그 쌓은 선에서 선한 것을 내고 악한 사람은 그 쌓은 악에서 악한 것을 내느니라.(마태복음 12:35)

> 예수께서 이르시되 네가 어찌하여 나를 선하다 일컫느냐 하나님 한 분 외에는 선한 이가 없느니라.(마가복음 10:18)

> 반면에 악한 일은 사탄으로부터 나온다. 지금은 사탄이 세상에서 맹활약하고 있기 때문에 악한 일들이 넘쳐나고 있다고 보아야 한다. 그래서 거듭나지 않는 우리 마음에서 나오는 것은 악한 것들뿐이다.(요한일서 5:19)

> 그리스도께서 하나님 곧 우리 아버지의 뜻을 따라 이 악한 세대에서 우리를 건지시려고 우리 죄를 대속하기 위하여 자기 몸을 주셨으니 (갈라디아서 1:4)

> 속에서 곧 사람의 마음에서 나오는 것은 악한 생각 곧 음란과 도둑질과 살인과 간음과 탐욕과 악독과 속임과 음탕과 질투와 비방과 교만과 우매함이니 이 모든 악한 것이 다 속에서 나와서 사람을 더럽게 하느니라(마가복음 7:21~23)

모든 사람이 같은 일을 할 수는 없다. 왜냐하면 하나님이 각 사람마다 재능과 은사를 다르게 주시기 때문이다. 사람이 할 일은 일의 경중輕重이나 귀천貴賤을 따져서는 안 된다는 점이다. 왜냐하면 그렇게 되면 그 일에 따라 사람을 계급화할 수 있기 때문이다.(고린도전서 7:17) (로마서 9:21)

> 너희는 그리스도의 몸이요 지체의 각 부분이라. 하나님이 교회 중에 몇을 세우셨으니 첫째는 사도요 둘째는 선지자요 셋째는 교사요 그 다음은 능력을 행하는 자요 그 다음은 병 고치는 은사와 서로 돕는 것과 다스리는 것과 각종 방언을 말하는 것이라. 다 사도이겠느냐 다 선지자이겠느냐 다 교사이겠느냐 다 능력을 행하는 자이겠느냐. 다 병 고치는 은사를 가진 자이겠느냐 다 방언을 말하는 자이겠느냐 다 통역하는 자이겠느냐. 너희는 더욱 큰 은사를 사모하라 내가 또한 가장 좋은 길을 너희에게 보이리라.(고린도전서 12:27~31)

하나님은 일을 통해 세상을 경영하신다. 그 일 속에서 하나님의 의를 드러내기를 바라신 것이다. 사람들은 할 수 없으나 예수 그리스도는 완전하게 자신에게 맡겨진 사명을 감당하셨다.

> 너희 중에 누구든지 으뜸이 되고자 하는 자는 너희의 종이 되어야 하리라. 인자가 온 것은 섬김을 받으려 함이 아니라 도리어 섬기려 하고 자기 목숨을 많은 사람의 대속물로 주려 함이니라(마태복음 20:27~28)

소명召命, 그것은 하나님의 부르심이다. 부르심은 그리스어로 '칼레오kaleo'로 보통 믿음으로 구원받고 예수님과 더불어 하나가 되라는 하나님의 요청을 묘사할 때 사용하는 말이다.

> 또 미리 정하신 그들을 또한 부르시고 부르신 그들을 또한 의롭다 하시고 의롭다 하신 그들을 또한 영화롭게 하셨느니라.(로마서 8:30)

> 너희를 불러 그의 아들 예수 그리스도 우리 주와 더불어 교제하게 하시는 하나님은 미쁘시도다.(고린도전서 1:9)

하나님은 개인뿐만 아니라 공동체를 부르시기도 한다. 예수님 안에서 공동체와도 소통하여 하나가 되기를 바라시는 것이다. 그래서 우리에게 온갖 신령한 복을 주시기 위함이다.

> 찬송하리로다 하나님 곧 우리 주 예수 그리스도의 아버지께서 그리스도 안에서 하늘에 속한 모든 신령한 복을 우리에게 주시되 곧 창세 전에 그리스도 안에서 우리를 택하사 우리로 사랑 안에서 그 앞에 거룩하고 흠이 없게 하시려고 그 기쁘신 뜻대로 우리를 예정하사 예수 그리스도로 말미암아 자기의 아들들이 되게 하셨으니 이는 그가 사랑하시는 자 안에서 우리에게 거저 주시는 바 그의 은혜의 영광을 찬송하게 하려는 것이라.(에베소서 1:1~4)

> 그리스도의 평강이 너희 마음을 주장하게 하라 너희는 평강을 위하여 한 몸으로 부르심을 받았나니 너희는 또한 감사하는 자가 되라.(골로새서 3:15)

공동체를 의미하는 에클레시아ekklesia 자체가 '부르심을 받은 이들'이라는 뜻이다. 여기서 주의해야 할 것은 하나님 나라를 교회라는 공동체에 국한하는 우를 범해서는 안 된다. 교회와 이웃들을 갈라놓는 이분법은 매우 위험한 발상이다. 하나님이 말하는 공동체나 이웃은 교회 성도들만을 가리키지 않는다. 예수님 당시 유대인들이 이방인과 자신들을 구분함으로써 그들을 멸시했던 적이 있다. 그 사람이 유대인이든, 헬라인이든, 강도 만난 사람이든, 목마른 사람이든 누구든 모두 하나님의 창조물인 공동체인 것이다. 그가 누구든 도움이 필요한 사람을 도와주어야 한다.

> 유대인이나 헬라인이나 차별이 없음이라 한 분이신 주께서 모든 사람의 주가 되사 그를 부르는 모든 사람에게 부요하시도다. 누구든지 주의 이름을 부르는 자는 구원을 받으리라.(로마서 10:12~13)

> 너희는 유대인이나 헬라인이나 종이나 자유인이나 남자나 여자나 다 그리스도 예수 안에서 하나이니라. 너희가 그리스도의 것이면 곧 아브라함의 자손이요 약속대로 유업을 이을 자니라.(갈라디아서 3:28~29)

사도 바울이 크리스천 공동체에 전한 메시지는 단순히 교회 사역을 두고 한 말이 아니다. 사회적이고 경제적인 일을 염두에 두고 하나님의 부르심과 위임을 말하고 있다. 그 의미는 명확하다. 하나님이 크리스천들을 준비시켜서 그리스도의 몸으로 세우려고 하신 것처럼 거룩한 백성들 모두에게 갖가지 달란트와 은사를 주셔서 인류를 하나의 공동체로 세우고자 하신 것이다. 그래서 먼저 믿는 자가 아직 복음을 접하지 못한 자들을 향해 빛과 소금이 되어야 한다. 요컨대 각자 자신에게 주어진 달란트를 주님의 영광과 주님 나라의 확장을 위해 사용해야 한다.

> 내게 주신 은혜로 말미암아 너희 각 사람에게 말하노니 마땅히 생각할 그 이상의 생각을 품지 말고 오직 하나님께서 각 사람에게 나누어 주신 믿음의 분량대로 지혜롭게 생각하라. 우리가 한 몸에 많은 지체를 가졌으나 모든 지체가 같은 기능을 가진 것이 아니니 이와 같이 우리 많은 사람이 그리스도 안에서 한 몸이 되어 서로 지체가 되었느니라. 우리에게 주신 은혜대로 받은 은사가 각각 다르니 혹 예언이면 믿음의 분수대로, 혹 섬기는 일이면 섬기는 일로, 혹 가르치는 자면 가르치는 일로, 혹 위로하는 자면 위로하는 일로, 구제하는 자는 성실함으로, 다스리는 자는 부지런함으로, 긍휼을 베푸는 자는 즐거움으로 할 것이니라. (로마서 12:3~8)

성경학자 앤서니 티슬턴Anthony Thiselton은 이 본문을 이렇게 분석했다. "부르심과 섬김에 대한 바울의 개념은 '자율성'에 특별한 지위를 부여하던 세속적 현대성modernity과 자기실현과 권력관계를 앞세우던 대중적 현대성에서 완전히 벗어나 있다.…… 그러기에 바울 서신의 이 대목은 현대사회에서도 여전히 타당성을 갖는다."[121] 각자의 소명과 은사가 다르다는 것은 서로 섬겨야 함을 말해주고 있다. 서로 섬기면 삶의 완성도, 만족도가 높아지겠지만. 그렇지 않고 배타적인 관계를 형성할 경우 불균형, 부조화가 심화할 수밖에 없다. 이것은 나의 행복도 어느 정도 타인에 의해 영향을 받고 남의 행복도 나의 섬김에 영향을 받는다는 것을 말해준다. 바꿔 말하면 나의 땀이 남을 유익하게 할 수 있고 나의 많은 유익한 것들은 다른 사람들이 흘린 땀의 덕택이라는 것을 말한다.

요즘 모든 것들의 가치를 돈으로 환산하여 따지는 것이 일반화하고 있다. 시간도 돈이고 공간도 돈이고 일도 돈이다. 게다가 행복도 돈으로 살 수 있다고 생각하는 경향이 있다. 말하자면 돈이면 모든 것이 가능하다는 의식이 팽배해지고 있다. 이것은 돈에 대한 오해에서 비롯된 것이다. 돈이 어느 정도 삶의 질에 영향을 미치는 것이 사실이지만, 돈이 많다고 무조건 좋다고 생각하는 것은 잘못이다. 돈이 삶의 질을 향상시키는 좋은 수단인 것은 사실이지만, 지금 돈이 목적이 되는 것 같아서 우려된다. 성서는 부자와 돈에 관해 어떻게 말하고 있을까?

> 부하려 하는 자들은 시험과 올무와 여러 가지 어리석고 해로운 욕심에 떨어지나니 곧 사람으로 파멸과 멸망에 빠지게 하는 것이라. 돈을 사랑함이 일만 악의 뿌리가 되나니 이것을 탐내는 자들은 미혹을 받아 믿음에서 떠나 많은 근심으로써 자기를 찔렀도다.(디모데전서 6:9~10)

이 말씀의 취지는 돈에 대한 욕심을 통제하기가 쉽지 않음을 시사하고 있고 과도한 돈에 대한 집착은 그만큼 악행을 범하기 쉽다는 것을 말하고 있다. 사회의 지도층, 권력자, 기업가 등을 보자. 그들의 최종 목적은 돈이라는 것을 어렵지 않게 알 수 있다. 예를 들어 정치권에서 이루어진 고위 공직자들 청문회를 보고 있노라면 한숨이 나올 수밖에 없다. 하나같이 수십억, 수백억 자산가들이라는 점이다. 그들이 청렴하게 정상적인 노동으로 그런 부를 축적했다고 보는 사람들은 많지 않을 것이다. 그런데 그들에게 없는 것이 있다. 그것은 만족이다. 여전히 배고프고 여전히 더 많은 권력과 돈을 원한다. 일의 목적이 돈이 되어가고 있으니 일이 신성하다는 생각도 점점 퇴색할 수밖에 없다.

이런 현상은 비단 비 종교계의 일만은 아니다. 루터가 종교개혁을 하지 않았다면, 갈릴레오가 코페르니쿠스의 지동설을 지지하지 않았다면, 종교계의 불의不義가 그렇게 심각한지 상당 기간 알 수 없었을 것이다. 정보와 지식이 보편화하고 있는 오늘날도 중세 시대와 크게 다르지 않다.

교회를 마치 구약시대 성전처럼 신성시하고 목사를 제사장으로 여기고 주일을 바리새인들의 안식일처럼 지키며 편의적으로 율법과 복음 영역을 오가면서 종교 생활을 영위하고 있다. 일부 목사들은 성도들의 평균보다 더 호의호식好衣好食한다. 대형교회 목사들은 교회 직분자들을 비서처럼 거느리기도 하고 목사 직분의 세습을 아무렇지 않게 생각하기도 한다. 교회에 진열된 각종 헌금 봉투와 주보에 봉헌자를 게재하는 일 등은 세속적인 돈벌이와 별로 차별성이 없어 보인다.

또 목사를 성직자聖職者라고 부르며 그런 표현을 아무 부끄럼 없이 사용하며 선생 대접을 받는다. 예수님이 공생애 동안 보여주셨던 모습과는 전혀 다르다. 예수님은 제자들의 발을 씻어줄 정도로 사람들을 섬기고 겸손하셨다. 요즘 교회와 성도들은 전혀 그런 모습을 보여주지 못하고 있다. 교회에 충성하는 것이 마치 하나님께 순종하는 것으로 착각하며 자신들만의 의식儀式을 이어가고 있다. 이 모든 것은 하나님의 일에 대한 오해에서 발생한 교회와 그리스도인들의 자화상이다.

> 그러나 너희는 랍비라 칭함을 받지 말라 너희 선생은 하나요 너희는 다 형제니라.(마태복음 23:8)

> 저녁 잡수시던 자리에서 일어나 겉옷을 벗고 수건을 가져다가 허리에 두르시고 이에 대야에 물을 떠서 제자들의 발을 씻으시고 그 두르신 수건으로 닦기를 시작하여(요한복음 13:4~5)

일부 교회는 하나님의 은혜로 각 사람에게 허락하신 구원을 복잡한 설교로 더 어렵게 만들어버린다. 아무리 오래 동안 교회 다닌 사람들도 자신이 구원받았는지 아닌지 확신하지 못한다. 목사의 설교에 영향을 받을 수밖에 없고 감정의 기복을 겪으며 신앙생활을 이어가는 것이다. 교회가 성도들을 인질(?)로 잡고 구원 장사하는 지경에 이르렀다. 루터나 칼빈 등 종교 개혁가들이 지금 그런 교회의 모습을 본다면 다시 한번 종교개혁을 외치고 싶어 하지 않을까.

당시 루터는 오랜 세월 고민하면서 마음고생했던 것으로 알려지고 있다. 그는 하나님의 의義라는 말을 붙들고 씨름한 것으로 전해진다. 수도사로서 한 점 부끄럼 없이 살아왔음에도 불구하고 하나님 앞에서 여전히 죄인이라는 느낌을 떨쳐버리지 못한 채, 한없이 불안한 마음으로 지냈던 것이다. 보상이 될만한 종교적 노력을 해서 주님의 마음을 누그러뜨린다는 논리가 도무지 믿어지지 않았다. 스스로 납득할 수 없어 사납고 쓰라린 심정을 주체하지 못하고 분통을 터뜨렸다. 그러다가 사도바울이 '믿음으로 말미암아 구원'과 '하나님의 의'가 나타난다고 가르치는 로마서 1장 16~17절 말씀을 깊이 묵상하게 되었다고 한다.

> 내가 복음을 부끄러워하지 아니하노니 이 복음은 모든 믿는 자에게 구원을 주시는 하나님의 능력이 됨이라 먼저는 유대인에게요 그리고 헬라인에게로다. 복음에는

하나님의 의가 나타나서 믿음으로 믿음에 이르게 하나니 기록된 바 오직 의인은 믿음으로 말미암아 살리라 함과 같으니라. (로마서 1:16~17)

당시 루터는 그 상황을 이렇게 전하고 있다. "비로소 하나님의 의義에 대해서 묵상하게 되었는데, 그리스도인이 의인이 된다는 것은 주님의 선물이라는 것이고, 믿음으로 산다는 것은 예수 그리스도의 믿음 안으로 들어가는 것이라는 사실에 눈을 뜨기 시작했다.……거듭나서 열린 문을 통해 낙원에 들어갔음을 이 말씀에서 전달한 것이다. 성경 전체가 전혀 다른 얼굴로 다가왔다."[122] 그렇다. 루터의 고백처럼 죄인에서 의인이 되는 일에 우리의 공로는 하나도 없다. 전부 예수 그리스도가 홀로 다 이루신 것이다. 그런 믿음이 없으면 불확실하고 고단한 종교 생활을 이어갈 수밖에 없다. 모든 것이 하나님의 은혜라는 사실을 깨달을 때 비로소 진리 안에서 자유를 누릴 수 있을 것이다. 그렇지 않으면 주일에 교회 나가서 무엇이라도 해야만 될 것 같은 생각을 할 수 있다.

우리가 참 안식을 누리지 못하는 것은 하나님의 말씀을 모르거나 오해하고 있기 때문이다. 더불어 하나님의 일과 사람의 일을 분별하지 못하는 것도 그 원인 가운데 하나일 수 있다. 믿음과 일(행함)과 안식은 서로 연결되어 있음을 알 수 있다. 돈, 생계, 성공 등과 연관된 일에 머물지 않고 하나님의 창조섭리와 은혜 차원에서 일에 대해 생각할 수 있을 때 비로소 우리는 선한 일이 무엇인지 알게 될 것이다. 일을 통해 하나님의 은혜를 깨닫고 또 하나님의 영광을 드러내야 한다. 세상은 정반대로 일이 목적이 되었고 그 자체가 우상이 되어버렸다. 왜? 그것이 자신의 위상을 높여줄 것이라고 굳게 믿고 있기 때문이다.

우리나라에서는 집 밖에 나가기만 하면 사람 이름을 불러주는 경우가 드물다. 대개 성姓에 직함을 붙여 부르거나 선생님이나 사장님 등의 호칭을 사용한다. 누가 들어도 그 사람의 위상이 적나라하게 드러난다. 사람들은 그 호칭을 싫어하지 않는다. 그래서 직장을 그만두기 직전의 직함이 아주 중요하다. 한번 시장은 영원한 시장이고 한번 원장은 영원한 원장이며 한번 면장은 영원한 면장이다. 이러다 보니 그럴싸한 직업을 갖고 싶고 또 직장에서 승진하고 싶은 것이다. 그렇게 해서 자신의 사회적 성취감은 높아질지 모르지만, 그 사이에 자신의 영혼이 방치되고 있다는 것에 대해서는 알아차리지 못한다.

또 하나 교회에 다니는 사람들이 잘못 인식하고 있는 것이 있다. 교회 안에서의 일은 신성하고 교회 밖에서의 일은 세속적이라는 이분법적 사고를 갖는 것이다. 그렇다 보니 교회라는 공간을 신성시하게 되고 예배는 반드시 교회에서 드려야 할 것 같고, 교회에서 기도하면 하나님이 더 잘 들어 주실 것 같다고 생각하는 것이다.

세상에서 엿새 동안 일하고 교제하고 지낸 시간은 마치 죄짓는 시간으로 간주하는 경향이 있다. 주일날 교회 가는 명분이 확실해진다. 주일날 예배를 드리며 죄를 용서해달라고 애원한다. 꺼림직한 죄의식을 털어버리고 뿌듯한 마음으로 교회를 나선다. 만약 이런 의식으로 신앙생활을 지속한다면 평생 이 굴레에서 벗어나지 못하고 매번 병원에 가서 약을 처방받고 복용해야 하는 것처럼 매주 같은 일을 반복해야 할 것이다.

왜 예수님이 십자가에서 죽음과 부활을 증거하신 사실을 믿지 못하는 걸까? "다 이루었다"고 선포하셨는데 왜 그 말씀을 믿어드리지 못하는 걸까? 부활해서 제자들과 수많은 사람들 앞에 모습을 드러내고 심지어 못 자국을 만져보라고까지 하신 말씀을 믿지 못하고 좀처럼 의심을 거두어들이지 못하는 걸까? 십자가보다 더한 일을 또 보여주셔야 한다는 말인가? 너무 간단한 구원 방법이라서 오히려 믿지 못하는 걸까? 자신의 구원을 위해 뭔가 자신의 역할을 원하고 있는 것일까?

또 왜 골방에서 들판에서 직장에서 하나님을 만나려고 하지 않는 걸까? 왜 혼자서는 하나님을 만나려고 하지 않고 단체로 하나님을 접견하려고만 하는 걸까? 왜 스스로 영의 양식을 섭취하지 않고 누군가 떠먹여 주기만을 바라는 걸까? 왜 하나님의 언어를 외면한 채 사람의 언어에만 귀를 기울이는 걸까?

아브라함은 모리아의 한 산에서 여호와를 만났고, 모세는 애굽에서는 물론이고 광야 들판, 시내산 등 때와 장소를 가리지 않고 여호와를 만났다. 요나는 물고기 뱃 속에서 하나님을 만났고 사마리아 여인은 우물가에서 예수님을 만났으며, 바울은 다메섹 도상에서 환상으로 예수님을 만났다. 마리아와 마르다는 자신의 집에서 예수님을 영접했고, 십자가 위의 행악자는 죽음 직전에 예수님을 만났다. 성서에 등장하는 믿음의 선진들을 보면, 다양한 삶의 현장에서 각자의 처지나 형편에 따라 하나님이 만나주셨다. 우리도 마찬가지다. 삼위일체 하나님을 특정 공간이나 특정 시간에만 만날 수 있는 것이 아니다.

이 모든 문제의 원인은 하나님을 제대로 알지 못하고 또 하나님 말씀을 오해하고 있기 때문이다. 지금 그것을 바로 잡는 일이 무엇보다 우선하여야 한다. 그렇지 않으면 여전히 불안하고 고단한 인생여정을 지속할 수밖에 없다. 하나님과 나 자신의 관계를 올바로 설정하고 제대로 소통할 수 있어야 한다. 그것도 매일, 매 순간, 마치 호흡하는 것처럼 그분을 믿고 의지해야 한다. 그렇게 될 때 비로소 하나님이 나의 아버지가 되어주시고 친구가 되어주시고 신랑이 되어주실 것이다.

이미 구약시대에도 요엘 선지자를 통해 하나님의 영을 우리 모두에게 부어주실 것을 예언하셨고 실제로 신약시대에 예수님도 성령을 보내주실 것을 직접 약속하셨다. 그래서 우리는 시간과 공간의 제약을 받지 않고 우리가 영으로 하나님을 만날 수 있게 해주셨다. 우리의 노력이나 지식으로 하나님을 만날 수 있는 것이 아니다. 모든 것이 하나님의 은혜 가운데 이루어지는 것이라는 사실을 믿어야 한다. 그래서 우리는 하나님의 영(성령)과 예수님의 이름(진리)으로 삶 속에서 살아 있는 예배를 드려야 한다.

그 후에 내가 내 영을 만민에게 부어주리니 너희 자녀들이 장래 일을 말할 것이며 너희 늙은이는 꿈을 꾸며 너희 젊은이는 이상을 볼 것이며 그때에 내가 또 내 영을 남종과 여종에게 부어 줄 것이며(요엘 2:28~29)

그러나 내가 너희에게 실상을 말하노니 내가 떠나가는 것이 너희에게 유익이라 내가 떠나가지 아니하면 보혜사가 너희에게로 오시지 아니할 것이요 가면 내가 그를 너희에게로 보내리니(요한복음 16:7)

하나님은 영이시니 예배하는 자가 영과 진리로 예배할지니라.(요한복음 4:24)

이 과정에서도 우리는 스스로 아무것도 할 수 없다. 모든 일에 하나님이 관여하신다는 것을 믿어야 한다. 우리가 할 일은 자기 안에 '자유의지Free will'라고 선명하게 쓰여 있는 문을 활짝 열어젖히는 것이다. 최소한 문 앞에 서서 하나님이 문을 두드리시는 소리에 귀를 기울이면서 그 문을 열어드릴 준비라도 해야 한다. 나머지는 하나님이 우리를 너무 잘 아시기 때문에 알아서 다 하신다. 그런 방법밖에 없다는 걸 아시고 하나님은 모든 일을 그렇게 하신 것이다. 그것이 진실이라는 것은 성경을 통해 얼마든지 확인할 수 있다.

생각해보자. 만약 사람이 스스로 할 수 있었다면, 아담과 하와에게 자유를 주셨을 때 선악과를 따 먹지 말았어야 했다. 그 이후에도 수많은 기회를 주었지만, 바벨탑, 노아의 홍수, 소돔과 고모라, 광야생활 40년 등 한 번도 제대로 믿음을 보여준 적이 없었다. 그곳에 내가 없었다고 하소연하면서 나라면 달랐을 것이라고 말할 수 있는가? 그것은 대단한 착각이다. 우리의 하루, 일주일, 한 달, 일 년을 되돌아보자. 당시 실패했던 사람들과 하나도 다르지 않을 뿐 아니라 더 할 수도 있다는 사실을 깨닫게 될 것이다.

일에는 좋은 일과 나쁜 일이 있다. 그 기준은 하나님의 뜻이 어디에 있느냐에 달려 있다. 나쁜 일을 하는 사람의 특징은 이기주의에 바탕을 두고 일하는 사람들이다. 또 자신은 선善이고 남은 악惡이라고 단정하며 판단하는 일이다. 내가 남보다 낫다고 생각하는 것이다. 그 자체가 나쁜 생각이다. 하나님은 특정인을 위해 세상을 창조하시지 않으셨기 때문이다. 예수님도 모든 사람은 하나님의 자녀요 백성으로 하나로 연결되기를 바라셨고 또 그렇게 가르치셨다.

나는 포도나무요 너희는 가지라 그가 내 안에, 내가 그 안에 거하면 사람이 열매를 많이 맺나니 나를 떠나서는 너희가 아무것도 할 수 없음이라.(요한복음 15:5)

사도 바울도 예수님의 가르침대로 복음을 전했었다.

몸은 하나인데 많은 지체가 있고 몸의 지체가 많으나 한 몸임과 같이 그리스도도 그러하니라. 우리가 유대인이나 헬라인이나 종이나 자유인이나 다 한 성령으로 세례를 받아 한 몸이 되었고 또 다 한 성령을 마시게 하셨느니라. 몸은 한 지체뿐만 아니요 여럿이니 만일 발이 이르되 나는 손이 아니니 몸에 붙지 아니하였다 할지라도 이로써 몸에 붙지 아니한 것이 아니요. 또 귀가 이르되 나는 눈이 아니니 몸에 붙지 아니하였다 할지라도 이로써 몸에 붙지 아니한 것이 아니니 만일 온 몸이 눈이면 듣는 곳은 어디며 온 몸이 듣는 곳이면 냄새 맡는 곳은 어디냐 그러나 이제 하나님이 그 원하시는 대로 지체를 각각 몸에 두셨으니 만일 다 한 지체뿐이면 몸은 어디냐 이제 지체는 많으나 몸은 하나라(고린도전서 12:12~20)

만일 한 지체가 고통을 받으면 모든 지체가 함께 고통을 받고 한 지체가 영광을 얻으면 모든 지체가 함께 즐거워하느니라. 너희는 그리스도의 몸이요 지체의 각 부

분이라. (고린도전서 12:26~27)

하나님의 뜻을 거스르고 자신의 의지대로 행동했던 사람이 있는데 대표적으로 요나가 떠오른다.

여호와의 말씀이 아밋대의 아들 요나에게 임하니라 이르시되 너는 일어나 저 큰 성읍 니느웨로 가서 그것을 향하여 외치라 그 악독이 내 앞에 상달되었음이니라 하시니라. 그러나 요나가 여호와의 얼굴을 피하려고 일어나 다시스로 도망하려 하여 욥바로 내려갔더니 마침 다시스로 가는 배를 만난지라 여호와의 얼굴을 피하여 그들과 함께 다시스로 가려고 배삯을 주고 배에 올랐더라. (요나 1:1~3)

하나님은 요나를 앗수르(아시리아)의 수도 니느웨로 파송했다. 현재 IS(이슬람국가)가 장악하고 있는 이라크 모술지역이다. 당시 앗수르는 주변국들을 호시탐탐 노리며 위협해왔기에 이스라엘 입장에서도 최대 적국이었다. 우상숭배가 만연한 것은 말할 것도 없고 전쟁 포로들을 무자비하게 다루었으며 약탈, 살육 등 죄악이 극에 달했다. 그런 살벌한 곳에서 사십일 후면 무너지리라고 외치라고 하니 이성적으로 납득하지 못했을 것이고 그곳에 갈 엄두가 나지 않았을 것이다.

요나는 곧바로 니느웨로 가지 않았고 다시스라는 곳으로 도망쳤다. 그는 욥바로 가서 다시스로 가는 배에 올라탔다. 하지만, 배가 풍랑을 만나 침몰 위기에 처하고 말았다. 승선자들은 재앙의 원인을 제공한 사람이 배 안에 있을 것이라고 단정하고 그 사람을 제비뽑기하여 가려내자고 했다. 제비뽑기 결과 요나가 뽑혔다. 요나는 바다에 던져졌고 큰 물고기가 그를 삼켰다. 결국, 요나는 자신이 원인이라는 사실을 고백하고 회개하게 된다. 요나는 하나님의 계획안에 있었기 때문에 큰 물고기의 뱃 속에서 사흘 동안 지내다가 무사히 구출되었다. 물고기 뱃 속에서 나온 요나는 마음을 고쳐먹고 니느웨로 향했다. 그리고 그는 담대하게 니느웨 사람들을 향해 외쳤다.

요나가 그 성읍에 들어가서 하루 동안 다니며 외쳐 이르되 사십 일이 지나면 니느웨가 무너지리라 하였더니 (요나 3:4)

그런데 뜻밖의 반응이 나온다. 아슈르 단3세^{Ashur danⅢ}로 추정되는 당시 왕이 온 백성에게 금식을 선포해 회개를 촉구한 것이다. 하나님은 앗수르인들이 자기 잘못을 뉘우치고 악한 길에서 돌이키는 모습을 보시고 그들에게 말씀하신 재앙을 내리지 않으셨다.

> 니느웨 사람들이 하나님을 믿고 금식을 선포하고 높고 낮은 자를 막론하고 굵은 베 옷을 입은지라. 그 일이 니느웨 왕에게 들리매 왕이 보좌에서 일어나 왕복을 벗고 굵은 베 옷을 입고 재 위에 앉으니라. 왕과 그의 대신들이 조서를 내려 니느웨에 선포하여 이르되 사람이나 짐승이나 소 떼나 양 떼나 아무것도 입에 대지 말지니 곧 먹지도 말 것이요 물도 마시지 말 것이며 사람이든지 짐승이든지 다 굵은 베 옷을 입을 것이요 힘써 하나님께 부르짖을 것이며 각기 악한 길과 손으로 행한 강포에서 떠날 것이라. 하나님이 뜻을 돌이키시고 그 진노를 그치사 우리가 멸망하지 않게 하시리라 그렇지 않을 줄을 누가 알겠느냐 한지라. 하나님이 그들이 행한 것 곧 그 악한 길에서 돌이켜 떠난 것을 보시고 하나님이 뜻을 돌이키사 그들에게 내리리라고 말씀하신 재앙을 내리지 아니하시니라.(요나 3:5~10)

요나의 말대로라면 니느웨는 무너졌어야 했다. 니느웨는 건재했다. 요나는 화가 났다. 요나는 하나님께 불평했는데 여전히 자신의 생각에 의지하고 있음을 알 수 있다. 이후 요나는 니느웨 성 밖 동쪽에 큰 막을 설치했다. 그늘 아래서 니느웨가 어떻게 되는지 지켜볼 요량이었다.

> 요나가 성읍에서 나가서 그 성읍 동쪽에 앉아 거기서 자기를 위하여 초막을 짓고 그 성읍에 무슨 일이 일어나는가를 보려고 그 그늘 아래에 앉았더라.(요나 4:5)

그는 죄악으로 얼룩진 도시가 어떤 재앙을 당할지 확인하고 싶었다. 하나님께서는 박 넝쿨을 자라게 하여 그늘을 만들어 그의 머리를 가려주셨다. 시원한 그늘 아래 있다 보니 한결 기분이 좋아졌다.

> 하나님 여호와께서 박넝쿨을 예비하사 요나를 가리게 하셨으니 이는 그의 머리를 위하여 그늘이 지게 하며 그의 괴로움을 면하게 하려 하심이었더라 요나가 박넝쿨

로 말미암아 크게 기뻐하였더니(요나 4:6)

다음날 일어나보니 벌레가 박 넝쿨을 갉아 먹고 말았다. 해가 뜨자 바람이 불어왔다. 해는 그의 머리를 뜨겁게 내리쬐었다. 지칠 대로 지친 요나는 또다시 하나님을 향해 불평을 쏟아냈다. "사느니 차라리 죽는 게 낫다"고 말한 것이다.

> 하나님이 벌레를 예비하사 이튿날 새벽에 그 박넝쿨을 갉아먹게 하시매 시드니라. 해가 뜰 때에 하나님이 뜨거운 동풍을 예비하셨고 해는 요나의 머리에 쪼이매 요나가 혼미하여 스스로 죽기를 구하여 이르되 사는 것보다 죽는 것이 내게 나으니이다 하니라.(요나 4:7~8)

하나님께서는 "박 넝쿨이 죽었다고 네가 이렇게 화를 내는 것이 옳으냐?"라고 물었다. 이에 요나는 "옳다 뿐이겠습니까? 저는 화가 나서 죽겠습니다"라고 대답했다. 그러자 하나님은 다음과 같이 말씀하셨다.

> 여호와께서 이르시되 네가 수고도 아니하였고 재배도 아니하였고 하룻밤에 났다가 하룻밤에 말라 버린 이 박넝쿨을 아꼈거든 하물며 이 큰 성읍 니느웨에는 좌우를 분변하지 못하는 자가 십이만여 명이요 가축도 많이 있나니 내가 어찌 아끼지 아니하겠느냐 하시니라.(요나 4:10~11)

하나님께서 죄악이 가득한 니느웨를 멸망시키지 않은 이유가 바로 이 때문이다. 만약 요나가 니느웨의 멸망을 외치지 않았다면 니느웨 사람들은 여전히 죄악 속에 살았을 것이고, 하나님께 회개하는 일도 없었을 것이다. 그런 의미에서 요나의 역할은 의미 있는 일이었다. 우리는 하나님의 뜻보다는 자신의 행위에 대한 의를 먼저 생각하기 쉽다.

요나 역시 첫 단추를 잘못 끼우는 실수를 범했다. 그런 그가 회개하고 다시 하나님 말씀에 귀를 기울였고 하나님의 뜻에 따라 움직였다. 하지만 자신의 생각처럼 일이 돌아가지 않자 하나님께 불평불만을 토로한 것이다. 어떤 경우에도 우리는 하나님의 깊고 넓은 뜻을 헤아릴 수 없다. 따라서 선하시고 의로우신 하나님을 전적으로 신뢰하고 순종하는 것만이 바람직한 자세이다.

만약 사람이 자기의 권리를 주장하려면 그에 걸맞은 증거를 제시해야 한다. 예를 들면 집이 자신의 소유라는 것을 주장하려면 등기부등본 같은 것을 내놓듯이 법적 효력이 있는 뭔가를 물증으로 제시해야 한다. 인간은 이 우주가 내 것이라고 주장할 만한 근거를 가지고 있는가? 내가 들이쉬고 내쉬는 공기가 애초부터 내 것이라고 주장할 만한 근거를 가지고 있는가? 그것들이 내 것이라고 주장할 만한 증거는 아무것도 없다. 아무런 대가도 치르지 않고 내 것인 것처럼 사용하고 있다. 구원이 바로 그렇다. 하나님이 태초부터 계획하시고 예수님이 스스로 행하신 일이다. 왜 그런 일을 하셨을까? 우리를 그토록 사랑하시기 때문이다. 그분의 성품이 그렇게 선하신 분이시기 때문이다. 그것이 가능한 분은 하나님 한 분뿐이시기 때문이다.

우리가 할 수 있는 일, 해야 할 일은 그저 감사하고 기뻐하고 찬양하고 하나님 이름을 영화롭게 하는 일이다. 그것이 신앙의 본질이다. 그런데 사람들은 그것 자체를 거부하고 있다. 왜냐하면 사람이 어디서 왔고 어디로 가는지를 이해하지 못하고 있고, 자신의 정체성을 깨닫지 못하고 있기 때문이다.

모든 것은 하나님으로부터 시작되었고 또 하나님이 주권을 가진 분이라는 것을 인정하지 않으려 한다. 그런 사람은 자신의 정체성을 전혀 엉뚱한 것에서 찾으려 할 것이다. 침팬지를 자기 조상이라고 부를 것이고 우주를 채우고 있는 모든 것을 우연의 산물이라고 생각할 것이다. 일은 안식安息의 참 의미를 알게 해주는 아주 소중한 하나님의 선물이다. 일과 안식은 서로 대립하는 관계가 아니라 서로 연결되어 있으며 하나님의 속성이기도 하다. 일도 안식도 모두 신성한 것으로 하나님의 축복이라는 것을 알아야 한다.

성서에서 가장 특별한 단어 가운데 하나가 바로 '카도쉬qadosh'인데 이는 '거룩한'이라는 뜻을 지니고 있다. 거룩함은 하나님의 성품을 가장 잘 표현하고 있다. 카도쉬라는 단어는 창세기에서 등장하는데 하나님이 엿새 동안의 창조를 마치시고 일곱째 날 안식일을 두고 사용한 말이다. 안식일을 복되고 거룩하게 하셨다는 표현이 등장한다.

> 하나님이 그가 하시던 일을 일곱째 날에 마치시니 그가 하시던 모든 일을 그치고 일곱째 날에 안식하시니라. 하나님이 그 일곱째 날을 복되게 하사 거룩하게 하셨으니 이는 하나님이 그 창조하시며 만드시던 모든 일을 마치시고 그날에 안식하셨

음이니라.(창세기 2:2~3)

안식일이라는 말이 말해주듯이 거룩함은 '공간空間'이 아니라 '시간時間'에 방점이 있다. 이것은 기존의 종교적 사고방식과는 전혀 다른 개념이다. 특정 장소에서 제사드리는 것이 거룩함이 아니라 그 시간을 누구와 어떻게 보내느냐가 중요하다. 이것은 우물가에서 만난 사마리아 여인에게 예수님께서 예배에 대해 말씀하신 것과 맥락을 같이 하고 있다.

아버지께 참되게 예배하는 자들은 영과 진리로 예배할 때가 오나니 곧 이때라. 아버지께서는 자기에게 이렇게 예배하는 자들을 찾으시느니라. 하나님은 영이시니 예배하는 자가 영과 진리로 예배할지니라.(요한복음 4:23~24)

사람들은 신화적 사고방식을 버리지 못하고 성스러운 장소를 기대하며 살아간다. 하나님은 태초부터 시간 속의 거룩함, 곧 안식일을 누리라고 말씀하셨다. 공간은 제약이 따르지만, 시간은 자유를 내포하고 있다. 역사가 시작될 때 단 하나의 거룩함은 시간 속에 있었다는 것을 잊어서는 안 될 것이다. 이제 그 거룩함이 사람 안에 들어왔다. 성령이 우리 안에 오신 것이다. 우리 몸이 거룩함을 담은 성전이고 그분과 뜻을 함께할 때 그것은 예배가 된다. 이것이 가능한 것은 하나님이 영이시기 때문이다. 그래서 우리가 하나님과 소통하고 하나가 될 수 있는 유일한 길은 우리의 영혼을 사용하는 것이다.

안식일은 거룩한 시간일 뿐 아니라 거룩한 분 전부를 상징한다. 안식일은 그분이 주인이시다. 그런데 하나님은 안식이 따로 필요하신 분이 아니시다. 그래서 안식일은 사람을 위한 것이라는 것을 알 수 있다. 우리를 위해 하나님 자신을 우리에게 선물한 셈이다. 그것을 뒷받침하는 말씀이 있다.

또 이르시되 안식일이 사람을 위하여 있는 것이요 사람이 안식일을 위하여 있는 것이 아니니 이러므로 인자는 안식일에도 주인이니라.(마가복음 2:27)

안식일은 바로 우리를 위해 죽음까지도 내놓으신 예수님을 가리키고 있다. 다음 말씀 가운데 "나와 너희 사이에 표징"이라는 말에 주목할 필요가 있다. 예수 그리스도는 우리와 하나님 사이의 중보자 역할을 하심으로써 우리가 안식을 누릴 수 있게 된 것이다.

> 또 나의 안식일을 거룩하게 할지어다 이것이 나와 너희 사이에 표징이 되어 내가 여호와 너희 하나님인 줄을 너희가 알게 하리라 하였노라.(에스겔 20:20)

안식일은 하나님과 우리가 하나 되는 날이다. 이제 우리는 예수 그리스도의 은혜 가운데 삼위일체 하나님과 하나가 되었다. 예수님의 십자가와 성령강림으로 우리 안에 하나님이 오셨고 우리가 하나님 안에 거할 수 있게 됨으로써 하나님과 하나가 되는 영광을 누릴 수 있게 되었다. 결과적으로 믿음으로 거듭난 자는 매일 매 순간이 안식일이다.

> 하나님이 우리를 사랑하시는 사랑을 우리가 알고 믿었노니 하나님은 사랑이시라 사랑 안에 거하는 자는 하나님 안에 거하고 하나님도 그의 안에 거하시느니라.(요한1서 4:16)

따라서 하나님의 영성은 하나님을 닮은 우리에게서도 발견되어야 한다. 그것은 하나님과 함께하는 그 시간 안에 있기 때문이다. 믿음으로 함께하고 말씀으로 함께하고 기도로 함께하고 사랑으로 함께할 때 그 시간은 거룩함 자체이다. 시간은 영원의 맛보기이다. 안식일은 영원의 상징이자 하나님 나라의 속성이다. 그 속성은 거룩함이다.

이스라엘 백성은 물론이고 그리스, 로마 등 역사적인 공간의 교회 유적들을 보라. 당시 사람들은 공간에 거룩함이 있다고 그 장소를 신성하게 여겼지만, 그런 곳은 거의 모두 폐허가 되었다. 이스라엘 백성은 자신들과 이웃 나라를 구별하였지만, 예수님은 차별하지 않으셨다. 그것은 무엇을 말해주는가? 공간은 잠시 사용될 뿐 중요한 것은 시간이라는 것을 말해준다. 죽음은 시간의 문제다. 아무리 무덤을 화려하게 한다 해도 그 사람의 영생에는 아무런 영향을 미치지 못한다. 문제는 시간의 주관자이신 하나님의 영원한 생명에 동참하는 것이다.

탈무드에 따르면 안식일은 영원 혹은 내세와 다소 유사하다고 말한다. 우리 삶의 일곱째 부분을 낙원 같이 경험할 수 있다는 사상은 이교도들에게는 하나의 추문이지만, 유대인에게는 하나의 계시다. 크라스네의 랍비 하임은 안식일이 한 조각의 영원 그 이상의 의미를 담고 있다고 말한다. 또한 그는 안식이야말로 영원의 원천이자 천국의 근원이며 내세에서 이루어지는 삶의 뿌리라고 말한다.[123]

안식일의 맛을 느끼는 자만이 하나님 나라의 영생을 소망할 수 있다. 세상에는 물적 세계와 영적 세계가 있다. 사람도 육체와 영혼이 있다. 사람이 위대한 것은 영혼이 시간과 연결되어 있다는 점이다. 우리는 하나님의 형상을 닮게 창조되었다. 사람들은 그 형상을 형태로 생각하고 자꾸만 우상을 만들어낸다. 하나님을 닮은 형상이라는 것은 보이지 않는 영을 말한다. 우리가 닮은 것도 하나님의 영이다. 영으로 하나님과 소통해야 한다. 그래서 예수님은 서기관들이나 바리새인들의 외식外飾적인 행동을 꾸짖으셨다.

> 화 있을진저 외식하는 서기관들과 바리새인들이여 너희가 박하와 회향과 근채의 십일조는 드리되 율법의 더 중한 바 정의와 긍휼과 믿음은 버렸도다 그러나 이것도 행하고 저것도 버리지 말아야 할지니라. 맹인 된 인도자여 하루살이는 걸러 내고 낙타는 삼키는도다. 화 있을진저 외식하는 서기관들과 바리새인들이여 잔과 대접의 겉은 깨끗이 하되 그 안에는 탐욕과 방탕으로 가득하게 하는도다. 눈 먼 바리새인이여 너는 먼저 안을 깨끗이 하라 그리하면 겉도 깨끗하리라.(마태복음 22:23~26)

> 이는 하나님께서 외모로 사람을 취하지 아니하심이라.(로마서 2:11)

> 너는 자기를 위하여 새긴 우상을 만들지 말고 위로 하늘에 있는 것이나 아래로 땅에 있는 것이나 땅 밑 물속에 있는 것의 어떤 형상도 만들지 말며(신명기 5:8)

> 너희는 자기를 위하여 우상을 만들지 말지니 조각한 것이나 주상을 세우지 말며 너희 땅에 조각한 석상을 세우고 그에게 경배하지 말라 나는 너희의 하나님 여호와임이니라.(레위기 26:1)

하나님은 모든 장소와 모든 시간에 동시에 존재하신다. 사람은 모든 장소에 존재할 수 없지만 모든 시간은 하나님과 함께 소통할 수 있다. 그래서 모든 때에 하나님과 함께하는 것이 매우 중요하다.

또 그것을 너희의 자녀에게 가르치며 집에 앉아 있을 때에든지, 길을 갈 때에든지, 누워 있을 때에든지, 일어날 때에든지 이 말씀을 강론하고 (신명기 11:19)

너는 말씀을 전파하라 때를 얻든지 못 얻든지 항상 힘쓰라 범사에 오래 참음과 가르침으로 경책하며 경계하며 권하라. (디모데후서 4:2)

흔히 "시간이 덧없다"고 말을 하지만, 사실 시간은 소멸하지 않는다. 시간 속의 사물이나 사람의 육체 등이 변하면서 덧없다고 느끼는 것이다. 일시성이야말로 공간이나 사물 세계의 특성이다. 공간 너머에 있는 시간은 과거와 현재와 미래로 나누어지지 않으며 그냥 하나로 연결되어 있다. 시간을 인식하는 삶이야말로 영적인 삶의 기본이자 목표이다. 아브라함 헤셀은 "시간을 공간과 맞바꾸는 자가 영원을 얻는 것이 아니라, 자신의 시간을 영으로 채울 줄 아는 자가 영원을 획득한다."[124]고 말한 바 있다.

우리 삶의 목표는 초호화 아파트에 입주하고 거주하는 것이 아니다. 거룩함은 화려한 교회에 머무르지 않는다. 우리의 진정한 행복은 많은 것들을 소유하거나 세상의 아름다운 장소를 경험하는 것에 있지 않다. 우리가 경험하는 모든 장소와 시간은 일곱째 날 안식일을 향한 여정에 불과하다. 하나님의 사람들은 공간 속에 있는 사물을 탐내지 않고 시간 속에 있는 거룩함을 탐내야 한다. 그 거룩함의 실체가 예수 그리스도이고 그분이 하나님 나라의 주권자이시기 때문이다.

"누군가 위에서 우리를 내려다본다면, 세상은 땀 흘리고 지치고 바쁘게 뛰어다니는 사람들로, 그리고 그들을 놓친 영혼들로 가득 차 보일 거예요. 영혼은 주인의 속도를 따라갈 수 없으니까요. 그래서 큰 혼란이 벌어져요. 영혼은 머리를 잃고, 사람은 마음을 가질 수 없는 거죠. 영혼들은 그래도 자기가 주인을 잃었다는 걸 알았지만, 사람들은 보통 영혼을 잃어버렸다는 사실조차 모릅니다." 이 글은 2018년에 노벨문학상 수상했던 폴란드 출신 올가 토카르축의 〈잃어버린 영혼〉[125]에 나오는 문장이다. 이 말은 의사가 이 동화의 주인공인 얀에게 한 말이다.

이 책은 어른들을 위한 그림책이다. 내용은 이렇다. 주인공 얀이 출장길 호텔에 머물렀고 한밤중에 잠에서 깼는데 갑자기 숨이 막히고 자신이 누구인지 지금 자신이 있는 곳이 어디인지 도무지 알 수 없는 지경이었다. 그는 사무치게 외롭고 이상한 기분이 들었다. 그래서 현명하고 나이 든 의사를 찾게 되었다. 의사는 말을 건넨다. "영혼이 움직이는 속도가 육체보다 아주 느리기 때문이에요. 영혼은 아주 먼 옛날. 우주 대폭발 직후에 생겨났어요. 당시엔 우주가 이렇게 빨리 돌아가지 않았어요. 그땐 거울을 통해 스스로를 볼 수 있었죠. 환자분은 자기만의 어떤 장소를 찾아 편안히 앉아서 영혼을 기다려야 합니다. 분명히 환자분이 이삼 년쯤 갔던 곳에 환자분의 영혼이 있을 거예요. 기다리는 데 시간이 좀 걸릴지도 몰라요. 제가 드릴 약은 없어요."

그래서 얀은 의사가 권하는 대로 도시 변두리에 작은 집을 구해 매일매일 의자에 앉아서 아무 일도 하지 않고 기다렸다. 많은 날들이 지난 어느 날 오후, 문 두드리는 소리가 들렸고 그의 앞에 얼어버린 영혼이 서 있었다. 영혼은 지치고, 더럽고, 할퀴어져 있었다. 드디어 영혼은 숨을 헐떡였다. 그 후로 얀은 영혼과 속도를 맞추는 삶을 살게 되었다. 정원에 구덩이를 파고 시계와 트렁크 따위를 전부 파묻어버렸다. 시계에서는 종 모양의 아름다운 꽃을 피우는 식물이 자랐다. 트렁크에서는 커다란 호박들이 열렸다.

아주 짧은 그림동화이지만, 현대인의 삶을 예리하게 꿰뚫어 보고 진단한 이야기다. 사람들은 육체적 호사에는 아주 관심이 많지만 정작 중요한 영혼에 대해서는 소홀히 하다못해 거의 방치하고 있다. 인간의 행복은 육체의 감각을 기분 좋게 하는 것에 머물러서는 안 되고 영혼이 사무치는 감동과 기쁨이 동반되어야 한다는 것을 깨우치게 해준다. 영혼과 함께하는 삶을 위해서는 속도를 맞추는 것이 얼마나 중요한지를 말해준다. 속도를 맞춘다는 것은 무엇을 의미하는가? 그것은 육체가 원하는 것을 무작정 쫓아가서는 안 된다는 것이다. 영혼을 관리하고 가꾸는 삶이야말로 인간의 정체성에 걸맞게 존귀하고 숭고한 삶을 사는 방법이라는 것이다.

그런 의미에서 적당한 '지루함'이야말로 현대인에게 가장 필요한 감정이 아닐까. 지루하게 느끼는 것은 적어도 시간을 의식하고 느끼며 산다는 것을 말해준다. 우리는 '눈 깜짝할 새', '쏜살같이' 등의 표현을 입에 달고 산다. 그것은 평소 거의 시간을 의식하지 못한 채 살다가 한숨 돌려 고개 들어보니 시간이 지나간 것을 알아차렸다는 뜻이다. 하나님의 궁극적인 창조정신은 일에 있지 않고 안식安息에 있다. 일은 졸지 않으시고 지치지 않으신 하나님이 다 하신다.

여호와께서 너를 실족하지 아니하게 하시며 너를 지키시는 이가 졸지 아니하시리로다. 이스라엘을 지키시는 이는 졸지도 아니하시고 주무시지도 아니하시리로

다.(시편 121:3~4)

최초의 사람 아담과 하와에게는 수고스러운 일을 시키지 않으셨다. 그저 에덴 동산을 가꾸고 누리기만 하면 되었었다. 현대인들이 지나치게 일 속에서 보람을 느끼려 하거나 행복을 찾으려 하는 것은 하나님의 뜻에 부합하지 않는다.

그것은 인간 스스로 만들어낸 탐욕이고 그것을 달성하기 위한 경쟁 구도이지 하나님이 원하는 생활방식은 아니기 때문이다. 모든 것이 과하면 문제가 발생한다. 육체와 영혼이 조화로운 삶이 무엇인가를 늘 염두에 두어야 한다. 그런 삶을 가능하게 하기 위해서는 제대로 된 쉼이 있어야 한다. 허둥대지 않고 느긋한 삶이야말로 안식을 누릴 수 있는 바람직한 삶의 태도이다. 그럴 때 비로소 자연이 보이고 자신을 발견하고 이웃이 보이며 나아가 하나님을 향하게 될 것이다.

진리와 시대정신

너희는 이 세대를 본받지 말고 오직 마음을 새롭게 함으로 변화를 받아
하나님의 선하시고 기뻐하시고 온전하신 뜻이 무엇인지 분별하도록 하라.(로마서 12:2)

Don't be like the people of this world, but let God change the way you think.

Then you will know how to do everything that is good and pleasing to him.

하인리히 호프만[Heinrich Hofmann, 1824-1911]의 〈겟세마네의 예수〉라는 작품이다. 겟세마네[Gethsemane]는 예루살렘 구시가지 동쪽 기드론 시내 근처 감람산 기슭에 있는 동산이다. 겟세마네라는 지명은 '기름 짜는 틀'이라는 뜻의 아람어 '갓쉐마네'에서 유래했다. 그 이유는 겟세마네 동산에 감람유를 짜는 틀이 있었기 때문이다. 겟세마네는 예수님이 평소 자주 찾으시던 기도처이자 제자들과 가끔 모인 곳이었다. 십자가 수난 전날 밤, 예수님은 마가의 다락방에서 열두 명의 제자들과 새 언약 유월절을 지키셨다. 예수님은 유월절 만찬을 집전하면서 가룟 유다의 배반을 예고하셨다. 유다는 예수님이 주시는 떡 한 조각을 받고는 곧바로 밖으로 나갔다. 그날 밤, 예수님은 베드로, 세베대의 두 아들 야고보와 사도 요한을 데리고 겟세마네 동산에 오르셨다. 예수님은 제자들에게 "내가 기도할 동안에 너희는 여기 앉아 있으라"고 하시며, 운명의 시간을 앞두고 고민하고 슬퍼하며 제자들에게 깨어 있기를 당부하셨다. 이어 제자들과 조금 떨어진 곳에서 기도하셨다. "내 아버지여 만일 할 만하시거든 이 잔을 내게서 지나가게 하옵소서. 그러나 나의 원대로 마옵시고 아버지의 원대로 하옵소서."[마태복음 26:39] 기도하시는 예수님의 이마에는 땀방울이 핏방울같이 맺혀 땅에 떨어졌다. 기도를 잠시 멈추고 제자들에게 가신 예수님은 그들의 잠든 모습을 보고 안타까워하며 "시험에 들지 않게 깨어 있어 기도하라"고 당부하셨다. 예수님은 두 차례 더 기도하고 제자들에게 가셨는데 그때마다 제자들은 번번이 잠들어 있었다. 성경은 때를 분별하는 삶을 살라고 가르치고 있다. 때와 장소를 분별하는 일은 쉬운 일이 아니다. 그것이 가능한 유일한 방법은 예수님 말씀에 귀를 기울이는 일이다. 그분이 그렇게 말씀하셨기 때문이다. "내가 곧 길이요 진리요 생명이니 나로 말미암지 않고는 아버지께로 올 자가 없느니라."[요한복음 14:6]

인류 역사는 '진짜'와 '가짜'에 대한 진실 공방에 대한 한 편의 거대한 대하드라마라고 해도 과언이 아니다. 태초에 에덴동산에서 뱀은 하와를 거짓말로 속여 유혹하였다. 하와는 물론이고 아담까지 사탄의 속임수에 속아 넘어갔다. 그로 인해 두 사람은 에덴동산에서 추방되었고 본격적인 인류 역사는 에덴동산 밖에서 시작되었다.

성경에 기록된 모든 내용이 믿음과 불신, 진실과 거짓, 선행과 악행 등 소위 진리와 진리를 거스르는 일들 사이의 대립, 요컨대 영적 전쟁을 담고 있다. 이는 하나님이 창조한 피조물 가운데 하나로서 하나님의 일을 보좌하는 역할을 담당해야 할 천사 중 일부가 하나님을 배신하며 땅으로 쫓겨난 일로부터 시작된다. 타락 천사는 하나님에 대해 앙심을 품고 자신이 피조물이라는 사실을 망각하고 하나님을 대적한 것이다. 하지만, 사탄은 하나님의 심판을 기다리고 있고 결코 하나님 나라에 들어갈 수 없는 결말이 기다리고 있을 뿐이다.

예수께서 이르시되 사탄이 하늘로부터 번개 같이 떨어지는 것을 내가 보았노

라.(누가복음 10:18)

또 자기 지위를 지키지 아니하고 자기 처소를 떠난 천사들을 큰 날의 심판까지 영
원한 결박으로 흑암에 가두셨으며(유다서 1:6)

하나님이 범죄한 천사들을 용서하지 아니하시고 지옥에 던져 어두운 구덩이에 두
어 심판 때까지 지키게 하셨으며(베드로후서 2:4)

하늘에 전쟁이 있으니 미가엘과 그의 사자들이 용과 더불어 싸울새 용과 그의 사
자들도 싸우나 이기지 못하여 다시 하늘에서 그들이 있을 곳을 얻지 못한지라.(요
한계시록 12:7~11)

사탄이 하는 가장 핵심적인 일은 하나님과 사람을 이간질하여 하나님께 대적하
는 자의 수효를 늘리는 일이다. 무엇보다 사람에게 해코지하여 영생을 얻지 못하
도록 방해하는 일을 한다. 어느 날 사탄은 믿음 좋은 욥을 비방하여 하나님과의 관
계에 끼어들어 이간질하며 그의 믿음을 시험해볼 것을 읍소한다. 하나님은 그 요
청을 받아들인다. 왜냐하면 욥이 믿음으로 그 시험에 무너지지 않을 것을 아시기
때문이다. 욥은 온갖 시험을 잘 견디고 당당히 하나님에 대한 믿음을 잘 지켰다.

사탄이 여호와께 대답하여 이르되 욥이 어찌 까닭 없이 하나님을 경외하리이까. 주
께서 그와 그의 집과 그의 모든 소유물을 울타리로 두르심 때문이 아니니이까 주께
서 그의 손으로 하는 바를 복되게 하사 그의 소유물이 땅에 넘치게 하셨음이니이
다. 이제 주의 손을 펴서 그의 모든 소유물을 치소서 그리하시면 틀림없이 주를 향
하여 욕하지 않겠나이까.(욥기 1:9~11)

여호와께서 사탄에게 이르시되 네가 내 종 욥을 주의하여 보았느냐. 그와 같이 온
전하고 정직하여 하나님을 경외하며 악에서 떠난 자가 세상에 없느니라. 네가 나
를 충동하여 까닭 없이 그를 치게 하였어도 그가 여전히 자기의 온전함을 굳게 지
켰느니라.(욥기 2:3)

사탄이 하는 일은 천사처럼 가장하여 거짓말하고 하나님 일을 방해하며 사람의 생명을 앗아가기 위해 사람을 유혹하고 우는 사자같이 쓰러뜨리기 위해 호시탐탐虎視眈眈 노리고 있다. 그러나 걱정할 것은 없다. 하나님에 대한 믿음만 굳건히 지키면 잠깐 고난은 있을지라도 결국 예수 그리스도의 영원한 영광이 우리를 기다리고 있기 때문이다.

> 그러므로 나 바울은 한번 두번 너희에게 가고자 하였으나 사탄이 우리를 막았도다.(데살로니가전서 2:18)

> 근신하라 깨어라 너희 대적 마귀가 우는 사자 같이 두루 다니며 삼킬 자를 찾나니 너희는 믿음을 굳건하게 하여 그를 대적하라 이는 세상에 있는 너희 형제들도 동일한 고난을 당하는 줄을 앎이라 모든 은혜의 하나님 곧 그리스도 안에서 너희를 부르사 자기의 영원한 영광에 들어가게 하신 이가 잠깐 고난을 당한 너희를 친히 온전하게 하시며 굳건하게 하시며 강하게 하시며 터를 견고하게 하시리라.(베드로전서 5:8~10)

우리가 알고 있는 정보나 지식이, 또 지혜가 어디서 왔는지 그 목적은 무엇인지를 분별할 수 있어야 한다. 그래야 하나님을 제대로 믿을 수 있고 올바른 시대정신도 가질 수 있다. 그런데 그것을 분별하는 것이 생각처럼 녹록하지 않다. 진짜와 가짜를 구별하기 어려운 시대에 우리가 살고 있기 때문이다. 반드시 이 시대만 그런 것은 아니다. 사탄이 존재하는 한 또 사탄의 마음이 들어가 거짓으로 유익을 취하려고 하는 사람이 있는 한, 어느 시대를 막론하고 진실게임은 있었다. 예수님 당시에도 이와 크게 다르지 않았다. 그것이 진실인지, 거짓인지는 마지막 수확할 때 그 열매를 보고 판단할 수밖에 없다.

> 좋은 나무가 나쁜 열매를 맺을 수 없고 못된 나무가 아름다운 열매를 맺을 수 없느니라. 아름다운 열매를 맺지 아니하는 나무마다 찍혀 불에 던져지느니라. 이러므로 그들의 열매로 그들을 알리라.(마태복음 7:18~20)

밭은 세상이요 좋은 씨는 천국의 아들들이요 가라지는 악한 자의 아들들이요. 가라지를 뿌린 원수는 마귀요 추수 때는 세상 끝이요 추수꾼은 천사들이니 그런즉 가라지를 거두어 불에 사르는 것 같이 세상 끝에도 그러하리라.(마태복음 13:38~40)

그렇다면 그리스도인에게 요구되는 것은 무엇일까?

오직 성령의 열매는 사랑과 희락과 화평과 오래 참음과 자비와 양선과 충성과 온유와 절제니 이같은 것을 금지할 법이 없느니라. 그리스도 예수의 사람들은 육체와 함께 그 정욕과 탐심을 십자가에 못 박았느니라.(갈라디아서 5:22~24)

이러므로 우리에게 구름 같이 둘러싼 허다한 증인들이 있으니 모든 무거운 것과 얽매이기 쉬운 죄를 벗어 버리고 인내로써 우리 앞에 당한 경주를 하며 믿음의 주요 또 온전하게 하시는 이인 예수를 바라보자 그는 그 앞에 있는 기쁨을 위하여 십자가를 참으사 부끄러움을 개의치 아니하시더니 하나님 보좌 우편에 앉으셨느니라. 너희가 피곤하여 낙심하지 않기 위하여 죄인들이 이같이 자기에게 거역한 일을 참으신 이를 생각하라.(히브리서 12:1~3)

지금은 사탄의 활동이 제한되기는 하지만 여전히 활발하게 움직이고 있다. 그런 가운데 사람은 늘 거짓의 유혹에 노출되어 있다. 하지만 걱정할 것은 없다. 하나님의 의義는 한 점의 오차도 없이 완전하기 때문이다. 오직 예수 그리스도만이 진리라는 사실을 믿어야 한다.

현재 우리 모습은 어떤가? 진리에 대한 갈급함이 있는가? 그런 것 같지 않다. 진리는 비물질적이고 보이지는 않지만, 만물 가운데 흔들림 없는 고유의 존재가치를 지니고 있다. 말하자면 가장 정의롭고 가장 아름답고 가장 선한 것이 진리의 본질이다. 물론 성부, 성자, 성령, 삼위일체 하나님이 진리 자체이기 때문에 장황하게 설명할 필요는 없다. 성경에 기록된 하나님 말씀과 그분의 뜻을 통해 얼마든지 알 수 있기 때문이다.(요한복음 14:6) (마가복음 10:18) (요한복음 4:24) (창세기 17:1) (요한계시록 22:13)

그 너비와 길이와 높이와 깊이가 어떠함을 깨달아 하나님의 모든 충만하신 것으로 너희에게 충만하게 하시기를 구하노라.(에베소서 3:19)

지금 우리 사회는 나라와 지역은 물론이고 기업, 학교, 개인에 이르기까지 무한 경쟁시대에 돌입하고 있다. 그러다 보니 공동체가 약화하면서 개인의 문제를 스스로 해결하지 않으면 안 되는 무정한 사회가 되고 있다. 게다가 종교를 시작으로 이념, 빈부격차, 세대, 성별, 환경 등 다양한 문제로 갈등과 분쟁이 끊이지 않고 있다. 사실 어떤 것이 옳은지를 따지는 듯하지만, 꼭 그렇지만은 않다. 사회적 강자들의 속내에는 이기심과 탐욕을 바탕으로 한 기득권을 지키려는 의도가 숨어 있다.

가령 자본주의와 사회주의 어느 쪽이 옳은가에 대해 논쟁한다고 하자. 그것을 증명할 수 있는 사람이 있는가? 사실 정확하게 말하면 자본주의와 민주주의는 다르고 공산주의와 사회주의는 다르다. 사회주의의 장점을 받아들이려고 하면 아예 빨갱이 취급하며 대중들을 호도한다. 그런 자들은 직업이나 직위가 사회적으로 안정적이며 또 재산도 많으며 권력의 편에 서 있거나 최소한 그것들을 지향한 사람일 가능성이 매우 높다. 그러면서 진보의 반대편에서 합리적인 국가주의를 내세우며 수구적인 행태를 보인다. 사회적 약자를 배려하지 않거나 공정과 상식이 결여된 세력들을 기득권자들이라고 부르는 이유가 거기에 있다.

사실 '빨갱이'라는 용어는 그 유래가 분명치 않다. 유추할 수 있는 것은 프랑스어의 파르티parti에서 비롯된 파르티잔partizan으로 좌익이나 우익에 관계 없이 비정규 게릴라부대를 일컫는 포괄적인 용어다. 대체로 1930년대와 1940년대 중국 북동부 또는 소련 지역에서 활동하던 항일유격대(동북항일연합군)를 빨치산 또는 항일 빨치산이라고 불렀었다.

우리나라에서는 지리산에서 활동했다는 것과 관련하여 산山에서 싸우는 빨치산이라는 이미지로 사용하다가 빨갱이로까지 변용된 것으로 보고 있다. 요즘은 좌익 성향을 가진 모든 사람들을 억지로 갖다 붙여 빨갱이라고 부르며 혐오를 부추기고 있다. 단어 하나가 얼마나 큰 사회적 파장을 일으키는지 보여주는 대표적인 사례다.

이와는 달리 유럽에서는 사회주의적 장점을 복지정책으로 도입하면서 복지와 세금으로 빈부 격차를 최소화하고 있다. 자본주의를 지향하는 대부분의 나라들은 직접 혹은 간접 선거를 통해 국가 지도자를 뽑는 민주주의를 도입하고 있다. 반면에 사회주의 국가 중 일부 국가는 독재국가로 전락하면서 사회주의의 이미지는 극도로 나빠지게 되었고, 이념논쟁은 이성을 잃을 정도도 서로를 적대시하고 있다.

이런 모든 논란을 극대화한 곳이 바로 한반도이다. 이념 문제가 첨예한 가운데 지연, 학연, 계층, 노사 문제, 법조 비리, 언론의 불공정성 문제 등이 사회를 바로 잡는 데 적잖이 어려움을 겪게 하고 있다. 여기에 종교적인 갈등도 한몫하다 보니 어디에 기댈 곳이 없다고 생각하게 되는 것이다. 이런 모든 문제의 배경에는 기득권 지키기와 기득권 타파를 외치는 사람들 간의 대립이 자리 잡고 있다는 것을 알아야 한다.

이를 바로잡기 위해서는 정부는 물론이고 소위 집단 지성을 이끌어내는 사회지도층의 역할이 아주 중요한 데, 사실상 그들이 오히려 기득권의 중추 세력이 되어 버렸다. 그 가운데서도 특히 정치인, 언론, 법조인, 지식인들이 사회의 균형추均衡錐 역할을 하지 못하면서 상황이 악화 일로에 있다.

그렇다면 가장 양심 세력이어야 할 종교계와 교육계는 어떨까? 이들의 역할은 진리를 탐구하거나 추구하는 것이다. 여기에도 일부이긴 하지만, 이념ideology을 가장 상위에 위치시킴으로써 편 가르기를 부추기는 세력들이 있다. 이들의 영향력이 적지 않기 때문에 사회적 파장은 클 수밖에 없다. 특히 기독교인들의 경우 진리의 가르침인 믿음, 사랑, 소망, 평화, 공의, 환경, 공동체 등 사회적 혹은 형이상학적 가치들이 있는데도 불구하고 이데올로기나 집단 이기주의를 이들보다 상위에 갖다 놓음으로써 사회적 생태계를 교란하고 있다.

시대나 장소를 불문하고 변치 않는 하나님의 진리가 가장 상위에 있어야 함에도 불구하고 다른 것들을 그보다 더 상위에 갖다 놓음으로써 혼돈과 공허와 흑암의 세상으로 전락시키고 만 것이다. 이는 질서와 조화를 원하시는 하나님과 무질서와 부조화를 부추기는 사탄 간의 싸움이라고 볼 수 있다.

진리를 탐구하는 이유는 무엇인가? 그것은 개인의 행복은 물론이고 전 인류가 평화롭고 풍요롭게 살고자 하는 것 아니겠는가. 그렇다면 사람들이 생각하는 행복과 평화는 무엇인가? 이와 관련한 가치관 혹은 세계관이 제대로 형성되지 못한다면 인류가 추구하는 목표와는 다르게 잘못된 방향으로 진행될 가능성이 크다.

행복의 사전적 정의는 '생활에서 충분한 만족과 기쁨을 누리어 흐뭇함. 또는 그런 상태'를 말한다. 이것이 보편적으로 추구하는 복이라면 문화나 문명의 발전이 상당 부분 만족시켜줄 수 있을지 모르겠다. 그런데 여기에는 커다란 결함이 있다. 인간은 육체적 호사만으로는 만족할 수 없는데 그 이유는 죽음이라는 두려움을 안고 살 수밖에 없기 때문이다. 젊고 건강할 때는 굳이 죽음의 문제를 심각하게 생각하지 않을 수 있다. 하지만 죽음의 시기는 아무도 알 수 없다. 그래서 어떤 일보다도 하나님을 찾는 일이 급선무다.

> 너는 청년의 때에 너의 창조주를 기억하라 곧 곤고한 날이 이르기 전에, 나는 아무 낙이 없다고 할 해들이 가깝기 전에 해와 빛과 달과 별들이 어둡기 전에, 비 뒤에 구름이 다시 일어나기 전에 그리하라.(전도서 12:1~2)

스피노자는 행복을 다음과 같이 정의했다. "행복이란 단순한 만족을 넘어서는 것이다. 행복은 근본적으로 자신과 우주의 본성에 대한 깊은 이해에서 비롯되는 것이기 때문이다. 즉, 우리가 덕을 실천하며 우리 자신과 우주를 이해할수록, 우리는 진정한 행복에 더 가까워진다. 따라서 이는 단순한 쾌락이나 일시적인 만족감을 초월한 것이다."[126]

스피노자가 이런 행복론을 말할 수 있었던 배경에는 그의 죽음에 대한 생각과 무관하지 않다. "나에게 죽음이란, 단순히 생명의 끝을 뜻하는 것이 아닌 존재의 변화를 의미한다. 이 세상의 모든 것은 끊임없는 움직임과 변화의 연속이며, 죽음 또한 이 변화의 일부에 불과하다. 우리가 존재의 한 형태로서의 생명을 경험한 후 죽음은 그 경험의 변형이자 전환점이 되는 것이다. 그러므로 우리는 변화에 불과한 죽음을 두려워할 필요가 없다. 죽음을 두려워하며 살아가는 것은 무한한 존재의 일부로서 우리 자신을 인식하지 못함에서 비롯된다. 우리가 무한한 존재의 일부라는 사실을 이해하면, 죽음은 단절이 아닌 연속성의 한 형태로 인식될 것이다. 죽음이라는 현상을 통해 우리는 인간 존재의 유한함을 넘어서는 깊은 이해에 도달하며, 이것이 곧 영원성에 대한 통찰로 이어진다."[127]

사람은 영과 혼과 육으로 이루어졌다는 점을 간과해서는 안 되고 이 모든 것들이 강건할 수 있는 길을 현명하게 찾아야 한다.(데살로니가전서 5:23) 누구나 한 번은 육체가 죽어야 하는 순간을 맞이한다. 생각보다 빨리 올 수도 있고 늦게 올 수도 있다. 중요한 것은 이 문제를 해결하지 않고서는 진정한 행복을 누릴 수 없다. 살다 보면 철학으로 해결할 일이 있고, 과학으로 해결할 일이 있으며 문학적으로 위로받을 일도 있다. 또 예술이나 운동 등으로 기쁨을 누릴 수도 있다. 하지만 그것들은 한시적인 즐거움들이다.

사람에게 가장 중요한 것은 '생명'이다. 진정한 평화는 모든 사람들이 인격적으로 존중받고 생명이 담보되는 삶을 살 때 맛볼 수 있다. 이런 사실이 배제된 어떤 정보나 지식도 한시적인 유익을 주는 데 그치거나 가짜뉴스일 확률이 높다. 그것들은 특정인들이나 특정 계층의 유익을 대변하는 계략인 경우가 많다. 거기에는 무리한 선동, 그럴듯한 거짓말이 섞여 있을 가능성이 높다.

> 너희는 너희 아비 마귀에게서 났으니 너희 아비의 욕심대로 너희도 행하고자 하느니라 그는 처음부터 살인한 자요 진리가 그 속에 없으므로 진리에 서지 못하고 거짓을 말할 때마다 제 것으로 말하나니 이는 그가 거짓말쟁이요 거짓의 아비가 되었음이라.(요한복음 8:44)

이는 진리를 가장한 가짜 지혜일 뿐 아니라 사탄의 모략일 가능성이 높다. 사탄, 악마는 스페인어, 이탈리아어 모두 디아볼로Diavolo이다. 그리스어로 '비방하는 자'를 뜻하는 디아볼로스Diavolos에서 유래한 말로 영어의 데빌Devil도 어원이 같다. 여기서 디아dia는 '사이를 가로지르다'라는 뜻이고 볼로volo는 '날다'라는 의미이다. 그 뜻만 보아도 이간離間질의 명수라는 것을 알 수 있다. 그래서 매사에 하나님을 인정해야 한다.(요한복음 8:46) 그래야 개인의 행복도 찾고 인류의 평화도 담보할 수 있다.

세상에는 참 많은 스승들이 있다. 그들은 각각 자기들이 옳다고 이리 가라 저리 가라 임의대로 인도한다. 심지어 자신이 재림 예수라고 사칭하는 사람들도 적지 않다. 그들은 세상에서는 존경받는 지식인일 수도 있고 마치 천기를 알고 있는 양 행세하는 도사일 수도 있으며 성경을 왜곡하여 예수님 자리를 꿰차는 이단이나 사이비 교주들일 수도 있다.

그들이 어떤 논리를 펴고 어떤 예언을 하든지 성경을 통해 걸러내지 않으면 속아 넘어가기 쉽다. 그들은 사탄의 지혜, 철학이나 과학적 논리를 통해 사람들을 현혹하기 때문에 분별하기 쉽지 않다. 그들은 부귀영화나 입신출세 등을 미끼로 마치 특정 성경 말씀을 인용해 그럴듯하게 설득하려 한다. 그들이 제시하는 것은 세속적 축복, 천국 입장권 등으로 그것들을 구실로 삼아 사람들의 시간과 돈과 영혼을 갈취한다. 그들 대부분은 천재적 성향이 있거나 특별한 은사를 받은 것처럼 자신의 특별성을 강조한다.

지금 지상에는 여기저기 메시아 혹은 예수님 행세를 하는 사람들이 많다. 예수님이 지금 지상에 와 계실 리 없다. 그분의 재림에 대한 시간이야 특정할 수 없지만, 모두가 볼 수 있는 방식으로 오실 것이기 때문이다. 예수님의 재림이 있기 전의 징조도 성경은 잘 알려주고 있다. 거짓말에 속아 넘어갈 이유가 없다.

> 이르되 갈릴리 사람들아 어찌하여 서서 하늘을 쳐다보느냐 너희 가운데서 하늘로 올려지신 이 예수는 하늘로 가심을 본 그대로 오시리라 하였느니라.(사도행전 1:11)

> 많은 사람이 내 이름으로 와서 이르되 나는 그리스도라 하여 많은 사람을 미혹하리라. 난리와 난리 소문을 듣겠으나 너희는 삼가 두려워하지 말라 이런 일이 있어야 하되 아직 끝은 아니니라. 민족이 민족을, 나라가 나라를 대적하여 일어나겠고 곳곳에 기근과 지진이 있으리니 이 모든 것은 재난의 시작이니라. 그때에 사람들이 너희를 환난에 넘겨주겠으며 너희를 죽이리니 너희가 내 이름 때문에 모든 민족에게 미움을 받으리라. 그때에 많은 사람이 실족하게 되어 서로 잡아 주고 서로 미워하겠으며 거짓 선지자가 많이 일어나 많은 사람을 미혹하겠으며 불법이 성하므로 많은 사람의 사랑이 식어지리라. 그러나 끝까지 견디는 자는 구원을 얻으리라. 이 천국 복음이 모든 민족에게 증언되기 위하여 온 세상에 전파되리니 그제야 끝이 오리라.(마태복음 24:5~14)

> 그날 환난 후에 즉시 해가 어두워지며 달이 빛을 내지 아니하며 별들이 하늘에서 떨어지며 하늘의 권능들이 흔들리리라. 그때에 인자의 징조가 하늘에서 보이겠고 그 때에 땅의 모든 족속들이 통곡하며 그들이 인자가 구름을 타고 능력과 큰 영광으로 오는 것을 보리라. 그가 큰 나팔소리와 함께 천사들을 보내리니 그들이 그의 택하신 자들을 하늘 이 끝에서 저 끝까지 사방에서 모으리라.(마태복음 24:29~31)

동시에 성경은 이런 세태를 끝까지 견디고 잘 분별할 수 있도록 그 방법도 분명히 가르쳐주고 있다.

> 거짓 그리스도들과 거짓 선지자들이 일어나 큰 표적과 기사를 보여 할 수만 있으면 택하신 자들도 미혹하리라. 보라 내가 너희에게 미리 말하였노라. 그러면 사람들이 너희에게 말하되 보라 그리스도가 광야에 있다 하여도 나가지 말고 보라 골방

에 있다 하여도 믿지 말라. 번개가 동편에서 나서 서편까지 번쩍임 같이 인자의 임함도 그러하리라. 주검이 있는 곳에는 독수리들이 모일 것이니라. 인자가 오는 것을 보리라. 그날 환난 후에 즉시 해가 어두워지며 달이 빛을 내지 아니하며 별들이 하늘에서 떨어지며 하늘의 권능들이 흔들리리라. 그때에 인자의 징조가 하늘에서 보이겠고 그때에 땅의 모든 족속들이 통곡하며 그들이 인자가 구름을 타고 능력과 큰 영광으로 오는 것을 보리라.(마태복음 24:24~30)

지금 우리가 할 일은 거짓 선지자들에게 현혹되지 않기 위해서 촉각을 곤두세우고 영혼을 사용하여 성령을 의지하고 하나님 말씀을 묵상하고 쉬지 말고 기도하며 하나님 나라에 소망을 두면서 당당히 "주여 어서 오소서"하는 믿음으로 살아야 할 것이다.

이것들을 증언하신 이가 이르시되 내가 진실로 속히 오리라 하시거늘 아멘 주 예수여 오시옵소서.(요한계시록 22:20)

사람이 얼마나 연약하고 허점이 많은 존재인지 모른다. 감각은 동물보다 못하고 아름다움은 꽃에 미치지 못한다. 우리의 지혜로는 사탄을 이기지 못한다. 그래서 한사코 진리이신 예수 그리스도를 믿고 의지하라고 말씀하신다. 성경은 형이상학적으로만 얘기하지 않는다. 예수 그리스도는 실제 인류 역사에 등장하셨다. 이 땅에서 33년간을 사셨고 3년 동안의 공생애公生涯를 통해 하나님께 순종하면서 인간의 본질에 대해서 가르치셨고 스스로 모본模本을 보여주셨다.

그리스도께서는 지혜에 부족하고 죄에 연약한 인류를 구원하기 위해 모든 죄와 연약함을 떠안으시고 십자가의 보혈로 온전히 자신에게 맡겨진 사명을 감당하셨다. 죽음이 죽음으로 끝났다면 허망한 결말이었을 것이다. 그런데 사망 권세를 이기고 부활하심으로써 온전한 인간으로서의 역할과 사랑의 하나님으로서의 역할을 동시에 다 이루셨다. 그 위대한 저력을 발휘하게 한 것은 바로 사랑이었다. 우리에게 남겨진 유산은 예수 그리스도의 사랑이다. 그분의 사랑만이 하나님과 인간, 인간과 인간이 하나로 이어질 수 있는 유일한 길이라는 것을 증명하셨다.(베드로전서 4:8) (야고보서 5:20)

예수께서 이르시되 네 마음을 다하고 목숨을 다하고 뜻을 다하여 주 너의 하나님을 사랑하라 하셨으니 이것이 크고 첫째 되는 계명이요. 둘째도 그와 같으니 네 이웃을 네 자신 같이 사랑하라 하셨으니 이 두 계명이 온 율법과 선지자의 강령이니라.(마태복음 22:37~40)

왜 세상은 우리가 소망한 쪽으로 가지 않을까? 라고 한탄만 할 것이 아니라 그 의문을 풀기 위해 사이(間)라는 단어에 주목할 필요가 있다. 모든 만물의 요소와 요소들이 제대로 작동하기 위해서는 상호 간에 적당한 관계 설정이 필요하다. 전쟁과 평화, 갈등과 화합, 악행과 선행 사이에서 긍정적 결과를 얻기 위해서는 누군가의 희생과 땀이 있느냐 없느냐가 중요하고 또 상호 간의 신뢰 회복 여부에 따라 결과가 달라질 수 있다.

죄로부터의 자유를 주심으로 영생을 얻게 하셨고 하늘에는 영광이고 땅에는 평화가 이루어지게 하신 분이 바로 예수 그리스도이다. 그분의 삶과 죽음, 그리고 부활이 모든 것을 말해준다. 그분은 흠 없는 최고의 사람이었고 또 완전한 긍휼(矜恤)의 하나님이셨다. 우리를 인간적으로도 가장 잘 알고 계시고 신적 지혜로서도 우리를 꿰뚫어 보고 계시는 분이시다. 따라서 모든 것을 주님께 맡겨야 한다. 그러면 우리 개인도 나라도 세계도 하나님이 경영하실 것이다.

사람이 마음으로 자기의 길을 계획할지라도 그의 걸음을 인도하시는 이는 여호와시니라.(잠언 16:9)

원래 무신론자였던 앤터니 플루는 자신의 저서 〈존재하는 신〉[128]을 통해 신의 부재를 증명할 수 있다고 선언하면서 유신론자로 돌아섰다. 그는 덧붙여 "만일 신이 존재하지 않는다면, 신을 믿어도 잃을 것이 전혀 없다. 만일 신이 존재한다면 신을 믿지 않음으로써 모든 것을 잃게 된다"는 파스칼의 말을 인용했다.

또 20세기 최고의 철학자로 인정받는 비트겐슈타인은 이런 말을 남겼다. "신앙을 가진 사람은 신이 세계를 창조했다. 이것이야말로 최대 기적이라고 말한다. 그 사람이 감탄하여 말하듯 설령 신이 세계를 창조했더라도 지금 여기에 있는 세계는 대체 무엇인가? 태초의 그 세계가 아직까지 계속 이곳에 존재하는 게 더 큰 기적 아닌가. 아니 세계 창조와 그 지속은 원래 하나가 아니었던가. 결국 신은 지금까지도 세계와 깊이 관련되어 있다."[129]

쇠렌 키에르 케고르는 성서에 등장하는 들꽃(백합)과 공중의 새에 관한 말씀을 상기시키면서 다음과 같은 말을 남겼다. "새의 고귀함은 실재이지만, 이방인의 고귀함은 무nothingness입니다. 새는 자기 안에 공기를 지니고 있기 때문에 그의 고귀함은 착각입니다. 그리스도인은 자신 안에 믿음을 가지고 있기 때문에 이 땅의 심연 위에서도 고귀하게 맴돌 수 있습니다."[130]

각 시대마다 동시대를 사는 사람들이 가장 절실하게 염원하는 지배적인 가치가 존재한다. 그것을 다수의 사람들이 공유하고 사회를 이끌어가는 보편적인 정신 체계를 흔히 '시대정신時代精神'이라고 말한다. 헤겔을 비롯한 독일 관념 철학자들이 최초로 시대정신의 의미를 가진 'Zeitgeist'라는 용어를 사용했다. 시대마다 고유한 시대정신을 발현하면서 역사는 진보한다. 그런데 정작 시대의 한복판에서는 시대정신이 잘 보이지 않는다고 헤겔은 설파했다.

숲을 벗어나야 숲의 전체 모습을 볼 수 있듯이 그 시대가 끝나야 비로소 시대정신을 알 수 있다는 것이다. 대개 시대마다 영웅이 등장한다. 영웅까지는 아니더라도 요즘 말로 셀럽(인지도 높은 유명 인사)이 있기 마련이다. 시대마다 주목받는 인물 혹은 사건 등을 통해 요구되는 시대정신이 부각되는 경향이 있다.

이런 시대정신도 정치인들이 지키지 못할 공약을 남발하면서 그 의미가 퇴색하고 있다. 선거철만 되면 공정, 평등, 자유 등 지극히 보편적으로 누려야 할 가치를 실현하겠다고 정치인들은 포부를 밝힌다. 당선만 되면 마치 국민의 종이라도 될 것처럼 머리를 조아리지만, 당선되자마자 이전의 모습은 온데간데없고 마치 황제처럼 군림한다. 수행원들을 이끌고 다니면서 자신은 보통 사람이 아니라는 것을 뽐내면서 검정 승용차를 타고 신분 상승을 과시라도 하는 것처럼 거만한 행동을 이어간다.

예를 들면, 군부 독재 시대의 시대정신은 민주화였고, 산업화 시대의 시대정신은 환경보전이었으며, 냉전 시대 우리나라 시대정신은 평화통일이었다. 다원화 시대인 지금은 저출산, 고령화, 일자리 부족, 공동체 약화, 불공정, 양극화 극복 등 셀 수 없이 많은 문제를 안고 있어 각종 사회문제가 시대정신이라고 할 수 있다. 그런 점에서 각종 사회갈등을 해소하고 통합의 길을 모색해야 한다. 하지만 여전히 이데올로기, 학연, 지연, 집단 이기주의를 뛰어넘지 못하고 있고 권력과 돈을 거머쥔 상당수 기득권층들은 온갖 부정부패를 저지르면서 자기 유익을 챙기

324

는 데만 골몰하고 있다.

그들은 나라의 위상이나 공동체 문화 따위는 아예 관심도 없다. 한때 "우리의 소원은 통일"이라고 입을 모을 정도로 국민적 공감대가 형성된 적이 있었다. 하지만, 지금은 통일비용이나 체제의 이질감 등을 운운하며 '빨갱이'라는 단어를 앞세워 통일 논의 자체를 무시하고 북한을 적대시한다. 더욱 암담한 것은 민족주의, 종교적 박애주의, 보편적 평화주의 등은 맥을 못 추고 있다는 점이다. 교회 성도나 목사들이 이런 부당한 일들에 관심을 갖고 나설 만도 한데 침묵으로 일관하거나 오히려 일부 보수 교단에서는 이데올로기에 편승하여 기득권자들의 편을 들고 있다. 그런 세력들은 편 가르기를 좋아하고 국가주의 혹은 자유 등을 운운하며 극우를 향해 치닫고 있다.

예수님이라면 이런 상황을 어떻게 보고 계실까? 예수님께서 이 땅에 오셔서 본격적으로 공생애를 시작하셨을 때 이스라엘은 그야말로 종교의식과 선민의식에 빠져 있었다. 한마디로 종교 지도자들과 기득권자들의 세상이었다. 당시는 일반 성도들이 성경을 소지할 수도 읽을 수도 없는 처지였기 때문에 종교 지도자들에게 절대적으로 의존할 수밖에 없었다. 그래서 종교 지도자들이 말하고 시키는 것이 곧 법이고 진리였다. 종교 지도자들은 경건한 모양을 갖추고 그럴듯하게 말했지만, 실제로는 위선적인 행동으로 자기 이익만 챙길 정도로 내면은 썩을 대로 썩어 있었다.

> 경건의 모양은 있으나 경건의 능력은 부인하니 이 같은 자들에게서 네가 돌아서라.(디모데후서 3:5)

그들은 백성들을 잘못된 신앙으로 이끌었고 이방인들을 무시했으며, 심지어 예수님이 등장하자 자신들의 기득권이 흔들릴 수 있다고 걱정하며 예수님을 모함하고 율법을 가지고 시비를 걸었으며, 틈만 나면 예수님을 죽일 생각을 하였다.

> 바리새인들이 나가서 어떻게 하여 예수를 죽일까 의논하거늘(마태복음 12:14)

예수님이 그것을 모를 리 없었다. 예수님은 그들을 향해 따끔하게 경고하셨다.

독사의 자식들아 너희는 악하니 어떻게 선한 말을 할 수 있느냐. 이는 마음에 가득한 것을 입으로 말함이라.(마태복음 12:34)

예수님께서 그들에게 일침을 가한 이유는 무엇일까? 이제 율법시대는 끝났고 성령시대가 도래했다는 것을 선포하는 의미가 있다.

그러므로 내가 너희에게 이르노니 사람에 대한 모든 죄와 모독은 사하심을 얻되 성령을 모독하는 것은 사하심을 얻지 못하겠고 또 누구든지 말로 인자를 거역하면 사하심을 얻되 누구든지 말로 성령을 거역하면 이 세상과 오는 세상에서도 사하심을 얻지 못하리라.(마태복음 12:31~32)

그런 그들은 여전히 율법을 외우고 그것에 안주하며 성령과 더불어 오신 예수 그리스도를 메시아로 인정하지 않았으며 위선적인 종교 행위를 계속하였다. 예수님은 자신이 메시아라는 것을 보여주시기 위해 병든 자를 고치시고 귀신 들린 자로부터 귀신을 쫓아내시는 등 표적을 보여주셨다.

그때에 귀신 들려 눈멀고 말 못하는 사람을 데리고 왔거늘 예수께서 고쳐주시매 그 말 못하는 사람이 말하며 보게 된지라.(마태복음 12:22)

그들의 반응이 참으로 어리석기 그지없었다. 그런 표적을 보고 메시아로서가 아닌 우상 바알세불의 도움을 받아서 한 것이라고 우긴 것이다.

바리새인들은 듣고 이르되 이가 귀신의 왕 바알세불을 힘입지 않고는 귀신을 쫓아내지 못하느니라 하거늘(마태복음 12:24)

이 어처구니없는 현실이 당시 이스라엘의 상황이었다. 하나님은 특별히 이스라엘을 먼저 선택하여 복을 주셨고 그들을 통해 땅끝까지 복음을 전하라는 사명을 주었지만, 그들은 복^福은 챙기되 사명은 나 몰라라 한 것이다. 그래서 하나님은 오히려 이방인들을 선택하시고 그들을 사용하고 계신 것이다.

> 그러나 먼저 된 자로서 나중 되고 나중 된 자로서 먼저 될 자가 많으니라.(마태복음 19:30)

하나님은 먼저 된 자와 나중 된 자를 차별하지 않으신다. 순서를 바꾼 것은 그 때마다 감당할 사명이 따로 있기 때문이다. 아브라함에게 주어진 사명이 있고, 모세에게 주어진 사명이 있고 사도 바울에게 주어진 사명이 있으며 지금 우리에게 맡겨진 사명이 따로 있는 것이다. 예수님은 유대인이나 이방인을 차별하지 않으셨다.

어느 날 유대를 떠나 갈릴리로 가는 여정 가운데 사마리아를 지나갈 일이 있었다. 길을 가다가 한 우물가에서 사마리아 여인이 물을 길으러 오는 걸 보시고 물을 좀 달라고 하셨다. 이때 사마리아 여인의 반응이 당시의 분위기를 말해준다.

> 사마리아 여자 한 사람이 물을 길으러 왔으매 예수께서 물을 좀 달라 하시니 이는 제자들이 먹을 것을 사러 그 동네에 들어갔음이러라. 사마리아 여자가 이르되 당신은 유대인으로서 어찌하여 사마리아 여자인 나에게 물을 달라 하나이까 하니 이는 유대인이 사마리아인과 상종하지 아니함이러라.(요한복음 4:7~9)

예수님은 그 여인과 대화를 이어 나갔고 마침내 그녀는 예수님을 메시아로 받아들였다. 왜냐하면 예수님은 대화를 통해 그녀가 궁금하게 생각한 모든 것을 알려주셨는데 처음에는 유대인 종교 지도자겠거니 생각했다가 아니 엘리야나 세례 요한 등과 같은 선지자인가?라고 생각했다가 마침내 메시아로 인정하게 된 것이다. 그녀의 반응은 즉각적이었고 놀라웠다.

> 여자가 물동이를 버려두고 동네로 들어가서 사람들에게 이르되 내가 행한 모든 일을 내게 말한 사람을 와서 보라 이는 그리스도가 아니냐 하니 그들이 동네에서 나와 예수께로 오더라.(요한복음 4:28~30)

예수님을 만난 우물가 사마리아 여인은 자신은 물론 동네 사람들을 구원의 길로 인도한 것이다. 이 대화에서 예수님은 놀라운 선포를 하신다. 이제 더 이상 예루살렘(성전)에 국한하여 예배드릴 필요가 없고 형식적인 예배가 아닌 성령(하나님의 영)과 예수님 이름(진리)으로 예배를 드려야 한다는 것이다. 그리고 기존의 예배 방법이 아닌 새로운 방법을 가르쳐주셨다. 이것은 예배 장소와 방법에 있어서 사람마다 자유를 부여한 것이고 개별화를 선포하신 것이다.

> 아버지께 참되게 예배하는 자들은 영과 진리로 예배할 때가 오나니 곧 이 때라 아버지께서는 자기에게 이렇게 예배하는 자들을 찾으시느니라. 하나님은 영이시니 예배하는 자가 영과 진리로 예배할지니라.(요한복음 4:23~24)

그도 그럴 것이 하나님은 언제 어디에나 계시기 때문이다.(마태복음 18:20) (데살로니가전서 5:16~18) (베드로전서 4:7) (예레미야 33:3) (이사야 55:6) (시편 135:3) (히브리서 4:16)

> 내가 또 너희에게 이르노니 구하라 그러면 너희에게 주실 것이요 찾으라 그러면 찾아낼 것이요 문을 두드리라 그러면 너희에게 열릴 것이니 구하는 이마다 받을 것이요 찾는 이는 찾아낼 것이요 두드리는 이에게는 열릴 것이니라.(누가복음 11:9)

중요한 것은 성령의 도움을 받아 진리이신 예수님 이름으로 예배를 드려야 한다는 점이다. 이를 좀 넓게 해석하면 우리의 삶 자체가 예배가 되어야 한다는 말씀이다. 하나님은 모든 사람을 사랑하신다. 햇볕은 좋은 사람 나쁜 사람을 가려서 비추지 않는다. 늦은 비 이른 비도 마찬가지다. 좋은 사람의 밭에도 그렇지 않은 사람의 밭에도 공정하게 내리신다. 다만, 그것이 언제까지나 그렇다고 단언할 수는 없다. 하나님의 뜻에 따라 사용 목적이 다를 수 있기 때문이다. 그래서 기회가 있을 때 하나님을 만나야 한다. 그분의 은혜 안으로 들어가야 한다. 그분은 안전한 피난처이기 때문이다.

> 나의 구원과 영광이 하나님께 있음이여 내 힘의 반석과 피난처도 하나님께 있도다.(시편 62:7)

예수님이 어떤 분이시고 무엇 때문에 오셨고 그분의 뜻이 무엇인지를 아는 것은 매우 중요하다. 그렇지 않으면 자신의 지식과 이성을 의지하게 되고 자유의지를 앞세워 판단하려 하기 때문이다. 예수님을 알아야 하고 예수님 말씀의 뜻을 알아차려야 하고 지금 우리가 할 일과 하지 말아야 할 일을 분별해야 한다.

또 우리가 어떻게 죄 사함을 받고 어떻게 하나님의 자녀가 되었는지를 깨달아야 한다. 언제 어디서나 영적인 귀를 열고 하나님의 세미한 음성을 들을 수 있어야 한다. 유대 종교 지도자들과 유대인들은 그것을 아는 것에 실패했다. 온전히 예수님을 믿을 수 없었다. 그래서 그들은 예수님을 십자가에 못 박고 말았다. 여기서 문제가 되는 것은 기득권자들의 탐욕과 백성들의 무지였다. 무엇이 나에게 유익이 되느냐를 따지기 전에 먼저 무엇이 옳고 무엇이 그른 일인지를 분별했어야 했다.

올바른 시대정신은 편견이나 편협한 시각으로는 제대로 정립할 수 없다. 시대와 시대를 관통하는 진리가 무엇인가를 먼저 간파해야 한다. 사실 시대정신보다 더 중요한 것은 진리이다. 왜냐하면 어느 시대를 막론하고 해결해야 할 과제가 있기 마련이고 추구해야 할 목표가 조금씩 다를 수 있기 때문이다. 진리를 바탕으로 하여 시대정신이 바로 세워져야 한다.

예를 들면 한반도의 남북통일은 매우 중요한 과제다. 그런데 시대마다 정권마다 해석을 달리하면 전 정권들이 조금씩 쌓아 올린 신뢰 관계를 한순간에 무너뜨릴 수 있기 때문이다. 지금은 서로를 적대시하면서 우리끼리 잘 살면 되지 뭐, 우리 경제도 어려운데 통일은 무슨 통일이야 하며 통일 자체를 전혀 중요하지 않은 사안으로 생각하는 세력들이 있다. 물론 통일이 절대적인 진리는 아닐지 모르지만, 이산가족 문제나 지정학적 외교 문제, 그리고 전쟁의 두려움에서 벗어나 평화를 유지해야 하는 문제 등을 감안할 때 여전히 절박한 시대정신 가운데 하나인 것만은 틀림없어 보인다.

이런 문제가 정권의 입맛에 따라 다르게 해석하거나 그것을 정치적으로 악용한다면 그것은 시대정신을 저버리는 일이 될 뿐만 아니라 민족적 정의에도 어긋나는 일이다. 북한 지도자나 체제를 문제 삼을 수 있어도 북한 전체를 적대시하는 것은 지혜로운 일은 아니다.

한반도의 통일은 민족적 차원에서만 중요한 것은 아니다. 하나님은 먼저 믿는 자들에게 사명을 주셨다. 그것은 땅끝까지 복음을 전파하라는 명령이다. 남북통일이 되거나 자유롭게 왕래할 수 있다면 북한은 물론이고 중국, 소련, 중앙아시아, 유럽까지 육로로 이동할 수 있어서 복음 전파에도 훨씬 효과적일 것이다.

오직 성령이 너희에게 임하시면 너희가 권능을 받고 예루살렘과 온 유대와 사마리

아와 땅 끝까지 이르러 내 증인이 되리라 하시니라.(사도행전 1:8)

이 천국 복음이 모든 민족에게 증언되기 위하여 온 세상에 전파되리니 그제야 끝이 오리라.(마태복음 24:14)

시대정신이 중요한 이유는 여러 가지가 있겠지만, 모든 것은 적절한 때가 있기 때문이다. 그 시기를 놓치면 회복하기 쉽지 않은 일들이 많다. 씨를 뿌리는 일과 추수하는 일이 대표적으로 적기에 이루어져야 하는 일이다.(누가복음 10:2) (요한복음 4:35) (시편 126:5) (이사야 32:20) (마태복음 13:24) (에베소서 5:16) 성서에서는 씨를 하나님 말씀, 복음 등에 비유하고 있다.

범사에 기한이 있고 천하만사가 다 때가 있나니 날 때가 있고 죽을 때가 있으며 심을 때가 있고 심은 것을 뽑을 때가 있으며 죽일 때가 있고 치료할 때가 있으며 헐 때가 있고 세울 때가 있으며 울 때가 있고 웃을 때가 있으며 슬퍼할 때가 있고 춤출 때가 있으며 돌을 던져 버릴 때가 있고 돌을 거둘 때가 있으며 안을 때가 있고 안는 일을 멀리 할 때가 있으며 찾을 때가 있고 잃을 때가 있으며 지킬 때가 있고 버릴 때가 있으며 찢을 때가 있고 꿰맬 때가 있으며 잠잠할 때가 있고 말할 때가 있으며 사랑할 때가 있고 미워할 때가 있으며 전쟁할 때가 있고 평화할 때가 있느니라. 일하는 자가 그의 수고로 말미암아 무슨 이익이 있으랴. 하나님이 인생들에게 노고를 주사 애쓰게 하신 것을 내가 보았노라. 하나님이 모든 것을 지으시되 때를 따라 아름답게 하셨고 또 사람들에게는 영원을 사모하는 마음을 주셨느니라. 그러나 하나님이 하시는 일의 시종을 사람으로 측량할 수 없게 하셨도다.(전도서 3:1~11)

진리가 아닌 것들에 시간과 에너지를 낭비하는 것은 허무한 일이다. 인생이 그다지 긴 것도 아니기 때문에 진리를 추구하는 삶이야말로 하나님이 바라시는 바이다. 진리가 그렇게 어려운 것은 아니다. 왜냐하면 말씀으로 행동으로 다 보여주셨는데 그 진리는 바로 예수 그리스도이시기 때문이다. 예수 그리스도처럼 자신을 명확하게 밝히신 분은 세상에 없다. 태초부터 시작하여 구약시대, 그리고 성육신으로 직접 오셔서 보여주시기까지 자신의 신분과 역할을 분명히 하셨고 예언대로 말씀대로 온전히 이루신 분이시다.

예수께서 이르시되 내가 곧 길이요 진리요 생명이니 나로 말미암지 않고는 아버지께로 올 자가 없느니라.(요한복음 14:6)

예수 그리스도의 이야기를 담은 성서는 진리의 보고寶庫이다. 예수 그리스도가 진리가 아니라면, 성서의 모든 기록은 거짓말이 되고 예수 그리스도는 희대의 사기꾼이 되며 성도는 세상에서 가장 불쌍한 사람이 될 것이다.

만일 그리스도 안에서 우리가 바라는 것이 다만 이 세상의 삶뿐이면 모든 사람 가운데 우리가 더욱 불쌍한 자이리라.(고린도전서 15:19)

눈에 보이는 것에서 진리를 찾으려 하고 육체적인 탐욕을 추구하며 자신의 이름을 높이는 것이 행복이라고 믿는 세상에서는 서로 속고 속이는 일이 빈번하게 일어날 수밖에 없다. 그런 경쟁에서 이긴 것을 두고 사람들은 성공이라고 부른다. 만약 영적인 세계를 도외시하고 진리를 논한다면 힘, 돈, 권력 등이 세상을 지배하는 지표가 될 것이다. 우리가 세상에서 마땅히 가져야 할 시대정신을 가지고 살기 위해서는 정신, 마음, 생각, 영혼 등의 보이지 않는 영역에 대해 주목할 필요가 있고, 인격, 지혜, 사랑, 공존, 아름다움, 선행 등에 관심을 가져야 할 것이다. 그런 면에서 먼저 된 자로서 더욱 성숙한 영적 성장이 요구된다.

오직 우리 주 곧 구주 예수 그리스도의 은혜와 그를 아는 지식에서 자라 가라 영광이 이제와 영원한 날까지 그에게 있을지어다.(베드로후서 3:18)

그러기 위해서는 영의 양식, 생명의 말씀을 섭취해야 한다.

썩을 양식을 위하여 일하지 말고 영생하도록 있는 양식을 위하여 하라. 이 양식은 인자가 너희에게 주리니 인자는 아버지 하나님께서 인치신 자니라.(요한복음 6:27)

〈아직도 가야 할 길〉의 저자 M. 스캇 펙은 영적 성장에 대해 다음과 같이 말했다. "영적 성장이란 작은 우주에서 출발하여 보다 더 큰 우주로 들어가는 여행이다. 초기 단계에서 그것은 인식의 여행이지 신앙의 여행은 아니다. 이전의 경험으로 이루어진 작은 우주에서 탈피하고 또 자아에서 스스로를 해방시키기 위해서 반드시 배워야 한다. 계속 인식망을 확장하고 시야를 넓혀가야 하는데, 그것은 새로운 정보를 철저하게 소화하고 통합함으로써 가능하다."[131] 영적 성장의 길은 반대 방향에 위치하고 있고 자신의 고정관념 저 너머에 놓여 있다. 낡고 편견으로 가득 찬 사고의 틀에서 벗어나 두렵고 낯선 것을 과감히 받아들이고 새로운 것을 향해 도전할 때 새로운 세계를 경험할 수 있게 된다.

영적 성장은 기존의 세계관에 회의감을 느끼며 소중히 간직하고 있는 가치관에 반기를 듦으로써 영적 성장이 시작된다. 스캇 펙은 종교에 관한 견해를 거침없이 설파했다. "가능한 한 최선의 것이 되기 위해 종교는 철저하게 개인적이어야 한다."[132]고 했다. 이 말은 현실이라는 가혹한 시련을 경험해가면서 불처럼 타오르는 회의와 의문을 통해 빚어지고 굳어진 개인적인 것이어야만 한다는 의미이다.

그는 이에 대한 이해를 돕기 위해 신학자인 알란 존스Alan Jones의 〈그리스도에게로의 여행Journey into Christ〉의 일부 내용을 인용하기도 했다. "우리들의 문제 중 하나는 자신만의 고유한 삶을 만들어온 사람이 거의 없다는 것이다. 우리에 관한 모든 것은 간접적인 것 같고, 심지어 감정까지도 그렇다. 많은 경우, 제 역할을 하려면 우리는 간접적인 정보에 의존해야만 한다.

나는 의사, 과학자, 농부의 말을 신뢰한다. 그들은 내가 잘 모르는 어떤 부분에 대해 살아 있는 지식을 소유하고 있기 때문이다. 신장에 관한 상태, 콜레스테롤의 영향, 또 닭을 기르는 데 관해서라면 간접적인 지식만으로도 알 수 있다. 그러나 삶의 의미, 목적, 죽음 등이 문제 될 때 간접지식은 소용없다. 감정적인 하나님에 대한 간접적인 신앙으로는 생존할 수 없다. 살아남기 위해서는 개인적인 언어와 특수한 체험이 있어야 한다."[133] 그러므로 정신 성장과 영적 성장을 위해서는 자신의 신앙을 발달시켜야 하며 부모나 사회의 종교적 전통에만 의존해서는 안 된다.

유대인들은 자식을 교육할 때 고기를 잡아 주는 것이 아니라 고기 잡는 법을 가르쳐준다고 한다. 그것은 무엇을 의미하는가? 그 격언들을 우리 교회에 그대로 적용해보자. 매주 이루어지는 설교는 이 같은 방식을 취하고 있는가? 어린아이에게 밥을 떠 먹여주듯이 하나님 말씀을 전한다. 성도들은 갈증을 느끼면서도 스스로 하나님을 만나려 하기보다는 매주 습관적으로 그 말씀을 섭취한다. 그러다 보니 개인의 영적 성장으로 이어지지 못한다. 왜냐하면 스스로 하나님과 소통하는 방법을 제대로 알지 못하기 때문이다. 당연히 구원의 확신도, 이웃을 향한 사랑도,

사회를 향한 시대정신도 제대로 발휘하지 못한다.

우리에게 필요한 것은 시대가 원하는 사람으로서 살아가는 것이다. 하지만 제대로 된 시대정신을 발휘하기 위해서는 정신세계와 영혼의 세계로 눈을 돌려야한다. 요컨대 하나님 말씀을 토대로 한 영적 성장이 이루어져야 한다. 그래야 허탄한 성공 신화나 불완전한 철학, 온갖 거짓 정보 등 세상의 헛된 속임수에 놀아나지 않을 것이다.(야고보서 4:16) (시편 119:37)

> 네가 이것으로 형제를 깨우치면 그리스도 예수의 좋은 일꾼이 되어 믿음의 말씀과 네가 따르는 좋은 교훈으로 양육을 받으리라. 망령되고 허탄한 신화를 버리고 경건에 이르도록 네 자신을 연단하라. 육체의 연단은 약간의 유익이 있으나 경건은 범사에 유익하니 금생과 내생에 약속이 있느니라.(디모데전서 4:6~8)

병아리가 정상적으로 알을 깨고 나오기 위해서는 새끼와 어미가 안팎에서 서로 쪼아야 한다는 의미의 한자 성어가 있다. 바로 '줄탁동시啐啄同時'이다. 요컨대 생명이라는 가치는 내부적 역량과 외부적 환경이 적절히 조화돼 창조된다는 것을 말해준다. 태초에 하나님이 무에서 유로 창조하시던 때와는 달리 지금은 하나님을 먼저 알아본 사람이 아직 알지 못하는 사람들의 생명을 구하는 데 한몫해야 한다.

왜? 하나님은 먼저 택한 사람들과 함께 일하시기를 기뻐하시기 때문이다. 기본적으로 사람의 생명(영혼)에 주목해야 한다. 사람들이 모여 사는 공동체에 관심을 갖고 하나님의 진리 안에서 시대정신을 발휘하며 살아가야 할 것이다. 살다 보면 침묵해야 할 때가 있지만, 말하고 행동해야 할 때는 행동해야 한다. 그렇지 않으면 돌들이 나설 것이라고 말씀하신다.

> 이르되 찬송하리로다 주의 이름으로 오시는 왕이여 하늘에는 평화요 가장 높은 곳에는 영광이로다 하니 무리 중 어떤 바리새인들이 말하되 선생이여 당신의 제자들을 책망하소서 하거늘 대답하여 이르시되 내가 너희에게 말하노니 만일 이 사람들이 침묵하면 돌들이 소리 지르리라 하시니라.(누가복음 19:38~40)

그리스도 안에서 믿음으로 사는 사람들이 영적으로 성숙해야 하는 이유가 바로 여기에 있다. 그렇다면 영적 성장이 가져다주는 열매는 무엇일까? 무엇보다 예수 그리스도께서 십자가에서 '다 이루신 것'을 순전하게 믿고 구원에 대해 확신하는 것이다.

> 예수께서 신 포도주를 받으신 후에 이르시되 다 이루었다 하시고 머리를 숙이니 영혼이 떠나가시니라. (요한복음 19:30)

예수 그리스도의 십자가 보혈 덕분에 우리가 아무런 공로 없이 '의인義人'이 될 수 있었다는 사실을 흔들림 없이 믿고 스스로 하나님 앞에서나 세상 사람들 앞에 담대하게 나서야 한다. 왜, 믿음의 사람들은 죽음마저도 두려워할 것 없이 담대하게 받아들일 수 있을까? 그것은 예수 그리스도께서 사망을 이기시고 부활하셨으며 예수 그리스도가 우리 안에 살아 계시기 때문에 우리의 부활에 대해 의심할 여지가 없기 때문이다.

> 나의 간절한 기대와 소망을 따라 아무 일에든지 부끄러워하지 아니하고 지금도 전과 같이 온전히 담대하여 살든지 죽든지 내 몸에서 그리스도가 존귀하게 되게 하려 하나니 이는 내게 사는 것이 그리스도니 죽는 것도 유익함이라. (빌립보서 1:20)

그렇다고 우리가 도덕적으로 완전한 인간이 될 수 있다는 뜻은 아니다. 의인이라는 신분을 얻었지만, 도덕적으로 완전한 인간이 될 수 없다는 것을 우리 스스로 잘 안다. 우리는 예수님의 의로움에 묻어가는 것이다. 예수 그리스도의 은혜로 그런 삶을 지향할 수 있게 된 사실만으로도 감사해야 한다. 이제 하나님 말씀을 진리라고 믿는 그 믿음 위에 굳건히 서서 먼저 그의 나라와 의를 구해야 한다. (마태복음 6:33) 복 있는 사람은 하나님의 사랑을 깊이 묵상함으로 그 뜻에 걸맞은 삶을 지향한다.

> 복 있는 사람은 악인들의 꾀를 따르지 아니하며 죄인들의 길에 서지 아니하며 오만한 자들의 자리에 앉지 아니하고 오직 여호와의 율법을 즐거워하여 그의 율법을 주야로 묵상하는도다. (시편 1:2)

자칫 일시적인 유행이나 헛된 철학 등 세상 풍조에 휘둘릴 수 있으므로 오직 성령의 도움으로 마음을 새롭게 하여 하나님의 온전한 뜻을 분별하도록 해야 한다.

> 너희는 이 세대를 본받지 말고 오직 마음을 새롭게 함으로 변화를 받아 하나님의
> 선하시고 기뻐하시고 온전하신 뜻이 무엇인지 분별하도록 하라.(로마서 12:2)

그러기 위해서 하나님 말씀을 '영의 양식'으로 여기고 늘 기도하며 항상 감사하며 기뻐하는 삶을 살아야 한다.(데살로니가전서 5:16~18) 우리가 할 일은 성령의 도움을 구하며 예수님과 동행하는 삶을 사는 것이다.(로마서 8:26) (마태복음 1:23) 자기 혼자 하는 것이 아니라 예수님이 함께하신다는 것을 믿어야 한다.(요한복음 14:10~11) 현실적으로 타인의 슬픔이나 아픔에 대해 깊이 공감하고 마음을 함께하는 것이다. 나아가 우리가 사는 사회공동체의 다양한 문제에 대해 깊은 이해와 더불어 행동하는 양심을 가져야 한다.

궁극적으로 우리에게 맡겨진 가장 중요한 시대적 사명은 여전히 방황하는 영혼을 하나님께 인도하여 하나님의 자녀 혹은 백성이 되도록 인도하는 것이다. 간단히 말하면 사람의 생명生命을 구하는 일이다. 공동체의 생명에 관심 갖는 일, 그것을 능가하는 시대정신은 없을 것이다.

철학과 성경

철학적으로 생각하고 성경적으로 행하라.

Think philosophically and be biblical.

　　프랑스의 정치가(프랑스 제35대 국민공회 의장)이자 화가인 자크 루이 다비드 Jacques-Louis David, 1748~1816 의 〈소크라테스의 죽음〉이라는 작품이다. 소크라테스는 그림의 맨 중앙에 있는 흰색 옷을 입고 있는 사람으로 상의를 벗은 상태다. 그는 사람들과 대화를 나누고 있는 장면처럼 보이지만 안타깝게도 이런 행위들은 신을 모욕하고 젊은이들에게 악영향을 끼칠 거라는 죄목으로 사형을 선고받았다. 자세히 보면 소크라테스 앞 붉은색 옷을 입고 있는 청년이 독배를 건네고 있는 것을 볼 수 있다. 그리스 철학은 알렉산더의 말발굽과 함께 전 세계로 퍼져갔다. 그리스는 진정한 의미에서 서양철학의 시작이었고 서양문화는 그리스 철학과 기독교 사상을 근간으로 진전되어 왔다고 해도 과언이 아니다. 철학의 출발점은 소크라테스였고 기독교의

핵심은 성서였다. 소크라테스는 철학의 대상을 기존의 자연에서 사람에게 눈을 돌렸다. 그리고 사람과 국가(공동체)가 바르게 살아가야 할 '정의'라는 개념에 천착했다. 삶을 바르게(정의롭게) 살아가는 것, 그것이야말로 철학이 규명해야 할 내용이라고 보았다. 그가 살던 당시는 그리스 신화, 요컨대 다양한 신들을 숭배하던 사회적 분위기였다. 그는 그런 신들을 보고 창조의 신이 아니라 창조된 신이라고 불렀다. 그러면서도 영혼불멸설 등을 주장하며 인간의 정체성을 아는 것이 무엇보다 중요하다는 취지로 "너 자신을 알라"고 말했다. 이는 잘못된 지식과 인간의 정체성에 대한 오해가 그릇된 방향으로 삶을 이끌 수 있기 때문이다. 소크라테스는 인간의 정체성은 물론 진정한 신神을 갈구했던 것은 아닐까. 에덴동산에서 하나님은 선악과를 따 먹은 아담에게 "네가 어디 있느냐"고 묻는다. 그 질문은 하나님이 모든 인류에게 묻는 첫 질문이다. 소크라테스가 제시한 "너 자신을 알라"는 말도 같은 맥락으로 이해할 수 있다. 철학과 성경은 인간이 추구하는 '진리'에 이르는 길을 묻고 또 찾아가는 중요한 수단이라는 점에서 공통점이 있다.

철학은 고대 그리스에서 시작되었는데 소크라테스Sokrates, BC 470-BC 399까지 거슬러 올라간다. 물론 그 이전에도 철학자들이 있었지만, 그들 대부분은 자연에 주목했었다. 하지만 소크라테스가 주목한 것은 자연이 아니라 인간이었다. 인간은 영혼을 가진 존재로 인식했는데 그가 주목한 것은 소피스트Sophist에게서 볼 수 있는 개인적인 인간이 아니라 보편적인 인간이었다.

영혼은 지혜를 기능으로 하는 이법理法, 요컨대 원리와 법칙인데, 이것은 소피스트들이 말하는 인위적인 것nomos이 아니라 인간의 본질을 가리킨다. 따라서 인간의 영혼을 잘 가꾸는 것이 지혜Sophia를 사랑Philos하는 것이며 그것이 곧 철학Philosophy이라고 본 것이다.

한편, 동양에서는 '哲學철학'이라는 한자를 사용한다. 이 단어는 언제 어떻게 사용하기 시작하였을까? 영어의 'Philosophy'라는 단어를 한자 문화권, 특히 중국에서 번역하면서 그 뜻과는 무관하게 발음이 비슷한 '斐盧蘇比비로소비'로 직역했고, 비슷한 시기에 일본에서 '希哲學희철학'이라는 단어로 의역하기도 했다. 그 후 '哲學철학'이라는 단어로 정착하게 되었다. 이 단어는 일본의 철학자 니시아마西周, 1829~1897가 번역해서 최초로 사용하게 되었다. 그가 처음에 '希哲學희철학'으로 사용했던 이유는 북송北宋의 주돈이周敦頤, 1017~1073가 〈통서通書〉라는 책에서 '士希賢사희현'이라는 단어를 사용했기 때문이다. 말하자면 '希哲學희철학'이라는 용어는 士希賢사희현의 영향을 받은 것이다.[134] 이 밖에도 '哲學철학' 대신에 '理學理論이학이론'으로 哲學者철학자 대신에 僞學家위학가, 愛賢者애현자 등을 사용한 용례가 있다.[135]

우리나라에서는 이인재李寅梓,1870-1929가 1912년 哲學攷辨철학고변을 발간하면서 '哲學철
學'이라는 용어를 처음 사용하였다. 철학은 앎, 배움, 깨달음을 찾고 구하며 사랑
하는 데서 출발했고 이제는 특정 학문이라기보다는 모든 학문에서 본질을 찾아가
는 기본적인 사고방식으로 자리 잡아가고 있다.

철학계에서 소크라테스는 철학의 시조처럼 알려진 인물이다. 그는 스스로 어떤
기록이나 단 한 권의 저서도 남기지 않았지만, 플라톤을 비롯한 제자들이 남긴 기
록들을 통해 그가 얼마나 위대한 인물인지 알 수 있게 되었다. 소크라테스 이전에
도 철학자들은 있었다. 그들은 어떻게 철학을 하게 되었을까? 소크라테스는 "철
학은 인간의 경이감에서 시작되었다"고 말했다. 인간은 경이감을 느낄 때 지적 호
기심이 생기고 그 호기심을 해결하기 위해 철학적 사유를 시작하게 된다는 것이
다. 초창기 인류는 붉게 떠오르는 태양, 하늘에 울려 퍼지는 천둥 번개 등 자연현
상에 대해 경이로움을 느꼈을 것이다. 그런데 인간의 상상력은 늘 체계적이고 논
리적으로 작용하지는 않는다.

세계 곳곳에 수많은 신화와 영웅담이 존재하는 것을 보면 자신보다 강한 누군
가가 이 세상을 지배한다고 믿었던 것 같다. 그리스·로마신화만 보아도 하늘,
땅, 바다의 신이 각각 있었고 당시 사람들은 수많은 장소나 사건에 의미를 부여하
며 신의 영역으로 간주하고 상상력을 발휘했었다. 이런 신화적 이야기는 흥미를
갖게 되었지만, 반드시 이성적으로 이해할 수 있는 내용으로 전개된 것은 아니었
다. 신들의 탄생 근거, 신들 간의 관계나 역할 등이 마치 판타지 소설이나 무협지
에 등장하는 인물들을 보는 것 같은 허구성으로 가득 차 있다. 이런 반지성적 신
화로는 만족하지 못한 철학자들은 보다 인간의 지성을 활용한 체계적 접근을 시
도하게 되었다.

기존의 신화처럼 의인화한 신들의 우상화를 통해 설명하는 것이 아니라 물리적
실체들을 관찰하여 그 원인과 결과라는 인과관계를 설명하고자 한 것이다. 이것
이 바로 철학적, 과학적 사유의 시작이라고 할 수 있다. 그렇다면 초기 철학자들이
기존의 신 대신 찾으려 했던 것은 무엇이었을까? 그것은 '아르케Arche'였다. 아르케
를 추상적 개념으로 그리스·로마신화처럼 직관적이지 않아서 크게 흥미를 느끼
게 하지는 못했다. 아르케는 개념 정립과 더불어 그 근거를 제시해야 했기에 골치
아픈 이성적 사유가 요구되었다. 아르케는 만물을 이루는 근본 물질이자 근본원
리이다. 시작Begin, 근원Source, 원리Principle 등의 뜻으로 사용되었다. 오늘날 원형을 뜻

하는 archetype, 고고학을 의미하는 archeology 등의 단어를 파생시켰다.

그리스어로 archo는 '명령하다'라는 뜻이다. 그래서 그리스 시대 집정관을 ar-chon이라고 불렀다. 정치적으로 명령을 내리듯이 전 우주적으로 명령권자가 있지 않을까 하는 추측을 했을 것이다. 한두 마디로 설명할 수 없는 우주의 신비를 '아르케Arche'라는 단어를 가지고 설명하려고 했었다.

소크라테스보다 앞선 시대에 텔레스Thales, BC 624~BC 546라는 철학자가 있었다. 그는 "만물의 근원은 물이다"라고 말했는데 이를 통해 만물의 원리를 설명하려고 했다. 단순히 흥미로운 이야기를 만들어내는 데 그친 것이 아니라, 철학적 사유의 근원적인 무엇인가를 찾기 위해 가설을 세우고 합리적인 이유를 설명하고자 한 것이다. 당시의 시대 상황을 살펴볼 필요가 있는데, 기원전 750년 경에는 인구가 급속도로 증가하여 자신들이 살고 있는 영역을 넘어 다른 지역을 개척하기 시작하였다. 그런 가운데 전쟁도 서슴지 않았다. 전쟁에 동원되고 사람들의 목숨이 파리 목숨처럼 죽어가는 것을 목도하게 되었다. 그래서 삶뿐만 아니라 죽음까지도 사유하게 되었다.

불확실성 시대에는 자신의 인생을 우연에 맡길 수밖에 없다는 생각을 하게 되었을 것이다. 내일이나 먼 미래를 생각하기보다는 당장의 순간을 버티는 것에 몰두할 수밖에 없었을 것이다. 이 허무주의를 극복하기 위해 필요한 것은 무엇이었을까? 그것은 어떤 철학적 의미 부여 혹은 서정시 같은 문학이 필요했을 것이다.

당시 서사적 이야기를 담은 호머의 일리아드 등이 지배적이었다면, 허무, 죽음, 슬픔 등을 극복할 수 있는 대안으로 사랑, 우정, 신뢰, 의리, 아름다움 등을 담은 서정시인이 등장하게 되었다. 인간 내면에 담고 있는 자의식이 발동한 계기가 되었다. 모든 것은 예측 불허하고 변화무쌍한 인생 가운데 변하지 않는 진리, 요컨대 '아르케'를 찾고자 하는 시도였다고 볼 수 있다. 아르케를 찾는 초기 철학자들의 시도는 '있음'을 찾는 일이었다. 다만, 있기는 있되, 참되게 진짜로 있는 것을 찾고자 한 것이다.

현대를 사는 우리도 일상에서 마주하는 현상들이 모두 진짜일까? 라는 생각을 할 수 있다. 하루에도 수많은 정보와 뉴스를 접한다. 그 안에 거짓은 없을까? 이 같은 의심을 안고 그것이 진짜인지 가짜인지 나름대로 기준을 설정하고 판단하면서 살아간다. 우리가 사용하는 말 가운데 참사랑, 참언론인, 참어른, 참기름, 진짜 원조 등 참이나 진짜라는 수식어가 많다는 것은 그만큼 가짜가 많다는 반증이다.

우리가 접하는 사람이나 경험하는 일에 대해 기본적으로 의심하거나 적어도 전적으로 신뢰할 수 없는 것이 현실이다. 진짜를 갈구하는 마음은 누구에게나 내재하고 있다. 이와 같이 당시 철학자들에게도 아르케를 찾는 마음이 작동했을 것이다. 인간의 지각으로 이해하던 차원을 넘어 지성과 영성까지 동원하는 계기가 된 것이다.

초기 자연 철학자들은 세상의 각종 현상들 너머에 변하지 않는 어떤 원리나 근원의 힘이 존재할 것이라는 가설을 세우고 이를 이해하고자 노력했었다. 이것은 현상을 넘어 본질을 추구하는 행위이고 주관적 판단을 가능하면 객관화하려는 시도이다. 자연 철학자들이 추구하는 아르케를 찾는 방법으로 과학적 혹은 철학적 논증을 사용할 수밖에 없었는데 신이나 영혼의 죽음 등의 문제는 그런 방법이라 할지라도 이해하기는 쉽지 않다는 것을 알게 되었다.

또 어느 정도 지적으로 이해를 도울 수 있다고 해도 여전히 미지의 영역에 대해 쉽사리 결론지을 수 없는 부분이 존재한다는 어려움에 봉착할 수밖에 없었을 것이다. 한 마디로 정답을 끌어낼 수 없는 것에 대해 지속적인 탐구가 요구된 것이다. 그래서 아주 근본적이고 원론적인 질문인 인생이란 무엇인가? 과학은 무엇인가? 진리란 무엇인가? 등의 질문을 반복적으로 던질 수밖에 없었을 것이다. 그런 주제로 고대에서 현대까지 논쟁이 계속되고 있는 것만 보아도 알 수 있다.

이런 관점에서 생각해보면 철학의 한계도 분명히 엿볼 수 있다. 수치로 혹은 원리로 설명할 수 있는 것은 과학으로 접근하고, 보이지 않는 영역, 특히 영혼이나 신 등에 관한 것들은 결국 종교의 영역에서 접근할 수밖에 없기 때문이다. 철학은 이성과 논리로 입증해야 하므로 훨씬 더 객관적이라고 말할 수 있지만 애초부터 불가능한 일에 도전하는 일일 수 있다. 어쨌든 철학은 이에 굴하지 않고 앞선 철학적 논리를 반박하고 새로운 논리를 제시하면서 다양한 시도를 계속해 왔다.

철학적 접근의 의미는 인간의 사유 정신을 향상하는 데 크게 기여했다. 인간의 사유 능력은 과학, 철학, 종교 공히 중요하게 생각하고 있는 부분이다. 〈코스모스〉의 저자 칼 세이건도 기존의 전통과 종교 등에 온통 자신의 생각을 내맡기지 말고 스스로 생각할 것을 강조했다. 무신론자인 그는 지나치게 과학에 의존하는 경향을 보이고 있지만, 그런 그의 말의 취지까지 의심할 필요는 없을 것 같다.

유신론자인 철학자 키에르 케고르도 스스로 판단하는 것의 중요성을 강조한 바 있다. 다른 철학자들도 마찬가지다. 플라톤은 자신의 상상력을 동원하여 순수한 이성으로 얻어지는 '최고의 상태'라는 개념의 '이데아^{Idea}'를 제시했다. 또 니체는 '이성의 힘'에 주목하여 '초인사상'을 주장하였는데 똑같은 해석, 똑같은 설명, 누구나 똑같아져야 한다고 주장하는 종교, 도덕, 민주주의, 공산주의 등 모든 것들이 평범해져야 한다고 강제하는 것에 반기를 들었다. 위에 언급된 종교나 사상 등의 문화에 길들여진 채 자신들의 삶을 권태롭게 만들고 결국 자신을 하찮은 존재로 여기게 되었다고 판단하였다.

니체는 이런 획일화한 사회가 되는 것을 극도로 경계하였으며 개인의 자유의지를 존중하여 책임감 있는 개인이 기존 사회와 다른 가치를 추구한다고 하더라도 우리 사회는 그것을 허용해야 한다고 주장했다. 니체는 인간 이성의 무한한 잠재력을 강조하면서 "신은 죽었다"는 식의 강경한 표현을 사용하면서까지 개인의 자유와 능력을 높이 평가했다.

모든 지식은 나름대로 가치가 있다. 그것이 반드시 정답이어서가 아니라 다양한 발상을 통해 인간 이성의 역량을 향상시키고 또 다른 관점에서 사유의 힘을 기를 수 있기 때문이다. 따라서 철학이든 과학이든 그들이 무신론자든 유신론자든 자유롭고 창의적인 발상 자체까지 비난할 필요는 없다. 다만, 자신의 주의主義, 주장主張이 자신은 물론 타인에게 어떤 영향을 미칠 것인가에 대해서는 심사숙고할 필요가 있다. 어쨌든 지식을 쌓고 경험을 축적하는 것도 중요하지만 마지막 판단은 자신의 몫이고 또 스스로 책임을 질 수 있어야 한다.

그렇다면 스스로 무엇을 어떻게 판단해야 할까? 다소 어려운 질문일 수 있다. 우주에서 자신의 존재 의미, 자신에게 우주의 의미, 자신과 타인과의 관계, 인간의 삶과 죽음, 이런 문제를 두고 끊임없이 사유해온 것이 철학이고 과학이고 문학이었다. 그렇다면 인간이 논하고 있는 것들은 무엇인가를 생각해볼 필요가 있다. 그것은 '있음(有, 在)'을 근거로 한 사유이고 탐구였다.

그렇게 해서 얻어진 결과물들이 나에게 어떤 의미가 있을까? 인간은 보이는 것들로부터만 영향을 받지는 않는다. 또 연구의 결과물들로만 인간의 고민을 다 해결할 수도 없다. 왜? 인간은 타인이 절대로 알 수 없는 사람마다의 고유한 정체성이라고 할 수 있는 '영혼^{Spirit}'이라는 것이 각각 존재하기 때문이다. 이것을 배제하고 나면 다윈의 진화론도, 니체가 말한 신의 죽음도 얼마든지 논의의 대상이 될 수 있다.

유전자의 유사성이나 세상의 어지러움 등을 근거로 영혼이라는 문제를 도외시한 채 과학이나 철학이 성경보다 더 합리적이고 논리적이라고 주장하는 것은 무리가 있다. 과학은 부분의 증명이고 철학은 가설을 증명하는 일이다. 훌륭한 과학자, 철학자들이 영혼을 연구한 결과를 명확하게 밝힌 적이 있는가? 누구라도 납득할 수 있도록 속 시원하게 영혼의 구성요소나 사고의 원리 등을 제시한 적이 있는가? 어떤 원리로 생각하고 그것이 어떻게 육체를 움직이게 하는지 설명해준 사람이 있었는가?

우리는 사람, 자연, 우주 등 모두 이미 존재하는 것들의 상호관계나 물질의 요소 등을 연구한다. 그렇다면 최초의 설계자 혹은 창조자에 대해 관심을 갖는 것이 그저 저속한 종교 행위라고 폄훼할 일인가? 죽음이 두려워서 종교를 만들고 복을 받기 위해 종교 생활을 한다고 비웃을 일인가? 궁극적으로 우리가 관심을 가져야 할 일은 달나라를 가는 일도 저 바닷속을 여행하는 일도 아니다. 모든 것들을 있게 한 '제1의 원인'을 찾는 일이 아닐까. 누가 옳은가는 지금 누구도 판단할 수 없다.

어떤 선택을 하느냐에 따라 목적지가 달라질 수밖에 없다. 인생을 호기豪氣로만 살아서는 안 되고 생각 없이 살아서도 안 된다. 특정 이념Ideology이나 종교적 사고에 얽매어 자유를 누리지 못하는 경우도 문제가 될 수 있다. 중요한 한 가지는 인생의 문제를 행복이나 성공, 건강 등에서만 의미를 찾아서는 안 된다는 점이다.

진정으로 의미 있는 것은 변하지 않는 그 무엇이어야 한다. 그것을 바로 진리라고 부른다. 진리가 아닌 것들은 한시적이고 결국 무의미한 것들이다. 진리가 아닌 것들에 시간과 에너지를 소비할 필요가 없다는 뜻이다. 지금 우리가 가장 많이 시간과 에너지를 사용하고 있는 것은 무엇인가? 가장 애지중지하며 소중하게 여기는 것은 무엇인가? 내 생각과 마음을 사로잡고 있는 것들은 무엇인가? 그것을 성찰해보는 것은 매우 중요하다.

철학, 과학, 예술, 문학, 신학 등은 그 자체가 문제는 아니다. 그것에 종사하는 사람의 의식이 문제다. 그릇되고 편협된 사고방식으로 편 가르기를 하고 집단 이기주의나 교만에 빠져 상대방의 다른 점을 차이로 보지 않고 틀렸다고 밑도 끝도 없이 우기는 사람들이 문제다. 결국은 사람이 문제이고 사람의 생각이 문제다.

모든 만물은 자기만의 위상이나 역할이 있다. 학문이나 사상도 마찬가지다. 그것을 잘못 수용하면 나무만 보고 숲을 판단하는 우를 범할 수 있다. 자신이 생각하고 있는 지식이나 이성의 틀로 모든 영역을 재단하고 판단하는 것은 절대 하지 말아야 할 것 가운데 하나이다. 모든 요소들 중간에는 사이間가 존재하기 때문이다. 그렇다고 그 사이를 절대 극복할 수 없다는 뜻은 아니다. 섬과 육지, 섬과 섬을 연결하기 위해서는 연륙교連陸橋, 연도교連島橋가 필요하듯이 뭔가의 누군가의 도움을 받아야 한다.

또 하나의 관점은 이미 연결되어 있는데 사람들이 자신들의 시선으로 단절된 것으로 잘못 인식하고 있는 경우도 있을 수 있다. 이성을 가진 인간이 인간 세상을 탐구하려는 자세가 얼마나 대견스러운가. 철학은 가설을 세우고 논리로 증명하는 학문이다. 그 수단으로 수학적 논리, 과학적 논리 등이 자연스럽게 발전한 것이다. 그런 논리와 상관없이 사람이 사유하면서 이성을 발현하는 영역인 문학, 예술 등도 있다.

이런 모든 영역에는 엄연히 사이가 존재한다. 그런데 절대적으로 건널 수 없는 강이 존재하는 걸까? 그렇지 않다. 여기에는 육체와 정신(영혼) 에너지를 동시에 사용하고 또 육체만을 위한 것이지만 정신에도 좋고, 정신 영역인 것처럼 느껴지지만 육체에도 긍정적 영향을 미친다. 이것은 무엇을 의미하는가? 모든 시작이 하나이고 또 지향점도 하나라는 점이다.

인간사회가 자신이 속하지 않는 영역이라고 생각하고 상대 영역을 적대시하거나 서로 반목하면서 사이를 극명하게 벌려놓은 측면이 있다. 정량화를 지향하는 영역에서는 정성적인 것을 중시하는 영역을 무시하고, 정성적인 것을 중시하는 영역에서는 정량적인 것을 지향하는 영역을 형이하학적이라고 평가절하한다.

말하자면 경제 분야는 주로 수치로 얘기를 한다. 경제성장률, 국내총생산GDP, 환율, 주식, 물가, 부동산, 무역수지 등은 전부 숫자 잔치다. 그래서 '요즘 경제가 안 좋아 너무 살기 힘들다'고 시민들이 불평하면, 정부 관계자나 경제 전문가들이 수치를 앞세워 지금 경제가 그렇게 나쁜 편이 아니라고 반박하는 경우도 있다. 사람들의 체감과 수치 사이에 괴리가 있다는 증거다. 이는 수치가 모든 것을 말해주지 못한다는 뜻이다.

고대 그리스어로 'Oikos'라는 단어는 '가정' 혹은 '사는 곳'을 의미한다. 이는 영어 'Eco'의 어원이기도 하다. 여기서 파생된 단어가 Ecology생태와 Economy경제이다. 말하자면 생태와 경제가 'Oikos'라는 한 단어에서 나온 것이다. 여기서 유추해볼 수 있는 것은 기초 공동체인 가정家庭에 가장 필요한 두 개의 축이 생태와 경제라는 점이다. 우리는 지금까지 생태와 경제는 대립한 관계라고만 인식하고 있었다. 왜 그랬을까? 산업화, 도시화 과정에서 과도한 개발로 생태를 훼손하는 일이 빈번하게 발생하였다. 이때 생태를 중시한 입장에서는 목소리를 외쳐 개발을 반대하는 입장에 설 수밖에 없었고, 반대로 개발론자들은 생태를 개발의 장애요인으로 여겼던 탓도 있다.

기초 공동체인 가정을 생각해보자. 가정Home과 집House은 엄연히 다르다. 우리는 가정과 집을 거의 유사한 개념으로 착각하며 사는 것은 아닌지 생각해 볼 필요가 있다. 왜냐하면 집을 장만하거나 집의 평수를 늘려가는 것에는 열과 성을 다하지만, 가정을 꾸려가는 것에는 그것만큼 신경 쓰지 않는 것이 현실이다. 가정家庭은 집家과 뜰庭로 이루어졌다. 가정은 집도 필요하지만, 정원도 필요하다는 뜻이다. 실내와 옥외공간이 동시에 필요하고 거기서 공동체 정신을 함양하며 가족관계를 형성해야 함을 말해준다.

Garden정원의 어원은 히브리어에서 왔는데 Gan울타리+Eden에덴으로 성서에 등장하는 에덴동산을 울타리로 에워싼 풍경을 말한다. 이는 아담과 하와가 선악과를 따먹은 죄로 추방되었는데, 그 후손들의 영혼 속에 에덴동산 시절의 기억이 남아 있어 이를 동경하며 에덴과 같은 정원을 꾸미게 된 것이라고 설명할 수 있다. 사실 세상에서 꿈꾸는 낙원사상들은 이와 무관하지 않다. 토마스 모어Thomas more, 1478~1535의 유토피아, 존 밀턴의 실낙원과 복낙원, 도연명의 무릉도원, 정토불교의 낙원사상 등 다양한 파라다이스 사상이 맥락을 함께 하고 있다.

성서가 사람들에게 친근감을 주지 못하는 이유는 여러 가지가 있을 수 있다. 창세기를 보면 돌연 "태초에 하나님이 천지를 창조하시니라"(창세기 1:1)고 선언하면서 시작된다. 노아의 방주 사건, 바벨탑 사건, 성모 마리아의 성령 잉태, 소금기둥으로 변해버린 롯의 아내, 어렵게 얻은 아들 이삭을 제물로 바치라는 하나님, 물 위를 걷는 예수님, 예수님의 죽음과 부활, 그리고 승천, 삼위일체 하나님 등 인간의 이성으로는 도저히 이해할 수 없는 이야기들로 즐비하다고 생각할 수 있다. 그래서 비이성적이고 비현실적이라고 여기면서 많은 신화 가운데 하나라고 생각하거나 많은 종교 가운데 하나이겠거니 생각하는 경향이 있는 것 같다.

또 실제로 신앙생활을 하는 사람들 중에도 거듭남과 구원, 부활, 예수 재림, 천년왕국, 영과 혼과 육, 말세 등과 관련하여 신학자들 간에 이론이 있고, 비유(은유) 혹은 계시적인 성경 말씀이 난해하여 어려움을 겪고 있는 것이 사실이다.

이를 극복하기 위해서는 하나님과 자신의 관계를 알아가는 것이 중요하다. 이는 하나님의 정체성을 알고 자신의 정체성을 동시에 알아가는 것을 말한다. 어떤 사람은 하나님을 자비롭고 인자하신 하나님이라고 말하는 사람도 있고, 또 어떤 사람은 하나님은 무섭고 두려운 분이라고 느끼는 사람도 있다. 이런 경우는 성경의 특정 사건이나 구절의 영향을 받은 것으로 하나님의 일부분만을 아는 것에 불과하다.

실제 성경을 보면 하나님이 한없이 긍휼과 자비를 베풀기도 하고 무섭게 벌을 내리시기도 한다. 자신이 주목한 부분적인 성서 구절을 통해 하나님을 단정해버리지 말고, 그 말씀이 전체적인 맥락에서 어떤 의미가 있는지를 묵상해야 할 것이다. 그러면 하나님이 선과 악에 대해 가르쳐주시기 위해 친절하시기도 하고 때로는 화를 내시기도 하신다는 것을 알 수 있다.

기본적으로 성경에서 밝히는 하나님의 정체성에 대해 알아가는 일은 매우 중요하다. 그렇게 되면 하나님의 변치 않으신 진리에 바탕을 둔 사람을 향한 긍휼, 사랑, 자비 등을 깨달을 수 있을 것이다. 하나님은 영이시고 스스로 존재하는 분이시고 전능하신 분이시며 사랑이시다. 그리고 세상의 시작과 끝을 주관하시고 사람의 영혼을 구원하기 위해 스스로 자신의 독생자 신분으로 이 땅에 오셔서 십자가의 보혈로 인류의 죄를 대속하시고 모든 사람을 하나님 나라에 갈 수 있는 길을 열어 놓으셨다.

너무나 황당하고 터무니없다고 느낄 수 있는 이 사실을 인정할 수 있게 되기까지 필요한 것이 있는데 그것이 바로 믿음이다. 하지만 사람들은 이성이나 지식 등에 대한 관심에 비해 믿음이라는 실체에 대해서는 그다지 궁금해 하지 않는 것 같다. 그것이 바로 불행의 요인이다. 왜냐하면 사람들은 자신의 눈길과 마음이 가는 곳에 에너지를 사용할 수밖에 없을 것이기 때문이다. 결국 사람들이 믿음이라는 단어 앞에서 매번 좌절하는 이유가 거기에 있다.

하나님의 구원 계획에 동참하기 위해서는 예수 그리스도의 십자가 능력을 믿고 온전히 마음을 그분께 드리는 것이다. 왜냐하면 예수 그리스도의 십자가의 죽음과 부활이 하나님의 구원 계획의 핵심이고 그 길 말고 다른 길을 제시한 적이 없기 때문이다. 하나님은 모든 심판권을 예수 그리스도에게 위임하셨고 예수 그리스도는 변함없이 인류 구원을 위해 오셨다고 말씀하셨기 때문에 그 사실을 믿으면 된다.

아버지께서 아무도 심판하지 아니하시고 심판을 다 아들에게 맡기셨으니 (요한복음 5:22)

하나님 앞과 살아 있는 자와 죽은 자를 심판하실 그리스도 예수 앞에서 그가 나타 나실 것과 그의 나라를 두고 엄히 명하노니(디모데후서 4:1)

이는 우리가 다 반드시 그리스도의 심판대 앞에 나타나게 되어 각각 선악 간에 그 몸으로 행한 것을 따라 받으려 함이라.(고린도후서 5:10)

성경에는 그 믿음만으로 구원받은 예표적인 사건들로 넘쳐난다. 우리는 하나 님의 절대적 선하심을 믿고 우리를 향한 온전한 사랑을 믿어야 한다. 이것이 성경 이 말하는 하나님의 정체성이다. 인간이 추구할 일은 하나님 나라의 법인 '사랑' 을 회복하는 것이다. 먼저는 하나님을 사랑하는 것이고 이웃을 사랑하는 것이다.

예수께서 이르시되 네 마음을 다하고 목숨을 다하고 뜻을 다하여 주 너의 하나님 을 사랑하라 하셨으니 이것이 크고 첫째 되는 계명이요. 둘째도 그와 같으니 네 이 웃을 네 자신 같이 사랑하라 하셨으니 이 두 계명이 온 율법과 선지자의 강령이니 라.(마태복음 22:37~40)

하나님이 공포감을 조성하여 억지로 숭배하게 하거나 복종시키려는 분이 아님 을 성경은 증명해주고 있다. 태초에 만물을 창조하시고 에덴동산이라는 특별한 장 소로 인도하셨으며 만물을 지키고 가꾸고 누릴 수 있는 은혜의 선물을 주신 것만 보아도 인간의 위상이 어떠한지를 알 수 있다. 모든 만물 중에 하나님 형상을 닮 게 창조된 피조물은 사람이 유일하다. 심지어 에덴동산은 정말 땀도 흘리지 않을 정도로 가벼운 일만 하는 곳이었다. 게다가 안식일을 제정하셔서 사람을 쉬게 하 신 것이다. 안식일도 사람을 위한 것이라고 분명히 밝히신 바 있다. 무엇보다 사 람에게 할 일과 해서는 안 될 일을 정해주셔서 그 안에서 얼마든지 자유의지를 발 휘하며 창조적으로 살 수 있었다.

또 이르시되 안식일이 사람을 위하여 있는 것이요 사람이 안식일을 위하여 있는 것 이 아니니(마가복음 2:27)

어느 날 아담과 하와는 사탄의 달콤한 유혹에 넘어가 하나님을 배신하고 선악과를 따 먹었다. 이것이 하나님과 사람 간의 소통이 단절되게 된 원인이었다. 이런 배은망덕한 죄를 지었음에도 하나님은 인류를 구원하시기 위해 자신의 생명을 십자가의 죽음에 내놓으신 것이다. 이 정도면 하나님의 사람을 향한 가히 일방적인 짝사랑이라고 할 수 있을 것이다. 이런 간단한 이야기의 맥락만 이해해도 신앙생활에 도움이 될 것이다.

성경이 사실 복잡한 것 같아도 모든 문장과 모든 단어 속에 사람을 향한 하나님의 구원 계획이 녹아 있고 측량할 수 없는 사랑이 배어 있다는 것을 알고 모든 과정에 예수 그리스도의 사랑이 관여하고 있다는 사실을 깨닫는다면 이처럼 간단명료한 메시지도 없을 것이다. 그런 관점으로 성경을 보면 의외로 성경 속 진리들은 매우 단순하고 명쾌하다. 그 모든 진리의 말씀을 포함하고 있는 분이 예수 그리스도이시다. 궁극적으로 성경은 예수 그리스도에 관한 이야기이다.

하나님의 목적은 의롭고 선한 길을 제시하는 것에 있다. 성경에는 사람이 도저히 할 수 없을 것 같은 일을 명령하신 일이 있다. 아브람에게 갑자기 고향 친척을 떠나 하나님이 지시한 땅으로 가라고 말씀하셨다. 보통 사람이라면 얼마든지 여러 가지 이유를 들어 시간을 늦추거나 가지 않을 방도를 찾았을 것이다. 아브라함은 그렇지 않았다. 하나님이 어떤 분인지를 알았고 확신을 가지고 떠날 수 있었다. 사람은 알 수 없지만, 하나님은 아브라함을 믿음의 조상으로 생각하고 계셨기 때문에 아브라함이 살고 있던 곳은 우상숭배가 심한 곳이라서 그에게 떠나라고 하신 것이다.

아브라함은 늦은 나이(100세)에 어렵게 얻은 이삭을 제물로 바치라는 하나님의 명령에도 순종하며 지체 없이 행동으로 옮겼다. 모리아라는 곳의 한 산에서 이삭을 번제로 바치려는 순간, 하나님이 멈추게 하셨고 미리 준비한 어린양을 보여주셨다. 제물이 되어 죽을 뻔했던 이삭은 죽지 않았고 그로 인해 아브라함은 하나님의 큰 신뢰를 얻었다. 이해할 수 없고 납득하기 어려운 명령일지라도 하나님이 어떤 분이신지를 알면 아브라함처럼 온전히 순종할 수 있다. 하나님이 어떤 분인지 잘 모르면 구원의 확신은 물론 성경 말씀에 대한 온전한 신뢰가 이루어질 수 없다. 이런 믿음이 가능한 것은 하나님은 절대적으로 선한 분이라는 것을 인정할 수 있기 때문이다.

또 성경에는 예수 그리스도를 제대로 따르기 위해 아예 자신의 정체성을 부정하라는 듯한 말씀도 있다. 자기 십자가를 지라는 말씀은 고난의 길을 걸으라는 취지로 받아들일 수 있다.

> 이에 예수께서 제자들에게 이르시되 누구든지 나를 따라오려거든 자기를 부인하고 자기 십자가를 지고 나를 따를 것이니라. (마태복음 16:24)

그래서 도저히 감당할 수 없는 것을 말씀하신 것이 아닌가 하고 오해할 수 있다. 사랑의 예수님, 의로운 예수님이 그런 취지로 말씀하실 리 없다. 그렇다면 우리가 버려야 할 '자기己', 부인해야 할 '자기'는 무엇인가를 먼저 살펴보아야 한다. 예수님께서 이 땅에 오신 목적이 무엇인가? 에덴동산에서 이미 사탄에 속아 죄인이 된 이 저주를 풀기 위해 오셨다. 이는 우리의 원초적인 자아에 죄로 오염된 이기적인 자아가 섞여 있음을 말해주고 있다. 사람은 죄로 말미암아 하나님을 두려워하는 존재가 되었다. 또 남에게 책임을 전가하는 이기적인 사람이 되었다.

> 이르되 내가 동산에서 하나님의 소리를 듣고 내가 벗었으므로 두려워하여 숨었나이다. (창세기 3:10)

> 이르시되 누가 너의 벗었음을 네게 알렸느냐 내가 네게 먹지 말라 명한 그 나무 열매를 네가 먹었느냐. 아담이 이르되 하나님이 주셔서 나와 함께 있게 하신 여자 그가 그 나무 열매를 내게 주므로 내가 먹었나이다. 여호와 하나님이 여자에게 이르시되 네가 어찌하여 이렇게 하였느냐 여자가 이르되 뱀이 나를 꾀므로 내가 먹었나이다. (창세기 3:11~13)

예수님이 말씀하신 것은 이때의 죄에 물든 그런 '자기를 부인하라'는 것이다. 사실 뱀(사탄)이 유혹할 때 전략도 선악과를 따 먹으면 하나님처럼 눈이 밝아져 선악을 알게 된다고 했다. 말하자면 선악을 구별하는데 더 이상 하나님이 도움을 받을 필요가 없다는 점을 들어 유혹한 것이다. 아담과 하와가 선악과를 따 먹기로 결정할 때, 그들은 이제 하나님으로부터 자유로울 수 있다고 생각했을 것이다. 그런데 선악과를 따 먹는 행위는 약속을 어기는 것이 되었을 뿐 아니라 자신의 정체성을 망각한 일로 결코 자신들의 바람대로 자유를 누릴 수 있게 된 것이 아니라 오히려 죽음이라는 것이 모든 것으로부터 자유로울 수 없게 만들고 말았다.

에덴동산에서 추방된 이후 하나님과 사람 사이에는 제대로 된 소통이 이루어질 수 없었고 예수 그리스도가 이 땅에 오셔서 십자가의 능력으로 비로소 소통할 수 있게 되었다. 특히 성령을 우리에게 보내주심으로 언제든지 소통할 수 있는 관계가 된 것이다. 세상은 여전히 사탄의 노략질이 그치질 않고 있다.

물론 예수님의 은혜 안에 있는 사람은 어떤 유혹도 걱정할 것이 없다. 왜냐하면 사탄이 뚫을 수 없는 것은 믿음과 말씀이기 때문이다. 성령이 함께하시기 때문에 이중 삼중으로 보호받고 있다. 세상은 헛된 철학이나 세상 교훈으로 사람들의 이기심을 부추긴다. "나는 할 수 있다" "너 자신을 믿으라" 등의 자기 자신에 대한 믿음과 자기 사랑愛着을 부추긴다. 하지만 그런 말은 나를 살리는 것이 아니라 나를 망하게 할 수 있다는 점에 경계하지 않으면 안 된다.

자칫 "자기 십자가를 지고 나를 따를 것이니라"는 말씀도 오해할 소지가 있다. 십자가는 여러 가지를 상징한다. 그런데 단지 고난, 고통, 치욕 등만을 떠올린다면 그것은 일부만을 생각한 것이다. 십자가는 인류의 죄의 대속代贖이라는 숭고한 가치와 더불어 생명, 부활, 구원, 자유 등의 의미를 담고 있다. 더구나 "자기 십자가"라는 무거운 이미지의 말씀도 와닿지 않을 수 있다. 그런데 진짜 십자가의 사명은 예수님이 다 이루셨기 때문에 우리가 짊어져야 할 짐은 아주 가벼워졌다.

> 수고하고 무거운 짐 진 자들아 다 내게로 오라 내가 너희를 쉬게 하리라. 나는 마음이 온유하고 겸손하니 나의 멍에를 메고 내게 배우라 그리하면 너희 마음이 쉼을 얻으리니 이는 내 멍에는 쉽고 내 짐은 가벼움이라 하시니라. (마태복음 11:28~30)

더 본질적인 것은 십자가에 구원과 생명이 있기 때문에 우리도 예수님과 함께 그 십자가에 매달려야 한다는 상징적인 의미도 담고 있다. 그와 비슷한 다른 말씀도 있다. 그동안 죄와 사망에 종노릇하며 쓰고 있었던 멍에를 벗어버리고 이제는 예수님의 십자가의 은혜 안에서 자유를 누리라는 의미다.

> 그리스도께서 우리를 자유롭게 하려고 자유를 주셨으니 그러므로 굳건하게 서서 다시는 종의 멍에를 메지 말라. (갈라디아서 5:1)

신앙도 그릇된 신앙이 있는데 그것은 자기 본위의 신앙이다. 구체적으로는 자

기의 유익을 구하는 기복祈福신앙이다. 사람의 믿음이 오락가락하는 것은 일반 성
도들 뿐만이 아니라 예수님의 제자들도 오순절 성령을 받기 전까지는 자기를 부
인하지 못하고 오히려 예수님을 부인했다. 예수님은 예언하셨고 베드로는 그럴
리 없다고 부인했었다.

> 예수께서 이르시되 내가 진실로 네게 이르노니 오늘 이 밤 닭이 두 번 울기 전에 네
> 가 세 번 나를 부인하리라. 베드로가 힘있게 말하되 내가 주와 함께 죽을지언정 주
> 를 부인하지 않겠나이다 하고 모든 제자도 이와 같이 말하니라.(마가복음 14:30~31)

하지만 예수님이 대제사장에게 심문을 당하며 모욕을 당하고 있었음에도 불구
하고 자기에게 불이익이 있을 거라 생각하여 예수님 말씀대로 세 번이나 예수님
을 부인했다.

> 그러나 베드로가 저주하며 맹세하되 나는 너희가 말하는 이 사람을 알지 못하노라
> 하니 이 곧 두 번째 울더라. 이에 베드로가 예수께서 자기에게 하신 말씀 곧 닭이
> 두 번 울기 전에 네가 세 번 나를 부인하리라 하심이 기억되어 그 일을 생각하고 울
> 었더라.(마가복음 14:71~72)

성서에는 '철학'에 대한 부정적인 시각이 있다. 그런데 철학 자체를 부정했다
기보다는 당시의 신화나 인본주의에 입각한 편협한 철학적 사상을 문제 삼았다
고 볼 수 있다.

> 누가 철학과 헛된 속임수로 너희를 사로잡을까 주의하라. 이것은 사람의 전통과 세
> 상의 초등학문을 따름이요 그리스도를 따름이 아니니라.(골로새서 2:8)

당시 사도 바울이 복음을 전하는 시대에도 그리스, 로마의 철학자들이 다수 활
약했던 것으로 보인다. 당시 에피쿠로스 학파Epicureanism와 스토아 학파Stoicism 철학자
들 가운데 예수의 부활을 인정하지 않는 사람들이 바울과 논쟁하는 일이 있었다
고 기록되어 있다.

바울이 아덴에서 그들을 기다리다가 그 성에 우상이 가득한 것을 보고 마음에 격분하여 회당에서는 유대인과 경건한 사람들과 또 장터에서는 날마다 만나는 사람들과 변론하니 어떤 에피쿠로스와 스토아 철학자들도 바울과 쟁론할새 어떤 사람은 이르되 이 말쟁이가 무슨 말을 하고자 하느냐 하고 어떤 사람은 이르되 이방 신들을 전하는 사람인가보다 하니 이는 바울이 예수와 부활을 전하기 때문이러라.(사도행전 17:16~18)

당시 사회는 전반적으로 율법에 의존하고 있던 상황으로 예수님을 메시아로 인정하지 않은 시대였다. 그들이 예수님을 인정하지 않은 것이 문제이지 철학적 사고 자체가 나쁜 것은 아니다. 철학은 보이지 않는 것을 논증하려는 시도를 계속해 온 것이 사실이다. 철학자들 가운데 하나님을 인정하는 사람들도 많다는 것을 우리는 잘 알고 있다. 철학은 형이상학적 상상력을 발휘하는 훈련에 많은 도움을 준다.

파스칼은 〈팡세〉에서 "철학자들, 그들은 신God만이 사랑과 찬양받기에 합당하다고 믿으면서도 그들도 사람들의 사랑과 찬양받기를 원했다. 그들은 자신의 타락을 모른다. 만약 그들이 신을 사랑하고 찬양하려는 마음으로 충만한 것을 느끼고 커다란 기쁨을 발견한다면 그들 자신을 선한 사람으로 평가해도 좋다"[136]고 말했다. 파스칼은 종교의 진리를 납득시킬 수 있는 두 가지 방법이 있다고 제시했다. 하나는 이성의 힘이고 또 하나는 말하는 사람의 권위라고 했다. 그런데 사람들은 후자를 사용하지 않고 전자를 사용하기 때문에 이러저러한 이유로 믿어야 한다고 설득하려 한다는 것이다. 성서는 예수 그리스도의 권위가 잘 드러나 있다. 그래서 성서를 소개하는 것이야말로 최고의 수단이라는 것을 말하고 있다.

파스칼은 우리는 예수 그리스도에 의해서만 신을 알 수 있다고 했다. 이 중보자仲保者 없이는 하나님과의 교제가 이어질 수 없다고 했다. 예수 그리스도에 의해 우리는 하나님을 안다. 예수 그리스도 없이 하나님을 알고 하나님을 증명한다고 주장한 사람들은 무력한 증거만을 가지고 있다. 예수 그리스도를 증명하기 위해 우리는 예언들을 증거로 제시하고 있는데 이것들은 견고하고도 명백한 증거들이다. 이 예언들이 이루어지고 사건을 통해 그 진실성이 입증된 이상 그것들은 이 진리의 확실성, 요컨대 예수 그리스도의 신성神性이 증명된다고 했다. 이것을 떠나서 성서 없이, 원죄 없이, 약속되고 강림한 필연의 중보자 없이 우리는 절대적으로 하나님을 증명할 수 없고 올바른 원리도 올바른 진리도 가르칠 수 없다. 예수 그리스도에 의해 또 예수 그리스도 안에서 우리는 하나님을 증명하고 도덕과 원리를 가르친다. 그러므로 예수 그리스도는 진정한 신이다[137]라고 설파했다.

성서는 하나님과의 관계, 인간과 인간의 관계, 인간과 자연의 관계에 대한 삶의 지향성을 명확히 제시해준다. 따라서 우리가 철학적으로 생각하고 성경적으로 행하는 것은 매우 중요하다. 유연한 사고로 통섭統攝, Consilience을 지향하고 신앙 정신으로 믿음과 사랑으로 행하는 것이다. 그렇게 될 때 우리 사회는 다양성이 인정되는 가운데 개인의 정체성도 바람직하게 발현될 수 있을 것이다.

성서를 통해서 본 관계의 미학

THE AESTHETICS OF A RELATIONSHIP

과학과 믿음

우리 인간은 자신의 가장 깊은 곳에 있는 믿음들을
우주라는 양자 캔버스 위에 그려내는 우주적 예술가들이다.
We humans are cosmic artists who paint their deepest beliefs
on a quantum canvas called the universe.

네덜란드 화가인 요아힘 피티니르Joachim Patinir의 〈오천 명을 먹이심The Feeding of the Five Thousan〉이라는 작품이다. 화가는 네덜란드와 벨기에의 접경지대인 플랑드르 지역에서 활약했는데 이 지역은 풍경이 아름다워 화가들이 주로 풍경화를 많이 그렸다고 한다. 이 작품도 배경이나 될법한 풍경이 인물을 압도한다. 이 그림은 1510년 경에 그려진 작품으로 스페인 엘 에스코리알 수도원스페인어: Monasterio del Escorial에 소장되어 있다. 이 그림은 4대 복음서(마태복음 14:13~21, 마가복음 6:30~44, 누가복음 9:10~17, 요한복음 6:1~15)에 공히 기록되어 있는 내용으

로 일명 '오병이어五餠二漁의 기적'이다. 예수님이 갈릴리 호수 근처 들판에 있을 때 많은 무리가 그를 뒤따랐는데, 날이 슬슬 저물자 예수님이 어디서 이 사람들을 먹이겠느냐고 제자들에게 물었다. 제자 가운데 빌립은 각 사람으로 조금씩 받게 할지라도 이백 데나리온의 떡이 부족할 것이라고 난색을 표했다. 당시 노동자의 하루 일당이 1데나리온이니, 200데나리온이면 엄청난 금액이다. 그들이 가진 것이라고는 어떤 아이가 제자 가운데 한 사람인 시몬 베드로의 형제 안드레를 통해 예수에게 건넨 빵 5개와 물고기 2마리밖에 없었다. 예수님은 사람들을 떼를 지어 모여앉게 한 후, 감사기도를 하신 후 빵과 물고기를 사람들에게 나누어주도록 하셨다. 그런데 어찌 된 영문인지 이렇게 나누어준 식량이 여자와 아이를 제외한 성인 남성이 오천 명이나 배불리 먹고도 남은 것을 모아 담았더니 '열두 광주리'나 되었다. 예수님은 그런 일을 하실 수 있는 분이시다. 여기에 어린아이의 빵과 물고기, 그리고 제자들의 믿음이 현실을 뛰어넘은 기적을 만들었다. 과학과 믿음은 엄연히 다르다. 믿음은 우리가 예상치 못한 것도 이룰 수 있게 해준다. 그런데 항상 문제가 되는 것은 불신이다. 사실 예수님께서는 이미 오래전에 말씀하셨다. "내가 아직도 너희에게 이를 것이 많으나 지금은 너희가 감당치 못하리라. 그러나 진리의 성령이 오시면 그가 너희를 모든 진리 가운데로 인도하시리니…"(요한복음 16:12~13) 지금 우리는 진리의 복음을 대방출하는 성령시대를 살고 있다. 주저하지 말고 믿음과 사랑을 사용해야 한다. 예수님은 그 군중들을 아무런 차별도 없이 배부르게 하셨다. 이 들판의 풍경이야말로 오늘날 교회와 성도가 지향해야 할 참모습이 아닐까.

우리는 정보과 지식이 범람한 시대에 살고 있다. 요컨대 지적인 자유를 맘껏 누리며 살고 있다는 의미다. 그것과는 별개로 적잖은 사람들이 삶의 방향을 상실한 채 방황하고 있다. 그렇다면 세상에는 사람들의 삶이 정상대로 작동할 수 있도록 안내해줄 어떤 나침반 같은 것이 더 이상 존재하지 않는다는 말인가? 그렇지 않다. 우리에게 희망을 주는 소식이 있다. 시대를 막론하고 성서는 인간에게 존재 이유와 최종 목적지를 가르쳐주고 있다는 점에서 선하고 아름답다. 그것을 복음Good News이라고 부른다. 하나님을 인정하지 않는 사람은 마지막에 인생이 허무하고 무의미하다고 느낄 것이 분명하다. 그들의 상당수가 성경 밖에서 인생의 의미를 찾으려 하기 때문이다. 그래서 아무리 애써도 찾지 못하는 것이다.

철학자이자 문학가인 아나톨 프랑스Anatole France는 그의 저서 〈에피쿠로스의 정원〉에서 다음과 같이 말했다. "철학 서적을 가득 채운 이 미약한, 그리고 이미 사그라진 일련의 작은 외침들이 우주에 대해 너무 많은 가르침을 주었기 때문에 더는 우리 인간이 살아갈 수 없다고 생각하여 두려워 말라. 우리가 살아가는 이 암흑 속에서 현자는 벽에 머리를 찧으며 괴로워하지만, 무지한 자는 방 한 가운데 누워 편히 휴식을 취한다."[138]

그는 무엇을 말하고 싶었던 것일까? 세상 지식으로 가득 채운 사람은 세상의 미래가 밝지 못하다는 것을 알기 때문에 괴로워할 수밖에 없다. 그럴 바엔 차라리 아무것도 모르는 사람이 발 뻗고 편히 쉴 수 있다는 것을 말한 것이다. 우주를 다 안다고 자랑할 것도 없다. 자신의 생명 하나도 구하지 못하는 것이 인간이다. 그렇지만 "한 송이 들꽃에서 천국을 보아라"[139]고 읊은 윌리엄 블레이크 시詩의 한 구절처럼 생각을 조금만 바꾸면 우리는 사소한 것에서도 하나님을 볼 수 있다. 자연 속에서 혹은 이웃들에게서 하나님을 발견한 사람이야말로 참 복 있는 사람이다.

〈믿음의 코드 31〉의 저자 그렉 브레이든Gregg Braden은 "우리 인간은 자신의 가장 깊은 곳에 있는 믿음들을 우주라는 양자 캔버스 위에 그려내는 우주적 예술가들이다."[140]라고 말했다. 이 말이 우리에게 어떻게 다가오는가? 과학기술 시대를 사는 우리에게 매우 의미심장한 문장이 아닐 수 없다. 우리는 흔히 올바른 사고방식을 말할 때 '과학적 사고방식' 혹은 '객관적 사고방식' 등으로 표현하며 과학적인가 비과학적인가로 구분하며 과학의 손을 들어주는 경향이 있다. 철학 영역에서는 감정보다는 이성理性 편에 서서 생각하는 사고방식을 높이 사고 있는데, 그 이유는 이성 안에서 논리적으로 입증할 수 있다고 믿기 때문인데 그래서 그것을 '합리적인 사고'라는 표현을 쓴다.

과연 우리의 사고가 과학적이고 합리적이면 모든 문제가 해결될까? 인간의 정체성에 대한 질문은 고대로부터 계속되어왔지만, '생각'이라는 지식혁명이 시작된 것은 불과 수백 년 전에 불과하다. 최근 100여 년 동안 사람의 '생각'이 지식 산업 영역에서 발군의 역량을 발휘하면서 인간의 문명을 획기적으로 바꾸어 놓았다. 생활 여건이 인간 스스로도 자부심을 느낄 정도로 최첨단으로 발전하고 있다. 문명이 발전하면 발전할수록 인간의 생각이 물질세계, 이성 세계에 천착하면서 인간의 존재성을 부각해 왔지만, 반면에 인간의 본질이나 신에 대한 탐구는 점점 더 멀리하게 되었다.

그렉 브레이든은 그 이유를 '잘못된 가정의 설계'에 기인한다고 보았다. 그가 제시한 첫 번째 잘못된 가정은 '물체들' 사이에 있는 공간이 비어 있다고 본 것이라고 했다. 그런데 새로운 과학적 발견은 우리에게 이 가정이 사실이 아니라는 것을 말해주고 있다고 주장했다. 두 번째 잘못된 가정은 인간의 감정과 믿음이라는 내적 경험들은 육체 밖의 세상에 아무런 영향을 미치지 못할 거라고 상정한 점이라고 했다. 이 가정 역시 틀렸다는 것이 입증되었다고 말했다.[141]

최근 실험들은 인간이 물체들 사이의 공간을 채우고 있는 '지성적인 에너지장 intelligent energy field'에 둘러싸여 있다는 사실을 증명하고 있다. 그것은 최근 과학 분야에서 가장 주목받고 있는 양자역학量子力學, quantum mechanics의 발표논문에서 그런 경향을 발견할 수 있다고 주장했다. 이런 과학이론이 등장하기 이전에는 자연철학의 수학적 원리라는 아이작 뉴턴의 법칙이 모든 사고의 근거가 되었다. 뉴턴의 물리학 법칙이 받아들여진 이후 인간은 우주 만물에 많은 구성 요소들의 일부이며 잠깐 있다가 사라지는 하찮은 존재로 여겨졌다.

찰스 다윈의 진화론은 인간을 동물의 일종으로 분류하면서 단지 고등동물에서 진화한 결과물이라고 단정하며 인간을 다른 자연과 굳이 구분 지으려 하지 않았다. 최근 아직 밝혀지지 않은 양자역학의 진실에 대해 과학계는 물론이고 다양한 분야에서 주목하고 있다. 앞으로 밝혀야 할 미지의 세계가 엄연히 존재한다는 사실이다. 물질과 물질, 물질과 인간 사이에 존재하는 입자와 파동의 작용이 고전역학으로는 설명하기 어려운 내용을 양자역학이 밝혀내고 있다.

고전역학에서는 연속적으로 보였던 각 운동량 같은 물리량들이 작고 확대된 규모의 양자역학에서는 양자화量子化로 밝혀진 것이다. 각 운동량은 따로 떨어져 있는 허락된 값들 가운데 하나만 가질 수 있고 값들 사이의 간격은 매우 작아서 원자 수준에서 불연속성이 드러난다는 것이다. 양자역학은 눈에 보이는 현상으로는 설명할 수 없기 때문에 직관적이라기보다는 역설적이라고 표현한다.

양자quantum라는 용어는 1924년 막스 보른Max Born, 1882~1970이 처음 사용했는데 그 뜻은 '얼마나 많이how much'라는 뜻인 라틴어 'quantus'에서 유래하였다. 양자로 번역된 영어의 'quantum'은 양을 의미하는 'Quantity'에서 온 말로, 무엇인가 '띄엄띄엄 떨어진 양量으로 존재하는 것'을 가리킨다. 역학力學은 말 그대로 힘의 작용에 관한 학문이지만, 실제로는 이러저러한 힘을 받는 물체가 어떤 운동을 하는지 밝히는 물리학의 한 이론이다. 요컨대 힘과 운동에 관한 이론이라고 할 수 있는데, 이 힘과 운동이 에너지와 어떤 관련성이 있는지 그 인과관계를 밝히는 학문이다.

양자역학을 설명할 때 가장 많이 등장하는 내용이 '고양이 이야기'다. 슈뢰딩거 Erwin Schrödinger는 고양이를 소재로 실험했는데, 상자 안에 고양이를 넣고 상자 외부에서는 고양이의 상태를 알 수 없도록 하는 실험이다. 이 고양이는 양자역학의 원리에 따라 죽은 상태와 살아 있는 상태를 동시에 가지고 있다고 가정한다. 이렇게 살아 있는 고양이의 생사 여부가 결정되기 전까지는 고양이는 죽은 상태와 살아 있는 상태를 동시에 가지고 있는 것으로 간주한다. 이 실험은 양자역학의 개념 중 '중첩상태'와 '양자상태 붕괴'를 보여주기 위해 고안되었다. 양자역학에 따르면, 양자 시스템은 관측되기 전까지는 모든 가능한 상태를 동시에 가지고 있을 수 있다. 따라서 고양이는 양자 시스템의 한 예로 살아 있는 상태와 죽은 상태를 동시에 가질 수 있다고 주장한 것이다.

기존에 빛의 개념은 파동이라고 생각했는데 양자역학의 실험 결과 관찰이 이루어지는 순간 입자로 나타난다. 빛은 파동인 동시에 입자라는 것이다. 전자가 파동으로 운동하지만, 관찰이 이루어지는 순간 잠재된 입자가 파동처럼 퍼진다는 것이다. 이 빛(전자)은 에너지인데 입자와 파동이 동시에 작용한다는 점이 '얽힘'의 신비다. 우리가 방안에서 TV를 시청할 수 있는 것도, 서로 떨어진 곳에서 휴대폰을 사용할 수 있는 것도, 밀폐된 공간에서 전자기기를 사용할 수 있는 것도 영자역학과 관련된 신비로운 현상이다.

미시세계에서 나타나는 가장 큰 특징은 물리량이 언덕처럼 연속적이지 않고 계단처럼 불연속적이라는 것이다. 물리량이 이처럼 측정한 양의 양자를 통해서 기술된다는 특성을 보일 때 물리량이 양자화되어 있다고 부른다. 미시세계에서 나타나는 물리량은 양자화되어 있기 때문에 이들을 다루는 역할에 양자역학이라는 표현을 사용한다. 양자는 특정한 원소나 아주 작은 알갱이의 명칭이 아니라 '일정한 양을 가졌다'는 표현이다. 물리량은 어떤 기본 단위의 정수배整數倍로 셀 수 있을 때, 그 기본 단위를 '양자量子'라고 부른다.

양자역학 이전, 고전역학 시대의 과학자들은 사건이 측정 방법과 무관하다고 가정해왔다. 사건과 측정이 인과적으로 연결되어 있을 때만 측정할 수 있다는 것이다. 이러한 관점에서 측정에 의한 상태의 교란은 필연적으로 보인다. 만약 측정에 의한 교란을 제거하려 할 때 양자역학의 체계가 무너져 내리고 만다면, 이론적 건전성을 위해서라도 결과가 측정으로 인해 결정된다는 해석을 어느 정도 받아들일 수밖에 없을 것이다. 이는 뉴턴 이후 물리학의 보편적인 성질인 실재론을 통째로 부인하는 내용인지라 양자역학의 등장 초기에는 많은 과학자들이 양자역학을 사이비 유사 과학으로 취급했었다. 아인슈타인마저도 "그럼 달이 눈에 보이지 않을 때는 달이 존재하지 않은 것이냐"고 조롱하기도 했다.

양자역학은 기존 물리학과는 달리 많은 논쟁이 꽤 오랫동안 진행되어 왔고, 여전히 일반인들은 물론 전문 학자들도 제대로 이해하지 못하고 있는 분야이다. 아인슈타인을 비롯한 양자역학을 꾸준히 연구한 학자들이 하나같이 하는 말은 "세상에 온전히 양자역학을 이해하는 사람은 아무도 없다"고 말할 정도다.

1920년대 후반, 물리학계엔 양자역학이 갖는 비결정론적 특성을 두고 격렬한 논쟁이 일어났다. 당시 오차나 무작위 없이 완벽하게 작동한 시공간 체계를 믿었던 아인슈타인은 닐스 보어Niels Bohr를 공격하기 시작했다. 그런 그가 보어에게 편지를 보냈는데 그 편지에 다음과 같은 문장이 있었다. "신은 주사위 놀이를 하지 않는다." 아인슈타인으로부터 편지를 받은 보어는 센스 있는 답장을 보냈다. "신이 주사위로 무엇을 하든 상관하지 말라." 두 사람의 논쟁은 1982년 프랑스 물리학자 알랭 아스펙트Alain Aspect가 실험을 통해 증명함으로써 보어의 승리로 끝났다.

이렇게 양자역학은 300여 년 전부터 꾸준한 연구와 논쟁을 통해 그 원리나 개념을 설명하고 있지만, 지금까지도 명쾌하게 설명할 수 있는 과학자는 없다. 이것은 비록 물질세계라고 할지라도 과학적으로 설명할 수 없는 불가사의한 측면이 있다는 것을 말한다. 또 그것은 앞으로 얼마든지 흥미로운 이론들이 밝혀질 수 있는 여지가 있다는 점이다.

무엇이 그렇게 어려운가? 어렵다고 인정하면서도 양자역학의 연구성과는 과학계에서 가장 획기적인 과학혁명으로 받아들여지고 있다. 양자역학은 양자컴퓨터 기술로 이어지면서 미래산업의 주축 기술로 인식되고 있다. 양자 컴퓨터는 양자역학의 핵심 이론인 '얽힘'이라는 개념을 핵심 기술로 활용하고 있다. 반도체나 나노기술 등이 이 원리를 응용한 것이다. 사실 생각보다 양자역학은 우리 실생활과 아주 밀접한 관련이 있다.

양자역학이 어렵게 느껴지는 이유는 우리가 사용하는 언어와 지식(상식)의 한계 때문이다. 양자역학을 설명하기에는 우리가 평소 사용하는 언어로는 설명하기 어렵다는 점이고 또 이것을 설명하기 위해서는 기존의 수학적 혹은 과학적 사고로 납득시켜야 하는데 그것이 난해하다는 점이다. 양자역학의 영역은 기존의 과학적, 합리적 사고를 초월한 영역으로 유관으로 볼 수 없는 영역이면서도 관찰을 통해 확인해야 한다. 그런 점에서 동시에 다수가 확인할 수 없다는 점도 어려운 이유인 것 같다. 양자역학은 과정에 대한 설명이 어려워 원리와 결과만을 가지고 설명하려다 보니 어렵게 느껴지는 것이다.

사람들은 눈에 보이는 현상에 익숙하고 논증할 수 있는 결과에 만족하는 경향이 있다. 그런데 양자역학은 완전히 이해할 수 없어도 그 사실을 인정할 수밖에 없다.

사람들은 거시적인 풍경에는 익숙해 있고 그것들을 시각적으로 이해해 왔기 때문에 미시적인 현상에 대해서는 익숙하지 않다. 요컨대 미시적 혹은 초 미시적 현상에 대해서는 함께 공유하기가 힘들어 공감대를 끌어내기가 어렵고 결과 자체도 거시적으로 봤을 때와 미시적으로 봤을 때 달라지기 때문이다. 예를 들면 거시적으로 보았을 때는 연속적인 것들이 미시적으로 관찰했을 때는 불연속적인 특성을 보일 수 있다. 그랬을 때 그 결과는 우리의 상식을 초월한 현상으로 나타나고 누구나 합의할 수 있는 원리나 지식으로 일목요연하게 설명하기 쉽지 않다는 점이다.

양자역학은 과학계는 물론이고 학문에 종사하는 모든 사람을 겸손하게 만들고 있다. 과학계 최고의 천재들이 양자역학에 대해 제대로 설명할 수 있는 사람은 아무도 없다고 고백했기 때문이다. 만약 양자역학을 제대로 설명할 수 있다고 한다면 그 사람은 거짓말을 하고 있다고까지 말했다. 각자 자신의 영역에서 최고의 수준에 오른 사람들을 일명 '최고봉'이라고 하는데 그들이라고 할지라도 과연 그 분야에 대한 지식에 대해 전혀 오류가 없을까? 이런 점에 대해 깊이 성찰하게 만드는 것이 바로 양자역학이다.

최고의 석학들도 설명하지 못하는 양자역학 이야기를 지금 왜 굳이 꺼내려고 하는가? 그 이유는 이 원리를 설명할 수는 없어도 이 우주에는 과학으로 풀 수 없는 난제들이 얼마든지 있다는 것을 알게 하기 때문이다. 예전부터 텔레파시, 기적 miracle 등 알 수 없는 현상들이 없었던 것은 아니다. 그런 현상들은 비과학적인 것으로 치부되며 논외의 일로 취급되었다.

양자역학에 대한 연구가 본격적으로 진행되면서 비록 유관으로 확인되지 않은 사항일지라도 백안시하지 않게 되었다. 요컨대 사람의 의식이나 인식의 문제, 요컨대 '믿음' 등을 대하는 자세가 훨씬 더 신중해졌다는 사실이다. 양자역학이 거론되기 전까지는 인간의 내적 에너지의 영향력은 그다지 고려의 대상이 아니었다. 또 특정 학문이라고 규정할 수 없는 영역, 요컨대 수많은 관계 사이에서 일어나는 현상을 세상 학문으로 다 설명할 수 없다는 사실을 인정해야 한다는 것을 말하고 싶은 것이다. 양자역학을 계기로 보이지 않는 실체, 설명할 수 없는 현상 등에 대해 사유하기 시작하였다.

어떤 일을 추진하는 과정에서 과학적 논리나 철학적 논거가 필요한 것은 사실이다. 하지만 거기에 믿음이나 사유가 없다면 그것들을 성취할 수 없을 것이다. 예를 들면 암에 걸린 사람이 시한부를 선고받았지만, 의사의 과학적 치료와 환자의 운동이나 식이요법, 그리고 의사와 환자의 믿음 혹은 의지 등이 융합적으로 작용하여 소위 '기적'을 일으킬 수 있다. 그렇다면 이런 결과를 비과학적이라고 단정적으로 말할 수 있을까?

새로운 과학의 개념은 자연법과 더불어 인간의 믿음, 의지 등 불확정성의 현상까지도 포함될 수 있다는 것이다. 사람들이 아직 밝혀내지 못했다고 해서 그것을 비과학적이라고 단정해서는 안 된다. 양자역학을 연구했던 과학자들은 이런 상상력을 바탕으로 관찰했고 연구 결과를 얻어낼 수 있었기 때문이다.

성경에서 말하는 하나님의 창조섭리는 비과학적인 것이 아니라, 과학과 더불어 이성적 과학을 초월한 영역까지 포함한다는 점에서 양자역학은 창조섭리를 이해하는 데 그 실마리를 제공하고 있다. 보이는 것과 보이지 않는 것은 서로 대립하는 것이 아니라 서로 얽혀 있다는 사실이다.

흔히 인체를 '소우주'라고 한다. 그도 그럴 것이 우주를 이해하는 것 못지않게 사람의 육체나 영혼을 이해하기 쉽지 않기 때문이다. 사람이 보고, 생각하고, 믿고, 행동하는 것이 각각 따로 작용하는 것이 아니라 서로 연결되어 있다는 사실이다. 그것이 어떻게 그렇게 작용하는지를 모를 뿐이지 아니라고 말할 수 없다.

이런 관점으로 성경을 읽으면 우리가 이해되지 않은 성경 속 이야기, 요컨대 홍해의 기적, 물 위를 걸으시는 예수님, 성령으로 잉태한 마리아, 예수님의 부활, 오병이어 기적 등이 더 이상 비과학적인 신화쯤으로 취급할 일은 아니다. 우리가 생각하는 과학과 창조섭리 안에 있는 과학의 범위가 다를 뿐이지, 그것이 터무니없는 일은 아니기 때문이다.

과학은 아직 우주의 작동원리에 대해 아직 모르는 것이 너무 많다. 사람의 육체에 대해서도 아직 모르는 것이 많지만, 영혼에 대해서는 더욱 그렇다. 의사가 뇌를 연구할 수 있지만, 생각의 원리나 영혼의 실체, 영혼과 육체의 관계 등에 대해 정확히 아는 바 없다. 그 점은 종교계도 마찬가지다. 과학이 신의 섭리에 도전하는 영역으로 간주하고 일면 대립적 입장을 취해 온 것이 사실이다. 양자역학은 과학과 철학과 종교가 화해할 수 있는 여지를 제공하고 있다.

과학과 종교가 어떤 생각을 견지해야 하는지 지혜를 주는 이야기가 있다. 칼릴 지브란Kahlil Gibran은 조언한다. "한 늙은 성직자가 말했다. 우리에게 종교에 대해 말씀해주십시오. 그가 대답했다. 내가 오늘 그것 말고 다른 무엇을 말했던가? 모든 행위, 모든 명상이 종교 아닌가? 또 행위도 명상도 아니지만, 심지어 두 손이 돌을 쪼고 베틀을 손질하는 동안에도 영혼 속에서 언제나 솟아나는 경이로움과 놀라움, 그것 또한 종교가 아닌가? 자신의 시간을 앞에 펼쳐 놓고 이것은 신을 위한 시간이고, 이것은 나 자신을 위한 시간이다. 이것은 내 영혼을 위한 시간이고, 이것은 내 육체를 위한 시간이다. 라고 말할 수 있는 자는 누구인가?

그대의 모든 시간은 자아에서 자아로, 허공을 퍼덕이며 날아가는 날개이다. 도덕을 마치 가장 좋은 옷처럼 입고 다니는 자는 차라리 벗는 것이 낫다. 바람과 태양이 그의 피부에 구멍을 내지 않으리라. 자신의 행위를 윤리의 울타리에 가두고 있는 자. 그는 자신의 노래하는 새를 새장에 가두고 있는 것이다. 가장 자유로운 노래는 철창과 쇠창살 사이로 나오지 않는다.……그대 나날의 삶이 곧 그대의 사원이며 그대의 종교이다. 그곳으로 들어갈 때마다 그대의 전부를 데리고 가라.……또 만일 신을 알자 한다면 수수께끼를 푸는 자가 되려고 하지 말라. 그보다 그대 주위를 돌아보라. 그러면 신이 그대의 아이들과 놀고 있는 것을 보게 되리라. 또 허공을 바라보라. 그러면 신이 구름 속을 걷고, 번개 속에 그 팔을 뻗고, 비와 함께 내려오는 것을 보리라. 꽃 속에서 미소 짓고 있는 그를 보리라. 또한 나무들 사이에 손을 흔들고 있는 그를."[142]

삶은 과학이고 예술이며 기적이다. 자연, 우주, 사람, 문명들을 관조해보라. 신비함에 놀라고 아름다움에 또 놀라고, 경이로움에 또 한 번 더 놀랄 것이다. 그런 관점에서 보면 자연과 우주는 물론이고 그것들을 해석하려는 과학, 예술, 철학, 문학 등은 하나님을 알아가는 좋은 수단이다. 그 외에 다른 곳에 의미 부여하는 것은 하나님의 섭리를 왜곡할 우려가 있어 자칫 우상숭배로 흐를 가능성이 크다.

과학을 통해 일부 사실을 밝혀낸 것들을 통해 인간을 자연 속에 가두는 일, 지식과 기술을 통해 진보했다고 해서 교만에 빠지는 일, 철학으로 인간의 위상을 지나치게 높이려다 신의 존재를 죽이는 일, 예술을 즐기는 것이 아니라 예술이나 예술가를 숭상하는 일 등은 나무는 보면서 숲을 보지 못하는 우를 범하는 짓이다.

양자 컴퓨터 설계자인 세드 로이드[Seth Lloyd]는 "우주의 역사는 계속 작동 중인 거대한 양자 컴퓨터의 처리 결과다. 우주는 양자 컴퓨터이다"라고 말했다. 인간은 누구나 자신의 믿음을 바탕으로 하루하루를 살아간다. 자신이 생각하고 판단하고 행동하는 것의 바탕에는 그것이 이루어질 것이라고 믿는 믿음이 깔려 있다. 그것이 긍정적이든 부정적이든 그것은 그 사람의 행동에 영향을 미친다. 믿음은 그 사람의 사고체계와 행동양식에 반영되기 때문이다. 그렇다면 그런 믿음은 어떻게 생기는 걸까? 그것은 자신 안에 내재하고 있는 기질과 사회적으로 습득된 지식이 영향을 미치겠지만, 깨달음처럼 딱 꼬집어 말할 수 없는 어떤 외부로부터의 영향에 기인한다고 볼 수 있다. 실제로 성경에는 믿음이 외부에서 들려오는 것으로부터 생긴다고 말하고 있다. 하지만 외부의 모든 소리가 아니라 그리스도의 말씀이라고 명백히 말하고 있다.

> 그러므로 믿음은 들음에서 나며 들음은 그리스도의 말씀으로 말미암았느니라.(로마서 10:17)

그렇다면 마음의 깨달음에 의해 얻어지는 믿음도 육체의 기능 가운데 하나인 청각聽覺과 영혼의 기능인 생각(마음)이 동시에 작용한다는 것을 알 수 있다. 더 중요한 것은 믿음은 보이지 않는 것이지만 실상이 있는 것이라고 말하고 있고 또 충분히 증거가 된다는 점을 성경은 가르쳐주고 있다.

> 믿음은 바라는 것들의 실상이요 보이지 않는 것들의 증거니 선진들이 이로써 증거를 얻었느니라. 믿음으로 모든 세계가 하나님의 말씀으로 지어진 줄을 우리가 아나니 보이는 것은 나타난 것으로 말미암아 된 것이 아니니라.(히브리서 11:1~3)

여기서 생각해볼 수 있는 것은 우리가 사물을 인식하는 데 있어서 가장 중요한 감각인 시각적視覺的인 것이 배제되었다는 점이고 마음이 작동하여 무엇인가를 바람으로써 믿음을 확인할 수 있다는 점이다. 믿음은 시각적으로 증거를 제시해야 하는 행동과 밀접하게 관련되어 있음을 알 수 있다.

> 영혼 없는 몸이 죽은 것 같이 행함이 없는 믿음은 죽은 것이니라.(야고보서 2:26)

우리는 율법에 대해서도 깊이 묵상해볼 필요가 있다. 율법은 몸으로 지켜야 하는 어떤 행위를 떠올릴 수 있는데 그것이 전혀 틀린 말은 아니지만, 그 율법에 내재하고 있는 정신이나 가치가 분명히 있다는 점이다. 예를 들면 구약시대의 경우 제사, 십일조, 절기, 세례 등의 의례나 의식 등 율법준수가 중요했지만, 왜 그 같은 행위가 필요했는지에 대한 근본적인 이유가 더 중요하다. 예수님은 서기관이나 바리새인들을 꾸짖는 과정에서 그 같은 취지로 가르치신 바가 있다.

> 화 있을진저 외식하는 서기관들과 바리새인들이여 너희가 박하와 회향과 근채의
> 십일조는 드리되 율법의 더 중한 바 정의와 긍휼과 믿음은 버렸도다. 그러나 이것
> 도 행하고 저것도 버리지 말아야 할지니라. (마태복음 23:23)

말하자면 율법을 단순히 문자적인 행위로만 받아들여서는 안 된다. 그 안에 깃든 정신인 긍휼, 정의, 믿음, 사랑 등을 저버리면 안 된다는 사실이다. 예수님은 율법을 폐한 것이 아니라 완전하게 하신 것이다. 율법과 복음은 반대의 개념이거나 별개의 것이 아니라 상호 연결되어 있음을 말해주고 있다. 율법이 초등학문이라면 복음은 완전한 진리이고, 율법이 안내자라면 복음은 목적지인 셈이다.

인간은 시간, 공간, 원자, 그리고 DNA 등의 법칙에 의해 제한받으며 살다가 한순간에 사라지는 하찮은 점이나 공중의 먼지 같은 것이라는 말들을 하곤 한다. 또 실제 그런 영향을 받아 인생은 어차피 허무하다는 패배감에 젖어 사는 경우도 없지 않다. 과연 그것이 최선일까? 인간이 스스로 질병을 이기고 회복하는 능력을 가지고 있다는 사실을 믿으면 우리의 삶은 어떻게 달라질까? 만약 우리가 세상의 평화, 삶의 풍요, 죽음의 극복 등에 관한 길을 발견하고 그것에 대해 진실로 믿음을 가질 수 있다면 또 삶은 어떻게 달라질까?

믿음은 모든 것을 변화시키는 원동력이 될 수 있다. 역사적으로 위대한 업적을 남긴 사람들은 수많은 억측과 위험을 무릅쓰고 자신을 길들이려고 그어놓은 경계선을 뛰어넘었다. 아마도 그들은 마음속에서 수많은 내적 갈등을 겪었을 것이고 자신의 믿음이 틀렸다면 어떻게 될 것인가를 상상했을 것이다. 깨달았거나 혹은 변했다는 것은 무엇을 의미하는가? 기존의 사고방식에서 벗어나 새로운 세계에 들어간 것이라고 말할 수 있을 것이다. 다른 말로 표현하자면 새로운 믿음이 생긴 것이다. 우리 인간은 믿음이라는 것을 통해 눈에 보이는 현실과 보이지는 않지만 상상할 수 있는 모든 것들을 연결한다.

그동안 다윈주의(물질주의)는 보이지 않고 확실하지 않은 것에 대한 상상을 방해하였고, 무신론적 실존주의 사상은 실존이 본질에 앞선다고 주장하면서 존재한 것들을 중심으로 한 인간의 자유, 선택, 책임 등을 강조하며 인간의 이성에 주목하게 함으로써 각자 인간이 삶의 의미를 스스로 찾고 개척해야 한다고 주장하였

다. 실존주의는 인간의 실존에 근거하여 그 존재 의미를 탐구하며 긍정적 결과든 부정적 결과든 인간의 책임으로 귀결된다는 철학적 사조思潮다. 실존주의는 문학에서도 다양하게 다루어졌는데 인간의 내적 갈등과 외적 상황에 대한 무수한 이야깃거리가 문학의 소재로서 흥미를 갖게 한다.

대표적인 실존주의 문학작가로서는 알베르 카뮈, 장 폴 사르트르 등을 들 수 있다. 카뮈는 〈이방인〉의 주인공 뫼르소가 겪는 무관심과 부조리한 세계에 대한 반응을 통해 실존주의적 주제를 탐구한다. 사르트르의 〈구토〉는 주인공이 자신의 존재와 주변 세계에 대한 근본적인 의문을 경험하면서 실존주의적 고뇌를 겪는 과정을 그리고 있다. 실존주의 문학은 최대한 인간의 심리적 상태와 외적 상황을 들추어냄으로써 자신의 삶과 존재에 대해 성찰하게 하는 방법을 도입하고 있다.

실존주의 철학의 핵심은 인간의 주관적 경험과 개인적 실존 가치를 중시하며 개인 스스로 생각하고 판단하고 책임지는 것이 중요하다는 것을 강조한다. 실존주의 자체가 문제가 되는 것은 아니다. 모든 철학적 사고는 그 나름대로 의미가 있기 때문이다. 요컨대 관찰된 개별적인 사례들을 전제로 하여 일반적이고 보편적인 명제를 이끌어내는 귀납적 사고 방법이 있는가 하면, 확실한 근거가 있거나 가정된 일반지식, 법칙, 원리에서 특수한 실제, 원리, 결론 등을 이끌어내는 연역적 사고 방법이 있다. 따라서 실존주의에 주목하여 인간관계의 상황을 인식함으로써 인간의 정체성을 깨달아갈 수도 있고 창조주를 인정한 가운데 인간의 실존적 의미를 찾아가는 방법도 있다.

매일 매일 마주하는 현실 속에서 우리 자신이 중심적인 역할을 한다고 생각하는 것은 인간이 우주의 핵심과 상호작용을 하고 있다는 것을 인정하고 있다는 증거다. 그렉 브레이든은 이 같은 의미를 설명하기 위해 다음과 같은 예를 들어 생각해보라고 했다. "이 순간 당신이 이곳에 존재하기 위해 당신이 태어나기 전, 그 어느 때부턴가 일어나야만 했었던 모든 일들에 관해 생각해보라. 우주의 탄생과 함께 나타난 수효를 헤아릴 수 없을 만큼 많은 우주 먼지star dust의 미세한 입자들에 대해 생각해보라. 그런 미립자들이 어디에 있었는지 심사숙고해보라. 그리고 그것들이 어떠한 방식으로 지금 당신이라는 존재가 되기 위해 함께 모였는지 생각해보라. 이렇게 생각하는 동안 우리 지성은 우리가 미립자 덩어리라는 사실을 자각하게 될 것이다."[143]

사람이 단순히 흙덩이라는 생각에 멈추면 인간은 하찮은 존재로 귀결되고 만다. 그 흙덩이 속에 창조주의 호흡이 불어넣어져 단순한 물질에서 생령生靈으로 전환되어 특별한 피조물이 되었다는 점을 생각해보라.

> 여호와 하나님이 땅의 흙으로 사람을 지으시고 생기를 그 코에 불어넣으시니 사람이 생령이 되니라.(창세기 2:7)

더 중요한 것은 하나님의 호흡이 사람의 코에 불어 넣어져 생령이 되었는데 그렇게 창조된 사람이 창조주 하나님을 닮았다는 사실을 생각해보라. 그리고 하나님이 창조하신 만물의 관리권을 사람에게 주었다고 깊이 생각해보라.

> 하나님이 자기 형상 곧 하나님의 형상대로 사람을 창조하시되 남자와 여자를 창조하시고 하나님이 그들에게 복을 주시며 하나님이 그들에게 이르시되 생육하고 번성하여 땅에 충만하라, 땅을 정복하라, 바다의 물고기와 하늘의 새와 땅에 움직이는 모든 생물을 다스리라 하시니라.(창세기 1:27)

미립자에서 흙덩이, 흙덩이에서 생령, 그렇게 완성된 작품이 사람이다. 하나님의 창조물 가운데 가장 귀하고 특별한 존재라는 사실에 경외감을 가져야 하지 않겠는가. 왜냐하면 물질과 비 물질의 융합이라는 측면에서 기존의 과학적, 철학적 상식으로 납득하기 어려울 것이기 때문이다. 그래서 등장하는 단어가 '믿음'이다. 믿음이라는 단어를 그저 종교적 용어로 치부해버릴 문제가 아니다. 인간의 믿음은 우주에서 일어날 수 있는 일들의 방향 혹은 결과를 바꿀 수 있는 강력한 힘을 가지고 있고 실제로 양자역학에서 그런 사실이 입증되고 있다.

양자역학에서 거론되는 주목할만한 용어가 '관찰觀察'이다. 19세기 초 토마스 영 Thomas Young의 이중 슬릿slit, 좁은 틈 실험에서 등장한 용어다. 빛이 파동임을 증명한 실험이었다. 실험은 두 개의 슬릿이 있는 스크린에 빛을 반사하는 것이었다. 스크린 뒤에는 슬릿을 통과한 빛을 감지할 수 있는 두 번째 스크린이 있다. 이렇게 하면 슬릿에서 새어 나오는 빛이 퍼지면서 섞이는데 결과적으로 후면 스크린에 줄무늬 간섭 패턴이 나타난다. 이는 파동의 특성을 나타낸 것이다.

실험에서 사용한 빛을 전자로 교체하거나 한 번에 하나씩 발사되는 다른 입자로 교체하면 동일한 패턴을 기대할 수 없다. 전자를 하나만 발사할 경우 스크린에는 한 개의 전자점만 관측된다. 이 결과 두 개의 슬릿 중 한 곳을 지나갈 확률이 50%인데 이는 전자가 입자라는 증거를 나타낸다. 하지만 전자를 한 번에 대량으로 반사하거나 하나씩 연속적으로 발사하면 스크린에 파동의 간섭무늬가 나타난다. 각 입자는 전체적으로 파동과 같은 현상에 기여하고 있다. 결과적으로 빛은 파동과 입자라는 이중성을 지니고 있다는 것을 알 수 있다.

개별입자가 통과하는 슬릿을 확인하려면 슬릿 출구에서 입자 탐지기를 사용하여 실험을 관측할 수 있다. 이렇게 하면 모든 물결 모양의 간섭무늬가 사라진다. 후면 스크린에 입자의 특징인 두 개의 슬릿 모양의 라인이 형성된다. 관찰행위, 요컨대 측정하여 시스템을 교란시키는 행위 자체가 입자처럼 행동하도록 하는 것이다. 이 관찰행위로 인해 '파동'으로만 여겨졌던 것이 '입자'로서도 존재한다는 것을 알 수 있다.

어떤 힘의 변화를 주거나 조건을 달리하기 때문에 파동과 입자가 발견되기도 하고 발견되지 않기도 하는 것이 아니라 단순히 관찰행위 때문에 달라진다는 것은 이해하기 쉽지 않을 것이다. 그래서 많은 물리학자들은 이 같은 현상을 두고 소위 '귀신이 곡할 노릇'이라고 표현한다. 양자역학으로 노벨상을 수상한 리차드 파인만Richard Feynman도 "세상에 양자역학을 이해하는 사람은 아무도 없다"고 말했다. 어쨌든 양자역학으로 인해 보이는 세계와 보이지 않는 세계의 관계를 새로운 관점으로 보게 되었다.

예를 들어 원자는 원자핵과 그 주위를 에워싸고 있는 전자로 구성되어 있는데, 그동안 원자핵과 전자 사이는 비어 있다고 생각했다. 그런데 실험 결과 그 사이에는 에너지로 가득 차 있다는 것이 밝혀졌다. 그 에너지의 실체, 요컨대 보이지 않는 힘이 무엇인지 설명하지 못하고 있을 뿐이다. 이는 보이는 것만으로 우주나 물질, 사람을 설명할 수 없다는 것을 말해준다. 모든 물질은 원자핵과 전자로 이루어져 있는데 여기에서 '끌어당김'과 '밀어냄'이 원자 상호 간에 이루어지면서 힘의 균형을 이루고 있으며 질서를 유지하는 것이다.

과학은 증명됨으로써 진리로 인정받는다. 양자역학은 아직 완전히 이해된 것은 아니지만, 학술적으로는 인정되고 있는 이론이다. 일부 이론은 양자 컴퓨터에 그 기술이 응용되고 있고 상용화가 진행 중이다. 이는 엄격한 의미에서 '모순'이다. 기본적인 원리가 완전히 이해되지 않았음에도 불구하고, 이미 응용 분야에서 엄청난 파급효과를 내고 있다. 예를 들면 초고속 용량을 가진 컴퓨터를 슈퍼 컴퓨터

Super Computer라고 한다. 양자 컴퓨터가 개발되면 슈퍼 컴퓨터가 1만 년에 걸쳐 처리할 수 있는 능력을 양자 컴퓨터의 경우 200초 만에 해결할 수 있다고 한다.

무엇이 모순인가? "모든 물질은 파동인 동시에 입자이다"라는 명제이다. 이는 어떤 상황에 비유할 수 있는지 좀 더 실감나게 이야기해보자면, 파란 빨간색, 뜨거운 얼음, 진실만 말하는 거짓말쟁이, 기체이면서 고체인 물질 등을 거론할 수 있다. 이런 모순을 어떻게 받아들여야 할까? 그것은 아주 민감하면서도 중요한 문제다. 미시적인 것과 거시적인 것, 물질과 비 물질이 별개의 것이 아니라 상호 연결되어 있다는 사실에 주목할 필요가 있다. 그것을 '비국소성Nonlocality 원리'[144]라고 말한다. 어쨌든 문제는 양자역학이라는 이론이 문제가 아니라 인간의 이성으로는 이해하기 힘든 난해한 이론이라는 것이다. 쉽게 이해할 수 없다는 것이지 불가능하다는 뜻은 아니다.

어떻게 장벽을 넘을 수 있을까? 그 실마리는 '믿음'이다. 앞에서 언급한 관찰이라는 단어에 주목할 필요가 있다. 실험 결과 빛이 슬릿을 통과할 때 파동波動인 것을 알 수 있지만, 관찰했을 때 입자粒子로도 발견된 사실을 떠올릴 필요가 있다. 양자역학은 이 실험의 결과를 통해 "모든 물질은 파동이며 입자가 된다"는 사실을 발견할 수 있었다.

그동안 과학은 진화론을 바탕으로 한 다윈주의 사상이 지배하면서 유신론有神論은 마치 비과학적인 것으로 취급해왔다. 양자역학 이론이 등장하면서 과학은 철학적 사고는 물론이고 종교적 영역으로까지 사고의 폭을 넓혀가고 있다. 그런 차원에서 미국의 영성 연구가이자 작가인 그렉 브레이든이 언급한 믿음에 대한 발언에 주목할 필요가 있다. "인간의 믿음은 우주에 있어서 사건들의 흐름을 변화시킬 수 있는 힘, 실제로 시간, 물질, 공간, 그리고 그들 안에서 벌어지는 사건들을 중단시키고 방향을 바꿀 수 있는 힘을 가지고 있다."[145]

그렇다면 믿음이 무엇인가에 대해 좀 더 알아보는 것이 중요할 것 같다. 성서에서 믿음을 잘 설명해주고 있는 내용이 히브리서에 기록되어 있다.

> 믿음은 바라는 것들의 실상이요 보이지 않는 것들의 증거니 선진들이 이로써 증거를 얻었느니라. 믿음으로 모든 세계가 하나님의 말씀으로 지어진 줄을 우리가 아나니 보이는 것은 나타난 것으로 말미암아 된 것이 아니니라. (히브리서 11:1~3)

믿음은 보이지 않는 것이지만 바라면 나타날 수 있는 근거가 되므로 믿음은 허상이 아니라 실상이라는 것이다. 믿음은 보이지 않는 것들의 증거가 된다. 그동안 과학에서는 보이는 것, 증명할 수 있는 것 외에는 증거로 채택하지 않았다. 그런데 양자역학에서는 그동안 보이지 않았던 것이 관찰하면 보인다는 것이다. 성경 말씀은 양자역학의 이론을 뒷받침해주고 있다. 그러면 믿음은 왜 필요할까? 그것을 이해하기 위해서는 그분의 창조섭리를 먼저 알아야 한다. 히브리서 기자는 하나님께서 그분의 아들이며 만유의 상속자이신 예수 그리스도를 통해 모든 세계를 창조하셨다고 전하고 있고 예수 그리스도가 하나님의 광채이고 하나님 본체의 형상이라고 했으며 그분의 말씀으로 만물을 붙드신다고 했다.

> 옛적에 선지자들을 통하여 여러 부분과 여러 모양으로 우리 조상들에게 말씀하신 하나님이 이 모든 날 마지막에는 아들을 통하여 우리에게 말씀하셨으니 이 아들을 만유의 상속자로 세우시고 또 그로 말미암아 모든 세계를 지으셨느니라. 이는 하나님의 영광의 광채시요 그 본체의 형상이시라 그의 능력의 말씀으로 만물을 붙드시며 죄를 정결하게 하는 일을 하시고 높은 곳에 계신 지극히 크신 이의 우편에 앉으셨느니라.(히브리서 1:1~3)

예수 그리스도의 말씀도 양자역학에서 말하는 파동이자 입자라는 관점에서 이해할 필요가 있다. 양자역학에 의하면 모든 물질은 파동이자 입자이다. 그런 면에서 인간도 예외가 아니라는 사실이다. 믿음은 하나님과 인간이 소통하는 에너지가 된다. 그것은 인간과 인간, 인간과 물질 사이에서도 동일하게 적용된다. 우주가 하나의 프로그램이라고 생각할 때 원자들은 우리에게 친숙한 컴퓨터 비트bit가 하는 방식과 똑같이 작동하는 정보의 비트에 해당한다. 원자들은 '켜짐on'의 경우에 눈에 보이는 물질matter이며 '꺼짐off'의 경우 눈에 보이지 않는 파동waves이다.[146]

양자 컴퓨터는 실제 우주를 시뮬레이션하여 제작한 것이라고 할 수 있다. 여기에는 반드시 이를 디자인하는 프로그래머가 있다. 그렇다면 실제 우주를 설계한 디자이너도 있어야 하지 않을까? 여기서 우리는 원초적 지적 설계자를 떠올리지 않을 수 없다. 그분을 우리는 신God이라고 부른다. 양자 컴퓨터가 제아무리 정교하게 만들어진다고 해도 실제 우주의 섭리는 워낙 방대하고 복잡해서 과학이 제대로 담아내는 데는 한계가 있다. 그래서 양자역학보다 더 뛰어난 이론이 필요할 것이다.

성경은 우주 만물을 우연의 산물이라고 말하지 않는다. 양자 컴퓨터가 프로그래머 능력의 산물이라고 한다면 사람과 만물은 원초적 지적 설계자라고 할 수 있는 창조주 하나님의 지혜의 산물이라고 할 수 있다.

태초에 하나님이 천지를 창조하시니라. 땅이 혼돈하고 공허하며 흑암이 깊음 위에 있고 하나님의 영은 수면 위에 운행하시니라. 하나님이 이르시되 빛이 있으라 하시니 빛이 있었고 빛이 하나님이 보시기에 좋았더라 하나님이 빛과 어둠을 나누사 하나님이 빛을 낮이라 부르시고 어둠을 밤이라 부르시니라 저녁이 되고 아침이 되니 이는 첫째 날이니라.(창세기 1:1~5)

하나님은 에너지의 근원인 빛이 있으라고 명령을 내렸다. 말씀대로 빛은 창조되었으며 하나님이 "보시기에 좋았다"고 말씀하셨다. 말씀은 능력이고 보는 것은 실재이다. 우리는 그 능력의 실재를 봄으로써 확인하고 있다.

하나님이 자기 형상 곧 하나님의 형상대로 사람을 창조하시되 남자와 여자를 창조하시고(창세기 1:27)

사람은 하나님의 형상을 닮게 창조되었다. 사람은 하나님의 어떤 부분을 닮았을까? 하나님은 영이시니 사람이 닮은 것은 영혼에 담겨 있을 것이다. 그래서 하나님의 성품도 보이지 않는 것들로 설명할 수밖에 없고 우리가 그것을 찾아내는 것이 중요하고 공통적인 부분인 영으로 하나님과 소통하는 것이 중요하다.

하나님은 영이시니 예배하는 자가 영과 진리로 예배할지니라.(요한복음 4:24)

하나님은 영적으로 소통하시기를 원하는데 사람들은 눈에 보이는 것, 혹은 감각적인 것들에만 의존한다면 하나님과는 점점 더 멀어질 수밖에 없다. 사실 보이지 않는다고 해서 우리가 전혀 알 수 없는 것은 아니다. 성경이 없었었을 때는 비밀처럼 여겨졌던 것들이 많았지만 이제 더 이상 비밀이 아니다. 이제 보이지 않는 것이지만 하나님의 뜻이 성경에 자세히 기록되어 있기 때문이다.(요한복음 8:32)

(마태복음 12:50) (누가복음 12:47) (누가복음 22:42) (요한복음 6:38) (데살로니가전서 4:3) (요한계시록 4:11)

> 항상 기뻐하라. 쉬지 말고 기도하라. 범사에 감사하라 이것이 그리스도 예수 안에서 너희를 향하신 하나님의 뜻이니라.(데살로니가전서 5:16~18)

> 사랑하지 아니하는 자는 하나님을 알지 못하나니 이는 하나님은 사랑이심이라.(요한1서 4:8)

우리가 하나님의 뜻을 전부 알 수는 없을지라도 어느 정도 헤아릴 수 있다. 성경에는 "거울을 보는 것 같이"라는 표현을 사용하고 있다. 지금은 희미하게 아는 것들이 하나님 나라에서는 하나님을 완전하게 이해할 수 있게 될 것이다.

> 우리가 지금은 거울로 보는 것 같이 희미하나 그 때에는 얼굴과 얼굴을 대하여 볼 것이요 지금은 내가 부분적으로 아나 그때에는 주께서 나를 아신 것 같이 내가 온전히 알리라.(고린도전서 13:12)

사람이 자신의 정체성을 깨닫게 되면 하나님의 사랑이 얼마나 큰 것인지를 알게 된다. 시편 기자는 그런 심정으로 사람을 영화롭게 하신 하나님을 노래하였다.

> 주의 손가락으로 만드신 주의 하늘과 주께서 베풀어 두신 달과 별들을 내가 보오니 사람이 무엇이기에 주께서 그를 생각하시며 인자가 무엇이기에 주께서 그를 돌보시나이까. 그를 하나님보다 조금 못하게 하시고 영화와 존귀로 관을 씌우셨나이다. 주의 손으로 만드신 것을 다스리게 하시고 만물을 그의 발 아래 두셨으니 곧 모든 소와 양과 들짐승이며 공중의 새와 바다의 물고기와 바닷길에 다니는 것이니이다. 여호와 우리 주여 주의 이름이 온 땅에 어찌 그리 아름다운지요.(시편 8:3~9)

하나님은 사람을 늘 생각하시고 돌보신다. 우리의 형질이 이루어지기 전에 주의 눈은 우리를 보셨다고 기록하고 있다.

내 형질이 이루어지기 전에 주의 눈이 보셨으며 나를 위하여 정한 날이 하루도 되기 전에 주의 책에 다 기록이 되었나이다.(시편 139:16)

하나님의 생각 속에서 만물과 사람에 대한 디자인이 이미 끝난 것이다. 시편 기자는 하나님의 그 '생각'을 찬양한 것이다. 하나님은 생각대로 하시고 말씀대로 이루어지게 하시는 분이시다. 믿음은 하나님의 생각과 말씀에 동의하고 따르는 일이다. 사람이 어떤 생각을 하면서 사느냐가 매우 중요하다. 우리 영혼에 어떤 생각을 담을 것인가? 그 생각을 어떻게 행동으로 나타낼 것인지가 매우 중요하다.(창세기 6:5) (창세기 19:29) (사무엘상 1:19) (시편 31:3) (시편 92:5) (시편 50:22) (잠언 24:9) (이사야 43:18) (이사야 55:8) (마태복음 16:23) (요한복음 5:39) (로마서 8:27) (로마서 12:3) (골로새서 3:2) (베드로후서 1:12)

육신의 생각은 사망이요 영의 생각은 생명과 평안이니라.(로마서 8:6)

시인 윌리엄 블레이크William Blake, 1757~1827는 "존재하는 것처럼 보이는 것은 그것이 존재하는 것처럼 보이는 사람들에게만 존재한다"고 했다. 이는 믿음에 대한 시인의 해석이기도 하다. 사람이 어떤 믿음을 갖느냐는 매우 중요하다. 왜냐하면 믿음대로 생각하고, 생각대로 행하는 경향이 있기 때문이다. 인간이 자연을 숭배하다가 또 자연을 지배하여 과도하게 이용하다가 이제 자연과 갈등을 빚고 있다. 과연 이것이 자연을 대하는 올바른 자세인가? 그렇지 않다. 이미 태초부터 자연을 대하는 방식을 하나님은 사람에게 가르쳐주셨다. 다만 사람이 하나님의 뜻대로 하지 않았을 뿐이다. 사람의 생각과 믿음은 지구는 물론 온 우주에 영향을 미칠 수밖에 없다. 그래서 하나님의 뜻을 좇아 생각하고 행동하는 것은 매우 중요하다.

하나님이 이르시되 우리의 형상을 따라 우리의 모양대로 우리가 사람을 만들고 그들로 바다의 물고기와 하늘의 새와 가축과 온 땅과 땅에 기는 모든 것을 다스리게 하자 하시고 하나님이 자기 형상 곧 하나님의 형상대로 사람을 창조하시되 남자와 여자를 창조하시고 하나님이 그들에게 복을 주시며 하나님이 그들에게 이르시되 생육하고 번성하여 땅에 충만하라, 땅을 정복하라, 바다의 물고기와 하늘의 새와 땅에 움직이는 모든 생물을 다스리라 하시니라.(창세기 1:26~28)

여호와 하나님이 그 사람을 이끌어 에덴동산에 두어 그것을 경작하며 지키게 하시
고 여호와 하나님이 그 사람에게 명하여 이르시되 동산 각종 나무의 열매는 네가
임의로 먹되 선악을 알게 하는 나무의 열매는 먹지 말라 네가 먹는 날에는 반드시
죽으리라 하시니라.(창세기 2:15~17)

이스라엘 와이즈맨Weizmann 과학연구소가 1998년에 발표한 논문에도 '관찰Observa-
tion'이 현실에 영향을 미친다고 결론을 내렸다. 이런 논리는 마치 철학 논문처럼 느
껴질지 모르겠지만 과학적 실험으로 증명되었다. 양자역학에서 말하는 관찰이 보
이게 하는 역할을 한다는 사실을 확인한 것이다. 우리의 감정적 사고와 믿음이 투
사될 때 미립자들을 변화시킨다는 것이다.

빛이 유리창에 내리쬘 때 일부는 부딪혀 튕겨 나가고 일부는 유리를 통과하여
실내로 들어가 밝게 하기도 하고 따뜻하게 해준다. 그 빛은 우리 몸을 때리기도
하고 또 우리 몸속으로 투과되기도 한다. 빛이 우리 육체 건강에 크게 영향을 미
친다는 사실은 이미 잘 알려진 사실이다. 햇살이 도파민을 활성화하여 사람의 기
분을 좋게 하고 비타민 D를 공급하여 면역력을 높여주고 구루병 등을 예방한다.

하나님은 우리에게 빛이라고 말씀하셨다.(요한복음 1:1~4) 하나님 말씀도 빛이시
다.(시편 119:105) 예수 그리스도도 빛이시다.(요한복음 1:8) (요한복음 9:5) (요한복음 12:46)
그리고 믿음의 사람도 세상의 빛이다.(마태복음 5:14) (에베소서 5:8) 빛은 만물과 사람
에게 유익한 것을 전해준다. 사람이 하나님의 형상을 닮았다는 것을 설명해주는
요소 가운데 하나가 이 빛이라고 할 수 있다. 하나님, 사람, 그리고 만물은 빛으
로 연결되어 있다.

빛의 열매는 모든 착함과 의로움과 진실함에 있느니라.(에베소서 5:9)

양자역학은 물질이라는 영역에서 보이지 않는 영역으로 생각의 범위를 확장하
는 계기를 마련하였고 알 수 없다고 믿을 수 없는 것은 아니라는 사실을 알려주었
다. 그동안 다윈의 〈종의 기원〉으로부터 시작된 진화론을 기반으로 한 생물학적
차원에서만 인간과 우주를 이해하려고 하다 보니, 형이상학은 과학과 괴리된 학
문처럼 취급받은 것도 사실이다.

고전물리학은 수학이 모든 물질세계를 설명할 수 있다고 여겼었다. 그래서 컴

퓨터의 발전은 수학적 계산능력이라고 편견을 가졌었다. 하지만 양자 컴퓨터는 수학적 계산이 전부가 아니라는 것을 말해주고 있다. 양자역학 이론에 기반한 양자 얽힘, 중첩, 텔레포테이션Teleportation147 등의 기술을 이용해 종합적으로 알고리즘algorithm을 활용하는 능력을 가진다. 그렇다고 알고리즘이 형이상학을 설명할 수 있는 것은 아니다. 하지만 양자역학이 형이상학을 품고 있다는 점에서 앞으로 훨씬 더 폭넓게 논의할 수 있게 되었다.

양자역학을 통해 발견한 핵심 키워드는 우주(거시적 세상), 양자(미시적 세상), 그리고 인간(관찰자)이다. 이 삼자 간의 연결성을 탐구함으로써 세계관을 정립하는 것은 매우 중요하다. 이를 다시 우주는 신神, 양자세계는 물질세계, 인간은 영혼 혹은 정신세계로 대체해서 생각해볼 수 있다. 중요한 것은 세상이 독립적으로 봄(관찰)과 동시에 보이지 않는 것들과 중첩되거나 얽혀 있는 관계로 볼 수 있다는 점이다.

이해를 돕기 위해 천지창조에 담겨 있는 창조주께서 만물과 인간을 창조하는 과정, 그리고 창조 방법 등을 유추해보고자 한다. 창조주 하나님은 창조과정에서 최초로 빛을 창조하셨다. 모든 물질에 앞서 에너지의 근원인 빛을 맨 먼저 창조하신 일은 매우 의미 있다. 그 빛으로 만물, 그리고 인간에게 관여하시겠다는 뜻이 있다. 빛은 대상을 가리지 않고 온 세상을 향해 비춘다. 유대인들은 자신들이 하나님의 선민選民이라는 점을 강조하면서 이방인들을 배타적으로 대했을 때 하나님의 뜻은 그것이 아니라는 점을 분명히 하셨다. 사도 바울도 그런 취지의 메시지를 전한 바 있다.

> 유대인이나 헬라인이나 차별이 없음이라 한 분이신 주께서 모든 사람의 주가 되사 그를 부르는 모든 사람에게 부요하시도다. 누구든지 주의 이름을 부르는 자는 구원을 받으리라. (로마서 10:12~13)

우리는 왜 하나님을 믿어야 할까? 우리에게 왜 구원이 필요할까? 하나님은 만물을 창조하신 분이시다. 그분은 유일하게 선한 분이시고(누가복음 18:19) (시편 34:8) (고린도후서 6:18) (욥기 27:17), 전지전능하신 분이시며(창세기 35:11), 타락한 인간을 구원하셔서 영생이 있는 당신의 나라로 우리를 인도하실 유일한 분이시기 때문이다.

> 예수께서 이르시되 내가 곧 길이요 진리요 생명이니 나로 말미암지 않고는 아버지

께로 올 자가 없느니라.(요한복음 14:6)

　지금까지의 역사는 하나님과 인간 사이의 소통을 위해 필요한 '믿음'이라는 가치를 제대로 인식하지 못하고 작동시키지 못했다. 그 이유는 인간의 이기심, 교만 등 자기애가 굳게 자리 잡고 있어서 좀처럼 하나님을 볼 수 없었다. 관찰해야 믿음이 생긴다. 들어야 믿음이 생긴다. 알아야 믿음이 생긴다. 그런데 보지 않으려 하였고 듣지 않으려 하였으며 알려고 하지 않았다. 그러면서도 사람은 하나님의 위상을 탐했고 하나님이 창조한 피조물을 숭배하면서 정작 하나님을 경홀히 여겼다. 하나님은 길을 제시하셨고 방법을 가르쳐주셨지만, 사람들은 그 길과 방법을 외면하였다.

　양자역학에서 빛이 파동으로만 인식되다가 관찰이라는 방법을 통해 입자가 나타나는 것처럼 믿음이라는 것도 일반상식으로는 무의미한 것처럼 느껴질지 모르지만, 우리가 눈길을 주고 듣고 알고자 할 때 믿음이 현실화하는 것이다. 믿음은 하나님의 은혜를 체험하는 강력한 동기가 될 수 있다. 온 우주에 하나님의 은혜가 넘쳐난다고 할지라도 그것이 자신과 관련을 맺으려면 믿음이라는 매개가 필요하다. 만약 우리가 무심코 세상을 살아간다면 하나님의 풍성한 은혜와 위대한 전능하심을 전혀 느끼지 못하고 흘려보낼 뿐이다.

　성경에 등장하는 믿음의 사람들은 누구나 그런 과정을 거쳤다는 것을 알 수 있다. 히브리서 기자가 들려주는 믿음의 정의에 대해 몇 번이고 묵상하여보자.

　　믿음은 바라는 것들의 실상이요 보이지 않는 것들의 증거니 선진들이 이로써 증거를 얻었느니라. 믿음으로 모든 세계가 하나님의 말씀으로 지어진 줄을 우리가 아나니 보이는 것은 나타난 것으로 말미암아 된 것이 아니니라.(히브리서 11:1~3)

　그런 의미에서 우리가 무엇을 바라며 사는가는 매우 중요하다. 앞선 믿음의 사람들의 공통점은 자신의 생각이 먼저가 아니고 하나님의 뜻이 먼저였다는 사실이다.

　　그런즉 너희는 먼저 그의 나라와 그의 의를 구하라 그리하면 이 모든 것을 너희에게 더하시리라.(마태복음 6:33)

아벨은 가인보다 더 나은 제사를 드림으로 의롭다는 말을 들었고, 에녹은 하나님을 기쁘시게 함으로 죽음을 보지 않고 하나님 나라로 옮겨 갔으며, 노아는 믿음으로 보이지 않는 일에 하나님의 말씀을 받아 방주를 준비함으로써 의義의 상속자가 되었다. 또 아브라함은 믿음으로 하나님의 부르심에 순종하였고 알 수 없는 길을 나아감으로써 믿음의 조상이 되었다. 아브라함의 후손인 이삭, 야곱, 요셉 등도 오직 믿음으로 의인이 될 수 있었으며 하나님의 백성이 될 수 있었다.

성경은 소통, 믿음에 대해 가르쳐주는 이야기들로 넘쳐난다. 첫째로 이스라엘 선지자 엘리사 시대의 사람으로 아람 왕의 군대장관 나아만에 관한 이야기다.(열왕기하 5:1~27) 나아만은 왕의 절대적인 신임을 얻은 장군으로서 위용을 갖추었으나 한센병으로 고생하는 처지였다. 어느 날 이스라엘 땅에서 포로로 잡힌 소녀가 그의 아내에게 수종을 들고 있었는데 그 소녀가 여주인에게 이스라엘 선지자 얘기를 꺼내면서 그의 능력이면 한센병을 능히 고칠 수 있다는 언질을 주었다.

이 말에 관심을 기울인 나아만은 왕에게 그 사실을 말하였고 왕은 나아만이 치료받을 수 있도록 적극 지원하였다. 이스라엘 왕에게 직접 편지를 썼고 은 십 달란트와 금 육천 개와 의복 열 벌을 가지고 가서 이스라엘 왕에게 전했다. 이스라엘 왕은 그 글을 읽고 내가 사람을 살리고 죽이는 하나님이냐며 호통치며 노하였다. 이스라엘 왕은 이들이 다른 속내가 있지 않을까 의심했던 것이다.

그 와중에 선지자 엘리사가 소식을 듣고 사람을 보내어 이스라엘 왕에게 그들을 자신에게 보내달라고 요청했다. 그 즉시 나아만은 엘리사를 찾았다. 엘리사는 나아만을 보자 "요단강 물에 몸을 일곱 번 씻으라. 네 살이 회복되어 깨끗하리라"고 말했다. 먼 길을 달려온 나아만의 반응은 의외였다. 자신이 생각한 치료법은 하나님의 이름을 부르고 그의 손을 그 부위에 흔들어 한센병을 고칠 것이라고 생각한 것이다.

나아만의 경우 하나님을 알지 못했으므로 자신의 지역에 있는 주술사, 마술사 등 우상숭배하는 사람들의 모습을 떠올린 것이다. 바르발(다메섹 남쪽에 있는 수리아의 강) 등 좋은 강도 많은 데 하필 이스라엘 모든 강보다 훨씬 못한 요단강에서 씻으라고 하니 미덥지 못한 탓에 분노하여 떠났다.

오히려 그의 종들이 나서서 선지자의 말대로 해볼 것을 간청했다. 그러자 못 이긴척하면서 나아만은 선지자의 말대로 일곱 번 몸을 물에 담그고 나니 어린아이의 살 같이 회복되어 깨끗하게 되었다. 놀라움을 금치 못한 나아만은 "이스라엘 외에는 온 천하에 신이 없는 줄 아니이다"라고 신앙고백을 한다. 그러면서 예물을 내놓았다. 하지만 엘리사는 그것을 거절했다. 그러자 나아만은 노새 두 마리에 실을 흙을 달라고 했다. 번제물과 다른 신에게는 드리지 아니하고 다만 여호와께 드리겠다고 다짐했다. 그러면서 한 가지는 용서해달라고 했다. 그는 돌아가서 자신의 주인(왕)이 림몬의 신당에서 경배할 텐데 자신 역시 몸은 굽힐 수밖에 없는데 그것을 용서해달라는 것이었다. 엘리사는 평안히 가라고 축복해주었다.

그런데 문제가 생겼다. 이런 과정을 지켜보고 있던 엘리사의 신하 게하시라는 사람이 길을 떠나는 나아만을 쫓아가 자신의 주인(엘리사)이 말한 것처럼 꾸며대며 예물 가운데 은 한 달란트와 옷 두 벌을 달라고 한 것이다. 나아만은 흔쾌히 내주었는데 요청한 것보다 더 많은 두 달란트와 옷 두 벌을 주었다. 게하시는 그 예물을 자신의 집에 감추고 엘리사 앞에 나타났다. 엘리사는 어디 다녀오냐고 물었고 종은 아무 데도 가지 않았다고 대답했다. 엘리사는 그가 예물 받은 것을 알았고 꾸짖었다. 그런 후 나아만이 앓았던 한센병이 게하시에게 옮겨갔는데 그 종은 물론이고 후손에게까지 미치리라고 말했다. 게하시가 그 앞에서 물러 나오며 한센병이 발하여 온몸이 눈같이 하얗게 되었다. 선지자 엘리사의 말대로 된 것이다. 여기서의 문제는 믿음이다. 믿음의 여부는 나아만과 게하시의 인생을 바꿔놓았다.

이 이야기를 통해 믿음의 본질에 대해 생각해보고 그 믿음이 어떻게 현실화하는지 살펴볼 필요가 있다. 기본적으로 믿음은 신념이나 의지 등이 발동하기 이전에 믿음의 목적이 하나님을 향해야 한다. 우리가 믿음을 저버리는 일이 발생하는 이유는 하나님을 무시하거나 오해하기 때문이다.

우리가 바라는 모든 것들은 하나님이 소유권을 가지고 계신다. 하나님을 온전히 믿지 못하기 때문에 자신의 지혜대로 자유의지를 발휘함으로써 소탐대실小貪大失하는 경우가 많다. 눈에 보이는 것에 현혹되다 보니, 지금 당장 눈에 보이지 않는 믿음이라는 것이 얼마나 강력한 실상實像이라는 것을 잊어버리고 당장 눈에 보이는 작은 유익을 덜컥 선택하는 것이다.

나아만은 포로로 잡혀 온 이스라엘 소녀의 얘기를 듣고 믿음이 발동하였다. 그리고 자신이 모시는 왕의 도움을 얻어 이스라엘로 떠나게 되었다. 우여곡절 끝에 하나님의 은혜를 입은 선지자 엘리사의 도움으로 한센병이 나았다. 이 과정에서 어떻게 믿음이 작동되었는지를 묵상해보자. 먼저 어린 소녀의 말에 귀를 기울일 수 있었던 것은 믿음이 작용했기 때문이다. 그리고 왕이 자신의 신하를 위해

손 편지까지 써주면서 도와주었던 것은 평소에 얼마나 왕이 나아만을 신뢰했는 지를 보여준다.

이스라엘까지의 여정을 결정하고 또 한센병이 나았을 때를 상정하고 답례품을 잔뜩 싣고 가는 것도 믿음 없이는 할 수 없는 일이다. 엘리사가 시키는 대로 요단 강에 몸을 담그고 일곱 번을 씻었고 그 이후 나았다는 점이다. 이 모든 과정에 얼 마나 많은 단계에서 믿음이 필요한지를 알 수 있다. 나아만은 의심이 전혀 없었 던 것은 아니지만 아무튼 끝까지 믿음을 사용했다. 그는 믿음대로 나음을 받았다.

반대로 엘리사의 종 게하시의 경우를 살펴보자. 그는 엘리사라는 하나님의 종 을 옆에서 지켜보며 하나님의 은혜를 직간접적으로 체험한 사람이다. 또 나아만의 치유과정도 모두 지켜보면서 믿음이 얼마나 중요한지를 충분히 경험한 사람이다. 그런데 순간적으로 물욕이 생겨서 엘리사가 거부했던 은과 옷 등의 예물에 눈길이 간 것이다. 떠나는 나아만을 쫓아가 그것을 받아 챙기는 우를 범했다.

엘리사는 그 예물을 받을 수도 있었지만 받지 않은 데는 그만한 이유가 있다. 만약 엘리사가 나아만이 제시한 예물을 받았다면 그것은 병을 고쳐 준 대가가 되 는 것이다. 그럴 경우 하나님의 은혜가 가리어질 수 있기 때문에 엘리사는 자신의 능력이 아니라 하나님의 은혜라는 사실을 알리고 싶었다. 그런데 엘리사의 종 게 하시가 하나님의 뜻과 엘리사의 믿음을 왜곡시켜버린 것이다.

이 대목에서 우리가 생각해볼 필요가 있는 것은 먼저 믿는 자가 복음을 전할 때 마치 자신의 지식이나 지혜를 가르쳐주는 것처럼 행동해서는 안 된다는 점이 다. 모든 것이 하나님의 은혜라는 사실을 절대 잊어서는 안 된다. 우리가 하나님 으로부터 받은 은혜도 모두 거저 받은 것이다. 믿음도 마찬가지다. 자신의 이성으 로 믿음을 발견하거나 발명한 것이 아니다. 하나님이 우리가 믿어지도록 종합적 으로 은혜를 베푼 것이다.

어떤 사람은 고난을 통해서, 어떤 사람은 기쁜 일을 통해서, 어떤 사람은 특별 한 은사를 통해서 하나님의 복음을 받아들이고 믿음이라는 선물을 받게 된다. 믿 음이나 복음은 내게 있는 것을 마치 시혜라도 하듯이 남에게 주는 것이 아니다. 그 저 나를 통과해서 타인에게 자연스럽게 전해지는 것이다.

내가 할 일은 그 복음이 나에게 머물러 있지 않도록 나를 통해서 더 풍성하게 은혜가 더해져서 전해질 수 있도록 하는 역할이다. 그런 믿음을 갖고 사는 것이 중요하다. 내가 복음의 걸림돌이 되어서는 안 되고 오히려 디딤돌이 되어야 한다.

건축이라는 측면에서 생각해보면 건물의 완성을 위해서 모든 믿음의 사람들은 건축자재인 돌 하나하나가 되어야 할 것이다. 그것을 이해시키기 위해 예수님은 자처해서 모퉁이 돌이 되신 것이다.

> 예수께서 이르시되 너희가 성경에 건축자들이 버린 돌이 모퉁이의 머릿돌이 되었나니 이것은 주로 말미암아 된 것이요 우리 눈에 기이하도다 함을 읽어 본 일이 없느냐.(마태복음 21:42)

아쉬운 것은 기존의 종교 지도자들이나 성도들에게 이런 겸손이나 사랑을 찾아보기 힘들다는 점이다. 예수님을 믿고 따른다고 하면서도 각자의 생각대로 자신이 믿고 싶은 것만 믿으며 종교 행위를 이어가고 있다. 말하자면 하나님의 뜻대로 살고 하나님 나라로 가기 위한 유일한 길이 예수님이라는 사실에도 불구하고 사람들은 각자의 길을 개척하고 그 길을 열심히 걸어가고 있는 셈이다.

> 우리는 다 양 같아서 그릇 행하여 각기 제 길로 갔거늘 여호와께서는 우리 모두의 죄악을 그에게 담당시키셨도다.(이사야 53:6)

> 이 개들은 탐욕이 심하여 족한 줄을 알지 못하는 자들이요 그들은 몰지각한 목자들이라 다 제 길로 돌아가며 사람마다 자기 이익만 추구하며(이사야 56:11)

믿음에 대해 본질적으로 생각해볼 것은 믿음이 자신의 행복이나 욕심을 채우는 것만을 위해 사용하는 수단이어서는 안 된다는 점이다. 요컨대 기복祈福적인 종교 행위에 머물러 있다면 그것은 대단한 착각이다. 바른 믿음은 하나님의 뜻에 대한 자신의 즉각적인 반응이다. 믿음에서 하나님의 뜻이 빠지고 자신의 자유의지만 발동한다면 그것은 하나님의 법보다는 자신의 법을 우선하겠다는 것이다.

하나님의 말씀을 자의대로 해석하면서 자신의 위상이나 유익을 지향하는 것이 문제다. 그러다 보니 하나님의 사랑이 발현되지 못하고 배타적인 종교 행위를 반복하게 된다. 예수님이 바리새인이나 서기관들을 꾸짖었던 이유도 율법에 대한 지식이 없어서가 아니다. 율법의 지식으로 자신의 위상을 구축하고 자신의 유익을 위해 사용하려 했기 때문이다. 그런 사람은 열심은 가상하나 그저 성전의 마당만 밟는 것과 다를 바 없다.

> 너희가 내 앞에 보이러 오니 이것을 누가 너희에게 요구하였느냐 내 마당만 밟을
> 뿐이니라.(이사야 1:12)

하나님의 사랑은 출신성분이나 사회적 지위에 따라 차별하지 않는다. 빛이 대상을 가려가며 비추지 않듯 모든 사람에게 동일한 은혜를 베푸신다는 점이다. 강도를 만나 험한 꼴을 당한 사람을 진심으로 도와준 선한 사마리아인의 이야기는 복음의 본질을 가르쳐준다.

> 그 사람이 자기를 옳게 보이려고 예수께 여짜오되 그러면 내 이웃이 누구니이까. 예수께서 대답하여 이르시되 어떤 사람이 예루살렘에서 여리고로 내려가다가 강도를 만나매 강도들이 그 옷을 벗기고 때려 거의 죽은 것을 버리고 갔더라. 마침 한 제사장이 그 길로 내려가다가 그를 보고 피하여 지나가고 또 이와 같이 한 레위인도 그곳에 이르러 그를 보고 피하여 지나가되 어떤 사마리아 사람은 여행하는 중 거기 이르러 그를 보고 불쌍히 여겨 가까이 가서 기름과 포도주를 그 상처에 붓고 싸매고 자기 짐승에 태워 주막으로 데리고 가서 돌보아 주니라. 그 이튿날 그가 주막 주인에게 데나리온 둘을 내어 주며 이르되 이 사람을 돌보아 주라 비용이 더 들면 내가 돌아올 때에 갚으리라 하였으니 네 생각에는 이 세 사람 중에 누가 강도 만난 자의 이웃이 되겠느냐. 이르되 자비를 베푼 자니이다 예수께서 이르시되 가서 너도 이와 같이 하라 하시니라.(누가복음 10:29~37)

예수님이 이 예화를 통해 가르쳐주시고자 한 메시지는 믿음과 행함이 어떻게 연결되어 있는지, 그리고 종교적 행위와 복음의 본질이 무엇인지에 대한 것이다. 여기에 제사장, 레위인, 그리고 이방인인 사마리아 사람을 등장시키는 이유도 거기에 있다. 하나님은 선한 분이시고 사랑 그 자체이시다. 사람을 창조하는 일도, 사람에게 자유의지를 주셨던 일도, 죄 가운데 빠진 사람을 구원하는 일도 하나님의 사랑과 긍휼에 기반한 자의적 선택에 의한 것이다. 따라서 우리는 거기에 어떤 힘도 보탠 적이 없으므로 자랑할 일이 하나도 없다.

'믿음'은 하나님의 선물이다. 그 믿음은 교회에서 예배드릴 때, 찬양할 때, 기

도할 때 등 특정 시간, 특정 장소에서만 사용하라는 뜻이 아니다. 일상에서 모든 생각, 말, 행동이 믿음에 바탕을 두어야 하는데 궁극적으로 모든 삶에 적용되어야 함을 가르쳐준다.

믿음은 우리를 향한 하나님의 선하심과 사랑을 믿는 것이고 예수 그리스도를 통한 구원의 약속을 믿는 것이며 예수님을 닮아가고자 하는 삶의 결단을 마음으로 표현하는 것이다. 그 믿음을 입으로 시인하고 몸소 실천하는 것이 바로 하나님이 우리에게 바라시는 영적 예배이다.

그런 면에서 '믿음'은 개념을 가르치려는 추상명사로 받아들일 것이 아니라 행동으로 옮겨야 할 동사로 받아들여야 할 것이다. 믿음은 분명한 지향성이 있는데 그것은 자신을 구원하고 이웃을 구원의 길로 인도하는 일이다. 거기에 사용해야 할 에너지가 있는데 그것이 바로 '사랑'이다.(신명기 6:5) (요한복음 15:9) (요한복음 15:12) (로마서 13:8) (고린도전서 16:14) (요한1서 3:11)

> 예수께서 이르시되 네 마음을 다하고 목숨을 다하고 뜻을 다하여 주 너의 하나님을 사랑하라 하셨으니 이것이 크고 첫째 되는 계명이요. 둘째도 그와 같으니 네 이웃을 네 자신 같이 사랑하라 하셨으니 이 두 계명이 온 율법과 선지자의 강령이니라.(마태복음 22:37~40)

유다 왕 웃시야, 요담, 아하스, 히스기야 시대에 아모스의 아들 이사야가 유다와 예루살렘에 관하여 하나님의 계시를 보았는데 여기서 전하는 메시지는 믿음의 사람들이 어떻게 살아야 하는지 교훈을 주고 있다.

> 유다 왕 웃시야와 요담과 아하스와 히스기야 시대에 아모스의 아들 이사야가 유다와 예루살렘에 관하여 본 계시라. 하늘이여 들으라 땅이여 귀를 기울이라 여호와께서 말씀하시기를 내가 자식을 양육하였거늘 그들이 나를 거역하였도다. 소는 그 임자를 알고 나귀는 그 주인의 구유를 알건마는 이스라엘은 알지 못하고 나의 백성은 깨닫지 못하는도다 하셨도다. 슬프다 범죄한 나라요 허물 진 백성이요 행악의 종자요 행위가 부패한 자식이로다. 그들이 여호와를 버리며 이스라엘의 거룩하신 이를 만홀히 여겨 멀리하고 물러갔도다. 너희가 어찌하여 매를 더 맞으려고 패역을 거듭하느냐 온 머리는 병들었고 온 마음은 피곤하였으며 발바닥에서 머리까지 성

한 곳이 없이 상한 것과 터진 것과 새로 맞은 흔적뿐이거늘 그것을 짜며 싸매며 기름으로 부드럽게 함을 받지 못하였도다. 너희의 땅은 황폐하였고 너희의 성읍들은 불에 탔고 너희의 토지는 너희 목전에서 이방인에게 삼켜졌으며 이방인에게 파괴됨 같이 황폐하였고 딸 시온은 포도원의 망대 같이, 참외밭의 원두막 같이, 에워싸인 성읍 같이 겨우 남았도다. 만군의 여호와께서 우리를 위하여 생존자를 조금 남겨두지 아니하셨더면 우리가 소돔 같고 고모라 같았으리로다. 너희 소돔의 관원들아 여호와의 말씀을 들을지어다 너희 고모라의 백성아 우리 하나님의 법에 귀를 기울일지어다. 여호와께서 말씀하시되 너희의 무수한 제물이 내게 무엇이 유익하뇨 나는 숫양의 번제와 살진 짐승의 기름에 배불렀고 나는 수송아지나 어린 양이나 숫염소의 피를 기뻐하지 아니하노라. 너희가 내 앞에 보이러 오니 이것을 누가 너희에게 요구하였느냐 내 마당만 밟을 뿐이니라. 헛된 제물을 다시 가져오지 말라 분향은 내가 가증히 여기는 바요 월삭과 안식일과 대회로 모이는 것도 그러하니 성회와 아울러 악을 행하는 것을 내가 견디지 못하겠노라. 내 마음이 너희의 월삭과 정한 절기를 싫어하나니 그것이 내게 무거운 짐이라 내가 지기에 곤비하였느니라. 너희가 손을 펼 때에 내가 내 눈을 너희에게서 가리고 너희가 많이 기도할지라도 내가 듣지 아니하리니 이는 너희의 손에 피가 가득함이라. 너희는 스스로 씻으며 스스로 깨끗하게 하여 내 목전에서 너희 악한 행실을 버리며 행악을 그치고 선행을 배우며 정의를 구하며 학대 받는 자를 도와주며 고아를 위하여 신원하며 과부를 위하여 변호하라 하셨느니라. 여호와께서 말씀하시되 오라 우리가 서로 변론하자 너희의 죄가 주홍 같을지라도 눈과 같이 희어질 것이요 진홍 같이 붉을지라도 양털 같이 희게 되리라. 너희가 즐겨 순종하면 땅의 아름다운 소산을 먹을 것이요. 너희가 거절하여 배반하면 칼에 삼켜지리라 여호와의 입의 말씀이니라. (이사야 1:1~20)

하나님은 이스라엘의 죄악과 진정성 없는 외식적인 종교 행위로 인해 탄식하고 진노하신다. 탄식과 진노에 머물지 않고 자기 백성을 회개와 슬픔으로 이끄는 사랑을 아낌없이 주신다. 하나님은 부모와 자식을 양육한 것에 비유해 자식의 불순종을 지적하신다. 왜 그러셨을까? 자식이 부모의 사랑을 알지 못하고 깨닫지 못하기 때문이다. 유다의 타락을 지적한 것이다. 죄는 반드시 대가가 따르는데 그것이 형벌이다. 머리부터 발끝까지 성한 곳이 없고, 사는 곳도 토지도 황폐해지며 마침내 멸망에 이른다. 그 원인은 무엇인가? 바로 하나님에 대한 경외심이나 사랑이 없고 그저 형식적 종교 행위로 전락했기 때문이다. 하나님 말씀에 귀를 기울이기보다는 단순히 습관적인 제사 행위에 그쳤고 하나님의 뜻을 헤아리기보다는 자신의 바라는 것들만 실컷 읊조리는 기도만을 반복했기 때문이다.

이사야 선지자는 하나님의 자비에 의지하여 중재에 나선다. 악한 행실을 버리고 선행을 배우고 정의를 구하며 사회적으로 소외된 사람들에게 관심을 갖고 사랑을 베풀라는 것이다. 만약 다시 순종의 길을 가면 주홍 같은 죄도 눈같이 하얗게 될 것이고 땅이 회복되어 아름다운 소산을 먹게 될 것이라는 이야기다. 하지만 계속해서 배반하면 칼에 삼켜지리라는 경고도 잊지 않았다.

이 이야기의 배경은 주전 701년 이스라엘을 침공한 앗수르가 46개의 도시와 성읍을 파괴한 후, 마지막 예루살렘 침략을 목전에 두고 갑작스럽게 철군한 상황이다. 이스라엘을 향한 하나님의 사랑은 한결같지만, 백성들은 이에 아랑곳하지 않고 타락의 길을 걸었다. 하나님의 실망은 이만저만한 것이 아니었지만, 많은 성읍들이 불타는 가운데서도 시온성만큼은 남겨두신다. 이런 이사야의 경고를 무시한다면 소돔과 고모라의 운명과 크게 다르지 않을 것이다. 이런 경고는 오늘을 사는 우리에게도 동일하게 적용된다.

하나님은 백성들의 믿음이 진정성 있기를 바라시고 그에 걸맞은 행동(사랑)으로 나타나기를 바라신다. 하나님은 이스라엘 백성들의 형식적인 예배가 지겹고 가증스럽다. 그들의 예배는 전혀 삶으로 뒷받침되지 못했다. 위선과 기만의 행위였기 때문이다. 그들의 예배에는 진리도 없고 정의도 없었으며 사랑도 없었다.

이사야 선지자는 이를 지켜보면서 '슬프다'고 탄식했다. 이스라엘 백성들은 매를 맞으면서도 패역한 일을 멈추지 않았다. 문제는 '믿음'이다. 관념적인 믿음을 머리로 인식하는 것에 그치는 것이 아니라 하나님의 뜻과 자신의 순종이 만나서 선한 에너지를 생산해야 한다. 그 에너지 가운데 대표적인 것이 '사랑으로써 역사하는 믿음'이다.

> 그리스도 예수 안에서는 할례나 무할례나 효력이 없으되 사랑으로써 역사하는 믿음뿐이니라.(갈라디아서 5:6)

믿음의 본질이 훼손되지 않고 하나님의 뜻 안에서 사는 방법은 무엇일까? 예수 그리스도는 그것을 돕기 위해 결정적인 선물을 주셨는데 그것이 바로 '성령'이다.(사도행전 1:8) 사람에게 더 이상 짐을 주시지 않겠다는 것이고 믿음의 자녀들과 함께 이루어가겠다는 약속이다. 그 믿음은 반드시 사랑으로 역사한다는 사실을 알아야 한다.(갈라디아서 5;22~26) 구체적으로 성령을 받으면 어떻게 될까?

> 나의 간절한 기대와 소망을 따라 아무 일에든지 부끄러워하지 아니하고 지금도 전과 같이 온전히 담대하여 살든지 죽든지 내 몸에서 그리스도가 존귀하게 되게 하려 하나니 이는 내게 사는 것이 그리스도니 죽는 것도 유익함이라.(빌립보서 1:20~21)

사도 바울이 자신이 살든지 죽든지 그리스도가 자기 몸에서 존귀하게 될 것이라고 확신하는 것에 주목할 필요가 있다. 왜 그럴까? 만약 이 말씀이 세상에 사는 동안의 유익만을 생각하는 것이라면 그 믿음은 문제가 있다. 믿음은 삶과 죽음의 전체적인 영역에서 필요한 것이고 유익한 것이기 때문이다. 비록 육체는 죽지만, 영혼은 영원히 죽지 않는다. 따라서 우리가 지향해야 할 삶의 목표는 이 세상에 사는 동안에만 치중할 것이 아니라 영생하는 하나님 나라에 더 초점이 맞추어져야 할 것이다.

> 몸은 죽여도 영혼은 능히 죽이지 못하는 자들을 두려워하지 말고 오직 몸과 영혼을 능히 지옥에 멸하실 수 있는 이를 두려워하라.(마태복음 10:28)

최근 양자역학이 대두되면서 물리학자들의 생각도 다양해진 것 같다. 과학과 종교를 이분법적으로 바라보았던 견해에서 벗어나 상호보완적이거나 커다란 프레임 안에서 공존할 수 있다고 생각하는 것 같다. 1969년에 출간된 〈부분과 전체〉[148]라는 책에서 독일의 물리학자 베르너 하이젠부르크는 자신과 교분이 있는 물리학자들과의 사적인 대화 내용을 정리하여 소개하였다. 베르너는 '불확적성의 원리'를 설파한 사람으로 널리 알려진 인물이다. 물리학은 가장 믿을 만하고 가장 확실한 학문으로 여겨지지만, 이 불확정성 원리에 따르면, 가령 입자의 궤적이라는 개념에 근본적으로 그리고 원리적으로 불확실한 구석이 있다고 말한다.

그런 그가 자연과학과 종교에 대한 몇몇 물리학자들의 대화를 소개하는 것은 의미가 있다. 이야기는 이렇게 시작된다. "아인슈타인은 늘 사랑의 하나님을 운운하잖아. 그걸 대체 어떻게 생각해야 할까? 아인슈타인과 같은 과학자가 종교적 전통에 그렇게 매여 있다니 이해할 수 없어." 그러자 누군가 대답했다. "종교에 매여 있는 건 아인슈타인이 아닐걸. 막스 플랑크가 더할 거야. 플랑크는 종교과학의 관계에 대해 그 둘 사이에는 아무런 모순이 없고, 종교와 과학이 서로 하나가 될 수 있다고 말하니까."

그 대화 장소에 아인슈타인과 플랑크는 없었던 것 같다. 그래서 하이젠베르크가 평소 플랑크와 나누었던 대화를 떠올리며 대신 정리해준다. "내가 보기에는 플랑크가 종교와 과학이 하나가 될 수 있다고 말한 건, 그가 그 두 가지가 현실의 전혀 다른 영역을 문제 삼고 있다고 전제하기 때문이야. 자연과학은 객관적이고 물질적인 세계를 다뤄. 자연과학의 과제는 객관적인 세계를 올바르게 진술하고 그 연관된 것들을 이해하는 거야. 하지만 종교는 가치의 세계를 다루지. 종교는 그 자체보다는 어떤 일이 이루어져야 하는가를 이야기하지. 자연과학에서는 옳고 그름이 문제가 되고, 종교에서는 선악, 즉 가치 있는 것과 무가치한 것이 문제가 되는 거지. 자연과학은 기술적으로 합목적적合目的的인 행동의 기반이고 종교는 윤리의 기반이야."

하이젠베르크는 말을 이어간다. "우리는 보통 가족이든, 민족이든, 문화권이든 간에 자신이 속한 공동체의 영향 속에서 이런 결정을 내려, 교육과 환경이 이런 결정에 강한 영향을 미치지. 하지만, 결국 그 결정은 주관적인 것이고, 그 때문에 '옳은가 그른가' 하는 판단을 할 수가 없어. 내가 이해한 바가 맞다면, 막스 플랑크는 이런 자유를 이용하여 기독교를 선택한 거야." 옆에 있는 볼프강도 한마디 거들었다. "지식과 믿음을 서로 명백하게 구분하는 것은 이건 아주 제한된 시기의 응급처치에 불과할 거야. 가령 서구문화권에서는 머지않아 기존 종교의 비유와 상들이 단순한 사람들에게까지도 설득력을 발휘하지 못하게 되는 시절이 올 수 있어. 그렇게 되면 기존의 윤리가 단기간에 무너질 수 있고, 우리가 아직 상상할 수 없는 끔찍한 일들이 일어날지도 몰라." 이어서 폴 디렉이 대화에 가세했다. "난, 왜 우리가 여기서 종교 이야기를 해야 하는지 모르겠어. 솔직히 말하자면—자연과학자로서 무엇보다 솔직해야 하잖아—종교에서 하는 말은 현실에서는 도저히 정당화할 수 없는 거짓이라는 것을 인정해야 해. 신神이라는 개념 자체가 이미 인간들의 환상의 산물이야. … 종교는 일종의 아편이야. 민중이 행복한 소망 가운데 취하여 자신들이 당하는 불의를 용납하도록 건네는 아편이지. 국가와 교회라는 양대 정치세력이 그렇게 쉽게 연대할 수 있는 것도 그래서야."

　그러자 하이젠베르크가 나섰다. "폴 자네는 종교가 정치적으로 남용되는 경우를 이야기하고 있어. 하지만 그렇게 따지면 세상의 거의 모든 것이 남용될 수 있어. … 그래서 지금 자네처럼 종교를 쉽게 비하할 수 없어. 자네한테는 인격적인 신이 등장하는 종교보다 고대 중국의 종교 같은 기타 종교들이 더 커다란 설득력으로 다가올 것 같은데." 폴 디렉이 대답했다. "난 아무튼 종교와는 친하지 않아. 여러 종교의 신화들이 서로 모순되기 때문이기도 하지. 내가 아시아가 아닌 유럽에서 태어난 것은 순전한 우연이고, 무엇이 진실인지, 내가 무엇을 믿을지에 영향을 미치지 못해. 나는 다만 진실만을 믿을 수 있어." 한동안 옥신각신 의견이 엇갈렸고 얌전히 지켜만 보고 있던 볼프강이 한마디 했다. "네, 네, 우리 친구 디렉 폴에겐 종교가 있어요. 이 종교의 모토는 '신이 없으며 디렉이 그 종교의 선지자다'라는 것이지."

　진지했던 대화는 순식간에 폭소로 변했고 유쾌하게 토론을 마감할 수 있었다. 19세기 일본의 사상가이자 교육자인 니시 아마네西周, 1829~1897는 哲學철학이라는 단어를 최초로 명명한 사람으로 유럽의 사이언스Science 또는 비센샤프트Wissenshaft를 科學과학으로 번역했고 일본의 제국대학들이 과학 또는 분과학문을 法科법과, 醫科의과, 理科이과 등으로 나누었다. 일본의 식민지배하에 있던 우리나라도 이 같은 분류가 그대로 적용되면서 문과와 이과로 나누게 되었다.[149]

　하이젠베르크는 문과일까? 이과일까? 물리학자로서는 이과일 것 같지만, 양자역학에 기여한 측면에서는 문과적 성향도 있다. 그의 책에서 논하는 내용들을 보면 세상의 근본 원리뿐만 아니라 사람이 살아가는 이야기, 윤리적 철학과 사회적 갈등 이야기, 칸트철학과 양자역학의 관계, 그리고 과학과 종교와의 관계 등의 성찰은 그 연관성을 찾고자 시도하고 있음을 말해주고 있다.

　하이젠베르크는 무슨 이야기를 하고 싶었을까? 부분der Teil과 전체Granze의 개념 쌍은 고대 그리스 철학에서 매우 중요한 주제였다. 플라톤의 개념 쌍에 견주어보면 전체는 곧 세상의 모든 것, 즉 우주이며 절대적인 것을 가리키는 반면, 부분이 전체를 받치고 있으면서 그 자체로는 전체가 될 수 없음을 가리킨다. 전체가 불변하는 무엇이라기보다는 가령 헤라클레이토스가 "모든 것은 흐른다"고 말할 때처럼 그 안의 변화를 알고 있다. 요컨대 생명체를 구성하고 있는 부분들을 분리하면 생명을 잃어버릴 수 있다. 부분들이 모두 있어야만 생명을 유지할 수 있다.[150] 이 같은 이론을 성경적으로 접근해보자면 다음과 같다.

이제 지체는 많으나 몸은 하나라. 눈이 손더러 내가 너를 쓸 데가 없다 하거나 또한 머리가 발더러 내가 너를 쓸 데가 없다 하지 못하리라. 그뿐 아니라 더 약하게 보이는 몸의 지체가 도리어 요긴하고 우리가 몸의 덜 귀히 여기는 그것들을 더욱 귀한 것들로 입혀 주며 우리의 아름답지 못한 지체는 더욱 아름다운 것을 얻느니라 그런즉 우리의 아름다운 지체는 그럴 필요가 없느니라 오직 하나님이 몸을 고르게 하여 부족한 지체에게 귀중함을 더하사 몸 가운데서 분쟁이 없고 오직 여러 지체가 서로 같이 돌보게 하셨느니라. 만일 한 지체가 고통을 받으면 모든 지체가 함께 고통을 받고 한 지체가 영광을 얻으면 모든 지체가 함께 즐거워하느니라. 너희는 그리스도의 몸이요 지체의 각 부분이라.(고린도전서 12:20~27)

사람들은 나와 타인을 구별하려 하고 자신을 다른 사람보다 더 귀하다고 생각하는 경향이 있다. 사도 바울은 예수님을 머리에 비유했고 사람들을 각각 지체에 비유했다. 이는 하나님의 입장에서 보면 모든 사람은 하나님이 창조한 피조물로서 각각 서로 다른 역할이 주어졌을 뿐 귀하거나 천한 것으로 구별할 수 없으며 모두 하나라는 의식을 가져야 함을 가르치고 있다. 손이나 발이 같은 역할은 아니어서 각 부분이 나름대로 의미가 있지만 전체 속에서의 부분을 따로 떼어놓고 생각할 수 없다.

하이젠베르크는 말년에 플라톤, 칸트 등의 철학을 접하면서 자신이 평생 연구해온 물리학의 의미와 더불어 더 큰 세계의 연결성을 사유하면서 '부분과 전체'라는 대명제를 전제로 정리한 것으로 보인다. 생물학이건, 물리학이건 과학은 우주뿐만 아니라 인간을 이해하는 데 기여해 왔다. 예를 들면 일반 수학에서 고전기하학으로 고전기하학에서 유클리드기하학으로 훨씬 고차원의 기하학으로 발전을 거듭해왔다. 마침내 양자역학 이론이 대두되면서 보이지 않는 영역으로까지 상상할 수 있는 계기를 만들었다. 부분의 연구가 좀 더 확대되어 전체를 상상하는 방향으로 발전한 것이다. 이제는 단위 학문 분야뿐 아니라 과학, 철학, 종교 등 경계를 넘어서는 융복합적 사고가 필요한 시대에 접어들었다.

여전히 넘어서야 할 난관이 우리 앞에 놓여 있다. 세상의 각종 지식이 때로는 올바른 종교로의 접근을 방해할 수 있다. 특히 성경은 과학적, 철학적, 도덕적 사고로는 이해할 수 없는 부분이 너무 많기 때문이다. 피조물이 창조주創造主 하나님의 정체성 전체를 이해하는 것은 불가능한 일이고 상상하는 것조차도 쉽지 않다.

그도 그럴 것이 인간은 많은 피조물 가운데 일부이고 창조주 하나님은 우주보다 더 크신 분이시기 때문이다.

그렇다고 창조주 하나님이 자신을 숨기는 것을 좋아하거나 신비성을 즐기시는 것은 아니다. 자신을 직접 창조하신 피조물 요소요소에 드러내고 계시고 특히 사람에게는 하나님 영의 일부를 영혼에 불어넣어 주셨다. 사람에게는 성령의 도움으로 하나님과 소통할 수 있는 특권이 주어졌다. 그런데 하나님의 의도대로 사람과 소통이 제대로 이루어지지는 못했다. 왜냐하면 사람에게는 하나님이 자유의지를 허락해주셨는데 그것을 하나님과 소통하는 데 사용하지 않음으로써 하나님의 뜻과는 멀어지는 삶을 살게 된 것이다.

왜 이런 일이 발생한 걸까? 첫째는 사람들이 자신의 정체성을 망각한 것 때문이다. 사도 바울의 지체론에서도 알 수 있듯이 예수 그리스도가 머리라고 하셨고 사람들은 팔이나 발 등 몸의 일부를 담당한다. 그런데 사람이 머리가 되고자 한다면 그것은 자신에게 맡겨진 역할을 마다하고 하나님처럼 되겠다는 것을 의미한다. 사람에게 부여된 자유는 모든 피조물 가운데 가장 상위에 두신 것이지 하나님과 동급으로까지 허락한 것은 아니다. 그것은 무지하거나 오해에서 비롯된다.

무지나 오해는 잘못된 정보나 부분적인 지식에 근거하기 때문이다. 선악과를 따 먹음으로써 하나님을 배신 한 것은 사탄의 잘못된 정보와 부분적인 지식에 의존한 탓이다. 모르거나 부족하거나 약하거나 하는 것은 잘못된 것이 아니다. 그것을 인정하지 않을 때 문제가 된다. 하나님은 약한 자를 강하게 하시고 넘어진 자를 일으켜 세우시는 분이시다. 오히려 약함을 자랑하고 하나님을 부르는 사람을 하나님은 더 좋아하신다. 사도 바울도 그런 복음의 본질을 놓치지 않고 하나님의 뜻을 전했다.

그 잃어버린 자를 내가 찾으며 쫓기는 자를 내가 돌아오게 하며 상한 자를 내가 싸매 주며 병든 자를 내가 강하게 하려니와 살진 자와 강한 자는 내가 없애고 정의대로 그것들을 먹이리라. (에스겔 34:16)

또 형제들아 너희를 권면하노니 게으른 자들을 권계하며 마음이 약한 자들을 격려하고 힘이 없는 자들을 붙들어 주며 모든 사람에게 오래 참으라. (데살로니가전서 5:14)

약한 모습이 나쁘다는 선입관을 갖는 것은 누군가와 이미 비교했다는 것을 의미한다. 그런데 사람은 같은 사람끼리도 혹은 다른 피조물과도 비교해서는 안 된다. 사람은 각 사람마다 고유의 정체성이 따로 있기 때문이다. 하나님 입장에서 볼 때 모든 피조물이 전체적으로 하나의 완성된 그림이다. 하나님이 원하는 그림이 완성되게 하려면 전체 그림에서 각자가 하나의 퍼즐 조각이 되어야 한다. 그 퍼즐 조각의 모양이 다 똑같으면 그림은 완성되지 못한다. 또 한 조각의 퍼즐만 없어져도 그림을 완성할 수 없다. 전체 속의 부분은 그런 취지에서 이해되어야 한다. 하나님과 사람이 언약함으로써 역사가 시작되었다는 점을 잊어서는 안 된다.

> 여호와 하나님이 그 사람에게 명하여 이르시되 동산 각종 나무의 열매는 네가 임의로 먹되 선악을 알게 하는 나무의 열매는 먹지 말라 네가 먹는 날에는 반드시 죽으리라 하시니라.(창세기 2:16~17)

약속은 현재 할 수 있지만, 약속이 이루어졌느냐의 여부는 미래의 일이다. 아무리 서로 의견일치를 보았다고 하더라도 그것이 이행되었는지는 서로 지켜보며 기다릴 수밖에 없다. 계약이 성사되었는데 어느 한쪽이 계약대로 이행하지 않는다면 계약은 파기될 수밖에 없고 계약을 어긴 쪽에서 불이익을 감수해야 한다. 간혹 만남의 약속을 해놓고 그 장소에 나오지 않고 전화기까지 꺼져 있는 경우가 있다.

여기서 문제가 되는 경우는 신뢰다. 약속은 언제나 어떤 내용으로든 가능하지만, 그 약속의 이행 여부에 따라 관계가 달라진다. 그것은 신뢰할 수 있는 관계냐 아니면 신뢰할 수 없는 관계냐 둘 중 하나다. 이는 일반사회에서만이 아니라 하나님과의 관계에서도 마찬가지다. 유대인들이 그랬고, 기독교 역사가 그랬으며 심지어 예수님의 제자들도 그랬다. 사람이 일방적으로 신뢰를 저버린 것이다.

'불확실성'은 잠재적 가능성을 내포하기도 하지만, 부정적 결과를 낳을 수 있다는 위험 요소를 내재하고 있다. 그런 상황에서 질서를 유지하는 것이 '믿음'이다. 어지러운 상황을 벗어나 새로운 질서를 확립하기 위해서도 신뢰 회복은 필수적이다. 과학도, 철학도, 어떤 학문이나 기술도 신뢰 없이 세상을 구할 수 있는 것은 없다. 세상을 움직이고 발전시키는 가장 기본적인 동력은 믿음이다. 세상이 물리적인 요소들에 의해서만 움직이는 것이 아니기 때문이다. 그리고 세상의 많은 영역에서 사람의 영향력이 적지 않기 때문에 사람들의 생각이나 행동은 매우 중요하다.

그것들을 설명해주는 좋은 사례가 있는데 플라시보 효과Placebo effect와 노세보 효과
Nocebo effect다. 1955년 보스턴 메사추세츠 제너럴 호스피탈의 마취과 과장인 비처H. K.
Beacher는 파워풀 플라시보Powerful Placebo라는 제목의 논문을 발표했다. 이 논문에서 비
처는 환자들의 3분의 1이 본질적으로 아무런 조치도 하지 않은 상태에서 치유된
것을 증거로 제시했다. 이와 함께 20건 이상의 임상 사례들에 관한 자신의 견해를
밝혔다. 이 현상을 설명하는 데 사용된 용어가 플라시보 반응Placebo response 혹은 플라
시보 효과였다. 라틴어인 'Placebo플라시보'는 초기 기독교에서 예배드릴 때 읽는 성
경 시편 16편 9절의 일부를 사용하는 것에서 유래한다.

> 내가 여호와를 항상 내 앞에 모심이여 그가 나의 오른쪽에 계시므로 내가 흔들리
> 지 아니하리로다. 이러므로 나의 마음이 기쁘고 나의 영도 즐거워하며 내 육체도
> 안전히 살리니(시편 16:8~9)

비록 이 구절의 라틴어와 히브리어 번역과 관련해서는 일부 논쟁이 있기는 하
지만, 플라시보라는 단어 자체는 영향을 받고 있지 않으며 일반적으로 "나는 기쁘
게 할 혹은 기쁘게 될 것이다will/shall please"로 번역되었다.[151] 의사가 환자를 속이는 것
에 초점을 맞추어서는 안 된다. 믿음이 심리적으로 안정을 가져오며 그것이 신체
에도 영향을 미친다는 사실에 주목해야 한다.

하나님의 사랑과 선하심을 믿고 구하면 실제로 그런 일이 일어나는 것이 과연
우연으로만 취급할 일인가? 인간에게는 이미 치유 동인動因이 주어져 있다는 사실
이다. 그 에너지는 믿음이다. 믿음이 긍정적인 화학작용으로 이어진다는 것을 말
해준다. 만약 목숨이 위협받을 수 있다고 생각한다면 부정적으로 작용하여 반대
결과를 가져올 수도 있다. 이런 상태가 바로 노세보 효과다. 말하자면 부정적인
믿음대로 되는 것이다.

의학은 왜 이런 효과가 존재하는지 완전하게 이해하지 못하고 있다. 그런 현상
이 있다는 것만 밝힌 것이다. 의심할 여지없이 인간의 육체와 삶의 질은 우리가 무
엇을 믿고 있느냐와 밀접한 관계가 있다. 우리가 알 수 없는 현상들을 접할 때 우
리는 간단하게 기적이라고 말한다. 그렇다면 기적이라는 경계선은 어디일까? 우
리가 이해할 수 없는 모든 것을 기적이라고 불러야 할까? 그렇다면 세상은 온통

기적으로 가득 차 있다. 그 기적이 긍정적으로 다가오면 행운幸運이라 부르고 부정적으로 다가오면 불운이라고 치부하고 말 것인가? 거기에는 믿음이 깊이 작용하고 있다는 것을 알 수 있다.

예수님께서 한창 치유 사역을 하고 계실 때의 이야기다. 예수님이 가버나움에 들어가셨을 때의 일이다. 한 백부장이 예수님께 나와서 하는 말이 자신의 하인이 중풍병에 걸려 집에 누워 고생한다고 아뢰었다. 예수님은 고쳐주겠다고 말씀하셨다. 백부장은 예수님이 직접 가실 필요 없이 여기서 말씀만 하셔도 낫지 않겠냐고 말했다. 그의 변론은 다음과 같다. "나도 남의 수하에 있는 사람이요 내 아래에도 군사가 있으니 이 더러 가라 하면 가고 저 더러 오라 하면 오고 내 종더러 이것을 하라 하면 하나이다"(마태복음 8:9)고 말했다.

예수님은 그 말을 듣고 깜짝 놀라셨다. 왜냐하면 그는 예수님에 대해 너무나 잘 알고 있었고 믿음의 본질에 대해 제대로 이해했기 때문이다. 예수님은 감격해서 "내가 진실로 너희에게 이르노니 이스라엘 중 아무에게서도 이만한 믿음을 보지 못하였노라"(마태복음 8:10)고 칭찬하셨다. 예수님은 그의 믿음을 보시고 "네가 믿은 대로 될지어다"(마태복음 8:13)라고 말씀하셨고 그 백부장의 하인은 즉시 나았다.

또 열두 해 동안이나 혈루증으로 고생한 여자가 예수님 뒤로 와서 그 겉옷을 만진 적이 있다. 그 여인은 예수님 겉옷만 만져도 나을 것 같은 믿음이 있었다. 그녀의 심중을 헤아리신 예수님은 그녀를 향해 돌아보시고 "딸아 안심하라 네 믿음이 너를 구원하였다"(마태복음 9:22)라고 말씀하셨고 그 즉시 구원받았다. 예수님에 관한 소식을 들은 맹인들이 예수님을 향해 "다윗의 자손이여 우리를 불쌍히 여기소서"하며 고쳐주실 것을 호소했다. 그때 예수님은 그들의 눈을 만져 주시며 이번에는 "나았다"라고 말씀하시지 않았다. "믿음대로 되라"고 말씀하셨다.

> 예수께서 집에 들어가시매 맹인들이 그에게 나아오거늘 예수께서 이르시되 내가 능히 이 일 할 줄을 믿느냐 대답하되 주여 그러하오이다 하니 이에 예수께서 그들의 눈을 만지시며 이르시되 너희 믿음대로 되라 하시니 그 눈들이 밝아진지라 예수께서 엄히 경고하시되 삼가 아무에게도 알리지 말라 하셨으나(마태복음 9:28~30)

성경에는 '믿음'이 한 사람의 운명을, 한 나라의 흥망성쇠를 결정짓는 사례를 얼마든지 찾아볼 수 있다. 사람들 특히 과학적 사고방식에 익숙한 사람들은 실체가 없어 보이는 믿음이라는 영역에 대해 그다지 관심을 기울이지 않았다. 중요한 것은 인류의 역사, 개인의 역사가 실패로 끝나는 것은 결국 믿음의 상실 때문이라는 것을 부인할 수 없다.

태초에 에덴동산에서 추방당해야만 했던 것도 믿음을 저버렸기 때문이다. 부부가 이혼하는 이유도 서로 신뢰를 잃어버렸기 때문이다. 금융기관으로부터 신용불량자가 되는 이유도 제 때에 이자를 갚지 못하기 때문이다. 정치인들이 탈당하여 자신의 유리한 입지를 위해 찾아가는 사람들을 가리켜 배신자背信者라고 부른다. '믿음을 저버리고 돌아선 자'라는 뜻이다. 믿음은 우리가 인정하든 하지 않든 우리 생활에서 가장 중요한 덕목 가운데 하나다.

철학자 쇠렌 키에르 케고르Kierkegaard는 믿음에 관한 중요한 말을 남겼는데, "바보가 되는 두 가지 길이 있다. 하나는 진실이 아닌 것을 믿는 것이며, 다른 하나는 진실을 믿기를 거부하는 것이다." 그런 면에서 보면 인간은 누구나 바보스러운 짓을 하며 살고 있다. 성서에 의하면 믿음은 씨앗에 비유하고 사랑은 그 열매에 비유한다. 그런데 사랑이라는 열매가 가장 중요한 것처럼 읽히는 구절이 있다.

> 그런즉 믿음, 소망, 사랑, 이 세 가지는 항상 있을 것인데 그 중의 제일은 사랑이라.(고린도전서 13:13)

여기서 교훈은 믿음과 소망과 사랑의 우선순위를 가리자는 것이 아니다. 믿음이 소망과 사랑까지 이어져 열매를 거두어야 의미가 있다. 씨앗이 뿌려졌는데 열매를 거두지 못한다면 씨앗을 뿌린 의미가 퇴색해버리는 것이다. 또 씨앗이 없는데 무슨 열매를 기대할 수 있겠는가? 그처럼 각각의 존재도 중요하고 상호 관계성도 중요하다는 것을 가르쳐주고 있다. 사랑은 하나님의 정체성이고 하나님 나라의 법이다. 또 우리가 도달해야만 하는 목표이자 삶의 법칙이다. 거기에 도달하기 위해서는 믿음이라는 디딤돌이 반드시 필요하다.

> 믿음이 없이는 하나님을 기쁘시게 하지 못하나니 하나님께 나아가는 자는 반드시 그가 계신 것과 또한 그가 자기를 찾는 자들에게 상주시는 이심을 믿어야 할지니라.(히브리서 11:6)

너는 마음을 다하여 여호와를 신뢰하고 네 명철을 의지하지 말라. 너는 범사에 그를 인정하라 그리하면 네 길을 지도하시리라.(잠언 3:5~6)

하나님이 창조하신 모든 피조물은 사랑이라는 에너지를 받고 창조되었다. 그 사실을 인정하지 않으면 사랑으로 화답할 수 없다. 사랑하기 이전에 믿음이라는 단계가 필요한 것이다. 하나님은 사랑할 것을 가르치면서도 믿음의 중요성을 강조하셨고 믿음 없는 자들을 향하여 질타叱咤하셨다.

예수께서 이르시되 죽은 자들이 그들의 죽은 자들을 장사하게 하고 너는 나를 따르라 하시니라. 배에 오르시매 제자들이 따랐더니 바다에 큰 놀이 일어나 배가 물결에 덮이게 되었으되 예수께서는 주무시는지라. 그 제자들이 나아와 깨우며 이르되 주여 구원하소서 우리가 죽겠나이다. 예수께서 이르시되 어찌하여 무서워하느냐 믿음이 작은 자들아 하시고 곧 일어나사 바람과 바다를 꾸짖으시니 아주 잔잔하게 되거늘(마태복음 8:22~26)

믿음과 사랑의 관계를 가르쳐주는 말씀이 있는데 예수님이 공생애를 시작하시면서 제자들에게 가장 먼저 설교하신 내용이다. 이른바 '산 위에서의 가르침'이라는 의미로 어거스틴Augustine이 처음 사용한 말로 산상수훈山上垂訓이라고 부른다. 예수님의 설교는 대부분 삶의 현장에서 이루어졌는데 이 산상수훈은 구약시대 모세가 시내산에서 십계명을 받은 것에 대응할만한 사건으로 예수님의 가르침은 신약시대의 새로운 법을 선포하는 것으로 일종의 '기독교 대헌장' 같은 위상을 부여할 수 있다.

심령이 가난한 자는 복이 있나니 천국이 그들의 것임이요. 애통하는 자는 복이 있나니 그들이 위로를 받을 것임이요. 온유한 자는 복이 있나니 그들이 땅을 기업으로 받을 것임이요. 의에 주리고 목마른 자는 복이 있나니 그들이 배부를 것임이요. 긍휼히 여기는 자는 복이 있나니 그들이 긍휼히 여김을 받을 것임이요. 마음이 청결한 자는 복이 있나니 그들이 하나님을 볼 것임이요. 화평하게 하는 자는 복이 있나니 그들이 하나님의 아들이라 일컬음을 받을 것임이요. 의를 위하여 박해를 받은 자는 복이 있나니 천국이 그들의 것임이라. 나로 말미암아 너희를 욕하고 박해하고 거짓으로 너희를 거슬러 모든 악한 말을 할 때에는 너희에게 복이 있나니 기뻐하고 즐거워하라 하늘에서 너희의 상이 큼이라 너희 전에 있던 선지자들도 이같이 박해하였느니라.(마태복음 5:3~12)

중요한 것은 예수님은 이 같은 가르침을 행하면서도 "기뻐하고 즐거워하라"고 말씀하셨다는 점이다. 이것은 무슨 뜻일까? 마지못해 하는 것이 아니라 진심으로 받아들이고 즐기라는 의미이다. 이 같은 가르침을 행하는 자는 복이 있다고 가르치고 있지만, 사실 우리가 예수 그리스도를 믿음으로 영접하였고 복음을 받아들였다는 점에서 이미 복 있는 자인 것이다. 복을 받기 위해 이 같은 일을 하는 것이 아니라 복 받은 자로서 마땅히 해야 할 일이라고 믿는 것이 옳은 표현일 것이다. 산상수훈이 하나님과 인간 사이의 믿음과 사랑의 황금률을 말하는 것이라고 한다면 사람과 사람 사이의 황금률이라고 일컬어지는 말씀이 있다.

그러므로 무엇이든지 남에게 대접을 받고자 하는 대로 너희도 남을 대접하라 이것이 율법이요 선지자니라.(마태복음 7:12)

남을 대접하는 것이 사랑의 본질이라는 것을 가르쳐주셨다. 그 대접은 사랑을 뜻하는 것으로 이것이 율법이요 선지자라고 말씀하셨다. 결국 믿음은 먼저 하나님을 사랑하고 이어 이웃을 사랑하는 것으로 귀결된다.

예수께서 이르시되 네 마음을 다하고 목숨을 다하고 뜻을 다하여 주 너의 하나님을 사랑하라 하셨으니 이것이 크고 첫째 되는 계명이요 둘째도 그와 같으니 네 이웃을 네 자신 같이 사랑하라 하셨으니 이 두 계명이 온 율법과 선지자의 강령이니라.(마태복음 22:37~40)

어떤 이는 세상에 살면서 믿음 없이도 사랑 없이도 그럭저럭 행복을 누리며 살 수 있을지 모른다. 하지만 그것이 순간을 속이는 자기기만이라는 사실을 간과하고 있음을 깨달아야 한다. 예를 들어 그렇게 성공을 거두고 남부러울 것 없이 잘 산다고 하자. 천하를 얻고도 자기 목숨을 잃으면 무슨 소용이 있겠는가. 영혼 구원에 대한 문제의식 없이 인생의 행복을 논하는 것은 무의미하다. 인생에서 얻을 수 있는 참 기쁨은 예수 그리스도 안에 있을 때만이 유효하다. 그 비밀을 가르쳐 주시기 위해 예수 그리스도가 육신을 입고 이 땅에 오신 것이다.

> 내가 아버지의 계명을 지켜 그의 사랑 안에 거하는 것 같이 너희도 내 계명을 지키면 내 사랑 안에 거하리라. 내가 이것을 너희에게 이름은 내 기쁨이 너희 안에 있어 너희 기쁨을 충만하게 하려 함이라. 내 계명은 곧 내가 너희를 사랑한 것 같이 너희도 서로 사랑하라 하는 이것이니라.(요한복음 15:10~12)

참 기쁨의 실체는 무엇인가? 그것은 예수님의 십자가 복음의 결실로 얻게 되는 믿는 자들의 영적 축복이다. 예수 그리스도의 사랑 안에 거하는 것이다. 우리가 예수 그리스도를 믿는다는 것은 하나님의 새로운 계명인 '사랑의 법'을 지키며 사는 것을 말한다. 엄밀히 말하면, 내가 사랑하는 것이 아니라 예수 그리스도의 사랑이 나를 통해 흘러나오는 것으로 그것을 믿고 따르는 것을 말한다. 그리고 우리의 잔에서 흘러넘친 사랑이 이웃에게 흘러 들어가도록 하는 것이 우리의 역할이다. 그 사랑을 혼자 착복한 나머지 배달 사고가 나지 않아야 한다.

> 새 계명을 너희에게 주노니 서로 사랑하라 내가 너희를 사랑한 것 같이 너희도 서로 사랑하라.(요한복음 13:34)

천국은 용서받은 자들이 가는 곳이다. 그런데 그런 용서는 하나님이 먼저 하신 것이지만, 사람들 사이에서도 이루어지길 바라신 것이다. 용서는 사랑의 또 다른 표현이다.

> 그러므로 천국은 그 종들과 결산하려 하던 어떤 임금과 같으니 결산할 때에 만 달란트 빚진 자 하나를 데려오매 갚을 것이 없는지라 주인이 명하여 그 몸과 아내와 자식들과 모든 소유를 다 팔아 갚게 하라 하니 그 종이 엎드려 절하며 이르되 내게 참으소서 다 갚으리이다 하거늘 그 종의 주인이 불쌍히 여겨 놓아 보내며 그 빚을 탕감하여 주었더니 그 종이 나가서 자기에게 백 데나리온 빚진 동료 한 사람을 만나 붙들어 목을 잡고 이르되 빚을 갚으라 하매 그 동료가 엎드려 간구하여 이르되 나에게 참아 주소서 갚으리이다 하되 허락하지 아니하고 이에 가서 그가 빚을 갚

도록 옥에 가두거늘 그 동료들이 그것을 보고 몹시 딱하게 여겨 주인에게 가서 그 일을 다 알리니 이에 주인이 그를 불러다가 말하되 악한 종아 네가 빌기에 내가 네 빚을 전부 탕감하여 주었거늘 내가 너를 불쌍히 여김과 같이 너도 네 동료를 불쌍히 여김이 마땅하지 아니하냐 하고 주인이 노하여 그 빚을 다 갚도록 그를 옥졸들에게 넘기니라. 너희가 각각 마음으로부터 형제를 용서하지 아니하면 나의 하늘 아버지께서도 너희에게 이와 같이 하시리라. 이것은 하루아침에 나온 말씀이 아니다. 이미 구약시대에 예언되었던 내용으로 예수님은 그 예언을 실현하신 것이다. 예수님은 한 치의 오차도 없이 구약의 예언을 성취하셨고 하나님의 뜻에 온전히 순종함으로써 다 이루신 것이다.(마태복음 18:23~35)

올바른 신앙은 자기 뜻대로 사는 것이 아니라 하나님의 뜻을 헤아리며 순종하려는 자세로 삶을 통해 나타내는 것이어야 한다. 다만 그것이 짐이 되거나 구속이 되어서는 안 된다. 왜냐하면 예수님이 다 이루셨기 때문이다.

그 후에 예수께서 모든 일이 이미 이루어진 줄 아시고 성경을 응하게 하려 하사 이르시되 내가 목마르다 하시니 거기 신 포도주가 가득히 담긴 그릇이 있는지라 사람들이 신 포도주를 적신 해면을 우슬초에 매어 예수의 입에 대니 예수께서 신 포도주를 받으신 후에 이르시되 다 이루었다 하시고 머리를 숙이니 영혼이 떠나가시니라.(요한복음 19:28~30)

하나님의 말씀은 반드시 이루어진다. 그래서 우리는 성경 말씀에 의지하여 살아야 한다.

보라, 나는 오늘 온 세상이 가는 길로 가려니와 너희의 하나님 여호와께서 너희에게 대하여 말씀하신 모든 선한 말씀이 하나도 틀리지 아니하고 다 너희에게 응하여 그 중에 하나도 어김이 없음을 너희 모든 사람은 마음과 뜻으로 아는 바라. 너희의 하나님 여호와께서 너희에게 말씀하신 모든 선한 말씀이 너희에게 임한 것 같이 여호와께서 모든 불길한 말씀도 너희에게 임하게 하사 너희의 하나님 여호와께서 너희에게 주신 이 아름다운 땅에서 너희를 멸절하기까지 하실 것이라. 만일 너희가 너희의 하나님 여호와께서 너희에게 명령하신 언약을 범하고 가서 다른 신들을 섬겨 그들에게 절하면 여호와의 진노가 너희에게 미치리니 너희에게 주신 아름다운 땅에서 너희가 속히 멸망하리라 하니라. (여호수아 23:14~16)

그런 의미에서 산다는 것은 엄숙한 일이다. 남부럽지 않게 사는 것이 중요한 게 아니라 남부끄럽지 않게 사는 게 중요하다. 세상에는 이 같은 진리를 의식하지 않고도 얼마든지 편하고 즐겁게 살 수 있는 것처럼 느껴진다. 우리가 알고 있는 것이 전부가 아닐 수 있다는 점을 알아야 한다.

우리는 흔히 물질세계나 육체적인 삶이 끝난다는 것을 두고 '허무하다'는 말을 하곤 한다. 그 점에 대해서 이의를 제기할 사람은 없을 것이다. 그렇다면 모든 것이 끝나도 영혼이 남는다면 요컨대 영혼은 죽지 않는 실체라면 우리가 더 중시해야 할 것이 무엇일지 분명해진다. 예수 그리스도를 믿고 그 안에서 사랑한 것만 남는 것이다. 사도 바울은 고린도 교회에 보낸 서신에서 믿음과 사랑은 오직 예수 그리스도라는 터 위에 세워져야 한다고 가르친다.

이 닦아 둔 것 외에 능히 다른 터를 닦아 둘 자가 없으니 이 터는 곧 예수 그리스도라. 만일 누구든지 금이나 은이나 보석이나 나무나 풀이나 짚으로 이 터 위에 세우면 각 사람의 공적이 나타날 터인데 그 날이 공적을 밝히리니 이는 불로 나타내고 그 불이 각 사람의 공적이 어떠한 것을 시험할 것임이라. 만일 누구든지 그 위에 세운 공적이 그대로 있으면 상을 받고 누구든지 그 공적이 불타면 해를 받으리니 그러나 자신은 구원을 받되 불 가운데서 받은 것 같으리라. 너희는 너희가 하나님의 성전인 것과 하나님의 성령이 너희 안에 계시는 것을 알지 못하느냐. 누구든지 하나님의 성전을 더럽히면 하나님이 그 사람을 멸하시리라 하나님의 성전은 거룩하니 너희도 그러하니라. (고린도전서 3:11~17)

그러면서 사도 바울은 위대한 선포를 한다. 예수 그리스도를 믿는 사람은 누구든지 "하나님의 성전"이라는 사실이다. 그 성전 안에 성령이 임한다는 사실을 가르쳐준 것이다. 그러므로 우리의 몸과 마음을 거룩하게 해야 한다고 권면한다. 구약시대 성막, 성전은 무엇을 하였던 곳인가? 바로 하나님을 만나고 하나님께 제사를 지냈던 곳이다. 한 마디로 거룩한 장소를 뜻한다. 그런데 예수 그리스도의 십자가 보혈로 제사장만 들어갈 수 있었던 성소를 가로막았던 휘장이 찢어짐으로써 물리적인 성소 시대의 막을 내린 것이다.

> 예수께서 큰 소리를 지르시고 숨지시니라. 이에 성소 휘장이 위로부터 아래까지 찢
> 어져 둘이 되니라.(마가복음 15:37~38)

그 휘장은 예수 그리스도를 상징한다. 십자가에서 몸이 찢기므로 우리가 죄로
부터 율법으로부터 자유를 얻게 된 것을 상징한다.

> 그러므로 형제들아 우리가 예수의 피를 힘입어 성소에 들어갈 담력을 얻었나니 그
> 길은 우리를 위하여 휘장 가운데로 열어 놓으신 새로운 살 길이요 휘장은 곧 그의
> 육체니라.(히브리서 10:19~20)

우리 안에 성령이 계시기 때문에 이제 우리가 사는 것이 아니라 예수님 안에
서 믿음으로 사는 것이다. 우리의 예배는 장소와 시간을 구애받지 않고 누군가
(제사장 등)의 도움을 받지 않고도 성령의 도움으로 직접 하나님과 소통할 수 있게
된 것이다.

> 아버지께 참되게 예배하는 자들은 영과 진리로 예배할 때가 오나니 곧 이때라 아버
> 지께서는 자기에게 이렇게 예배하는 자들을 찾으시느니라. 하나님은 영이시니 예
> 배하는 자가 영과 진리로 예배할지니라.(요한복음 4:23~24)

그 과정에서 소통 수단은 역시 믿음과 사랑이다.

> 피차 사랑의 빚 외에는 아무에게든지 아무 빚도 지지 말라 남을 사랑하는 자는 율
> 법을 다 이루었느니라.(로마서 13:8)

흔히 믿음의 사람들에게 사랑하라고 하면 겁부터 먹는 경향이 있다. 아마도 인
류를 향한 예수 그리스도의 사랑을 떠올리기 때문이다. 예수님이 유대인들에게 온
갖 모욕을 받으시고 십자가에서 겪으신 고난을 연상하기 때문이다. 그런 사랑은
어차피 우리에게 기대도 하지 않으신다. 왜냐하면 그런 사랑을 할 수 있는 사람은

아무도 없기 때문이다. 사람이 스스로 알아서 하나님을 섬기고 의인이 될 수 없음을 잘 알고 계신 하나님이 우리에게 그것들을 바라실 리 없다.

> 기록된 바 의인은 없나니 하나도 없으며 깨닫는 자도 없고 하나님을 찾는 자도 없고 다 치우쳐 함께 무익하게 되고 선을 행하는 자는 없나니 하나도 없도다.(로마서 3:10~12)

중요한 것은 그런 사랑이 존재한다는 것을 알고 그런 사랑을 예수 그리스도께서 이루셨다는 것을 믿는 것이 중요하다. 그 사랑을 지향하며 사는 것이 중요하다. 왜냐하면 사랑은 하나님의 정체성이자 하나님 나라의 법이기 때문이다. 우리는 도저히 갚을 수 없는 사랑의 빚을 졌다. 그렇다고 예수 그리스도는 그 빚을 갚으라고 독촉하지 않으신다. 우리가 예수님에게 받은 사랑을 빚이라고 생각하지 않으시기 때문이다. 그 빚은 예수님께 돌려드리는 것이 아니라 이웃에게 또 복음을 접하지 못한 자들에게 나누어주어야 한다.

> 피차 사랑의 빚 외에는 아무에게든지 아무 빚도 지지 말라 남을 사랑하는 자는 율법을 다 이루었느니라.(로마서 13:8)

> 그 때에 임금이 그 오른편에 있는 자들에게 이르시되 내 아버지께 복 받을 자들이여 나아와 창세로부터 너희를 위하여 예비된 나라를 상속받으라. 내가 주릴 때에 너희가 먹을 것을 주었고 목마를 때에 마시게 하였고 나그네 되었을 때에 영접하였고 헐벗었을 때에 옷을 입혔고 병들었을 때에 돌보았고 옥에 갇혔을 때에 와서 보았느니라. 이에 의인들이 대답하여 이르되 주여 우리가 어느 때에 주께서 주리신 것을 보고 음식을 대접하였으며 목마르신 것을 보고 마시게 하였나이까. 어느 때에 나그네 되신 것을 보고 영접하였으며 헐벗으신 것을 보고 옷 입혔나이까. 어느 때에 병드신 것이나 옥에 갇히신 것을 보고 가서 뵈었나이까 하리니 임금이 대답하여 이르시되 내가 진실로 너희에게 이르노니 너희가 여기 내 형제 중에 지극히 작은 자 하나에게 한 것이 곧 내게 한 것이니라 하시고(마태복음 25:34~40)

하나님이 주신 모든 것은 은혜의 선물이라고 한다. 무거운 짐은 예수님이 모두

지셨으니 우리는 아주 가벼운 짐만 짊어지면 된다.(마태복음 11:28~30) 어느 부모가 갓난아기한테 젖을 먹이지 않고 일해야 주겠다고 할 것이며 또 어린아이에게 윽박지르며 밥을 알아서 차려 먹으라고 하겠는가? 잘 차려진 밥상에서 우리가 수저와 젓가락을 들고 맛있게 먹으면 된다. 그것이 하나님이 우리에게 바라시는 사랑이다. 하나님의 사랑은 아무런 대가代價 없이 주시는 은혜의 선물이다.

> 만일 은혜로 된 것이면 행위로 말미암지 않음이니 그렇지 않으면 은혜가 은혜 되지 못하느니라.(로마서 11:6)

사도 바울은 하나님이 주신 은혜의 선물이라는 의미를 깨닫고 하나님의 일꾼이 되었다고 고백한다.(에베소서 3:7) 성경의 맨 마지막 구절도 주 예수 그리스도의 은혜가 모든 사람에게 있기를 기도한다.(요한계시록 22:21) 우리의 인생은 하나님 은혜 없이는 살 수 없다. 사도 바울은 당시 각 교회와 성도들에게 한결 같이 예수 그리스도의 은혜가 함께하기를 기도했다.

> 우리 하나님 아버지와 주 예수 그리스도로부터 은혜와 평강이 있기를 원하노라.(갈라디아서 1:3)

일반적으로 건강하고 부족함 없이 사는 사람들에게 은혜는 그다지 공감되지 않을 수도 있다. 성경은 "고난이 유익"(시편 119:71)이라고 말씀하신다. 왜냐하면 고난을 통해서 당연하게 여겼던 것들이 비로소 모두 은혜라는 것을 깨달을 수 있기 때문이다. 호흡이 어려워 산소 마스크를 써보지 않은 사람은 정상적으로 호흡하는 것이 얼마나 고마운 일인지 실감 나지 않을 수 있다. 또 다리를 다치거나 몸이 안 좋아 걸을 수 없을 때 평소 두 발로 걸을 수 있는 것이 얼마나 은혜로운 일인지 알 수 있다. 몸살감기로 미음도 넘기기 어려울 지경에 이르렀을 때 하루 두 세끼 맛있게 먹는 끼니가 얼마나 감사한 일인지 새삼 느끼게 된다.
우리 주변에서 그런 현상들을 어렵지 않게 경험한다. 아무 거리낌 없이 마셨던 물, 당연하게 여기고 들이마셨던 공기, 시절을 따라 계절의 변화가 주는 즐거움 등이 더 이상 당연한 일이 아니다. 온갖 환경이 오염되고 변화하고 있기 때문이다. 그런데 여전히 그런 상황에 대해 둔감하다는 것이 더 큰 문제다. 세상에는 수치羞恥

로 인식해야 할 문제가 있고 이성으로 접근해야 할 일이 있으며 옳고 그름의 문제로 받아들여야 할 사안이 있다.

과학적 사고가 가장 확실하다고 생각할지 모르지만, 수치나 실험 결과만을 가지고 말할 수 없는 것들이 세상에는 훨씬 더 많다. 철학적 사고가 가장 합리적이라고 생각할지 모르지만, 합리적으로 설명할 수 없는 것들이 세상에는 너무 많다. 문학적 사고가 사람들의 공감을 얻는 데 가장 효과적이라고 생각할 수도 있지만, 감성은 현실 앞에서 가장 무너지기 쉬운 것 가운데 하나이다. 예술적 사고가 가장 아름다운 삶의 표현이라고 생각할 수도 있지만, 그것은 잠시 잠깐이면 유행처럼 흘러가 버린다. 이런 인간의 이성에 의한 성과들이 모두 자신의 능력이라고 생각할 수 있지만, 창작의 어려움을 겪어본 사람이라면 자신의 한계를 인정할 수밖에 없다.

어느 순간 자신의 에너지가 외부로부터 주어지는 어떤 영감Inspiration에 의한 것이라는 사실을 깨달을 때 비로소 모든 것이 은혜라는 사실을 인정하며 감사하지 않을 수 없다. 그것을 깨달으면 인간이 하찮게 느껴진다. 그런 은혜가 행운처럼 일과성으로 끝나는 것이 아니라 창조주의 일관된 사랑의 에너지라는 것을 알게 되면 인간이 얼마나 고귀한 존재인지 알게 된다. 이런 사실을 깨달을 때 자기 스스로 모든 것을 할 수 있다고 생각하지 않을 뿐 아니라 모든 것을 혼자 해보겠다고 발버둥 치지도 않을 것이다.

그런 사람은 창조주 하나님을 인정하고 그분으로부터 공급받는 것을 즐거워한다. 그것들이 자기 혼자만의 것이 아니라는 것도 잘 알기 때문에 더불어 사는 것에 익숙해진다. 모든 것을 대립이나 반목으로 바라보아서는 안 된다. 태초에 하나님이 창조한 모든 것은 보시기에 좋았다. 그것을 균형 있고 조화롭게 유지할 때 자유로운 가운데 은혜와 평강을 누릴 수 있다. 그것이 인간을 향한 하나님의 은혜이고 축복이다. 그것에 반응하여 전적으로 예수 그리스도를 믿고 사랑하며 사는 것이 하나님이 바라시는 참다운 영적 예배이다.

에덴동산의 풍경과 골고다 언덕의 풍경

푸른 나무에도 이같이 하거든 마른 나무에는 어떻게 되리요 하시니라.

(누가복음 23:31)

For if they do this when the wood is green tree,

what will happen when it is dry?

마티아스 구뤼네발트Matthias Grünewald, 1470-1528는 16세기에 활동한 독일의 화가이다. 알브레히트 뒤러와 같은 세대이지만 르네상스라기보다는 말기 고딕 화가로 여겨진다. 이 그림은 이젠하임 제단화Altarpiece 祭壇畫 가운 데 〈작은 십자가 처형〉이라는 작품이다. 제단화는 주로 나무 또는 캔버스에 그려진 패널화로 구성되며, 중세시대에는 이런 형식이 일반적인 장르 가운데 하나였다. 이 제단화는 스트라스부르 근교의 이젠하임 에 있는 안토니오 수도원의 주문으로 여러 장의 패널로 제작되었고, 수도원 병원에 있는 환자들에게 위로

를 주기 위한 것이었다. 이 그림을 통해 고통 받는 예수님과 성인들의 모습을 보면서 환자들이 용기를 얻기를 바랐던 것이다. 이 그림은 세 폭 제단화로 날개를 이중으로 열 수 있다. 모두 닫힌 상태에는 중앙에 십자가 처형 장면이 있고, 양 날개의 패널에 성 세바스티아노와 이집트의 성 안토니오가 있다. 가장 중심이 되는 십자가 처형을 보면 중심에 상처투성이의 예수님이 계신다. 성모 마리아는 순결을 상징하는 흰옷을 입고 슬픔을 가누지 못한 채 뒤로 쓰러지자 사도 요한이 마리아를 부축하고 있다. 예수님께서는 숨을 거두시기 직전에 요한에게 어머니를 부탁했다. 막달라 마리아는 향유를 앞에 두고 예수님을 바라보며 오열하고 있다. 예수님의 머리 위에는 "유대인의 왕, 나사렛 예수JESUS NAZARENUS REX IUDAEORUM"라는 명패의 약자인 INRI가 쓰여 있다. 숨을 거두기 전의 고통을 말해주듯 예수님의 몸은 심하게 뒤틀려 있다. 피투성이의 가시관과 채찍에 의한 상처, 비틀린 팔과 고개를 떨군 채 몸을 가누지 못하시는 모습은 예수님의 고통이 어느 정도였는지를 말해주고 있다. 예수님 오른쪽에 있는 세례 요한은 성경을 들고 손가락으로 예수님을 가리키고 있다. 그의 팔 뒤 벽에는 붉은 글귀가 있는데, 그 내용은 "그는 흥하여야 하겠고 나는 쇠하여야 하리라"(요한복음 3:30)이다. 그의 발 앞에는 어린양이 십자가를 지고 있다. 예수님은 "세상 죄를 지고 가는 하나님의 어린 양"(요한복음 1:29)이기 때문이다.

예수 그리스도를 제대로 아는 것은 매우 중요하다. 우리의 생명과 관련이 있고 인류의 미래와 깊은 관계가 있기 때문이다. 하나님이 우리를 어떤 존재로 여기시고 있고 예수님이 우리를 위해 어떤 일을 하셨는지를 알아야 한다.

> 너희는 그 은혜에 의하여 믿음으로 말미암아 구원을 받았으니 이것은 너희에게서 난 것이 아니요 하나님의 선물이라. (에베소서 2:8)

한편, 예수님으로부터 직접 가르침을 받은 제자가 아니었고 오히려 예수 그리스도를 믿는 성도들을 핍박했던 바울(사울의 개명 후 이름)은 여전히 같은 일을 하기 위해 다메섹으로 가는 도중에 예수 그리스도를 환상으로 만나게 되어 극적으로 회심한 사람이다. 그런 그가 완전히 새로운 사람으로 변모하여 신약성서 27권 가운데 13권을 쓸 정도로 대단한 예수님의 제자가 되었다.

그는 그동안 유대인들을 중심으로 복음을 전하던 열두 제자들과는 달리 이방인들에게 복음을 전하는 일에 혼신을 다 바쳤다. 말하자면 예수님은 이스라엘의 왕일 뿐 아니라 만국의 왕이라는 것을 선포하고 그를 위해 땅끝까지 복음을 전하기 위해 전력을 다했던 사람이다. 그가 얼마나 진심이었는지 빌립보 그리스도인들에게 보낸 서신에 잘 나타나 있다.

> 내가 예수 그리스도의 심장으로 너희 무리를 얼마나 사모하는지 하나님이 내 증인
> 이시니라.(빌립보서 1:8)

그의 신앙고백들을 보면 그가 얼마나 예수 그리스도를 제대로 알았고 깨달았는
지 알 수 있다.(디모데전서 1:13~15) (빌립보서 3:8) 예수 그리스도는 자신이 하나님이라
는 것을 밝히셨다. 빌립이 예수 그리스도께 하나님 아버지를 보여달라고 했다. 예
수 그리스도는 나를 본 자는 어버지를 보았다고 말씀하셨다.

> 예수께서 이르시되 빌립아 내가 이렇게 오래 너희와 함께 있으되 네가 나를 알지
> 못하느냐 나를 본 자는 아버지를 보았거늘 어찌하여 아버지를 보이라 하느냐 내가
> 아버지 안에 거하고 아버지는 내 안에 계신 것을 네가 믿지 아니하느냐 내가 너희
> 에게 이르는 말은 스스로 하는 것이 아니라 아버지께서 내 안에 계셔서 그의 일을
> 하시는 것이라. 내가 아버지 안에 거하고 아버지께서 내 안에 계심을 믿으라 그렇
> 지 못하겠거든 행하는 그 일로 말미암아 나를 믿으라.(요한복음 14:9~11)

성부, 성자, 성령은 한 분이시다. 예수 그리스도는 성자로서 이 땅에 오신 것이
다. 예수 그리스도께서 십자가의 죽음과 부활 이후 승천하신 후 성령을 우리에게
보내주시기로 약속하셨고 약속대로 성령이 오셨다. 지금 우리는 성령의 도우심
가운데 살고 있다.(요한복음 14:18) (요한복음 14:26) 예수 그리스도께서는 우리의 구원
과 평안을 위해 십자가에 달리셨다. 우리는 그분을 향한 믿음으로 말미암아 구원
과 평안을 누릴 수 있다.(요한복음 14:27) (로마서 10:10~13) 에덴동산을 다시 떠올려보
자. 선악과를 따 먹은 후 사람에게는 죽음이 들어왔고 두려움이라는 것이 생겼다.
그 죽음과 두려움을 없애주시기 위해 예수 그리스도께서 성육신成肉身으로 오셔서
십자가에서 모든 것을 다 이루신 것이다.

> 예수께서 신 포도주를 받으신 후에 이르시되 다 이루었다 하시고 머리를 숙이니 영
> 혼이 떠나가시니라.(요한복음 19:30)

당시 대제사장을 비롯한 유대인들은 예수 그리스도를 십자가에 못 박을 것을
외쳤다. 정작 재판관인 빌라도 총독은 예수로부터 아무런 죄도 찾지 못했다고 말

했다.(요한복음 19:4) 유대인들이 예수 그리스도를 죄인으로 여긴 것은 예수 그리스도가 자신을 하나님의 아들이라고 했다는 것이다. 유대인들의 함성이 커지자 빌라도도 어쩔 수 없이 십자가에 넘겨주었다. 유대인들은 자신들을 구하러 온 하나님의 아들을 죽이는 어처구니없는 일을 저지른 것이다.

> 유대인들이 대답하되 우리에게 법이 있으니 그 법대로 하면 그가 당연히 죽을 것은 그가 자기를 하나님의 아들이라 함이니이다.(요한복음 19:7)

골고다 언덕의 십자가 풍경을 떠올려보자. 예수님을 사이에 두고 두 행악자가 있었다.(누가복음 23:32~33) 두 행악자 중 한 명은 예수님을 영접함으로써 구원받았다. 십자가상에서 예수 그리스도를 알아봤고 믿었기 때문이었다.

> 달린 행악자 중 하나는 비방하여 이르되 네가 그리스도가 아니냐 너와 우리를 구원하라 하되 하나는 그 사람을 꾸짖어 이르되 네가 동일한 정죄를 받고서도 하나님을 두려워하지 아니하느냐 우리는 우리가 행한 일에 상당한 보응을 받는 것이니 이에 당연하거니와 이 사람이 행한 것은 옳지 않은 것이 없느니라 하고 이르되 예수여 당신의 나라에 임하실 때에 나를 기억하소서 하니 예수께서 이르시되 내가 진실로 네게 이르노니 오늘 네가 나와 함께 낙원에 있으리라 하시니라.(누가복음 23:39~43)

사람과 사람 사이에 예수 그리스도가 있었다. 한 사람은 구원받았고 나머지 한 사람은 구원받지 못했다. 그것은 세상에 아무리 몹쓸 행악자라도 믿기만 하면 구원받을 수 있고 마지막 죽기 직전이라도 관계없다. 누구에게나 구원의 길이 열려 있음을 말해준다. 예수 그리스도의 십자가 죽음은 인간적인 발상으로는 억울하기 짝이 없는 일이지만, 하나님의 예언과 성취라는 측면에서 보면 성경 말씀대로 이루어진 것이다.

> 그 후에 예수께서 모든 일이 이미 이루어진 줄 아시고 성경을 응하게 하려 하사 이르시되 내가 목마르다 하시니 거기 신 포도주가 가득히 담긴 그릇이 있는지라 사람들이 신 포도주를 적신 해면을 우슬초에 매어 예수의 입에 대니 예수께서 신 포도주를 받으신 후에 이르시되 다 이루었다 하시고 머리를 숙이니 영혼이 떠나가시

니라.(요한복음 19:28~30)

평화의 낙원인 에덴동산에서는 범죄로 인해 죽음이 들어 왔고 사망의 골짜기로 불리는 골고다 언덕에서는 한 사람의 죽음으로 인해 모든 사람이 사는 구원이 완성되었다. 성경에는 한 사람으로 인해 범죄가 세상에 들어왔고 또 다른 한 사람으로 인해 구원이 들어왔다고 가르쳐주고 있다.

그러므로 한 사람으로 말미암아 죄가 세상에 들어오고 죄로 말미암아 사망이 들어왔나니 이와 같이 모든 사람이 죄를 지었으므로 사망이 모든 사람에게 이르렀느니라. 죄가 율법 있기 전에도 세상에 있었으나 율법이 없었을 때에는 죄를 죄로 여기지 아니하였느니라. 그러나 아담으로부터 모세까지 아담의 범죄와 같은 죄를 짓지 아니한 자들까지도 사망이 왕 노릇 하였나니 아담은 오실 자의 모형이라. 그러나 이 은사는 그 범죄와 같지 아니하니 곧 한 사람의 범죄를 인하여 많은 사람이 죽었은즉 더욱 하나님의 은혜와 또한 한 사람 예수 그리스도의 은혜로 말미암은 선물은 많은 사람에게 넘쳤느니라. 또 이 선물은 범죄한 한 사람으로 말미암은 것과 같지 아니하니 심판은 한 사람으로 말미암아 정죄에 이르렀으나 은사는 많은 범죄로 말미암아 의롭다 하심에 이름이니라. 한 사람의 범죄로 말미암아 사망이 그 한 사람을 통하여 왕 노릇하였은즉 더욱 은혜와 의의 선물을 넘치게 받는 자들은 한 분 예수 그리스도를 통하여 생명 안에서 왕 노릇 하리로다. 그런즉 한 범죄로 많은 사람이 정죄에 이른 것 같이 한 의로운 행위로 말미암아 많은 사람이 의롭다 하심을 받아 생명에 이르렀느니라. 한 사람이 순종하지 아니함으로 많은 사람이 죄인 된 것 같이 한 사람이 순종하심으로 많은 사람이 의인이 되리라.(로마서 5:12~19)

기록된 바 첫 사람 아담은 생령이 되었다 함과 같이 마지막 아담은 살려 주는 영이 되었나니 그러나 먼저는 신령한 사람이 아니요 육의 사람이요 그 다음에 신령한 사람이니라. 첫 사람은 땅에서 났으니 흙에 속한 자이거니와 둘째 사람은 하늘에서 나셨느니라. 무릇 흙에 속한 자들은 저 흙에 속한 자와 같고 무릇 하늘에 속한 자들은 저 하늘에 속한 이와 같으니 우리가 흙에 속한 자의 형상을 입은 것 같이 또한 하늘에 속한 이의 형상을 입으리라.(고린도전서 15:45~49)

에덴동산에서 골고다 언덕까지의 이야기를 보면 죄짓는 사람이 있고 벌 받는 사람 따로 있는 형국이다. 거기에는 그럴만한 이유가 있다. 첫 번째 아담은 흙에서 왔기 때문에 흙으로 돌아가고 마지막 아담인 예수 그리스도는 하늘에서 온 영이므로 하늘로 돌아가는 것이다. 여기에 하나님의 비밀이 숨겨져 있다.

기록된 바 첫 사람 아담은 생령이 되었다 함과 같이 마지막 아담은 살려 주는 영이 되었나니 그러나 먼저는 신령한 사람이 아니요 육의 사람이요 그 다음에 신령한 사람이니라. 첫 사람은 땅에서 났으니 흙에 속한 자이거니와 둘째 사람은 하늘에서 나셨느니라. 무릇 흙에 속한 자들은 저 흙에 속한 자와 같고 무릇 하늘에 속한 자들은 저 하늘에 속한 이와 같으니 우리가 흙에 속한 자의 형상을 입은 것 같이 또한 하늘에 속한 이의 형상을 입으리라. (고린도전서 15:45~49)

사람들은 에덴동산에서 범한 죄를 왜 인류 전체가 뒤집어써야 하는가? 라고 반문할 수 있다. 그런데 생각해보자. 지금 상황도 에덴동산과 전혀 다르지 않다. 죄는 하나님을 알지 못하고 예수 그리스도를 믿지 않는 것을 말한다. 요컨대 예수 그리스도에 대한 불신이 바로 죄이다. 조건이 달라진 것은 없다. 여전히 하나님은 인간에게 자유의지를 허용하시고 인간의 선택을 존중한다. 다만 진리의 길을 제시하고 그 길로 갈 것을 가르쳐 주신다. 그 길이 바로 예수 그리스도이다. 그분의 십자가 사랑이 그것을 증명한다. 십자가의 사랑 말고 더 이상 무엇을 보여줘야 할까? 사랑을 깨닫지 못하면 믿음도 소망도 생기지 않는다. 그래서 사도 바울은 사랑이 가장 중요하다고 전한다.

그런즉 믿음, 소망, 사랑, 이 세 가지는 항상 있을 것인데 그중의 제일은 사랑이라. (고린도전서 13:13)

사람들은 유토피아를 꿈꾸지만, 사랑이 없는 낙원은 진정한 낙원이 아니다. 사랑할 생각은 전혀 하지 않으면서 사랑받을 생각만 하는 것이야말로 모순이 아니고 무엇이겠는가. 우리가 꿈꾸는 세상이 모두 행복하고 모두가 기뻐하는 세상이라면 사랑은 우리가 회복해야 할 가치이고 또 지향해야 할 목표이다. 그 사랑이 바로 하나님이시고 사랑으로 가득한 나라가 바로 하나님 나라이다. 그것이 진정한 낙원이다.

만약 생각은 동의하는데 생각대로 이루어지지 않는 일이 있다면 그것은 행동이 뒷받침해주지 못하기 때문일 것이다. 요컨대 하나님을 믿는다고 하면서도 삶이 혼돈과 공허에서 벗어나지 못한다면 돈, 권력, 명예, 과학기술, 철학, 예술 등이 하나님의 자리를 차지하고 있기 때문이 아닌지 성찰해보아야 한다.

우리가 누리고 있는 많은 것들은 사람들이 고안해서 만든 것들이다. 하지만 그것들의 원천적 기술이 어디서 왔는가를 생각해볼 필요가 있다. 예를 들어 달을 볼 수 있는 망원경을 만들었거나 달나라를 갈 수 있는 우주선을 만들었다고 자랑하지만, 인간이 달을 만들지는 못한다. 태양 에너지를 활용한 여러 가지 기술들을 자랑하지만, 태양을 만드신 분은 창조주 하나님이시다. 아무리 과학기술이 발전해도 인간이 원천적 재료를 만들어낸 것은 하나도 없다. 빛과 어둠, 하늘과 땅, 그리고 바다 등은 하나님이 특허권과 지적 재산권을 보유하고 있다.

사람들은 자기 출생의 비밀도 제대로 알지 못한 채 살아가고 있다. 고작해야 자신의 아버지와 어머니를 알고 선조들을 아는 것이 전부다. 자신이 어떻게 지금의 영혼과 육체를 형성하게 되었는지 부모에게 물어봐도 알 수 없고 산부인과를 찾아가도 알아낼 수 없다. 세상에는 허탄한 신화들로 가득 차 있다. 그런 신화들이 사람들의 주목을 끈 이유도 있을 것이다. 인류의 기원과 자신의 정체성을 알고 싶기 때문이 아니겠는가. 성경은 다른 신화들과는 전혀 다른 완성도를 보이고 있을 뿐 아니라, 전인적 품성과 절대적인 사랑을 보유한 유일한 예수님 이야기를 담고 있다.

성경을 단순한 신화 가운데 하나로 취급하기에는 역사성, 말씀의 신뢰성, 영성 등 모든 면에서 탄탄한 이야기와 증거들을 가지고 있다. 그렇다고 미심쩍어하는 분들이 있을 수 있다는 점을 이해 못하는 바는 아니다. 보이지 않는 것들을 인정하는 일은 '믿음'의 문제이기 때문이다. 그래서 보고 느끼는 감각에 의존하는 것이 습관이 되어 있는 사람들에게는 믿음이라는 것이 쉽게 발동하지 못할 수 있다.

이를 풀어가기 위해서는 모든 창조의 근원이 말씀Logos이라는 점에 주목할 필요가 있다. 사람은 생각하는 존재이다. 생각이 언어를 통해 전달되고 그것이 명령이든 지침이든 모든 창조의 계획, 설계 과정에서 에너지로 변화한다. 다만, 하나님의 창조과정은 인간의 그것과는 달리 말씀이 바로 창조로 나타난다는 점이다. 사람은 창조과정에서 하나님의 형상을 닮게 창조되었다는 점에서 역설계를 통해 사

람을 연구해보면 하나님의 섭리를 어느 정도 이해할 수 있을 것이다.

> 태초에 말씀이 계시니라 이 말씀이 하나님과 함께 계셨으니 이 말씀은 곧 하나님
> 이시니라.(요한복음 1:1)

진화론주의자들은 사람을 영장류의 한 종류로 보고 있지만, 성서에서는 전혀 다른 입장을 취하고 있다. 사람은 하나님이 모든 피조물 가운데 가장 특별하게 창조된 피조물이다. 오히려 모든 피조물이 사람을 위해 창조되었다는 것을 알 수 있다. 인류의 발전사를 보면 인간의 능력이 과연 어디까지일지 가늠하기 힘들 정도로 지식혁명이 일어났다. 사람들은 그 원천기술의 저작권자인 하나님을 인정하려 들지 않는다. 많은 지식인들은 세상 학문으로 지식논쟁을 이어가고 있다. 그렇지만 그것으로는 어떤 결론도 내지 못하고 있다.

살면서 사람들이 쉽사리 받아들이지 못하는 것들이 있는데 바로 아픔, 슬픔, 고난, 어둠 등이다. 그런데 일상에서 경험하는 평화, 기쁨, 공기, 햇빛 등은 당연하게 여긴다. 낮이 있으면 밤이 있고. 봄이 있으면 겨울도 있다는 것을 목도하면서도 자신의 입장에서 선과 악, 행복과 불행을 미리 규정해 놓고 자신들이 선호하는 것들만을 취하려 한다.

사람들은 조화나 균형, 보편적 진리, 공동체 문화 등에 관해서는 별로 관심을 두지 않는다. 물론 지금 사는 세상이 에덴동산이라면 그런 일로 고민할 필요가 없을 것이다. 선악과 타락 이전의 에덴동산은 완벽한 낙원이었기 때문이다. 지금은 상황이 다르다. 세상에는 사탄도 함께 존재하며 활동하고 있다. 이 모든 것이 예수 그리스도께서 재림하시면 다 정리될 사안이지만, 적어도 지금은 약간의 혼돈과 공허가 존재하고 있는 것이 현실이다.

에덴동산에서 쫓겨난 인류는 다시 에덴동산을 회복하는 과정에 있다는 점을 감안하면 고난, 아픔, 슬픔, 공허, 혼돈 등을 견디고 극복해야 하는 처지에 있다는 점을 간과해서는 안 되겠다. 인류의 죄를 없애고 에덴동산을 회복하기 위해서는 골고다 언덕의 십자가는 피할 수 있는 문제도 피해서도 안 되는 문제였다. 예수님도 인간적인 생각을 토로하신 적이 있지만, 결국 하나님의 뜻에 순종했던 겟세마네 기도를 기억할 필요가 있다.

이르시되 아빠 아버지여 아버지께는 모든 것이 가능하오니 이 잔을 내게서 옮기
시옵소서 그러나 나의 원대로 마시옵고 아버지의 원대로 하옵소서 하시고(마가복
음 14:36)

그분의 고난이 있었기에 우리가 나음을 받았고 구원받았으며 하나님 나라를 소
망하며 살 수 있게 된 것이다.

그가 찔림은 우리의 허물 때문이요 그가 상함은 우리의 죄악 때문이라 그가 징계
를 받으므로 우리는 평화를 누리고 그가 채찍에 맞으므로 우리는 나음을 받았도
다.(이사야 53:5)

우리가 살면서 만나는 온갖 고난이나 슬픔을 불행이라고 단정 짓지 말고 하나
님을 더 가까이 할 수 있는 계기로 삼아야 할 것이다. 에덴동산의 회복을 향해 가
는 여정에서 불가피하게 만나는 축복의 다른 모습이라고 생각하고 자기 십자가를
짊어진다는 마음으로 받아들여야 한다.

고난당한 것이 내게 유익이라 이로 말미암아 내가 주의 율례들을 배우게 되었나
이다.(시편 119:71)

우리가 고난이나 슬픔을 모두 부정적으로만 생각해서는 안 되는 이유가 그것이
결과가 아니고 과정이기 때문이다. 고난은 선물의 포장지고 포장지를 뜯어내면 환
희의 선물이 기다리고 있다는 점을 떠올릴 필요가 있다.

하나님은 전지전능하신 분이시다. 그 말을 실감하지 못할 수도 있다. 하나님은
말씀으로 모든 일을 하실 수 있는 분이시다. 이미 창세기에 나온 얘기라서 새로울
것도 없지만, 그것을 사람들이 별로 체감하지 못한다는 사실이 안타깝다. 그 사실
을 묵상하면 하나님이 얼마나 위대한 분이신지를 알 수 있다. 그 사실을 잊지 않
는 것이 하나님을 경외하는 데 크게 도움이 될 것이다.

에덴동산의 풍경과 골고다 언덕의 풍경은 낙원과 지옥에 비유할 수 있을 정도
로 극과 극의 대조를 이룬다. 에덴동산은 자유롭고 평화로운 삶을 연상시키지만,
골고다 언덕의 풍경은 극도의 고난과 죽음을 떠올리게 한다. 대조적인 풍경은 그

것뿐만이 아니다. 실제로 에덴동산은 각종 푸른 나무와 꽃들로 가득 찬 아름다운 정원이었던 것에 비하면, 골고다 언덕은 마른 나무로 만든 세 개의 십자가와 죽음의 그림자가 짙게 드리운 풍경이다. 푸른 나무는 단순히 색채가 푸르다는 의미를 넘어 살아 있음을 말해주고 있다는 의미에서 '생명'을 상징한다. 반면에 마른 나무는 생명을 잃은 상태로 '죽음'을 상징한다. 예수 그리스도께서 마른 나무 십자가에 달린 것도 그런 메시지가 내포되어 있다.

실제로 에덴동산 중앙에는 선악을 알게 하는 나무와 더불어 생명나무가 자라고 있었다. 하나는 죽음을 상징하고 하나는 영원한 생명을 상징한다. 사람은 생명나무의 열매를 선택한 것이 아니라 죽음의 열매를 취하고 말았다. 어떤 쪽을 선택하든 사람의 자유의지에 달려 있었지만, 하나님은 죽음의 열매에 대해 이미 경고하셨기 때문에 그것만은 피했어야 했다. 생명과 죽음의 선택에 영향을 미친 것은 하나님을 신뢰했느냐 하지 않았느냐의 문제로 귀결된다. 따라서 사람의 삶과 죽음에는 신뢰가 결정적인 역할을 한다는 사실을 직시할 필요가 있다.

예수 그리스도는 푸른 나무(생명나무)이시면서도 마른 나무(십자가)에 달려 죽으셨다. 어쩌면 대수롭지 않은 일이라고 가볍게 여길지 모르겠지만, 여기에는 심오한 하나님의 메시지가 담겨어 있다.

> 빌라도는 예수를 놓고자 하여 다시 그들에게 말하되 그들은 소리 질러 이르되 그를 십자가에 못 박게 하소서 십자가에 못 박게 하소서 하는지라. 빌라도가 세 번째 말하되 이 사람이 무슨 악한 일을 하였느냐 나는 그에게서 죽일 죄를 찾지 못하였나니 때려서 놓으리라 하니 그들이 큰 소리로 재촉하여 십자가에 못 박기를 구하니 그들의 소리가 이긴지라. 이에 빌라도가 그들이 구하는 대로 하기를 언도하고 그들이 요구하는 자 곧 민란과 살인으로 말미암아 옥에 갇힌 자를 놓아주고 예수는 넘겨주어 그들의 뜻대로 하게 하니라. 십자가에 못 박히시다. 그들이 예수를 끌고 갈 때에 시몬이라는 구레네 사람이 시골에서 오는 것을 붙들어 그에게 십자가를 지워 예수를 따르게 하더라. 또 백성과 및 그를 위하여 가슴을 치며 슬피 우는 여자의 큰 무리가 따라오는지라. 예수께서 돌이켜 그들을 향하여 이르시되 예루살렘의 딸들아 나를 위하여 울지 말고 너희와 너희 자녀를 위하여 울라. 보라 날이 이르면 사람이 말하기를 잉태하지 못하는 이와 해산하지 못한 배와 먹이지 못한 젖이 복이 있다 하리라. 그 때에 사람이 산들을 대하여 우리 위에 무너지라 하며 작은 산들을 대

하여 우리를 덮으라 하리라. 푸른 나무에도 이같이 하거든 마른 나무에는 어떻게 되리요 하시니라.(누가복음 23:20~31)

위의 장면에는 예수님이 십자가에 달리시기 직전의 긴박한 상황이 묘사되어 있다. 빌라도 총독은 예수 그리스도의 죄를 발견하지 못하여 놓아주려고 했지만, 오히려 제사장, 바리새인, 서기관 등 종교 지도자들과 그들을 추종하는 유대인들이 나서서 십자가에 못 박게 하라고 소리를 지르는 형국이다. 그런 가운데 백성 몇몇과 예수님을 믿는 여성들이 슬피 울며 예수님을 따랐다. 그때 예수님은 오히려 그들을 위로하며 말씀하셨다. 예수님은 "나를 위해 울지 말고 너희와 너희 자녀를 위하여 울라"고 말씀하셨고, 이후에 일어날 일을 말씀하시면서 깨어 있을 것을 주문하셨는데 향후 사람들이 믿는 자들을 향해 더욱 저주할 것이라는 것을 알려 주셨다.

예수님은 죄가 하나도 없는 푸른 나무인 자신에게도 이렇게 하는데 마른나무인 죄인들을 향해서는 얼마나 심할지를 걱정하신 것이다. 푸른 나무는 의인이신 예수 그리스도를 상징하고 마른 나무는 스스로 구원할 수 없는 죄인을 상징한다. 그래서 방어 능력이 있는 예수님도 십자가에 매다는데 일반 백성들에게는 훨씬 더 심하게 할 수 있다는 것이다. 이 내용은 그 당시의 종교 지도자나 그들을 따르는 유대인들이 얼마나 심각한 오류를 범했는지를 알 수 있다. 게다가 그런 탄압이나 저주를 그치지 않고 더욱 심해질 것이라고 말씀하셨다는 점이다.

십자가 사건은 이미 구약시대부터 예언된 일이고 예수님이 그 예언에 부응하여 하나님의 뜻을 이룬 것이다. 따라서 두려워할 것 없이 선지자들의 예언이나 예수님이 이루신 일을 믿고 모든 것을 예비하며 경각심을 가지고 대처하라는 뜻이다. 예수님의 십자가 죽음은 그냥 죽음이 아니고 인류의 구원을 위한 하나님의 위대한 계획이라는 점에서 패배가 아니고 완전한 승리이다. 사탄의 세력들은 그런 사실에 승복하지 않고 여전히 사람의 생명을 노리고 노략질을 그치지 않고 있다. 하지만 하나님의 말씀을 절대적으로 믿고 의지하면 어떤 상황에 처하더라도 두려워할 것이 없다. 하나님은 푸른 나무를 마르게 할 수도 있고 마른나무를 푸르게 할 수 있는 분이기 때문이다.

들의 모든 나무가 나 여호와는 높은 나무를 낮추고 낮은 나무를 높이며 푸른 나무

를 말리고 마른 나무를 무성하게 하는 줄 알리라 나 여호와는 말하고 이루느니라
하라.(에스겔 17:24)

에덴동산의 풍경은 자유롭고 평화로운 장소로 하나님이 사람에게 주신 최고의
장소였다. 그런데 그런 풍경을 향유하는 것은 잠깐이었고 하나님의 무한 신뢰를
저버린 일로 사람의 대표 아담은 에덴동산에서 추방될 수밖에 없었다. 동산 중앙
에는 생명나무가 자라고 있었다. 선악과를 따 먹은 사람이 생명나무 열매마저 따
먹으면 죄를 지은 채로 지옥 같은 삶을 영원히 살아야 한다. 그래서 하나님은 사
람들을 에덴동산에서 지내도록 그대로 둘 수 없었다. 그 생명나무는 우리를 다시
에덴동산으로 돌아갈 수 있도록 마른 나무에 달리셨다. 생명나무는 하나님의 위
대한 계획의 예표로서 바로 예수 그리스도를 상징한다.

기록된 바 첫 사람 아담은 생령이 되었다 함과 같이 마지막 아담은 살려 주는 영이
되었나니 그러나 먼저는 신령한 사람이 아니요 육의 사람이요 그 다음에 신령한 사
람이니라. 첫 사람은 땅에서 났으니 흙에 속한 자이거니와 둘째 사람은 하늘에서
나셨느니라.(고린도전서 15:45~47)

하나님의 계획대로 예수님을 통해 죄 가운데서 인류의 생명을 구원하시고 다시
새 에덴동산으로 초대하신 것이다. 인류 최고의 낙원인 하나님의 동산으로 초대
하기 위해 예수 그리스도께서 당하신 고초는 이루 다 말로 표현할 수 없다. 골고
다의 풍경은 우리를 숙연하게 할 뿐 아니라 감동과 감화를 주기에 부족함이 없다.
십자가라는 마른 나무 위에서 생명의 꽃을 피우셨기 때문이다.

선한 이웃과 타인

당신은

선한 이웃으로 살고 있는가?

그저 타인으로 살고 있는가?

Are you living as a good neighbor or just someone else.

외젠 들라크루아Eugène Delacroix, 1798~1863는 프랑스 낭만주의의 대표적인 화가다. 19세기 낭만주의 예술의 최고 대표자로 손꼽힌다. 이 그림은 그의 작품 〈선한 사마리아인〉이다. 이 그림에서 선한 사마리아 사람의 최선을 다해 강도 만난 사람을 도와주는 모습이 인상적이다. 뒤꿈치를 들면서 안간힘을 쓰면서 그 사람을 말 위에 앉히려는 모습과 그 장면을 물끄러미 바라보고 있는 말의 눈빛이 인상적이다. 전반적으로 어두운 색조의 그림임에도 불구하고 따뜻하게 느껴진다. 그것을 의식한 것인지는 몰라도 강도 만난 사람은 창백한 피부색으로 그린 것에 반해, 사마리아 사람의 피부색을 따뜻한 톤으로 채색하고 옷을 빨간색으로 그린 것은 아닐까.

정도 차이는 있지만 사람은 누구라고 할 것 없이 이런저런 인간관계를 맺으면서 살아간다. 좋은 사람이 주변에 많으면 많을수록 즐겁게 살 수 있고 반대로 그렇지 않은 경우 오히려 근심이 많아질 수 있다. 왜냐하면 사람은 이웃이나 타인의 영향을 받지 않고 살 수 없기 때문이다. 사람이 우선적으로 소중하게 여겨야 할 관계가 있다면 그것은 창조주 하나님과의 관계이다. 그 이유는 인류의 고단한 삶이 하나님과의 관계가 어그러지면서 시작되었기 때문이다. 태초에 하나님이 사람을 창조하셨는데, 그때만 하더라도 하나님은 사람을 허물없는 친구처럼 혹은 사랑하는 자식처럼 애틋하게 대해주셨다.

> 여호와 하나님이 이르시되 사람이 혼자 사는 것이 좋지 아니하니 내가 그를 위하여 돕는 배필을 지으리라 하시니라. 여호와 하나님이 흙으로 각종 들짐승과 공중의 각종 새를 지으시고 아담이 무엇이라고 부르나 보시려고 그것들을 그에게로 이끌어 가시니 아담이 각 생물을 부르는 것이 곧 그 이름이 되었더라. (창세기 2:18~19)

그것은 하나님의 짝사랑에 불과했을까? 그 관계는 얼마 가지 않아 깨지고 말았는데 어느 한쪽이 신뢰를 잃어버렸기 때문이다. 요컨대 에덴동산의 각종 나무의 열매는 임의로 먹을 수 있으나 선악을 알게 하는 나무의 열매만큼은 먹지 말라는 하나님의 명령을 인류 최초의 사람 아담과 하와가 어기고 말았다.

> 여호와 하나님이 그 사람에게 명하여 이르시되 동산 각종 나무의 열매는 네가 임의로 먹되 선악을 알게 하는 나무의 열매는 먹지 말라 네가 먹는 날에는 반드시 죽으

리라 하시니라.(창세기 2:16~17)

> 여자가 그 나무를 본즉 먹음직도 하고 보암직도 하고 지혜롭게 할 만큼 탐스럽기
> 도 한 나무인지라 여자가 그 열매를 따 먹고 자기와 함께 있는 남편에게도 주매 그
> 도 먹은지라.(창세기 3:6)

태초에 하나님은 우주 만물을 창조하셨는데 그 가운데 최고의 걸작은 사람이
었다. 그것을 증명해주는 것이 피조물 가운데 유일하게 자신의 형상을 닮게 사람
을 창조하셨다는 점이다.

> 하나님이 자기 형상 곧 하나님의 형상대로 사람을 창조하시되 남자와 여자를 창조
> 하시고(창세기 1:27)

어디 그뿐인가. 인간에게 '자유'라는 최고의 선물을 주셨다는 것도 빼놓을 수
없는 하나님의 사랑이다. 왜 자유가 최고의 선물일까? 그것은 두말할 필요도 없이
운명처럼 정해진 삶을 살게 하는 것이 아니라 각자의 선택에 따라 자신의 인생을
결정할 수 있게 하셨기 때문이다. 그렇다고 무한정 자유를 허락한 것은 아니었다.
에덴동산에서 모든 자유를 허락했지만, 선악과를 따 먹는 것만은 금하셨던 것처
럼 아주 일부이긴 하지만 제한된 자유였음을 알 수 있다. 다른 표현으로 하면 책
임이 수반되는 자유라고 할 수 있다.

또 하나 중요한 사실은 하나님이 자신의 역할을 일부 사람에게 부여하셨는데,
자신을 닮은 사람과 더불어 우주 만물을 함께 경영하시기를 바라셨다. 그 정도로
사람을 존귀하게 여기셨고 그렇게 창조 세계의 관리권을 사람에게 맡기셨다는 점
이다. 그런데 고작 선악과 하나 때문에 관계가 무너졌고 결국 사람은 그 큰 사랑
과 은혜를 입었음에도 불구하고 하나님의 신뢰를 저버리는 결과를 초래하고 말았
다. 여기서 잃어버린 자유에 대해 묵상해볼 필요가 있다. 그것은 단순히 먹고 마
시고 입고 자고 즐기는 자유만을 의미하지 않는다. 보다 궁극적인 자유가 있는데
그것은 죽음으로부터의 자유다.

우리를 자유롭지 못하게 하는 근본적인 이유는 우리 앞에 죽음이 놓여 있다는
점이다. 이 죽음 때문에 불안한 마음을 떨쳐버리지 못한 채 살지 않을 수 없다. 권

력, 돈, 건강, 지식, 명성 등 일반적으로 우리가 행복의 조건이라고 생각하는 것들은 모두 유효기간이 있다. 죽음의 문제를 해결하지 않고서는 진정한 자유를 누릴 수 없다는 뜻이다. 왜 사람은 죽을 수밖에 없는가?

그것은 죽지 않고 영원히 살 수 있는 기회가 있었지만, 하나님의 말씀을 경홀히 여기고 하나님과의 약속을 어긴 결과다. 그럼에도 불구하고 하나님은 사람을 바로 죽게 하시지 않으셨다. 다만, 에덴동산에서 추방하여 몇 가지 형벌을 주었을 뿐 반성할 기회를 주어 하나님께 다시 돌아오기를 기대하셨던 것이다.

> 또 여자에게 이르시되 내가 네게 임신하는 고통을 크게 더하리니 네가 수고하고 자식을 낳을 것이며 너는 남편을 원하고 남편은 너를 다스릴 것이니라 하시고 아담에게 이르시되 네가 네 아내의 말을 듣고 내가 네게 먹지 말라 한 나무의 열매를 먹었은즉 땅은 너로 말미암아 저주를 받고 너는 네 평생에 수고하여야 그 소산을 먹으리라. (창세기 3:16~17)

사람들은 에덴동산 밖에서도 죄의 굴레에서 벗어나지 못하고 수많은 기회를 날려버렸다. 노아의 방주, 바벨탑, 소돔과 고모라 등의 사건을 통해서 알 수 있듯이 하나님의 말씀을 청종하지 않고 자신에게 주어진 자유를 잘못 사용하였다. 죄의 뿌리를 없애고자 끊임없이 하나님은 경고하시고 심판하신 것이다. 인간의 자유의지에 맡겨두어서는 도저히 관계 개선이 어렵다고 판단하신 하나님은 최종 결단을 내리셨는데, 바로 예수 그리스도를 이 땅에 성육신으로 보내신 것이다.

예수 그리스도께서 이 땅에 오신 것은 무엇을 의미하는가? 그것은 사람들의 자유의지로는 도저히 하나님과의 관계 회복이 불가능하다고 판단하신 것으로 예수 그리스도께서 중간에서 하나님과 사람들 사이에서 중재 역할을 하시겠다는 의미이다. 이제는 사람 스스로의 노력이나 지식이 아니라 예수 그리스도의 믿음 덕분에 하나님과 화해할 수 있게 되었다.

우리의 믿음은 우리 스스로 가질 수 있는 것이 아니다. 원래 믿음은 그리스도 예수 안에 있었다. 그것을 우리에게 선물로 주신 것이다. 그점은 사랑도 마찬가지다. 모두 예수 그리스도의 은혜로 우리가 받은 것이라는 사실을 잊어서는 안 된다. 이 말씀은 사도바울이 디모데에게 서신을 통해 가르친 내용이다.

우리 주의 은혜가 그리스도 예수 안에 있는 믿음과 사랑과 함께 넘치도록 풍성하였도다.(디모데전서 1:14)

너는 그리스도 예수 안에 있는 믿음과 사랑으로써 내게 들은 바 바른 말을 본받아 지키고(디모데후서 1:13)

우리가 진정으로 본받아야 할 아름다운 전통은 예수 그리스도의 믿음이고 더불어 믿음의 선조들이 대를 이어 보여주었던 그런 믿음이다.

하나님의 말씀을 너희에게 일러 주고 너희를 인도하던 자들을 생각하며 그들의 행실의 결말을 주의하여 보고 그들의 믿음을 본받으라.(히브리서 13:7)

하나님은 예수 그리스도의 신실하심을 보고 그분께 심판권을 넘기신 것이다. 그런데 예수님은 그 심판권을 가지고 인류를 심판하시는 것이 아니라 구원을 위해 사용하신 것이다.

사람이 내 말을 듣고 지키지 아니할지라도 내가 그를 심판하지 아니하노라 내가 온 것은 세상을 심판하려 함이 아니요 세상을 구원하려 함이로라. 나를 저버리고 내 말을 받지 아니하는 자를 심판할 이가 있으니 곧 내가 한 그 말이 마지막 날에 그를 심판하리라. 내가 내 자의로 말한 것이 아니요 나를 보내신 아버지께서 내가 말할 것과 이를 것을 친히 명령하여 주셨으니 나는 그의 명령이 영생인 줄 아노라 그러므로 내가 이르는 것은 내 아버지께서 내게 말씀하신 그대로니라 하시니라.(요한복음12:47~50)

우리는 예수님의 믿음 덕분에 다시 하나님과의 관계를 회복할 절호의 기회를 다시 얻은 것이다. 그전에는 율법을 지키는 일, 절기를 따라 제사드리는 일 등 많은 수고가 필요했었다. 그런데 죄 많은 우리를 대신해서 죄 한 점 없으신 예수 그리스도께서 모든 짐을 짊어지신 덕분에 우리는 아주 가벼운 짐만이 남았다.

수고하고 무거운 짐 진 자들아 다 내게로 오라 내가 너희를 쉬게 하리라.(마태복음

11:28)

나머지 가벼운 짐도 다른 짐이 아니다. 단지 우리가 예수 그리스도를 믿는 것, 그 자체다. 무게감도 전혀 없는 그런 짐이다. 그렇다면 무엇을 믿을 것인가? 다름 아닌 예수 그리스도가 우리의 구세주라는 사실을 믿는 것이다. 이제 율법이나 제사나 어떤 다른 방법이 아닌 오직 예수 그리스도를 믿는 믿음만으로 죽음으로부터 자유로워질 수 있다.

진리를 알지니 진리가 너희를 자유롭게 하리라.(요한복음 8:32)

이 얼마나 가벼운 짐인가? 갑자기 너무 가벼워져서 믿지 못하는 걸까? 아니면 여전히 영생이나 하나님 나라 등은 아예 관심사가 아니란 말인가. 현대를 살아가는 우리는 얼마나 복이 많은 사람들인지 모른다. 문명의 이기를 누리는 것도 그렇지만, 신앙적 차원에서도 그렇다. 구약시대 혹은 예수님 당시 사람들의 신앙생활 여건을 한번 생각해보자. 얼마나 치열하게 살아야 했던가.

그렇지만 우리는 하나님 말씀의 완성본 신구약성서를 손 위에 펼쳐 놓고 그분으로부터 영의 양식을 자유롭게 섭취할 수 있다. 다만, 우리 마음을 그분께 향하고 그분의 뜻에 따라 순종하기만 하면 된다. 그것이 전부다. 만약 진리에 무엇을 더하거나 뺀다면 그것은 하나님 말씀을 왜곡하는 일이 된다.(고린도후서 2:17) (요한계시록 22:18~19)

내가 율법이나 선지자를 폐하러 온 줄로 생각하지 말라 폐하러 온 것이 아니요 완전하게 하려 함이라.(마태복음 5:17)

성서는 하나님이 지으시고 모으시고 엮은 구약 39권, 신약 27권 총 66권의 책으로 이루어져 있다. 각각의 책마다 기자가 따로 있는데, 이점 역시 하나님의 은혜로 사람과 더불어 일하시는 분이시고 또 그것을 즐거워하신다는 것을 알 수 있는 대목이다. 하나님의 영이 그 기록에 함께 참여하신 것이다.

너희는 여호와의 책에서 찾아 읽어보라 이것들 가운데서 빠진 것이 하나도 없고 제

짝이 없는 것이 없으리니 이는 여호와의 입이 이를 명령하셨고 그의 영이 이것들을 모으셨음이라. (이사야서 34:16)

인류 역사상 가장 수고로움 없이 구원에 이를 수 있고 영적인 양식을 무한 공급 받을 수 있다는 점에서 가장 복 받은 세대인 것만은 틀림없다.

모든 성경은 하나님의 감동으로 된 것으로 교훈과 책망과 바르게 함과 의로 교육하기에 유익하니 이는 하나님의 사람으로 온전하게 하며 모든 선한 일을 행할 능력을 갖추게 하려 함이라. (디모데후서 3:16~17)

세상은 진리나 하나님 나라 등에 그다지 관심이 없어 보인다. 반성하지 않으면 역사는 반복된다는 말이 있다. 오늘날의 세태도 성경 속의 노아 홍수, 바벨탑, 소돔과 고모라 등의 시대 사람들과 별반 다르지 않아 보인다. 무엇이 하나님에 대한 관심을 사람들로부터 빼앗아 가는 걸까? 비록 구약시대의 율법이긴 하지만 모세를 통해 전해진 십계명은 하나님의 뜻을 헤아려 볼 수 있다는 점에서 우리 신앙의 밑거름이 된다.

율법이 우리 구원에 어떠한 영향도 끼치지 않은 것은 사실이지만, 그것은 율법이 불필요해서가 아니라 예수 그리스도께서 우리를 대신해서 율법을 다 지킴으로써 율법을 완성하셨기 때문이다. 구약의 말씀도 신약의 말씀도 모두 연결되어 있으며 똑같은 하나님의 말씀이라는 사실에는 변함이 없다. 우리가 신약성서뿐 아니라 구약성서를 읽으면서도 은혜를 받는 이유가 거기에 있다.

어떻게 살아야 하나님의 뜻에 따라 형통한 삶을 살 수 있을까? 이에 대한 고민은 누구나 한 번쯤 해보았을 것이다. 에덴동산의 아담과 하와를 통해 알 수 있듯이 하나님 말씀에 순종하며 그것을 우선순위에 놓고 살지 않으면 일순간에 사탄의 유혹에 넘어갈 수 있다. 따라서 무슨 일이 있어도 하나님의 의와 그의 나라를 구하며 그분의 말씀에 귀를 기울이며 살아야 한다.

그런즉 너희는 먼저 그의 나라와 그의 의를 구하라 그리하면 이 모든 것을 너희에게 더하시리라. (마태복음 6:33)

모든 것을 우리 마음대로 하는 것이 자유가 아니다. 우리에게 주어진 자유는 하나님 안에 있을 때 효력이 있다. 그 점을 망각하면 생각은 하나님께 향한듯해도 자신도 모르게 다른 것들을 탐하게 된다. 모세가 애굽에서 홍해를 건너 이스라엘 백성을 이끌고 나와 광야에서 생활하고 있을 때의 일이다. 기쁨과 감사로 하나님을 연일 찬양해도 모자랄 판에 하나님께 불평불만을 쏟아내자 하나님이 불뱀을 보내 그들을 물게 하였다. 그때 백성들은 모세에게 도움을 요청해 하나님께 기도하도록 한다.

그러자 하나님은 놋뱀을 만들어 장대 위에 매달아 놓게 하시며 불뱀에 물린 자들이 그것을 쳐다보면 살도록 은혜를 베푸셨는데 믿음을 가지고 그것을 쳐다본 사람들은 모두 살았다. 그런데 이스라엘 백성들은 신앙의 본질에 관심을 가진 것이 아니라 그때그때의 상황에 따라 믿음이 오락가락했다. 이 놋뱀을 버리지 않고 가지고 다녔고 심지어 신당에 모시고 제사 드리는 일을 지속했다. 700년이 지난 믿음의 왕 히스기야 때에 이르러서야 이 놋뱀을 제거하게 되었다.

> 히스기야가 그의 조상 다윗의 모든 행위와 같이 여호와께서 보시기에 정직하게 행하여 그가 여러 산당들을 제거하며 주상을 깨뜨리며 아세라 목상을 찍으며 모세가 만들었던 놋뱀을 이스라엘 자손이 이때까지 향하여 분향하므로 그것을 부수고 느후스단이라 일컬었더라.(열왕기하 18:3~4)

이 놋뱀은 인류를 구원하신 예수 그리스도를 상징하는 모형이다. 예수 그리스도를 바라보고 믿음으로서 죄 사함을 받고 구원받는 원리가 여기에 숨겨져 있다. 우리가 주의해야 할 것은 무엇을 가리키는 손가락을 쳐다볼 것이 아니라 손가락이 지시하는 쪽을 바라보아야 한다는 점이다. 모세의 율법과 예수 그리스도에 대한 믿음이 바로 그런 이치이다. 여전히 율법 안에서 신앙생활을 하고 있다면 예수 그리스도의 십자가 은혜를 누리지 못하고 있다는 증거다.

> 모세가 광야에서 뱀을 든 것 같이 인자도 들려야 하리니 이는 그를 믿는 자마다 영생을 얻게 하려 하심이니라.(요한복음 3:14~15)

왜 이스라엘 백성은 그토록 하나님의 은혜를 받았음에도 불구하고 쇳덩어리에 불과한 놋뱀을 버리지 못하고 우상으로 모시며 숭배까지 하게 되었을까? 그것은 하나님의 존재에 대해 제대로 이해하지 못했음을 말해준다. 이스라엘 백성은 놋뱀을 쳐다봄으로써 목숨을 건졌는데 그것이 놋뱀의 능력이 아니라 하나님의 능력이라는 사실을 간과한 것이다.

수많은 기적을 베풀어 이스라엘 백성을 이끌었던 하나님은 보이는 것들 배후에 계시는 자신을 알고 믿기를 바라신 것이다. 이 점은 예수 그리스도께서도 당시 도마나 빌립 등 제자들을 비롯하여 많은 사람들에게 항상 강조하셨던 부분이다.

> 빌립이 이르되 주여 아버지를 우리에게 보여 주옵소서 그리하면 족하겠나이다. 예수께서 이르시되 빌립아 내가 이렇게 오래 너희와 함께 있으되 네가 나를 알지 못하느냐 나를 본 자는 아버지를 보았거늘 어찌하여 아버지를 보이라 하느냐. 내가 아버지 안에 거하고 아버지는 내 안에 계신 것을 네가 믿지 아니하느냐 내가 너희에게 이르는 말은 스스로 하는 것이 아니라 아버지께서 내 안에 계셔서 그의 일을 하시는 것이라. 내가 아버지 안에 거하고 아버지께서 내 안에 계심을 믿으라 그렇지 못하겠거든 행하는 그 일로 말미암아 나를 믿으라.(요한복음 14:8~11)

> 다른 제자들이 그에게 이르되 우리가 주를 보았노라 하니 도마가 이르되 내가 그의 손의 못 자국을 보며 내 손가락을 그 못 자국에 넣으며 내 손을 그 옆구리에 넣어 보지 않고는 믿지 아니하겠노라 하니라. 여드레를 지나서 제자들이 다시 집 안에 있을 때에 도마도 함께 있고 문들이 닫혔는데 예수께서 오사 가운데 서서 이르시되 너희에게 평강이 있을지어다 하시고 도마에게 이르시되 네 손가락을 이리 내밀어 내 손을 보고 네 손을 내밀어 내 옆구리에 넣어 보라 그리하여 믿음 없는 자가 되지 말고 믿는 자가 되라. 도마가 대답하여 이르되 나의 주님이시요 나의 하나님이시니이다. 예수께서 이르시되 너는 나를 본 고로 믿느냐 보지 못하고 믿는 자들은 복되도다 하시니라.(요한복음 20:25~29)

구약시대나 신약시대 공히 보이는 것들 너머에 있는 보이지 않은 하나님을 믿을 수 있기를 바랐다. 왜 그러셨을까? 기적이나 축복이 눈에 보일 때는 하나님을 잘 섬기는 것 같다가도 자신들의 뜻대로 되지 않을 때는 하나님을 의지하지 않았기 때문이다. 또 예수님이 성육신으로 오셔서 하나님의 형상을 사람들의 눈으로 직접 볼 수 있도록 나타나셨다.

인류 역사상 예수님이 세상에 모습을 드러내는 기간은 대략 33년 동안이었는데 실제로 사람들 앞에서 공생애로 보내신 기간은 고작 3년 정도에 불과했다. 따라서 인류가 하나님을 보지 못한 채 신앙생활을 해야 하는 시간이 대부분이다. 실제 하나님은 영으로서 존재하시는 분이시기 때문에 사람 역시 영으로 하나님과 소통하기를 바라셨기 때문이다.

하나님은 영이시니 예배하는 자가 영과 진리로 예배할지니라.(요한복음 4:24)

우리는 하나님의 뜻이 아닌 것들은 모두 우상에 불과하다는 사실을 인지해야 한다. 살다 보면 알게 모르게 숱한 우상을 섬기거나 우상에 우호적인 실수를 범할 수 있다.(출애굽기 20:4) (레위기 26:1) (신명기 4:16) (열왕기하 17:41) (시편 96:5) (요한계시록 14:11)

그러므로 땅에 있는 지체를 죽이라 곧 음란과 부정과 사욕과 악한 정욕과 탐심이니 탐심은 우상숭배니라.(골로새서 3:5)

또한 마음은 원한다고 할지라도 결단력이 약하거나 육체적 소욕에 걸려 넘어지는 실수를 범하는 경우도 적지 않다.

시험에 들지 않게 깨어 기도하라 마음에는 원이로되 육신이 약하도다 하시고(마태복음 26:41)

율법이 주어진 모세 시대부터 예수님이 오신 이후 신약시대에 이르기까지 꾸준히 강조한 것이 우상숭배에 관한 말씀이다. 왜 그럴까? 우상숭배는 하나님과 소통하는 데 있어서 가장 큰 걸림돌이기 때문이다. 어떤 형상을 만드는 일뿐 아니라 헛된 것을 바라는 것, 요컨대 허다한 탐심도 우상이라고 말하고 있다. 이 모든 우상숭배의 유혹에서 벗어나기 위해 필요한 것은 바로 올바른 관계 형성이다. 첫 번째는 하나님과의 관계이고, 두 번째는 이웃과의 관계이다.

네 마음을 다하고 목숨을 다하고 뜻을 다하고 힘을 다하여 주 너의 하나님을 사랑하라 하신 것이요. 둘째는 이것이니 네 이웃을 네 자신과 같이 사랑하라 하신 것이라 이보다 더 큰 계명이 없느니라.(마가복음 12:30~31)

관계를 맺는다는 것은 다른 말로는 사귄다는 것이다. 올바른 사귐은 말할 수 없는 기쁨을 가져다준다.

이는 지나가는 길에 너희를 보고 먼저 너희와 사귐으로 얼마간 기쁨을 가진 후에 너희가 그리로 보내주기를 바람이라.(로마서 15:24)

하나님은 우리와 더불어 잘 사귀고 싶어 하신다. 하지만 우리는 한사코 하나님을 멀리한다. 하나님은 우리가 형제들, 이웃들과 더불어 잘 사귀기를 바라신다. 하지만 우리는 잘 사귀지 못하고 늘 삐그덕거린다. 왜 그런 문제가 생기는 걸까? 사귐의 연결고리인 사랑이 없기 때문이다. 우리의 무기는 사랑이므로 사랑을 장착해야 한다. 그리고 우리는 왜 올바른 사귐을 회복해야 한다. 하나님은 그 사귐 속에 기쁨을 숨겨두셨기 때문이다. 하나님은 올바른 사귐을 통해 우리가 기쁨이 충만한 삶을 누리기를 바라시는 것이다.

우리가 보고 들은 바를 너희에게도 전함은 너희로 우리와 사귐이 있게 하려 함이니 우리의 사귐은 아버지와 그의 아들 예수 그리스도와 더불어 누림이라. 우리가 이것을 씀은 우리의 기쁨이 충만하게 하려 함이라. 우리가 그에게서 듣고 너희에게 전하는 소식은 이것이니 곧 하나님은 빛이시라 그에게는 어둠이 조금도 없으시다는 것이니라. 만일 우리가 하나님과 사귐이 있다 하고 어둠에 행하면 거짓말을 하고 진리를 행하지 아니함이거니와 그가 빛 가운데 계신 것 같이 우리도 빛 가운데 행하면 우리가 서로 사귐이 있고 그 아들 예수의 피가 우리를 모든 죄에서 깨끗하게 하실 것이요.(요한1서:3~7)

하나님과 이웃에 대한 구체적인 사랑의 실천 방법은 신명기(23:19~24:9)에 잘 나타나 있다. 우리에게 선한 이웃은 누구이고 그저 타인은 누구인가? 그것을 잘 설명해주는 예화가 있다.

예수께서 대답하여 이르시되 어떤 사람이 예루살렘에서 여리고로 내려가다가 강
도를 만나매 강도들이 그 옷을 벗기고 때려 거의 죽은 것을 버리고 갔더라. 마침 한
제사장이 그 길로 내려가다가 그를 보고 피하여 지나가고 또 이와 같이 한 레위인
도 그 곳에 이르러 그를 보고 피하여 지나가되 어떤 사마리아 사람은 여행하는 중
거기 이르러 그를 보고 불쌍히 여겨 가까이 가서 기름과 포도주를 그 상처에 붓고
싸매고 자기 짐승에 태워 주막으로 데리고 가서 돌보아 주니라. 그 이튿날 그가 주
막 주인에게 데나리온 둘을 내어 주며 이르되 이 사람을 돌보아 주라 비용이 더 들
면 내가 돌아올 때에 갚으리라 하였으니 네 생각에는 이 세 사람 중에 누가 강도 만
난 자의 이웃이 되겠느냐. 이르되 자비를 베푼 자니이다 예수께서 이르시되 가서
너도 이와 같이 하라 하시니라.(누가복음 10:30~37)

묻지도 않고 따지지도 않고 남을 도와주는 일은 쉬운 일이 아니다. 강도 만난 사
람을 도와준 사마리아 사람은 확실히 선한 이웃임에 틀림이 없다. 같은 상황에서
못 본채하고 지나친 제사장, 레위인은 다름 아닌 종교인이었다. 그들은 강도 만난
사람에게는 그저 타인에 지나지 않았다. 사귐이 없는 사람은 타인일 뿐이다. 그런
경우 설령 그 대상이 사람일지라도 감정 없는 사물과 무엇이 다르겠는가.
　성서는 줄곧 바람직한 삶의 자세에 대해 가르쳐주고 있다. 성서에는 하나님을
믿고 그 뜻을 순종하는 사람들의 반응과 하나님을 인정하나 순종하지 않는 사람
에 대한 태도를 지적하는 사례들로 넘쳐난다. 그 가운데 예수님을 만난 삭개오와
부자 청년은 아주 대조적인 태도를 보여준다. 먼저 삭개오가 예수님을 만난 후 보
인 태도를 보자. 그는 우상처럼 돈을 숭배한 사람이다. 그런 그가 돈을 내놓겠다
고 말한다. 그것이 제대로 된 믿음이고 태도이다.

삭개오가 서서 주께 여쭈오되 주여 보시옵소서 내 소유의 절반을 가난한 자들에
게 주겠사오며 만일 누구의 것을 속여 빼앗은 일이 있으면 네 갑절이나 갚겠나이
다.(누가복음 19:8)

반면에 부자 청년은 어떤 반응을 보였을까? 그는 그동안 율법은 성실히 지켰다
고 하면서도 가난한 사람들에게 돈을 나누어주라고 하자 부정적인 반응을 보이면
서 뒤돌아 가버렸다. 신앙의 본질이 율법을 지키는 것이 아니라는 것을 알 수 있

다. 더 정확히 말하면 율법이 지향하는 방향이 사랑이 아니라면 율법의 의미는 퇴색해버린다는 사실을 알아야 한다.

> 예수께서 이르시되 네가 온전하고자 할진대 가서 네 소유를 팔아 가난한 자들에게 주라 그리하면 하늘에서 보화가 네게 있으리라 그리고 와서 나를 따르라 하시니 그 청년이 재물이 많으므로 이 말씀을 듣고 근심하며 가니라.(마태복음 19:21~22)

또 하나 성서에는 우리가 하나님을 대하는 자세가 어떠해야 하는가에 대해 가르쳐주는 장면이 하나 있다. 바로 예수님의 머리에 향유를 부은 마리아에 관한 이야기다.

> 한 여자가 매우 귀한 향유 한 옥합을 가지고 나아와서 식사하시는 예수의 머리에 부으니 제자들이 보고 분개하여 이르되 무슨 의도로 이것을 허비하느냐. 이것을 비싼 값에 팔아 가난한 자들에게 줄 수 있었겠도다 하거늘 예수께서 아시고 그들에게 이르시되 너희가 어찌하여 이 여자를 괴롭게 하느냐 그가 내게 좋은 일을 하였느니라. 가난한 자들은 항상 너희와 함께 있거니와 나는 항상 함께 있지 아니하리라. 이 여자가 내 몸에 이 향유를 부은 것은 내 장례를 위하여 함이니라. 내가 진실로 너희에게 이르노니 온 천하에 어디서든지 이 복음이 전파되는 곳에서는 이 여자가 행한 일도 말하여 그를 기억하리라 하시니라.(마태복음 26:7~13)

마리아는 당시 아주 귀한 향유 한 옥합을 가지고 와서 식사 자리에 있는 예수님의 머리에 부었다. 흥미로운 것은 이것을 지켜본 제자들이 분개하며 이런 행동을 한 마리아를 꾸짖었다. 요컨대 무슨 의도가 있길래 이렇게 비싼 향유를 허비하느냐고 말한 것이다. 향유를 그렇게 소비할 바에는 그것을 팔아 가난한 자들에게 나누어줄 수 있지 않겠냐는 것이다. 일면 타당한 말처럼 들릴 수도 있다. 중요한 것은 그녀의 행동이 제자들이 궁금하게 생각했던 것처럼 무슨 의도로 했냐는 것이고 또 누구에게 했냐는 것에 주목할 필요가 있다.

예수님의 말씀에서 해답을 찾을 수 있다. 예수님은 제자들에게 이 여자를 괴롭히지 말라고 하셨고 그녀가 좋은 일을 했다고 말씀하셨다. 보통 때 같으면 가난한 사람들에게 나누어주라고 말씀하셨을 법한데 이번에는 다른 말씀을 하셨다. 왜 그러셨을까? 그 이유는 제자들이 몰랐던 예수님의 장례를 위한 여인의 행동이었다는 점 때문이다. 제자들은 물론 예수님도 깜짝 놀랄 만한 사실이었다. 예수님은 그녀의 믿음이야말로 두고두고 기억해야 할 만큼 귀한 것으로 여기셨다.

모든 관계는 쌍방으로 이루어진다. 원활한 관계를 형성하기 위해서는 서로 노력해야 한다는 뜻이다. 두 사람이 동등하게 주고받고 똑같이 행동해야 한다는 뜻은 결코 아니다. 세상에 태어난 사람 중에 똑같은 사람은 한 명도 없다. 쌍둥이처럼 닮은 사람은 있어도 똑같지는 않다. 무엇이 다른가? 먼저 영혼이 다르다. 그래서 성격이 다르고 행동이 달라질 수밖에 없다. 그 밖에도 지성, 감성, 재능 등이 다르고 인간관계가 다르며 또 경제적, 사회적, 자연적 환경 등 각각 처한 여건이 다를 수밖에 없다.

유유상종類類相從이라는 말이 있다. 이 말은 주역의 〈계사繫辭〉 상편에서 그 전거典據를 찾아볼 수 있다. 方以類聚 物以群分 吉凶生矣방이유취 물이군분 길흉생의, 요컨대 '우주 만물은 그 성질이 유사한 것끼리 모이고, 만물은 무리를 지어 나뉘어 산다. 거기서 길흉이 생긴다'고 했다. 이 고사성어는 우주 만물의 성질을 설명하는 데 그 취지가 있다면 현대는 자신의 기호와 위상에 맞는 사람들끼리 만난다는 의미로 사용되고 있다.

부자는 부자끼리, 권력을 가진 사람들은 또 그들끼리, 가난하고 배우지 못한 사람들은 또 자기들끼리 모여 사는 것이다. 그것은 단순히 의식 속에서만 그런 것이 아니라 주거단지, 상업시설, 여가시설, 비행기 좌석, 자동차, 의류, 일상 용품 등에서 엄연히 현실화하고 있다. 사람들이 사는 세상이 얼마나 계급화되고 상업화되어 있는지를 잘 알 수 있다. 흔히 '그들만의 리그'라는 용어가 잘 설명해주고 있다.

세상의 모든 것에는 시작과 끝이 있다. 국가 간 지역 간에도 경계가 있고 산과 바다, 그리고 강 등은 어느 곳을 막론하고 경계가 존재한다. 그것은 정치적으로 혹은 행정적으로 의미가 있어 전적으로 자유로울 수는 없다. 그렇다고 사람들이나 새들이 경계를 넘나들지 못하는 것은 아니다. 하지만 가장 어려운 장벽은 사람들 사이에 존재하는 마음의 경계다. 그것은 각자 개인이 자신의 영역, 타인의 영역을 구분하기 때문에 일정치 않아 늘 갈등과 논쟁의 여지가 있는 부분이다.

어떤 사람에게는 통하는데 또 다른 사람에게는 전혀 통하지 않을 수 있다. 그래서 나온 말이 친불친親不親이다. 친하냐 친하지 않느냐는 법이나 규칙보다 훨씬 영향력이 크다는 의미다. 그와 유사한 말로 무전유죄無錢有罪 유전무죄有錢無罪가 있다.

돈은 사람을 친하게 만듦으로써 죄의 결과를 다르게 만들 수 있다는 뜻이다. 또 전관예우前官禮遇라는 용어도 사회의 친밀성 정도의 여부가 공정이나 상식보다 더 큰 영향력을 줄 수 있다는 것을 말해준다. 검사나 판사를 그만둔 지 얼마 안 된 사람을 변호사로 기용하면 피고인의 죄의 경중을 떠나 현직 판검사와의 친분으로 기소 여부 혹은 재판 결과에 커다란 영향을 미친다. 그런 변호사에게 변호를 의뢰하기 위해서는 그만큼 변호사에게 지불하는 비용이 만만치 않다.

가난한 사람들은 엄두도 내지 못하는 일이다. 이때 다시 소환되는 용어가 바로 무전유죄 유전무죄이다. 불행하지만 돈이 있으면 있는 죄도 없앨 수 있고, 돈이 없으면 없는 죄도 유죄로 둔갑할 수 있다는 비아냥이 섞인 말로 사용되고 있다. 이것은 단지 소설이나 드라마에서만 볼 수 있는 일은 아니다. 우리가 이 같은 사례를 현실에서 얼마나 많이 목도해왔던가.

이상하게도 세상은 그런 일에 생각만큼 분노하지 않는다. 왜 그럴까? 잘은 모르지만, 그것을 바로 잡느니 차라리 자신이 그런 기득권에 속하는 쪽이 훨씬 낫다고 생각하기 때문이 아닐까. 우리가 죄, 불공정, 불의, 편향 등에 대해 지금 얼마나 둔감해져 있는지 되돌아볼 필요가 있다.

왜 이런 일이 발생할까? 세상이라는 영역에서 벗어나지 못하고 있고 세상의 지식이나 교훈에 파묻혀 살며 특히 변화가 빠른 세대에 적응하기 위해 트렌드나 유행에 너무 민감하기 때문은 아닐까. 무엇보다 남의 눈을 지나치게 의식하며 타인과 너무 경쟁에 몰두하고 있기 때문은 아닐까.

잊지 말아야 할 것은 인간은 눈에 보이는 것이 전부가 아니고 눈에 보이지 않은 것들마저도 아우르는 삶을 살아야 할 만큼 고귀한 존재라는 사실이다. 사람은 어떤 피조물과도 비교할 수 없을 정도로 소중한 존재로 창조되었다. 그 증거는 성서에 차고 넘치는데, 대표적으로 사람은 하나님으로부터 영혼을 부여받았다는 점이다. 그래서 유일하게 하나님과 소통할 수 있는 존재다. 세상이 세속적인 방향으로 흘러가 버리는 바람에 영혼을 제대로 사용하지 않게 되었다. 영혼을 사용하는 사람과 영혼은 사용하지 않고 세상의 규범이나 지성, 혹은 자신의 가치관에 따라 선택하고 결정하고 게다가 잘못된 이념이나 지식을 섭취한 개인의 자유까지 더해지면서 세상은 말할 수 없을 정도로 어지럽고 혼탁해졌다.

이런 양면을 다 경험한 대표적인 사람이 있다. 그는 바로 사도 바울이다. 그의 개명하기 전 이름은 사울이다. 요컨대 예수님을 만나기 전, 예수님을 믿는 사람들을 핍박했던 시절의 사울과 다메섹으로 가는 길 위에서 환상으로 예수님을 만난 다음 개명한 이름인 바울은 그 전과 후의 삶은 완전 대조적이다. 시쳇말로 대반전의 드라마를 쓴 것이다. 이는 우리에게 엄청난 가르침을 준다. 먼저 사울로 살았던 당시 그의 모습을 한번 살펴보자. 사울은 그야말로 주님을 믿는 사람은 물론 교회 자체를 진멸하려고 했던 사람이다.

> 사울이 교회를 잔멸할 새 각 집에 들어가 남녀를 끌어다가 옥에 넘기니라. (사도행전 8:3)

그 가운데 믿음과 성령으로 충만한 사도들로부터 안수 받은 일곱 명의 집사 가운데 한 명인 스데반을 핍박한 사람이다. 스데반을 자기 앞으로 끌고 오게 하였고 사람들이 돌로 쳐서 죽이는 것을 눈앞에서 바라보았던 사람이다. 성령을 받은 스데반은 어떤 모습을 보였을까? 전혀 죽음을 무서워하지 않았다. 믿음과 성령으로 충만한 스데반의 반응은 담대했다. 마치 예수님이 십자가 위에서 하신 말씀을 떠오르게 할 정도로 하나님께 순전한 믿음을 보이며 아름다운 말을 남겼다.

> 그들이 돌로 스데반을 치니 스데반이 부르짖어 이르되 주 예수여 내 영혼을 받으시옵소서 하고 무릎을 꿇고 크게 불러 이르되 주여 이 죄를 그들에게 돌리지 마옵소서 이 말을 하고 자니라. (사도행전 7:59~60)

믿음의 성도들은 당시 예루살렘에서 정상적으로 신앙생활을 할 수 없는 상태가 되자, 유대의 다른 지역과 인근 지역 사마리아 등으로 흩어지게 되었다. 그 이후로도 신앙이 약화하는 것이 아니라 빌립 집사를 비롯한 믿음의 성도들이 더욱 분발하여 복음을 전함으로써 많은 신자들이 늘어나게 되었다.

하지만 일반 성도들은 여전히 세례받는 일에 그치고 한 사람도 성령을 받지 않은 상태였는데 그 소식을 들은 요한과 베드로 사도들이 찾아가서 안수함에 따라 비로소 성령 받은 사람들이 늘어나기 시작했다. 이때 재미있는 일화가 하나 있는데 베드로와 요한 등이 성령을 받을 수 있도록 안수하자 이런 행동이 '부러웠던 것인지, 돈을 들고 와서 자신에게도 성령을 안수할 수 있는 권능을 달라고 청탁했다. 그러나 그것은 베드로에게 돈을 주고 살 수 있는 권능이 아니었다. 성령은 예수 그리스도께서 자신을 믿는 자들에게 주는 선물이었기 때문이다.

> 시몬이 사도들의 안수로 성령 받는 것을 보고 돈을 드려 이르되 이 권능을 내게도
> 주어 누구든지 내가 안수하는 사람은 성령을 받게 하여 주소서 하니 베드로가 이
> 르되 네가 하나님의 선물을 돈 주고 살 줄로 생각하였으니 네 은과 네가 함께 망할
> 지어다.(사도행전 8:18~20)

어느 시대를 막론하고 예수 그리스도의 사랑과 은혜를 오해하는 사람이 있다는
것을 알 수 있다. 기적을 일으키는 성령의 능력을 아무나 가질 수 있다는 생각, 특
히 돈을 주고 살 수 있다는 생각은 너무나 어처구니없는 일이 아닐 수 없다. 베드
로는 돈을 내밀었던 그를 향해 단호하게 꾸짖었다.

예수님께서는 십자가의 죽음 후 사흘 만에 부활하셨는데 이후 40일 동안 제자
들을 비롯하며 많은 사람들을 만났다. 그리고 모든 공생애 일정을 마치시고 승천
하시기 직전에 하신 말씀이 있었는데 바로 성령에 관한 말씀이었다.

> 오직 성령이 너희에게 임하시면 너희가 권능을 받고 예루살렘과 온 유대와 사마리
> 아와 땅끝까지 이르러 내 증인이 되리라 하시니라. 이 말씀을 마치시고 그들이 보
> 는데 올려져 가시니 구름이 그를 가리어 보이지 않게 하더라.(사도행전 1:8~9)

이제 예수님의 약속대로 우리 안에 성령이 오심으로써 우리의 믿음을 지켜주시
고 그 믿음으로 말하고 행동하게 하신다는 점이다. 이 같은 은혜는 예수님이 재림
하실 때까지 이어지게 될 것이다. 이를 통해 알 수 있는 것은 모든 사람의 죄를 용
서하시기 바라시는 예수님의 은혜를 깨달을 수 있고 성령의 은혜로 사도들은 물
론이고 집사들, 성도들도 성령에 힘입어 똑같은 은혜를 누릴 수 있게 되었다는 사
실을 알 수 있다. 그 점은 사울에게도 마찬가지였다. 사울은 여전히 기세등등하여
예수님을 따르는 사람들을 잡아들이기 위해 다메섹으로 향하는 도중에 환상으로
예수님을 만났다. 그로 인해 지금까지 사울로서의 삶은 완전히 바뀌어 바울이라
는 새로운 사람으로 살게 되었는데 그것이 바로 성령의 힘이다.

사울이 주의 제자들에 대하여 여전히 위협과 살기가 등등하여 대제사장에게 가서

다메섹 여러 회당에 가져갈 공문을 청하니 이는 만일 그 도를 따르는 사람을 만나면 남녀를 막론하고 결박하여 예루살렘으로 잡아오려 함이라. 사울이 길을 가다가 다메섹에 가까이 이르더니 홀연히 하늘로부터 빛이 그를 둘러 비추는지라. 땅에 엎드러져 들으매 소리가 있어 이르시되 사울아 사울아 네가 어찌하여 나를 박해하느냐 하시거늘 대답하되 주여 누구시니이까 이르시되 나는 네가 박해하는 예수라. 너는 일어나 시내로 들어가라 네가 행할 것을 네게 이를 자가 있느니라 하시니 같이 가던 사람들은 소리만 듣고 아무도 보지 못하여 말을 못하고 서 있더라.(사도행전 9:1~6)

성령의 은혜로 사울을 사도 바울로 사용하시기 위해 미리 예비하신 사람들을 만나게 해주셨다. 아나니아를 시작으로 누가, 바나바, 아볼로, 실바 등 수많은 동역자를 붙여주심으로써 사울은 하나님의 계획 가운데 쓰임 받은 사람으로 거듭났다. 사울이 환상으로 예수님을 만났을 당시 또 한 사람이 환상으로 예수님을 만났는데 그가 바로 아나니아다. 예수님은 아나니아를 통해 안수하게 함으로써 사울이 예수님을 영접하고 거듭나도록 도왔다. 그때부터 사도 바울은 십자가의 복음을 전하는 최고의 일꾼이 될 수 있었다. 이때 예수님이 아나니아에게 알려주신 말씀이다.

주께서 이르시되 가라 이 사람은 내 이름을 이방인과 임금들과 이스라엘 자손들에게 전하기 위하여 택한 나의 그릇이라.(사도행전 9:15)

하나님은 합력하여 선을 이루시고 또 우리도 그렇게 하기를 바라신다. 동역자 중 누가는 끝까지 의리를 지키며 하나님의 사명을 감당하기 위해 바울과 함께했음을 알 수 있다. 당시 바울의 심경을 알 수 있는 기록이 바울이 디모데에게 보낸 서신에 나와 있다.

데마는 이 세상을 사랑하여 나를 버리고 데살로니가로 갔고 그레스게는 갈라디아로, 디도는 달마디아로 갔고 누가만 나와 함께 있느니라 네가 올 때에 마가를 데리고 오라 그가 나의 일에 유익하니라.(디모데후서 4:10~11)

바울은 예수님으로부터 가르침을 받은 제자가 아니었으므로 기존의 제자들과 사귀는 것이 쉽지 않았다. 그때 중재 역할을 해준 사람이 바나바였다. 바나바가 아니었다면 바울은 복음을 전하는 데 많은 어려움을 겪었을 것이다. 모든 일이 그렇지만 특히 하나님의 일은 동역자가 필수적이다. 그런 점에서 서로 신뢰할 수 있는 관계를 형성하는 것이 얼마나 중요한지를 잘 가르쳐준다.

> 사울이 예루살렘에 가서 제자들을 사귀고자 하나 다 두려워하여 그가 제자 됨을 믿지 아니하니 바나바가 데리고 사도들에게 가서 그가 길에서 어떻게 주를 보았는지와 주께서 그에게 말씀하신 일과 다메섹에서 그가 어떻게 예수의 이름으로 담대히 말하였는지를 전하니라. (사도행전 9:26~27)

어떤 일을 하든 귀하고 천한 일이 따로 있는 것은 아니다. 다만 맡겨진 역할이 다를 뿐이고 주어진 재능이 다를 뿐으로 각자 주어진 입장에서 선한 일을 지향해야 한다. 또 합력해서 선을 이루는 것이 중요한데, 하나님은 사람들이 함께하며 선을 도모하고 사랑하는 것을 기뻐하신다. 또 그럴 때 거기에 하나님이 함께하신다. 어떻게 협력하고 하나님의 은혜를 기다려야 하는지 좋은 사례가 있다.

> 우리가 알거니와 하나님을 사랑하는 자 곧 그의 뜻대로 부르심을 입은 자들에게는 3)모든 것이 합력하여 선을 이루느니라. (로마서 8:28)

사도 바울의 많은 동역자 가운데 아볼로도 자신이 무엇을 해야 하는지 알았고 서로 협력하며 하나님의 뜻에 순종하였다. 사도 바울의 고백이 아주 축약적으로 잘 설명해주고 있다. 사도 바울은 본인과 동역자의 역할이 무엇인지 분명히 인식하고 있었다. 무엇보다 하나님의 존재에 대해서도 제대로 깨닫고 있었다.

> 그런즉 아볼로는 무엇이며 바울은 무엇이냐 그들은 주께서 각각 주신 대로 너희로 하여금 믿게 한 사역자들이니라. 나는 심었고 아볼로는 물을 주었으되 오직 하나님께서 자라나게 하셨나니 그런즉 심는 이나 물 주는 이는 아무것도 아니로되 오직 자라게 하시는 이는 하나님뿐이니라. (고린도전서 3:5~7)

옛말에 "남의 사과가 내 것보다 더 커 보인다"는 말이 있다. 그래서 늘 다른 사람 것을 탐내고 또 다른 사람을 흉내 내며 따라 하기도 한다. 더 심각한 것은 다른 사람처럼 되려고 하는 것이다. 그보다 훨씬 더 심각한 것은 자신이 하나님이 되려고 하는 것이다. 그런 사람을 상상 한 번 해보자. 전지전능하시고 선하신 분이 하나님이시라면 문제가 안 되지만, 인격적으로 불완전한 사람에게 신적 권위가 주어졌다고 가정해보자, 생각만 해도 끔찍한 일이 아닐 수 없다. 실제 그런 일이 있었다. 에덴동산에서 뱀(사탄)이 하와에게 다가와 하나님이 금한 선악과를 따 먹으라고 유혹할 때 사용한 방법이 그것이다.

> 너희가 그것을 먹는 날에는 너희 눈이 밝아져 하나님과 같이 되어 선악을 알 줄 하나님이 아심이니라.(창세기 3:5)

물론 하와가 선악과를 따 먹은 표면적인 이유는 먹음직하고 보암직하고 지혜롭게 할 만큼 탐스러웠기 때문이다. 하지만, 근본적인 동기는 하나님처럼 될 수 있다는 사탄이 지어낸 거짓 정보 때문이었다. 왜 이런 일이 발생할까? 그것은 사람이 자신의 정체성에 확신이 없기 때문이다. 하나님이 세상을 창조하셨을 때 이미 사람의 정체성이 분명하게 주어졌었다. 게다가 사람마다 다른 재능을 주셔서 각기 다른 개성으로 살게 한 것이다. 사람은 하나님 영광의 산물이다.

영광이란 무엇인가? 세상에 가장 존귀하고 가치 있는 일을 말한다. 영광을 누리는 사람도 영광의 원인이 되는 사람도 모두 최고의 가치를 지녔다는 의미다. 하나님께서 사람을 창조한 것은 하나님 영광의 발현이다. 그래서 사람은 하나님의 영광을 저버리는 일을 해서는 안 된다. 사람은 하나님에게도 이웃들에게도 다른 모든 피조물에게도 영광의 빛이 되어야 한다. 이것이 사람에게 주어진 진정한 정체성이다. 시편 기자의 글은 우리가 어떻게 살아야 하는지를 잘 말해준다.

> 만국의 족속들아 영광과 권능을 여호와께 돌릴지어다, 여호와께 돌릴지어다.(시편 96:7)

이방인이었던 에스더가 부러웠던 것도 유대인들에게만 있는 것처럼 보였던 영광이었다.

유다인에게는 영광과 즐거움과 기쁨과 존귀함이 있는지라.(에스더 8:16)

하나님은 피조물에게 하나님의 영광이 드러나기를 바라신다. 욥과 그의 세 친구들 간의 논쟁을 잠자코 듣고 있던 엘리후는 다음과 같이 말했다.

나는 결코 사람의 낯을 보지 아니하며 사람에게 영광을 돌리지 아니하리니 이는 아첨할 줄을 알지 못함이라 만일 그리하면 나를 지으신 이가 속히 나를 데려가시리로다.(욥기 32:21~22)

이 말씀을 통해 알 수 있는 것은 하나님의 영광을 입버릇처럼 얘기하면서도 사람의 영광 혹은 자신의 영광을 취하는 경우가 있을 수 있다는 점에 유의해야 한다는 점이다. 욥기 말미에 하나님이 욥에게 직접 말씀하시는 장면 중에 귀담아들어야 할 말씀이 있다.

너는 위엄과 존귀로 단장하며 영광과 영화를 입을지니라. 너의 넘치는 노를 비우고 교만한 자를 발견하여 모두 낮추되 모든 교만한 자를 발견하여 낮아지게 하며 악인을 그들의 처소에서 짓밟을지니라.(욥기 40:10~12)

사실 영광이라는 단어를 생각할 때 높고 창대하며 존귀한 것들만을 떠올릴지 모르겠지만, 그 못지않게 중요한 것은 겸손한 마음인데, 말하자면 교만과 불의를 싫어하는 것 등이 포함되어 있음을 알 수 있다. 궁극적으로 하나님은 하나님 자신의 영광을 위하여 사람을 창조했고 사람은 또 그렇게 영광을 입고 영광스럽게 살아야 한다.

내 이름으로 불려지는 모든 자 곧 내가 내 영광을 위하여 창조한 자를 오게 하라 그를 내가 지었고 그를 내가 만들었느니라.(이사야 43:7)

우리가 쫓고 있는 세상의 영광이 얼마나 헛된 것이고 허무한 것인지를 예수님은 잘 가르쳐주셨다.

백합화를 생각하여 보라 실도 만들지 않고 짜지도 아니하느니라. 그러나 내가 너희에게 말하노니 솔로몬의 모든 영광으로도 입은 것이 이 꽃 하나만큼 훌륭하지 못하였느니라.(누가복음 12:27)

실제 예수님이 예로 들었던 최고로 부와 권력과 쾌락을 누렸던 당사자 솔로몬도 그 같은 고백을 한 바 있다. 예수 그리스도는 하나님의 영광을 입고 이 땅에 성육신으로 오셨고 또 이 땅에서 하나님 영광을 위해 사셨으며 자신도 영광이 되었다고 고백하셨다. 예수 그리스도 덕분에 우리도 구원을 얻고 다시 영광을 입게 된 것이다.

내 것은 다 아버지의 것이요 아버지의 것은 내 것이온데 내가 그들로 말미암아 영광을 받았나이다.(요한복음 17:10)

내게 주신 영광을 내가 그들에게 주었사오니 이는 우리가 하나가 된 것 같이 그들도 하나가 되게 하려 함이니이다.(요한복음 17:22)

예수 그리스도께서 온 인류를 구원하시기 위해 더 이상 낮아질 수 없을 정도로 낮아져서 인류를 섬기시므로 십자가에서 '다 이루신 것'이 바로 하나님 영광의 완성이었다. 우리가 흔히 사용하는 영광이라는 말의 궁극적인 결과는 우리가 구원에 이르고 영생을 얻었다는 것이고 하나님과 하나가 되었다는 점이다.

모든 사람이 죄를 범하였으매 하나님의 영광에 이르지 못하더니 그리스도 예수 안에 있는 속량으로 말미암아 하나님의 은혜로 값없이 의롭다 하심을 얻은 자 되었느니라.(로마서 3:23~24)

그런데 자칫 우리가 그 영광을 세상에 초점을 맞추는 순간 그것은 헛된 영광이 될 수 있다는 점도 간과해서는 안 된다. 사도 바울이 갈라디아서를 통해 지적한 것도 바로 그 부분이다.

만일 우리가 성령으로 살면 또한 성령으로 행할지니 헛된 영광을 구하여 서로 노엽

게 하거나 서로 투기하지 말지니라.(갈라디아서 5:25~26)

누구나 세상에 태어난 이상 자연인으로 가정에서 부모 형제들과 함께 지내고 사회인으로 학교, 직장 등에서 많은 사람들과 관계를 맺으며 살아간다. 게다가 하나님을 믿는 성도들은 신앙인으로서 신앙의 동역자들은 물론이고 세상에서 빛과 소금의 역할을 하며 누군가의 이웃으로 살아간다. 그런데 불완전한 인간 세상은 그곳이 어디든 늘 갈등과 경쟁이 존재하기 마련이다. 이런 가운데 하나님의 영광을 드러내며 살기란 그리 쉬운 일이 아니다. 인간적인 교양이나 지식 등으로 이를 감당하기에는 상당히 벅찬 세상이 되어가고 있다. 이럴 때일수록 성령을 의지할 수밖에 없다. 성령의 도움을 받고 사는 것이 일상이 되어야 하고 끊임없이 넘어질 각오를 하고 다시 일어설 결심을 하며 집을 나서야 한다.

이와 같이 성령도 우리의 연약함을 도우시나니 우리는 마땅히 기도할 바를 알지 못하나 오직 성령이 말할 수 없는 탄식으로 우리를 위하여 친히 간구하시느니라. 성령이 하나님의 뜻대로 성도를 위하여 간구하심이니라. 우리가 알거니와 하나님을 사랑하는 자 곧 그의 뜻대로 부르심을 입은 자들에게는 모든 것이 합력하여 선을 이루느니라.(로마서 8:26~28)

그렇지 않으면 스스로 실족할 뿐 아니라 남을 실족하게 하는 일들이 빈번하게 생겨날 것이다. 항상 기뻐하고 쉬지 말고 기도하고 범사에 감사하며 살아야 하고 또 주야로 묵상해야 하는 이유가 여기에 있다.

항상 기뻐하라 쉬지 말고 기도하라 범사에 감사하라 이것이 그리스도 예수 안에서 너희를 향하신 하나님의 뜻이니라.(데살로니가전서 5:16~18)

복 있는 사람은 악인들의 꾀를 따르지 아니하며 죄인들의 길에 서지 아니하며 오만한 자들의 자리에 앉지 아니하고 오직 여호와의 율법을 즐거워하여 그의 율법을 주야로 묵상하는도다. 그는 시냇가에 심은 나무가 철을 따라 열매를 맺으며 그 잎사귀가 마르지 아니함 같으니 그가 하는 모든 일이 다 형통하리로다.(시편 1:1~3)

세상이 복잡해질수록 사람의 역할도 다양해질 수밖에 없다. 복잡다단한 인간관계를 지속하기 위해서는 일인 다역을 소화하며 살아야 할 경우도 있다. 과거에는 육체적으로 힘들었다면 현대인들은 정신적인 스트레스가 훨씬 더 문제가 되고 있다. 스트레스가 단순히 일 때문에만 생기는 것이 아니라 주로 사람과의 관계로 인해 생긴다는 점이다.

왜 이런 문제들이 생길까? 기본적으로 사람과 사람 간에 신뢰와 사랑이 부족하기 때문이다. 모든 관계에 신뢰가 있고 사랑이 있으면 특별히 문제가 될 일은 별로 없다. 그러나 세상의 인간관계는 그렇지 못한 것이 현실이다. 인류의 시작인 에덴 동산에서 추방된 것도 하나님 말씀에 신의를 지키지 못한 결과이다.

역사가 진전되면서도 이 문제는 전혀 나아지지 않고 있다. 오히려 자본주의가 무르익으면서 재화의 힘이 위력을 발휘하게 되고 부자가 되는 것이 곧 성공이라는 공식이 생기면서 사회적으로 더욱 경쟁이 심화한 측면이 있다. 사회적 혹은 물질적인 욕심 때문에 인간관계가 소홀해지고 존귀한 사람의 인격이 외면당하고 있다. 하나님이 사람을 대하는 마음과 사람이 사람을 대하는 마음이 현저히 차이가 있음을 보여주는 좋은 예화가 있다.

천국은 마치 품꾼을 얻어 포도원에 들여보내려고 이른 아침에 나간 집 주인과 같으니 그가 하루 한 데나리온씩 품꾼들과 약속하여 포도원에 들여보내고 또 제 삼시에 나가 보니 장터에 놀고 서 있는 사람들이 또 있는지라. 그들에게 이르되 너희도 포도원에 들어가라 내가 너희에게 상당하게 주리라 하니 그들이 가고 제육 시와 제 구시에 또 나가 그와 같이 하고 제 십일시에도 나가 보니 서 있는 사람들이 또 있는지라 이르되 너희는 어찌하여 종일토록 놀고 여기 서 있느냐. 이르되 우리를 품꾼으로 쓰는 이가 없음이니이다 이르되 너희도 포도원에 들어가라 하니라. 저물매 포도원 주인이 청지기에게 이르되 품꾼들을 불러 나중 온 자로부터 시작하여 먼저 온 자까지 삯을 주라 하니 제 십일시에 온 자들이 와서 한 데나리온씩을 받거늘 먼저 온 자들이 와서 더 받을 줄 알았더니 그들도 한 데나리온씩 받은지라. 받은 후 집 주인을 원망하여 이르되 나중 온 이 사람들은 한 시간밖에 일하지 아니하였거늘 그들을 종일 수고하며 더위를 견딘 우리와 같게 하였나이다. 주인이 그 중의 한 사람에게 대답하여 이르되 친구여 내가 네게 잘못한 것이 없노라 네가 나와 한 데나리온의 약속을 하지 아니하였느냐. 네 것이나 가지고 가라 나중 온 이 사람에게 너와 같이 주는 것이 내 뜻이니라. 내 것을 가지고 내 뜻대로 할 것이 아니냐 내가 선하므로 네가 악하게 보느냐. 이와 같이 나중 된 자로서 먼저 되고 먼저 된 자로서 나중 되리라.(마태복음 20:1~16)

이 이야기는 예수님이 하나님 나라에 대해 설명하기 위해 비유로 설명하는 내용으로 일명 '포도원의 품꾼'이라는 제목으로 잘 알려져 있다. 이야기의 핵심은 일하는 시간에 따라 받게 되는 품삯에 대해 설명하는 내용으로 주인(하나님)은 사람의 생명에 주목한 반면, 일꾼들은 일하는 시간에 주목하고 있다. 사람들은 일의 성과에 따라 차별화하여야 한다는 주장이고 주인은 생계에 필요한 돈은 누구에게나 필요하다는 기본 원칙을 바탕에 두고 품삯을 지불한다.

일반적인 상식으로는 일꾼들의 생각이 훨씬 합리적인 것처럼 여겨질 수 있다. 그것은 우리가 산업화 시대의 자본주의적 경제관, 요컨대 효율성, 생산성 등에 익숙해져 있어 성과에 따라 차별화하는 것이 당연한 것처럼 여기고 있는지 모른다. 하지만 아침부터 포도원에 오지 못한 사람들의 사정이 자신들의 게으름 때문이라고 단정할 수 없다. 또 일할 기회를 얻지 못한 것일 수도 있고 소위 경쟁에서 밀려 그렇게 된 것일 수도 있다. 게다가 우리가 미처 생각하지 못한 각자마다의 다양한 속사정이 있을 수 있다.

애덤 스미스 등 자본주의에 충직한 대부분의 경제학자들은 경쟁 원리에 입각한 성과주의를 강조한다. 그 결과 빈부격차 문제에 대한 해결에는 미온적이었다. 그 가운데 존 러스킨, 칼 폴라니, 헨리 조지 등은 빈곤 문제에 관심을 기울이게 되었고 이윽고 일명 '생명경제生命經濟'에 대해 주창하였다.

미국의 헨리 조지는 〈진보와 빈곤〉에서 부의 불평등은 토지 소유로 인한 불로소득을 모두 세금으로 거두어들여야 한다고 주장했다. 칼 폴라니 또한 경제적 불평등을 해소하기 위해서는 국가가 경제를 관리해야 한다고 말했는데 자유시장, 시장경제, 거대자본 등은 자연스러운 부상이 아니라 정치적, 경제적 결정의 결과라고 주장했다. 그는 토지, 노동, 돈의 상품화가 가격과 임금이 수요와 공급에 의해 결정되는 것이 아니라 강력한 행위자에 의한 시장 세력의 조작에 의해 결정되는 가공의 시장 체제를 만들어냈다고 주장했다.

한편, 존 러스킨John ruskin은 원래 예술비평가로 활동했는데 불혹이 되어 어두운 사회경제적 모순을 목도하고 사회사상가 활동을 시작했는데 기존의 정통파 경제학을 공격하고 인도주의적 경제학을 주장하였다. 그의 저서 가운데 〈나중에 온 이 사람에게도〉[152]는 성서에 나오는 포도원의 품꾼이라는 예화를 예로 들었다.

이 말씀은 일찍 믿는 자와 늦게 믿는 자 사이에 차별은 없고 믿는 자는 누구나 구원을 받고 영생을 얻는다는 의미를 담고 있다. 많은 경제학자들은 이 이야기를 인용하며 최저 임금과 관련한 경제학 원리에 적용하였다. 이 예화에서 말하려는 취지는 적어도 경제는 수치 그 이상의 원리가 작용한다는 것이다.

존 러스킨이 주장한 핵심 사상은 인간이 추구해야 할 부富는 곧 '생명'이고 부富를 얻기 위한 선결 조건은 '정직'과 '애정'이라는 것이다. 존 러스킨의 말에 주목할 필요가 있다. 그는 경제는 궁극적으로 생명 존중이 전제되어야 하는데 생명은 사랑과 환희와 경외가 모두 포함된 총체적인 힘이기 때문이라고 생각하였다.

가장 부유한 이는 자신 안에 내재한 생명의 힘을 다하여 그가 소유한 내적, 외적 재산을 골고루 활용해서 이웃들의 생명에 유익한 영향을 최대한 널리 미치는 사람이다. 별나라에서 온 경제학이라 생각될지 모르나, 사실 이 경제학이야말로 지금까지 존재해온 유일한 경제학이었고 또 앞으로도 그러할 것이라고 주장했다.

당시 러스킨의 경제 이론은 지나치게 이상적이고 형이상학적이라는 비판받았다고 한다. 당연히 수치數値에 바탕을 두고 효율성과 성과주의, 그리고 경쟁 등의 잣대로 보는 기존의 경제 관념으로 보면 터무니없는 발상이라고 비난받을 수 있다. 하지만 정말 중요한 것은 경제도, 정치도 모두 생명을 담보로 하거나 소홀히 하면서까지 얻어야 할 만큼 가치 있는 일인가를 생각해보면 그의 주장은 의미 있다고 볼 수 있다.

세상에는 주류가 있고 비주류가 있다. 또 대세가 있고 다소 세상의 관심을 받지 못하는 소외된 대상도 있다. 민주주의는 다수결에 의해 어떤 사안을 결정한다. 이런 시대적 흐름과 사상이 인간에게 크고 작은 영향을 주고 있다. 중요한 것은 다수가 그것을 선택하고 추종한다고 해서 그것이 반드시 옳은 일이라고 단정할 수 없다. 좋아하는 일을 선택하는 것도 좋지만, 중요한 것은 그것이 늘 옳은가이다. 하고 싶은 일을 하는 것도 좋지만, 그것이 늘 선한가이다. 즐겁게 사는 것도 중요하지만, 그것이 늘 영적인가이다.

중요한 것은 그 가치를 실현하며 살고 있는가이다. 불공정과 불평등으로 차별받는 사람들은 없는지, 사회적인 약자들은 또 어떤 어려움을 겪고 있는지 등에 지속적으로 관심을 가져야 한다. 자신의 유익을 위해 악을 보고도 둔감하다면 하나님의 선善과 의義를 외면하는 일이기 때문이다.

예수님은 자신에게 무슨 일이 닥칠지 알면서도 예루살렘 입성을 강행하셨다. 앞으로 닥칠 고난과 죽음을 향해 마다하지 않고 가신 것이다. 왜? 하나님의 뜻에 순종하기 위함이고, 또 하나님에 대한 믿음의 결과이다. 이때 예수 그리스도를 향한 제자들의 기쁜 찬양은 교만한 바리새인들의 분노를 샀다. 제자들에게 격분한 무리 가운데 바리새인이 몇 명 있었다. 그들은 그리스도께서 이와 같은 환호를 허락하지 않으시리라고 생각했다.

그들은 예수님이 자기 제자들을 책망하시리라고 기대하였다. 그러나 예수님은 인류 구원을 위한 계획을 실현하기 위해 한순간도 빈틈없이 앞으로 나가셨다. 예수님은 교만한 자의 경멸을 멸시하시듯이 겸손한 자의 찬양을 받으신다. 사람들이 그리스도를 찬양하든 하지 않든, 그분은 찬양받으실 것이며 받게 될 것이고 또 받으셔야만 한다. 만일 사람들이 잠잠하면 돌들이 소리 지르리라고 말씀하셨다.

> 무리 중 어떤 바리새인들이 말하되 선생이여 당신의 제자들을 책망하소서 하거늘 대답하여 이르시되 내가 너희에게 말하노니 만일 이 사람들이 침묵하면 돌들이 소리 지르리라 하시니라.(누가복음 19:39~40)

만약 이런 일에 무관심하다면 산속에서 도를 닦으며 세상일에 무관심한 사람들과 무엇이 다르겠는가. 도인道人이라는 말을 들을지 모르겠지만 성령이 충만한 사람이라고 말할 수는 없을 것이다. 하나님의 사람들이 마땅히 소리를 내야 할 때 내지 않으면 하나님은 돌멩이라도 사용해서 소리치게 할 것이다.

> 오직 정의를 물 같이, 공의를 마르지 않는 강 같이 흐르게 할지어다.(아모스 5:24)

성령 충만한 사람들의 특징은 귀와 눈과 마음이 늘 하나님을 향함과 동시에 이웃들에게도 향한다. 우리에게 지혜가 필요한 것은 세상에서 출세하기 위해서 혹은 성공하기 위해서가 아니다. 솔로몬이 그랬던 것처럼 옳고 그름을 제대로 판단하기 위해서이다. 솔로몬이 하나님의 지혜로 옳고 그름을 판단했을 때는 하나님의 사랑을 받았지만, 그 지혜로 세속적인 일은 도모했을 때 하나님은 그와 함께하지 않으셨다.

예수님은 자신이 진리라고 말씀하셨고 자신을 따르라고 명령하셨다. 왜 그러셨을까? 사람은 죄로 오염되어 있기 때문에 스스로 옳고 그름을 판단할 수 없다는 것을 알고 계시기 때문이다. 우리가 가장 먼저 자신을 알아야 하는 것 중에 하나는 우리 스스로 선과 악을 판단할 수 없다는 사실이다. 만약 자신이 얼마든지 선과 악을 판단할 수 있는 능력이 있다고 생각한다면 그것은 이미 사탄의 전략에 넘어간 것이다. 에덴동산에서 하와 유혹할 때 뱀(사탄)이 하와를 유혹할 때 뭐라 말했는지 떠올려 볼 필요가 있다.

> 너희가 그것을 먹는 날에는 너희 눈이 밝아져 하나님과 같이 되어 선악을 알 줄 하나님이 아심이니라. (창세기 3:5)

사람은 스스로 옳고 그름을 판단할 수 없기 때문에 늘 하나님을 의지해야 한다. 예수님이 부활하신 이후에도 우리에게 성령을 보내주신 이유도 성령의 도움 없이는 단 하루도, 아니 일분일초도 스스로 선악을 판단할 수 없어 악의 유혹에 넘어질 수 있기 때문이다. 그런 점에서 구약에서 믿음의 사람들과 함께하셨던 하나님의 신실하심, 또 믿음의 자녀들과 어떤 상황에서도 영원히 함께하시겠다는 예수 그리스도의 약속은 얼마나 큰 은혜이고 축복인지 모른다. (여호수아 1:8~9) (시편 23:4) (요한복음 14:16~17)

> 두려워하지 말라. 내가 너와 함께함이라. 놀라지 말라. 나는 네 하나님이 됨이라 내가 너를 굳세게 하리라. 참으로 너를 도와주리라. 참으로 나의 의로운 오른손으로 너를 붙들리라. (이사야 41:10)

내가 하나님의 사람인가 아닌가 혹은 성령을 의지하는 사람인가 아닌가는 궁극적으로 내가 지금 선한 이웃으로 살고 있는가, 아니면 그저 타인으로 살고 있는가를 보면 알 수 있다.

은유와 사유

사유思惟는 은유隱喩를 풀 수 있는 열쇠다.

Thinking is the key to solving metaphors.

렘브란트 하르먼손 반 레인(네덜란드어: Rembrandt Harmenszoon van Rijn, 1606~1669)은 바로크 시대의 네덜란드 화가이다. 빛의 화가라고도 불리는 그는 일반적으로 유럽 미술사에서 가장 위대한 화가이자 판화가 중 한 사람으로 여겨지며 특히 네덜란드의 역사에서 가장 중요한 화가 가운데 한 명이다. 이 그림은 〈포도원의 품꾼〉이라는 작품이다. 성경(마태복음 20:1~16)의 내용을 모티프로 그렸다. 창문 앞에 햇살을 정면으로 받고 있는 부자가 포도농장 주인이고 창문을 등지고 앉아서 장부를 보고 있는 사람이 청지기이다. 그리고 그들 앞에 일

을 마치고 일당을 받기 위해 품꾼들이 줄을 서 있다. 이 품꾼들은 일하는 시간이 각각 다르다. 아침 일찍부터 저녁에 이르기까지 다섯 부류를 나눌 수 있다. 그런데 포도 농장 주인이 이들 모두에게 동일한 품삯을 지불하겠다는 것이다. 당연히 나중에 온 사람은 나쁠 것 없지만, 아침 일찍 온 사람은 기분이 언짢았을 것이다. 이 비유는 분명 현대인들의 경제관념으로는 납득하기 어려운 측면이 있다. 중요한 것은 품꾼들의 사정이 각각 다르다는 것이다. 우리가 국가나 사회가 평화롭게 지속하기 위해서는 원칙과 기준이 필요하다. 그런데 하나님은 우리와 다르다. 무엇이 다른가? 그것은 절대적인 사랑이다. 그 사랑은 생명을 향하고 있고 모든 사람의 행복(구원)을 지향하고 있다. 그런 믿음으로 다시 이 말씀을 읽어보면 어떨까.

성경에는 은유적 표현이 참 많다. 은유는 문자로 담아내지 못하는 것들을 연결하여 주는 역할을 하며 현실과 추상을 오가는 사유思惟를 제공함으로써 그 의미를 더욱 풍성하게 해준다. 따라서 은유는 사색으로 풀어가야 한다. 성경은 보이지 않는 하나님에 관해 이야기할 뿐만 아니라 구체적으로는 사람의 삶이라는 현실을 풀어내고 있다.

눈에 보이는 구체적인 세계와 눈에 보이지 않는 형이상학상적 세계를 동시에 이해하는데 있어서 은유적 표현의 사용은 불가피하다. 성경에는 은유나 비유적 예화가 많이 등장한다. 구원, 믿음, 사랑, 소망, 회개, 거듭남, 천국, 율법, 복음 등 문자적으로 이해하기 쉽지 않은 단어와 개념들이 많다. 그래서 예수님과 바리새인이나 서기관 등 유대인 지도자들과의 사이에서 적지 않은 논쟁이 있었다.

특히 바리새인이나 서기관들은 안식일, 절기 등 율법에 관한 문자에 집착했고, 예수님은 하나님의 사랑이라는 큰 틀 안에서 그것을 설명하였다. 제자들도 구원, 거듭남, 부활 등에 대해 제대로 이해하지 못했고 예수님은 친절히 가르쳐주었다. 그런 가르침은 이성으로 이해한다고 되는 문제는 아니고 믿음이라는 영적 영역에서 생각하지 않으면 안 된다. 그 대표적인 사건이 니고데모와의 대화이다. 이 대화의 핵심은 육체Body와 영Spirit이라는 두 개의 영역이다. 하나는 눈에 보이는 것이고 다른 하나는 눈에 보이지 않는 것이다.

그가 밤에 예수께 와서 이르되 랍비여 우리가 당신은 하나님께로부터 오신 선생인 줄 아나이다. 하나님이 함께하시지 아니하시면 당신이 행하시는 이 표적을 아무도 할 수 없음이니이다. 예수께서 대답하여 이르시되 진실로 진실로 네게 이르노니 사람이 거듭나지 아니하면 하나님의 나라를 볼 수 없느니라. 니고데모가 이르되 사람이 늙으면 어떻게 날 수 있사옵나이까 두 번째 모태에 들어갔다가 날 수 있사옵나이까. 예수께서 대답하시되 진실로 진실로 네게 이르노니 사람이 물과 성령으로 나지 아니하면 하나님의 나라에 들어갈 수 없느니라. 육으로 난 것은 육이요 영으로 난 것은 영이니 내가 네게 거듭나야 하겠다 하는 말을 놀랍게 여기지 말라. 바람이 임의로 불매 네가 그 소리는 들어도 어디서 와서 어디로 가는지 알지 못하나니 성령으로 난 사람도 다 그러하니라. (요한복음 3:2~8)

그런 가운데 니고데모는 확실한 증거를 얻고자 하였고 예수님은 영적인 영역의 실체를 파악하는 것이 어려운 일이라고 말씀하시며 그것을 바람에 비유하셨다. 말하자면 하나님 나라는 육체적인 삶이 아니고 영적인 삶이라서 성령으로 거듭나야 이해할 수 있다. 현대를 사는 우리는 어느 정도 이해 못 할 일도 아니지만, 당시로서는 전혀 감을 잡기 어려웠을 수 있다. 아무튼 니고데모의 어린아이 같은 질문 덕분에 우리가 좀 더 성령으로 거듭나는 것에 대해 쉽게 이해할 수 있게 되었다. 성경을 처음 접하거나 아직 예수 그리스도를 영접하지 않은 사람들 입장에서는 여전히 어려운 문제가 아닐 수 없다. 믿음이라는 문제도 어렵게 느껴지는 이유일 수 있다. 사도 바울은 믿음에 대해 다음과 같이 정의했다.

믿음은 바라는 것들의 실상이요 보이지 않는 것들의 증거니 선진들이 이로써 증거를 얻었느니라. 믿음으로 모든 세계가 하나님의 말씀으로 지어진 줄을 우리가 아나니 보이는 것은 나타난 것으로 말미암아 된 것이 아니니라. (히브리서 11:1~3)

믿음의 선진들을 하나하나 열거하면서 그들이 어떤 믿음을 가졌고 또 그 믿음을 통해 하나님으로부터 어떤 사랑받았는지 구체적으로 알려주고 있다.(히브리서 11:4~40) 하나님에 대한 믿음의 확신이 없는 사람이라면 히브리서 11장을 몇 번이고 반복해서 읽어보기를 권하고 싶다. 왜냐하면 은유적인 말씀은 사유함으로 풀어야 하기 때문이다.

주는 계신 곳 하늘에서 들으시며 사유하시되 각 사람의 마음을 아시오니 그의 모든 행위대로 갚으시옵소서. 주만 홀로 사람의 마음을 아심이니이다. (역대하 6:30)

그러나 사유하심이 주께 있음은 주를 경외하게 하심이니이다. (시편 130:4)

사도 바울은 "믿음은 바라는 것들의 실상"이라고 했다. 무엇을 바라느냐는 매우 중요하다. 하나님을 믿는 사람과 그렇지 않은 사람들의 바라는 것들은 다를 수밖에 없다. 하나님을 믿는 사람들은 하나님의 의를 구하고 하나님 나라를 소망하고 하나님 말씀에 귀를 기울일 것이며 하나님이 원하는 것을 바라며 실천하며 살려고 노력할 것이다.

반면에 하나님을 믿지 않는 사람들은 하나님의 의를 알 리 없고 당연히 하나님 나라에 대한 관심도 없을 것이다. 세상의 부귀영화, 입신출세, 무병장수 등을 바라고 그것을 성취하기 위해 모든 열정을 쏟을 것이다. 뭔가를 바라는 것, 요컨대 소망은 믿음과 직결되는 아주 중요한 요소다. 자신이 지금 무엇을 바라고 있는지를 살펴보면 지금 자기 믿음의 상태를 어느 정도 알 수 있을 것이다. 자신의 마음이 어디에 무엇을 향하고 있는지를 살펴보아야 한다. 그래서 좋은 믿음을 유지하기 위해서는 마음을 하나님 나라에 두어야 한다. 그곳은 진리의 보물창고이기 때문이다. (시편 7:9) (시편 28:7) (시편 32:2) (시편 62:10) (잠언 15:13) (잠언 25:28) (말라기 2:2) (고린도후서 11:3) (디모데전서 6:6) (마태복음 6:21)

이 백성이 입술로는 나를 공경하되 마음은 내게서 멀도다. (마태복음 15:8)

또 "믿음은 보이지 않는 것들의 증거"라고 했다. 믿음의 선진들이 하나님으로부터 칭찬받은 것은 보이지는 않는 언약을 믿음으로 받아들였기 때문이다. (히브리서 13:7) 약속은 당장 보여줄 수 있는 것이 아니다. 왜? 약속은 미래에 이루어지는 일이기 때문이다. 일단 미래의 일은 불확실하다는 인식이 자리 잡고 있다. 그런 상황에서는 결단이 필요하다. 약속은 일단 기다림이 전제가 된다. 그래서 믿을 것이냐 말 것이냐의 문제가 발생하는 것이다. 여기서 사유가 필요하다. 사유는 은유를 풀 수 있는 열쇠다. 생각하고 깊이 생각하는 것이 사유다. 무엇을 생각해야 할까? 그것이 문제다. (신명기 32:7) (시편 94:8) (빌립보서 4:8) (히브리서 3:1)

위의 것을 생각하고 땅의 것을 생각하지 말라. 이는 너희가 죽었고 너희 생명이 그리스도와 함께 하나님 안에 감추어졌음이라. (골로새서 3:2~3)

사람의 생각은 하나님이 허락하신 자유의지와 깊은 연관이 있다. 하나님은 아담에게 에덴동산에서 해도 될 일과 해서는 안 될 일을 일러주셨다. 그때 사용하신 표현이 "임의로"이다.(창세기 2:16~17) 이 "임의로freely"의 다른 표현이 "자유의지free will" 라고 할 수 있다. 그 자유의지는 어디에서 나오는가? 바로 생각이고 마음이고 정신이다. 이것은 영Spirit, 혼Soul, 육Body 가운데 혼의 영역에 속하는 것으로 각 사람의 자아 형성에 중심 역할을 한다고 볼 수 있다.

> 평강의 하나님이 친히 너희를 온전히 거룩하게 하시고 또 너희의 온 영과 혼과 몸이 우리 주 예수 그리스도께서 강림하실 때에 흠 없게 보전되기를 원하노라.(데살로니가전서 5:23)

왜냐하면 혼이 영과 함께 함으로써 영혼이 제대로 힘을 발휘할 수 있다. 성서를 보면 영과 혼의 역할이 다름을 알 수 있다.(레위기 20:6) (사무엘상 1:15) (욥기 7:11) (이사야 26:9) (이사야 42:1) (이사야 57:16) (마태복음 12:18) (고린도전서 15:45) (히브리서 4:12)

> 너희가 진리를 순종함으로 너희 영혼을 깨끗하게 하여 거짓이 없이 형제를 사랑하기에 이르렀으니 마음으로 뜨겁게 서로 사랑하라.(베드로전서 1:22)

자유의지를 담고 있는 혼이 육체에만 관심을 두면 감각적인 일에서 기쁨을 찾으려고 할 것이다. 에덴동산의 교훈을 떠올려볼 필요가 있다. 반면에 혼이 영과 합하여 영적인 일을 생각할 때 믿음이 생긴다. 왜? 하나님은 영이시기 때문이다.(요한복음 4:24) 그 믿음으로 하나님이 기뻐하시는 사람이 될 수 있다.

> 믿음이 없이는 하나님을 기쁘시게 하지 못하나니 하나님께 나아가는 자는 반드시 그가 계신 것과 또한 그가 자기를 찾는 자들에게 상 주시는 이심을 믿어야 할지니라.(히브리서 11:6)

믿음은 왜 보이지 않는 것들의 증거일까? 평소 영적인 것을 민감하게 받아들이며 살다 보면 하나님의 말씀이 믿어지고 또 저절로 깨달아진다는 것을 느낄 수 있다. 예수님이 믿어지고 무슨 일이든 하나님께 먼저 기도하게 되고 말씀을 읽고 묵상할 때마다 감동이 샘솟고 모든 일이 기쁨과 감사로 넘쳐난다. 그런 자신의 변화

가 바로 증거가 된다.(데살로니가전서 5:16~18) (시편 34:8)

주의 말씀의 맛이 내게 어찌 그리 단지요 내 입에 꿀보다 더 다니이다.(시편 119:103)

왜 기쁨과 감사가 나올까? 그것은 죄인인 우리를 십자가의 죽음을 마다하지 않으시며 자신을 내놓으시면서까지 사랑하신 예수님을 아는 것에 자라가기 때문이다. 영적으로 미숙할 때는 그것을 깨닫지 못했지만, 점차 예수님의 희생과 겸손과 사랑이 얼마나 위대한지를 알게 되었기 때문이다. 만약 사도 바울의 고백이 마음에 와닿는다면, 그 사람은 이미 영적으로 성숙한 것이다.(디모데전서 1:15) (빌립보서 3:8) (사도행전 21:13)

내가 그리스도와 함께 십자가에 못 박혔나니 그런즉 이제는 내가 사는 것이 아니요 오직 내 안에 그리스도께서 사시는 것이라 이제 내가 육체 가운데 사는 것은 나를 사랑하사 나를 위하여 자기 자신을 버리신 하나님의 아들을 믿는 믿음 안에서 사는 것이라.(갈라디아서 2:20)

〈기도해야 산다〉의 저자 E. M. 바운즈는 바울의 고백에서 영감을 받아 자신의 고백적 시를 남겼는데 겸손이 묻어난다.

세상아, 너의 선행을 자랑하고
그 의로운 행위를 자랑하라.
잃어버린 나, 온통 망가지고 비참한 나는
은혜로 값없이 구원을 받으리라.
다른 근거는 모두 포기하고
이것, 오직 이것을 나의 탄원으로 삼으리.
나는 죄인의 괴수지만 예수님이 나를 위해 죽으셨도다.[153]

하나님의 은혜와 사랑의 깊이가 어떠한 것인지를 알기 위해서는 예수님을 아는 지식에서 자라가야 한다.(베드로후서 3:18) 그렇다면 어느 정도까지 자랄 수 있을까? 사도 바울은 예수님의 장성한 분량이 충만한 데까지 이르라고 권한다.(에베소서 4:13) 하나님 말씀으로 양육되어 장성하게 되면 어떤 사람이 될까? 영적으로 성숙해지고 선과 악을 분별하는 사람이 될 수 있게 된다.(히브리서 5:14)

> 내가 어렸을 때에는 말하는 것이 어린아이와 같고 깨닫는 것이 어린 아이와 같고 생각하는 것이 어린 아이와 같다가 장성한 사람이 되어서는 어린아이의 일을 버렸노라.(고린도전서 13:11)

하나님은 우리에게 말씀으로 다 보여주시지는 않았다. 또 그럴 수도 없다. 만약 그렇게 해야 한다면 바다를 먹물로 삼고 하늘을 두루마리 삼아도 다 기록하지 못할 것이다. 은유적인 말씀에 아주 함축적이고 중의적이고 정곡을 찌르는 진리를 담고 있다는 것을 알아야 한다. 성서는 문자 그대로 이해해야 하는 경우도 있지만, 은유로 전달하는 경우도 있어 묵상하고 사유하는 것이 필수적이다. 유대인들이 예수님을 오해하고 하나님 말씀을 제대로 이해하지 못한 것은 성경(모세오경)을 문자적으로만 받아들인 측면도 있었다.

하나님의 언어와 인간의 언어는 차이가 있어 문자적으로 이해할 수 없는 경우가 더러 있다. 하나님은 시간과 장소를 초월한 분이시고 영으로 존재하신 분이시다. 반면, 인간은 시간과 장소에 절대적으로 영향을 받을 수밖에 없다. 또 사람은 육체의 감각에 의존하지 않으면 안 되기 때문에 모든 생각을 영에 집중할 수 없는 한계를 지니고 있다. 그래서 생각하지 않으면 알 수 없는 것이 허다하다. 창조주 하나님과 하나님 말씀을 생각하고 또 깊이 생각해야 한다.

> 육신의 생각은 사망이요 영의 생각은 생명과 평안이니(로마서 8:6)

> 그리하면 모든 지각에 뛰어난 하나님의 평강이 그리스도 예수 안에서 너희 마음과 생각을 지키시리라.(빌립보서 4:7)

하나님이 은유를 사용한 또 하나의 이유는 사람의 사유 능력을 길러주시기 위한 배려가 있다. 사람은 유일하게 하나님의 형상을 닮은 존재로 창조되었기 때문에 충분히 하나님과 고차원적으로 소통을 할 수 있다. 하나님의 언어는 영적인 것에 초점이 맞추어져 있기 때문에 육체적인 안목이나 세상 지식으로 이해하는 데는 한계가 있다. 예수님과 니고데모의 대화는 그것을 여실히 증명해주고 있다. 니고데모는 유대인 지도자로서 엘리트 출신이라는 것을 알 수 있다. 그런 그도 거듭남에 대한 예수님의 가르침을 제대로 이해하지 못했다.

> 예수께서 대답하여 이르시되 진실로 진실로 네게 이르노니 사람이 거듭나지 아니하면 하나님의 나라를 볼 수 없느니라. 니고데모가 이르되 사람이 늙으면 어떻게 날 수 있사옵나이까 두 번째 모태에 들어갔다가 날 수 있사옵나이까. 예수께서 대답하시되 진실로 진실로 네게 이르노니 사람이 물과 성령으로 나지 아니하면 하나님의 나라에 들어갈 수 없느니라. 육으로 난 것은 육이요 영으로 난 것은 영이니 내가 네게 거듭나야 하겠다 하는 말을 놀랍게 여기지 말라. 바람이 임의로 불매 네가 그 소리는 들어도 어디서 와서 어디로 가는지 알지 못하나니 성령으로 난 사람도 다 그러하니라. 니고데모가 대답하여 이르되 어찌 그러한 일이 있을 수 있나이까. 예수께서 그에게 대답하여 이르시되 너는 이스라엘의 선생으로서 이러한 것들을 알지 못하느냐. 진실로 진실로 네게 이르노니 우리는 아는 것을 말하고 본 것을 증언하노라 그러나 너희가 우리의 증언을 받지 아니하는 도다. 내가 땅의 일을 말하여도 너희가 믿지 아니하거든 하물며 하늘의 일을 말하면 어떻게 믿겠느냐.(요한복음 3:3~12)

그런 그도 나중에 예수님께서 십자가에서 숨을 거두신 현장에 찾아왔는데 빈손으로 온 것이 아니라 몰약과 침향 섞은 것을 가지고 왔다. 그것은 예수님의 장례식에 쓸 물품을 가져온 것이다. 이 장면은 그가 예수님을 믿는 믿음이 자라고 있음을 보여주는 장면이다. 공개적인 장소에 자신의 정체성을 드러냈다는 것은 시사하는 바가 크다.

> 일찍이 예수께 밤에 찾아왔던 니고데모도 몰약과 침향 섞은 것을 백 리트라쯤 가지고 온지라. 이에 예수의 시체를 가져다가 유대인의 장례법대로 그 향품과 함께 세마포로 쌌더라.(요한복음 19:39~40)

은유는 보이는 것과 보이지 않는 것을 연결하는 매개 역할을 한다.(시편 78:2) (마태복음 13:10~13) (마태복음 13:18) (마가복음 4:13) 씨앗, 달란트, 거듭남, 무화과나무, 예수님의 죽음과 부활 등에 관한 비유를 들 수 있다. 예수님은 늘 은유(비유)로 말씀하신 것은 아니었다. 분명히 밝혀야 할 일에 대해서는 직접적으로 가르쳐주셨다. 특히 제자들이 자신과 함께 오래 있었고 직접 가르침을 받았음에도 불구하고 예수님의 사역과 그분의 가시는 길을 알지 못했다. 그래서 실상을 말씀하실 수밖에 없었다. 그때는 아주 자상하게 설명해주셨다.(요한복음 16:7~24) 중요한 것은 예수님이 십자가의 사명을 완수하고 성령이 오시면 성령께서 모든 것을 가르쳐주신다는 것을 약속하셨다. 이 말씀을 모두 듣고 비로소 제자들이 하나님께로부터 나오신 예수님을 믿게 되었다고 말하고 있다.

> 이것을 비유로 너희에게 일렀거니와 때가 이르면 다시는 비유로 너희에게 이르지 않고 아버지에 대한 것을 밝히 이르리라. 그날에 너희가 내 이름으로 구할 것이요 내가 너희를 위하여 아버지께 구하겠다 하는 말이 아니니 이는 너희가 나를 사랑하고 또 내가 하나님께로부터 온 줄 믿었으므로 아버지께서 친히 너희를 사랑하심이라. 내가 아버지에게서 나와 세상에 왔고 다시 세상을 떠나 아버지께로 가노라 하시니 제자들이 말하되 지금은 밝히 말씀하시고 아무 비유로도 하지 아니하시니 우리가 지금에야 주께서 모든 것을 아시고 또 사람의 물음을 기다리시지 않는 줄 아나이다. 이로써 하나님께로부터 나오심을 우리가 믿사옵나이다.(요한복음 16:25~30)

예수님이 하늘로 승천하시기 전 마지막 말씀도 성령에 대한 약속이었다.(사도행전 1:8~9) 예수님은 자신이 하나님으로부터 온 것을 믿느냐고 되물으시면서 제자들이 제각각 예수님을 떠나 흩어질 것이라고 예언하셨다.(요한복음 16:31~32) 제자들이 온전한 믿음을 갖게 된 것은 예수님이 약속하신 성령이 우리 가운데 오신 다음이었다.(사도행전 2:1~4) 성령이 우리에게 직접적으로 가르쳐주시고 감동을 주시고 확신을 주시면서 우리를 도우신다는 것을 알 수 있다.(요한복음 14:26)

> 내가 아버지께로부터 너희에게 보낼 보혜사 곧 아버지께로부터 나오시는 진리의 성령이 오실 때에 그가 나를 증언하실 것이요.(요한복음 15:26)

무엇보다 기쁘고 감사할 일은 성령이 특정인에게만 부어주는 것이 아니라 모든 사람에게 부어주신다는 약속이다.

> 하나님이 말씀하시기를 말세에 내가 내 영을 모든 육체에 부어 주리니 너희의 자
> 녀들은 예언할 것이요 너희의 젊은이들은 환상을 보고 너희의 늙은이들은 꿈을 꾸
> 리라.(사도행전 2:17)

지금 우리는 성령시대를 살고 있다. 예수님 이름에 의지하여 성령과 직접 소통할 수 있다. 우리가 각자 하나님 자녀이고 하나님 나라 백성이며 성전이고 왕 같은 제사장이다.(요한복음 1:12) (시편 79:13) (고린도전서 3:16)

> 그러나 너희는 택하신 족속이요 왕 같은 제사장들이요 거룩한 나라요 그의 소유가
> 된 백성이니 이는 너희를 어두운 데서 불러내어 그의 기이한 빛에 들어가게 하신
> 이의 아름다운 덕을 선포하게 하려 하심이라.(베드로전서 2:9)

지금 자신에게 아무 일도 일어나지 않는다고 해서 무료하다고 투덜댈 것인가? 지금 어려운 일에 처해 있거나 사경을 헤매는 사람들을 생각해보자, 지금 자신이 얼마나 큰 축복 속에 있는가. 대개 소소한 일상으로 기뻐하고 감사하는 사람들은 많지 않다. 왜 그럴까? 그것을 너무 당연하게 여기기 때문이다. 또 눈에 보여지는 것에 익숙한 나머지 시각적으로 충분하지 않으면 만족하지 못하기 때문이다. 사유思惟가 없으면 믿음도 한계에 봉착하기 마련이다. 평소 아무 일도 일어나지 않은 것에 감사할 줄 아는 사람은 축복이 무엇을 의미하는지 아는 사람이다. 반면 아무 일도 일어나지 않았다는 것을 반기며 평소 하던 대로 계속해서 악행을 저지르는 사람은 하나님의 존재를 망각하고 있다는 증거다.

어떤 환경적 요인이나 조건을 따라 믿는 것은 올바른 신앙이 아니다. 어떤 상황에서도 무엇을 하더라도 존재하시는 선하신 하나님을 절대적으로 믿는 신앙이 필요하다. 온전히 믿는 사람은 하나님을 떠올릴 수 있는 것만으로도 감사하고 기뻐한다. 생각할 수 있는 한, 하나님을 사유해야 한다. 하나님의 말씀을 주야로 묵상해야 한다. 지금 내 눈앞에 축복이 쏟아지지 않는 것처럼 느껴질지라도, 모든 것이 이성으로 잘 이해되지 않더라도, 절대적인 믿음으로 하나님과 그분의 말씀을 사유해야 한다.

감각의 세계와 그 너머의 진리

진리를 알지니 진리가 너희를 자유롭게 하리라.(요한복음 8:32)

You will know the truth, and the truth make you free.

이 그림은 라파엘로의 〈아테네 아레오바고에서 설교하는 바울(1515년)〉이라는 작품으로 아테네(아덴)에서 기독교 복음을 전하는 장면을 그린 그림이다. 바울의 복음 전파 활동은 크게 보면 세 차례에 걸쳐 이루어졌다. 당시 상황으로 보면 이것은 단순한 전도 여행이 아니라 목숨을 건 선교 순례였다. 바울의 선교를 통해 기독교는 단지 유대인들만의 종교에서 벗어나 범세계적인 종교가 될 수 있었다. 만약에 바울이 없었다면 아직도 기독교는 유대교의 한 분파만 믿는 변방의 종교에 머물러 있을지도 모른다. 바울의 선교 순례는 복음을 온 세계에 전한 위대한 계기가 되었다. 특히 그리스, 로마 등은 다양한 신화와 철학의 본고장으로 예수 그리스도가 메시아라는 사실을 증거한다는 것은 너무 힘든 일이었을 것이다. 말이 전도 여행이지 죽음을 각오한 고난의 여정이었을 것이다. 아주 교만한 철학자들에게는 바울이라는 존재는 한낱 이상한 종교에 심취한 촌뜨기쯤으로 여겨졌을 것이다. 그곳 사람들은 토론하는 것을 꺼리지는 않았다. 호기심 어린 눈빛으로 바울이 무슨 얘기를 하는지 지켜보자는 마음이었을 것이다. 바울은 신전과 우상이 가득한 아테네에서 예수님과 그분의 부활에 대해 전했다. 그곳에서는 우리가 익히 알고 있는 에피쿠로스와 스토아 철학자들로 넘쳐났을 것이므로 당연히 논쟁이 심화되었을 것이다. 바울은 일단 그들을 치켜세운다. "아덴 사람들아 너희를 보니 범사에 종교심이 많도다."(사도행전16:22) 그러면서 "내가 두루 다니며 너희

가 위하는 것들을 보다가 알지 못하는 신에게라고 새긴 단도 보았으니 그런즉 너희가 알지 못하고 위하는 그것을 내가 너희에게 알게 하리라"(사도행전16:23)고 선포하면서 진짜 신인 창조주 하나님이 따로 계신다는 사실, 모든 인류가 아담의 후손이라는 사실, 최후의 심판 등을 또박또박 전했다. 물론 많은 사람들로부터 조롱도 받았지만, 그들의 호기심을 자극하여 또 듣고 싶어 하는 사람들도 생기게 되었다. 이렇게 아테네에도 신자들이 늘어났다.(사도행전16:24~34) 이 그림에서 바울은 하늘을 향해 양손을 높이 치켜들고 확고한 믿음으로 그들에게 열변을 토하고 있다. 반면 바울의 설교를 듣고 있는 아테네 시민들의 표정은 제각각이다. 당연한 현상이다. 하지만 우리는 안다. 질서는 혼돈 다음에 온다는 것을. 우리가 느끼는 감각, 그 너머에 진리가 있다는 사실을.

감각感覺이란 물리적 자극에 의해 인간의 의식변화가 생기는 것을 말한다. 감각기관이 외부의 물리적 자극을 전기적 신호의 한 형태인 활동전위로 바꾸면 신경을 통해 뇌까지 활동전위가 전달된다. 이렇게 전달된 활동전위는 뉴런의 말단에서 신경전달물질이 뇌 속에 분비되도록 한다. 이렇게 하여 뇌 속 변화가 생긴다. 이것이 인간의 의식변화 전달체계이다. 감각은 시각, 청각, 후각, 미각, 촉각 등 오감五感을 말하며 감각을 수용하는 감각기관 요컨대 눈, 귀, 코, 입, 피부 등으로 분류된다. 오감에 속하지는 않지만 오감을 통해 종합적으로 인지하는 감각으로 지각知覺이 있다.

오감은 자극의 강약에 따라 다르지만, 어느 정도 시간의 제약을 받는다. 하지만 지각은 그 자극을 오랫동안 기억한다. 그것이 자극, 오감, 지각, 기억의 체계를 통해 사고에 영향을 준다. 이런 육체의 감각과 뇌의 감각을 융합하고 통제하는 감각 너머의 무엇인가가 인간을 경영하고 있다. 이를 위한 실마리로 우리는 '영혼Spirit'의 존재에 대해 생각해볼 수 있다. 지각은 아는 것, 이해하는 것, 깨닫는 것 등으로 표현한다. 그래서 지각은 오감 너머의 영역 혹은 능력이라는 것을 말해준다.

흔히 우리는 실험으로 근거 논리를 제시하며 주로 보이는 것, 입증할 수 있는 것만을 과학이라고 이해하고 있다. 그렇다면 우리가 알고 있는 상식이 맞을까? 꼭 그런 것만은 아니다. 실제로 빛의 입자와 파장은 눈에 보이지 않지만, 과학자들은 과학적인 논거를 제시하고 있다.

양자역학이 얼마나 어려운 분야인지 아인슈타인의 발언을 통해서도 알 수 있다. 그는 "어떤 정보도 빛의 속도를 넘어 전달될 수 없다" 또 "신은 주사위를 던지지 않았다"고 말하면서 물리학적으로 가능하지 않다고 주장했었다. 하지만 양자역학의 성과는 양자컴퓨터, 양자통신 등 새로운 기술혁명에 지대한 역할을 하고 있다.

우리가 알아야 할 것이 하나 있다. 천재 과학자들이 그 원리를 발견한 것에 대한 위대한 업적은 인정해야 하겠지만, 그들이 그 원리를 발견하기 전에 이미 우주 안에 그 같은 원리가 존재하고 있었다는 사실이다. 다윈의 진화론이나 뉴턴의 만유인력, 아인슈타인의 상대성 이론 등 수많은 과학적 원리들은 과학자들이 없는 것을 만들어낸 것이 아니다. 우주 속에서 작동하고 있는 원리를 찾아낸 것이다. 그들의 업적을 과소평가해서는 안 되겠지만, 그 같은 업적이 창조론을 직접적으로 부정할 만큼 대단한 것은 아니라는 사실이다.

다윈의 '종이 변한다'는 생각 자체는 다윈이 자연선택 이론을 제시했을 당시만 해도 그렇게 새로운 것은 아니었다. 〈종의 기원〉 3판부터는 아예 책 첫머리에 종의 변화 가능성을 주장했던 33명의 학자들을 열거했을 정도다. 그렇다면 도대체 다윈이 새롭게 성취한 것은 무엇인가? 과학계에서는 생명체의 다양성에 대한 이론을 다윈의 참신한 발상으로 보고 있다. 그는 생명의 변화에 대한 주요 메커니즘mechanism으로서 '자연선택'을 내세웠다는 점이다. 그는 이 선택과정을 통해 개체 간에서 차등적인 생존과 번식이 일어나며 그로 인해 생명이 진화한다고 생각했다.

〈종의 기원〉의 핵심적인 논증을 정리하면 다음과 같다. 첫째, 모든 생명체는 실제로 살아남을 수 있는 것보다 더 많은 자손을 낳는다. 둘째, 같은 종에 속하는 개체들이라도 저마다 다른 형질을 가진다. 셋째, 특정 형질을 가진 개체가 다른 개체들에 대해 환경에 더 적합하다. 넷째, 그 형질 중 적어도 일부는 자손에게 전달된다. 이 조건들이 충족되면 그리고 오직 그럴 경우에만 어떤 개체군Population 내의 형질들의 빈도는 시간이 지나면서 변하게 될 것이고 상당한 시간이 지나면 새로운 종도 생겨난다고 본 것이다. 이것이 바로 다윈이 제시했던 자연선택을 통한 진화의 핵심 내용이다.[154]

진화론을 예찬하는 과학계에서는 과학의 진보에 대해 의미를 부여하며 신비스러운 생태계에 대해 더 이상 신의 섭리에 의존할 필요 없게 된 것처럼 극찬을 아끼지 않았다. 다윈의 〈종의 기원〉이 탄생하는데 크게 영향을 끼쳤던 사람에 대한 일화가 있다. 1858년 어느 날 그는 앨프리드 러셀 월라스Alfred Russel Wallace라는 아마추어 박물학자로부터 한 통의 편지를 받았다. 다윈은 충격을 받았다. 자신이 20여년 동안 공들여온 이론이 그 편지에 동봉된 20쪽짜리 논문에 고스란히 정리되어 있었던 것이다. 다윈의 이론은 미발표된 상태에서 자신이 후발로 발표하게 되면 월라스의 저작권이 우선이 된다. 고민에 빠진 다윈에게 그의 동료이자 지질학자인 찰스 라이엘Charles Lyell과 후커는 흥미로운 제안을 한다. 다윈에게 월라스와 공동으로 논문을 발표하라는 것이었다. 다윈은 그 제안을 받아들였고 1년 후에 〈종의 기원〉이 출간되는 데 큰 힘이 되었다.

또 하나 다윈과 토마스 로버트 멜서스Thomas Robert Malthus에 관한 일화다. 월라스와의 일화 이전인 1878년에 영국 최초의 정치경제학자라고 할 수 있는 멜서스의 〈인구론〉을 접하게 된다. 멜서스는 그 책에서 인구의 기하급수적 증가와 식량의 산술급수적 증가를 대비시키면서 빈곤의 발생을 예측했다. 그래서 누가 죽고 누가 사는가를 결정하는 생존투쟁Struggle for Exitence이 일어날 수밖에 없다고 말했다. 다윈은 이 책에서 힌트를 얻어냈는데 생명 진화의 능동적인 힘을 발견하게 되었다. 그것이 바로 '자연선택의 원리'였다.

경제학과 생물학의 융합이 새로운 연구의 결과로 이어지게 된 것이다. 오늘날 일반적으로 다윈의 진화론을 떠올리면 약육강식이나 적자생존이 먼저 생각나는데 이는 당대의 철학자 하버트 스펜서Herbert Spencer의 영향 때문이었다. 원래 '진화'라는 용어도 다윈이 처음부터 사용한 것은 아니었다. 다윈이 〈종의 기원〉을 출판하기 2년 전(1857년)에 스펜서는 〈진보의 법칙과 원인〉이라는 책을 발간했는데 여기서 진화evolution나 적자생존survival of the fittest이라는 용어를 사용했었다. 스펜서의 진화사상은 한마디로 요약한다면 단순성homogeneity에서 복잡성heterogeneity으로 가는 법칙이 전 우주의 모든 것에 보편적으로 적용된다는 것이다. 이후 다윈의 〈종의 기원〉을 읽고 스펜서는 자신의 이론을 다듬기도 했다. 그래서 스펜서와 다윈은 서로 영향을 주고받았다고 할 수 있다.[155]

다윈도 〈종의 기원〉 제5판부터는 '적자생존'이라는 용어를 사용하게 되었다. 1871년 〈인간의 유래와 성선택〉을 펴내면서 '진화'라는 용어를 처음 사용했다. 그 이유는 펼쳐진unfolding의 뜻을 내포한 'evolution'이라는 단어가 진보progress를 함축한다고 생각해 사용하지 않고 줄곧 변화를 동반한 계승descent with modification이라는 용어를 쓰다가 〈종의 기원〉 제6판부터 '진화'라는 용어를 사용하게 되었다.[156] 다윈의 진화론은 과학계에 적지 않은 영향을 미쳤을 뿐만 아니라 과학이론이 경제나 사회이론과도 소통이 필요하다는 의미에서도 시사하는 바가 크다고 할 수 있다.

한때는 과학과 종교가 마치 적대적 위치에 있는 것으로 몰아가거나 과학이 발전할수록 종교의 입지가 줄어드는 것처럼 생각하는 경향이 있었다. 이런 과학과 종교에 대한 고정관념들이 서구 문화 속에 널리 퍼졌다. 그런 고정관념들은 상대방의 입장을 고려하지 못하거나 역사적 지식이 부족한 측면도 일조했었다.

과학과 종교의 대화에 물꼬를 터준 사람은 갈릴레오 갈릴레이Galileo Galilei의 태양계에 관한 견해가 대표적이다. 갈릴레이 사건은 과학과 종교의 항구적인 싸움을 입증하는 사례로 종종 묘사된다. 그러나 그렇게 간단하게 정리할 사안이 아니었다. 갈릴레이와 지동설은 처음에는 카톨릭의 환영을 받았었다. 갈릴레이는 조반니 치암폴리Giobanni Ciampoli와 친밀하게 지냈는데 그 덕분에 그가 늦게까지 교회 내에서 좋은 평판을 유지했다는 것이 일반적인 견해다. 그런데 1632년 치암폴리가 교황의 신임을 잃게 되었다. 갈릴레이는 자신의 입지가 크게 약화하여 치명적인 위험에 빠질 수 있겠다는 생각이 들었다. 결국 그의 평판을 깎아내리려는 사람들로부터 공격받게 되었다. 갈릴레이의 이론은 교계와 큰 충돌로 이어지고 말았다.

또 하나의 과학과 종교의 고정관념에 불을 붙인 사건이 있었는데 1860년 6월 옥스퍼드에서 개최된 영국과학진흥협회에서의 옥스퍼드 주교 새뮤얼 윌버포스Samuel Wilberforce와 토마스 헉슬리Thomas Huxley의 논쟁 사건이다. 그 둘은 진화론에 관해 열띤 논쟁을 벌였는데 이 사건은 종교와 과학의 전쟁이라는 상징적인 사건으로 일컬어지고 있다. 당시는 헉슬리가 훨씬 더 과학적으로 설명했다는 점에서 우위를 점했다고 전해지고 있다. 훗날 역사학자들은 새로운 정보들을 통해 재구성함으로써 합리적으로 설명해주고 있다. 예일대 역사학자 프랭크 터너는 빅토리아시대에 불거진 과학과 종교의 갈등을 현상이 아닌 부수적인 현상으로 보는 것이 최선이라는 중요한 의견을 내놓았다.[157]

과학과 종교가 논쟁하는 데에는 성경을 지나치게 과학적으로 해석하려 했던 것이 아니냐는 지적도 있다. 예를 들면 코페르니쿠스 논쟁의 초점은 지구가 태양 주위를 도는지(지동설), 아니면 태양이 지구 주위를 도는지(천동설)에 있었다. 그것은 성서의 특정 구절에 지구가 고정되어 있고 태양이 도는 것처럼 묘사된 부분이 있기 때문이다. 태양이 정지되었다고 말하는 여호수아 10장이나 세상이 굳게 서서 "흔들리지 않는다"라고 말하는 시편 96편이다. 이 구절들은 문자 그대로 해석하면 과학적으로 지구중심설로 해석할 수 있다.

여호와께서 아모리 사람을 이스라엘 자손에게 넘겨 주시던 날에 여호수아가 여호와께 아뢰어 이스라엘의 목전에서 이르되 태양아 너는 기브온 위에 머무르라 달아 너도 아얄론 골짜기에서 그리할지어다 하매 태양이 머물고 달이 멈추기를 백성이 그 대적에게 원수를 갚기까지 하였느니라 야살의 책에 태양이 중천에 머물러서 거의 종일토록 속히 내려가지 아니하였다고 기록되지 아니하였느냐.(여호수아 10:12~13)

모든 나라 가운데서 이르기를 여호와께서 다스리시니 세계가 굳게 서고 흔들리지 않으리라 그가 만민을 공평하게 심판하시리라 할지로다.(시편 96:10)

중요한 것은 지나치게 과학적인 문제를 성서 내용을 근거로 판단하려 하거나 성서를 무리하게 과학적 사고로 판단하려 하는 것이다. 과학적인 시각으로 보면 논쟁할 수 있는 성서 구절은 그 외에도 많다. 동정녀 마리아의 성령에 의한 임신, 모세가 이스라엘 백성을 이끌고 애굽에서 탈출한 과정에서 홍해를 가른 사건, 물고기 두 마리와 떡 다섯 덩이로 오천 명을 먹인 일명 오병이어五餠二魚 사건 등을 들 수 있다. 그런데 과학적으로 규명할 수 없다고 해서 한낱 신화쯤으로 취급해도 되는 걸까? 그런 관점에서 보면 진화론도 하나님의 창조섭리 가운데 일부를 규명한 것에 불과한 것이고 또 진화론이 과학적으로 완벽한 논증을 한 것도 아니다. 여전히 논쟁이 이어지고 있는 부분이 많은 것이 사실이다.

뉴턴은 종교적 신념에 맞서 합리성과 우주적 질서를 옹호했던 사람이었다. 뉴턴이 사과가 땅에 떨어지는 것을 보았다는 유명한 일화가 있다. 그는 사과를 땅에 떨어뜨리는 힘이 태양과 행성들 사이에서도 똑같이 작용할 것이라고 추론했다. 뉴턴은 사과를 땅에 떨어뜨리는 힘이 달이 궤도를 유지하며 지구 주위를 돌게 하여 그 힘이 달과 지구의 거리의 제곱에 반비례한다는 가설을 근거로 궤도를 도는 시간을 계산할 수 있었다. 뉴턴이 물체역학과 천체역학을 설명하는 데 성공을 거두자 우주를 일정한 법칙에 따라 움직이는 거대한 기계로 생각할 수 있다는 개념이 발전하기 시작하였다. 이 개념이 종종 '기계론적 세계관'으로 일컬어지는 이유는 자연이 일정한 법칙에 따라 움직이는 기계라는 가설에 근거해 자연의 작동방식을 설명하기 때문이다. 뉴턴이 세계의 규칙성을 강조함으로써 하나님을 묘사하고 이해하는 방식이 크게 발전하는 계기가 되었다.

전통적으로 기독교 신학은 성경의 묘사에 따라 하나님을 왕이나 부자로 표현했다. 그러나 17세기의 과학혁명은 많은 사람의 상상력을 사로잡아 하나님에 대한 새로운 이미지를 떠올리게 되었고, 그로 인해 하나님을 '시계공'으로 묘사하기도 했다. 물론 그와 반대되는 견해가 없었던 것은 아니다. 천체역학은 만물을 통치하고 유지하시는 하나님 없이 스스로 작동해나가는 기계와 같은 세계라고 제시하고 하나님을 배제한 자연과학적인 차원에서 이해하려는 경향도 있었다.

대다수 과학자들은 뉴턴이 강조한 자연의 규칙성이 이신론理神論158의 발흥을 촉진한 요인 중 하나라고 본다. 신神을 뜻하는 '데우스deus'에서 유래한 '이신론deism'은 하나님을 창조주로는 인정하지만, 그분이 피조물 세계를 지속적으로 관여하며 특별한 위상으로 존재한다는 것을 부인하는 견해를 가지고 있다. 영국의 이신론 사상은 볼테르Voltaire의 〈철학편지Philosophical Letters〉와 같이 개인적으로 이신론에 대해 그것에 공감하는 사람들의 저서를 통해 독일을 비롯한 유럽으로 퍼져나갔다. 이후 윌리엄 페일리William Paley는 자연신학 또는 자연의 세계에서 수집한 신의 존재와 속성들을 나타내는 증거들(Natureal Theology:Evidences of the Existence and Attributes of the Deity, collected from the Appearances of Nature, 1802)은 19세기 초반에 영국의 대중적인 종교사상에 깊은 영향을 미쳤다. 페일리는 "황야에 놓인 시계"라는 유명한 비유를 들어 설계라는 개념에는 설계자와 제작자가 전제된다고 강조했다. 시계에 존재하는 설계의 흔적과 그 드러난 의도가 자연의 작품에도 똑같이 존재한다고 했다.159 이에 대해 리처드 도킨스Richard Dawkins는 "자연 속에 존재하는 시계공은 물리적 현상이라는 눈먼 힘뿐이다"라고 반박했다.160

한편 토마스 아퀴나스Thomas Aquinas는 인간의 언어로 하나님을 묘사하는 것은 한계가 있고 자연 영역에서 일어나는 자연 질서를 뛰어넘은 초월성을 제대로 설명할 수 없다고 주장했다.161 또 요하네스 케플러Johannes Kepler는 〈세상의 조화Harmonies Mund, 1619〉에서 기하학 자체가 하나님이 생각에서 기원했기 때문에 창조된 질서가 그 형태에 순응할 것이라고 예측할 수밖에 없다고 언급했다.162 기하학은 태초부터 심지어 태초 이전부터 신적 사고의 일부였다.(왜냐하면 하나님께서 나온 것은 무엇이든 다 그분 안에 있을 테니까) 따라서 하나님은 기하학을 세상 창조의 원형으로 이용하셨고 그분의 형상으로 창조된 인간에게도 그것이 전이되었다163라고 주장했다.

과학과 종교는 대립하는 관계이고 어느 것이 옳으면 어느 것이 틀린 것이 되는가? 꼭 그런 것만은 아니다. 과학이 우주 만물을 이해하는 데 분명히 도움을 주고 인류가 문명의 이기를 누리는 데 크게 기여하고 있기 때문이다. 인간의 본질을 과학으로 규정할 수 없듯이 과학과 종교는 더욱 소통되어야 하는 것이다. 더구나 과학이 신의 존재 여부를 판단할 만큼 결정적인 증거를 찾아낸 것도 아니라는 점을 간과해서는 안 된다. 과학적 용어와 신학적 용어가 다르듯이 그것들이 의미하는 맥락을 상호 이해하며 소통하는 것이 인류 발전에 도움이 될 것이다.

종교와 과학에는 엄연히 '사이間'가 존재한다. 그 사이를 어떻게 인식하고 양자를 어떻게 연결하느냐는 매우 중요하다. 인간의 이성과 영성이 동시에 필요해 보인다. 왜냐하면 과학자도 신앙인도 지적인 노력은 물론 어떤 영감 없이 이루어지는 일은 없기 때문이다. 과학자가 어떤 이론을 발견했다고 해서 그것은 무無에서 유有를 찾아낸 것이 아니고 발명가가 무엇을 고안해냈다고 해서 자신의 독창인 지혜만으로 이루어진 경우는 없기 때문이다. 그 동기나 배경에는 반드시 자연현상이나 기존의 지식, 혹은 외부로부터 받은 영감 등의 도움을 받기 마련이기 때문이다.

우리가 특정 분야에서 탁월한 재능을 보이며 활약하는 사람을 '천재天才, Genius'라고 부른다. 그 재능은 하늘에서 내려준 것이라는 의미다. 사람이 본질적으로 주어진 성격이나 성품을 말할 때 그것을 '천성天性'이라고 말한다. 심지어 인간의 생명도 하늘에 달려 있다고 말하며 인명재천人命在天, 천수天壽 등의 용어를 사용한다. 중요한 것은 과학, 철학, 문학, 예술, 역사 등이 성서를 배제하는 쪽으로 활용되면 될수록 인간의 정체성을 왜곡하거나 오류를 범하게 된다는 점이다. 모든 학문은 단독으로 존재할 수 없다. 그것은 무엇을 의미하는가? 학문은 불완전하다는 것을 전제하고 있다는 뜻이다. 하나님은 인간의 완전한 구원을 위해, 완전한 자기 백성으로 삼으시기 위해 모든 능력을 쏟아부으신다.

우리가 알거니와 하나님을 사랑하는 자 곧 그의 뜻대로 부르심을 입은 자들에게는 모든 것이 합력하여 선을 이루느니라. (로마서 8:28)

일개 학문이 또는 몇 명의 학자가 나름대로 성과를 좀 올렸다고 해서 교만해져서는 안 된다. 자신들의 천재성을 발휘한 것만으로 감사하게 생각하고 미흡한 점은 또 후세에 맡기는 겸손한 자세가 필요하다. 그리고 타 분야, 다른 생각을 가진 사람들을 존중하고 더불어 소통하며 화합정신으로 진리를 탐구하는 자세가 필요하다.

과학에 대한 우리의 인식이 중요하다. 과학은 완전한 진리가 아니다. 어떤 특정 영역의 자연 원리에 관한 모델을 제시한다. 이는 진화론의 영역에서도 모델이란 단어가 사용된다. 과학은 규칙적이거나 반복 가능한 자연세계에서의 현상 등을 관찰한다. 이와 같은 관찰들로부터 나온 것을 설명하는 가설을 때로는 '모델Model'이라고 부른다. 어떤 의미에서 모델은 일종의 작업구조이다. 모델은 '설명 능력explanatory power'과 '예측 능력predictive power'을 가지고 있을 때 유용하다. 나아가 모델은 타당한 과학 모델로 인정받으려면 이 세 가지의 조건을 모두 만족시켜야 한다. 좋은 모델은 미래의 연구를 위한 가설을 내어놓는다는 의미에서 또 다른 상상력을 필요로 한다. 다윈주의의 진화론 모델은 고생물학자들이 화석과 유물들을 발굴하고 자연사를 위한 연대표를 만드는 데 유용하게 활용된다.

또 진화론 모델은 영장류 학자들이 침팬지의 사회적 행동을 여러 세대에 걸쳐 관찰하게 되는데 번식이 어떻게 적합하게 이루어지는지를 정확하게 파악하게 하기 위함이다. 과학의 힘은 관찰 능력이라고 해도 과언이 아니다. 기계문명이 발달하면서 유관으로 관찰할 수 없는 것들을 첨단 기계들을 이용해 관찰할 수 있게 되었다. 그렇다고 관찰의 힘이 축소되는 것은 아니다.

과학에서는 언제든지 기존의 패러다임에서 벗어난 새로운 패러다임이 등장할 수 있는데 그로 인해 새로운 데이터 해석이 가능해진다. 이와 관련하여 프톨레마이오스Klaudios Ptolemaeos164의 지구 중심에서 코페르니쿠스의 태양 중심으로서의 전환, 뉴턴의 고전물리학에서 양자물리학으로의 전환 등 패러다임의 전환으로 인한 새로운 과학혁명이 일어나고 있는 것을 직시하고 있다.[165]

모든 인간은 감각기관을 가지고 있어 그것을 이용해 세계를 관찰한다. 그리고 관찰을 통해 인지하고 생각하고 반응한다. 인간은 지식의 정도, 경험의 유무에 따라 관찰 대상을 판단할 수밖에 없다. 인간은 세계에 관한 모든 정보를 파악할 수 없다. 따라서 인간의 삶은 어느 시대를 막론하고 걱정과 불안에서 벗어날 수 없다. 이 정도면 됐다 싶은 시대는 한 번도 없었다.

인류는 정보, 기술, 지식이 쌓이면서 발전을 거듭해 왔고 실제로 편리함, 풍요로움을 누리고 있다. 중요한 것은 아무리 지식과 기술이 발전했다고 해도 여전히 해결하지 못하고 있는 일들이 산적해 있다. 모든 사람은 관찰하며 산다. 다만 무엇을 관찰하느냐 어떤 관점에서 관찰하느냐가 다를 뿐이다. 따라서 관찰할 수 있는 것 저 너머의 것들을 상상하는 것도 소홀히 해서는 안 된다.

비록 시대나 장소는 다르지만 모든 사람들은 관찰하며 산다. 다윈이 비글호에 승선해 5년간 여행하면서 관찰한 세계는 오스트리아 브륀의 콩밭에서 그레고어 멘델Gregor Johan Mendel이 작업하고 있던 세계와 다르지 않다. 또 제임스 왓슨James Watson 과 프란시스 크릭Francis Crick이 DNA 모델 설계를 위한 정보를 수집하던 세계와 동일 하다. 아울러 그 세계는 아우구스티누스가 살고 가르쳤던 세계, 토마스 아퀴나스 가 활동하며 사고했던 세계, 마틴 루터가 종교개혁을 위해 위대한 통찰력을 발휘 했던 세계, 그리고 세계를 다 파악하기도 전에 모든 인간은 관찰자로서의 생을 마 감한다.[166]

다소 뜬금없다고 생각할 수도 있지만, 우리는 모든 감각의 세계에서 벗어나 그 너머의 세계를 상상할 필요가 있다. 우리가 주목해야 할 한 분이 있다. 그분은 인 간세계의 질문에 답하기 위해 성육신으로 오신 예수 그리스도이다. 그분은 33년 간 생애를 사셨는데 30년간 세상을 관찰하셨다. 그리고 나머지 3년간의 공생애와 십자가의 죽음과 부활을 통해 다 이루었다고 선언하신 유일한 분이시다. "다 이루 었다"는 말씀은 인간으로서는 도저히 할 수 없는 신의 영역이다.

> 예수께서 신 포도주를 받으신 후에 이르시되 다 이루었다 하시고 머리를 숙이니 영 혼이 떠나가시니라.(요한복음 19:30)

하나님이 계획하신 가장 완벽한 모델로서의 삶을 사셨을 뿐 아니라 인간의 죄까 지도 짊어지시고 인간을 죄와 사망으로부터 자유롭게 하신 분이시다.

> 진리를 알지니 진리가 너희를 자유롭게 하리라.(요한복음 8:32)

이를 과학적 언어로 이야기하자면, 하나님의 가설과 모델, 그리고 실험은 완벽 하게 성공한 사례이다. 베아트리체 브뤼토Beatrice Bruteau는 그의 저서 〈하나님의 희열 god's Ecstasy〉에서 기독교 명상가들이 과학을 이해해야 할 필요성에 대해 다음과 같이 언급하였다. "종교인이 결론을 내려야 하는 것은 세상이 하나님의 가장 인격적인 작품이라는 것이다. 즉 세상은 우리가 알고 칭송해야 하고 경외해야 하며 참여해 야 하고 창조 활동에 기여해야 하는 어떤 것이다."[167] 그녀는 종교인들이 과학에 좀 더 많은 관심을 가져야 한다고 말했다. 그 이유에 대해서는 하나님이 세상에 많은 관심을 가지고 있기 때문이라고 했다. 그녀는 과학과 종교가 양립할 수 없는 이유는 없다고 보았다. 따라서 과학자와 종교인은 배타적인 입장을 취할 것이 아니라 상호 관심을 가져야 한다고 언급했다.

태초에 하나님은 6일 동안 천지를 창조하셨다. 성서를 보면 하나님은 창조작업을 멈춘 것이 아니라 계속해서 새로운 창조를 이어가고 있다. 또한 섬세하게 지켜보시며 경영하고 계신다는 것을 알 수 있다.

> 보라 내가 새 일을 행하리니 이제 나타낼 것이라 너희가 그것을 알지 못하겠느냐. 반드시 내가 광야에 길을 사막에 강을 내리니 장차 들짐승 곧 승냥이와 타조도 나를 존경할 것은 내가 광야에 물을, 사막에 강들을 내어 내 백성, 내가 택한 자에게 마시게 할 것임이라. 이 백성은 내가 나를 위하여 지었나니 나를 찬송하게 하려 함이니라. (이사야 43:19~21)

> 너희는 귀를 기울여 내 목소리를 들으라 자세히 내 말을 들으라. 파종하려고 가는 자가 어찌 쉬지 않고 갈기만 하겠느냐 자기 땅을 개간하며 고르게만 하겠느냐. 지면을 이미 평평히 하였으면 소회향을 뿌리며 대회향을 뿌리며 소맥을 줄줄이 심으며 대맥을 정한 곳에 심으며 귀리를 그 가에 심지 아니하겠느냐. 이는 그의 하나님이 그에게 적당한 방법을 보이사 가르치셨음이며 소회향은 도리깨로 떨지 아니하며 대회향에는 수레바퀴를 굴리지 아니하고 소회향은 작대기로 떨고 대회향은 막대기로 떨며 곡식은 부수는가, 아니라 늘 떨기만 하지 아니하고 그것에 수레바퀴를 굴리고 그것을 말굽으로 밟게 할지라도 부수지는 아니하나니 이도 만군의 여호와께로부터 난 것이라 그의 경영은 기묘하며 지혜는 광대하니라. (이사야 28:24~29)

하나님은 사람을 위해 천지를 지으셨다. 자신의 형상을 닮은 사람을 통하여 찬양받으시길 바라신다는 것을 알 수 있다. 찬양 방법 가운데 하나는 하나님이 지으신 만물을 잘 관리하는 것이고 사람이 즐겁게 누리는 것이다. 사람을 그냥 그대로 놔두는 것이 아니라 하나님은 씨 뿌리고 거두는 모든 과정에 관여하셔서 경영하신다.

지금 지구는 기후변화, 열섬현상, 해수면 상승, 환경훼손, 각종 오염물질 등으로 몸살을 앓고 있다. 그렇다고 지구의 종말이라든지 생태계 멸종이라는 회의론에 빠져서 자포자기하는 마음을 가져서는 안 될 것이다. 중요한 것은 사람들이 물질만능주의에서 벗어나 생태계 보전과 더불어 사는 공동체 문화 형성을 위해 노력해야 한다는 점이다.

> 겨울도 지나고 비도 그쳤고 지면에는 꽃이 피고 새가 노래할 때가 이르렀는데 비둘기의 소리가 우리 땅에 들리는구나. 무화과나무에는 푸른 열매가 익었고 포도나무는 꽃을 피워 향기를 토하는구나 나의 사랑, 나의 어여쁜 자야 일어나서 함께 가자. 바위틈 낭떠러지 은밀한 곳에 있는 나의 비둘기야 내가 네 얼굴을 보게 하라 네 소리를 듣게 하라 네 소리는 부드럽고 네 얼굴은 아름답구나. 우리를 위하여 여우 곧 포도원을 허는 작은 여우를 잡으라 우리의 포도원에 꽃이 피었음이라(아가서 2:11~13)

여기에 낭떠러지 바위틈 은밀한 곳에 있는 비둘기와 포도원을 허는 여우가 등장한다. 당연히 비둘기는 성령의 도움으로 안전한 피난처에 있는 믿음의 사람과 공동체를 상징하고 여우는 하나님의 복음을 방해하고 사탄의 영으로 노략질하는 세력들을 가리킨다. 먼저 하나님의 은혜를 입은 믿음의 사람들이 세상(포도원)을 지켜야 하는 사명이 있는 것이다. 지금 포도원에는 꽃이 피었다. 여우가 포도원을 헤집고 다니면서 꽃을 망가뜨린다면 포도를 수확할 수 없을 것이기 때문이다. 하나님은 믿음의 사람들에게 무한 은혜를 베풀지만, 아직 하나님을 모르는 사람들에게 복음을 전하기 위해, 추수 때에 열매를 거두어들이기 위해 하나님은 우리와 함께 일하기를 바라신다는 점이다.

하나님이 다니엘에게 환상을 통해 전달해주신 메시지에도 주목할 필요가 있다. 하나님은 사람들의 자유의지를 존중하시지만. 모든 세상의 경영은 하나님의 손안에 있음을 가르쳐주신다. 인간의 지혜로는 할 수 없는 것들이 너무 많다. 하지만 하나님에게는 불가능한 일이 없다는 것을 깨달아야 한다. 하나님이 함께하시면 두려워하거나 염려할 것이 없다는 뜻이다. 어지러운 세상을 보면 종말이나 말세라는 말이 실감 나겠지만, 하나님의 백성에게는 종말이나 말세가 아니라 새로운 나라가 임하는 것이다.

> 이에 이 은밀한 것이 밤에 환상으로 다니엘에게 나타나 보이매 다니엘이 하늘에 계신 하나님을 찬송하니라. 다니엘이 말하여 이르되 영원부터 영원까지 하나님의 이

름을 찬송할 것은 지혜와 능력이 그에게 있음이로다. 그는 때와 계절을 바꾸시며 왕들을 폐하시고 왕들을 세우시며 지혜자에게 지혜를 주시고 총명한 자에게 지식을 주시는도다. 그는 깊고 은밀한 일을 나타내시고 어두운 데에 있는 것을 아시며 또 빛이 그와 함께 있도다.(다니엘 2:19~22)

하나님은 반드시 때가 차면 알곡과 가라지를 구분하실 것이라는 말씀도 귀를 기울여야 한다. 세월을 아끼고 방황하는 영혼을 구하는 일에 뜻을 모아야 할 것이다. 오래 참으시는 하나님이시지만. 지금 누리고 있는 것들이 당연한 것이 아니라는 것을 알게 되는 때가 반드시 온다는 사실이다. 세상의 탐욕이나 우상숭배에 빠진 사람들을 하나님께로 속히 돌아오게 해야 하는 이유다.

곡식과 새 포도주와 기름은 내가 그에게 준 것이요 그들이 바알을 위하여 쓴 은과 금도 내가 그에게 더하여 준 것이거늘 그가 알지 못하도다. 그러므로 내가 내 곡식을 그것이 익을 계절에 도로 찾으며 내가 내 새 포도주를 그것이 맛 들 시기에 도로 찾으며 또 그들의 벌거벗은 몸을 가릴 내 양털과 내 삼을 빼앗으리라. 이제 내가 그 수치를 그 사랑하는 자의 눈앞에 드러내리니 그를 내 손에서 건져낼 사람이 없으리라. 내가 그의 모든 희락과 절기와 월삭과 안식일과 모든 명절을 폐하겠고 그가 전에 이르기를 이것은 나를 사랑하는 자들이 내게 준 값이라 하던 그 포도나무와 무화과나무를 거칠게 하여 수풀이 되게 하며 들짐승들에게 먹게 하리라. 그가 귀고리와 패물로 장식하고 그가 사랑하는 자를 따라가서 나를 잊어버리고 향을 살라 바알들을 섬긴 시일대로 내가 그에게 벌을 주리라 여호와의 말씀이니라.(호세아 2:8~13)

성서는 하나님 영의 계시를 받아 감동으로 기록한 하나님 말씀이다. 당시 관찰자들이 기록한 내용은 하나님의 세계관을 엿볼 수 있는 소중한 실마리가 된다. 성서의 일부가 비과학적이라고 해서 한낱 신화쯤으로 여기거나 경시하는 경향이 있다. 눈에 보이지 않는 세계 혹은 과학을 넘은 초월적인 현상에 대해 인정하지 않으려는 태도는 과연 옳은 일인가? 생각해볼 일이다. 하나님의 창조와 과학자들이 말하는 빅뱅BigBang이 어쩌면 같은 내용을 다르게 표현한 것일 수 있다. 과학이 하나님의 창조섭리 일부를 분석해내고 있다고 볼 수 있을 것이다. 하나님은 태초에 말씀으로 세상을 창조하셨다. 그리고 새 하늘 새 땅을 약속하셨다. 창조의 지속성을 예언한 것이다.

> 또 내가 새 하늘과 새 땅을 보니 처음 하늘과 처음 땅이 없어졌고 바다도 다시 있지 않더라. 또 내가 보매 거룩한 성 새 예루살렘이 하나님께로부터 하늘에서 내려오니 그 준비한 것이 신부가 남편을 위하여 단장한 것 같더라. 내가 들으니 보좌에서 큰 음성이 나서 이르되 보라 하나님의 장막이 사람들과 함께 있으매 하나님이 그들과 함께 계시리니 그들은 하나님의 백성이 되고 하나님은 친히 그들과 함께 계셔서 모든 눈물을 그 눈에서 닦아 주시니 다시는 사망이 없고 애통하는 것이나 곡하는 것이나 아픈 것이 다시 있지 아니하리니 처음 것들이 다 지나갔음이러라.(요한계시록 21:1~4)

세상에는 우리 공동체를 해하는 자들이 있고 하나님의 뜻을 거스르는 자들이 있음을 알려주고 있다. 그래서 그에 걸맞은 준비가 필요한데, 하나님이 가르쳐주신 방법대로 하면 능히 이길 수 있다는 것을 가르쳐주신다.

> 마귀의 간계를 능히 대적하기 위하여 하나님의 전신 갑주를 입으라. 우리의 씨름은 혈과 육을 상대하는 것이 아니요 통치자들과 권세들과 이 어둠의 세상 주관자들과 하늘에 있는 악의 영들을 상대함이라. 그러므로 하나님의 전신 갑주를 취하라 이는 악한 날에 너희가 능히 대적하고 모든 일을 행한 후에 서기 위함이라. 그런즉 서서 진리로 너희 허리띠를 띠고 의의 호심경을 붙이고 평안의 복음이 준비한 것으로 신을 신고 모든 것 위에 믿음의 방패를 가지고 이로써 능히 악한 자의 모든 불화살을 소멸하고 구원의 투구와 성령의 검 곧 하나님의 말씀을 가지라. 모든 기도와 간구를 하되 항상 성령 안에서 기도하고 이를 위하여 깨어 구하기를 항상 힘쓰며 여러 성도를 위하여 구하라.(에베소서 6:11~18)

> 근신하라 깨어라 너희 대적 마귀가 우는 사자 같이 두루 다니며 삼킬 자를 찾나니 너희는 믿음을 굳건하게 하여 그를 대적하라. 이는 세상에 있는 너희 형제들도 동일한 고난을 당하는 줄을 앎이라. 모든 은혜의 하나님 곧 그리스도 안에서 너희를 부르사 자기의 영원한 영광에 들어가게 하신 이가 잠깐 고난을 당한 너희를 친히 온전하게 하시며 굳건하게 하시며 강하게 하시며 터를 견고하게 하시리라.(베드로

전서 5:8~10)

포도원을 망치는 여우가 있듯이 우리가 사는 세상도 그렇다. 여기서 여우는 누구를 가리키는가? 그들은 세상에서 권력이나 이성으로 하나님을 대적하는 자들이다. 그들은 자신의 유익을 위해서 자연을 함부로 대하고 공동체 문화를 해하는 자들을 가리킨다.

> 곧 그때에 어떤 바리새인들이 나아와서 이르되 나가서 여기를 떠나소서 헤롯이 당신을 죽이고자 하나이다. 이르시되 너희는 가서 저 여우에게 이르되 오늘과 내일은 내가 귀신을 쫓아내며 병을 고치다가 제 삼일에는 완전하여지리라 하라. 그러나 오늘과 내일과 모레는 내가 갈 길을 가야 하리니 선지자가 예루살렘 밖에서는 죽는 법이 없느니라.(누가복음 13:31~32)

> 주 여호와의 말씀에 본 것이 없이 자기 심령을 따라 예언하는 어리석은 선지자에게 화가 있을진저 이스라엘아 너의 선지자들은 황무지에 있는 여우 같으니라.(에스겔 13:3~4)

지금 이 시대에 요구되는 과학, 철학, 신학에 대한 올바른 생각과 자세는 자연을 아끼고 사람을 배려하며 하나님의 뜻을 알아가는 것이어야 한다. 요컨대 창조 섭리를 거스르지 않고 모두가 협력하여 감각 너머의 진리를 사유하며 추구해야 할 것이다. 무엇을 어떻게 사유하여야 할까? 마리아와 마르다의 이야기는 우리가 진리를 갈구하는 자세가 어때야 하는지 잘 가르쳐준다.

> 그들이 길 갈 때에 예수께서 한 마을에 들어가시매 마르다라 이름하는 한 여자가 자기 집으로 영접하더라. 그에게 마리아라 하는 동생이 있어 주의 발치에 앉아 그의 말씀을 듣더니 마르다는 준비하는 일이 많아 마음이 분주한지라 예수께 나아가 이르되 주여 내 동생이 나 혼자 일하게 두는 것을 생각하지 아니하시나이까 그를 명하사 나를 도와 주라 하소서. 주께서 대답하여 이르시되 마르다야 마르다야 네가 많은 일로 염려하고 근심하나 몇 가지만 하든지 혹은 한 가지만이라도 족하니라 마리아는 이 좋은 편을 택하였으니 빼앗기지 아니하리라 하시니라.(누가복음

10:38~42)

　오늘날 뭔가에 혼을 빼앗긴 듯 바쁘게 사는 현대인, 그리고 너무 많은 일과 그릇된 종교 행위로 혼란에 빠져 지쳐 있는 그리스도인들에게 요구되는 과제는 의외로 명료하다. 이것저것 하느라 분주하여 정작 중요한 것을 놓치는 마르다 같은 신앙에서 자유로워지는 것이다. 그리고 몇 가지 혹은 한 가지만이라도 꼭 필요한 좋은 것을 택한 마리아의 신앙에 이르는 것이다. 이렇게 말씀하신 분이 누구인가? 그분은 말씀으로 존재하신다. 그분이 바로 진리이다. 따라서 그분의 말씀이 진리이다.

> 예수께서 이르시되 내가 곧 길이요 진리요 생명이니 나로 말미암지 않고는 아버지께로 올 자가 없느니라.(요한복음 14:6)
> 진리를 알지니 진리가 너희를 자유롭게 하리라.(요한복음 8:32)
> 태초에 말씀이 계시니라 이 말씀이 하나님과 함께 계셨으니 이 말씀은 곧 하나님이시니라.(요한복음 1:1)

　주께서 부르신다. 마르다야, 마르다야! 마르다라는 이름 대신 자신의 이름으로 바꿔 부르신다고 생각해보자. 작금의 모든 문제는 어쩌면 주님이 부르신 이 부름을 외면하는 데서 비롯되고 있는지도 모른다. 제대로 된 말씀에 대한 사유 혹은 묵상이 우리에게 진리를 향하게 하고 진리 안에서 자유와 평안을 누리게 할 것이다. 만약 여전히 자유와 평안을 누리지 못하고 있다면 자신을 돌아보고 성찰해볼 필요가 있다. 주여, 주여! 라고 일방적으로 외치지만 말고 우리를 부르시는 주님의 부르심에 귀를 기울여야 할 것이다.

> 나더러 주여 주여 하는 자마다 다 천국에 들어갈 것이 아니요 다만 하늘에 계신 내 아버지의 뜻대로 행하는 자라야 들어가리라. 그 날에 많은 사람이 나더러 이르되 주여 주여 우리가 주의 이름으로 선지자 노릇 하며 주의 이름으로 귀신을 쫓아 내며 주의 이름으로 많은 권능을 행하지 아니하였나이까 하리니 그 때에 내가 그들에게 밝히 말하되 내가 너희를 도무지 알지 못하니 불법을 행하는 자들아 내게서 떠나가라 하리라.(마태복음 7:21~23)

아브라함이 100세라는 늦은 나이에 어렵게 얻은 아들 이삭을 하나님이 제물로 바치라고 하셨을 때의 일이다. 아브라함은 묻지도 따지지도 않고 순종하였고 하나님은 그의 믿음을 확인하시고 그를 칭찬하시며 이삭 대신 번제물로 바칠 양을 미리 준비해두셨다.

> 여호와의 사자가 하늘에서부터 그를 불러 이르시되 아브라함아 아브라함아 하시는지라 아브라함이 이르되 내가 여기 있나이다 하매 사자가 이르시되 그 아이에게 네 손을 대지 말라 그에게 아무 일도 하지 말라 네가 네 아들 네 독자까지도 내게 아끼지 아니하였으니 내가 이제야 네가 하나님을 경외하는 줄을 아노라. 아브라함이 눈을 들어 살펴본즉 한 숫양이 뒤에 있는데 뿔이 수풀에 걸려 있는지라 아브라함이 가서 그 숫양을 가져다가 아들을 대신하여 번제로 드렸더라. (창세기 22:11~13)

이때도 하나님은 아브라함아 아브라함아! 라고 부르셨다. 아브라함은 지체 없이 "내가 여기 있나이다"라고 대답했다. 이 같은 자세가 하나님을 믿는 자들의 올바른 자세다. 하지만 죄의식에서 벗어나지 못한 사람들의 반응은 죄를 지은 직후 아담처럼 자신을 부끄러워하고 하나님을 두려워한다는 사실이다.

> 그들이 그날 바람이 불 때 동산에 거니시는 여호와 하나님의 소리를 듣고 아담과 그의 아내가 여호와 하나님의 낯을 피하여 동산 나무 사이에 숨은지라. 여호와 하나님이 아담을 부르시며 그에게 이르시되 네가 어디 있느냐. 이르되 내가 동산에서 하나님의 소리를 듣고 내가 벗었으므로 두려워하여 숨었나이다. (창세기 3:8~10)

지금 자신을 부끄러워하고 있는가? 여전히 하나님이 두려운 존재로 느껴지는가? 그렇다면 그것은 하나님을 오해하고 있거나 아직 온전히 하나님을 믿지 못하고 있다는 증거다. 성령의 도움을 간구하며 자신의 마음을 온전히 주님께 드려야 할 것이다. 그리고 죄와 율법, 사망 권세에서 벗어나 하나님의 자녀로서, 하나님 나라 백성으로서, 왕 같은 제사장으로서, 진정한 자유를 누려야 할 것이다. 그것이 복음의 본질이고 진리의 실체다.

성서를 통해서 본 관계의 미학

THE AESTHETICS OF A RELATIONSHIP

인용문헌 · 해설

1 앤터니 플루 저/홍종락 역, 존재하는 신, 청림출판
2 비트겐슈타인 저/시라토리 하루히코 엮음/박재현 역, 비트겐슈타인의 말, p.196, 인벤션
3 쇠렌 키에르 케고르 저/이창우 역, 이방인의 염려, p.176, 카리스 아카데미
4 한병철 저/이재영 역, 아름다운 구원, p.73, 문학과지성사
5 임마누엘 칸트 저/백종현 역, 실용적 관점에서의 인간학, p.20, 아카넷
6 전게서, p.117
7 이광모 저, 다시 헤겔을 읽다, p.50, 꿈출판
8 전게서, p.52
9 전게서, p.337
10 백승훈 저, 헤겔과 변증법, pp.43~44, 서광사
11 한병철 저/이재영 역, 아름다움의 구원, pp.84~85, 문학과지성사
12 전게서, p.91
13 게오르그 빌헬름, 프리드리히 헤겔 저/이창환 역, 미학강의1, p.20, 세창출판사
14 노영덕 저. 처음 만나는 미학, p.26, RHK
15 전게서, p.29
16 아리스토텔레스 저/박문재 역, 아리스토텔레스 수사학, p.259, 현대지성
17 전게서, p.260
18 노영덕 저. 처음 만나는 미학, pp.48~49, RHK
19 마리아 포포아 저/지여울 역, 진리의 발견, pp.732~733, 다른
20 마이클 샌델 저/이창신 역, 정의란 무엇인가, p.33, 김영사
21 전게서, pp.56~57
22 전게서, pp.75~77
23 전게서, pp.157~159
24 유클리드 저/박병하 역, 유클리드 원론, pp.195~197, 아카넷
25 여기에 언급되는 이론은 유클리드의 〈기하학 원론〉에 나오는데, A:B=C:D가 성립될 때는 A:C=B:D도
    성립하고(정리12), A+C=B+D도 성립한다.(정리14) 유클리드는 이 책에서 10개에 불과한 공리(자명하게 참
    인 명제)로부터 증명을 통해 465개의 정리를 도출했다. 따라서 이것은 증명된 기하학적 정리들이다.
26 아리스토텔레스 저/박문재 역, 니코마코스의 윤리학, pp.181~183, 현대지성
27 전게서, pp.183~185
28 전게서, pp.187~188
29 창훙 저/정유희 역, 미학산책, pp.17~21, 시그마북스
30 전게서, pp.51~55
31 전게서, p.75
32 전게서, p.78
33 전게서, pp.80~81
34 전게서, pp.87~88

35 장-밥티스트 드 파나피유 글/뤼디빈 스톡 그림/김수진 역, 예술과 과학을 융합한 천재 레오나르도 다 빈치, p.9, 아롬주니어
36 전게서, p.27
37 전게서, p.105
38 브리타 테켄트럽 저/김하늬 역, 작은 틈 이야기, pp.3~5, 봄봄
39 전게서, pp.16~21
40 장뤼-낭시 저/이영성 역, 신, 정의, 사랑, 아름다움, p.28, 갈무리
41 헨리 조지 저/김윤상 역, 진보와 빈곤, p.33, 비봉출판사
42 전게서, p.33
43 전게서, p.45
44 전게서, p.62
45 애덤 스미스 저/김수행 역, 국부론 제1권 8장, p.84, 비봉출판사
46 카뮈 저/김화영 역, 시지프 신화, pp.182~183, 민음사
47 박홍순 저, 인문학으로 보는 그리스 신화, p.31, 마로니에북스
48 앙투안 드 생텍쥐페리 저/베스트트랜스 역, 어린 왕자, p.80, 더 클래식
49 전게서, pp.81~82
50 A.G.로엠메르스 저/김경집 역, 어린 왕자 두 번째 이야기, p.9, 지식의 숲
51 전게서, pp.24~28
52 도넬라 H. 메도즈, 데니스 L. 메도즈, 요르겐 랜더스 공저/김병순 역, 성장의 한계, pp.11~12, 갈라파고스
53 전게서, p.13
54 전게서, pp.448~449
55 후안 엔리케스 저/이경식 역, 무엇이 옳은가, p.34, 세계사
56 전게서, p.34
57 김정운 저/에디톨로지, 21세기북스
58 후안 엔리케스 저/이경식 역, 무엇이 옳은가, p.102, 세계사
59 전게서, p.131
60 전게서, p.347
61 존 코팅햄 저/강혜원 역, 삶의 의미, pp.18~19, 동문선
62 전게서, p.21
63 전게서, p.23
64 전게서, p.24~25
65 전게서, p.33
66 전게서, p.35
67 블레즈 파스칼 저/이환 역, 팡세, pp.22~23, 민음사
68 존 코팅햄 저/강혜원 역, 삶의 의미, p.59, 동문선
69 블레즈 파스칼 저/이환 역, 팡세, pp.309~311, 민음사
70 아우렐리우스 저/박병덕 역, 아우렐리우스의 명상록, p.56, 육문사
71 유발 하라리 저/조현욱 역, 사피엔스, p.14, 김영사
72 전게서, pp.14~15
73 전게서, p.352

74 전게서, p.352

75 전게서, p.373

76 유발 하라리 저/김명주 역, 호모데우스: 미래의 역사, pp.114~115, 김영사

77 전게서, p.150

78 소백(Sobek)은 고대 이집트 문명에서 중요한 역할을 한 신(神)으로서 악어의 모습을 하고 있는데 나일
    강의 수호신으로 알려져 있다. 소백은 생명과 생산성을 상징하며 왕권을 보호해주는 것으로 여겨졌
    는데 파라오의 수호신으로 숭배되었다.

79 전게서, p.256

80 전게서, p.206

81 에드워드 S. 케이시 저/박성관 역, 장소의 운명, p.47 에코리브르

82 에드워드 S. 케이시 저/박성관 역, 장소의 운명, p.120, 에코리브르

83 칼 세이건 저/현정준 역, 창백한 푸른 점, p.21, 사이언스북스

84 전게서, p.66

85 전게서, p.67

86 리처드 도킨스 저/이용철 역, 눈먼 시계공, pp.9~11, 사이언스북스

87 전게서, p.26

88 전게서, pp.26~27

89 유발 하라리 저/전병근 역, 21세기를 위한 21가지 제언, p.295, 김영사

90 전게서, p.299

91 전게서, pp.305~312

92 전게서, pp.350~352

93 전게서, pp.426~427

94 전게서, p.481

95 전게서, p.490

96 전게서, pp.548~549

97 현우식 저, 과학자들은 종교를 어떻게 생각할까, p.20, 동연

98 전게서, p.21

99 전게서, p.37

100 전게서, p.86

101 전게서, p.90

102 전게서, p.95

103 민태기 저, 판타레이, pp.7~8, 사이언스북스

104 현우식 저, 과학자들은 종교를 어떻게 생각할까, p.98, 동연

105 전게서, p.101

106 전게서, p.102

107 전게서, pp.110~113

108 전게서, pp.119~120

109 찰스 다윈 저/장대익 역, 종의 기원, p.394, 사이언스북스

110 전게서, p.401

111 전게서, pp.422~423

112 전게서, pp.618~619

113 전게서, p.640

114 전게서, pp.641~642

115 전게서, p.65

116 스티븐 C. 마이어 저/이재신 역, 다윈의 의문, p.11, 겨울나무

117 전게서, p.19

118 전게서, p.130

119 호아킴 에 포사다 원자/주경희 엮음, 어린이 마시멜로 이야기, p.78, 한국경제신문

120 팀 켈러 저/최종훈 역, 일과 영성(Faith and Work), p.20, 두란노, 재인용

121 팀 켈러 저/최종훈 역, 팀 켈러의 일과 영성, p.81, 두란노

122 전게서, p.89

123 아브라함 헤셀 저/ 김순현 역, 안식, pp.146~147, 복 있는 사람

124 전게서, p.89

125 올가 토카르축 글/요안나 콘세이요 그림/이지원 역, 잃어버린 영혼, 사계절

126 팀 구텐베르그 저, 스피노자의 가르침:위대한 철학자의 독백, p.81, ㈜ 하움출판사

127 전게서, pp.131~132

128 앤터니 플루 저/홍종락 역, 존재하는 신, 청림출판

129 비트겐슈타인 저/시라토리 하루히코 엮음/박재현 역, 비트겐슈타인의 말, p.196, 인벤션

130 쇠렌 키에르 케고르 저/이창우 역, 이방인의 염려, p.176, 카리스 아카데미

131 M. 스캇 펙 저/ 최미양 역, 아직도 가야 할 길, p.278, 율리시즈

132 전게서, p.279

133 전게서, pp.279~280

134 니시 아마네(西周) 저/西周와 哲學의 誕生, pp.30~32, 堀地內出版

135 전게서, p.35

136 블레즈 파스칼 저/이환 역, 팡세, p.160, 민음사

137 전게서, pp.211~212

138 아나톨 프랑스 저/이민주 역, 에피쿠로스의 정원, p.63, B612북스

139 윌리엄 블레이크 저/조애리 역, 윌리엄 블레이크 시선집, 한 송이 들꽃에서 천국을 보라, 한울

140 그렉 브레이든 저/이봉호 역, 믿음코드 31, 표지, SIGMA INSIGHT

141 전게서, p.15

142 칼릴 지브란 저/류시화 역, 예언자, pp.111~113, 무소의 뿔

143 그렉 브레이든 저/이봉호 역, 믿음의 코드 31, 셀프 힐링의 비밀, p.54, SIGMA INSIGHT

144 비국소성은 한 공간적 영역에서 일어나는 모든 것은 이와 분리된 다른 공간적 영역에서 일어나 작용에 영향을 받는 것을 말한다.

145 전게서, p.54

146 전게서, p.62

147 시간, 거리에 무관하게 다른 공간으로 순간 이동하는 것을 말한다.

148 베르너 하이젠베르크 저/융여미 역, 부분과 전체, 서커스

149 전게서, pp.468~469

150 전게서, pp.492~493

151 그렉 브레이든 저/이봉호 역, 믿음의 코드 31, -셀프 힐링의 비밀-, p.97, SIGMA INSIGHT

152 존 러스킨 저/김대웅 역, 나중에 온 이 사람에게도, 아름다운 날

153   E.M. 바우즈 저/조재광 역, 기도해야 산다. p.15, 규장

154   찰스 다윈 저/장대익 역, 종의 기원, pp.17~19, 사이언스

155   허버트 스펜서 저/이정훈 역, 진보의 법칙과 원인, p.97, 지식을만드는지식

156   찰스 다윈 저/장대익 역, 종의 기원, pp.23~26

157   알리스터 맥그래스 저/조계광 역, 알리스터 맥그래스의 과학과 종교, p.58, 생명의 말씀사

158   이신론(理神論, 영어: deism) 또는 자연신론(自然神論)은 18세기 계몽주의시대에 등장한 철학(신학)이론이다. 세계를 창조한 하나의 신을 인정하되, 그 신은 세계와 별도로 존재하며 세상을 창조한 뒤에는 세상, 물리법칙을 바꾸거나 인간에게 접촉하는 인격적 주재자로 보지 않는다. 그에 따라 계시, 기적 등이 없다고 보는 철학, 종교관이다.

159   알리스터 맥그래스 저/조계광 역, 알리스터 맥그래스의 과학과 종교, pp.77~82, 생명의 말씀사

160   전게서, p.88

161   전게서, p.265

162   전게서, p.332

163   전게서, p.332 재인용

164   코페르니쿠스 이전의 천문학서로서 대기에 의한 빛의 굴절을 발견하고 달의 운동이 비등속 운동임을 밝혔다. 이 저서에는 BC 2세기 중엽 그리스의 천문학자 히파르코스(Hipparchus)의 학설을 이어받아 천동설에 의한 천체의 운동을 수학적으로 기술하고 있다.

165   테드 피터스 · 마르티네즈 휼릿 공저/천사무엘 · 김정형 공역, 하나님과 진화를 동시에 믿을 수 있는가, pp.66~69, 동연

166   전게서, p.70

167   전게서, p.81 재인용